A Responsabilidade Civil por Prospecto no Direito dos Valores Mobiliários

O BEM JURÍDICO PROTEGIDO

A Responsabilidade Civil por Prospecto no Direito dos Valores Mobiliários

O BEM JURÍDICO PROTEGIDO

2018

Margarida Azevedo de Almeida
Professora Adjunta da área científica de Direito
do Instituto Superior de Contabilidade e Administração do Porto

ALMEDINA

A RESPONSABILIDADE CIVIL POR PROSPECTO NO DIREITO DOS VALORES MOBILIÁRIOS

O BEM JURÍDICO PROTEGIDO

AUTOR
Margarida Azevedo de Almeida
EDITOR
EDIÇÕES ALMEDINA, S.A.
Rua Fernandes Tomás, nºs 76, 78 e 80
3000-167 Coimbra
Tel.: 239 851 904 · Fax: 239 851 901
www.almedina.net · editora@almedina.net
DESIGN DE CAPA
FBA.
PRÉ-IMPRESSÃO
EDIÇÕES ALMEDINA, S.A.
IMPRESSÃO E ACABAMENTO
Artipol - www.artipol.net

Dezembro, 2018
DEPÓSITO LEGAL
449278/18

ALMEDINA | GRUPOALMEDINA

BIBLIOTECA NACIONAL DE PORTUGAL – CATALOGAÇÃO NA PUBLICAÇÃO
ALMEIDA, Margarida Azevedo de
A responsabilidade civil por prospecto no direito dos valores mobiliários o bem jurídico protegido. – (Teses de doutoramento)
ISBN 978-972-40-7593-8
CDU 347

A meus Pais, a quem tudo devo.

A cada um é dada a manifestação do Espírito, para proveito comum.
1ª Carta de São Paulo aos Coríntios 12,4-11.

A presente obra corresponde, com ligeiras alterações formais, à tese apresentada ma Faculdade de Direito da Universidade de Coimbra em Janeiro de 2014 e discutida em provas públicas no dia 4 de Junho de 2015.

Manifestamos o nosso profundo reconhecimento ao Senhor Professor Doutor António Pinto Monteiro, não apenas pela orientação da tese, mas também pelo seu acompanhamento e apoio ao longo do nosso percurso académico.

Expressamos a nossa mais sincera gratidão ao Senhor Professor Doutor Manuel Carneiro da Frada pela generosa atenção que nos tem dispensado.

Endereçamos o nosso agradecimento ao Senhor Professor Doutor Carlos Ferreira de Almeida, que teve a amabilidade de nos receber, pelas suas atentas observações.

Também não podemos deixar de evocar a memória da Senhora Dona Maria do Rosário Lucas, que nos marcou pelo seu modo acolhedor e exemplo de dedicação.

Recordamos, com gratidão, o apoio da Família e Amigos.

Gostaríamos, igualmente de agradecer ao *Max-Planck Institut für ausländisches and internationales Privatrecht* a bolsa concedida e as várias estadas de investigação.

Por fim, não esquecemos a simpatia com que sempre nos trataram na biblioteca da Faculdade de Direito da Universidade de Coimbra, na biblioteca da Universidade Católica Portuguesa, na biblioteca da Faculdade de Direito da Universidade Hamburgo, na biblioteca da Faculdade de Direito da Universidade de Lisboa, na biblioteca do Instituto Universitário Europeu e na biblioteca da Faculdade de Direito da Universidade de Florença.

Porto, Agosto de 2018

SUMÁRIO

INTRODUÇÃO

PARTE I A protecção do investidor no Direito dos Valores Mobiliários e a liberdade contratual, a justiça contratual e o mercado
1. A protecção do investidor e a liberdade e a justiça contratuais

2. A protecção do investidor e o mercado

PARTE II O bem jurídico protegido pelo dever de publicar as informações que devem integrar o prospecto nas ofertas públicas de subscrição de valores mobiliários. Consequências em sede de responsabilidade civil por prospecto
1. O dever de publicação do prospecto como dever de informação ao público
2. A responsabilidade civil por prospecto e a promessa da qualidade dos produtos financeiros
3. A responsabilidade civil por prospecto como instrumento de protecção do investidor individual ou como mecanismo de protecção do público investidor?

PERSPECTIVA FINAL

SIGLAS

AAFDL	Associação Académica da Faculdade de Direito de Lisboa
AAVV	Autores vários
AcP	Archiv für die civilistische Praxis
AC	Law Reports Court of Appeals
AG	Die Aktiengesellschaft
AJP	Aktuelle juristische Praxis
All ER	All England Law Reports
BaFin	Bundesanstalt für Finanzdienstleistungsaufsicht
BFDUC	Boletim da Faculdade de Direito da Universidade de Coimbra
BGB	Bürgerliches Gesetzbuch
BGH	Bundesgerichtshof
BKR	Zeitschrift für Bank-und Kapitalmarktrecht
BMJ	Boletim do Ministério da Justiça
BVerfG	Bundesverfassungsgericht
BVerfGE	Entscheidungen des Bundesverfassungsgericht
Cap.	Capítulo
CC	Código Civil
CIRE	Código da Insolvência e da Recuperação de Empresas
CIP	Código da Propriedade Industrial
CMVM	Comissão do Mercado de Valores Mobiliários
Cod.MVM	Código do Mercado de Valores Mobiliários
Consob	Commissione Nazionale per le Società e la Borsa
CRP	Constituição da República Portuguesa
CSC	Código das Sociedades Comerciais
CVM	Código dos Valores Mobiliários
DCFR	Draft Common Frame of Reference

DL	Decreto-Lei
ECFR	European Company and Financial Law Review
EJCL	Electronic Journal of Comparative Law
ELJ	European Law Journal
ERPL	European Review of Private Law
EWCA	England and Wales Court of Appeal Decisions (Civil Division)
EWHC	(comm.) England and Wales High Court Decisions (Commercial)
FESCO	Forum of European Securities Commissions
FinAnlVG	Gesetz zur Novellierung des Kapitalanlagevermittlers-und Anlagevermögensrechts
FSMA	Financial Services and Markets Act
IKE	Imperfect Knowledge Economics
InsO	Insolvezordnung
InVG	Investmentgesetz
JuS	Juristische Schuldung
JZ	Juristen Zeitung
LTF	Legal Theory of Finance
MiFID	Markets in Financial Instruments Directive
NJW	Neue Jurische Wochenschrift
RCEJ	Revista de Ciências Empresariais e Jurídicas
RDCP	Rivista Critica del Diritto Privato
RDES	Revista de Direito e de Estudos Sociais
RLJ	Revista de Legislação e Jurisprudência
ROA	Revista da Ordem dos Advogados
RTDPC	Rivista Trimestrale di Diritto e Procedura Civile
SEC	Securities Exchange Commission
STJ	Supremo Tribunal de Justiça
TUF	Testo Unico della Finanza
UCP	Universidade Católica Portuguesa
VermAnlG	Gesetz über Vermögensanlage
WM	Wertpapier-Mitteilungen Zeitschrift für Wirtschafts-und Handelsrecht
WpHG	Wertpapierhandelsgesetz
WpPG	Wertpapierprospektgesetz
ZGR	Zeitschrift für Unternehmens-und Gesellschaftsrecht
ZGS	Zeitschrft für das gesamte Schuldrecht
ZHR	Zeitschrift für das gesamte Handels-und Wirtschaftsrecht

Introdução*

1. Apresentação do problema

À responsabilidade civil é associada, enquanto primordial objectivo, a reparação do lesado pelos danos sofridos. À função preventiva é reservado um papel subordinado em relação à função reparadora ou compensatória. A questão que nos ocupa consiste em apurar se à responsabilidade por prospecto no Direito dos Valores Mobiliários se adequará uma responsabilidade civil com finalidades de natureza primordialmente ressarcitória ou compensatória.

O Direito dos Valores Mobiliários assenta em dois objectivos fundamentais: a protecção dos investidores e a eficiência do mercado. Como de seguida melhor explicaremos, a informação é um elemento essencial para que se atinjam estas finalidades. O reconhecimento de pretensões indemnizatórias aos investidores testemunha que a sua tutela não é um simples reflexo de uma tutela dirigida à eficiência do mercado. Ainda assim, não deixa de se colocar a dúvida sobre o sentido da protecção dos investidores inerente ao reconhecimento das pretensões indemnizatórias individuais.

Na verdade, as pretensões indemnizatórias podem visar a protecção dos interesses individuais dos investidores ou assumir a natureza de instrumentos ao serviço da eficiência do mercado[1]. A resposta a este problema é uma questão de política legislativa, que depende do modo como, em geral, os dois objectivos se relacionam na disciplina mobiliária[2] e, especificamente, da *ratio* dos deveres ou das obrigações cuja violação desencadeia a obrigação de indemnizar.

* A presente tese foi escrita segundo as normas do anterior Acordo Ortográfico.

[1] Chamando a atenção para esta circunstância, veja-se o Autor alemão BENICKE, *Wertpapiervemögensverwaltung*. Tübingen: Mohr Siebeck, 2006, p. 399, nota 105.

[2] Trata-se, como veremos, de uma questão debatida na doutrina alemã. Se alguns vêem a protecção do investidor como finalidade que ocupa o mesmo patamar da eficiência do mercado, outros identificam a eficiência do mercado como principal objectivo do Direito dos Valores Mobiliários, encarando a protecção do investidor como um instrumento ao serviço da eficiência do mercado.

Deste modo, onde se conclua que o legislador tem em vista proteger interesses individuais dos investidores, não haverá razões para que o regime da responsabilidade se afaste de um modelo predominantemente ressarcitório. Pelo contrário, se concluirmos que a opção do legislador se orientou no sentido de reconhecer uma natureza instrumental à tutela do investidor, as pretensões indemnizatórias que lhe são reconhecidas deverão obedecer a um regime principalmente dirigido à protecção do interesse público da eficiência do mercado, devendo pontificar objectivos de carácter preventivo.

O mercado de valores mobiliários desempenha, na realidade, um papel muito importante no financiamento das empresas. Com efeito, sendo um dos veículos de financiamento, assume grande relevância na colocação dos capitais junto das entidades que deles necessitam. O mercado de valores mobiliários está, pelas suas características, particularmente vocacionado para a alocação de recursos[3].

Como observa BENICKE, foi decisivo o eficiente funcionamento dos mercados de capitais, em particular do mercado do capital de risco, nos EUA para o desenvolvimento do mercado das novas tecnologias[4] durante os anos 90 do século passado. Esta constatação ilustra a importância do mercado de valores na promoção do bem-estar social. Por este motivo, a intervenção do legislador no

HOPT tem vindo a realçar que a protecção da eficiência do mercado e a protecção do investidor representam duas faces da mesma moeda – v. HOPT/VOIGT, *Grundsatz- und Reformprobleme der Prospekt- und Kapitalmarktinformationshaftung*. In HOPT/VOIGT, "Prospekt- und Kapitalmarktinformationshaftung". Tübingen: Mohr Siebeck, 2005, p. 13. Já em 1975, notou o paralelismo entre a protecção do investidor e a tutela da eficiência do mercado. No entanto, não exclui a ocorrência de conflitos entre a protecção do investidor e a tutela do eficiente funcionamento do mercado, considerando não poder decidir-se em geral pela prevalência do princípio da protecção do investidor, tudo dependendo da norma concreta – v. *Der Kapitalanlegerschutz im Recht der Banken. Gesellschafts-, bank- und börsenrechtliche Anforderungen an das Beratungs- und Verwverhalten der Kreditinstitute*. München: C.H. Beck, 1975, pp. 336/7 e nota 230.

[3] BAUMOL aponta cinco características que permitem afirmar que os mercados onde se transaccionam valores mobiliários estão especialmente vocacionados para uma alocação eficiente de recursos. Assim, permitem aos administradores das empresas avaliar a remuneração dos capitais que nela são investidos, tendo em conta os preços a que os seus valores mobiliários estão a ser transaccionados. Por outro lado, abrem a possibilidade de participação de pequenos investidores. Aponta o Autor igualmente a possibilidade de as transacções se poderem realizar a um custo administrativo reduzido e finalmente salienta como especialmente vantajosa a possibilidade de os investidores investirem e desinvestirem num curto espaço de tempo, ainda que estejam em causa investimentos de longa duração. – v. *Stock Market and Economic Efficiency*. University: Michigan, 1995, p. 3. Saliente-se, porém, como aliás observa o próprio Autor, que, embora não fornecendo as transacções no mercado secundário capital às empresas, os preços por que aí são transaccionados os valores mobiliários influenciarão o custo a que é disponibilizado o capital no mercado primário.

[4] BENICKE, *Wertpapiervemögensverwaltung... cit.*, p. 395.

mercado de valores mobiliários não pode deixar de conferir particular atenção às condições de que depende uma eficiente alocação de recursos.

Como veremos, apenas no mercado primário, isto é, no mercado em que são negociados os valores mobiliários no momento da sua emissão, é que os recursos empregues pelos investidores na sua compra serão canalizados para as empresas. Já no mercado secundário, onde se transaccionam valores mobiliários já emitidos, as somas utilizadas pelo comprador transferem-se para o vendedor e não para o emitente. O que não significa que o funcionamento do mercado secundário seja irrelevante para a alocação eficiente de recursos. Como melhor explicaremos, a confiança no funcionamento do mercado secundário é essencial a uma eficiente alocação de recursos no mercado primário.

Neste cenário, torna-se particularmente relevante o regular funcionamento do mercado, cabendo um papel crucial às informações aí divulgadas. É nas informações difundidas no mercado que assenta a formação de preços no contexto da hipótese do mercado (semi) eficiente[5]. Num mercado (semi)eficiente, os preços reflectem a informação tornada pública.

A regular formação de preços é pressuposto de confiança dos investidores no funcionamento do mercado e, consequentemente, da disposição para aí investirem. Se o preço formado no mercado espelhar correctamente os riscos e as expectativas de rendimento dos valores mobiliários emitidos pelas empresas existe uma eficiente alocação de recursos.

Assim, o interesse público no regular funcionamento do mercado surge como um importante objectivo do mercado de valores mobiliários. No entanto, são frequentemente apontados outros objectivos, em particular a protecção do investidor.

O regular funcionamento do mercado, a protecção do investidor e a promoção e manutenção de uma sã concorrência entre os emitentes constituem objectivos que poderão explicar a atenção dispensada pela lei ao mercado de capitais. Na verdade, o mercado de capitais levanta preocupações, não somente no que respeita ao seu regular funcionamento e à protecção do investidor, mas igualmente apresenta, se bem que de forma indirecta[6], grande importância em matéria da promoção e da manutenção da leal concorrência entre as empresas que financiam as suas actividades no mercado de capitais[7]. Precisamente pela circunstância de o mercado de capitais apenas indirectamente poder afectar a leal concorrência

[5] De acordo com as investigações de EUGENE FAMA, *Efficient Capital Markets: A Review of Theory and Empirical*. "The Journal of Finance", 1970, pp. 383 e segs. e *Efficient Capital Markets: II*. "The Journal of Finance", 1991, pp. 1575 e segs.

[6] HELLGARDT, *Kapitalmarktdeliktsrecht*. Tübingen: Mohr Siebeck, 2008, p. 166.

[7] Sobre este assunto v. HELLGARDT, *Kapitalmarktdeliksrecht... cit.*, p. 166.

entre os emitentes, é frequente a doutrina restringir a sua análise aos problemas da protecção do investidor e da eficiência do mercado. Para além disso, também é apontada como finalidade do Direito dos Valores Mobiliários a promoção do bom governo das sociedades[8].

Na realidade, eficiência do mercado e a protecção do investidor são apontadas com frequência pelo legislador europeu como objectivos no âmbito do Direito dos Valores Mobiliários[9]. Discute-se na doutrina germânica se estes dois fins se colocam no mesmo plano ou se a protecção do investidor se deverá considerar apenas um instrumento ao serviço da eficiência do mercado. Cremos ser conveniente, antes de prosseguirmos na análise deste debate, debruçarmo-nos sobre os conceitos de eficiência do mercado e de protecção do investidor.

A eficiência do mercado, no sentido que aqui empregamos, identifica-se com a sua capacidade para funcionar (*Funktionfähigkeit*)[10]. A doutrina alemã sublinha que a capacidade de funcionamento do mercado de valores mobiliários se projecta em três vertentes[11]. Assim, distingue a eficiência alocativa, a eficiência institucional e a eficiência operacional.

A capacidade alocativa de funcionamento prende-se com o emprego eficiente de recursos, isto é, o mercado de valores mobiliários sob este prisma funcionará de forma eficiente se o capital que aí é investido for direccionado para as empre-

[8] Assim, HELLGARDT, *Kapitalmarktdeliktsrecht... cit.*, pp. 186 e segs.

[9] Vejam-se as exposições das Directivas comunitárias nesta matéria, as quais referem estes dois objectivos. Assim, a Directiva 2003/71/CE, relativa ao prospecto a publicar em caso de oferta pública de valores mobiliários ou da sua admissão à negociação, no ponto 10 da sua exposição de motivos elege a protecção dos investidores e a eficiência do mercado como os objectivos prosseguidos. No mesmo sentido, a Directiva 2004/39/CE, relativa aos mercados de instrumentos financeiros, salienta, no seu considerando 17, a necessidade de submeter a autorização do Estado-membro de origem as pessoas que prestem serviços de investimento ou que desenvolvam actividades de investimento, em homenagem à realização do duplo objectivo de protecção de investidor e de prossecução da eficiência do mercado. A mesma intenção está expressa no ponto 1 da Directiva 2004/109/CE, relativa à informação sobre emitentes de valores mobiliários admitidos à negociação em mercado regulamentado. Por fim, cabe também referir a Directiva 2003/6/CE relativa ao abuso de informação privilegiada e à manipulação do mercado, que no ponto 2 da exposição de motivos refere a importância do bom funcionamento dos mercados e a confiança dos investidores como elementos necessários ao desenvolvimento da economia.

[10] V., por todos, ASSMANN, *Prospekthaftung als Haftung für die Verletzung kapitalmarktbezogener Informationsverkehrpflichten nach deutschem und US amerikanischem Recht*. Köln, Berlin, Bonn, München: Carl Heymanns, 1985, p. 24 e segs.

[11] A classificação tripartida é, desde há muito, adoptada pela doutrina alemã. Veja-se, por exemplo, ASSMANN, *Prospekthaftung als Haftung für die Verletzung... cit.*, p. 25, KOHL/KÜBLER/WALZ/WÜSTRICH, *Abschreibungsgesellschatten, Kapitalmarkteffizienz und Publizitätszwang*. ZHR 1977, pp. 16 e 17, KÜBLER, Frederich *Anlageberatung durch Kreditinstitute*, "ZHR" 1981, pp. 205 e 206 e referências respectivas.

sas que dele possam retirar o maior rendimento, ou seja, se for canalizado para as aplicações mais produtivas. É necessário ter em consideração que a efectiva rentabilidade de um investimento não se poderá aferir antecipadamente com toda a segurança[12]. Daí que se deva considerar também o risco a ele associado[13]. Como destaca ASSMANN, servirá a necessidade de abrir portas a uma alocação devida de capital a circunstância de ao aumento do risco estarem associados maiores rendimentos[14]. A informação assumirá um papel decisivo, pois apenas quando se apresente adequada permitirá ao investidor avaliar de forma esclarecida a relação risco/rendimento, abrindo assim as portas a uma correcta formação de preços, ou seja, a uma alocação eficiente das poupanças no contexto do mercado de valores mobiliários. A alocação eficiente de recursos apresenta-se como um factor de enorme importância para o desenvolvimento económico. Com efeito, o interesse da direcção do capital para as aplicações mais produtivas ultrapassa claramente a protecção individualizada dos investidores, servindo o interesse do desenvolvimento da economia[15]. Por outro lado, tem vindo a ser sublinhado o papel do mercado de capitais em face da crise do sistema de segurança social[16].

As outras vertentes da eficiência do mercado traduzem-se, por um lado, na necessidade de prevenir falhas no funcionamento do mercado de valores mobiliários (eficiência institucional) e, por outro, na necessidade de acautelar que os custos associados ao cumprimento da regulamentação destinada a precaver falhas no funcionamento do mercado de valores mobiliários se traduzam em custos de transacção excessivos (eficiência operacional). Na verdade, custos de transacção desproporcionados serão susceptíveis de conduzir ao abandono do mercado de valores mobiliários por parte dos investidores, que preferirão dar um destino diferente às suas poupanças, como seja, aplicá-las em depósitos bancários.

Pensamos ser conveniente determo-nos mais uns instantes sobre os conceitos de eficiência institucional e operacional. O mercado de valores mobiliários conhecerá um funcionamento eficiente do ponto de vista institucional se forem

[12] ASSMANN, *Prospekthaftung als Haftung für die Verletzung... cit.*, p. 25.

[13] ASSMANN, *Prospekthaftung als Haftung für die Verletzung... cit.*, p. 25.

[14] *Prospekthaftung als Haftung für die Verletzung... cit.*, p. 25.

[15] Distinguindo-se a importância do mercado de capitais para o desenvolvimento da economia, BENICKE, *Wertpapiervemögensverwaltung... cit.*, pp. 394 e 395.
Também salientando a importância da alocação eficiente de recursos como o objectivo mais relevante da regulamentação da matéria de valores mobiliários, SAARI, *The Efficient Capital Hypothesis. Economic Theory and Regulation of the Securities Industry.* "Stanford Law Review" 1977, pp. 1032 e segs.
O Ministério das Finanças germânico, na linha das preocupações que inspiram a legislação europeia, vem a sublinhar o papel fundamental do mercado de valores mobiliários no desenvolvimento da economia e na criação de emprego.

[16] V. BENICKE, *Wertpapiervemögensverwaltung... cit.*, p. 395.

asseguradas amplitude, profundidade e estabilidade[17]. Por amplitude entende-se a circunstância de ser posta à disposição dos detentores de capital uma oferta diversificada de formas de investimento. No que respeita à profundidade do mercado, ela identifica-se com a existência do maior número possível de investidores e de transacções, isto é, com a circunstância de o mercado apresentar liquidez, Ora, para que estes pressupostos de existência de um mercado eficiente sob o prisma institucional caracterizem o funcionamento do mercado, necessário se torna que impere a confiança dos investidores, Com efeito, a garantia da amplitude, da profundidade e da estabilidade do mercado de valores mobiliários passa pela segurança e pela rapidez na realização das transacções[18]. Assim, a informação posta à disposição para investidores assumirá relevância decisiva no funcionamento do mercado igualmente do ponto de vista institucional. A lei impõe deveres de informação, *maxime* às entidades emitentes, que têm em vista corrigir as assimetrias no que respeita ao acesso à informação. Os investidores não qualificados, em regra, não possuem poder que lhes permita obter a informação nem muitas vezes estarão em condições de suportar os custos que a investigação a que teriam de proceder para aceder à informação exigiria[19]. Assim, é imprescindível que a informação difundida no mercado de valores mobiliários apresente a qualidade necessária para o fomento da confiança dos investidores no funcionamento do mercado.

A imposição pela lei de deveres de informação, em particular às entidades emitentes dos valores mobiliários, apresenta-se como a melhor solução do ponto de vista da eficiência operacional, pois, deste modo, a informação será fornecida por quem a ela pode aceder a um custo mais baixo. Contudo, é necessário ter em conta que as despesas que os deveres de informação comportam não deverão implicar, como já referimos, um acréscimo excessivo dos custos de transacção, que estarão, em ultima análise, a cargo dos investidores, o que poderá comprometer uma eficiente alocação de recursos.

Do que dissemos, podemos concluir que os planos que compõem a capacidade de funcionamento do mercado nem sempre estarão em sintonia, como

[17] V., por todos, Assmann, *Prospekthaftung als Haftung für die Verletzung... cit.*, p. 26.

[18] Note-se que os valores mobiliários apresentam duas características talhadas para prosseguir a segurança e a rapidez reclamadas pela eficiência institucional. Por um lado, a homogeneidade no conteúdo dos valores mobiliários, o que significa que os valores mobiliários pertencentes à mesma categoria e à mesma entidade têm o mesmo conteúdo, ou seja, conferem os mesmos direitos e deveres (art. 45º do CVM). Por outro, a protecção do investidor de boa fé conferida pelo art. 58º do CVM apresenta-se como característica essencial para a segurança nas transacções. Veja-se Osório de Castro, *A Informação no Direito do Mercado de Valores Mobiliários*. In aavv, "Direito dos Valores Mobiliários". Lisboa: Lex, 1997, p. 334.

[19] Ver, por todos, Hopt/Voigt, *Grundsatz-und Reformprobleme... cit.*, p. 12.

comprova o que afirmámos no último parágrafo. Por isso, há que encontrar um compromisso entre eles, de modo a aferir o alcance desejável da interferência legislativa no mercado de valores mobiliários, mormente no que toca aos deveres de informação e às consequências que derivam da falta de qualidade da informação divulgada no mercado de valores mobiliários[20].

Há, no entanto, que ter presente o sentido da intervenção da ordem jurídica. Benicke[21] afirma que esta tem em vista *proteger* a capacidade de funcionamento do mercado e *não a ela se substituir*. Deste modo, a defesa da capacidade de funcionamento do mercado limita-se a garantir as condições de regular funcionamento do mercado, procurando assegurar a divulgação de informação de qualidade. Tal significa que a defesa da capacidade de funcionamento do mercado de valores mobiliários não equivale a uma *garantia* de transacção dos valores mobiliários com base no valor real[22]. Por outras palavras, confia-se ao mercado a avaliação dos valores mobiliários, curando o Direito apenas de zelar pelas condições para que o mercado possa emitir um juízo adequado sobre o valor intrínseco dos valores mobiliários. Procuraremos apurar a adequação desta orientação à realização do interesse público da alocação eficiente de recursos.

Depois destas considerações sobre a relevância do interesse público no bom funcionamento do mercado, vamos dedicar as linhas que se seguem às razões que justificam a necessidade de protecção do investidor no Direito dos Valores Mobiliários.

O investidor está exposto a vários tipos de risco. Torna-se necessário saber em que medida serão eles susceptíveis de justificar uma intervenção legislativa dirigida à sua tutela.

Assim, de acordo com a classificação proposta por Hopt[23] e seguida por muitos Autores alemães, poderemos considerar cinco categorias de risco a que o investidor se expõe. O risco da perda total ou parcial do valor investido (*Substanzerhaltungsrisiko*), o risco da informação (*Informationsrisiko*), o risco de gestão (*Abwicklungsrisiko e Verwaltungsrisiko*), o risco de representação de interesses (*Interessenvertretungsrisiko*) e o risco de condições (*Konditionensrisiko*).

[20] Assmann classifica a prossecução da eficiência do mercado como a optimização das perspectivas que a integram, sendo a eficiência do mercado um importante objectivo no contexto da disciplina da responsabilidade por informações, assumindo desta forma grande relevância na responsabilidade por prospecto – v. *Prospekthaftung als Haftung für die Verletzung...*, p. 26. Também Kübler destaca a possibilidade de o acréscimo de custos neutralizar ou exceder o acréscimo do benefício que deriva de uma alocação de recursos – v. *Anlageberatung... cit.*, p. 207.

[21] *Wertpapiervermögensverwaltung... cit.*, p. 395.

[22] Dühn, *Schadensersatzhaftung börsennotierter Aktiengesellsachaften für fehlerhafte Kapitalmartkinformation*. Frankfurt am Main: Peter Lang, 2003, pp. 54 e 55.

[23] Hopt, *Der Kapitalanlegerschutz im Recht der Banken... cit.*, pp. 82 e segs.

Como bem nota BENICKE, esta enumeração tem apenas um valor descritivo[24], não sendo apta a justificar a necessidade de protecção[25]. Assim, como também salienta o Autor, embora seja evidente o interesse de o investidor conservar e incrementar o seu património, não podemos dizer que existe um interesse do investidor em ser protegido através da tomada de medidas destinadas a minimizar o risco da perda do valor investido, uma vez que a um risco de maior dimensão corresponderão maiores expectativas de rendimento[26].

A necessidade de protecção derivada do risco da informação advém da existência de assimetrias informativas. De facto, existem assimetrias em torno do acesso à informação que justificam a imposição de deveres de informação, especialmente em favor dos investidores não qualificados. Em regra, os investidores não têm possibilidade de aceder à informação relevante para avaliar os riscos e as expectativas de rendimento dos valores mobiliários, quer pelo reduzido poder de procura da informação, quer pelos elevados custos que a busca da informação implicaria[27].

Na verdade, entre o emitente dos valores mobiliários e o investidor existem assimetrias informativas. Estas assimetrias poderão ter importantes reflexos, não só no momento da decisão de investimento, como também, posteriormente, devido à separação entre a propriedade e controlo da administração da sociedade emitente. Esta separação propicia problemas de relação entre o agente e o principal[28].

Assim, a lei obriga o emitente a colocar à disposição do público investidor informação necessária à avaliação dos valores mobiliários. Daí que a lei imponha aos emitentes deveres de divulgação de informação ao mercado, a que os Autores alemães atribuem o nome de *Publizitätspflichten*. Por outro lado, também procurando neutralizar assimetrias informativas, existem obrigações de informação do intermediário financeiro perante o seu cliente, que a doutrina alemã denomina

[24] *Wertpapiervermögensverwaltung... cit.*, p. 400.

[25] BENICKE, *Wertpapiervermögensverwaltung... cit.*, p. 400.

[26] BENICKE, *Wertpapiervermögensverwaltung... cit.*, p. 400.

[27] HOPT/VOIGT, *Grundsatz-und Reformprobleme... cit.*, p. 12.

[28] Realçando os dois momentos em que as assimetrias se fazem sentir, BENICKE, *Wertpapiervermögensverwaltung... cit.*, pp. 400 e segs.
Note-se, a propósito, que HELLGARDT, tendo presente a influência recíproca que se verifica entre o eficiente funcionamento do mercado de valores mobiliários e o bom governo das sociedades (*corporate governance*), aponta, a par da protecção do investidor e da eficiência do mercado, o bom governo das sociedades como finalidade prosseguida pelo Direito dos Valores Mobiliários. As normas que regem o mercado de valores mobiliários funcionariam como mecanismos externos de controlo e de fiscalização, promovendo o bom governo das sociedades. *V. Kapitalmarktdeliktsrecht... cit.*, pp. 153 e segs. e 186 e segs.

Individualpubliztät. Estes deveres têm em vista tornar a informação difundida pelo emitente no mercado acessível ao investidor de modo a que este possa servir de base à sua decisão de investimento[29].

No nosso trabalho, temos em vista a deficiência do conteúdo do prospecto. O dever de publicar o prospecto integra os deveres de informação ao público investidor. Contudo, não deixaremos de confrontar os deveres gerais de informação com as obrigações individuais de informação dos intermediários financeiros perante os seus clientes, onde tal se mostre necessário com vista a delimitar o bem jurídico protegido pelos deveres de informação ao público investidor, a que se reconduz o prospecto.

O interesse público da eficiência do mercado e o interesse da protecção do investidor correm em grande medida de modo paralelo. Não há mercado de valores sem investidores, pelo que facilmente se compreende ser a protecção do investidor uma condição da existência e do bom funcionamento do mercado. Daí que Hopt defenda a ideia de que a protecção do mercado e a protecção do investidor se apresentam como duas faces da mesma moeda[30]. No entanto, como o próprio Autor alemão reconhece, poderão surgir conflitos entre os dois objectivos[31]. A este propósito, discute-se se a protecção dos investidores será uma finalidade autónoma ou constituirá um instrumento ao serviço do regular funcionamento do mercado[32].

Na verdade, se a protecção do investidor se apresentar como finalidade autonomamente prosseguida em relação à eficiência do mercado, os interesses do investidor individual assumirão uma relevância decisiva no alcance da sua protecção. Onde, pelo contrário, a protecção do investidor seja vista como um meio ao serviço da eficiência do mercado, este objectivo assumirá um alcance decisivo na protecção do investidor[33]. O correcto funcionamento do mercado representa uma importante via para a realização do interesse colectivo do desenvolvimento da Economia.

É tendo presente esta dualidade de objectivos que subjazem ao Direito dos Valores Mobiliários, que procuraremos apurar o bem jurídico que fundamental-

[29] Hopt, *Der Kapitalanlegerschutz im Recht der Banken... cit.*, pp. 94 e segs.

[30] V. *supra*, nota 2.

[31] V. *supra*, nota 2.

[32] Não acompanhamos, deste modo, Sofia Nascimento Rodrigues quando a Autora afirma apresentar-se inócua a questão de apurar se a prossecução da eficiência se sobrepõe ou não à protecção do investidor – v. *A Protecção dos Investidores em Valores Mobiliários*. Coimbra: Almedina, 2001, p. 25.

[33] Sobre esta relação entre a eficiência do mercado e a protecção do investidor individual, Benicke, *Wertpapiervermögensverwaltung... cit.*, pp. 398 a 422.

mente terá inspirado o dever de publicar a informação que deve constar do prospecto. A resposta a esta questão é essencial para, de forma coerente, determinar a finalidade que deve presidir à responsabilidade civil por prospecto.

Como decorre do que temos vindo a dizer, temos em vista as ofertas públicas de subscrição, isto é, as ofertas de valores mobiliários dirigidas ao público no momento da sua emissão, incidindo pois as nossas considerações fundamentalmente sobre o mercado primário.

2. Justificação da sequência

O nosso trabalho encontra-se divido em duas partes fundamentais. Na primeira parte, procuraremos apurar o modo como a protecção do investidor no Direito dos Valores Mobiliários se relaciona com os princípios subjacentes ao Direito Privado da liberdade contratual, da justiça contratual e da eficiência do mercado.

A conclusão a que chegaremos não será ainda suficiente para resolvermos a questão que nos ocupa, isto é, procurar descobrir o sentido da responsabilidade civil por prospecto. De outro modo dito, haverá que averiguar se se pretende proteger os interesses dos investidores como fim em si mesmo ou como mero instrumento de tutela do interesse colectivo de bom funcionamento do mercado e, em última análise, o interesse geral do desenvolvimento da Economia. Esta questão não poderá deixar de estar intimamente ligada ao motivo que terá levado o legislador a consagrar o dever de divulgar as informações que devem constar do prospecto.

Abrimos, assim, a segunda parte procurando responder a esta questão. Tentaremos solucionar o problema averiguando o objectivo que presidiu à delimitação do dever de publicação do prospecto, que cremos constituir a chave da sua resolução. Empreenderemos, de seguida, a tarefa de julgar a conformidade do caminho seguido pelo legislador em matéria de responsabilidade civil por prospecto com a *ratio* que levou o legislador a consagrar o dever de divulgar as informações que devem compor o prospecto.

Numa perspectiva de confronto, não deixaremos de proceder à análise do bem jurídico protegido pelos deveres de informação dos intermediários financeiros perante o seu cliente e o regime da responsabilidade civil associado à inobservância de tais deveres.

Finalmente, concentrar-nos-emos na disciplina jurídica da responsabilidade civil por prospecto, com o objectivo de indagar o bem jurídico protegido, apreciando a sua harmonia com o bem jurídico protegido pelo dever de dar a conhecer ao público as informações que devem compor o prospecto. Concluiremos com o regime da responsabilidade civil por prospecto que nos parece mais adequado no plano do Direito a constituir.

Parte I

A Protecção do Investidor no Direito dos Valores Mobiliários e a Liberdade Contratual, a Justiça Contratual e o Mercado

Capítulo I
A protecção do investidor e a liberdade e a justiça contratuais

1. A protecção do investidor e a liberdade contratual
1.1. Considerações gerais
1.1.1. A liberdade contratual como princípio fundamental da ordem jurídica

Propomo-nos neste momento reflectir sobre a razão que levou a ordem jurídica a intervir nas relações jurídicas entre os particulares, isto é, sobre o que levou o Direito a abandonar o dogma da liberdade contratual, tal como era aceite no quadro do liberalismo.

Numa Economia de mercado, a liberdade contratual constitui um princípio estruturante da ordem jurídica. Pelo contrário, no seio de uma Economia planificada, a liberdade contratual encontra-se remetida a uma função secundária, ao serviço do plano traçado pelo Estado para a Economia[34].

A absorção pelos ordenamentos jurídicos do dogma da liberdade contratual culmina a evolução do "Status para o Contrato"[35]. A situação jurídica do indivíduo deixaria de estar definida no momento do seu nascimento. Os direitos e obrigações passariam a ser livremente por ele assumidos, em especial através da celebração de contratos.

Para a afirmação da liberdade contratual concorreram o desenvolvimento da Economia e a consequente divisão de trabalho, uma nova ordem social, bem como a nova visão sobre o lugar do Homem no mundo. O Homem seria capaz de

[34] Como nota RAISER, *Vertragsfreiheit heute*, "JZ" 1958, pp. 2 e 3. Sobre a utilização do mecanismo do contrato nos Estados socialistas, v. CARLOS MOTA PINTO, *Teoria Geral do Direito Civil*. 4ª edição (por António Pinto Monteiro e Paulo Mota Pinto). Coimbra: Coimbra Editora, 2005, pp. 123 e 124, onde se apontam esferas residuais da economia socialista em que o contrato e a liberdade contratual apresentavam características semelhantes às que se podem encontrar num sistema capitalista, por se tratar de sectores onde a economia de mercado não deixou de existir.

[35] HENRY MAINE, *Ancient Law: its connection with the early history of societies and its relation to modern ideas*. New York: Charles Scribner, 1864, pp. 165 e 295 e segs.

actuar por si mesmo de forma racional. Esta filiação da liberdade contratual era reconhecida no contexto do jusracionalismo, com GROTIUS e PUFFENDORF[36], que, no entanto, subordinavam a liberdade contratual ao postulado ético do preço justo[37]. Esta ética material foi ultrapassada pela ética kantiana, assente na regra moral formal do imperativo categórico[38]. A autonomia moral da personalidade de KANT foi a acolhida por SAVIGNY[39] e outros doutrinários de Oitocentos e influenciou o BGB.

Igualmente o liberalismo económico e o liberalismo político tiveram um papel decisivo nas opções do BGB. A autonomia privada seria um veículo de realização do bem-estar social, devendo o Estado abster-se de intervir na Economia. Seria seu papel somente garantir a protecção da vontade dos particulares.

Podemos considerar o BGB fruto do ambiente filosófico, político e económico do século XIX, pese embora a circunstância de que, já na segunda metade do século, se pusessem dúvidas quanto à adequação da ordem económica e da ordem social liberal[40]. A linha de orientação seguida revela fundamentalmente a renúncia a uma ética material do contrato, manifestando escassas preocupações de carácter social[41]. Testemunham esta ideia, designadamente, o abandono da figura *laesio enormis*, a rejeição da *clausula rebus sic stantibus*, apenas a admitindo nos casos de contrato de troca e promessa de crédito[42]. Prescinde-se da ética do preço justo, evidenciando confiança no funcionamento das forças de mercado.

O BGB recusou, em geral, a influência de uma ética material dos contratos. Nesta linha, renunciou ao princípio do preço justo, revelando-se fundamentalmente contrário à influência do princípio da equivalência material nos contratos bilaterais[43]. Na verdade, a pressuposição de WINDSCHEID foi recusada ainda que adequada à teoria da vontade[44]. Era preocupação não beliscar o

[36] RAISER, *Vertragsfreiheit... cit.*, p. 2.

[37] GROTIUS, *On the Law of War and Peace* (tradução em língua inglesa por Francis W. Kelsey, em colaboração com Arthur E. R. Baok, Henry A. Sanders, Jesse S. Reeves e Herbert F. Wright, 1925, livro II, 12.

[38] Neste sentido, v. por todos, RAISER, *Vertragsfreiheit... cit.*, p. 2.

[39] V., por todos, WIEACKER, *História do Direito Privado Moderno* (tradução portuguesa por António Hespaña). Lisboa: Fundação Calouste Gulbenkian, 1980, em especial, pp. 427 e 428.

[40] RAISER, *Vertragsfreiheit... cit.*, p. 2.

[41] WIEACKER, *História do Direito Privado Moderno... cit.*, pp. 551 e segs.

[42] WIEACKER, *História do Direito Privado Moderno... cit.*, p. 552.

[43] WIEACKER, *História do Direito Privado Moderno... cit.*, p. 599.

[44] WIEACKER, *História do Direito Privado Moderno... cit.*, p. 599. Repare-se, todavia, que a pressuposição é encarada como demasiado gravosa para a segurança jurídica e para a justiça – v. CARLOS MOTA PINTO, *Teoria Geral do Direito Civil... cit.*, p. 610.

dogma da vontade[45] e o respeito pelo princípio *pacta sunt servanda*. A jurisprudência veio acolher a doutrina da base negocial que fundamentalmente se deve a OERTMANN. A doutrina da base negocial mereceu consagração legislativa na reforma de Direito das Obrigações no § 313 BGB[46]. Entre nós, o art. 437º CC veio dar relevância à alteração das circunstâncias, onde em geral terão sido acolhidas as reflexões de MANUEL DE ANDRADE[47] sobre a matéria[48]. A figura da alteração das circunstâncias permite responder aos desequilíbrios contratuais[49] resultantes de uma modificação anormal das circunstâncias após a celebração do contrato, quando esta alteração não esteja incluída nos riscos próprios do contrato e a ausência de alteração das condições assumidas contrarie gravemente o princípio da boa fé. Trata de fazer apelo a considerações de justiça material, assim não dependendo a revogação ou modificação do contrato da demonstração da vontade hipotética das partes no sentido da não celebração do contrato ou da sua conclusão em termos diversos[50]. A possibilidade de revogar ou modificar um contrato com base em alteração das circunstâncias que constituíram a sua base é de grande utilidade no âmbito dos mercados financeiros, dada a imprevisibilidade na sua evolução, sendo de assinalável préstimo em tempos de crise[51].

[45] No entanto, como bem refere CARNEIRO DA FRADA, a vontade das partes constitui-se e está associada a um contexto económico, social e político, pelo que a relevância da alteração das circunstâncias resulta de facto de estas não poderem ser consideradas estranhas à formação da vontade – *Crise financeira mundial e alteração das circunstâncias: contratos de depósito vs. contratos de gestão de carteiras*. Separata da Revista da Ordem dos Advogados, 2009, pp. 677 e 678.

[46] Sobre a consagração da doutrina da base negocial no § 313 BGB, realçando a natureza aberta do preceito, permitindo o seu desenvolvimento futuro, LORENZ/RIEHM, *Lehrbuch zum neuen Schuldrecht*: München: C.H. Beck, 2002, pp. 199 e segs.

[47] Neste sentido, CARLOS MOTA PINTO, *Teoria Geral do Direito Civil... cit.*, p. 611.

[48] MANUEL DE ANDRADE, *Teoria Geral da Relação Jurídica*. Vol. II, 7ª reimpressão. Coimbra: Almedina, 1987, pp. 406 e segs.

[49] No Direito germânico, estes casos apelidam-se como *Aquivalenzstörungen*, isto é, perturbações na equivalência entre prestação e contraprestação. Como informam LORENZ e RIEHM, dada a preocupação com a salvaguarda do princípio *pacta sunt servanda*, apenas em condições bastante exigentes a jusrisprudência tem admitido a modificação do contrato com base em alteração das circunstâncias – *Lehrbuch zum neuen Schuldrecht... cit.*, pp. 202, 204 e 205. Note-se, porém, que não são os únicos casos que se podem integrar na modificação da base negocial, embora constituam o seu principal campo de aplicação. Lembremo-nos, por exemplo, de perturbações da finalidade de utilização, a que se reconduzem os conhecidos *coronation cases*.

[50] CARNEIRO DA FRADA, *Crise financeira mundial e alteração das circunstâncias... cit.*, pp. 678 e segs.

[51] KATHARINA PISTOR, *Towards a Legal Theory of Finance*. Columbia Public Law Research Paper No. 12-323. Net: http://ssrn.com/abstract=2178000, que realça a importância de mecanismos legais que permitam atender à alteração das circunstâncias que rodearam a celebração do contrato no quadro do sistema financeiro, caracterizado pelo paradoxo do Direito e das Finanças.

Apesar da linha fundamental de pensamento própria do liberalismo, desde logo, o BGB consagrou limites ao princípio da liberdade contratual.

Destacamos a proibição da usura, que aparece ligada a um comportamento censurável pela contraparte da vítima da usura (§ 138 II), o controlo das cláusulas penais injustas (§ 343)[52] e as limitações gerais à liberdade contratual, constituídas pela proibição de contrariedade à lei (§ 134) e aos bons costumes (§ 138 I), assim como o princípio da boa fé no cumprimento das obrigações (§ 242)[53]. Segundo alguns Autores, podemos encarar estas normas como manifestações de uma verdadeira ética social nos contratos[54]. No entanto, será legítimo atribuir-lhes um alcance mais modesto, nelas vendo apenas a expressão de um "liberalismo eticamente fundado"[55].

A liberdade contratual, como expressão da autodeterminação da vontade do indivíduo, pressupõe uma posição de igualdade entre as partes. Caso a paridade não se verifique, um dos sujeitos da relação jurídica goza de uma posição de supremacia, comprometedora do livre exercício da autonomia da vontade pelo outro sujeito da relação jurídica.

Na realidade, existem assimetrias ameaçadoras do equilíbrio contratual que firmava o modelo liberal do século XIX. As situações de desigualdade contratual têm como causa, não apenas a supremacia do poder económico, mas também a superioridade intelectual de uma das partes em relação à outra. Daí que, para além da imperatividade da garantia de uma efectiva possibilidade de escolha, seja necessário impedir que o contrato, enquanto instrumento de autodeterminação das partes, possa ficar comprometido pela debilidade de uma delas. Esta representa uma das facetas do Estado de Direito Social no domínio do Direito Privado.

Ao paradigma do Estado abstencionista, que não intervém na Economia, sucede o Estado de Direito Social, passando os cidadãos a contar com o Estado para a satisfação das suas necessidades[56]. Paralelamente, ao Estado como mero garante da realização da vontade das partes expressa no contrato segue-se o Estado interventor no contrato em determinadas situações.

Nesta veste, o Estado poderá interferir tendo em vista impor determinados objectivos por ele prosseguidos (ordem pública de direcção), proteger o indivíduo de si próprio, em homenagem a valores considerados fundamentais pela

[52] Sobre o controlo das cláusulas penais abusivas, v. PINTO MONTEIRO, *Cláusula Penal e Indemnização*. Coimbra: Almedina, 1990, pp. 717 e segs.

[53] WIEACKER, *História do Direito Privado Moderno... cit.*, p. 551.

[54] RAISER, *Vertragsfreiheit... cit.*, p. 2.

[55] WIEACKER, *História do Direito Privado Moderno... cit.*, p. 552.

[56] RAISER, *Vertragsfreiheit... cit.*, pp. 2 e segs.

ordem jurídica, ou mesmo, em casos pontuais, repor o equilíbrio entre as prestações, independentemente da posição relativa das partes. A intervenção do Estado poderá igualmente visar a protecção da parte mais fraca (ordem pública de protecção)[57].

Nas últimas décadas, tem-se assistido a uma expansão do Estado na sua veste de regulador dos sectores económico e financeiro. Não se trata de substituir o mercado, mas de procurar garantir as condições de que depende o seu bom funcionamento. A intervenção do Estado tem por objectivo corrigir as falhas que poderão obstar ao seu regular funcionamento. Trata-se de uma questão de grande relevo no Direito Público, em particular no que se refere ao entendimento do papel do Estado, mas apresenta igualmente importantes repercussões a nível do Direito Privado, pondo a descoberto uma outra faceta da liberdade contratual. Nesta última perspectiva, a liberdade contratual poderá assumir um papel funcional para o desenvolvimento do mercado[58]. Neste sentido, a protecção da liberdade contratual constituirá mais um instrumento ao serviço do regular funcionamento do mercado do que uma forma de tutela do indivíduo na sua autodeterminação.

Em suma, o modelo liberal reconhece ao Estado o papel de um mero garante da liberdade, só em casos muito contados intervindo no contrato. O modelo social, sensível às desigualdades que se verificam no plano das relações entre os particulares, legitima a interferência do Estado nos contratos. Já o Estado regulador na Economia cuida de garantir os pressupostos do bom funcionamento do mercado, podendo neste caso tutelar a liberdade contratual enquanto condição do seu regular funcionamento.

Reparemos, no entanto, que, sem colocar em causa os princípios fundamentais do Estado liberal, poderá o legislador intervir no sentido de garantir os pressupostos necessários à protecção da efectiva autodeterminação dos sujeitos. É o que a seguir estudaremos, com vista a apurar se e em que medida a protecção do investidor no Direito dos Valores mobiliários se dirige à protecção da autodeterminação do investidor.

[57] Quanto às razões que justificam a intervenção do Direito nas relações contratuais, Sousa Ribeiro, *O Problema do Contrato. As Cláusulas Contratuais Gerais e o Princípio da Liberdade Contratual.* Coimbra: Almedina, 1999, pp. 258 e segs.

[58] Analisando a relação da liberdade contratual com o funcionamento do mercado, Sousa Ribeiro, *Direito dos contratos e regulação do mercado.* In Joaquim Sousa Ribeiro, "Direito dos Contratos – Estudos". Coimbra: Coimbra Editora, 2007, pp. 57 e segs e *O Problema do Contrato... cit.*, em particular, pp. 177 e segs.

1.1.2. A materialização do contrato e a protecção da liberdade contratual efectiva

Antes de entrarmos na análise da questão da liberdade contratual efectiva, pensamos ser conveniente reflectir sobre a identificação do pensamento que inspira a intervenção do Estado no âmbito da liberdade contratual, no contexto do movimento de "materialização" do direito dos contratos no contexto do Direito das Obrigações.

Sob a égide do termo materialização do contrato[59], podemos encontrar tentativas de resposta a diferentes preocupações. Com efeito, desde logo, a expressão tem sido utilizada no sentido de designar as intervenções legislativas que têm por finalidade assegurar a presença dos pressupostos necessários para que a autonomia privada possa servir as exigências da autodeterminação. O puro reconhecimento pelo Direito da capacidade de as pessoas assumirem direitos e obrigações através de contrato, não assegura por si só um exercício livre e esclarecido da liberdade contratual. Será muitas vezes necessário intervir o Direito para que a liberdade contratual sirva a realização da efectiva autodeterminação. A intervenção legislativa tem em vista defender a própria liberdade contratual, garantindo a efectiva verificação dos pressupostos em que assenta.

No entanto, a expressão materialização tem igualmente servido para designar a interferência na liberdade contratual dirigida à realização da justiça contratual. Segundo os defensores desta corrente, a justiça contratual não se encontra assegurada pelo acordo de vontades, pelo que se torna necessária a intervenção da

[59] Trata-se, como adverte CANARIS na sua obra *Wandlungen des Schuldvertragsrechts – Tendenzen zu seiner "Materialisierung"*. AcP" 2000, p. 276, de um termo que poderá comportar mais do que um significado. Reconhece o Autor três acepções possíveis do conceito de materialização (*Materialisierung*) no âmbito do Direito dos Contratos. Deste modo, pode ser usado no sentido da materialização da liberdade contratual, procurando-se contrapor a liberdade material à liberdade formal (v., especialmente, pp. 277 a 281). O conceito de materialização poderá igualmente ser empregue não no sentido de materialização da liberdade contratual, mas no sentido de materialização da *justiça contratual*, surgindo em oposição a uma concepção puramente formal de justiça contratual (v., em particular, pp. 282 a 289).
Finalmente, a palavra materialização traduzirá a mudança do fundamento ideológico que subjaz ao Direito dos Contratos. Neste contexto, debatem-se a ideologia liberal e a ideologia social (v., em especial, pp. 289 a 292). A juntar ao paradigma liberal e ao paradigma ligado ao Estado Social, propõe HABERMAS um paradigma autónomo, apelidado pelo Autor como paradigma procedimental ou paradigma processual, que assenta na autonomia pública dos cidadãos. O Autor chama a atenção para a circunstância de que este paradigma se poderá considerar formal apenas na medida em que pretende assegurar as condições necessárias para que os sujeitos jurídicos, enquanto cidadãos. possam acordar entre si sobre a identificação dos seus problemas, assim como sobre as suas soluções – CANARIS critica a designação dada por HABERMAS ao paradigma por ele proposto – v. *Wandlungen... cit.*, p. 291.

ordem jurídica. Esta vinculará o conteúdo do contrato a um critério objectivo de justiça. O bem jurídico prosseguido é, nesta perspectiva, a justiça contratual e não já a liberdade contratual efectiva.

A preocupação com a prossecução da justiça contratual poderá desenvolver-se a partir da constatação da existência de situações de *desigualdade fáctica* entre as partes num contrato. Nesta acepção, a intervenção do Direito tem como finalidade ultrapassar as desigualdades fácticas susceptíveis de conduzir a uma desequilibrada composição de interesses. Resulta aqui bem evidente uma finalidade social de protecção da parte mais fraca[60]. Esta perspectiva constitui um reflexo ao nível do Direito Civil do pensamento do Estado Social, acolhido na Constituição[61]. A esta nos referiremos mais tarde.

Depois desta breve clarificação das acepções em que poderá ser entendida a materialização do Direito dos Contratos, cabe-nos clarificar a tutela da liberdade contratual efectiva dirigida à protecção da autodeterminação dos sujeitos.

A liberdade contratual constitui uma liberdade jurídica, que se traduz numa importante manifestação da autonomia privada. A autonomia privada consiste na "autoconformação das relações jurídicas por parte de cada um segundo a sua vontade". É esta a conhecida definição de FLUME[62]. Não podemos, no entanto, deixar de ter presente que a autonomia privada é "instituída, tutelada e regulada pela ordem jurídica"[63]. O princípio da liberdade contratual consistirá na liberdade reconhecida, tutelada e regulada pela ordem jurídica de as partes produzi-

[60] Como bem salienta OLIVEIRA ASCENSÃO, uma coisa é a eticização do Direito Civil, outra a protecção do consumidor enquanto parte mais vulnerável – *Direito Civil e Direito do Consumidor.* "Themis" 2008 (Código Civil Português – evolução e perspectivas actuais, edição especial), p. 179. Realce-se que o Autor reconhece que a justiça contratual ínsita no Direito do Consumidor deve "dar frutos plenos no Direito Civil." – v. p. 179.

[61] Perante o Direito alemão v. EIKE SCHMIDT, na obra ESSER/SCHMIDT, *Schuldrecht.* Band I. Teilband I. 7ª edição. Heidelberg: Müller, 1992, pp. 7 e segs. Observe-se que EIKE SCHMIDT procedeu à reelaboração desta obra de JOSEF ESSER nos volumes referentes à parte geral do Direito das Obrigações.

[62] *Allgemeiner Teil des Bürgelichen Rechts. Das Rechtsgeschaft* (Vol. II). Berlin, Heidelberg, New York: Springer Verlag, 1965, p. 1.

[63] MENEZES CORDEIRO, *Tratado de Direito Civil Português.* Tomo I. 3ª edição. Coimbra: Almedina, 2005, p. 455. FLUME, como acabámos de ver em texto define autonomia privada como o princípio de autoconformação das relações jurídicas por parte de cada um segundo a sua vontade. SOUSA RIBEIRO critica esta concepção por pôr na sombra a diferente relevância da vontade individual nas diversas manifestações do princípio da autonomia privada – v. *O Problema do Contrato... cit.*, pp. 51 e segs. Aceitamos a ideia defendida pelo Autor de que o poder conformador da vontade individual é diverso consoante o tipo de liberdade em causa. Esse poder é, sem dúvida, mais forte no exercício de direitos subjectivos do que na fixação do conteúdo do contrato em que a vontade de uma das partes tem que ser combinada com a vontade da outra. No entanto, isso não prejudica a essencialidade da vontade individual na produção dos efeitos jurídicos. O que nos parece ser de

rem efeitos jurídicos, por via do contrato, segundo a sua vontade[64]. O princípio da liberdade contratual compreende a liberdade de celebração (*Absclussfreiheit*) e a liberdade de fixação de conteúdo dos contratos (*Gestaltungsfreiheit*). Embora só este último resulte expressamente do art. 405º CC, também desta norma decorre a liberdade de celebração do contrato[65].

Comecemos por abordar a relação do princípio da autonomia privada com o princípio da autodeterminação[66].

criticar na noção de FLUME é a ausência de referência ao papel da ordem jurídica que não se limita a reconhecer a vontade, mas ao mesmo tempo a protege e regula.
SOUSA RIBEIRO entende que a vinculação não poderá decorrer da vontade, pois não explica assim que o contratante permaneça obrigado, embora já não seja essa a sua vontade. De facto, o princípio *pacta sunt servanda* obriga mesmo quem já não deseja continuar vinculado pelo contrato. Tal explica-se, segundo cremos, pela protecção da confiança do declaratário e da segurança e fluidez do tráfico jurídico, interesses que seriam gravemente afectados se a vinculação ao conteúdo do contrato dependesse do arbítrio das partes. Pensamos que a vinculação resulta naturalmente dos termos da tutela da autonomia privada, em particular da liberdade contratual. O Direito cuida, desde logo, de garantir a inexistência de obstáculos jurídicos ao exercício da liberdade contratual. No entanto, não se trata de assegurar pura e simplesmente o arbítrio individual. A protecção da autonomia está sujeita às regras do Direito. Embora a vontade individual constitua elemento indispensável, a força vinculativa dos seus efeitos advém do Direito objectivo – SÉRVULO CORREIA, *Legalidade e Autonomia nos Contratos Administrativos*. Coimbra: Almedina, 2003, p. 437.
Neste sentido também, MENEZES CORDEIRO que, como vimos, sublinha que "o Direito institui, regula e defende a autonomia privada" – *Tratado de Direito Civil Português. Parte Geral*, Tomo I, ... *cit.*, p. 455. Compreende-se, desta forma, que o Autor rejeite que a autonomia privada constitua o único fundamento da vinculação das partes no contrato. Em sentido contrário, CANARIS considera que a vinculação deriva, de forma evidente, unicamente da autonomia privada, isto é, da vontade das partes. Nega à confiança qualquer papel nesta matéria – *Die Vertrauenshaftung im deutschen Privatrecht*. München: C.H. Beck, 1971, pp. 412 e segs.

[64] CANARIS, *Wandlungen.... cit.*, p. 277.

[65] V., por todos, CARLOS MOTA PINTO, *Teoria Geral do Direito Civil... cit.*, pp. 107 e segs.

[66] Segundo alguns Autores, a autonomia privada não se limita à liberdade negocial. A autonomia privada consiste no poder que a ordem jurídica reconhece aos particulares de "auto-regulamentação dos seus interesses, de autogoverno da sua *esfera jurídica*" – v. CARLOS MOTA PINTO, *Teoria Geral do Direito Civil... cit.*, p. 102 (itálico do Autor). Assim, a autonomia privada terá como veículo de realização não apenas o negócio jurídico, mas também o direito subjectivo. Salientando esta circunstância, CARLOS MOTA PINTO, *Teoria Geral do Direito Civil... cit.*, pp. 102 e 103. Também reconduzindo o exercício do direito subjectivo à autonomia privada, PEDRO PAIS DE VASCONCELOS, *Teoria Geral do Direito Civil*. 7ª edição. Coimbra: Almedina, 2012, p. 14.
MENEZES CORDEIRO admite que o conceito de autonomia privada poderá assumir um sentido ainda mais amplo, abrangendo tudo o que os sujeitos poderão fazer "num prisma material ou num prisma jurídico". Numa acepção mais restrita, considera o Autor que a autonomia privada "corresponde ao espaço de liberdade jurígena, isto é, à área reservada na qual as pessoas podem desenvolver as actividades jurídicas que entenderem" – *Tratado de Direito Civil Português. Parte Geral* Tomo I, ... *cit.*, p. 391.

Os Autores que lhe atribuem um sentido lato tenderão a considerá-la uma manifestação da autodeterminação, ou mesmo a identificá-la com a autodeterminação. A autodeterminação consiste na liberdade genérica de agir, isto é, no "poder de cada indivíduo gerir livremente a sua esfera de interesses, orientando a sua vida de acordo com as suas preferências"[67].

Num entendimento mais apertado de autonomia privada, esta apresenta um conteúdo coincidente com a noção de autonomia negocial[68], isto é, a liberdade de os sujeitos produzirem efeitos jurídicos, seja por meio de um acto unilateral, seja através de manifestações de vontade confluentes. Esta concepção mais estrita de autonomia privada tenderá a surgir demarcada do conceito de autodeterminação. A autodeterminação apresentar-se-á como uma das funções da autonomia pri-

Já Sousa Ribeiro, em conformidade com a separação que traça entre autodeterminação e autonomia privada (*O Problema do Contrato... cit.*, pp. 21 e segs.), reserva para este conceito um sentido restrito, identificando-o com o conceito de autonomia negocial. Deste modo, considera que o conceito de autonomia privada apenas compreenderá as situações de "poder jurigénico", isto é, de poder de criação, modificação ou extinção de relações jurídicas – *O Problema do Contrato... cit.*, pp. 49 e segs. A noção de Sousa Ribeiro parece-nos ser mais restrita do que a noção de autonomia privada em sentido restrito proposta por Menezes Cordeiro como "espaço de liberdade jurígena", dado que para este Autor ficam abrangidos os actos jurídicos em sentido estrito. Repare-se que Menezes Cordeiro considera que, nos actos jurídicos em sentido estrito, a autonomia privada está limitada à liberdade de celebração, ao contrário do que sucede com os negócios jurídicos. Nestes haverá liberdade de celebração e liberdade de estipulação. É um prisma diverso do proposto por Autores que, na linha da doutrina germânica e acolhida entre nós por Manuel de Andrade, consideram que, nos actos jurídicos em sentido estrito (que também se designam por simples actos jurídicos), a vontade é estranha à produção dos efeitos jurídicos. Os efeitos jurídicos advêm da lei. O critério seguido por Menezes Cordeiro, na esteira de Paulo Cunha para diferenciar os negócios jurídicos de actos jurídicos em sentido estrito na existência nos primeiros de liberdade de estipulação, ao contrário do que sucederia nos segundos, aparece exposto no seu *Tratado de Direito Civil Português. Parte Geral.* Tomo I... *cit.*, pp. 392, 395 e 447 e segs. O Autor lembra que tanto no acto jurídico como no negócio jurídico, "há factos que por voluntários produzem efeitos *ex lege*" – pp. 450 e 451. Por isso, a relação entre a vontade e a produção de efeitos jurídicos não poderia mais ser decisiva.

Para Sousa Ribeiro, os poderes e faculdades associados a posições jurídicas activas, em especial a direitos subjectivos, estariam compreendidos no conceito de autodeterminação, tornando-se desnecessária a extensão do conceito de autonomia privada. Para além de dispensável, tal extensão seria também inconveniente, dada a exclusiva conotação voluntarista com que impregnaria o conceito de autonomia privada – v. p. 50.

Note-se que o Autor entende que a autodeterminação não explica por si a vinculação contratual. Outros interesses poderão determinar a vinculação, mesmo que contra a vontade real de uma das partes. O negócio jurídico constitui uma forma de organização das relações económicas e sociais, pelo que se torna incompatível com a exclusiva tutela da vontade das partes.

[67] Sousa Ribeiro, *O Problema do Contrato... cit.*, p. 22.

[68] Sousa Ribeiro, *O Problema do Contrato... cit.*, pp. 21 e segs. e nota 33.

vada, ou seja, como um dos princípios que a autonomia privada procura realizar. Isto significará que a autonomia privada se encontra numa relação funcional, não apenas em relação à autodeterminação, mas também em relação a outros princípios, como a confiança e a protecção do tráfico jurídico e até mesmo a auto-responsabilidade[69].

Já uma visão mais ampla do conceito de autonomia privada tenderá a uma aproximação ou mesmo a uma sobreposição dos conceitos, ignorando, *no âmbito da autonomia privada*, outros princípios que ela própria, segundo os defensores da separação entre autonomia privada e autodeterminação, também deverá procurar servir[70]. Na verdade, defendendo-se uma concepção de autonomia privada enquanto manifestação do princípio da autodeterminação, outros princípios como a protecção da confiança e a protecção do tráfico jurídico surgirão numa relação de tensão com a autonomia privada[71]. A autonomia dever-se-á compatibilizar com esses princípios.

Observada sob o prisma da posição que considera a autonomia privada como manifestação do princípio da autodeterminação ou com esta coincidente, a relevância daqueles princípios funcionará como uma restrição ou cedência da autonomia privada. Pelo contrário, a visão que procede à demarcação da autonomia privada relativamente à autodeterminação, considerará a prevalência daqueles princípios como uma cedência do princípio da autodeterminação, mas não da autonomia privada[72].

Tanto num caso como noutro se reconhece a necessidade de cumprimento pela autonomia privada das exigências que decorrem do princípio da autodeterminação. Na realidade, muito embora se reconheça a impossibiiilidade de plena liberdade efectiva[73], tanto os que defendem uma aproximação ou sobreposição entre os conceitos de autonomia privada e de autodeterminação, como também os que professam a sua diferenciação, salientam a necessidade de atender à efectiva existência das condições de que depende a autodeterminação dos sujeitos. Não basta, com efeito, que não existam obstáculos jurídicos à livre formação da

[69] Sousa Ribeiro, *O Problema do Contrato... cit.*, p. 47.

[70] Sousa Ribeiro, *O Problema do Contrato... cit.*, p. 47. Esses princípios, como sejam a confiança e a auto-responsabilidade, também poderão fundar a produção de efeitos jurídicos. Nestas situações, como refere Sousa Ribeiro, a vinculação produz-se, "não por força, mas apesar da autodeterminação". Será o caso de o declarante ficar obrigado a efeitos não pretendidos, por exemplo, por falta de preenchimento dos pressupostos de relevância do erro como fundamento de anulabilidade do negócio jurídico.

[71] Paulo Mota Pinto, *Declaração Tácita e Comportamento Concludente no Negócio Jurídico*. Coimbra: Almedina, 1995, pp. 423 e segs.

[72] Neste sentido, Sousa Ribeiro, *O Problema do Contrato... cit.*, p. 247, nota 606.

[73] V. Canaris, *A liberdade a a justiça contratual na "sociedade de Direito Privado"... cit.*, p. 61.

vontade[74], mas é também necessário que não ocorram circunstâncias que, no plano fáctico, a prejudiquem.

A autodeterminação surge como um "conceito de valor"[75], a que, como vimos, segundo alguns, se reconduz a autonomia privada, tratando-se, segundo outros, de um princípio a ela exterior, mas que norteia a autonomia privada[76]. No entanto, uns e outros convergem na necessidade de atender às condições de efectiva autodeterminação.

Cremos constituir a autonomia privada a manifestação "na esfera jurídica"[77] do princípio mais amplo da autodeterminação. Na expressão de CARLOS MOTA PINTO, estamos no domínio do "império da vontade". Tal não significa, no entanto, que o alcance do princípio da autonomia privada, entendido como manifestação da autodeterminação, não deva, em certas circunstâncias, ser restringido em face de outros princípios que com ele possam conflituar[78]. Como já vimos, a vontade não é pura e simplesmente reconhecida e como tal protegida pelo ordenamento jurídico. A vontade é protegida na medida em que o Direito a tutele.

[74] CANARIS, *Wandlungen... cit.*, p. 277.

[75] SOUSA RIBEIRO, *O Problema do Contrato... cit.*, p. 22.

[76] Para os primeiros, afigurar-se-á adequada a expressão liberdade material que servirá para designar o exercício da autonomia em condições reais de autodeterminação. A liberdade material surgiria em oposição à liberdade formal. A liberdade formal e a liberdade material constituiriam dois pressupostos da autodeterminação e, consequentemente, da autonomia privada. Já se a autodeterminação for considerada um princípio exterior face à autonomia privada, surgindo como princípio que a autonomia privada deverá servir, verificando-se ausência ou falha grave das condições reais de autodeterminação, concluir-se-á que a autonomia privada não terá condições para servir como instrumento de realização da autodeterminação. A autonomia privada falhará como veículo de realização da autodeterminação, abrindo-se as portas à regulação imperativa – SOUSA RIBEIRO, *O Problema do Contrato... cit.*, pp. 46 e 47.

[77] CARLOS MOTA PINTO, *Teoria Geral do Direito Civil... cit.*, p. 102.

[78] PAULO MOTA PINTO, seguindo a tese de BIDINSKY, perfilha um conceito amplo de autodeterminação como a "possibilidade de por acto de vontade autodeterminado fundar ou impedir efeitos jurídicos". Em conformidade, entende não ser rigoroso falar de uma restrição do alcance da autonomia privada nos casos em que é dado relevo a outros princípios com ela conflituantes, como a confiança ou a segurança ou fluidez do tráfico jurídico, fazendo o declarante suportar efeitos por ele não desejados – v. *Declaração Tácita... cit.*, pp. 422 e segs., e *O direito ao livre desenvolvimento da personalidade*. In AAVV, Portugal-Brasil. Coimbra: Coimbra Editora, 1999, p. 213, nota 176.
Posição diferente apresenta SOUSA RIBEIRO que considera existir nesses casos uma verdadeira restrição ao princípio da autodeterminação. O Autor rejeita a posição de BIDINSKY seguida por PAULO MOTA PINTO, recusando a ideia de que a autodeterminação compreende a simples *possibilidade* de por acto de vontade fundar ou impedir a produção de efeitos jurídicos. Assim sendo, nos casos em que, em homenagem à protecção da confiança do declaratário e da segurança ou fluidez do tráfico jurídico, a autodeterminação é preterida em prol desses outros princípios que também a ordem jurídica procura proteger, defende SOUSA RIBEIRO estarmos perante uma restrição ao alcance no princípio da autodeterminação – O *Problema do Contrato.... cit.*, pp. 244 e segs., nota 606.

O ordenamento jurídico reconhece outros princípios que podem determinar o recuo da autonomia privada. A protecção do tráfico jurídico e a protecção da confiança poderão vir a determinar a cedência da autonomia privada.

A relação de tensão entre a autonomia privada, em particular a liberdade contratual, e os outros princípios com ela conflituantes encontra-se espelhada na contraposição entre liberdade formal e liberdade material. Aquela traduz-se na faculdade, reconhecida pelo Direito aos sujeitos, de livre assunção e conformação das relações jurídicas, e satisfaz-se pela ausência de impedimentos jurídicos à sua liberdade de actuação. Já a liberdade material postula condições reais de desenvolvimento da liberdade reconhecida pelo Direito.

Uma vez que a liberdade formal requer unicamente a ausência de impedimentos jurídicos à livre formação da vontade, não estando aqueles presentes, o contrato será *vinculativo*, não sendo relevante nesta sede a falta de verificação das condições reais necessárias à livre formação da vontade. Por seu turno, encarada a liberdade contratual sob o prisma material, as reais condições de livre formação da vontade relevarão, podendo a sua inexistência ou o seu comprometimento conduzir à invalidade do contrato. Torna-se visível a constatação de que, embora a liberdade formal e a liberdade material constituam componentes do princípio da autodeterminação, existirá entre elas um antagonismo[79]. A ordem jurídica vê-se, assim, confrontada com a tarefa de apurar as situações em que a liberdade de contratar foi de tal forma afectada que se justifica a invalidade do contrato[80]. O regime dos vícios da vontade, a par do tratamento jurídico das incapacidades, testemunha a procura desse equilíbrio. No entanto, se atendermos ao seu regime, facilmente concluímos que a protecção da liberdade contratual está sujeita a condições muito exigentes, pelo que o apelo ao regime dos vícios da vontade poderá não ser suficiente para suprir determinadas falhas da liberdade efectiva.

Outros instrumentos destinados a ultrapassar deficiências nas condições de autodeterminação, protegendo deste modo a materialidade da liberdade contratual, consistem na imposição de deveres de informação, destinados a corrigir assimetrias informativas, e na consagração do chamado direito ao arrependimento em favor do consumidor em certos tipos de contratos. Os deveres de informação e o direito de arrependimento integram o chamado *modelo da informação*. O modelo da informação compagina-se bem com o modelo social liberal, pois não passa por uma intervenção no conteúdo do contrato. Procura apenas servir as

[79] CANARIS, *Wandlungen... cit.*, pp. 278 e 279.

[80] ZÖLLNER, *Regelungsspielräume im Schuldvertragsrecht.* "AcP" 1996, p. 28, merecendo a concordância de CANARIS, *Wandlungen... cit.*, p. 278.

preocupações ligadas *à materialização da liberdade contratual* e não, pelo menos em primeira linha, à *materialização da justiça contratual*[81].

Detenhamo-nos, por agora, sobre o estudo do direito de arrependimento. Trata-se de um instrumento destinado a servir a materialidade da liberdade contratual. Ao contrário dos vícios da vontade, que actuam em face de uma concreta perturbação no processo de formação da vontade, o direito ao arrependimento é um instrumento "de cariz abstracto, tipificizador"[82].

Estamos em presença de uma faculdade destinada a servir exigências de materialização da liberdade contratual. Em determinados contratos a que tipicamente vão associadas certas características, relacionadas com as circunstâncias envolventes[83] ou com o conteúdo do contrato[84], susceptíveis de comprometer a necessária reflexão, o legislador reconhece ao consumidor um prazo de reflexão, antes de o contrato adquirir eficácia jurídica, durante o qual o consumidor

[81] Trata-se de um instrumento processual de realização da justiça, como veremos em texto.

[82] CARNEIRO DA FRADA, *Teoria da Confiança e Responsabilidade Civil*. Coimbra: Almedina, 2004, p. 198, nota 154. Tal como sucede com os requisitos de forma e com as normas sobre a capacidade negocial, a lei parte de situações tipificadas. A estas situações associa a lei o direito de arrependimento. Não recorre, deste modo, a cláusulas gerais com vista a delimitar o seu âmbito de aplicação. Veja-se, por exemplo, o caso das vendas no domicílio. A *ratio* do direito de arrependimento reside, neste contexto, no facto de estarmos em face de uma situação em que tipicamente o factor surpresa reveste uma importância determinante na decisão de contratar. Esta circunstância é de molde a propiciar decisões pouco amadurecidas. Todavia, o legislador não lança mão de uma cláusula geral centrada na verificação em concreto de uma decisão irreflectida, causada pelo efeito surpresa. Antes circunscreve a área de incidência da lei recorrendo à tipificação das situações. Deste modo, o direito de arrependimento é reconhecido mesmo a quem, no caso concreto, não tenha sido vítima do factor surpresa. Inversamente, também poderá deixar de fora situações em que no caso concreto a conclusão do contrato se deveu ao factor surpresa. CANARIS considera que só esta solução se coaduna com a imposição de um dever de informar (*Belehrung*) o consumidor sobre o direito de arrependimento – v. *Wandlungen... cit.*, p. 347.
As normas sobre requisitos de forma também têm por objectivo procurar assegurar uma maior reflexão, pela não coincidência entre os momentos da decisão de contratar e da conclusão do contrato.

[83] V. a justificação descrita na nota anterior sobre o direito de livre desvinculação em matéria de contratos no domicílio.

[84] Veja-se, por exemplo, o diploma sobre crédito ao consumo. Aqui, está em causa a atracção que o crédito ao consumo pode exercer sobre o consumidor, factor que desfavorece a ponderação. Na realidade, a mediação de um espaço de tempo entre a disponibilidade do dinheiro ou o acesso aos bens pelo consumidor e a obrigação de pagamento poderá induzir o consumidor a uma deficiente reflexão – CANARIS, *Wandlungen... cit.*, p. 349. Assim, surge com particular importância a imposição legal, a favor do consumidor, de um direito de livre desvinculação, que poderá ser exercido durante um certo período de tempo definido pela lei. Igualmente se afigura este direito como complemento necessário dos deveres de informação estabelecidos pela lei para tutela da regular formação da vontade pelo consumidor – *Wandlungen... cit.*, pp. 351 e 352.

poderá declarar que não pretende assumir os efeitos do contrato, ou concede ao consumidor a possibilidade de se desvincular do contrato durante um período de tempo. O consumidor não necessita de invocar qualquer motivo para o exercício do direito de arrependimento.

Tal como sucede com os vícios da vontade, também nesta sede ressalta a tensão entre a liberdade formal e a liberdade material. Na realidade, à primeira, como vimos, vai associado o princípio *pacta sunt servanda*, o que conflitua com a segunda, uma vez que a natureza vinculativa do contrato é posta em causa pela necessidade de proteger as condições reais de autodeterminação. O ponto de equilíbrio é atingido ao considerar-se que este direito não deve ser reconhecido em todos os contratos celebrados com consumidores, mas apenas naqueles a que *tipicamente* estão associadas circunstâncias que desfavorecem a ponderação, assim se negando um "direito geral de arrependimento"[85].

O modelo de informação procura tutelar os pressupostos reais de autodeterminação, tendo em vista proteger a materialidade da liberdade contratual. À protecção dos pressupostos reais de autodeterminação vai associada uma concepção formal ou procedimental de justiça[86]. Com efeito, a compreensão formal ou procedimental de justiça assenta no processo, abstraindo do conteúdo. Deste modo, aceita como justo o que foi acordado pelas partes, prescindindo de um critério exterior de justiça. Os contratos resultam da vontade dos interessados. Parte-se da ideia de necessidade de respeito pela vontade do Homem, manifestada livremente. A consideração da vontade assim manifestada é imposta pelo respeito da dignidade humana. Em suma, a justiça formal ou processual alicerça-se, não no cumprimento de exigências de justiça impostas pelo Direito objectivo, mas antes na máxima *volenti non fit iniuria*.

No domínio da responsabilidade por informações, para ultrapassar insuficiências destes mecanismos, tem-se proposto o recurso à *culpa in contrahendo* para resolver o contrato através da reconstituição natural[87].

Onde a lei intervenha no conteúdo do contrato, os efeitos jurídicos assim produzidos derivam exclusivamente da lei, não sendo também resultado da vontade das partes[88]. Cremos entrar no domínio da justiça contratual, não estando aqui

[85] Assim, CANARIS, *Wandlungen... cit.*, pp. 444 e 345. Também CARNEIRO DA FRADA, *Teoria da Confiança... cit.*, p. 199, nota 145.

[86] Destacando a importância da liberdade material ao lado da liberdade formal enquanto base de força persuasiva da máxima *volenti non fit iniuria*, CANARIS, *Wandlungen... cit.*, pp. 286 e 287.

[87] V. *infra*, Parte II, Cap. III, § 3.

[88] Neste sentido, SOUSA RIBEIRO, *O Problema do Contrato... cit.*, p. 108. Convém precisar que a vontade das partes não é causa eficiente da produção de efeitos jurídicos. É a ordem jurídica que reconhece a produção desses efeitos – PAULO MOTA PINTO, *Declaração Tácita... cit.*, p. 422.

em causa a tutela da autodeterminação, mas sim, a realização material da justiça contratual através da intervenção directa da ordem jurídica no contrato.

Daí que CANARIS apenas aceite que a ordem jurídica vá além do modelo da informação, acolhendo uma intervenção do Direito no conteúdo do contrato onde falhem os pressupostos reais de autodeterminação ao nível individual e ao nível colectivo[89].

Em matéria de protecção do consumidor, embora prevaleça a preocupação de protecção das condições de uma efectiva autodeterminação, em determinadas situações, vai-se mais além, intervindo directamente nas relações jurídicas, visando, neste caso, realizar a justiça material, através da imposição de critérios de justiça às partes nas relações contratuais. Refira-se, no entanto, que o próprio Direito dispositivo reflecte critérios de justiça material, procurando uma composição equilibrada de interesses, servindo assim a concretização da justiça comutativa[90].

Na realidade, poder-se-á entender que a protecção do consumidor se encontra predominantemente orientada no sentido de assegurar os pressupostos da liberdade contratual efectiva, procurando o Direito garantir as condições de existência de uma regular formação da vontade. Deste modo, o legislador, em princípio, renunciará à imposição de um critério objectivo de justiça. Vai associada a esta ideia uma concepção formal ou procedimental de justiça. Porém, será igualmente possível considerar que a tutela do consumidor está essencialmente dirigida à prossecução da justiça contratual que a desigualdade fáctica poderá pôr em causa. Estaremos, neste caso, em presença de uma concepção material de justiça, mais precisamente de uma ideia de justiça social.

Saliente-se, por fim, que a materialização da liberdade contratual poderá ter por finalidade última, não a protecção da liberdade enquanto expressão da autodeterminação do sujeito, antes se apresentando como um instrumento ao serviço de tutela do regular funcionamento do mercado. Onde assim seja, a protecção da liberdade será directamente dirigida à correcção das falhas de mercado. Trata-se de uma questão que está ligada à relação entre o contrato, justiça e mercado.

Vamos, de seguida, analisar em que medida é que preocupações de protecção da liberdade contratual efectiva encontram expressão na protecção do investidor no Direito dos Valores Mobiliários.

[89] V. *infra*, pp. 61 e segs.

[90] V., por todos, CANARIS, *Wandlungen... cit.*, pp. 285 e 287.

1.2. A protecção do investidor e a liberdade contratual efectiva

1.2.1. Os deveres gerais e os deveres individuais de informação e a formação da vontade do investidor

O Direito dos Valores Mobiliários revela preocupação com o esclarecimento dos participantes no mercado, consagrando deveres de divulgação de informação. Optou o legislador pelo modelo da *disclosure philosophy*. É um modelo que parte da confiança no livre jogo das forças no mercado, procurando salvaguardar o mercado de interferências por parte da entidade de supervisão no mérito das operações[91]. Reconhecendo, no que toca ao acesso à informação, a existência de assimetrias susceptíveis de comprometer adequadas avaliações por parte dos investidores, o ordenamento jurídico impõe aos emitentes diversos deveres de informação, dirigidos ao esclarecimento do *público investidor*, que os Autores alemães denominam como deveres de publicidade (*Publizitätspflichten*). Têm estes deveres em vista permitir uma adequada avaliação da relação risco/rendimento por parte do público investidor, sendo essencial à regular formação de preços no mercado.

Contudo, a divulgação das informações pelos emitentes ao mercado pode não ser suficiente para garantir a presença das condições de que depende uma decisão de (des)investimento esclarecida. O investidor pode não ser capaz de avaliar a bondade da operação, nem a sua adequação aos seus interesses[92]. Daí a importância crucial do intermediário financeiro que converte a informação divulgada no mercado em informação individual utilizável pelo investidor[93]. Esta informação individualizada é apelidada pela doutrina alemã de *Individualpublizität*.

A relação entre o intermediário financeiro e o investidor surge assim moldada pela preocupação de defesa dos interesses do investidor, condição essencial à confiança dos investidores e à promoção da eficiência alocativa do mercado de valores mobiliários. Deste modo, o papel do intermediário financeiro não pode ser compreendido no contexto de uma habitual relação negocial entre o prestador de serviços e o seu cliente. Cremos constituir a chamada *suitability rule* um ponto nevrálgico da compreensão dos deveres do intermediário financeiro para com o investidor, assim como do papel que o Direito reserva ao intermediário financeiro.

[91] V. *infra*, pp. 108 e segs.

[92] Apontando a insuficiência dos deveres de informação no esclarecimento dos investidores no *Securities Act*, Douglas, *Protecting the investor.* "Yale Review" 1934, p. 523.

[93] Benicke, *Wertpapiervermögensverwaltung... cit.*, p. 390.

1.2.2. O papel do intermediário financeiro na formação da vontade do investidor. A *suitability rule* e a primazia da vontade do investidor

1.2.2.1. As concepções subjectivista e objectivista da *suitability rule*

A *suitability rule*, assim apelidada pela doutrina norte-americana, obriga o intermediário financeiro a ajuizar a adequação das operações ao perfil do investidor. Este dever de adequação poderá surgir, alternativamente, como mera extensão da *disclosure philosophy* ao nível da relação entre o intermediário financeiro e o investidor, ou como princípio de natureza adicional em relação à *disclosure philosophy*, complementando-a na prossecução da protecção do investidor e da eficiência do mercado[94].

Sendo seguida a primeira opção, o intermediário financeiro que, depois de averiguar o perfil do cliente, conclua pela inadequação da operação, será apenas obrigado a avisar o investidor, a quem caberá decidir sobre a execução da operação. Já a segunda opção obrigará o intermediário financeiro a não realizar a operação se a considerar desajustada.

Esta é uma questão que assume relevância no estudo do papel do intermediário financeiro na protecção do investidor. A intervenção do intermediário financeiro poderá ter em vista a tutela da autodeterminação do investidor ou a garantia da racionalidade da decisão.

De facto, sendo reservada ao investidor a última palavra sobre as operações a realizar, ainda que estas se antevejam ruinosas, cremos poder concluir que a protecção da vontade do investidor no Direito dos Valores Mobiliários terá como paradigma a liberdade individual como expressão do livre desenvolvimento da personalidade do indivíduo.

Impondo o legislador ao intermediário financeiro, pelo contrário, a obrigação de recusa de operações desfavoráveis ao interesse do investidor, será legítimo entender a tutela da vontade do investidor apenas na medida em que se possa traduzir numa vontade racional.

Esta última opção poderá ser criticada por se materializar numa decisão do intermediário financeiro sobre o mérito da decisão de investimento, o que seria incompatível com a ordem jurídico-privada que reconhece a autonomia privada como princípio estrutural[95]. Apresentar-se-ia como uma solução paternalista, protectora do investidor perante si próprio, que contrariaria os princípios da

[94] Abordando o assunto sob esta perspectiva, ASSMANN, *The Broker-Dealer's Liability for Recommendations, Under the US Securities Laws and the Suitability Rules of Self-Regulatory Organizations*: Frankfurt am Main/Bern: Peter Lang, 1982, em especial, pp. 52 e 53 e 75 e segs.

[95] Neste sentido, CASTILHO DOS SANTOS, *A Responsabilidade Civil do Intermediário Financeiro Perante o Cliente*. Coimbra: Almedina, 2008, pp. 112 e segs.

autonomia e da responsabilidade, assim como o papel do mercado que assenta o seu funcionamento nas escolhas dos que nele participam.

Cremos, no entanto, poder ser diversa a perspectiva sob a qual o debate deve ser encarado. Com efeito, não nos parece que esteja necessariamente em causa uma discussão em torno de uma escolha entre uma orientação assente na autonomia privada e no mercado e uma outra baseada na protecção do investidor enquanto parte socialmente mais vulnerável.

Poderá antes estar em causa a determinação da intenção do Direito dos Valores Mobiliários no sentido de atribuir ao intermediário financeiro a tarefa de auxiliar o investidor na formação da sua vontade ou, em alternativa, de assegurar que o investidor toma a decisão mais racional no quadro dos seus interesses, uma vez que a racionalidade da decisão servirá adequadamente os interesses do mercado.

As doutrinas clássica e neoclássica partem do pressuposto da racionalidade dos agentes económicos. Deste modo, é na vontade do Homem racional (*Homo economicus*) que assentam as doutrinas clássica e neoclássica de explicação do funcionamento do mercado. Contudo, SIMON, com a sua doutrina da racionalidade limitada (*bounded rationality*) veio demonstrar que as limitações ao comportamento racional do indivíduo se situam na sua própria esfera[96]. Esta ideia está bem patente no problema da informação, em que se apresentam limitações do indivíduo, quer no acesso à informação, quer na assimilação dos dados informativos[97].

A teoria da racionalidade limitada tem reflexos ao nível do Direito. Para além de o nível de informação dever ser determinado tendo em vista as diferentes capacidades dos participantes no mercado no que toca ao acesso e ao processamento da informação[98], não será suficiente a simples obrigação de informação (*Informationspflicht*) pela parte mais capaz, indo mais longe, sendo imposta uma obrigação de conselho (*Beratungspflicht*), em especial no domínio da *culpa in contrahendo*[99]. Por outro lado, poderá a limitação da racionalidade justificar em determinadas situações intervenções de orientação paternalista, no sentido de defender o agente de si mesmo[100].

Estas consequências encontram especial eco em sede da actividade de intermediação financeira. As exigências de informação têm em vista a formação da vontade, não colocando em causa as escolhas individuais dos investidores. A *sui-*

[96] *A behavioral model of rational choice*. "The Quarterly Journal of Ecomomics" 1955, pp. 99 e segs.

[97] FLEISCHER, *Informationasymmetrie im Vertragsrecht. Eine rechtsvergleichende und interdisziplinäre Abhandlung zu Reichweit und Grenzen vertragsbezogener Aufklärungspflichten*. München: C.H. Beck, 2004, p. 112.

[98] FLEISCHER, *Informationsasymmetrie... cit.*, p. 116.

[99] FLEISCHER, *Informationsasymmetrie... cit.*, p. 116.

[100] FLEISCHER, *Informationsasymmetrie... cit.*, p. 116.

tability rule, por seu turno, ao impor ao intermediário financeiro a obrigação de avaliar a adequação da operação ao perfil do investidor, tanto poderá revestir a natureza de um elemento auxiliar na tomada de decisão do investidor como a natureza de um juízo determinante da possibilidade de o intermediário financeiro executar a operação.

Com efeito, as limitações à racionalidade dos investidores poderão justificar intervenções destinadas a proteger o investidor perante a sua própria irracionalidade. Neste sentido, a lei poderá admitir o sacrifício da vontade individual do investidor. Assim, o legislador que opte por obrigar o intermediário financeiro a recusar operações desajustadas aos interesses dos investidores, estará a desviar-se da linha da *disclosure philosophy*. Este caminho não se identificará, no entanto, necessariamente, com uma filosofia que, concentrada na relação individual e inspirada na tutela da parte mais vulnerável da relação contratual, tenha por finalidade impedir que a desigualdade entre as partes conduza a uma composição desequilibrada de interesses no contrato. Poderá reflectir antes a preocupação em garantir o comportamento racional do investidor enquanto pressuposto do funcionamento do mercado. A resposta a necessidades especiais de protecção do investidor não está necessariamente em contradição com a tutela da capacidade de funcionamento do mercado[101].

A preocupação em proteger o investidor perante a sua própria irracionalidade está na base da doutrina que defende uma leitura objectivista da *suitability rule*, não considerando ser suficiente submeter o intermediário financeiro a um mero dever de avisar o investidor sobre a inadequação da operação[102]. Trata-se, pois, de ir além da protecção conferida pela *disclosure philosophy* e permitir que a decisão sobre o mérito do investimento caiba ao intermediário financeiro. Esta solução está, aliás, em plena sintonia com a circunstância de ter sido precisamente a consciência das limitações do modelo da plena informação a inspirar a *suitability rule*[103].

Efectivamente, encarar o dever de o intermediário financeiro julgar a conformidade do investimento ao perfil do investidor como simples extensão do modelo da informação equivale a não servir plenamente o objectivo que esteve na origem da sua criação[104].

[101] BENICKE, *Wertpapiervermögensverwaltung... cit.*, p. 411. A irracionalidade do comportamento justificará retoques no modelo liberal da informação na protecção do consumidor – v. FLEISCHER, *Informationsasymmetrie... cit.*, p. 116.

[102] Neste sentido, ASSMANN, *The Broker-Dealer's Liability... cit.*, pp. 75 e segs.

[103] ASSMANN, *The Broker-Dealer's Liability... cit.*, pp. 11 e 12 e p. 52. Referindo-se igualmente às insuficiências do modelo *full disclosure* como o fundamento da *suitability rule*, MUNDHEIM, *Professional responsabilities of broker dealer: The suitability doctrine.* "Duke Law Journal" 1965, pp. 449 e 450.

[104] Neste sentido, ASSMANN, *The Broker-Dealer's Liabiity... cit.*, p. 52.

Não pretendemos defender uma visão estritamente funcionalista da decisão do investidor, que colocaria o sentido da decisão de investimento ao serviço do interesse público da alocação eficiente de recursos. A consagração do dever de adequação procura antes, tendo presente os objectivos e as condições do investidor, evitar opções de investimento que se mostrem gravosas para os seus interesses[105]. Não podemos, no entanto, deixar de considerar o papel das decisões dos investidores na prossecução do importante interesse público de emprego eficiente dos recursos. A tomada de decisões previsivelmente desadequadas aos interesses dos investidores poderá ter reflexos não só a nível individual, mas também a nível do interesse colectivo da eficiente alocação de recursos. Com efeito, existem recursos que são alocados de forma ineficiente devido à deficiente ponderação das opções de investimento[106]. Compreende-se a qualificação da livre escolha dos investidores como matéria de *public policy*[107].

Em suma, segundo uma visão mais objectivista da *suitability rule*, está em causa proteger a vontade do investidor apenas na medida em que se trate de uma decisão adequada à situação pessoal e objectivos do investidor ou potencial investidor. Não será exacto sustentar que a opção por uma doutrina objectivista tem por consequência impedir o investidor de aplicar as suas poupanças num sentido "*normalmente* inadequado"[108]. Não é possível julgar a natureza adequada do investimento em termos estritamente objectivos[109].

O que a visão objectivista defende é a recusa da execução de operações não adequadas à situação pessoal e aos objectivos do investidor, optando por fazer prevalecer a opção mais racional em face dos condicionalismos dos investidores, em detrimento da sua vontade, quanto à *via pretendida* para a satisfação dos

[105] Em sentido idêntico vão as considerações de ASSMANN, *The Broker-Dealer's Liability... cit.*, p. 52.

[106] Chamando a atenção para a importância da disseminação da informação entre os participantes no mercado de capitais, de modo a que tenham possibilidade de comparar as alternativas de investimento numa alocação eficiente de recursos, ASSMANN, *The Broker-Dealer's Liability... cit.*, pp. 17 e 18.

[107] ROACH, *The suitability obligations of Brokers. Present Law and the proposed Federal Securities Code.* "Hastings Law Journal" 1977/1978, p. 1178. A escolha do legislador situar-se-á entre a aceitação da livre decisão do investidor e a impossibilidade de este abdicar da protecção. Repare-se, todavia, que, ao contrário do que salientamos em texto, o Autor não invoca como razão determinante da impossibilidade da renúncia do investidor as repercussões individuais e colectivas das opções de investimento, mas justifica a natureza imperativa da sua protecção com a possibilidade de a renúncia ser determinada por coacção e com a possibilidade de disputas em torno da regularidade da vontade do investidor. Situa, pois, as suas objecções ao nível dos pressupostos da formação da vontade individual do investidor.

[108] CASTILHO DOS SANTOS, *A Responsabilidade Civil do Intermediário Financeiro... cit.*, p. 116. Itálico do Autor.

[109] Isto mesmo sublinha ASSMANN, *The Broker-Dealer's Liability... cit.*, pp. 53 e 116.

seus interesses. A eficiente alocação de recursos não é necessariamente alcançada pura e simplesmente através das decisões dos participantes no mercado[110]. Colocam-se, pois, os problemas relacionados com a falta de conhecimento, com a aquisição de conhecimento e mesmo com a *ausência* de actuação racional dos participantes no mercado. É esta última vertente que passamos a analisar.

Pensamos que seria a doutrina objectivista no sentido descrito que melhor se coadunaria com o reconhecimento da racionalidade limitada dos agentes do mercado. Na verdade, assentando o Direito dos Valores Mobiliários na confiança no mercado enquanto instrumento de eficiente alocação de recursos, parte do modelo do *Homo economicus*[111], isto é, fundamenta-se na ideia de que o Homem se comporta de forma racional e dispõe de preferências estáveis[112].

Daí, como vimos, a importância do papel dos intermediários financeiros no alcance da decisão que melhor serve os interesses do investidor. A opção pela decisão mais bem talhada à sua prossecução surge como elemento relevante para o bom funcionamento do mercado e para que o mercado confirme o seu papel de mecanismo apto a alcançar a alocação eficiente de recursos. O alcance deste objectivo pressupõe, assim, uma actuação racional por parte do investidor. Por consequência, a ausência de racionalidade justificaria alguns ajustamentos no âmbito da *disclosure philosophy*, e deveria, segundo cremos, ir neste sentido o papel da obrigação de o intermediário financeiro averiguar a conformidade do investimento ao perfil do investidor.Não é esta, como veremos, a escolha, quer do legislador europeu, quer do legislador luso.

[110] Segundo ADAM SMITH, prosseguindo os indivíduos os seus próprios interesses, acabariam por contribuir involuntariamente para a realização do interesse geral. Este seria alcançado de forma mais eficiente pelos particulares do que por uma qualquer entidade que para esse efeito fosse incumbida. Com efeito, procurando servir os seus interesses, através da mão invisível, os participantes no mercado contribuiriam para a prossecução do interesse geral – v. *An Inquiry into the Nature and Causes of the Wealth of Nations.* Lausanne: SM Soares. MetaLibri Digital Editions, 29 de Maio de 2007, v. pp. 349 e 350 (p. 456 da edição de Glasgow). Sobre o pensamento de ADAM SMITH, FERNANDO ARAÚJO, *ADAM SMITH, O Conceito Mecanicista de Liberdade.* Coimbra: Almedina, 2001.
FLEISCHER sublinha que, devendo-se ao liberalismo clássico a descoberta do mecanismo do mercado, o liberalismo clássico não se ocupa, no entanto, do problema da falta de conhecimento ou da aquisição de conhecimento no mercado – v. *Informationsasymmetrie... cit.*, p. 93.

[111] Salientando, a propósito do pensamento ordoliberal, que de uma visão institucional da autonomia privada resulta uma mudança no sentido de que a autonomia privada deixa de ser encarada sob o prisma da livre determinação do "indivíduo autónomo", para passar a emergir como expressão da vontade do "sujeito económico dependente da ordem" – v. SOUSA RIBEIRO, *O Problema do Contrato... cit.*, p. 198.

[112] BENICKE, *Wertpapiervermögensverwaltung... cit.*, p. 409.

1.2.2.2. A opção por uma concepção subjectivista da *suitability rule*

O Direito da União Europeia (art. 19º/4 a 6 da Directiva 2004/39/CE) manteve-se fiel à linha tradicionalmente por si adoptada, assente no modelo *homo economicus* que age racionalmente, quando provido de informação suficiente[113]. Partindo desta convicção, recusa qualquer intervenção que passe por interferência no conteúdo da vontade do investidor. Deste modo, observa o dever de o intermediário financeiro avaliar a conformidade da operação ao perfil do investidor como elemento necessário ao esclarecimento do investidor, a quem cabe em última instância tomar a decisão[114].

Trata-se de uma posição que já mesmo antes da transposição da Directiva 2004/39/CE resultava de decisões do *Bundesgerichtshof*. O Tribunal Federal alemão sublinha, na decisão de 8 de Maio de 2001, que o objectivo que preside aos deveres contidos no § 31/1/1 WpHG não é o de proteger o investidor suficientemente informado e avisado perante si próprio através da limitação da sua liberdade[115]. Pelo contrário, o intermediário financeiro deverá executar as operações, ainda que sejam irracionais[116].

Não obstante, na doutrina germânica a questão não é pacífica. Como já tivemos oportunidade de referir, ASSMANN entende enfileirar o dever de o intermediário financeiro avaliar a conformidade da operação ao perfil do investidor numa natureza diversa da que caracteriza o modelo da informação. Contudo, outros Autores, como KÖLLER, defendem que os deveres a que o intermediá-

[113] Neste sentido,veja-se OLHA CHEREDNYCHENKO, *Fundamental Rights, Contract Law and the Protection of the Weaker Party. A Comparative Analysis of the Constitutionalization of Private Law with Emphasis on Risky Financial Transactions*. Tese de doutoramento pela Universidade de Utrecht, 2007. Net: http://igitur-archive.library.uu.nl/dissertations/2007-0418-200241/index.htm, p. 341.

[114] Ao mesmo tempo, como veremos, faz depender a existência e a extensão do dever de julgar a conformidade do investimento ao perfil do investidor do tipo de relação negocial existente entre o intermediário financeiro e o seu cliente.

[115] V. decisão do BGH de 8 de Maio de 2001 XI, disponível em http://juris.bundesgerichtshof.de, pp. 9/10. No mesmo sentido vai a decisão de 11 de Novembro de 2003, XI Zivilsenat, disponível em http://juris.bundesgerichtshof.de, pp. 12-13.

[116] V. a referida decisão do BGH de 8 de Maio de 2001. No mesmo sentido, decisão BGH de 11 de Novembro de 2003, p. 13. Isto ainda que o cliente não tenha capacidade financeira para suportar as perdas que porventura resultem da operação veja-se, uma vez mais, a decisão do BGH de 8 de Maio de 2001. Quanto à falta de capacidade financeira para suportar eventuais prejuízos resultantes da operação, o Tribunal Federal alemão argumenta no sentido de que as garantias exigidas previamente à execução dos contratos de bolsa a prazo procuram servir os interesses dos bancos, do sistema bancário e do mercado de capitais enquanto instituição e não os interesses dos clientes, protegendo-os perante si mesmos. Contudo, como veremos, na Holanda previamente à transposição da Directiva, a falta de capacidade do investidor para suportar eventuais perdas obrigava o intermediário a abster-se de executar a operação.

rio financeiro se encontra adstrito não apresentam uma vocação paternalista[117]. O intermediário financeiro deverá esforçar-se por realizar a vontade do investidor ainda que esta surja emocionalmente determinada e irracional[118].

Reconhecemos ser de um ponto de vista da ponderação de interesses na relação individual a auto-responsabilidade do investidor um forte argumento a sustentar a tese da soberania do investidor. Na realidade, uma solução que ponha a cargo do intermediário financeiro a total responsabilidade pela realização de uma operação objectivamente contrária aos interesses do investidor devidamente informado e avisado equivaleria a ignorar o princípio da auto-responsabilidade. Cremos, no entanto, que este argumento não é suficiente para afastar o dever de o intermediário financeiro se abster de executar operações desconformes ao interesse do investidor.

Efectivamente, a lei poderá dar relevância à responsabilidade do investidor que insiste numa operação inapta à prossecução dos seus interesses em sede de responsabilidade civil, por via das regras que conferem relevo à culpa do lesado. Foi esta a solução do Supremo Tribunal holandês no caso *Kouwenberg vs. Rabobank*[119]. O *Hage Raad* considerou que impendia sobre o intermediário financeiro o dever de recusar a execução de uma transacção de opções onde o investidor não tenha capacidade económica[120] para suportar as perdas que dela eventualmente decorram. No entanto, tendo presente a culpa do investidor, que, depois de informado e avisado sobre os riscos decorrentes da operação, insistiu na sua

[117] WpHG. In Assmann/Schneider, *Wertpapierhandelsgesetz*, Anotações ao § 31. 6. Auflage. Köln: Verlag Dr. Otto Schmidt, 2012, anotação 6 ao § 31 WpHG.

[118] Assim, KÖLLER, WpHG. In Assmann/Schneider, Uwe H., *Wertpapierhandelsgesetz*. 4. Auflage. Verlag Dr. Otto Schimidt, 2006, anotação 15 Vor 31 WpHG.

[119] V. OLHA CHEREDNYCHENKO, *Fundamental Rights... cit.*, pp. 366 e segs. Sobre esta decisão, da mesma Autora, *The Regulation of Retail Investment Services in the EU: Towards the Improvement of Investor Rights?* "Journal Consumer Policy" 2010, p. 416.
Depois da transposição da Directiva 2004/39/CE relativa aos mercados de instrumentos financeiros, que estabelece o mero dever de o intermediário financeiro avisar o investidor no que toca à compatibilidade do investimento com o perfil do investidor, surge a questão de saber se será possível manter soluções que advêm da aplicação dos princípios gerais de Direito Privado e que não correspondem às normas estabelecidas pelo Direito europeu consagradoras de regras de conduta dos intermediários financeiros, cujo cumprimento está sujeito a controlo pela entidade de supervisão. Sobre este problema, v. OLHA CHEREDNYCHENKO, *European securities regulation, Private Law and the Investment firm-client relationship*. "ERPL" 2009, pp. 925 e segs.

[120] Como informa OLHA CHEREDNYCHENKO (v. *Fundamental Rights... cit.*, p. 371), o dever de recusa é rejeitado pelo *Hage Raad* quando o investidor tenha meios para suportar as obrigações ligadas à operação pretendida, ainda que ela se afigure muito arriscada. Neste sentido, o órgão responsável pela apreciação das queixas do Instituto dos Valores Mobiliários holandês, considera não se encontrar o intermediário financeiro vinculado a recusar a execução da operação que não seja compatível com o perfil do investidor – v. *Fundamental Rights... cit.*, p. 377.

realização, sustentou o Supremo Tribunal neerlandês implicar a culpa do lesado a sua responsabilidade por uma parte dos prejuízos que sofreu. Por este motivo, decidiu reduzir o montante da indemnização.

Parece-nos tratar-se de uma ponderação equilibrada dos interesses em presença. Como já tivemos ocasião de defender, a solução que melhor contribui para a eficiência do mercado, em particular a que melhor serve o interesse de uma eficiente alocação de recursos é a aceitação do dever de recusa do intermediário financeiro de executar operações não conformes ao interesse do investidor.

Tendo em conta a importância do papel do mercado enquanto instrumento capaz de alcançar uma eficiente alocação de recursos, que por sua vez supõe a tomada de decisões racionais, compreende-se a opção pela via que melhor o cuida. Todavia, há que levar em linha de conta que esta escolha poderá representar uma desresponsabilização do investidor pelas suas opções. Contudo, esta circunstância não deverá ter por consequência o afastamento do dever de recusa de o intermediário financeiro executar a operação. A responsabilização do investidor pelas suas próprias escolhas deverá ter a sua expressão antes ao nível da redução do montante da indemnização a que o investidor teria direito[121].

Consideramos que, mais do que proteger o investidor perante si mesmo, está em causa proteger a sociedade de uma aplicação inadequada de recursos e assegurar a confiança no funcionamento do mercado, o que, segundo pensamos, deverá suportar a obrigação do intermediário financeiro não executar as operações, em especial nos casos em que o investidor não tem meios que lhe permitam cumprir obrigações associadas à operação[122]. Na medida em que esta solução poderá colocar o investidor a salvo das consequências nefastas das suas decisões, há que preservar o sentido da sua auto-responsabilidade, ao nível do quantitativo da indemnização que adviria do facto de o intermediário ter executado a operação.

Respondendo às exigências do Direito da União Europeia, o nosso legislador estabelece a obrigação geral de o intermediário financeiro se informar sobre os

[121] V. neste sentido, tendo presente o Acórdão do *Hoge Raad* no caso *Kouwenberg* vs. *Rabobank*, Olha Cherednychenko, *Fundamental Rights... cit.*, p. 371.

[122] A falta de meios para fazer face a eventuais perdas associadas à operação não prejudica somente o interesse do investidor, mas também o interesse social num eficaz funcionamento do mercado. A exigência de garantias nas operações a prazo é justificada pela protecção do bom funcionamento do mercado, uma vez que visa assegurar a capacidade de funcionamento do mercado de capitais – v. neste sentido, por exemplo, os referidos acórdãos do BGH de 8 de Maio de 2001, p. 10, e de 11 de Novembro de 2003, p. 13. Porém, diferentemente da posição defendida nestas decisões, cremos que a protecção do investidor perante si mesmo reforçará a protecção da capacidade de funcionamento do mercado, pois assegurará a não execução de operações relativas a investidores que não apresentem capacidade para corresponder às obrigações associadas à operação.

conhecimentos e a experiência do investidor, impondo-lhe um mero dever de o avisar em caso de, com fundamento nos elementos recolhidos, considerar a operação inadequada.

Por outro lado, no âmbito dos contratos de consultoria e de gestão de carteira, faz acrescer o dever de o intermediário financeiro solicitar informação sobre as condições económicas e objectivos do cliente[123]. Se concluir pela inadequação da operação, fica o intermediário financeiro vinculado a abster-se de o recomendar.

[123] A ligação expressa do dever de o intermediário financeiro solicitar informações sobre as condições económicas e os objectivos do cliente aos contratos de gestão de carteira e de consultoria surgiu no contexto da transposição da Directiva 2004/39/CE relativa aos mercados de instrumentos financeiros. Estes contratos pelos deveres assumidos pelos intermediários financeiros ou consultores para com os seus clientes exigem que o intermediário financeiro tome conhecimento dos objectivos e das condições económicas do seu cliente de modo a aferir a *aptidão* de determinada operação para satisfação dos seus interesses. Aqui está em causa a *suitability rule* em sentido próprio.
Para os contratos que não sejam de consultoria ou de gestão de carteiras e que não envolvam mera execução de ordens, ou, ainda para os que, consistindo em mera execução de ordens, não caiam no âmbito do art. 314º-D CVM, impõe a lei o dever de solicitar informações sobre os conhecimentos e a experiência do investidor que habilitem o intermediário financeiro a avaliar a natureza apropriada da operação ao investidor. Neste caso, na terminologia anglo-saxónica, usa-se a expressão *appropriateness*. Estabelece-se, pois, um mero dever de o intermediário financeiro informar o investidor sobre se, em face da sua experiência e conhecimentos, será apropriado realizar determinada operação. O juízo sobre adequação à situação financeira e aos seus objectivos fica unicamente a cargo do investidor.
Em face da lei anterior à transposição da Directiva, embora o Código não conhecesse qualquer preceito no sentido de obrigar o intermediário financeiro julgar a aptidão ou adequação das operações em vista do cliente, essa obrigação resultava da conjugação do princípio *know your costumer*, contido no art. 304º/3 CVM com os princípios da protecção dos interesses dos clientes e o dever de actuação de boa fé, FAZENDA MARTINS, *Deveres dos intermediários financeiros, em especial, os deveres para com os clientes e o mercado.* "Cadernos do Mercado de Valores Mobiliários" Abril 2000, p. 344. No entanto, refira-se que CASTILHO DOS SANTOS parecia identificar no próprio art. 304º/3 CVM a consagração do princípio da adequação – v. A *Responsabilidade Civil do Intermediário Financeiro... cit.*, pp. 105 e segs.
As exigências relativas aos conhecimentos que o intermediário financeiro deve ter do seu cliente, de modo a ajuizar a aptidão das operações para servir os seus interesses ou a julgar a sua adequação aos conhecimentos e experiência do investidor, já dependiam dos deveres do intermediário financeiro (art. 304º/3 CVM). Desta forma, o princípio *know your costumer* já se consideraria variável em razão do tipo de serviço prestado pelo intermediário financeiro, motivo pelo qual, já mesmo no domínio de vigência da versão do CVM anterior à transposição da Directiva, se poderia considerar que a extensão dos deveres de informação acerca do investidor poderia mudar de acordo com os deveres a que o intermediário financeiro estivesse negocialmente vinculado. Neste sentido, em face da redacção idêntica à contida no § 31/21 na sua versão anterior à transposição da Directiva 2004/39/CE o BaFin entendia que o limitado escopo do serviço prestado pelo *discount broker*, que apenas executa ordens, justificava a restrição do dever de se informar sobre os conhecimentos e a

Quando se trate de uma mera execução de ordens[124], não precedida de acon-

experiência do cliente, não estando obrigado em regra a recolher informações sobre os objectivos e situação económica do cliente – v. ponto B 2.6. da Directiva do BaFin sobre §§ 31 e 32 WpHG. Assume-se que, não estando o *discount broker* contratualmente obrigado a prestar conselho ao seu cliente, não estaria vinculado a averiguar os objectivos e as condições económicas do cliente. No entanto, uma outra corrente sustentava que o conhecimento dos objectivos e situação económica do cliente é necessário para que o *discount broker* possa proceder à categorização do investidor – descrevendo estas duas correntes, v. OLHA CHEREDNYCHENKO, *Fundamental Rights, Contract Law and the Protection of the Weaker Party... cit.*, pp. 351/2. Representante desta última corrente, KÖLLER, *WpHG... cit.*, 4. Auflage, Anotação 103 ao § 31.

[124] A aplicação da *suitability rule* a situações em que está ausente uma recomendação prévia do intermediário financeiro é uma questão que tem merecido atenção, particularmente a propósito das ordens emitidas através da *Internet.* Os intermediários financeiros têm sustentado serem apenas responsáveis pela desadequação da ordem ao perfil do investidor onde a execução da ordem seja precedida de recomendação – v., sobre esta matéria nos EUA, GEDICKS, *Suitability claims for unrecommended securities purchases: A theory of broker-dealer liability.* "Arizona State Law Journal" Maio de 2005. Net: http://ssrn.com/abstract=607322.

Facilmente se constata que a possibilidade de transmissão de ordens *on-line* poderá propiciar decisões irreflectidas na medida em que o investidor, acreditando ter ao seu dispor a informação necessária para decidir e, ao mesmo tempo, seduzido pela facilidade técnica da operação, dispensará aconselhamento especializado. Testemunha-o a bolha tecnológica do início da passada década, em que investidores não sofisticados suportaram riscos avultados na sequência de uma gestão inadequada dos seus investimentos realizados sem aconselhamento profissional (GEDICKS, *Suitability claims and purchases... cit.*, pp. 537 e segs.). Tendo presente, não só as perdas que este tipo de situações envolvem para o investidor, mas também os custos sociais associados à deficiente alocação de recursos, cremos que a circunstância de se tratar de simples execução de uma ordem não deveria dispensar averiguação sobre a adequação da operação ao perfil do investidor. Como veremos de seguida em texto, na sequência da transposição da Directiva dos mercados e instrumentos financeiros de 2004, a opção seguida no CVM, no âmbito da mera execução de ordens, foi a de, uma vez reunidas determinadas condições, subtrair o intermediário financeiro ao próprio dever de avaliar a adequação da execução da ordem aos conhecimentos e experiência do investidor. Por seu turno, no contexto dos contratos de gestão de carteira e de consultoria, o intermediário financeiro está vinculado, não só a verificar a adequação do investimento aos conhecimentos e experiência do cliente, mas também aos seus objectivos e condições económicas, Deste modo, como já referimos, a lei faz depender a existência e a intensidade da obrigação do intermediário financeiro julgar a adequação da operação ao cliente da relação negocial que entre eles existe. Pensamos, no entanto, que a solução não é feliz, dada a importância do papel assumido pelo intermediário financeiro na neutralização da falha do mercado associada à limitação das capacidades dos investidores não qualificados na avaliação da informação divulgada no mercado. Com efeito, a análise do conteúdo da informação disponível no mercado e a sua avaliação à luz dos interesses e situação económica do cliente têm relevo não apenas na alocação eficiente de recursos do ponto de vista do investidor, mas também assume uma importância crucial na eficiente alocação de recursos do ponto de vista social e na criação de confiança no mercado. Não concordamos, assim, com ASSMANN quando este afirma que a imposição da *suitability rule* ao mero executor de ordens transformá-lo-ia no "polícia do mercado" – *The Broker-Dealer's Liability... cit.*, pp. 77-78. O intermediário financeiro, apesar de

selhamento junto do intermediário financeiro, a lei dispensa a avaliação sobre a adequação da operação aos conhecimentos e experiência do investidor por parte do intermediário financeiro. Devem estar reunidas determinadas condições, respeitantes à natureza dos instrumentos financeiros, à iniciativa do serviço pres-

ser um sujeito de Direito Privado, realiza um serviço com relevância pública, o que não pode deixar de ter relevância nas obrigações a que se encontra vinculado.

Como já observámos, não pretendemos dizer que o intermediário seja funcionário que tenha por missão obrigar os investidores à tomada de decisões mais eficientes do ponto de vista social, mas deve estar obrigado a auxiliar o investidor na tomada de decisões que melhor sirvam o seu interesse. É a própria lei a impor que o intermediário coloque os interesses do cliente acima dos seus próprios interesses. Uma vinculação geral do intermediário financeiro à avaliação da natureza adequada da operação ao perfil do cliente que caracterize como investidor não qualificado, mesmo quando se limite a executar ordens, iria fortalecer o dever de lealdade na medida em que só iria executar as ordens depois de verificar a sua conformidade com o interesse do cliente, evitando-se que este sobreponha o seu interesse em receber a comissão ao interesse do cliente – v., em sentido próximo, GEDICKS, *Suitability claims and purchases... cit.*, pp. 580/1.

Uma objecção que se poderia colocar prende-se com os custos associados à avaliação da adequação da operação ao perfil do cliente. Contudo, o dever geral de proceder a este exame só deveria obrigar os intermediários financeiros nas suas relações com os investidores não qualificados – v. neste sentido, GEDICKS, *Suitability claims and purchases... cit.*, p. 584. Quanto aos restantes, a existência dessa obrigação deveria depender do tipo de relação negocial que entre eles se estabelecer. Por outro lado, GEDICKS nota que os custos associados à análise do carácter adequado das operações não são significativos, dada a existência de *software* específico – v. GEDICKS, *Suitability claims and purchases... cit.*, pp. 583/4.

Por estas razões, consideramos que o dever de julgar a adequação da operação aos objectivos e condições económicas dos investidores deveria recair sobre o intermediário financeiro quando estejam em causa operações de investidores não qualificados. Na verdade, cremos não ser suficiente verificar que existe informação no mercado que possa servir de base à determinação da oportunidade da operação por um *investidor não qualificado médio* (factor a que a lei apela para concluir pela natureza não complexa de um instrumento financeiro, assim dispensando o intermediário financeiro de avaliar a adequação da operação à experiência e aos conhecimentos do investidor). Na realidade, pensamos que a necessária confiança para o regular funcionamento do mercado sugerirá a garantia de um aconselhamento prestado a cada investidor. A bolha tecnológica do início do séc. XXI não foi causada por falta de informação no mercado. Com efeito, havia informação disponível no mercado, o que não impediu os investidores de sobrevalorizarem o valor da *Internet*, especialmente os investidores não qualificados, que em grande parte utilizaram serviços *on-line*.

Sustentando a obrigação de o intermediário financeiro julgar a adequação da operação ao perfil do investidor, no caso das meras ordens de execução em face do Direito positivo português, embora ainda não considerando o regime instituído pelo art. 314º-D CVM, CASTILHO DOS SANTOS, *A Responsabilidade Civil do Intermediário... cit.*, pp. 111 e 115. Em sentido contrário, já FAZENDA MARTINS, pronunciando-se também em face da lei anterior, defendia que no caso de uma ordem do cliente o intermediário financeiro apenas estaria obrigado a avisar o investidor quando essa ordem fosse manifestamente contrária aos seus interesses – v. *Deveres dos intermediários financeiros... cit.*, p. 344. De facto, é esta solução que inequivocamente resulta da conjugação do novo art. 314º-D com o art. 326º, ambos do CVM.

tado, que terá de ter partido do investidor, ao cumprimento das normas sobre os conflitos de interesses e à informação ao investidor sobre a inexistência do dever de ajuizar a adequação da operação aos seus conhecimentos e experiência.

Porém, mesmo nestes casos, o intermediário financeiro deverá recusar a execução da ordem se a considerar *manifestamente* contrária aos interesses do investidor. Embora a lei não imponha ao intermediário financeiro o dever de averiguar o conhecimento e a experiência do investidor para com base nesses elementos avaliar a adequação do investimento, não deixa de obrigar o intermediário financeiro a recusar a execução da ordem se a natureza inadequada da operação se mostrar evidente. No entanto, na hipótese de o investidor insistir na execução da ordem, o intermediário financeiro não poderá contrariar a sua vontade, desde o momento que o investidor expresse essa intenção por escrito. Prevalece, portanto, a vontade do investidor, ainda que seja manifestamente irracional.

Parece deste modo ser a liberdade contratual efectiva a finalidade prosseguida pelo dever de o intermediário financeiro julgar a adequação da operação ao investidor. O objectivo prosseguido pela consagração desse dever é, tendo presente as limitadas capacidades do investidor na avaliação da informação divulgada no mercado de valores mobiliários, *tornar o investidor consciente* da inadequação da operação e *não impedi-lo* de tomar decisões desconformes aos seus interesses, ainda que a ausência de adequação seja manifesta. Ao centrar as suas preocupações na tutela da liberdade efectiva do investidor individual, mantém-se a lei fiel a uma perspectiva de natureza processual, abstendo-se de enveredar por uma abordagem de cunho material que obrigaria o intermediário financeiro a não executar operações que contrariassem o interesse do cliente.

Em face do Direito vigente, o dever de julgar a conformidade da operação com o perfil do investidor não representa um caminho diverso e complementar em relação à *disclosure philosophy* na direcção da eficiência do mercado. Segue antes no mesmo trilho, parecendo ter o legislador partido da convicção que da articulação das vontades individuais dos participantes decorre o funcionamento eficiente do mercado. Esta orientação é nítida na Directiva sobre os mercados de instrumentos financeiros, que foi vertida para o Direito nacional em 2007. No entanto, podemos dizer que a mesma opção já resultava do Direito português anterior.

Refira-se, contudo, que o cuidado dispensado pelo legislador à protecção da liberdade contratual efectiva não significará necessariamente que esta seja protegida de *forma absoluta* enquanto expressão do livre desenvolvimento da personalidade do investidor. Ocupar-nos-emos deste problema ao abordarmos as relações entre a protecção do investidor e o funcionamento do mercado.

2. A protecção do investidor e a justiça contratual
2.1. Considerações gerais
2.1.1. A distinção entre justiça comutativa e justiça distributiva

Antes de entrarmos na análise das diversas orientações sobre o tema das relações entre o contrato e a justiça, parece-nos conveniente reservar algumas linhas à vetusta, mas plenamente actual, distinção entre Justiça comutativa e Justiça distributiva.

Aristóteles desenvolveu no Livro V da obra *Ética a Nicómaco* a distinção entre duas modalidades basilares de justiça. O Estagirita distinguiu-as sob dois prismas fundamentais: a diversa relação entre os participantes e o diferente entendimento do princípio da igualdade[125].

Na verdade, uma das formas de justiça ocupa-se da repartição dos bens, das honras entre os cidadãos, postulando a existência de uma instância repartidora. Deste modo, a relação entre os participantes pode ser representada por um triângulo[126] em cujo vértice se encontra a instância distribuidora, situando-se os cidadãos na base. Já outra modalidade de justiça se refere às relações entre os Homens, assentando na igualdade dos participantes. Daí que a figura geométrica adequada à sua representação seja uma linha recta e já não um triângulo[127]. Estão compreendidos nesta forma de justiça, quer o contrato, quer o delito[128]. Actualmente, poderemos genericamente situar nesta modalidade de justiça

[125] Canaris, *Die Bedeutung der iustitia distributiva im deutschen Privatrecht.* München: Bayerische Akademie der Wissenschaften, 1997, pp. 8 e segs.
De facto, no que se refere ao primeiro critério de diferenciação, Aristóteles refere que "uma tem o seu campo de aplicação nas distribuições da honra ou riqueza bem como de tudo quanto pode ser distribuído em partes pelos membros de uma comunidade (na verdade, é possível distribuir tudo isto em partes iguais ou desiguais por uns e por outros) [esta justiça é distributiva]. A outra forma fundamental é a correctiva e aplica-se nas transacções entre os indivíduos. Esta é, por sua vez, bipartida, conforme diga respeito a transacções voluntárias ou involuntárias. Assim, voluntárias são transacções como a venda, a compra, empréstimo a juro, a penhora, o aluguer, o depósito, a renda (chamam-se voluntárias, porque o princípio que preside a tais transacções é livre). De entre as transacções involuntárias, umas são praticadas às escondidas, como o roubo, o adultério, o envenenamento, o proxenetismo, a sedução de escravos, o assassínio e o falso testemunho; outras são também violentas, como assalto, aprisionamento, assassinato, rapto, mutilação, linguagem abusiva, insulto". – Aristóteles, *Ética a Nicómaco.* Tradução do grego de António Castro Caeiro. 3ª edição. Lisboa: Quetzal, 2009, 1130b e 1131a. Na realidade, esta modalidade de justiça leva em conta os bens que constituem o objecto da relação jurídica – Canaris, *Die Bedeutung der iustitia distributiva... cit.*, pp. 11 e 12.

[126] Canaris, *Die Bedeutung der iustitia distributiva... cit.*, p. 10.

[127] Canaris, *Die Bedeutung der iustitia distributiva... cit.*, p. 10.

[128] Aristóteles não traça a distinção entre responsabilidade civil e responsabilidade penal.

outras formas de responsabilidade que a doutrina coloca entre o contrato e o delito[129].

Como já referimos, é também diverso o entendimento do princípio da igualdade no seio das duas modalidades de justiça.

Na verdade, a distribuição dos bens poderá não contemplar todos em igual medida[130]. Pelo contrário, as relações entre o cidadãos assentam na paridade de tratamento das pessoas.

Coloca-se naturalmente a seguinte questão: Qual a razão do diferente tratamento dispensado ao princípio da igualdade por cada uma das modalidades de justiça? A possibilidade de tratamento desigual em matéria de distribuição de bens flui da circunstância de esta forma de justiça ser efectivada em função de características individuais das pessoas. Por isso, se afirma ter esta forma de justiça em consideração a pessoa[131]. Esta a ideia que ARISTÓTELES pretende transmitir ao afirmar ser esta igualdade uma igualdade geométrica[132]. Em contrapartida, no âmbito das relações entre os cidadãos a realização da justiça desatende às circunstâncias que os individualizam, o que justifica a necessidade de igualdade de tratamento. Diz-se então que a justiça é realizada sem consideração da pessoa[133]. Procurando traduzir este pensamento, ARISTÓTELES caracteriza esta igualdade como aritmética[134].

A distinção entre as duas formas fundamentais de justiça foi desenvolvida por S. TOMÁS DE AQUINO sob a designação de *iustitia distributiva* e *iustitia commutativa.*

Como já referimos, o contrato será domínio privilegiado de aplicação da justiça comutativa. Na verdade, tratando-se de uma relação entre particulares, a que estes se vinculam livremente, estará ausente uma relação de *supra-infra* ordenação que caracteriza a justiça distributiva. Por outro lado, abstraindo a justiça contratual das características particulares dos participantes, não deverá admitir a possibilidade de um tratamento desigual.

Em face do que temos vindo a referir, levantam-se duas questões.

A primeira prende-se com o modo de realização da justiça comutativa. Com efeito, emerge a este propósito a necessidade de esclarecer se a sua efectivação

[129] CARNEIRO DA FRADA, *Teoria da Confiança... cit.*, p. 884. Neste sentido, reconduz o Autor a responsabilidade pela confiança em geral à justiça comutativa.

[130] V. citação da passagem da obra *Ética a Nicómaco* referida *supra*, na nota 125.

[131] CANARIS, *Die Bedeutung der iustitia distributiva... cit.*, p. 11.

[132] S. TOMÁS DE AQUINO explica esta ideia observando que na proporção geométrica a igualdade depende não da quantidade, mas antes da proporção – v. *Summa Theologica*, Parte II, II.

[133] CANARIS, *Die Bedeutung der iustitia distributiva... cit.*, p. 11.

[134] S. TOMÁS DE AQUINO explica que a igualdade se atingirá através de um igual excesso em quantidade – v. *Summa Theologica*, Parte II, II.

no âmbito do contrato resulta do acordo ou se deve ser a própria lei a impor o que considera ser uma composição equilibrada de interesses.

O outro problema prende-se com a possibilidade de o contrato funcionar como instrumento de efectivação da justiça distributiva. Ao passo que a justiça comutativa procura a equivalência entre as prestações contratuais, a justiça distributiva persegue a adequada distribuição de bens em vista das qualidades individuais das partes. Como já tivemos oportunidade de sublinhar, a justiça distributiva pressupõe uma instância repartidora dos bens exterior às partes. Deste modo, a imposição de juízos de índole distributiva será necessariamente extrínseca à vontade das partes.

2.1.2. As relações entre a justiça e o contrato

A discussão da relação entre o contrato e a justiça gira em torno da posição da liberdade contratual em face dos padrões de justiça. Seguimos neste ponto de perto a sistematização das doutrinas sobre as relações entre contrato e justiça expostas por CANARIS[135].

Segundo alguns, o contrato seria impermeável a critérios de justiça ditados pela ordem jurídica. O conteúdo do contrato dependeria tão-só do que foi desejado pelas partes no exercício de uma efectiva autodeterminação.

Segundo outros, embora a liberdade contratual constitua o instrumento privilegiado de realização de justiça contratual, admite-se, em determinadas condições, a interferência do Direito no conteúdo do contrato. Como veremos, essa intervenção é vista como excepcional, reconhecendo-se, neste âmbito, à liberdade contratual a natureza de regime-regra.

Outras posições doutrinárias consideram que a justiça contratual se alcança através do respeito de critérios objectivos de justiça. À justiça contratual é reconhecido o lugar proeminente que, segundo as concepções mencionadas nos parágrafos anteriores, é ocupado pela liberdade contratual. A intervenção de critérios de justiça poderá ocorrer indepentemente da existência de uma situação de desigualdade entre as partes. Mas uma tal intervenção também poderá impor-se *em razão* de uma situação de desigualdade.

No primeiro caso, a intervenção liga-se a uma ética material do contrato, caracterizadora da filosofia escolástica medieval e do jusracionalismo a que, como

[135] *A liberdade e a justiça contratual na "sociedade de Direito Privado"*. In António Pinto Monteiro (coordenação), "Contratos – Actualidade e Evolução". Porto: Universidade Católica Portuguesa, pp. 49 e segs., e também *Verfassungs-und europaischerechtliche Aspekte der Vertragsfreiheit in der Privatrechtsgesellschaft*. In "Festschrift für Peter Lerche". München: C.H. Beck, 1993, pp. 881 e segs.

vimos, o BGB e as legislações actuais terão renunciado com a recusa de figuras como a figura da *laesio enormis*[136].

No segundo caso, parte-se da constatação da desigualdade de poder negocial que hoje caracteriza a maior parte das relações contratuais. Por destronar a liberdade contratual enquanto elemento primordial na realização da justiça contratual, a adesão a esta concepção implica uma mudança de paradigma na compreensão da liberdade contratual. Como veremos, o contrato passa a ser visto mais como instrumento de cooperação em que cada uma das partes deverá ter em conta os interesses e fins prosseguidos pela contraparte.

2.1.2.1. A tese da irrelevância de padrões de justiça no âmbito contratual

FLUME considera irrelevante no âmbito contratual o cumprimento de critérios de justiça ditados do exterior pela ordem jurídica. O conteúdo do contrato é o que resulta do acordo de vontades, sem que caiba perscrutar a sua conformidade com critérios objectivos de justiça, valendo a máxima "*Stat pro ratione voluntas*"[137]. No entanto, não é insensível a uma dimensão material do princípio da autodeterminação[138]. Assim, considera que o princípio da autonomia privada pressupõe a real autodeterminação. A autodeterminação estará irremediavelmente comprometida, segundo o Autor, quando esteja em causa uma desigual repartição do poder contratual. A intervenção da ordem jurídica justificar-se-á onde exista desigualdade de poder ameaçadora da autodeterminação de uma das partes no contrato.

Cremos que o relevo posto pelo Autor na importância da igualdade entre as partes, dela fazendo depender a autodeterminação, acaba por trair o fulcro do seu pensamento que reside no reconhecimento da vontade das partes como a razão de produção de efeitos jurídicos. Com efeito, atribuindo à igualdade entre as partes a qualidade de circunstância fundamentadora da autodeterminação, acaba por deslocar o centro de gravidade do contrato, da vontade das partes para um plano a ela exterior. Daí que ZÖLLNER considere que "o maior amigo da autonomia privada"[139], ao identificar "como o eterno dilema da autonomia privada o facto de ela se encontrar constantemente posta em causa através da desigual repartição de poder"[140], esteja a condená-la irremediavelmente[141]. Consideramos

[136] V. sobre o abandono da ética material dos contratos em favor da ética da liberdade de KANT, CANARIS, *Wandlungen... cit.*, p. 282.

[137] FLUME, *Allgemeiner Teil... cit.*, p. 8.

[138] FLUME exprime estas preocupações em *Allgemeiner Teil... cit.*, pp. 16 e 17.

[139] *Regelungsspielräume... cit.*, p. 25.

[140] ZÖLLNER, *Regelungsspielräume... cit.*, p. 25. FLUME exprime esta ideia *em Allgemeiner Teil... cit.*, pp. 16 e 17.

[141] *Regelungsspielräume... cit.*, p. 25.

esta observação pertinente na medida em que, partindo FLUME da indiferença do contrato perante critérios de justiça, acaba por reconhecer a sua relevância através da importância que atribui à igualdade enquanto critério fundamentador da autodeterminação. Queremos com isto observar que FLUME, admitindo não existir autodeterminação na ausência de igualdade na repartição do poder, acaba por retirar à autodeterminação a importância central que começa por lhe atribuir. Deste modo, mostrar-se-ia mais coerente com teorias que, como a de FLUME, partem da convicção do lugar fulcral da vontade no contrato, considerar que o verdadeiro dilema consiste no apuramento das situações em que a liberdade de decisão resulta de tal modo afectada, que se considere legítimo pôr em causa a validade do contrato[142].

Em síntese, FLUME, ao considerar o pensamento da igualdade decisivo na afirmação da autodeterminação, acaba por avançar para o plano da *materialização da justiça contratual*, quando, em consonância com a ideia de realização plena do pensamento da autodeterminação, deveria ter como preocupação primária *a materialização do princípio da liberdade contratual.*

2.1.2.2. A tese da preponderância da liberdade contratual na realização da justiça contratual

2.1.2.2.1. A justiça procedimental como forma primordial de realização da justiça contratual

As soluções a dispensar a estes problemas dependem da análise em torno dos valores privilegiados pela ordem jurídica em matéria de Direito dos Contratos. Como já tivemos oportunidade de realçar, a protecção da liberdade contratual encontra-se em estreita relação com a concepção procedimental ou formal de justiça contratual. Daí que se compreenda facilmente a afirmação de que, considerando-se que a ordem jurídica assume a liberdade contratual como valor fundamental, a primazia deve ser concedida à concepção formal ou procedimental

[142] É esta, como vimos, a fórmula de ZÖLLNER, seguida por CANARIS. Note-se que ZÖLLNER não reconhece à autodeterminação carácter fundamentador da autonomia privada (v. em especial, *Regelungsspielräume... cit.*, p. 35). Isto em conformidade com a recusa da eficácia dos direitos fundamentais no Direito Privado (SOUSA RIBEIRO, *O Problema do Contrato... cit.*, pp. 166 e 167, nota 396). ZÖLLNER considera que as limitações à autonomia privada poderão resultar de vários factores e não apenas de ofensas à liberdade de decisão – v. *Regelungsspielräume... cit.*, p. 34.
Parece-nos que a forma como ZÖLLNER e CANARIS colocam a questão é de molde a evitar críticas que têm sido dirigidas à doutrina que identifica a ausência de efectiva autodeterminação (e não a disparidade de poder contratual) como o critério justificador da intervenção da ordem jurídica nos contratos (sobre este assunto, de forma crítica, SOUSA RIBEIRO, *O Problema do Contrato... cit.*, pp. 165 e segs.). Na verdade, não estará em causa considerar o contrato inválido perante toda e qualquer situação em que se verifique falta de autodeterminação de uma das partes.

de justiça contratual[143]. Partindo desta ideia, concluiu CANARIS que a ordem jurídica concede à vontade das partes o papel primordial na realização da justiça comutativa[144].

Deste modo, aceite a ideia de que a ordem jurídica assume a liberdade contratual como valor fundamental, é natural que prescinda da obrigação de observância do preço justo. Para além das dificuldades na sua determinação[145], a exigência de uma equivalência objectiva entre as prestações levaria à obrigação de prestações recíprocas e assim à rejeição pela ordem jurídica do contrato de doação, o que seria absurdo[146]. Assim, se conclui pela preponderância, em primeira linha, do acordo das partes no contrato[147].

Não obstante, segundo CANARIS, a vontade das partes no contrato se apresentar como o instrumento precípuo de definição dos direitos e obrigações contratuais, não afasta o Autor a possibilidade de a ordem jurídica intervir no contrato. Com efeito, onde não seja possível assegurar a liberdade de escolha, o Direito deverá intervir nas relações contratuais, complementando ou mesmo substituindo[148] a vontade das partes na realização da justiça comutativa.

Tal não significa que a intervenção do Direito deva decorrer, segundo esta perspectiva, isoladamente da relação contratual. Na realidade, CANARIS não só não ignora como também destaca os mecanismos que a nível colectivo ou institucional servem de garantia à protecção da liberdade efectiva, mormente a concorrência. Desta forma, a liberdade contratual juntamente com a concorrência constituirão as traves mestras sobre as quais se ergue o Direito dos Contratos.

Assim, numa ordem jurídica assente na liberdade contratual, surge como condição fundamental a existência de uma efectiva liberdade de escolha, que deverá ser assegurada pela protecção da capacidade de funcionamento do mercado, através da tutela da concorrência[149]. Neste contexto, a tutela da concorrência surge como instrumento de protecção da liberdade contratual.

[143] CANARIS, *Wandlungen... cit.*, p. 283.

[144] CANARIS, *Die Bedeutung der iustitia distributiva... cit.*, p. 46 e *Wandlungen... cit.*, p. 283.

[145] CANARIS, *Wandlungen... cit.*, p. 286.

[146] CANARIS, *Die Bedeutung der iustitia distributiva... cit.*, p. 46 e *Wandlungen... cit.*, p. 283.

[147] CANARIS, *Die Bedeutung der iustitia distributiva... cit.*, p. 46 e *Wandlungen... cit.*, p. 284.

[148] CANARIS, *Die Bedeutung der iustitia distributiva... cit.*, p. 54. O Autor utiliza o exemplo paradigmático do controlo do conteúdo das cláusulas contratuais gerais. A experiência tem demonstrado que, no que respeita às cláusulas acessórias e complementares do contrato, existe uma falha no funcionamento do mercado, pelo que a concorrência não cumpre eficientemente o seu papel na protecção da liberdade fáctica. Daí a intervenção de critérios materiais que complementam ou substituem a regulação privada dessas matérias no âmbito das cláusulas contratuais gerais. Entre nós, salientando a importância dos mecanismos institucionais da concorrência, SOUSA RIBEIRO, *O Problema do Contrato... cit.*, pp. 161 a 165.

[149] CANARIS, *Die Bedeutung der iustitia distributiva... cit.*, p. 48 e *Wandlungen... cit.*, p. 285.

Deste modo, o papel primordial reconhecido pela ordem jurídica à liberdade contratual e à concorrência justifica a prioridade de uma concepção procedimental de justiça e o princípio da rejeição da intervenção da ordem jurídica no contrato como mecanismo de realização da justiça distributiva.

A prevalência da concepção procedimental de justiça consiste no reconhecimento do princípio de que as exigências de justiça impostas pela ordem jurídica se referem ao *processo* e não ao conteúdo do contrato. Procurando explicitar a conhecida análise de WIEACKER, segundo a qual a jurisprudência teria feito regressar a ética formal, que subjazia ao Direito Privado alemão, a uma ética material da responsabilidade social, CANARIS observa que com as expressões ética formal e ética da responsabilidade social terá querido WIEACKER referir-se, respectivamente, à ética kantiana (correntemente qualificada como formal), à filosofia social cristã medieval e ao jusnaturalismo[150].

Na realidade, como realça CANARIS, a ética kantiana é correntemente qualificada como formal[151], uma vez que não prescreve o conteúdo das acções, mas antes a forma de acção[152], isto é, a actuação no puro respeito pelo dever de acordo com a própria vontade[153]. Limita-se, pois, a estabelecer os requisitos de que depende o comportamento eticamente correcto[154].

De forma paralela, KANT identifica como lei universal do Direito "age exteriormente de tal modo que o uso livre do teu arbítrio possa coexistir com a liberdade de cada um segundo uma lei universal"[155]. Limita-se assim a estabelecer os requisitos de que depende o cumprimento pelo Direito da sua tarefa[156]. KANT cinge-se à instituição de um processo, a que a descoberta das máximas deve obedecer, abstendo-se de determinar o seu conteúdo. Fica assim claro o sentido em que WIEACKER emprega a expressão ética formal.

A concepção formal ou procedimental de justiça assenta no processo de formação do contrato e não no seu conteúdo[157]. Em consequência, a realização da justiça supõe a presença das condições de que depende a regularidade do

[150] CANARIS, *Wandlungen... cit.*, p. 282.

[151] CANARIS, *Wandlungen... cit.*, p. 282.

[152] JULIÁN MARIAS, *História da Filosofia*. Tradução de Alexandre Pinheiro Torres. Porto: Sousa e Almeida s.d., p. 291.

[153] JULIÁN MARIAS, *História da Filosofia... cit.*, p. 291.

[154] CANARIS. *Wandlungen... cit.*, p. 282.

[155] KANT, *A Metafísica dos Costumes*. Tradução de José Lamego. Lisboa: Fundação Calouste Gulbenkian, s.d., p. 44.

[156] CANARIS, *Wandlungen... cit.*, p. 282.

[157] Excepto se forem contrários à lei, à ordem pública ou aos bons costumes. Isto mesmo é posto em evidência por KÖTZ e ZWEIGERT, *An Introduction to Comparative Law*. 3rd Edition. Tradução de Tony Weir. Oxford: Clarendon Press, 1998, p. 127.

processo. Deste modo, existindo falhas no processo de formação do contrato, o Direito poderá intervir, considerando o contrato inválido. Daí que revistam suma importância os mecanismos de reposição das condições fácticas de autodeterminação, ao nível do contrato, como sejam os deveres de informação e o direito de arrependimento, bem como ao nível institucional, na defesa da existência e da lealdade da concorrência.

Esta distinção corresponde à importante divisão nos países da *Common Law* entre *procedural* e *substantive fairness*[158].

2.1.2.2.2. A justiça comutativa como forma de justiça prevalecente na relação contratual

A consciência do lugar primordial ocupado pela liberdade contratual e pela concorrência na ordem jurídica privada, para além de determinar a prevalência da concepção formal ou procedimental de justiça, igualmente tenderá a afastar a possibilidade de a intervenção da ordem jurídica se nortear, em geral, por critérios de justiça distributiva. Na realidade, considerando como base da ordem jurídica a liberdade contratual e a concorrência, a intervenção da ordem jurídica não se dirige à imposição às partes de determinados resultados[159]. A ordem jurídica deverá aceitar os resultados acordados pelas partes no contrato e os que derivam da concorrência, apenas devendo intervir no sentido de prevenir injustiças graves e de criar regras que garantam um procedimento leal[160]. Desta forma, a interferência do ordenamento jurídico dirigida à imposição de critérios materiais de justiça apenas será legítima nos casos em que a *liberdade contratual* de uma das partes resulte de tal modo afectada que se justifique a recusa de força vinculativa ao conteúdo do contrato.

Nesta concepção, em harmonia com o reconhecimento da liberdade contratual e da concorrência como os pilares da ordem jurídica privada, o Direito será chamado a intervir, através da negação da eficácia jurídica ao conteúdo acordado quando a liberdade de uma das partes seja afectada de forma grave. A ofensa à liberdade contratual poderá advir de factores ocorridos exclusivamente ao nível da relação individual (é o que sucede, por exemplo, com os vícios da vontade) ou da conjugação de circunstâncias do contrato individual com as condições do mercado (é o que sucede com as cláusulas contratuais gerais onde, a par da falta de negociação, é reconhecida a ausência de concorrência ao nível das prestações acessórias). A intervenção de critérios de justiça material nas relações contratuais

[158] Sobre esta distinção no domínio da *Common Law*, com referências, Kötz e Zweigert, *An Introduction to Comparative Law... cit.*, p. 328.

[159] Canaris, *Die Bedeutung der iustitia distributiva... cit.*, pp. 55 e segs.

[160] Canaris, *Die Bedeutung der iustitia distributiva... cit.*, p. 60.

ocorre em situações em que a liberdade contratual é afectada, seja directamente, seja indirectamente, por ausência de possibilidades de escolha.

O critério de interferência da ordem jurídica no contrato assenta essencialmente na existência de condições que ponham em causa o regular exercício da liberdade contratual de uma das partes. Aceitando-se esta linha de pensamento, interferências da ordem jurídica com fundamento em considerações de justiça distributiva terão uma relevância, quando muito, excepcional no âmbito do Direito dos Contratos.

Numa posição extrema, sustenta-se que a justiça distributiva deveria ser unicamente prosseguida mediante o Direito Público, considerando-se espúria a sua prossecução através de normas de Direito Privado[161]. Numa linha mais moderada, sustenta CANARIS tão-somente a *prevalência* da justiça comutativa em face da justiça distributiva no domínio do Direito dos Contratos[162]. Defende o Autor que, pese embora a preponderância da justiça comutativa em matéria de Direito dos Contratos, não serão estranhas no seu âmbito considerações de índole distributiva.

Contudo, tendo presente a natureza nuclear da liberdade contratual, escusando-se o Direito a controlar os resultados pretendidos pelas partes, a intervenção de juízos ligados à justiça distributiva não poderá senão apresentar um carácter excepcional[163]. No mesmo sentido, numa economia de mercado, o contrato não pode em geral servir como instrumento de imposição de postulados de justiça distributiva pela ordem jurídica, carecendo essa utilização de ser especialmente justificada[164]. Seguindo esta linha, a possibilidade de uma interferência dos tribunais no contrato fundamentada no desequilíbrio entre preço e mercadoria deverá ser rejeitada, ainda que tal desequilíbrio surja no contexto de um contrato entre uma empresa e um consumidor. Esta ideia é sustentada por CANARIS com base no seu entendimento da figura da usura que considera ser uma manifestação da tutela da liberdade contratual efectiva da vítima[165].

161 Dando conta desta posição, CANARIS, *Die Bedeutung der iustitia distributiva... cit.*, p. 125.

162 *Die Bedeutung der iustitia distributiva... cit.*, pp. 125 a 129.

163 *Die Bedeutung der iustitia distributiva... cit.*, p. 127.

164 *Die Bedeutung der iustitia distributiva... cit.*, p. 125.

165 CANARIS, *A liberdade e a justiça contratual... cit.*, pp. 65 e 66. Reveladora da irrelevância da situação de desigualdade como a mola impulsionadora da intervenção do Direito nos contratos é, segundo o Autor, a figura da usura prevista no § 138, 2 BGB. Com efeito, CANARIS salienta que a tutela da vítima de usura não decorre directamente da situação de vulnerabilidade enquanto tal, mas da necessidade de a proteger contra a perturbação da sua capacidade de autodeterminação (v. *Die Bedeutung der iustitia distributiva... cit.*, p. 52).

Deste modo, a figura da usura prevista no § 138, 2 BGB não se deixa preencher com a acentuada desproporção entre as prestações ligada a uma das situações de vulnerabilidade nele previstas. É preciso que se verifique exploração de uma das situações de fragilidade da vítima de usura pelo

outro contratante. Daí que o Autor observe que a figura da usura prevista no § 138 BGB não poderá ser tida como expressão de exigências de justiça distributiva. A lei pretende proteger a liberdade contratual efectiva e não, pura e simplesmente, defender a parte que se encontre numa das situações de vulnerabilidade mencionadas perante uma situação de desequilíbrio de prestações. Canaris considera ser na protecção da liberdade fáctica de uma das partes que se encontra a *ratio* da figura da usura contida no § 138, 2 BGB. A protecção da vítima da usura realizar-se-á, segundo o Autor, através da limitação à liberdade formal, mais precisamente da liberdade de fixação do conteúdo do contrato. Desta forma, o princípio da equivalência material entre as prestações não seria o fundamento, mas antes uma limitação do conteúdo do contrato – v. *Wandlungen... cit.*, p. 288. Não admira, portanto, que o jurista alemão se mostre avesso à tendência de contenção do elemento procedimental, que considera ser decisivo na fundamentação da figura da usura prevista no § 138, 2 BGB. Na verdade, Canaris mostra-se muito crítico em relação à jurisprudência do BGH que se pronuncia a favor da possibilidade de reconduzir ao § 138, 1 BGB situações de fragilidade económica não compreendidas na figura da usura constante do § 138, 2 BGB.
O Supremo Tribunal Federal alemão considera nulo, por contrário aos bons costumes, o contrato de crédito ao consumo em que o credor conscientemente explore a situação de inferioridade económica (*wirtschaftliche schwächere Lage*) da parte desfavorecida ou possa facilmente concluir que esta só aceitou submeter-se a condições gravosas devido à situação de inferioridade económica. Verifica-se que o BGH estabelece requisitos subjectivos para a nulidade dos contratos de crédito ao consumo semelhantes negócios usurários (*wurcherähnliche Konsumentenkredit)*), admitindo ao mesmo tempo a presunção da verificação destes requisitos quando estejam em causa consumidores privados (*Privatkonsumment*), mas já não comerciantes ou outras empresas. No entanto, nota Canaris, nunca seria possível ao banco elidir essa presunção, o que levaria a destituir de efeito útil os referidos pressupostos subjectivos, passando na prática a lei a ter como suficiente o desnível entre a prestação e a contraprestação (v. *Wandlungen... cit.*, p. 301), para além de considerar o conceito de inferioridade económica demasiado vago. A imprecisão do conceito seria inadequada à protecção da liberdade contratual efectiva, não só na medida em que abrangeria a grande fatia dos clientes do banco e não apenas os consumidores privados, uma vez que a maior parte dos clientes se encontrariam numa posição mais frágil do que o banco, mas também porque ignoraria o papel do mercado e o papel da concorrência enquanto vias de correcção das desigualdades de poder negocial – *Wandlungen... cit.*, p. 301.
A posição de Canaris apresenta-se em tudo coerente com a relevância central que o Professor de Munique reconhece à liberdade contratual e ao mercado no contexto do ordenamento jurídico tudesco. Assim, recusa ver na desproporção entre as prestações associada à situação de desigualdade entre as partes o móbil da intervenção do Direito no contrato, descobrindo-o antes na protecção da liberdade fáctica da vítima da usura.
Parece-nos, contudo, que esta interpretação encontra alguns obstáculos no Direito alemão. Assim, a usura é tida pela lei como uma forma de violação dos bons costumes (v. Larenz/Wolf, *Allgemeiner Teil des Bürgerlichen Rechts*. 9. Auflage. München: C.H. Beck, 2004, p. 748, e Wolf/Neuner, *Allgemeiner Teil des Bürgelichen Rechts*. 10. Auflage. München: C.H. Beck, 2012, p. 545) e não como um vício da vontade. Para além disso, a sanção da usura consiste na nulidade e não na simples anulabilidade, como acontece com os vícios da vontade. Estas circunstâncias parecem conduzir à conclusão de que a figura do negócio usurário prevista no § 138, 2 BGB terá procurado servir exigências decorrentes da moral social e não tanto a protecção da liberdade contratual efectiva da parte desfavorecida pelo negócio. É certo que a evidente desproporção entre as prestações asso-

ciada à ocorrência dos estados de fragilidade previstos no § 138, 2 BGB não é suficiente para que o negócio seja havido como usurário. É necessária a exploração pela parte favorecida pelo contrato de uma das situações de fragilidade aí previstas. A leitura que fazemos desta exigência vai no sentido de a considerar condição de relevância do negócio como ofensivo da moral social e não tanto como requisito de protecção da vontade efectiva da parte desfavorecida.
Com efeito, à aprovação do BGB vai associada a filosofia liberal clássica. Daí que os preceitos que limitam o "uso desviado da liberdade contratual" não tenham "à partida um fundamento social", pelo que deverão ser considerados expressão de um "liberalismo eticamente fundado" (WIEACKER, *História do Direito Privado Moderno... cit.*, pp. 551 e 552). Assim se compreende a exigência de um comportamento reprovável da parte beneficiada. Como vimos, o evidente desequilíbrio entre as prestações, ainda que acompanhado por uma situação de fragilidade da parte desfavorecida não basta para que o negócio seja tido por usurário nos termos do § 138, 2 BGB. Desta forma, foi preocupação dos autores do BGB evitar nesta matéria o recurso a requisitos de índole puramente distributiva. A conclusão de um negócio contendo prestações manifestamente desproporcionadas, ainda que a parte desfavorecida se encontre numa das situações de inferioridade previstas no § 138, 2, só representará uma violação da moral social se a parte beneficiada tiver explorado a fragilidade da outra. Esta condição funciona como o elemento que nos permite qualificar a atitude da parte beneficiada como moralmente censurável e por isso violadora dos bons costumes e não como um requisito de protecção da efectiva autodeterminação do contraente mais fraco. Em síntese, trata-se de definir um limite ético ao exercício da liberdade contratual e não tanto de proteger a liberdade fáctica da parte mais fraca. No entanto, em conformidade com a filosofia inspiradora do liberalismo, não considera esse limite ultrapassado senão nos casos em que o desequilíbrio de prestações em prejuízo do contraente mais frágil seja acompanhado de uma atitude de exploração da parte beneficiada pelo negócio. Recusa assim uma ética social.
Deve ter-se presente a já apontada jurisprudência sobre o negócio jurídico idêntico ao negócio usurário (*wurcherähnliche Rechtsgeschaft*). O BGH, procurando tutelar os interesses da parte económica ou intelectualmente mais fraca em contratos em que tenha sido vítima de um desequilíbrio de prestações e simultaneamente pretendendo não contrariar a orientação do § 138, 2, considera que tais hipóteses deixar-se-ão regular pelo primeiro número desse parágrafo, não prescindindo (pelo menos teoricamente) de uma conduta censurável da parte mais poderosa enquanto requisito da conduta ofensiva dos bons costumes. Em alguns tipos de contratos, como os contratos de crédito ao consumo, a jurisprudência considera existir uma presunção judicial derivada de uma evidente desproporção entre as prestações (BGH, sentença de 9 de Outubro de 2009, "NJW" 2010, p. 363; BGH 4 de Fevereiro de 2000, "NJW" 2000, p. 1487). Esta jurisprudência parece inclinar-se para a consagração da ética social nos contratos, embora não abdique da censurabilidade da conduta da parte favorecida no negócio.
A jurisprudência relativa aos contratos de crédito ao consumo idênticos aos negócios usurários ao ligar à manifesta desproporção entre as prestações uma presunção judicial de conduta censurável da parte beneficiada, acaba na prática por considerar preenchida a hipótese § 138, 1, pela simples existência de uma acentuada desproporção entre a prestação e a contraprestação. Na verdade, não podemos ignorar que, embora tratando-se de uma presunção judicial, será, como afirma CANARIS, impossível afastar a presunção. Na mesma direcção, acentua o BGH, a manifesta desproporção não será desconhecida da instituição financeira (BGH, sentença de 13 de Junho de 2001, "NJW" 2002, p. 55). Deste modo, poder-se-á concluir que a instituição concedente de crédito terá tido um com-

Na realidade, a correcção operada pelos tribunais traduzir-se-ia na redistribuição dos bens a favor do consumidor, procurando deste modo servir objectivos de natureza distributiva[166]. A situação de desigualdade entre as partes, coerentemente, não passa por motivo suficiente de redistribuição dos bens em benefício da parte mais fraca. Com efeito, uma doutrina que concentre as preocupações da intervenção da ordem jurídica, em matéria de direitos dos contratos, na protecção da liberdade contratual, não deverá em conformidade atribuir relevo decisivo à situação de desigualdade entre as partes.

Em oposição ao que acabamos de referir cremos que em face do Direito nacional a figura da usura não assenta na protecção da liberdade contratual efectiva da vítima da usura, mas no desequilíbrio de prestações. Acreditamos, assim, que a figura da usura não fecha as portas a uma intervenção da ordem jurídica que, não passando pelo pensamento de tutela da liberdade contratual efectiva, se oriente exclusivamente por preocupações de ética social ligadas à protecção da parte mais fraca da relação contratual. A figura da usura consagrada no art. 282º CC, mais do que não fechar as portas a uma ética social no domínio do Direito dos Contratos, aponta para uma abertura do ordenamento jurídico a considerações de justiça social neste domínio. A sensibilidade do ordenamento jurídico a preocupações sociais não pode, no entanto, ignorar o conflito com a protecção das expectativas decorrentes da celebração de contrato que uma cláusula geral que postule genericamente o equilíbrio entre as prestações gerará[167]. Por isso,

portamento censurável na medida em que pelo menos ignorou levianamente que a outra parte só terá aceite o negócio devido à situação de fragilidade económica ou intelectual.

[166] Canaris, *A liberdade e a justiça contratual... cit.*, p. 65.

[167] No Direito pátrio, a usura em matéria de juros ou cláusulas penais decorrentes de um contrato de mútuo é determinada objectivamente no art. 1146º CC, bastando, para que o contrato de mútuo seja havido como usurário, que os juros convencionados excedam os limites percentuais nele referidos. A base de aferição da natureza usurária do mútuo é a taxa de juro legal. Dispensa-se qualquer referência a uma conduta censurável do mutuante. No entanto, devemos referir que o respeito dos limites estabelecidos nesta norma não impedem a aplicação dos arts. 282º e 283º CC se estiverem presentes as condições aí previstas (art. 1146º CC).
No mesmo sentido, em matéria de crédito ao consumo, a usura é caracterizada objectivamente, não estando presente no texto legal a exigência de um comportamento censurável do credor. No entanto, o padrão em relação ao qual se determina a natureza usurária do contrato de crédito é a taxa média praticada no mercado pelas instituições de crédito e sociedades financeiras no trimestre anterior. Estamos na presença de juízos de natureza distributiva.
O facto de certas disposições legais em matéria de usura assentarem em critérios de justiça distributiva não significa que para a generalidade dos negócios jurídicos baste o desequilíbrio, mesmo que excessivo ou injustificado, associado a uma das situações ou circunstâncias previstas no art. 282º. Esta norma não prescinde do requisito subjectivo de exploração de uma dessas situações ou circunstâncias como requisito da natureza usurária do negócio. Procura-se evitar em sede geral o recurso a critérios de pura justiça distributiva. Contudo, poder-se-á não atribuir relevância deci-

siva ao elemento subjectivo e, em coerência, considerar que o fundamento da figura da usura prevista no art. 282º se encontra no carácter desequilibrado das prestações e não tanto na tutela da liberdade efectiva da parte mais vulnerável do negócio ou na contrariedade aos bons costumes. Neste sentido, Menezes Cordeiro, apoiando-se na supressão do adjectivo "consciente", que na redacção originária qualificava o requisito de exploração, entende que a exploração pode ser objectiva, não exigindo a lei o conhecimento pelo usurário da situação de fragilidade da outra parte – *Tratado de Direito Civil Português. Parte Geral*, Tomo I... *cit.*, p. 650.
Esta interpretação, aligeirando o requisito de exploração da parte mais vulnerável no negócio, mostra-se coerente com o reconhecimento pelo Autor do equilíbrio entre as prestações como o fundamento da figura da usura. Menezes Cordeiro considera que a usura não se reconduz a um vício na formação da vontade. Alicerça a sua posição na faculdade, reconhecida à vítima da usura, em substituição do pedido de anulação, e ao beneficiado, perante esse pedido, de requererem ao tribunal a modificação do contrato segundo juízos de equidade (art. 283º CC) – *Tratado de Direito Civil Português. Parte Geral*, Tomo I... *cit.*, pp. 648 e 649.
Neste mesmo sentido vai a opinião de Pedro Pais de Vasconcelos. Este Autor destaca igualmente a importância da faculdade na fundamentação da usura. Com efeito, considera, tal como Menezes Cordeiro, ser a possibilidade de modificação do negócio segundo juízos de equidade indicadora de que a figura da usura tem por objectivo principal a protecção do equilíbrio entre as prestações – *Teoria Geral do Direito Civil... cit.*, pp. 535/6. Contudo, diversamente de Menezes Cordeiro, não partilha de uma visão alargada do pressuposto subjectivo da exploração, considerando estar ele preenchido somente quando a exploração haja sido consciente., ou seja, nos casos em que o usurário conheça a fragilidade da parte desfavorecida na relação contratual – *Teoria Geral do Direito Civil... cit.*, pp. 537/8.
Pensamos que a localização da figura da usura no âmbito dos vícios de conteúdo do negócio jurídico indicia que o núcleo da figura se deixa surpreender no carácter excessivo ou injustificado da desproporção entre as prestações e não na protecção da efectiva liberdade contratual da parte mais vulnerável na relação contratual. Esta interpretação parece vir confirmada pelo art. 283º. Aí se prevê a modificação do contrato segundo juízos de equidade quando a parte desfavorecida a tenha requerido em vez da anulação ou quando a parte beneficiada, perante a acção de anulação interposta pela vítima da usura, o requeira. Na verdade, aos vícios da formação da vontade não vai associada a possibilidade de modificação segundo juízos de equidade. A modificação pode operar, como já referimos, a pedido da vítima da usura, em alternativa à anulação, ou por iniciativa do usurário, em reacção à acção de anulação. A modificação do negócio poderá ter lugar embora não seja essa a vontade do desfavorecido na relação contratual. Diferentemente do que acontece com a redução do negócio jurídico prevista no art. 292º CC, que será impedida onde a parte interessada na anulação prove que não se teria vinculado sem a parte viciada, tal não sucederá nessariamente no âmbito da moficação do negócio do art. 283º CC, em que são decisivos juízos de equidade.
Estas circunstâncias parecem conduzir à conclusão de que a preocupação do legislador é corrigir o desequilíbrio excessivo ou injustificado entre as prestações nas situações em que uma das partes se encontre numa situação de vulnerabilidade.
Coloca-se, em face desta conclusão, a seguinte dúvida: por que razão terá a lei eleito a exploração da situação de inferioridade pelo usurário como requisito de preenchimento da figura da usura? Pensamos que a explicação não poderá ser a mesma que defendemos para o Direito alemão, isto é, a especificação das condições em que o negócio que envolva um desequilíbrio de prestações poderá ser considerado violador dos bons costumes. De facto, vimos que no Direito alemão,

o negócio usurário previsto no § 138, 2 BGB é uma modalidade de negócio contrário aos bons costumes. A nosso ver, não se poderá dizer o mesmo do Direito português. Comprova-o o facto de a lei estabelecer como consequência da celebração do negócio usurário nos termos do art. 282º CC a anulabilidade e não a nulidade.

Na verdade, consideramos que, não obstante a finalidade do art. 282º CC residir na correcção do desequilíbrio excessivo ou injustificado entre as prestações nas situações em que o contraente prejudicado se encontra em situação de fragilidade, esse desiderato deve ser conjugado com exigências de certeza e de segurança nos contratos, inerentes ao princípio *pacta sunt servanda*. Sendo o art. 282º CC uma norma de carácter geral, a possibilidade de um negócio ser havido como usurário na sequência de um desequilíbrio excessivo ou injustificado associado a uma situação de vulnerabilidade do contraente desfavorecido, equivaleria a atribuir relevância decisiva na qualificação de um negócio como usurário a critérios de pura justiça distributiva no âmbito de qualquer tipo de contrato. Esta circunstância, associada ao facto de o desrespeito por esses padrões ser aferido através do recurso a conceitos indeterminados, como sucede no âmbito do art. 282º CC, equivaleria a atribuir ao poder judicial a possibilidade genérica de, *a posteriori*, se substituir às partes na avaliação da equivalência entre as prestações, para tal bastando que efectivamente entendesse existir um desequilíbrio excessivo ou injustificado ligado a um estado ou situação de vulnerabilidade do contraente prejudicado.

A insegurança que esta situação geraria iria abalar o contrato enquanto instrumento de protecção de expectativas, preocupação esta que preside ao princípio *pacta sunt servanda*. Parece-nos ser esta a explicação para a introdução do pressuposto da exploração pelo usurário. Contudo, coloca-se a dúvida sobre a necessidade de uma atitude exploratória consciente por parte do usurário, isto é, sobre a necessidade de o contraente beneficiado ter consciência da situação de vulnerabilidade da parte contrária. Grande parte da doutrina responde afirmativamente – veja-se HÖRSTER, *A Parte Geral do Código Civil Português* (4ª reimpressão). Coimbra: Almedina, 2007, p. 559, e PEDRO PAIS DE VASCONCELOS, *Teoria Geral do Direito Civil... cit.*, pp. 537 e 538. No entanto, como já referimos, MENEZES CORDEIRO admite a possibilidade de exploração sem conhecimento da situação de fraqueza da outra parte ao jeito do sistema móvel de WILLBURG. Cremos que correctamente. Parece-nos que a necessidade de tutela das expectativas da parte favorecida não exige que ela tenha conhecimento da fragilidade do outro contraente, satisfazendo-se com o conhecimento ou a possibilidade de conhecimento do carácter excessivo ou injustificado do desequilíbrio entre as prestações. Inclinamo-nos deste modo para uma interpretação que nos parece capaz de melhor servir exigências decorrentes da ética social, sem ignorar a necessidade de protecção dos interesses da segurança e certeza que se impõem em matéria de contratos.

OLIVEIRA ASCENSÃO, partindo embora de um entendimento mais apertado da figura da usura, que considera pressupor até mesmo a vontade de explorar e não pura e simplesmente a consciência por parte do usurário da situação de vulnerabilidade da parte prejudicada no negócio (*Direito Civil – Teoria Geral*. Vol. II. Coimbra: Coimbra Editora, 2003, p. 338), defende estar o negócio viciado sempre que a outra parte se podia aperceber da desproporção entre as prestações. O Autor justifica esta posição afirmando que, existindo uma grave injustiça no conteúdo do negócio, deixa de se verificar fundamento da vinculação (*Direito Civil – Teoria Geral*. Vol. III. Coimbra: Coimbra Editora, 2002, p. 562). OLIVEIRA ASCENSÃO parte de afloramentos particulares da ideia de intolerância da ordem jurídica perante situações de desproporção injusta entre as prestações, como o controlo das cláusulas penais abusivas e a figura da alteração das circunstâncias, daí retirando um princípio geral nos termos do qual o desequilíbrio grave entre as prestações retira fundamento à vinculação,

se deverá exigir a cognoscibilidade do carácter excessivo ou injustificado dos benefícios.

2.1.2.2.3. O mecanismo contratual como garantia de justeza

À primeira vista poder-se-á estranhar a inclusão da posição que vamos passar a expor no universo das que defendem a prevalência da liberdade contratual. Como melhor veremos, SCHMIDT-RIMPLER[168], procurando legitimar o mecanismo contratual, propugna a ideia de que ele conduz a uma composição equilibrada de interesses, funcionando como garantia de justeza (*Richtigkeit*). Parece, pois, que o mecanismo contratual estaria ao serviço de uma concepção objectiva de justiça. Porém, apesar de sustentar a ideia de que o mecanismo contratual serve de garantia a uma composição ajustada de interesses, SCHMIDT-RIMPLER funda-a na real possibilidade de defesa autónoma dos seus interesses por cada uma das partes. Deste modo, será legítimo concluir que o pensamento da justeza acaba por se identificar com as condições de uma efectiva autodeterminação das partes[169]. Recusando SCHMIDT-RIMPLER o controlo da conformidade do contrato a critérios objectivos de justiça, a garantia de justeza que o Autor faz decorrer do funcionamento do mecanismo contratual, deixa-se surpreender na circunstância de cada uma das partes se encontrar em condições de poder fazer valer os seus interesses. Por isso, incluímos a tese que passamos a analisar entre as que elevam a liberdade contratual a valor central da ordem jurídica. Deve-se, todavia, desde já realçar que SCHMIDT-RIMPLER não alicerça a liberdade contratual no valor ético da autodeterminação[170], mas antes no contrato como mecanismo apto a responder à exigência de justeza, ao contrário de CANARIS[171].

pois, alerta o Autor, um vício de conteúdo também poderá pôr em causa uma vinculação livremente assumida – *Direito Civil – Teoria Geral.* Vol. III... *cit.*, p. 262 e nota 336. Repare-se que o Autor defende esta ideia independentemente da existência de uma situação de vulnerabilidade da parte desfavorecida no contrato. O que relevará é a cognoscibilidade do manifesto desequilíbrio entre as prestações. Seguindo nesta linha de pensamento, OLIVEIRA ASCENSÃO propugna a tese de que as considerações de justiça do conteúdo contratual que surgem no âmbito do Direito do Consumidor se estendem para fora deste domínio, caminhando-se no sentido de uma eticização geral do conteúdo dos contratos – *Direito Civil e Direito do Consumidor.... cit.*, pp. 175 e segs.

[168] V. *Grundfragen einer Erneuerung des Vertragsrecht.* "AcP" 1941, pp. 149 e segs.

[169] Neste sentido, SOUSA RIBEIRO, partindo do princípio de que a ideia de garantia de justeza é compatível com autonomia privada (v. *O Problema do Contrato... cit.*, pp. 80 e segs.), defende que a garantia de justeza será apenas "um outro nome para a verificação dos pressupostos de um poder bilateral de autodeterminação" – v. *O Problema do Contrato... cit.*, p. 82. Em sentido contrário, FLUME, *Allgemeiner Teil... cit.*, p. 8.

[170] SOUSA RIBEIRO, *O Problema do Contrato... cit.*, p. 81, nota 171.

[171] Veja-se a crítica de CANARIS à tese de SCHMIDT-RIMPLER – *A liberdade e a justiça contratual... cit.*, p. 55, e *Verfassungs-und europarechtliche Aspekte der Vertragsfreiheit... cit.*, pp. 882 e 883.

Segundo a posição defendida por SCHMIDT-RIMPLER, o contrato garantiria automaticamente a justeza (*Richtigkeit*). Sendo o contrato um mecanismo de interacção dos indivíduos, à vontade de um contrapõe-se a vontade de outro, o que seria suficiente para que fosse evitada uma solução desajustada[172]. Para que este equilíbrio fosse atingido bastaria que estivessem presentes as condições procedimentais de realização da justeza (*Richtigkeit*).

O conceito de justeza (*Richtigkeit*) abrangeria, não só a justiça como valor ético, mas também a adequação à prossecução do bem comum, assim como a certeza e a segurança jurídicas[173]. Em resultado da prossecução pelas partes contraentes dos seus próprios interesses[174], garantir-se-ia[175] a justeza dos efeitos contratuais. O mecanismo da conclusão do contrato funcionaria como garantia de uma composição ajustada de interesses. Trata-se de uma concepção procedimental de justiça[176]. Bastaria que as condições procedimentais estivessem presentes para que fosse assegurada a justeza[177].

Não estaria aqui em causa o apelo a uma concepção exterior de justiça[178]. A justeza seria consequência da utilização do mecanismo de conclusão do contrato. Deve-se ter presente que o Autor alemão não sustenta um critério puramente formal de liberdade contratual, que seja indiferente às condições materiais de que depende a realização efectiva[179]. Na verdade, o mecanismo de conclusão do contrato só seria susceptível de garantir a justeza se estiverem presentes as condições funcionais do modelo[180]. Não nos parece, portanto, correcto pretender que SCHMIDT-RIMPLER defenda uma concepção puramente formal de

[172] *Grundfragen... cit.*, pp. 139 e segs.

[173] SCHMIDT-RIMPLER, *Grundfragen... cit.*, pp. 132 e 133. Chamando a atenção para a extensão do conceito de justeza, referindo-se não apenas à justiça entre as partes, mas também à sua harmonia com o bem comum, CANARIS, *A liberdade e a justiça contratual... cit.*, p. 55, e *Verfassungs-und europäischrechtliche Aspekte der Vertragsfreiheit... cit.*, p. 883.

[174] Sublinhando o paralelismo, no plano macroeconómico, com a concepção liberal de concorrência, SOUSA RIBEIRO, *O Problema do Contrato... cit.*, p. 77, nota 157.

[175] O Autor também utiliza a ideia de probabilidade de justiça associada ao contrato (v. *Zum Vertragsproblem.* "Funktionswandel der Privatrechtsinstitutionen". Festschrift für Ludwig Raiser. Tübingen: Mohr Siebeck, 1974, pp. 5, 8 e 12.

[176] Veja-se CANARIS, *A liberdade e a justiça contratual... cit.*, p. 55, e *Verfassungs-und europäischrechtliche Aspekte der Vertragsfreiheit... cit.*, p. 883. SOUSA RIBEIRO também realça a natureza procedimental da justiça no pensamento de SCHMIDT-RIMPLER – v. *O Problema do Contrato... cit.*, p. 77.

[177] SCHMIDT-RIMPLER, *Grundfragen... cit.*, pp. 157 e 165.

[178] Analisando o pensamento de SCHMIDT-RIMPLER, SOUSA RIBEIRO, *O Problema do Contrato... cit.*, p. 80.

[179] *Grundfragen... cit.*, p. 157, nota 34, onde SCHMIDT-RIMPLER descreve várias situações que não reúnem as condições para que o contrato sirva de mecanismo apto a garantir a justeza.

[180] SOUSA RIBEIRO, *O Problema do Contrato... cit.*, p. 78.

liberdade contratual[181], uma vez que para o Autor não é indiferente a verificação dos pressupostos materiais de uma real autodeterminação. Onde tipicamente estes não estejam presentes, o contrato não será apto a cumprir a sua missão de instrumento da garantia da justeza.

Na verdade, considera que, onde tipicamente não sejam presentes as condições de que depende o efectivo funcionamento do contrato como instrumento de garantia de justeza, não poderá o mecanismo contratual garantir uma composição ajustada de interesses. No entanto, estas situações apenas se verificarão excepcionalmente[182].

Partindo desta constatação sobre o pensamento de SCHMIDT-RIMPLER, SOUSA RIBEIRO observa que o contrato não apresenta qualquer "virtualidade intrínseca"[183] que sirva de garantia de justeza[184]. Seria antes a presença dessas condições que abriria a possibilidade de obtenção de um resultado justo, o que o contrato *per se* não seria capaz de garantir[185].

Pensamos, na linha de SOUSA RIBEIRO[186], que a nota mais importante da construção de SCHMIDT-RIMPLER residirá na circunstância de ter aberto portas à consideração das situações em que não estão presentes as condições reais de autodeterminação.

A ausência de tais condições justifica a intervenção do Estado, sem pôr em causa o primado da liberdade contratual. Deste modo, a intervenção do Estado no contrato dar-se-ia em casos pontuais, vendo-se essas medidas como excepções ao princípio da liberdade contratual. Nesta perspectiva, a racionalidade subjacente

[181] Não nos parece assim deverem ser acolhidas as considerações de BENICKE sobre a análise da posição de SCHMIDT-RIMPLER. BENICKE qualifica de formal a tese da garantia da justeza preconizada por SCHMIDT-RIMPLER. Neste sentido, salienta que a principal diferença entre as leituras das virtualidades associadas ao mecanismo de conclusão do contrato defendidas por RAISER, por um lado, e por SCHMIDT-RIMPLER, por outro, reside na circunstância de aquele reconhecer que, não só a liberdade contratual funciona como mecanismo de garantia de autodeterminação, mas também que apenas uma decisão autodeterminada pode ser reconhecida pelo ordenamento jurídico – v. *Wertpapiervermögensverwaltung... cit.*, p. 408. SCHMIDT-RIMPLER observa que a ausência de autodeterminação de ambas as partes implica que não esteja presente a garantia de justeza, pelo que a sua posição e a posição de RAISER coincidem neste ponto – *Zum Vertragsproblem... cit.*, pp. 17 e 18.
SOUSA RIBEIRO salienta precisamente a ideia de que SCHMIDT-RIMPLER não segue "um conceito formal de autodeterminação, cego aos seus pressupostos materiais" – v. *O Problema do Contrato... cit.*, p. 83.

[182] *Zum Vertragsproblem... cit.*, p. 23.

[183] *O Problema do Contrato... cit.*, p. 83.

[184] *O Problema do Contrato... cit.*, pp. 82 e segs.

[185] *O Problema do Contrato... cit.*, p. 83.

[186] *O Problema do Contrato... cit.*, pp. 91 e segs.

ao princípio da liberdade contratual mantém-se intocada. A liberdade contratual continuaria a assentar na convicção da igualdade entre as partes, apresentando-se como a regra, quedando-se as intervenções no contrato como excepções ao princípio da liberdade contratual.

De facto, a influência do pensamento de Schmidt-Rimpler residiu essencialmente na possibilidade de considerar as intervenções estatais, destinadas à correcção das disparidades de poder negocial, excepcionais em relação ao princípio da liberdade contratual[187]. Para que a justeza seja alcançada, é necessário que as partes estejam em condições de prosseguir os seus interesses de modo livre e esclarecido. A falta de garantia de justeza fornece uma justificação comum às situações de intervenção estatal[188].

A doutrina de Schmidt-Rimpler oferece uma base de justificação na intervenção estatal nas relações contratuais assente na preocupação de garantir as condições de um exercício efectivo da liberdade contratual. Este constitui um instrumento necessário para que seja atingida a justeza. Assim, a justiça, em princípio, não é *directamente* prosseguida pela intervenção do Estado, consistindo antes no resultado do acordo contratual. Isto, desde que estejam presentes as condições procedimentais de realização da justiça contratual. O acordo contratual só servirá como via conducente a uma composição ajustada de interesses se as partes gozarem de uma efectiva autonomia. Onde tal não seja possível, justificar-se-á a intervenção do Estado, sendo afastado o mecanismo contratual. A interferência do poder público tem por finalidade assegurar que o acordo é fruto de uma efectiva liberdade contratual.

A construção de Schmidt-Rimpler parece sugerir a necessidade de uma certa paridade de poder enquanto pressuposto do funcionamento do mecanismo contratual. Consideramos, no entanto, que a atribuição de uma importância decisiva a este elemento poderá acarretar o desfiguramento da sua tese. Na verdade, os pressupostos de funcionamento do contrato encontram-se no domínio da liberdade contratual efectiva. Será esta que se torna necessário preservar para que o mecanismo contratual funcione como instrumento talhado para o alcance da justeza. Deste modo, o critério de intervenção, em coerência com os pressupostos de que parte a tese de Schmidt-Rimpler, deverá ser a existência de ameaças à autodeterminação das partes e não a pura e simples constatação de uma disparidade de poder. Com efeito, essa disparidade de poder poderá não ser susceptível de ameaçar a liberdade efectiva da parte mais frágil da relação contratual na medida em que a concorrência garanta a liberdade de escolha. Na realidade, o próprio Schmidt-Rimpler vem a reconhecer a importância

[187] Sousa Ribeiro, *O Problema do Contrato... cit.*, pp. 88 e segs.

[188] Sousa Ribeiro, *O Problema do Contrato... cit.*, pp. 88 e 89.

do mecanismo da concorrência na protecção da liberdade contratual efectiva e no funcionamento do mecanismo contratual[189]. Trata-se de um complemento à negociação do conteúdo do contrato, também ele de cariz processual[190], que igualmente contribui para o regular funcionamento do mecanismo contratual.

Reconhecendo a importância do mecanismo contratual, CANARIS atribui-lhe, todavia, um alcance mais modesto, vendo nele, não uma garantia de justiça, mas somente "uma *certa* garantia de que o resultado *não é contrário de forma patente, crassa,* às exigências de justiça"[191]. Assim, na medida em que o contrato pressupõe um acordo das partes quanto ao conteúdo, poder-se-á, segundo CANARIS, considerar que existe uma *certa* garantia de que o conteúdo do contrato não é manifestamente contrário às exigências de justiça. O Autor sublinha igualmente a importância de uma efectiva liberdade das partes no contrato. Na verdade, para que a liberdade contratual de certa forma constitua uma garantia contra resultados manifestamente injustos, é necessário que exista uma liberdade efectiva.

Daí a importância da informação e, em certas zonas, em que a liberdade na estipulação do conteúdo e a concorrência sejam insusceptíveis de contrariar a possibilidade de injustiças graves e manifestas, como sucede nas cláusulas con-

[189] *Zum Vertragsproblem... cit.*, pp. 14 e 15.

[190] CANARIS, *Wandlungen... cit.*, p. 285. O Autor sublinha que o reconhecimento da importância da concorrência não constitui qualquer objecção à tese de SCHMIDT-RIMPLER, mas antes uma confirmação, uma vez que se trata de um instituto jurídico de cariz processual de realização da justiça contratual, tal como acontece com a negociação do contrato. Note-se que em obra anterior, CANARIS havia ironizado com a tese de SCHMIDT-RIMPLER, considerando-a apenas compatível com uma economia de bazar, por ignorar o mecanismo colectivo da concorrência, concentrando-se apenas na importância da negociação – v. *Die Bedeutung der iustitia distributiva... cit.*, pp. 49 e 50. No entanto, posteriormente, já refere a importância atribuída por SCHMIDT-RIMPLER à concorrência. – v. *Wandlungen... cit.*, pp. 284 e 285.
Ao contrário de CANARIS, SOUSA RIBEIRO considera que a importância atribuída por SCHMIDT-RIMPLER ao mecanismo da concorrência vem a descaracterizar o modelo deste Autor fundado na possibilidade de cada uma das partes influenciar o conteúdo do contrato através da participação – v. *O Problema do Contrato... cit.*, p. 86, nota 189. Não cremos, contudo, que o relevo que o Autor alemão passou a reconhecer ao papel da concorrência no funcionamento do mecanismo contratual ponha em causa o sentido do seu modelo explicativo inicial. Pelo contrário, entendemos estar com ele em perfeita harmonia. Significa apenas a tomada de consciência da importância da concorrência no âmbito do funcionamento do mecanismo contratual no contexto das economias de mercado. Pensamos mesmo que o relevo posto por SCHMIDT-RIMPLER no mecanismo da concorrência vem a tornar mais claro que a sua tese assenta na importância da liberdade contratual efectiva no funcionamento do mecanismo contratual e não tanto no papel da paridade entre as partes.

[191] CANARIS, *A liberdade e a justiça contratual... cit.*, p. 59 (itálico nosso). V. igualmente em *Verfassungs-und europaischerechtliche Aspekte der Vertragsfreiheit... cit.*, p. 884. Notemos que CANARIS recusa qualquer hipótese de instrumentalização da liberdade em relação à justiça. É esta a principal objecção que aponta à tese de SCHMIDT-RIMPLER em *A liberdade e a justiça contratual... cit.*, p. 55, em *Verfassungs-und europäischerechtliche Aspekte der Vertragsfreiheit... cit.*, p. 883.

tratuais gerais, não será suficiente o recurso ao modelo da informação, mas é necessário restringir o princípio da liberdade contratual[192].

Repare-se que a intervenção no contrato é admitida na medida em que, em determinados sectores da vida económica, a efectiva liberdade contratual não esteja assegurada. Não será o caso, diz-nos CANARIS, dos contratos individualmente negociados, mesmo que esteja em causa um consumidor. O que parece impressionar CANARIS não é, pois, a disparidade de poder, mas sim a impossibilidade de uma das partes influenciar o conteúdo contratual. Não havendo possibilidade de uma das partes participar na fixação do conteúdo do contrato e, ao mesmo tempo, onde a concorrência não funcione, não haverá possibilidade efectiva de autodeterminação de uma das partes e o mecanismo contratual não será susceptível de funcionar como garantia de que não são cometidas injustiças graves, donde a necessidade de limitação da liberdade contratual. A liberdade contratual é limitada por não estar assegurada a efectiva autodeterminação de um dos contraentes e não por uma genuína preocupação de justiça social. Procura, deste modo, assegurar as condições de uma efectiva autodeterminação, intervindo o poder público na liberdade contratual onde a efectiva possibilidade de uma das partes defender os seus interesses se encontre ameaçada por a sua liberdade de escolha estar comprometida.

A posição de CANARIS acima descrita casa-se bem com a manutenção do paradigma da liberdade contratual fundado na igualdade abstracta entre as partes, em que as intervenções estatais no conteúdo do contrato são justificadas enquanto meras excepções a esse princípio. Tais intervenções actuam como mecanismos substitutivos da liberdade contratual da parte que vê a sua liberdade contratual efectiva limitada[193]. Trata-se, no fundo, de *corrigir falhas* do funcionamento do mecanismo contratual, que pressupõe a presença das condições reais de autodeterminação.

No entanto, caso a intervenção do Estado no contrato encontre justificação na protecção da parte mais débil da relação contratual, o paradigma da liberdade contratual assente na igualdade formal revela-se manifestamente desadequado[194]. A interferência do Estado assume uma conotação de cariz social, não se limitando a uma intervenção dirigida, alternativamente, a promover um exercício esclarecido da liberdade contratual (deveres de informação, consagração do direito de arrependimento) ou a substituir o mecanismo contratual, procurando

[192] *A liberdade e a justiça contratual... cit.*, pp. 62 a 64.

[193] Para além de mecanismos substitutivos, também existem instrumentos complementares que visam melhorar as condições que envolvem consentimento, que não se traduzem em limitações à liberdade contratual.

[194] SOUSA RIBEIRO, *O Problema do Contrato... cit.*, p. 109.

evitar injustiças graves, onde o mecanismo contratual não possa oferecer qualquer garantia de justiça pelo facto de a efectiva autodeterminação estar prejudicada. Na realidade, caso a interferência do Estado tenha em vista a tutela da parte mais fraca, tal protecção não deverá estar dependente de uma limitação da liberdade contratual efectiva.

2.1.2.3. A justiça contratual e a igualdade material das partes

2.1.2.3.1. A igualdade formal e a igualdade material

Numa outra perspectiva, a interferência do Estado nos contratos corresponde a um paradigma de liberdade contratual distinto do modelo liberal[195], assente no princípio da igualdade formal entre as partes. Consequentemente, as intervenções do Estado deverão ser encaradas, não como excepções ao princípio da liberdade contratual[196], mas como fruto de profundas transformações económicas e sociais, que determinaram um novo paradigma da liberdade contratual[197].

A liberdade contratual com suporte na ideia de igualdade formal deixa de ser capaz de responder aos desafios trazidos pela sociedade contemporânea[198]. Na verdade, as transformações ocorridas na Economia colocaram a descoberto situações de disparidade nas relações entre privados. Surgem situações de superioridade de poder económico, intelectual e social que travam a possibilidade de o contraente mais frágil tutelar os seus interesses. Deste modo, a ideia de igualdade dos cidadãos perante a lei deixa de ser suficiente para suportar o princípio da não interferência do Estado no acordo contratual. De facto, o modelo de sociedade que está na base das legislações liberais não espelha a nova realidade. As legislações liberais adoptaram como seu modelo fundante o mercado composto por pessoas iguais e autónomas capazes de actuarem racionalmente na avaliação das suas necessidades. A assunção do pensamento da igualdade dos cidadãos foi essencial para o abandono da definição dos direitos e obrigações em razão do estatuto que advinha do nascimento do indivíduo e que o acompanhava durante a sua vida, permitindo que todos pudessem ser titulares de direitos e obrigações livremente assumidos segundo a sua vontade. Contudo, assumindo a natureza de uma igualdade meramente formal, abstrai das condições fácticas que envolvem o indivíduo e que são de molde a comprometer a efectiva igualdade nas relações entre os sujeitos de Direito. Não admira, por isso, que o pensamento da igualdade material venha a revestir importância central nas relações contratuais.

195 RAISER, *Vertragsfreiheit heute... cit.*, p. 4.

196 RAISER, *Vertragsfreiheit heute... cit.*, p. 4.

197 RAISER, *Vertragsfreiheit heute... cit.*, pp. 2 a 4.

198 Veja-se SOUSA RIBEIRO, *O Problema do Contrato... cit.*, pp. 109 e segs.

Assim, se o respeito pelo princípio da igualdade material assumir o papel de pêndulo que pauta o ritmo da intervenção do Direito no contrato, a defesa do efectivo exercício da liberdade contratual deixa de envergar a veste de critério determinante da intervenção no Direito dos Contratos, abrindo-se as portas a uma diversa racionalidade neste domínio. Não é nossa intenção afirmar que a protecção da liberdade fáctica seja ignorada por aqueles que defendem a importância social do contrato. No entanto, o critério determinante da interferência do Estado no contrato é para esta corrente a situação de desigualdade material das partes. É o relevo decisivo conferido à situação de desigualdade fáctica entre as partes que distingue a doutrina da relevância social do contrato da tese de cariz mais liberal que se concentra, como vimos, na averiguação dos pressupostos fácticos da liberdade efectiva das partes no contrato[199].

O novo entendimento do modelo da liberdade contratual envolve uma relação de tensão entre a liberdade e a justiça social[200]. Trata-se então do reflexo no Direito Privado do Estado de Direito Social[201]. A intervenção do Estado, tendo em vista proteger grupos de indivíduos que carecem de tutela, aponta no sentido da modificação da racionalidade que subjaz ao modelo da liberdade contratual. Com efeito, este modelo deixa de assentar numa racionalidade formal para se fundar numa racionalidade material. Tal significa o abandono do paradigma da liberdade contratual assente em modelo abstracto de igualdade entre os contraentes, passando o princípio da liberdade contratual a absorver as preocupações de igualdade material[202]. Recusa-se, deste modo, a ideia de um Direito Privado especial no âmbito do qual caberiam as intervenções do Estado orientadas à correcção do funcionamento do mecanismo da liberdade contratual enraízado no princípio da igualdade abstracta enquanto regra. Efectivamente, o enfoque no princípio da igualdade implica uma verdadeira mudança do paradigma que suporta a liberdade contratual[203].

A primazia que muitos Autores consideram que o ordenamento jurídico atribui à liberdade contratual torna as suas posições inconciliáveis com a relevância

[199] Como vimos, isto mesmo é posto em evidência por CANARIS em *Die Bedeutung der iustitia distributiva... cit.*, p. 52, ao defender que a parte considerada em situação de vulnerabilidade não é protegida em razão dessa vulnerabilidade, mas antes em atenção à protecção da efectiva liberdade contratual.

[200] *Vertragsfreiheit heute... cit.*, pp. 6 a 8.

[201] Sobre a transposição da relação entre o Estado de Direito e a concepção do Estado Social, desenvolvida ao nível do Direito Constitucional, para o Direito Privado, ESSER/SCHMIDT, *Schuldrecht... cit.*, pp. 7 e segs.

[202] Considerando a inevitabilidade de transformação do arquétipo da liberdade contratual, SOUSA RIBEIRO, *O Problema do Contrato... cit.*, pp. 109 a 117.

[203] V. SOUSA RIBEIRO, *O Problema do Contrato... cit.*, pp. 112 e segs.

do princípio da *igualdade material* em certos domínios no âmbito contratual. Neste âmbito doutrinal as limitações à liberdade contratual não deverão encontrar a sua justificação na preocupação de que o acordo contratual se baseie numa efectiva igualdade de poder. Tal envolveria uma contradição com a posição de privilégio que o ordenamento jurídico atribui à liberdade contratual. Em consequência, estes Autores deverão assentar as limitações à liberdade contratual antes na defesa dos pressupostos fácticos da liberdade de decisão, o que tem importantes efeitos ao nível dos critérios de intervenção. Assim, em harmonia com a posição de destaque da liberdade contratual, Autores como Zöllner e Canaris não atribuem, já o vimos, relevância à disparidade de poder no contrato.

A sensibilidade às situações de disparidade de poder leva a uma mudança de paradigma. Em certas situações, em que estão ausentes os pressupostos de uma efectiva paridade de poder entre as partes, a liberdade contratual pode ser verdadeiramente limitada[204].

Como observa Sousa Ribeiro, em certas hipóteses não está em discussão uma simples correcção dos pressupostos de funcionamento do mecanismo contratual, mas antes a introdução de limitações ao princípio da liberdade contratual, substituindo a regulação autónoma pela regulação heterónoma[205].

O que está em causa é, pois, a substituição de uma racionalidade formal por uma racionalidade material. Ao modelo subjacente à concepção clássica da liberdade contratual, assente na igualdade formal dos cidadãos e cego às situações reais de disparidade de poder, sucede um modelo suportado em preocupações de igualdade material das partes, sensível às situações de desigualdade de poder. Como já referimos, trata-se de um reflexo ao nível do Direito do Direito Privado do pensamento do Estado Social, comprometido com a realização da justiça social.

A transposição do pensamento do Estado Social para o Direito Privado foi admitida por Eike Schmidt na 5ª edição do Livro I da obra *Direito das Obrigações* de Josef Esser. O Autor começa por esclarecer que a dimensão social do Direito Privado não tem a pretensão de modificar a distribuição da riqueza ao nível da sociedade em geral, mas tão-só obedecer ao objectivo de evitar que o Direito das Obrigações constitua um "motor adicional"[206] de acentuação do fosso entre "privilegiados e dependentes"[207].

[204] V. Sousa Ribeiro, *O Problema do Contrato... cit.*, pp. 109 e segs.

[205] *O Problema do Contrato... cit.*, pp. 106 a 109 e 114 a 117.

[206] Esser/Schmidt, *Schuldrecht... cit.*, p. 8.

[207] Esser/Schmidt, *Schuldrecht... cit.*, p. 8.

O Autor[208] adverte para a circunstância de essa recepção não se poder dar sem mais. Na verdade, realça que as consequências resultantes da harmonização conseguida a nível constitucional entre os princípios do Estado de Direito e do Estado Social devem ser objecto de reflexão ao pretender-se a sua transposição para o Direito Privado.

Surge então o problema das relações entre a Constituição e o Direito Privado. Na verdade, como de seguida veremos, para alguns Autores a situação de desigualdade efectiva emerge com a natureza de critério decisivo para avaliação da eficácia dos direitos fundamentais no Direito Privado.

2.1.2.3.2. A questão da eficácia dos direitos fundamentais no Direito Privado

2.1.2.3.2.1. Posições na doutrina em face do art. 18º/1 CRP

A questão da eficácia dos direitos fundamentais no Direito Privado[209] é um problema que muito nos interessa, na medida em que se relaciona com a relevância

[208] Esser/Schmidt, *Schuldrecht... cit.*, p. 9.

[209] A problemática em torno da obrigação de os particulares respeitarem os direitos fundamentais é designada como o problema da eficácia externa ou do efeito indirecto ou horizontal dos direitos fundamentais. Estas expressões têm sido criticadas por alguma doutrina. Veja-se Vieira de Andrade, que realça que, nas relações privadas de poder, os sujeitos de direito privado que beneficiam de uma posição de supremacia são verdadeiros sujeitos passivos de direitos subjectivos fundamentais – v. *Os Direitos Fundamentais na Constituição Portuguesa de 1976*. 5ª edição. Coimbra: Almedina, 2012, pp. 245 e segs. Do mesmo modo, Bilbao Ubillos defende que, no seio das relações privadas de poder, não se poderá correctamente falar de um efeito horizontal, realçando que numa relação deste tipo não cabe falar em efeito horizontal, dada a relação de supremacia de que uma das partes goza e a que se encontra submetida – V. *La eficacia frente a terceros de los derechos fundamentales en el ordenamiento español*. In António Pinto Monteiro, Jörg Neuner e Ingo Sarlet. "Direitos Fundamentais e Direito Privado – Uma Perspectiva de Direito Comparado". Coimbra: Almedina, 2007, p. 167.
Ao passo que Vieira de Andrade justifica a crítica que dirige às expressões eficácia externa, efeito indirecto ou horizontal, invocando que numa relação privada de poder a parte mais poderosa está, na realidade, a título principal, obrigada a observar direitos subjectivos fundamentais, já Bilbao Ubillos explica a sua crítica à expressão eficácia horizontal com fundamento na ausência de paridade entre as partes nas relações privadas de poder.
Por seu turno, Pereira da Silva rejeita a designação genérica do problema, quer enquanto "eficácia externa" dos direitos fundamentais, quer como "eficácia horizontal" dos direitos fundamentais, optando pela expressão "vinculação das entidades privadas". O Autor vê nesta expressão a capacidade de acolher a diversa intensidade da vinculação dos particulares aos direitos fundamentais. Pereira da Silva entende que a intensidade da vinculação dos particulares não é homogénea. Os particulares dotados de poder estarão obrigados não a uma obrigação geral de respeito dos direitos dos particulares, mas mais do que isso, estarão vinculados a colaborar com os particulares no desenvolvimento dos direitos. Neste âmbito, seria adequada a expressão "eficácia horizontal". Os particulares que não gozem de poder estão apenas obrigados a um dever geral de respeito pelos direitos dos outros sujeitos de direito privado, pelo que o Autor considera apresentar-se apropriada

da disparidade de poder nas relações jurídicas entre os particulares como critério de intervenção da ordem jurídica nas relações entre privados.

Para muitos Autores, o problema da vinculação dos particulares pelos direitos fundamentais é resolvido recorrendo à ideia de desigualdade de poder. Desta forma, a situação de desigualdade de poder negocial constituirá o elemento decisivo no modo como os direitos fundamentais obrigam os privados.

Ao contrário de outros ordenamentos jurídicos[210], a nossa Constituição estabelece expressamente a vinculação das entidades privadas aos direitos fundamentais. De acordo com o art. 18º/1 da CRP, os preceitos constitucionais sobre direitos, liberdades e garantias são *directamente* aplicáveis e não vinculam apenas entidades públicas, mas também obrigam entidades privadas. Contudo, como bem observa VIEIRA DE ANDRADE, esta norma não resolve o problema dos termos em que os direitos fundamentais vinculam os privados[211]. Às respostas dadas à questão subjaz, ora uma orientação mais liberal, ora uma orientação de pendor social.

As orientações de cariz socializante enfatizam a necessidade de abandono de uma concepção liberal dos direitos fundamentais, assente na separação entre Estado e Sociedade, em que os direitos fundamentais eram encarados exclusivamente como instrumentos de defesa do cidadão em face do Estado. Na verdade, acentuam a existência de poderes no seio da sociedade que justificam uma protecção dos direitos das pessoas que com eles se relacionam, ao mesmo tempo não deixando também de referir a importância dos direitos fundamentais como normas de valor no conjunto da ordem jurídica, inclusivamente no Direito Privado[212].

A vinculação dos sujeitos de Direito Privado aos direitos fundamentais não produz como consequência necessária a vinculação dos particulares aos direitos fundamentais nos mesmos termos dos entes públicos[213], nem a de todos os par-

neste universo a designação "eficácia externa" – v. *A vinculação das entidades privadas pelos direitos, liberdades e garantias.* "RDES" 1987, pp. 261 e 272 e 273.

[210] Veja-se a Constituição alemã e a Constituição espanhola. Na realidade, o art. 1º/3 da Constituição de Bona apenas refere a vinculação dos poderes legislativo, executivo e judicial à aplicação directa dos direitos fundamentais. No entanto, surge alguma doutrina a defender a aplicação analógica desta norma às relações privadas de poder – v. GAMILLSHEG, *Grundrechte im Arbeitsrecht.* "AcP" 1964, pp. 406 e segs. Como veremos mais adiante, esta sugestão é rejeitada de forma veemente por parte da doutrina, receando os perigos para a sociedade civil e para a autonomia privada.

[211] *Os Direitos Fundamentais na Constituição Portuguesa de 1976... cit.*, pp. 241 e 242.

[212] Como refere VIEIRA DE ANDRADE, é esta a posição de NIPPERDEY – v. *Os Direitos Fundamentais... cit.*, pp. 235 e segs.

[213] Inclinando-se no sentido de que, em princípio, os privados estão vinculados aos direitos fundamentais nos mesmos termos em que o estão os entes públicos, GOMES CANOTILHO/VITAL MOREIRA, *Constituição da República Portuguesa Anotada.* Vol. I. 4ª edição. Coimbra: Coimbra Editora, 2007, p. 385.

ticulares nas mesmas condições. Neste contexto, emerge, em parte significativa da doutrina, o pensamento da *desigualdade* de poder como critério balizador da aplicação directa dos direitos fundamentais no âmbito do Direito Privado[214] ou da vinculação dos particulares à observância dos direitos fundamentais na "qualidade de sujeitos passivos de direitos subjectivos fundamentais"[215] ou da "eficácia horizontal"[216] dos direitos, liberdades e garantias. Deste modo, a disparidade de poder funcionaria como elemento de justificação dos termos de vinculação dos particulares pelos direitos fundamentais.

Outros Autores, reconhecendo, tal como a corrente acabada de referir, a necessidade de distinguir a vinculação de entidades públicas e a vinculação de privados aos direitos fundamentais, negam um papel decisivo à ausência de igualdade nesta matéria. Para além de realçarem a circunstância de que os particulares são titulares de direitos fundamentais, ainda que gozem de uma situação de facto de superioridade, igualmente chamam a atenção para a falta de clareza do critério da disparidade de poder[217]. Contudo, não ignoram o art. 18º/1 CRP que, como vimos, estabelece a vinculação de entidades privadas aos direitos fundamentais[218].

[214] JORGE MIRANDA considera que os direitos fundamentais se aplicarão, quer no seio de grupos, quer nas relações entre particulares e poderes sociais, por identidade de razão, ao passo que nas relações entre particulares valerão por analogia – v. JORGE MIRANDA/JORGE PEREIRA DA SILVA, Anotação XX ao art. 18º CRP. In JORGE MIRANDA/RUI DE MADEIROS, *Constituição Portuguesa Anotada*. Tomo I. 2ª edição. Coimbra: Coimbra Editora, 2010 e *Manual de Direito Constitucional – Direitos Fundamentais*. Tomo IV. 4ª edição. Coimbra: Coimbra Editora, 2008, p. 305.

[215] VIEIRA DE ANDRADE – v. *Os Direitos Fundamentais... cit.*, p. 245. O Autor considera que nas relações privadas de poder as pessoas em posição de supremacia são verdadeiros sujeitos passivos de direitos fundamentais. Já nas relações normais de Direito Privado, os direitos fundamentais vinculam os particulares não como direitos subjectivos, mas sim enquanto normas objectivas de valor. Estará neste contexto fundamentalmente em causa um problema de harmonização dos direitos em conflito – v. *Os Direitos Fundamentais... cit.*, pp. 251 e 254. O Autor considera estar em causa, no domínio das relações entre sujeitos "iguais", uma necessidade de adaptação dos preceitos dos direitos fundamentais em face da autonomia privada, também ela protegida pela Constituição – *Os Direitos Fundamentais... cit.*, p. 252. Em consequência, VIEIRA DE ANDRADE assinala que, na falta de de disposição legal expressa ou na insuficiência dos conceitos indeterminados, a aplicação directa dos direitos fundamentais às relações normais de Direito Privado deve ser feita com cautela – *Os Direitos Fundamentais... cit.*, p. 254 e nota 62.

Na esfera das relações entre sujeitos de Direito Privado, à lei caberá um papel importante na harmonização dos interesses em presença, seja através de lei expressa, seja pela concretização de cláusulas gerais e de conceitos indeterminados. Na insuficiência destes, não será possível uma aplicação directa dos direitos fundamentais sem um juízo sobre a adequação da sua aplicação a relações em que está ausente uma relação privada de poder.

[216] PEREIRA DA SILVA, *A vinculação... cit.*, pp. 261 e 267.

[217] Expondo esta corrente, VIEIRA DE ANDRADE, *Os Direitos Fundamentais... cit.*, p. 248.

[218] Veja-se PAULO MOTA PINTO, *A influência dos direitos fundamentais sobre o direito privado*. In António Pinto Monteiro, Jorg Neuner e Ingo Sarlet. Coimbra: Almedina, 2007, pp. 155 a 157.

Consideram, em princípio, que os direitos fundamentais teriam "eficácia em relação a terceiros"[219] através das normas de Direito Privado. Reconhecem, portanto, uma eficácia *mediata* através de uma interpretação conforme a Constituição de cláusulas gerais e de conceitos indeterminados. Quando estes preceitos não respondam às exigências dos direitos fundamentais, recorrem à doutrina dos deveres de protecção, proposta por CANARIS, segundo a qual os poderes públicos estão vinculados a desenvolver o Direito, nas relações entre os particulares, tendo presente os direitos fundamentais. Estão, desta forma, sujeitos a um imperativo de tutela dos direitos fundamentais nas relações entre os cidadãos, quer o legislador, quer o julgador. Liga-se, pois, ao princípio da proibição da insuficiência. No entanto, como referimos, não deixam, de atender à vinculação das entidades privadas aos direitos fundamentais. Reservam-na, porém, aos direitos fundamentais que tenham em vista a protecção da dignidade humana[220].

2.1.2.3.2.2. A aplicação dos direitos fundamentais nas relações privadas de poder, sem deixar de atender aos princípios do Direito Civil

Julgamos, antes de mais, não ser correcto, no contexto das relações entre os particulares, apelar à aplicação directa da matéria dos direitos fundamentais e do princípio da igualdade *nos mesmos termos em que se aplicam na relação entre o Estado e os privados*[221]. Qualquer solução proposta deverá ter presente os valores e princípios que regem o Direito Privado.

Cremos ser imperioso considerar a especificidade do Direito Privado, considerando que os direitos fundamentais deverão ter em atenção a diferente natureza das relações entre o Estado e os privados e destes entre si.

Deveremos ter presente que os direitos fundamentais nas relações Estado/ /particulares traçam limites ao poder de intervenção do Estado na esfera privada dos cidadãos. Tratando-se de sujeitos de Direito Privado, é uma relação entre sujeitos iguais perante a lei, embora se possa verificar uma disparidade de poder pois um deles goza de um poder jurídico (por exemplo, poder disciplinar da entidade empregadora sobre o trabalhador) ou de facto[222] que lhe permite beneficiar uma situação de supremacia. Trata-se então de averiguar se a disparidade justificará a imposição aos particulares detentores de poder de direitos fundamentais como verdadeiros direitos subjectivos, isto é, se relativamente aos

[219] Sobre a crítica às expressões que traduzem esta ideia, v. supra nota 209.

[220] CARLOS MOTA PINTO, *Teoria Geral do Direito Civil... cit.*, pp. 74 e 75, e PAULO MOTA PINTO, *A influência dos direitos fundamentais sobre o direito privado... cit.*, pp. 155 a 157.

[221] Chamando a atenção para a circunstância de que raramente as entidades privadas poderosas estão vinculadas aos direitos fundamentais nos mesmos termos dos entes públicos, VIEIRA DE ANDRADE, *Os Direitos Fundamentais... cit.*, p. 248.

[222] Sobre este assunto, VIEIRA DE ANDRADE, *Os Direitos Fundamentais... cit.*, pp. 245 a 247.

sujeitos privados será legítima a aplicação directa dos direitos fundamentais nas relações jurídico-privadas de poder.

No Direito Privado, em particular no Direito Civil, a autonomia privada tem um papel de grande relevo. Por isso, muitos Autores argumentam que a aplicação directa dos direitos fundamentais conduziria à "rigidificação e inflexibilidade da vida jurídico-privada"[223], comprometendo o exercício da autonomia privada[224].

Contudo, esta objecção não nos parece suficientemente forte. Desde logo, o exercício da autonomia privada alicerça-se numa igualdade essencial entre os sujeitos, não apenas uma igualdade formal, mas também uma igualdade material. Onde esta essencial igualdade se não verifique, poderá estar aberto o caminho para uma intervenção estatal nas relações entre sujeitos de Direito Privado, neste caso através de aplicação directa dos direitos fundamentais nessas relações.

Não queremos com isto defender que o Estado deva interferir em face de uma qualquer desigualdade. Como nota SOUSA RIBEIRO, a absoluta paridade de poder não é atingível, devendo-se aceitar certas diferenças entre os particulares. A determinação dos termos em que o aproveitamento de vantagens resultantes de uma situação de desigualdade é legítimo[225], só poderá ser determinada ponderando as circunstâncias do caso concreto.

Do que acabámos de dizer, resulta não constituir a disparidade de poder um critério abstractamente operacional que permita identificar as relações jurídico-privadas no seio das quais os detentores de uma posição de privilégio estão sujeitos à aplicação directa dos direitos fundamentais[226]. Com efeito, como reconhece

[223] PAULO MOTA PINTO, *A influência dos direitos fundamentais... cit.*, pp. 156 e 157, partilhando a posição defendida por CANARIS (*Grundrechte und Privatrecht.* "AcP" 1984, pp. 303 e segs.) e por NEUNER, *A influência dos direitos fundamentais no direito privado alemão.* In António Pinto Monteiro, Jörg Neuner e Ingo Sarlet, "Direitos Fundamentais e Direito Privado – Uma Perspectiva de Direito Comparado". Coimbra: Almedina, 2008, p. 226.

[224] NEUNER, *Privatrecht und Sozialstaat.* München: C.H. Beck, 1998, p. 157. Note-se que pese embora o facto de o Autor considerar não ser a desigualdade de poder negocial critério para a aplicação directa dos direitos fundamentais nas relações entre os privados, considera que a disparidade de poder é relevante para o surgimento dos deveres de protecção, embora estes últimos se restrinjam, no domínio jurídico-negocial, aos direitos sociais. Só estes justificarão uma limitação à autonomia privada, já que os direitos liberais, enquanto direitos de defesa, não admitem uma interferência na liberdade contratual contra a vontade do titular, mesmo que essa interferência ocorra em cumprimento de um dever de protecção – v. *Privatrecht und Sozialstaat... cit.*, pp. 161 e 162. No mesmo sentido entre nós, PAULO MOTA PINTO, *O direito ao livre desenvolvimento da personalidade... cit.*, p. 212.

[225] SOUSA RIBEIRO, *O Problema do Contrato... cit.*, p. 84, ao notar que o que importa apurar é a legitimidade e limites do exercício do poder contratual. Veja-se KRONMAN, *Contract and distributive justice.* "The Yale Law Journal" 1980, pp. 472 e segs.

[226] Neste sentido, VIEIRA DE ANDRADE, *Os Direitos Fundamentais... cit.*, p. 247.

VIEIRA DE ANDRADE, trata-se de "um critério teleológico"[227] que no caso concreto permite considerar certos privados como "sujeitos passivos de direitos subjectivos fundamentais"[228].

Se a determinação das relações de poder privado relevantes para a aplicação directa dos direitos fundamentais deve ser efectuada em vista do caso concreto, é também em face deste que deverá ser determinada a intensidade e o grau de vinculação dos detentores do poder privado aos direitos fundamentais. Será necessário proceder a uma análise que tenha em conta os valores em conflito no caso em apreciação. Deste modo, as relações privadas de poder não estão sujeitas à aplicação dos direitos fundamentais nos mesmos termos em que o estão as entidades públicas e a intensidade e grau de vinculação poderão variar em face da concreta relação jurídico-privada de poder[229].

Parece-nos poder concluir que a aplicação directa dos direitos fundamentais nas relações de poder entre particulares não deve fazer temer uma constitucionalização do Direito Privado na medida em que se tenha presente a necessidade de ponderar os interesses subjacentes à relação jurídico-privada. Efectivamente, a aplicação directa dos direitos fundamentais nas relações entre particulares não é sinónimo da sua prevalência absoluta no âmbito dessas relações[230]. Não haverá, assim, lugar a uma aplicação dos direitos fundamentais indiferente às características das relações jurídicas entre os privados.

Poder-se-á recear neste contexto a intervenção judicial numa tarefa que deve ser exercida pelo legislador[231], colocando em causa o princípio da separação de poderes. A ponderação dos valores em conflito deverá pertencer em primeira linha ao legislador[232]. Estamos, aliás, perante um problema que não é específico da tese da aplicação directa dos direitos fundamentais às relações jurídico-pri-

[227] *Os Direitos Fundamentais... cit.*, p. 247.

[228] A expressão é de VIEIRA DE ANDRADE, *Os Direitos Fundamentais... cit.*, p. 245.

[229] VIEIRA DE ANDRADE, *Os Direitos Fundamentais... cit.*, pp. 247/8.

[230] Neste sentido, BILBAO UBILLOS, *La eficacia frente a terceros... cit.*, pp. 207. O Autor considera que a aplicação dos direitos fundamentais nas relações entre os particulares não faz perigar necessariamente a autonomia privada, pois não pressupõe uma prevalência do direito fundamental sobre outros interesses que com ele conflituem na concreta relação jurídico-privada.
Esta circunstância também faz ultrapassar a objecção que se prende com a falta de densificação dos direitos fundamentais, o que não seria adequado às exigências de maior concretização do Direito Privado (v. SOUSA RIBEIRO, *O Problema do Contrato...cit.*, pp. 133/4). Na realidade, não deveremos procurar na Constituição uma resposta à aplicação do direito fundamental no âmbito do Direito Privado, mas havendo sempre uma ponderação dos valores em presença.

[231] Sobre este problema, VIEIRA DE ANDRADE, Os *Direitos Fundamentais... cit.*, pp. 248 a 250.

[232] VIEIRA DE ANDRADE não deixa de ter esta circunstância em consideração ao defender a aplicação directa dos direitos fundamentais nas relações de poder entre sujeitos de Direito Privado – Os *Direitos Fundamentais...cit.*, p. 249.

vadas, mas que também emerge no contexto da doutrina dos deveres de protecção[233]. Com efeito, segundo esta posição, os deveres de protecção dos direitos fundamentais impor-se-iam aos poderes públicos, não apenas ao legislador, mas igualmente ao julgador[234]. A doutrina dos deveres de protecção desemboca em resultados semelhantes aos que resultam da vinculação directa dos particulares aos direitos fundamentais.

Concluímos que a ponderação pelo poder judicial dos bens jurídicos no caso concreto vai associada, quer à aplicação directa dos direitos fundamentais nas relações de disparidade de poder entre os particulares, quer à eficácia mediata dos direitos fundamentais no âmbito das relações jurídico-privadas através da vinculação dos poderes públicos, incluindo o poder judicial, à protecção dos direitos fundamentais. Até onde pode ir a ponderação pelo juiz dos interesses é uma questão que se prende com um problema de índole geral. Estamos em face do problema do desenvolvimento judicial do Direito[235].

Devemos começar por sublinhar que o legislador de Direito Privado está vinculado aos direitos fundamentais previstos na Constituição. Os defensores da ideia de que os direitos fundamentais somente vinculariam os particulares através dos princípios e das normas de Direito Privado, isto é, na medida em que o Direito Privado conferisse relevância aos direitos fundamentais, ignoram a vinculação imediata do Direito Privado à Constituição[236]. A vinculação do Direito Privado aos direitos fundamentais não deverá ser posta em causa. O desafio com

[233] Vieira de Andrade, *Os Direitos Fundamentais... cit.*, p. 249, nota 50. O Autor salienta que se trata de garantir uma protecção mais intensa aos particulares em situação de fragilidade perante privados poderosos, "garantia que corresponde, afinal, às preocupações evidenciadas pelas teorias moderadas do dever de protecção".

[234] Defendendo esta doutrina. no Direito alemão, Canaris, *Direitos Fundamentais e Direito Privado.* Coimbra: Almedina, 2003, pp. 39 e segs. e Neuner, *Privatrecht und Sozialstaat... cit.*, p. 156, e *A influência dos direitos fundamentais... cit.*, p. 227.

[235] Neste mesmo sentido, no contexto da defesa da ideia de que os deveres de protecção de direitos fundamentais e o princípio da proibição da insuficiência vinculam também o juiz, Canaris, *Direitos Fundamentais e Direito Privado... cit.*, p. 124. O Autor sustenta que o poder judicial também está ligado à obrigação de observância do mínimo de protecção imposto constitucionalmente. Já a questão de saber se poderá ultrapassar o mínimo necessário à observância da protecção imposta pela Constituição insere-se nos limites do desenvolvimento judicial do Direito.

[236] V. em face do Direito alemão, Canaris, *Direitos Fundamentais e Direito Privado... cit.*, pp. 28 e segs., e Neuner, *Privatrecht und Sozialstaat... cit.*, p. 172.
A doutrina da vinculação mediata do legislador de Direito Privado é acusada de desafiar a lógica pois, ao não considerar o legislador de Direito Privado imediatamente vinculado pela Constituição, acaba por o sujeitar a um padrão de controlo contido numa norma de idêntica posição hierárquica – Canaris, *Direitos Fundamentais e Direito Privado... cit.*, p. 30. A alternativa seria considerar a norma de Direito Privado à luz da qual se efectua o controlo como norma de Direito Constitucional, o que iria contradizer a sua natureza de norma de direito ordinário (*Direitos Fundamentais*

que nos confrontamos no âmbito da eficácia dos direitos fundamentais nas relações jurídico-privadas deixa-se surpreender na questão de saber em que condições é que os direitos fundamentais, concebidos para a defesa dos indivíduos perante o Estado, se hão-de estender às relações de Direito Privado. De facto, o princípio da autonomia privada domina neste âmbito, pelo que, particularmente nas "relações privadas típicas"[237], haja a necessidade de uma ponderação dos valores em presença. Esta ponderação caberá ao legislador, mas igualmente poderá caber ao julgador se não existir norma legal que directamente regule a situação[238].

A necessidade de ponderação dos valores em conflito, em particular dos direitos fundamentais diante da autonomia privada, também não deixará de se verificar nas relações de poder privado, dado que, como vimos, a situação de desigualdade não é um critério de que nos possamos servir em termos abstractos, mas antes ter em conta as características da situação concreta de poder. Esta ponderação poderá pertencer ao juiz[239]. Se a intervenção judicial se basear em considerações puramente jurídicas, ela manter-se-á nos limites em que é admitido o desenvolvimento judicial do Direito[240], sem beliscar o princípio da separação de poderes.

Assim, embora a ponderação de valores pertença essencialmente ao legislador, o julgador também o poderá fazer tendo em conta as características do caso concreto quando o legislador não forneça uma resposta adequada às exigências da Constituição. Deste modo, onde exista uma desigualdade entre privados, nada

e Direito Privado... cit., p. 30). Por outro lado, também a sua aplicação prática se mostra desprovida de sentido (*Direitos Fundamentais e Direito Privado... cit.*, pp. 31 e 32).
Pensamos. que ao tomar as normas de Direito Privado como veículos determinantes na realização dos direitos fundamentais no âmbito do Direito Privado, ignora-se a posição hierárquica da Constituição em face das normas de Direito Privado, conduzindo a uma confusão do Direito Constitucional com o Direito Privado (v. NEUNER, *Privatrecht und Sozialstaat... cit.*, p. 172).
A posição doutrinal da eficácia mediata dos direitos fundamentais no âmbito do Direito Privado acaba assim, como vimos, por libertar o legislador de Direito Privado da vinculação aos direitos fundamentais. Contudo, como de seguida explicaremos em texto, o grande desafio que se coloca não é o de saber se os direitos fundamentais vinculam o Direito Privado, mas antes o de saber em que termos se aplicam neste ramo do Direito. O verdadeiro problema liga-se à necessidade de descobrir em que termos é que os direitos fundamentais, cuja função originária é a tutela dos particulares perante o Estado, se poderão estender às relações entre privados, em que predomina o princípio da autonomia privada. Pensamos ser esta a questão nuclear comum aos defensores da aplicação directa dos direitos fundamentais aos sujeitos de Direito Privado e aos que sustentam a doutrina dos deveres de protecção.

[237] VIEIRA DE ANDRADE, *Os Direitos Fundamentais... cit.*, p. 250.

[238] VIEIRA DE ANDRADE, *Os Direitos Fundamentais... cit.*, pp. 253 e 254.

[239] VIEIRA DE ANDRADE, *Os Direitos Fundamentais... cit.*, p. 249.

[240] LARENZ, *Metodologia da Ciência do Direito*. Tradução de José Lamego. 4ª edição. Lisboa: Fundação Calouste Gulbenkian, 2005.

nos parece obstar a que o julgador considere a parte poderosa obrigada à observância do direito fundamental em causa, sem que tal signifique que este direito deva ser aplicado nessa relação exactamente nos mesmos termos em que vale na relação entre um particular e o Estado, devendo o julgador ponderar os valores que estão em conflito na concreta relação privada de poder.

O problema que aqui emerge, como vimos, será o de saber até onde essa ponderação de valores poderá ir sem cair em juízos de pura oportunidade, que deverão ser reservados ao legislador. Contudo, cremos que este problema não se coloca na medida em que se trate de dar resposta à necessidade de cumprimento de uma exigência constitucional[241]. Em particular, tal imperativo poder-se-á traduzir na protecção de um direito fundamental da parte mais frágil.

2.1.2.3.2.3. A protecção da parte mais frágil e a protecção da liberdade contratual efectiva

Ilustrativa do paralelismo nos resultados e nos problemas que decorrem da doutrina dos deveres de protecção e da aplicação directa dos direitos fundamentais aos particulares é a famosa decisão do Tribunal Constitucional Federal Alemão[242], que incidiu sobre a fiança prestada por uma operária de 21 anos de idade como garantia de pagamento de uma dívida contraída pelo seu pai, perante uma instituição de crédito. Os encargos decorrentes do contrato eram para a jovem muito elevados, tendo o Tribunal considerado que a sua aceitação resultaria da desigualdade de poder contratual entre as partes no contrato. Na realidade, a decisão atribuiu ao desequilíbrio estrutural entre as partes um papel central no fundamento da decisão. Considera o Tribunal que, sendo acordado um encargo anormalmente gravoso para uma das partes e apresentando-se como consequência de uma situação típica de desigualdade de poder negocial, a ordem jurídico-privada deve reagir e fornecer as correcções necessárias[243]. Se é certo que o Acórdão se refere à obrigação de o poder judicial averiguar se e em que medida o conteúdo do contrato é fruto de uma liberdade contratual efectiva[244], é também ver-

[241] Neste sentido, CANARIS, referindo-se ao problema da reserva legal no contexto dos deveres de protecção dos direitos fundamentais. O Autor defende que, estando em causa dar cumprimento a um imperativo de tutela de direitos fundamentais imposto pela Constituição, não se coloca o problema da reserva legal, ainda que essa tutela suponha a intervenção em outro direito fundamental, pois apenas estará em causa o cumprimento de uma exigência imposta pela Constituição – v. *Direitos Fundamentais e Direito Privado... cit.*, pp. 125 e segs.

[242] V. BVerfGE 89 Band 1, pp. 214 e segs.

[243] V. BVerfGE 89 Band 1, p. 232.

[244] V. BVerfGE 89 Band 1, p. 231. CANARIS acentua precisamente que a ideia de defesa da liberdade contratual efectiva, exposta pelo Tribunal Constitucional Federal tudesco, é abafada perante a importância central que o mesmo Tribunal acaba por reconhecer ao "desequilíbrio estrutural"

como critério de intervenção do Direito nas relações contratuais (*Wandlungen... cit.*, p. 296, e também, *Direitos Fundamentais e Direito Privado... cit.*, p. 73, nota 148).
Contudo, a jurisprudência do BGH que se seguiu à decisão do Tribunal Constitucional Federal não atribuiu relevo à presença de um desequilíbrio estrutural nas suas decisões sobre fianças. Na realidade, pese embora o facto de ter, sob o influxo da referida decisão do Tribunal Constitucional Federal, alterado a sua posição de recusa de controlo de conteúdo dos contratos de fiança, não atribuiu qualquer relevo à desigualdade de poder negocial, tendo antes fixado como pressupostos de invalidade do contrato de fiança por violação dos bons costumes (§ 138/1BGB), para além da natureza crassamente gravosa das obrigações assumidas pelo fiador, a dependência emocional do fiador em relação ao devedor principal. A instituição de crédito poderá provar que não conhecia ou desconhecia sem culpa estas circunstâncias – v. KÖTZ, *Vertragsrecht*. Tübingen: Mohr Siebeck, 2009, pp. 92 e segs.
Cremos que a posição do BGH perante as fianças se orientou pela preocupação de se não se distanciar do regime dos negócios usurários previsto no § 138/2 BGB. A jurisprudência do Supremo Tribunal alemão identifica a causa de vulnerabilidade do fiador numa circunstância estranha à relação entre ele e o banco – a dependência emocional do fiador e o devedor principal. O mesmo se passa nos negócios usurários, em que a vulnerabilidade de um dos contraentes radica directamente em circunstâncias estranhas à relação entre as partes (embora, tal como a dependência emocional do fiador, se venham a reflectir na relação de forças no contrato). Por outro lado, não prescinde de um elemento de censura do comportamento da instituição de crédito, que deverá conhecer a situação de dependência emocional do fiador em relação ao devedor principal e a natureza crassamente gravosa das obrigações assumidas pelo fiador, aproveitando-se desses factores. Consideramos, desta forma, que as decisões do BGH em matéria de fianças, na expressão de WIEACKER, se sustentam num "liberalismo eticamente fundado" e não numa visão social do contrato, de forma paralela ao que vimos suceder no regime previsto no § 138/2 BGB para os negócios usurários. A posição do Supremo Tribunal não se alicerça, pois, na ideia de desequilíbrio estrutural de poder negocial no contrato de fiança. Assenta antes na preocupação em estabelecer os requisitos para que a celebração do contrato de fiança seja havida como contrária à moral social, isto é, para que preencha a cláusula geral de violação dos bons costumes. Para tal não basta que do contrato flua uma situação crassamente gravosa para o fiador associada a uma situação de desigualdade de poder negocial. Isto, ao contrário do que nos parece indicar a referida decisão do Tribunal Constitucional Federal. Para além da dependência emocional, o BGH reconhece como violadores dos bons costumes outros casos em que situações de necessidade podem determinar a falta de ponderação da decisão de alguém se tornar fiador, assumindo obrigações crassamente gravosas. Por outro lado, em algumas situações de dependência emocional considera configurar uma conduta violadora da cláusula geral dos bons costumes a ausência de uma sugestão ao potencial fiador, por parte da instituição de crédito, no sentido de aquele procurar aconselhamento legal independente. Esta conduta violará os bons costumes *independentemente de o fiador vir a assumir obrigações crassamente gravosas* – KÖTZ, *Vertragsrecht... cit.*, p. 94.
Os casos que versam sobre as fianças não se podem reconduzir à figura da usura no Direito alemão. Ao contrário do que acontece no âmbito da usura, não está em causa um desequilíbrio entre as prestações que resultam do contrato, já que a instituição de crédito não se vincula a qualquer prestação perante o fiador. Chamando a atenção para este aspecto, KÖTZ, *Vertragsrecht... cit.*, p. 95. Neste sentido, pode ver-se também, SACK/FISCHINGER, na anotação 205 ao § 138 BGB *J. von Staudingers Kommentar zum Bürgerlichen Gesetzbuch Einführungsgesetz, Nebengesetz, Allgemeiner*

Teil 4a §§ 134-138 Anh zu 138. PorstG 201, ARMBRUSTER, na anotação 143 ao § 138 BGB, *Münchener Kommentar zum Bürgerlichen Gesetzbuch*. 5. Auflage. München: C.H. Beck, 2012.
Devemos, no entanto, ter presente que no Direito nacional, o art. 282º usa a expressão benefício excessivo ou injustificado. Cremos ser por isso que doutrina existe que assinala ser o preceituado aplicável a contratos bilaterais e unilaterais e até mesmo a negócios unilaterais. Refira-se, desde logo, que um contrato unilateral não é necessariamente um contrato gratuito. É o caso de mútuo oneroso. No contrato de mútuo, a entrega da quantia mutuada não é uma obrigação decorrente do contrato, mas é antes um "elemento da estrutura do negócio" (CARLOS MOTA PINTO, *Teoria Geral... cit.*, p. 396). Deste modo, não existe uma obrigação de entrega por parte do mutuante. Existe, isso sim, a obrigação de o mutuário restituir uma quantia equivalente à mutuada e a obrigação do pagamento de juros, na hipótese de se tratar de mútuo oneroso. Neste último caso não deixamos de estar perante um contrato unilateral, mas oneroso, na medida em que envolve sacrifícios patrimoniais para ambas as partes. Embora nos contratos de mútuo valha, como vimos, o regime especial do art. 1146º CC, tal não obsta à aplicação dos arts. 282º e segs. CC, ainda que os limites referidos no art. 1146º CC sejam respeitados, como expressamente refere o seu nº 4. Tratando-se de negócios unilaterais onerosos não se adivinha qualquer obstáculo à aplicação do art. 282º CC. Já dúvidas poderão surgir a propósito dos negócios jurídicos unilaterais e dos contratos unilaterais gratuitos.
De facto, a figura da usura está centrada no desequilíbrio entre as prestações. Deste modo, onde os negócios não envolvam sacrifícios patrimoniais para todas as partes, coloca-se o problema da possibilidade da recondução desses negócios à figura do negócio usurário. A letra do art. 282º CC parece não ser tão restritiva como a do § 138/2 do Código Civil alemão, Ao passo que este exige uma óbvia desproporção entre prestações, seja a favor do usurário, seja em benefício de um terceiro, aquele considera que o negócio enferma de usura se uma das partes, explorando uma das situações aí previstas, obtiver a promessa ou a concessão, para si ou para terceiro, de benefícios excessivos ou injustificados. Daí que se defenda ser a doutrina contida no art. 282º CC aplicável a contratos unilaterais (sem que seja feita referência a qualquer distinção) e mesmo a negócios jurídicos unilaterais – neste sentido, v. HÖRSTER, *A Parte Geral do Código Civil Português... cit.*, p. 556, PIRES DE LIMA/ANTUNES VARELA, *Código Civil Anotado*. Vol. I. Coimbra: Almedina, 1987, Anotação 1 ao art. 282º (redacção primitiva). Também o Acórdão do STJ de 22 de Maio de 2003, disponível em Net: http://www.dgsi.pt. Em sentido contrário, o Acórdão da Relação de Guimarães de 27 de Maio de 2010, disponível em Net: http://www.dgsi.pt
A redacção do art. 282º CC parece efectivamente não afastar a possibilidade de aplicação para lá do âmbito dos negócios onerosos. A natureza excessiva do benefício parece dever ser apurada em face da medida dos sacrifícios patrimoniais resultantes do contrato para cada uma das partes, parecendo pressupor a onerosidade do contrato. Já nos negócios gratuitos, não fará sentido indagar o carácter excessivo do sacrifício patrimonial assumido pela parte vulnerável. Neste tipo de negócios, o sacrifício patrimonial cabe apenas a uma das partes. Mas já fará sentido apurar se o benefício será justificado por qualquer interesse (que pode ser altruístico) das pessoas envolvidas, ou se, pelo contrário, resulta da exploração de uma das situações referidas no art. 282º CC. Por isso, cremos que o campo de aplicação do art. 282º CC transcende os limites dos negócios onerosos.
Quanto ao problema de que nos temos vindo a ocupar, que se relaciona com as fianças prestadas por familiares próximos, gravemente comprometedoras do livre desenvolvimento da vida económica do fiador, entrarão no âmbito da figura da usura, caso se sustente que, pese embora o facto de não se poder falar de um desequilíbrio entre prestações, haverá uma desproporção entre as

dade que insere essa protecção no contexto da desigualdade do poder negocial. O acento tónico que coloca na disparidade de poder negocial demonstra que o Tribunal Federal Constitucional alemão reconhece à disparidade de poder negocial a qualidade de critério de intervenção do Direito na autonomia privada. Assim sendo, o pensamento inspirador do aresto assenta na ideia de que a igualdade abstracta ou formal entre os sujeitos da relação contratual não leva em linha de conta os interesses da parte económica ou socialmente mais débil. Daí que se justifique a intervenção da ordem jurídica no conteúdo do contrato nas situações em que, sendo tipificável a configuração do caso, um dos contraentes se encontre numa situação de inferioridade, e, ao mesmo tempo, as obrigações que para ele decorrem do contrato resultem invulgarmente gravosas[245].

Do que acima dissemos, cremos poder concluir que a decisão só será susceptível de ser interpretada pela necessidade de o Direito Privado se mostrar sensível a preocupações de justiça social, procurando satisfazer exigências de justiça distributiva. Só assim se explica o enfoque na disparidade de poder negocial. Mais do que a necessidade de proteger a liberdade contratual efectiva, está presente a necessidade de o Direito Privado não se transformar num instrumento de acentuação das desigualdades sociais. O que é relevante na decisão do Tribunal é a protecção do contraente mais frágil numa situação em que a parte intelectual e economicamente mais forte poderia ter previsto o resultado invulgarmente gravoso que para a fiadora resulta da celebração do contrato. A dependência emocional em relação ao progenitor, a inexperiência e a impreparação da jovem acentuam a desigualdade de poder negocial em face da instituição de crédito, dotada de uma estrutura organizada e capaz de orientar as suas decisões por critérios de racionalidade. Deste modo, o que impressiona o Tribunal Constitucional Federal é, para além das consequências que poderia ter no futuro da jovem o encargo anormalmente gravoso por ela assumido, a capacidade da instituição de crédito para avaliar a situação resultante do contrato em face da fragilidade

consequências gravosas que do contrato resultam para o fiador e o reduzido proveito que o banco dela retira. Por outras palavras, a vinculação do fiador em termos gravosos não corresponderia a um benefício para o banco que encontrasse justificação na protecção dos seus interesses.
No entanto, consideramos não estar nesses casos em discussão averiguar se os interesses da parte beneficiada justificam o sacrifício que a vinculação representa para o fiador. Estará antes em causa ponderar a conformidade com a ordem jurídica da vinculação da parte mais fraca em termos gravemente comprometedores do desenvolvimento da sua vida económica. Assim, não nos parece que estes casos se deixem reconduzir à figura da usura. No Direito nacional, o problema não se coloca pelo facto de o banco não estar obrigado a qualquer prestação perante o fiador, mas antes por não se tratar, a nosso ver, tanto de avaliar se o interesse do banco justifica a vinculação gravosa do fiador, como de apurar se a ordem jurídica admite a vinculação da parte mais frágil em condições extremamente gravosas.

245 V. BVerfGE 89 Band 1, p. 232.

da fiadora para proceder a um idêntico juízo ou para em conformidade com ele determinar a sua decisão. O conteúdo do contrato espelha um desequilíbrio, um sacrifício muito sério para os interesses da parte em situação de inferioridade[246].

Entendemos que esta decisão se orienta no sentido do reconhecimento da necessidade de o Direito intervir corrigindo conteúdos contratuais invulgarmente gravosos para uma das partes onde esses conteúdos sejam consequência da desigualdade de poder negocial. Pensamos que a decisão exprime uma mundividência social e não liberal.

A preocupação decorrente da circunstância de uma das partes se encontrar vinculada a obrigações anormalmente gravosas, comprometedoras do livre desenvolvimento da sua personalidade[247], não é, por certo, exclusiva dos defenso-

[246] Acresce que nem a defesa do interesse da instituição de crédito impunha a assunção de obrigações tão gravosas pela fiadora. Com efeito, procurando a credora legitimamente prevenir o perigo de uma deslocação de elementos do património do devedor principal para o da fiadora, poderia ter acordado a limitação da responsabilidade da garante ao património de que esta era titular no momento em que ocorre o evento que determina o accionamento da garantia. Em muitos casos a prevenção de deslocações patrimoniais leva as instituições de crédito a celebrar contratos de fiança com familiares próximos do devedor principal. O facto de este interesse poder ser satisfeito, por exemplo, através da limitação da responsabilidade do fiador ao património de que é titular no momento em que ocorre o evento que determina o accionamento da garantia, a par da circunstância de a fiança representar um encargo gravoso para a fiadora cujo património nem se afigura suficiente para cobrir os juros, representa um abuso institucional do direito – v. CANARIS, *Wandlungen... cit.*, p. 298.

[247] A possibilidade de exoneração do passivo restante prevista nos §§ 286 e segs. da InsO alemã impede que o encargo para toda a vida seja havida como uma consequência necessária da vinculação assumida pela fiadora. No entanto, esta circunstância não impede que o encargo seja qualificado como crassamente gravoso – v. KÖTZ, *Vertragsrecht... cit.*, p. 93. CANARIS considera que a complexidade da exoneração do passivo restante, assim como a especificidade das fianças assumidas por familiares do devedor tornam este instrumento pouco adequado à protecção dos interesses do fiador – *Wandlungen... cit.*, p. 298. A possibilidade de exoneração do passivo restante também está prevista entre nós nos arts. 235º e segs. do CIRE. Sobre a exoneração do passivo restante, veja-se CATARINA SERRA, *O Novo Regime Português da Insolvência – Uma Introdução.* 4ª edição. Coimbra: Almedina, 2010, pp. 132 e segs.
Cremos que a possibilidade de exoneração do passivo restante não constitui um instrumento susceptível de substituir a intervenção no contrato nos casos do tipo do decidido pelo Tribunal Federal Constitucional alemão, uma vez que, como nota CANARIS, não está aqui pura e simplesmente em causa uma sobrecarga de dívidas.
O que aqui se coloca em evidência, segundo a nossa leitura, é a circunstância de uma situação gravosa resultar de um contrato em que a disparidade do poder contratual obstaculiza uma composição equilibrada de interesses.

res do pensamento social[248]. Na realidade CANARIS acolhe a decisão na medida em que protege a liberdade contratual efectiva[249].

No entanto, na decisão que temos vindo a analisar, a natureza invulgarmente gravosa das obrigações assumidas surge intrinsecamente associada à disparidade de poder negocial, o que exprime uma preocupação social. Como já dissemos, o Tribunal Constitucional Federal parte da convicção de que a desigualdade negocial pode levar a desequilíbrios manifestos na composição dos interesses no contrato (como veremos, numa dimensão ampla). Quando a vinculação ao contrato em resultado da desigualdade de poder coloque a parte mais frágil numa situação anormalmente gravosa, o Tribunal deverá intervir, particularmente através da concretização das cláusulas gerais dos bons costumes e da boa fé (§§ 138 e 242 BGB), e defendendo a autonomia privada com base no no art. 2º/1 da Constituição de Bona[250], onde as cláusulas gerais dos bons costumes ou da boa fé se mostrem insuficientes[251].

A argumentação do BverfG desenrola-se em torno da ideia de disparidade de poder negocial. Deste modo, não está em causa simplesmente a intervenção orientada à protecção da liberdade contratual fáctica, mas é antes a desigualdade de poder negocial que pauta a interferência do poder judicial no contrato[252].

Esta característica distingue este aresto de decisões que têm apreciado casos similares. Por exemplo, no Direito inglês, a *House of Lords* no caso Barcklays vs. O'Brien[253], perante a concordância da senhora O'Brien sobre a constituição de uma hipoteca sobre a casa de família destinada a assegurar o pagamento de dívidas de uma sociedade na qual o senhor O'Brien tinha interesse económico, considerou essencial na invalidação do contrato a verificação dos seguintes requisitos:

[248] CANARIS, *Wandlugen... cit.*, p. 299. À mesma preocupação obedece, no campo da responsabilidade civil, a redução da indemnização de obrigações de indemnização excessivas. CANARIS defende a possibilidade de redução da indemnização, justificando a sua tese com base no princípio da proibição do excesso – v. *Direitos Fundamentais e Direito Privado... cit.*, pp. 77 e 78.

[249] *Direitos Fundamentais e Direito Privado... cit.*, p. 75.

[250] WIEDMANN considera não ser defensável a ideia de que a protecção constitucional perante a assunção de obrigações contratuais irrazoáveis se desenvolva por via da tutela da liberdade de acção. Daí que o Autor veja na defesa do Estado Social de Direito o fundamento da obrigação da tutela pelo Direito Privado dos que tomam parte no tráfico jurídico-negocial em face de disposições negociais não suportáveis – v. Anotação à decisão de 19 de Outubro de 1993. "JZ" 1994, p. 412.

[251] V. BVerfGE 89 Band 1, pp. 214 e segs. Note-se que EIKE SCHMIDT propõe uma aplicação destas cláusulas à luz dos princípios do Estado Social de Direito previstos na Constituição, embora considere ser indesejável uma aplicação directa daquele princípio, pois não vincula os particulares, mas sim o Estado – *Schuldrecht... cit.*, pp. 9 a 11.

[252] Isto mesmo observa CANARIS, criticando por este motivo o aresto – v. *Direitos Fundamentais e Direito Privado... cit.*, p. 75, nota 148.

[253] V. All ER 417, [1994] AC 180.

uma conduta do devedor principal que se possa identificar com *misrepresentation*, *undue influence* ou outra conduta ilícita e a omissão pela instituição de crédito das diligências necessárias a assegurar que a mulher, ao consentir a garantia, estava consciente dos riscos que a sua decisão implicava.

No caso concreto, provou-se que a conduta do marido se identificava com *misrepresentation*, uma vez que este teria garantido à sua mulher que a responsabilidade era limitada a determinada quantia, quando na realidade a responsabilidade não conhecia qualquer limite. Para além desta circunstância, o banco não terá informado a senhora O'Brien sobre as consequências da assunção da garantia, nem tão-pouco a exortou a recorrer a aconselhamento independente, pelo que não teria dado os passos razoáveis para se assegurar que a senhora O'Brien tomou a decisão consciente dos riscos que iam associados à constituição da garantia[254].

A decisão britânica é bem ilustrativa do pensamento de tutela da liberdade contratual fáctica. Na verdade, não recorrendo à ideia de disparidade de poder, concentra-se nitidamente na protecção da liberdade contratual efectiva. Com efeito, preocupa-se em definir as situações em que a liberdade contratual é de tal forma afectada que é legítimo colocar em causa a validade do contrato. Parece-nos incidir esta decisão precisamente sobre a matéria dos vícios na formação da vontade. Na realidade, os factos são analisados à luz da necessidade de tutela da liberdade contratual efectiva, não convocando o Tribunal qualquer critério exterior à livre e esclarecida formação da vontade. Por esta razão, justifica-se encarar esta decisão enquanto expressão de liberalismo eticamente fundado.

Também o desenvolvimento posterior dos casos *Bürgschaft* pelo BGH, como anteriormente referimos[255], não apela ao critério da disparidade de poder negocial, aproximando os critérios de intervenção nesta matéria dos que são definidos para a usura[256]. Esta figura, como igualmente dissemos, não é, no Direito alemão, reflexo de uma verdadeira preocupação social, mas antes constitui expressão de um liberalismo eticamente fundado[257].

[254] Refira-se que OLHA CHEREDYCHENKO compara as duas decisões referidas em texto, a par de uma decisão do *Hage Raad* em que estava em causa uma garantia prestada por uma mãe em favor do seu filho. O Supremo Tribunal holandês decidiu a contenda considerando que sobre a instituição de crédito impendia, enquanto fornecedor profissional de crédito, o dever de informar o seu parceiro contratual não profissional. A Autora começa por acentuar que enquanto a decisão do Supremo Tribunal alemão recorre à aplicação dos direitos fundamentais para a protecção da parte mais fraca, as decisões britânica e holandesa lançam mão de instrumentos do Direito Privado para atingir o mesmo objectivo. *The constitutionalization of Private Law – something new under the sun?* "EJCL" 2004, ponto 3.

[255] V. *supra*, nota 244.

[256] V. *supra*, nota 165.

[257] V. *supra*, nota 165.

Como já tivemos oportunidade de salientar, a aplicação dos direitos fundamentais às relações jurídico-privadas não deverá operar automaticamente, mesmo nas situações de disparidade de poder negocial.

Desde logo, não constitui a desigualdade de poder negocial critério abstractamente susceptível de decidir a aplicação dos direitos fundamentais às relações entre sujeitos de Direito Privado. A desigualdade de poder negocial não poderá automaticamente conduzir à conclusão de que aquele que goza de uma posição de supremacia se torna sujeito passivo de direitos fundamentais. É necessário apurar se a desigualdade de poder é susceptível de distorcer de forma gravosa e inaceitável o figurino subjacente às relações entre sujeitos de Direito Privado. Por outro lado, a transposição dos direitos fundamentais para as relações privadas de poder não deverá fazer perder de vista os princípios do Direito Privado com os quais a aplicação dos direitos fundamentais poderá entrar em conflito.

Quanto ao primeiro problema, no caso que temos vindo a analisar, está patente uma desigualdade estrutural de poder negocial, tipicamente comprometedora do equilíbrio do conteúdo do contrato. A fiadora assumiu, na realidade, uma obrigação extremamente gravosa para o seu futuro, colocando em causa o livre desenvolvimento da personalidade. O Tribunal deixa em aberto a questão de saber se há violação de um direito de personalidade. Consideramos assim que no caso em análise a situação de desequilíbrio estrutural é susceptível de comprometer o figurino que subjaz às relações jurídico-privadas. Aqui chegados, é necessário inserir a protecção da fiadora no domínio jurídico-privatístico, em particular, averiguar como essa tutela se relaciona com os princípios que regem o Direito Privado.

2.1.2.3.2.4. O contributo da cláusula geral da ordem pública

A vinculação das partes através do contrato representa um compromisso que irá condicionar as suas opções futuras. Neste sentido, podemos dizer que existe uma *limitação à liberdade de acção futura*. Porém, se essa limitação da liberdade de acção se traduzir numa compressão anormalmente gravosa da liberdade de acção, seriamente comprometedora do direito ao livre desenvolvimento da personalidade, surge o problema da admissibilidade de tal limitação.

Coloca-se então a questão de saber se o contrato celebrado entre a fiadora e o banco, do qual resultam encargos anormalmente gravosos para a jovem, por gravemente comprometedores do desenvolvimento da sua vida económica, se traduzirá numa violação do princípio da ordem pública (arts 81º e 280º CC)[258]. É certo que a assunção de obrigações contratuais implica, repetimo-lo, frequentemente

[258] Menezes Cordeiro considera serem nulos, por contrários à ordem pública, os contratos que exijam esforços desmesurados ao devedor ou que limitem de modo excessivo a sua liberdade

renúncia a outras opções, neste sentido condicionando a futura vida económica do obrigado. No entanto, onde o cumprimento das obrigações resultantes do contrato se apresente muito gravoso para o devedor, podemo-nos legitimamente interrogar sobre se deverá prevalecer o respeito pelo princípio *pacta sunt servanda* ou se, pelo contrário, do ordenamento jurídico resultará a invalidade do contrato. Perguntar-se-á, para além disso, se a recusa por parte da ordem jurídica em considerar válido o contrato anormalmente gravoso para uma das partes se deverá restringir às situações de disparidade de poder ou se, inversamente, deverá constituir um limite a qualquer contrato de onde decorra uma situação anormalmente gravosa para uma das partes. Esta pergunta equivale a colocar a questão de saber se a eventual recusa da ordem jurídica em reconhecer a validade do contrato se inscreve numa genérica protecção do sujeito perante si mesmo ou visa responder a preocupações de protecção da parte mais fraca na relação contratual.

Consideramos que em situações em que o contrato produza obrigações anormalmente gravosas e comprometedoras do livre desenvolvimento da personalidade da *parte mais frágil* na relação contratual, estando nós perante uma típica desigualdade de poder negocial, é afastado o figurino que funda as relações jurídicas entre privados. Não se mostrando este modelo estruturalmente adequado a alcançar uma ajustada composição de interesses, não deverá ser concedida prevalência ao princípio *pacta sunt servanda*. É uma solução que já transparece do regime jurídico da usura. Com efeito, reagindo à preocupação da descaracterização do figurino contratual assente na igualdade das partes e assim apto a realizar uma equilibrada composição dos interesses das partes, foi consagrada no nosso Código Civil a figura da usura.

Todavia, como já tivemos oportunidade de o dizer[259], pensamos ser discutível a integração dos casos de que nos temos vindo a ocupar na figura da usura. Não devido à ausência de vinculação do credor a uma prestação perante o fiador, uma vez que consideramos que o âmbito de aplicação do art. 282º CC, ao contrário do que sucede com o do § 138 BGB, ultrapassa o estrito campo dos negócios onerosos. Na realidade, embora não faça sentido, em negócios que não envolvam sacrifícios patrimoniais para ambas as partes, avaliar a natureza excessiva do benefício, pois, segundo cremos, tal exige uma ponderação em face do sacrifício patrimonial da outra parte, poder-se-á colocar a questão de saber se o benefício será justificado ou se resulta da exploração de uma das situações de inferioridade previstas na hipótese normativa da usura.

pessoal ou a sua liberdade económica – v. *Tratado de Direito Civil Português Parte Geral*. Tomo I... *cit.*, p. 711.

[259] V. *supra*, nota 244.

O que nos leva a duvidar da possibilidade de aplicação do art. 282º CC aos casos de fianças prestadas por familiares próximos é o facto de não nos parecer estar tanto em causa apurar se o sacrifício resultante do contrato de fiança para o fiador é justificado pelo interesse do banco credor[260] ou por um interesse do fiador, que poderá ser de natureza altruística, mas antes avaliar em que medida é que as consequências decorrentes do contrato na vida da fiadora são aceites pela ordem jurídica, atenta a circunstância de elas resultarem de uma vinculação assumida pela fiadora em situação de desigualdade de força negocial perante a contraparte. De outro modo dito, acreditamos que esta decisão não considera isoladamente o equilíbrio dos interesses directamente atinentes à relação contratual. Vai mais longe e questiona a admissibilidade em face da ordem jurídica das consequências graves que decorrem do vínculo contratual para a parte mais frágil da relação[261]. Em suma, mais do que a justificação contratual do sacrifício assumido pela parte mais débil, está em causa a admissibilidade do sacrifício que a vinculação contratual representa na vida da jovem, tendo em conta que a gravosidade das obrigações assumidas advém de uma situação de desigualdade de poder negocial[262].

No âmbito da figura da usura, pretende a lei combater desequilíbrios na ponderação dos interesses contratuais, sem atender a circunstâncias pessoais ou económicas que para as partes poderão decorrer da vinculação contratual. Pelo contrário, no que respeita aos casos de fianças prestadas por familiares próximos do devedor principal, o fulcro do problema está precisamente na reacção

[260] Como defende SINGER, *Selbstbestimmung und Verkehrsschutz im Recht der Willenserklärungen*. München: C.H. Beck, 1995, p. 39.

[261] Admitindo a possibilidade de os casos de fiança prestadas por familiares jovens se integrarem na figura da usura, v. SOUSA RIBEIRO, *O Problema do Contrato... cit.*, p. 174, nota 413.

[262] Em sentido contrário, sustenta WIEDMANN depender o controlo do conteúdo contratual de uma ponderação dos interesses inerentes ao contrato ou às negociações. Circunstâncias exteriores, como as consequências pessoais ou económicas resultantes da vinculação contratual não justificarão a intervenção no conteúdo estabelecido no contrato (anotação à decisão do BVerfG de 19 de Outubro de 1993. "JZ" 1994, p. 413). Daí que o Autor conclua não pretender o BVerfG, ao indicar como pressuposto da obrigação de controlo do conteúdo contratual a natureza invulgarmente gravosa do encargo assumido, referir os efeitos dessa vinculação na situação económica ou pessoal do obrigado – v. Anotação à decisão do BVerfG de 19 de Outubro de 1993, p. 412.
Não obstante, pensamos derivar o controlo do conteúdo contratual na situação decidida pelo Tribunal Federal Constitucional alemão da consideração das consequências pessoais e económicas que do contrato resultam para a fiadora.
O aresto considera existir uma violação do direito ao livre desenvolvimento da personalidade, o que nitidamente se prende com as consequências que do contrato decorrem para a vida da fiadora.

da ordem jurídica a um sacrifício pessoal ou económico de grandes proporções, onde este seja resultado da disparidade de poder existente na relação contratual.

Contudo, apesar de não nos parecer que esta situação se possa integrar na figura da usura, as duas hipóteses têm em comum a circunstância de o conteúdo do contrato ser, de maneira evidente, desfavorável aos interesses da parte mais débil da relação contratual. Julgamos que, ao passo que a figura da usura tem por preocupação evitar que a situação de fragilidade de uma das partes proporcione um benefício excessivo ou injustificado, tendo em consideração a ponderação dos interesses das pessoas envolvidas, nas situações que temos vindo a analisar, a atenção centra-se mais propriamente na preocupação de evitar que a situação de fragilidade de uma das partes conduza a um sacrifício excessivo dos seus interesses, independentemente do interesse que o beneficiado possa ter.

É legítimo concluir que o Direito Privado não impõe a prevalência do princípio de que os contratos devem ser pontualmente cumpridos nas situações de disparidade de poder negocial, no caso de o negócio se apresentar nitidamente desfavorável aos interesses da parte mais fraca. Nestas hipóteses, não se mostrando o contrato um meio adequado a alcançar uma equilibrada ponderação de interesses, o princípio *pacta sunt servanda* poderá ceder em face de considerações de justiça material.

Cremos que o princípio da ordem pública é uma porta de entrada dos valores constitucionais no Direito Privado[263]. Pensamos que as dificuldades experimentadas na Alemanha quanto à relação entre os direitos fundamentais e o Direito Privado, pelo menos em parte, resultam da ausência de uma cláusula de ordem pública. É reconhecida a insuficiência das cláusulas gerais dos bons costumes e da boa fé para absorver os valores constitucionais[264].

No nosso ordenamento jurídico, é consagrada a cláusula geral de ordem pública que funciona como limite à autonomia privada. Ora, quando, por contrato, uma das partes limite de forma anormalmente gravosa o direito ao livre desenvolvimento da personalidade, não estando presentes as condições para que o contrato possa funcionar como instrumento adequado a uma ajustada composição de interesses em razão de um desequilíbrio estrutural de poder negocial, pensamos impor-se a intervenção do Direito no contrato por via da *ordem pública de protecção*. Nestes casos, apesar de as partes formalmente agirem em condições de igualdade, a disparidade de poder negocial retira ao contrato a vocação para atingir uma consideração ajustada dos interesses, justificando a tutela da parte mais frágil perante si própria, aí onde esta seja desfavorecida de forma manifesta.

263 V. PEREIRA DE SOUSA, *A vinculação... cit.*, p. 267, e SOUSA RIBEIRO, *O Problema do Contrato... cit.*, p. 143, nota 345.

264 V. WIEDMANN, *Anotação ao Acórdão do Bundesverfassungsgericht de 7 de Janeiro de 1990.* "JZ" 1990, p. 687.

Com efeito, se o contrato não é instrumento apto a atingir uma justa ponderação dos interesses envolvidos, a parte mais frágil encontra-se numa posição de inferioridade justificativa de que a contraparte seja tida como sujeito passivo de direitos fundamentais.

Não se trata, evidentemente, de defender uma obrigação de respeito pelos direitos fundamentais nas mesmas condições a que o Estado se encontra vinculado nas suas relações com os cidadãos. Na verdade, também os particulares que gozam de uma posição de supremacia são eles próprios titulares de direitos fundamentais. No entanto, onde exista desequilíbrio de poder negocial, não se poderá admitir uma limitação gravosa dos seus direitos fundamentais, uma vez que o contrato não é susceptível de funcionar como veículo direccionado a uma razoável composição de interesses.

Daí que não choque o princípio da autonomia privada a intervenção da ordem jurídica no contrato, onde esteja presente uma disparidade de poder contratual associada a uma situação anormalmente gravosa decorrente do contrato para a parte mais frágil. Está em causa a necessidade de dar resposta a exigências derivadas da *ordem pública de protecção*. Deste modo, a cláusula geral de ordem pública fundamenta a intervenção do poder judicial nos contratos em que tipicamente se verifique um desequilíbrio de poder negocial, tendo em vista controlar, à luz do princípio da proporcionalidade e de critérios de racionalidade, o conteúdo acordado[265]. Não surgindo o mecanismo contratual, em virtude do desequilíbrio de forças, como meio idóneo a uma ajustada consideração de interesses, o conteúdo deve ser objecto de controlo. Sendo assim, a parte que goze de uma posição de supremacia apresenta-se como sujeito passivo de direitos fundamentais, não podendo eventuais limitações a esses direitos, ainda que consentidas pelo seu titular, ser contrárias ao princípio da proporcionalidade e a critérios de racionalidade.

265 VIEIRA DE ANDRADE, *Os Direitos Fundamentais... cit.*, p. 312. Alguns Autores têm chamado a atenção para a circunstância de o princípio da proporcionalidade não dever ser aplicado no âmbito das limitações contratuais. Nesta linha, CANARIS entende que a autonomia privada pressupõe a possibilidade de os sujeitos se vincularem em termos desproporcionados e irrazoáveis. Esta observação está em coerência com a sua tese de que os direitos fundamentais não vinculam os particulares, mas apenas o Estado. Assim também se explica a posição adoptada pelo Autor sobre a possibilidade de redução da indemnização excessiva em virtude da comparação entre as condições económicas do lesante e do lesado, uma vez que a fixação da indemnização não resulta de um acto de autonomia, mas parte do Estado, submetendo-se assim ao controlo da proporcionalidade. Isto não significa que a tutela dos direitos fundamentais não se imponha, segundo o Autor, no domínio contratual, mas essa tutela deverá acontecer, na insuficiência dos meios próprios do Direito Privado, através de deveres de protecção que igualmente impendem sobre os tribunais – v. *Direitos Fundamentais e Direito Privado... cit.*, pp. 73 a 75.

Neste sentido, admitindo a possibilidade de o Tribunal vir a ajuizar sobre a proporcionalidade e a racionalidade do conteúdo acordado, a proibição da usura orienta-se à protecção do contraente mais vulnerável, não esgotando, no entanto, as hipóteses de intervenção do poder judicial no contrato no sentido de protecção da parte dela carecida.

Quanto à possibilidade de considerar a assunção de obrigações anormalmente gravosas, capazes de limitar o livre desenvolvimento da personalidade do indivíduo na sua vida económica, como genericamente contrária à ordem pública, independentemente de uma situação de disparidade do poder negocial, devemos ter presente que há que conciliar o direito ao livre desenvolvimento da personalidade com o princípio da autonomia privada[266], pois nas relações normais de Direito Privado o contrato apresenta-se como mecanismo apto a atingir uma equilibrada ponderação de interesses. Dever-se-á ter presente que a liberdade contratual é, ela própria, uma expressão do direito ao livre desenvolvimento da personalidade, pelo que uma genérica protecção do indivíduo perante si mesmo poderá comprometer esse direito[267-268]. Por isso, apenas quando estejam em causa bens que, pela importância que a ordem jurídica lhes reconhece, não sejam disponíveis sequer por vontade do seu titular, a limitação deverá ter-se por inválida. A este propósito, recorde-se a observação de LEITE DE CAMPOS relativamente à cláusula geral da ordem pública como limite à validade da limitação voluntária dos direitos de personalidade, no sentido de que essa limitação só poderá ser válida se visar o desenvolvimento da personalidade em termos éticos[269].

[266] HILLGRUBER admite a intervenção no conteúdo acordado onde não estejam presentes os pressupostos de autodeterminação efectiva na esfera das partes. Neste caso, entende o Autor surgir um dever de protecção judicial das liberdades fundamentais, justificando-se o controlo do contrato à luz do princípio da proporcionalidade. O dever de protecção pelos tribunais e o controlo da proporcionalidade do conteúdo acordado já se não justificariam nos contratos em que as condições para a real autodeterminação se verifiquem em relação aos parceiros contratuais. A autodeterminação e a auto-responsabilidade afastariam a tutela do sujeito perante si mesmo – v. *Grundrechtsschutz im Vertragsrecht.* "AcP" 1991, pp. 75 a 77 e 85 e 86.
O Autor aborda o tema da protecção dos direitos fundamentais no domínio contratual a propósito da conhecida decisão do Tribunal Federal Constitucional alemão sobre o representante comercial (BVerfG 7 de Fevereiro de 1990, BVerfGE 81 242).

[267] Realçando esta ideia no âmbito das relações jurídicas privadas típicas, entre iguais, VIEIRA DE ANDRADE, *Os Direitos Fundamentais... cit.*, p. 252.

[268] V. *supra* (ponto 1.2.2.1), o que dissemos a propósito das relações entre o intermediário financeiro e o investidor e também *infra* (ponto 2.2).

[269] *A relação da pessoa consigo mesma.* In AAVV, "Comemoração dos 35 Anos do Código Civil e dos 25 Anos da Reforma de 1977". Vol. II. Coimbra: Coimbra Editora, 2006, p. 145.

2.1.2.3.2.5. A apreciação da proporcionalidade das obrigações contratuais e a certeza e segurança jurídicas

Um argumento de peso contra uma apreciação judicial da proporcionalidade das obrigações contratuais vai no sentido de que a necessidade de submeter a situação concreta a tal ponderação poderá colocar em causa a segurança jurídica, que, como vimos, o Direito Civil em muitas das suas normas procura defender. O problema que se adivinha é, no fundo, o da intervenção *a posteriori* na autonomia privada.

Torna-se evidente a necessidade de definição dos pressupostos de intervenção do poder judicial no contrato nas relações de disparidade de poder por forma a não fazer perigar a certeza e a segurança jurídicas. Para dar resposta a esta questão, devemos recordar o que dissemos a este propósito, quando estudámos a figura do negócio usurário. Como vimos, foi preocupação do legislador no âmbito da figura da usura prevenir que preocupações de justiça distributiva viessem a colocar em causa a necessidade de estabilização de expectativas assegurada pelo princípio *pacta sunt servanda*.

Daí que, de acordo com a interpretação que defendemos, tenha optado o legislador por manter o requisito da exploração. No entanto, tal não significa que a exploração deva ser consciente, podendo ser suficiente que objectivamente se assista à exploração da situação de vulnerabilidade da parte mais fraca pelo seu parceiro contratual. Faz por isso sentido o recurso à ideia de um sistema móvel. Deste modo, onde a situação de fragilidade seja mais pronunciada, o desequilíbrio de prestações não terá que se mostrar tão acentuado para que o negócio seja havido como usurário. De modo inverso, se o desequilíbrio de prestações for mais evidente, menor será a exigência quanto aos requisitos de exploração e da situação de vulnerabilidade[270].

Ora, casos de disparidade de poder, ainda que não se deixem reconduzir ao negócio usurário, não deverão deixar de ser tratados, segundo cremos, em termos idênticos. Efectivamente, os casos das fianças prestadas por familiares do devedor, embora não reconduzíveis à figura da usura, não deixam de levantar problemas paralelos. Muito embora não seja possível neste âmbito falar de desequilíbrio de prestações, poderá existir um manifesto desajustamento no modo como o contrato reflecte os interesses de cada uma das partes, ligado, tal como na usura, a uma situação de fraqueza da parte prejudicada.

Consideramos, deste modo, que o recurso nesta sede a um sistema móvel dos requisitos de que depende o controlo *a posteriori* do conteúdo dos contratos pelo poder judicial será de molde a garantir a certeza e a segurança jurídicas,

[270] Neste sentido, v. Menezes Cordeiro, *Tratado de Direito Civil Português. Parte Geral.* Tomo I... *cit.*, p. 651.

associadas ao princípio do cumprimento pontual dos contratos. Na verdade, se o conteúdo contratual se apresentar profundamente desequilibrado, a parte em situação de supremacia dificilmente não representará a possibilidade de a contraparte só ter aceite vincular-se nesses termos devido a uma situação ou estado de fragilidade. Já se o desequilíbrio não for tão grande, o conhecimento da situação de fragilidade surge como pressuposto fundamental para a posterior interferência do poder judicial.

Destaca-se que, essencialmente por razões de certeza e segurança jurídicas, o Direito não poderá intervir em cada relação jurídica[271]. Por isso, propõe-se a restrição da sua intervenção a determinadas áreas onde *tipicamente* não estão presentes as condições para uma efectiva defesa por uma das partes dos interesses, onde tipicamente o conteúdo do acordo contratual é desfavorável a uma determinada categoria de indivíduos[272]. Argumenta-se no sentido de que a vaguidade do critério da disparidade de poder negocial não se mostra capaz de, em abstracto, fornecer uma bitola de intervenção compatível com as necessidades de segurança e certeza jurídicas.

Na verdade, chama-se a atenção para o facto de o pensamento da disparidade de poder não permitir traçar a linha divisória entre as desigualdades que devem ser combatidas e as desigualdades que podem ser aceites pela ordem jurídica. Cremos, no entanto, que a figura da usura, ao referir as situações de fragilidade, fornece um rumo de orientação na destrinça entre as desigualdades toleradas e aquelas que o não são.

Apontando também no sentido da necessidade de intervenção, igualmente se coloca a repercussão colectiva das situações em que *tipicamente* são prejudicados os interesses de uma das partes da relação contratual[273]. Não estando em causa uma sistemática postergação dos interesses de um certo grupo de pessoas em determinado sector, mas um prejuízo de uma das partes devido a circunstâncias não generalizáveis, tal prejuízo não terá a repercussão colectiva que aparece ligada à típica lesão dos interesses de uma categoria de contratantes em determinado âmbito.

Sousa Ribeiro, em sintonia com a posição de Fastrich, situa o critério de intervenção não no plano abstracto, mas antes nos dados da experiência. Na verdade, não procura delimitar as situações que justificam a intervenção através da definição "em abstracto de um único ponto de vista globalmente fundante"[274]. Elege antes como factor decisivo a constatação empírica de que em certos sec-

[271] Benicke, *Wertpapiervermögensverwaltung... cit.*, p. 408.

[272] Sousa Ribeiro, *O Problema do Contrato... cit.*, p. 171.

[273] Sousa Ribeiro, *O Problema do Contrato... cit.*, pp. 171 e 172.

[274] Sousa Ribeiro, *O Problema do Contrato... cit.*, p. 175.

tores os interesses de uma categoria de contratantes são constantemente prejudicados.

Se cremos ser esta solução legítima, entendemos também que onde exista evidente gravosidade das prestações assumidas por uma das partes, esta circunstância pelo menos atenuará a preocupação com os problemas da certeza e segurança jurídicas.

2.1.2.3.3. A sensibilidade às situações de disparidade de poder e a mudança de paradigma da autonomia privada

A sensibilidade às situações de disparidade de poder leva a uma mudança de paradigma da autonomia privada.

Em certas situações, em que tipicamente estão ausentes os pressupostos de uma efectiva paridade de poder entre as partes, a liberdade contratual pode ser verdadeiramente limitada. Como observa SOUSA RIBEIRO, em certas hipóteses, não está em causa uma simples correcção dos pressupostos de funcionamento do mecanismo contratual, mas sim a introdução de limitações ao princípio da liberdade contratual, substituindo a regulação autónoma pela regulação heterónoma[275]. Para quem aceite a relevância das situações de desigualdade de poder, o móbil da intervenção no contrato encontra-se na protecção dos interesses da parte mais fraca, e não tanto na tutela da liberdade contratual efectiva. A protecção da parte mais débil da relação contratual actuará independentemente da ausência do preenchimento das condições para uma autodeterminação efectiva. Trata-se acima de tudo de proteger a parte mais fraca perante as suas próprias fragilidades.

A consciência da necessidade de intervenção do Direito na liberdade contratual poderá conduzir a uma mudança do seu paradigma. A liberdade contratual deixa de ser entendida como carta branca cujo preenchimento é totalmente deixado à livre vontade dos particulares, independentemente dos condicionalismos que envolvem a celebração do contrato. O Estado passa a intervir, procurando evitar que as circunstâncias de facto distorçam o mecanismo contratual como instrumento adequado à realização dos interesses das partes. Onde a intervenção legislativa se norteie pela preocupação de corrigir desigualdades capazes de comprometer o contrato como mecanismo apto à obtenção de uma composição razoável de interesses, estará em causa a substituição de um entendimento da liberdade contratual fundado na igualdade abstracta entre as partes por um paradigma que atende à situação real. Não se trata da postergação do princípio da liberdade contratual. Tratar-se-á antes de reconduzir a liberdade contratual à sua

[275] *O Problema do Contrato... cit.*, pp. 106 a 109 e 114 a 177.

verdadeira essência[276], isto é, de garantir a participação autodeterminada e auto-responsável[277] no tráfico jurídico-negocial. A intervenção legislativa encontra justificação num dado exterior à própria liberdade. Esta posição terá importantes reflexos no que toca ao sentido da intervenção do Direito nas relações contratuais. Com efeito, a liberdade contratual é protegida a nível constitucional, de onde decorre para o legislador, segundo pensamos, a obrigação de preservar o núcleo central da liberdade contratual, assim como a obrigação de observar o princípio da proporcionalidade[278]. A apreciação do acatamento destes ditames depende do paradigma que se considera resultar da Constituição sobre a liberdade contratual. Deste modo, aqueles que acentuam a consciência da desigualdade material como motor da intervenção do Direito no universo contratual, rejeitam a ideia de que as intervenções legislativas se traduzam em simples excepções ao princípio da liberdade contratual assente na igualdade abstracta das partes. Propõem a substituição do paradigma da liberdade contratual alicerçado na igualdade abstracta das partes por um novo arquétipo, fundado na consciência da possibilidade de desigualdade material entre as partes. Na verdade, a consciência das

[276] ESSER/SCHMIDT, *Schuldrecht... cit.*, p. 10.

[277] ESSER/SCHMIDT, *Schuldrecht... cit.*, p. 10.

[278] A autonomia privada resulta, a nível constitucional, do direito à liberdade de iniciativa económica (arts. 61º e 89º CRP), em articulação com o direito de propriedade (art. 62º CRP) e com o direito de escolha de profissão ou género de trabalho (art. 47º CRP) – v. CARLOS MOTA PINTO, *Teoria Geral do Direito Civil*. 3ª edição. Coimbra: Coimbra Editora, p. 110, assim como do direito ao livre desenvolvimento da personalidade consagrado entre nós no art. 26º/1 da CRP. Antes da revisão constitucional de 1997, não existia qualquer norma equivalente ao art. 26º/1. No entanto, já se previam várias disposições que incidiam sobre manifestações específicas da liberdade que implicavam a tutela da liberdade contratual na medida do que fosse necessário para garantir o exercício daquelas liberdades – v. PAULO MOTA PINTO, *O direito ao livre desenvolvimento da personalidade... cit.*, p. 215.

O art. 26º/1 CRP, ao consagrar o direito ao livre desenvolvimento da personalidade, assume natureza paralela à do art. 2º/1 da Constituição alemã. Para alguma doutrina, não seria possível retirar da Lei Fundamental a definição do conteúdo da liberdade contratual. Esta determinação caberia ao Direito Civil. Neste sentido, partindo da diferente natureza da liberdade contratual em relação às liberdades "naturais". SOUSA RIBEIRO defende dificilmente poder-se descortinar na garantia da liberdade contratual prevista na Constituição uma substância normativa própria que se possa encarar como bitola de controlo das normas de Direito ordinário – v. *O Problema do Contrato... cit.*, p. 146, nota 349. Por sua vez, PAULO MOTA PINTO sustenta que a tutela constitucional da liberdade contratual poderá ter utilidade como instrumento de controlo nas normas de direito ordinário, designadamente através da verificação do respeito pelo princípio da proporcionalidade e da observância do núcleo essencial do Direito. Pese embora o facto de estes critérios não serem susceptíveis de oferecer uma delimitação precisa do conteúdo da liberdade contratual, o Autor considera que não deverá ser posta em causa a sua tutela constitucional, uma vez que não se trata de uma característica exclusiva da problemática da protecção da liberdade contratual pela Lei Fundamental – v. *O direito ao livre desenvolvimento da personalidade... cit.*, p. 217.

desigualdades reais entre as partes, em coerência, conduz a uma mutação do conteúdo do princípio da liberdade contratual. As intervenções da ordem jurídica deixam de ser tidas como simples excepções a um princípio cujo conteúdo se manteria intocado. O conteúdo da liberdade contratual passa também a ser moldado pelo princípio da vinculação social da autonomia privada.

Com efeito, a autonomia privada está garantida constitucionalmente, em especial por ser uma manifestação do direito ao livre desenvolvimento da personalidade. Tal como sucede com o direito de propriedade[279], também o direito

[279] ESSER/SCHMIDT, *Schuldrecht... cit.*, pp. 10-11. RAISER, *Vertragsfreiheit heute... cit.*, pp. 4 a 6. Em ESSER/SCHMIDT é sustentada a vinculação social da autonomia privada com base na vinculação social da propriedade privada prevista no art. 14/2 da Constituição de Bona, onde se consagra a vinculação da propriedade ao bem comum. Esta orientação traduzir-se-ia, antes de mais, numa limitação ao § 903/1 BGB que exprime a orientação tradicional de utilização pelo titular do objecto do direito de propriedade segundo a sua vontade – v. *Schuldrecht... cit.*, p. 10. Abrangendo a garantia da propriedade qualquer valor patrimonial, ela contemplará a faculdade de dele dispor jurídico-negocialmente, compreendendo-se assim facilmente a vinculação social da liberdade contratual – v. ESSER/SCHMIDT, *Schuldrecht... cit.*, pp. 10/11. Por outro lado, o art. 2º/1 da Constituição germânica prevê como limite ao direito ao livre desenvolvimento da personalidade o respeito pela ordem constitucional, o que reforça a ideia da vinculação social do princípio da autonomia privada, no respeito pelo pensamento do Estado de Direito Social presente na Constituição – v. ESSER/SCHMIDT, *Schuldrecht... cit.*, p. 11. RAISER, por seu turno, salienta a evolução histórica do paradigma da liberdade contratual. A liberdade contratual já não poderá ser entendida no figurino liberal dos séculos XVIII e XIX, mas encontra-se numa relação de tensão com o princípio do Estado de Direito Social. O Autor salienta que, tal como sucedeu com a propriedade privada, o instituto da liberdade contratual não deixa, de acordo com o art. 2 (1) do *Grundgesetz* de estar incluído na garantia do direito ao livre desenvolvimento da personalidade. Não é posta em causa a preponderância da liberdade, não podendo medidas impostas pelo Estado eliminar ou afastar a proeminência deste princípio na conformação do tráfico económico – *Vertragsfreiheit heute... cit.*, p. 5. No entanto, o seu conteúdo não pode ignorar o Estado de Direito Social. Por isso, a liberdade do indivíduo não poderá ser exercida à custa das necessidades de vida em comunidade – *Vertragsfreiheit heute... cit.*, p. 5. RAISER descreve a relação entre a liberdade contratual e o Estado de Direito Social não como "regra e excepção", mas antes como "tese e antítese" no processo dialéctico da realização do Estado – v. *Vertragsfreiheit heute... cit.*, p. 6.

Na Constituição da República Portuguesa não é ignorada a vinculação social da propriedade, embora não esteja aí expressamente prevista, ao contrário do que sucedia na Constituição de 1933 e como vimos suceder com a Constituição alemã. A circunstância de no art. 62º CRP não mencionar qualquer limite ao direito de propriedade não significa que o direito não esteja sujeito a limites. Na realidade, o direito é garantido no âmbito da Constituição de acordo com os princípios e os valores que a enformam – v. JORGE MIRANDA, *Constituição Portuguesa Anotada*. Coimbra: Coimbra Editora, 2005, e também JORGE MIRANDA e JORGE PEREIRA DA SILVA, *Constituição da República Portuguesa Anotada... cit.*, nas anotações XIV e segs. ao art. 62º. Também salientando a sujeição a limites da garantia da propriedade privada, CARLOS MOTA PINTO, *Teoria Geral do Direito Civil*. 4ª edição (por António Pinto Monteiro e Paulo Mota Pinto)... *cit.*, p. 153. Expressão bem nítida da vinculação social da propriedade privada é a possibilidade de expropriação dos meios de

ao livre desenvolvimento da personalidade está sujeito aos limites que resultam da Lei Fundamental. Deverá, portanto, conter-se perante o que é exigido pelos princípios e valores constitucionais[280]. Ora, as preocupações de realização da democracia económica, social e cultural, o princípio da igualdade, as correcções na distribuição da riqueza mostram uma sensibilidade social a que a definição do conteúdo do princípio da liberdade contratual protegido não poderá permanecer estranha. Na realidade, o Direito Privado não deverá representar um "motor adicional" de acentuação das desigualdades reais[281].

A esta luz, não constituirá violação do princípio da proporcionalidade o facto de serem havidas como abusivas e inválidas as cláusulas inseridas em contratos celebrados entre empresas e consumidores que impliquem um desequilíbrio significativo entre os direitos e obrigações das partes com prejuízo do consumidor[282].

produção em abandono, prevista no art. 88º CRP. JORGE MIRANDA acentua a circunstância de o nº 1 do art. 62º se dever situar no contexto da Constituição, o que tendo em conta os princípios da realização da democracia económica social e cultural, da igualdade entre os portugueses, da correcção na distribuição da riqueza, a propriedade pública dos recursos naturais e de meios de produção dispensam a referência expressa à função social da propriedade – v. *Constituição Portuguesa Anotada... cit.*, Anotação II ao art. 62º.

[280] PAULO MOTA PINTO considera que os três limites impostos pela Constituição de Bona na parte final do art. 2º/1 ao direito ao livre desenvolvimento da personalidade, embora não estejam previstos expressamente na nossa Lei Fundamental, estão aí implicitamente consagrados. Esses três limites são a ordem constitucional, os direitos de outrem e a lei moral. Por ordem constitucional entende o Autor, na senda da doutrina alemã, todas as normas não desconformes à Constituição. Deste modo, a liberdade contratual, enquanto manifestação do direito ao livre desenvolvimento da personalidade, estaria também sujeita ao limite da ordem constitucional entendida no sentido indicado – v. *O direito ao livre desenvolvimento personalidade... cit.*, pp. 216 e 217, e 221 a 224. Cremos que a definição do conteúdo da liberdade contratual, embora esteja em grande medida dependente das opções do legislador ordinário, passa também pela Constituição, não apenas no sentido de que dela resulta um núcleo de liberdade de que o legislador não pode dispor (v. PAULO MOTA PINTO, *O direito ao livre desenvolvimento da personalidade... cit.*, pp. 222 e 223), mas também no sentido de que a necessidade de conjugar a liberdade contratual com outros princípios e valores constitucionais contribui para a delimitação do seu conteúdo essencial. Deste modo, como veremos em texto, a sensibilidade social da nossa Constituição leva a uma vinculação social do princípio da autonomia privada, não podendo o Direito Privado "servir de motor adicional de aprofundamento das desigualdades".

[281] ESSER/SCHMIDT, *Schuldrecht... cit.*, p. 8. Não se trata da igualdade perante a lei, mas da igualdade de facto.

[282] Constante da proposta para uma lei sobre cláusulas abusivas nos contratos celebrados com consumidores. No entanto, a Directiva 93/13/CEE de 5 de Abril de 1993 sobre os contratos celebrados com os consumidores não consagrou esta norma. CANARIS considera esta solução inconstitucional perante a Constituição alemã – v. *A liberdade e a justiça contratual... cit.*, pp. 64 e 65. Trata-se de uma opinião que deriva da irrelevância da igualdade como fundamento e critério de intervenção da ordem jurídica no contrato. Para o Autor, a desigualdade entre as partes seria um cri-

De facto, para os que vêem na típica situação de desigualdade entre o consumidor e a empresa o fundamento e o critério para a intervenção do Direito, não representará obstáculo a circunstância de a lei se orientar por critérios de justiça distributiva, relativizando o papel da concorrência e do mercado na formação de preços. O que interessa deste ponto de vista é antes corrigir a situação de injustiça material resultante da situação de desigualdade de poder entre as partes. Com efeito, se o conteúdo da liberdade contratual também é moldado por uma vinculação social, a intervenção da ordem jurídica não configura uma violação do princípio da proporcionalidade.

Na verdade, estando presente a preocupação de o Direito Privado não conduzir a um aprofundamento das desigualdades fácticas, perante um desequilíbrio significativo entre os direitos e obrigações das partes, e existindo uma típica situação de desigualdade de poder negocial, como a que ocorre entre consumidor e uma empresa, a intervenção da ordem jurídica, considerando a cláusula ou o contrato inválidos, não se revela desproporcionada ao fim que o legislador pretende atingir, que consiste em corrigir a injustiça material associada a uma situação de desequilíbrio de poder. A nulidade das cláusulas (ou em certas situações do próprio contrato) revela-se um meio idóneo, necessário e proporcional ou racional em relação à prossecução do objectivo do combate da injustiça material quando ligada a uma situação de desequilíbrio de poder negocial.

Em resumo, se o móbil e o critério de intervenção do Direito no contrato residem na verificação de uma situação de injustiça material resultante da desigualdade estrutural de poder, tendo a intervenção por finalidade corrigir a situação

tério exterior à liberdade, devendo a intervenção da ordem jurídica obedecer à preocupação de apurar os casos em que a liberdade resulte de tal modo afectada que seja necessário desobrigar uma das partes do dever de pontual cumprimento. Não se trata para o ilustre jurista alemão de uma intervenção da ordem jurídica no sentido de corrigir uma situação de injustiça material associada à situação de desigualdade de poder, mas antes no sentido de proteger a liberdade contratual efectiva dispensando uma das partes do pontual cumprimento do contrato nos casos em que não existam condições para uma decisão livre. Assim, parece o Autor conceber o princípio da liberdade contratual assente na igualdade abstracta entre as partes, surgindo as intervenções da ordem jurídica, que desobrigam uma das partes, como mecanismos de reacção perante situações em que a liberdade efectiva não tem condições para se afirmar. Deste modo, compreende-se que o Autor considere inconstitucional, por violação do princípio da proporcionalidade, uma norma que proteja o consumidor perante um desequilíbrio entre os direitos e as obrigações que seja desfavorável ao consumidor. A intervenção da ordem jurídica no domínio da liberdade contratual dever-se-ia restringir apenas ao necessário para assegurar condições para uma efectiva autodeterminação. Uma norma com aquele conteúdo, considerando abusiva uma cláusula que acarrete um significativo desequilíbrio entre os direitos e obrigações do contrato em prejuízo do consumidor, independentemente de qualquer ameaça à efectiva autodeterminação, violaria o princípio da proporcionalidade.

de injustiça material, a interferência no contrato não se apresentará desproporcionada em relação a este objectivo, desde que não prejudique o "conteúdo essencial"[283] da liberdade contratual. O conteúdo essencial da liberdade contratual seria atingido se o equilíbrio entre os direitos e obrigações fosse em geral submetido à apreciação do poder judicial. Este controlo representaria interferência na liberdade contratual incompatível com a tutela da autodeterminação dos indivíduos e com a economia de mercado. Para além disso, seria muito difícil eleger um padrão de avaliação. Contudo, a nosso ver, estas circunstâncias não justificam uma absoluta abstenção de intervenção nesta matéria. Na realidade, quem partilhe uma visão da liberdade contratual moldada por uma vinculação social, dificilmente aceitará a ideia de que o poder judicial não possa interferir quando se lhe apresente um manifesto desequilíbrio entre as prestações associado a uma situação de típica desigualdade estrutural.

Para a necessidade de um desequilíbrio significativo entre as prestações como pressuposto de reacção da ordem jurídica concorre, como já vimos, a necessidade de proteger a certeza e a segurança jurídicas, uma vez que a intervenção judicial, representando uma interferência *a posteriori* no conteúdo acordado põe em causa a função de consolidação das expectativas associada ao princípio *pacta sunt servanda.*

2.1.2.3.4. A discussão em torno da protecção da liberdade contratual efectiva e a protecção da parte frágil na preparação da Directiva das cláusulas abusivas

Apenas uma última palavra sobre o problema das cláusulas abusivas. Ilustrativo do problema da opção por um modelo de intervenção fundado na protecção da liberdade contratual efectiva ou na correcção da injustiça material associada a um cenário de desigualdade material entre os contraentes se revela o processo que culminou com a adopção da Directiva sobre as cláusulas abusivas nos contratos celebrados com os consumidores.

Em 1990, a Comissão Europeia apresentou uma proposta de Directiva sobre as cláusulas abusivas nos contratos celebrados com consumidores. A regulamentação aí contida era manifestamente inspirada pela preocupação de tutela do consumidor.

Neste sentido, abrangia todos os contratos celebrados entre consumidores e os que actuassem no exercício do seu comércio, negócio ou profissão, independentemente de qualquer outra circunstância que tipicamente representasse uma ameaça acrescida aos interesses dos consumidores. O motor da intervenção no conteúdo contratual era, pois, a típica situação de disparidade estrutural de poder

[283] Paulo Mota Pinto, *O direito ao livre desenvolvimento da personalidade... cit.*, p. 217.

no seio da relação entre o consumidor e a contraparte que actua no exercício do seu comércio, negócio ou profissão.

Por outro lado, já o vimos, a interferência no conteúdo do contrato incidia também sobre as prestações principais, sendo havida como abusiva a cláusula que originasse um desequilíbrio significativo entre os direitos e obrigações das partes no contrato em detrimento do consumidor[284] (sem ressalvar, como acontece no texto final da Directiva, as prestações principais). Deste modo, o objectivo que presidia à proposta era justamente o de tutelar o consumidor perante o quadro de injustiça material presente no acordo e não tanto o de reagir à ausência de pressupostos da liberdade contratual efectiva.

[284] Repare-se que o primeiro parágrafo do art. L 132-1 do Código do Consumo francês apresenta a seguinte redacção: "Nos contratos celebrados entre profissionais e não profissionais ou consumidores, são abusivas as cláusulas que tenham por objecto ou por efeito, em detrimento do não profissional ou do consumidor, um desequilíbrio significativo entre os direitos e obrigações das partes no contrato." Trata-se de uma redacção semelhante à do preceito citado em texto, constante da proposta de Directiva. Porém, o legislador esclarece no parágrafo 7 do mesmo artigo, em conformidade com a Directiva, que não estão sujeitas à apreciação sobre a sua natureza abusiva as cláusulas que respeitem à definição do objecto principal do contrato nem à adequação do preço ou da remuneração ao bem vendido ou ao serviço prestado, contanto que tais cláusulas sejam redigidas de forma clara e compreensível.
Em resultado da transposição da Directiva sobre as cláusulas abusivas pela Lei 95-96 veio o art. 132-1 do Código do Consumo genericamente a considerar abusivas as cláusulas, previstas em contratos celebrados entre profissionais e não profissionais ou consumidores, que provoquem um desequilíbrio excessivo dos direitos e obrigações no contrato em detrimento do não profissional ou consumidor. Não só se abandonou o elenco taxativo dos pontos sobre os quais poderia incidir a apreciação do *Conseil d'État* acerca da natureza abusiva das cláusulas, como igualmente se deixou de referir a necessidade de que as cláusulas abusivas sejam impostas através de "abuso do poder económico", ao mesmo tempo que a expressão "benefício excessivo" em favor do profissional foi substituída por desequilíbrio excessivo entre os direitos e obrigações das partes. Estes aspectos haviam sido trazidos da Lei 78-23 para o Código do Consumo. Refira-se, no entanto, como informa SOUSA RIBEIRO, que os Tribunais não autonomizavam o pressuposto de abuso de poder económico, antes presumindo a sua influência, verificando-se a presença dos outros requisitos – v. *O Problema do contrato... cit.*, p. 589, nota 833. No entanto, cremos que a presença da ideia de abuso de poder económico nos leva a concluir que o motivo de intervenção nos contratos residia na desigualdade estrutural de poder económico e não tanto na ameaça à liberdade contratual efectiva. Esta ideia é confirmada pelo facto de a lei francesa anterior à transposição da Directiva não colocar o controlo da natureza abusiva das cláusulas na dependência de qualquer factor que representasse uma ameaça acrescida a uma decisão esclarecida do consumidor. Na verdade, eram abrangidos todos os contratos celebrados entre profissionais e não profissionais ou consumidores. Refira-se que mesmo depois da Directiva ter sido vertida para o Direito francês, AUBERT continua a ligar uma presunção de abuso de poder económico à inserção de cláusulas abusivas em detrimento do consumidor – v. *Le contrat*. Dalloz: Paris, 1996, p. 85.

O texto final da Directiva seguiu uma linha de rumo diversa. Com efeito, a Directiva não optou por incluir no seu âmbito protector todo e qualquer contrato celebrado com consumidores, preferindo restringi-lo aos contratos *não negociados* celebrados com consumidores. O factor decisivo para a aplicação das suas disposições deixa de residir pura e simplesmente na posição de consumidor em face dos que actuam no exercício do seu comércio, do seu negócio ou da sua profissão, para se passar a identificar com a falta de negociação dos contratos em que intervenham um consumidor e um profissional. Esta escolha do legislador europeu é fruto de um compromisso[285] das duas tendências que se debateram ao longo do processo de elaboração do diploma: uma, plasmada na proposta, assente na preocupação de tutela do consumidor como parte mais frágil da relação contratual e outra, de inspiração alemã, centrada na preocupação em assegurar as condições de exercício da liberdade contratual efectiva. Esta última acabou por se impor no texto final da Directiva, ao recortar este o seu âmbito de aplicação pela ausência de negociação. Na verdade, a negociação é reconhecida como via de afirmação da liberdade contratual efectiva, mesmo que uma das partes seja consumidor[286]. A linha de rumo que terá guiado o legislador europeu terá sido não tanto a de combate à situação de manifesta injustiça material associada a uma relação entre uma pessoa que actua no exercício da sua actividade negocial, comércio ou profissão e outra que age enquanto consumidor, como a de disponibilização de um mecanismo de tutela dos interesses dos consumidores, quando estes não tiverem gozado de condições para o exercício efectivo da sua liberdade contratual. Coerentemente, quanto a nós[287], optou por excluir o controlo do con-

[285] Sousa Ribeiro, *O Problema do Contrato... cit.*, pp. 587 e segs.

[286] Canaris, *A liberdade e a justiça contratual... cit.*, p. 63.

[287] Neste ponto divergimos da posição de Sousa Ribeiro. Com efeito, este Autor considera existir nesta matéria uma contradição, pois, elegendo o legislador da União Europeia como critério de subordinação do contrato à disciplina prevista na Directiva a ausência de negociação, não faria sentido dela excluir as cláusulas referentes às prestações principais – v. *O Problema do Contrato... cit.*, p. 610. Cremos, no entanto, que o afastamento do controlo do conteúdo das cláusulas sobre a definição do objecto e sobre a adequação entre o preço ou remuneração e o bem adquirido ou o serviço prestado, está em inteira sintonia com o espírito que prevaleceu na Directiva. Na realidade, como vimos, a Directiva tem por preocupação proteger a liberdade contratual efectiva. Representando a negociação um importante instrumento para a realização autónoma e equilibrada dos interesses dos intervenientes no contrato, é compreensível que a Directiva concentre as suas preocupações nos contratos em que a negociação não está presente. Isto não significa que se o exercício da liberdade efectiva puder ser assegurado por outra via, que se baseie precisamente no reconhecimento do papel do mercado e da concorrência na realização autodeterminada dos interesses dos consumidores, imponha o controlo do conteúdo. Não admira, portanto, que sendo sob esta perspectiva, no âmbito das cláusulas incidentes sobre prestações principais, os mecanismos colectivos da concorrência e do mercado suficientes para garantir as condições de uma efectiva autodeterminação,

teúdo das cláusulas relativas às prestações principais, uma vez que os mecanismos da concorrência e do mercado fornecem as condições necessárias ao exercício autodeterminado da liberdade contratual.

Uma vez explicados os termos do problema das relações entre contrato e justiça no Direito Civil, olhemos mais de perto a relação entre a protecção do investidor e a justiça.

2.2. A protecção do investidor e a justiça contratual

2.2.1. Recusa da fundamentação da tutela do investidor assente na qualidade da parte mais frágil da relação contratual perante o intermediário financeiro e perante o emitente

De seguida, procuraremos indagar a existência de manifestações de uma genuína preocupação de justiça social.

Esta perspectiva, centrada na correcção de desequilíbrios resultantes da desigualdade entre o investidor e o emitente ou o intermediário financeiro, procura tutelá-lo como parte mais frágil. A tutela do investidor seria justificada pelo desequilíbrio de forças existente entre o investidor e a contraparte que actua profissionalmente. As normas dirigidas à tutela do investidor teriam em vista corrigir esse desequilíbrio.

Neste sentido, no seio da doutrina alemã dos anos setenta do séc. XX, HOPT, partindo da situação de inferioridade intelectual e económica do investidor perante a empresa emitente e o intermediário financeiro, defende a sujeição da empresa emitente e do intermediário financeiro a deveres de conduta[288]. Colocando o cerne da justificação da protecção do investidor na situação de debilidade intelectual e económica, observa o Autor a protecção do investidor sob o prisma de uma protecção social. Deste modo, a tutela do investidor seria uma finalidade autónoma do Direito dos Valores Mobiliários, a par da protecção da capacidade de funcionamento do mercado, não constituindo um simples instrumento ao ser-

tenham tais cláusulas sido subtraídas ao controlo sobre o conteúdo. Uma solução contrária iria para além do objectivo que presidiu à Directiva que consiste na correcção do conteúdo das cláusulas em que a possibilidade de uma decisão autodeterminada por parte do consumidor não esteja presente. Não nos parece assim que a Directiva se encontre presa a um modelo clássico da liberdade contratual que só se cumpriria por via da modelação do conteúdo do contrato por ambas as partes. Parece-nos estar esta Directiva em linha com a posição de muitos Autores que, partindo de uma concepção ético-personalista de autodeterminação, reconhecem o papel da concorrência e do mercado na sua realização.

Como vimos em texto, o controlo do conteúdo das prestações principais já se apresentará conforme uma linha de intervenção centrada unicamente na preocupação na protecção do consumidor perante situações de injustiça material.

[288] *Der Kapitalanlegerschutz im Recht der Banken... cit.*, pp. 224 e segs.

viço desta. Repare-se que não é, neste contexto, proposta por Hopt uma apreciação judicial sobre o conteúdo do contrato[289] que procure corrigir desequilíbrios que actuem em desfavor da parte mais débil. Sustenta antes a consagração de deveres de conduta que tenham por finalidade a sua protecção.

Se for de aceitar uma tal perspectiva, a protecção do investidor aparecerá como uma finalidade autónoma em relação ao regular funcionamento do mercado. Sendo assim, o seu alcance poderá ir mais além do que é exigido pela protecção da capacidade de funcionamento do mercado.

Note-se que os deveres de conduta não se limitam às situações em que intercede uma relação contratual entre o investidor e quem actua no mercado como profissional. Abrangem também as situações em que os deveres de conduta não se dirigem à protecção do investidor individual, mas sim do público investidor.

No que respeita às relações com o emitente, os deveres de informação dirigem-se, como melhor veremos, à protecção do público investidor numa regular formação de preços no mercado. Subjaz o modelo da *disclosure philosophy*. Deste modo, não é intenção do legislador dotar o investidor de instrumentos aptos a salvaguardá-lo de um conteúdo do negócio gravoso para os seus interesses, em virtude de um desequilíbrio de poder entre o investidor e o emitente.

No universo das relações entre o investidor e o intermediário financeiro, devemos reconhecer uma protecção do investidor perante o intermediário financeiro inspirada por preocupações sociais onde se considere residir na defesa do investidor perante o intermediário financeiro a *ratio* das normas orientadas à tutela do investidor. Esta posição constitui um afloramento da ideia de que as normas que defendem o investidor se fundam na preocupação de tutelar os participantes não profissionais no mercado perante comportamentos que traduzam uma exploração[290] da sua menor preparação por parte dos participantes profissionais.

Parece, pois, tratar-se de uma preocupação de cariz social, inspirada na necessidade de corrigir ou de, pelo menos. procurar prevenir situações que resultem numa insuficiente protecção dos interesses do investidor não profissional perante o intermediário financeiro. Consideramos que, não obstante se tratar de uma perspectiva a que a lei confere relevo[291], essencialmente no que respeita aos deve-

[289] *Der Kapitalanlegerschutz im Recht der Banken... cit.*, p. 227.

[290] Hellgardt, *Kapitalmarktdeliktsrecht... cit.*, p. 170, nota 18. O Autor chama a atenção para que o investidor deva ser protegido somente de condutas exploratórias por parte dos que participam no mercado como profissionais. No entanto, não se identificará com uma protecção do consumidor, uma vez que o investidor está consciente da aceitação do risco.

[291] O regime das cláusulas contratuais gerais também se aplica no domínio dos contratos de intermediação financeira, sendo o investidor não qualificado tido como consumidor para esse efeito. Todavia, o controlo da natureza abusiva das cláusulas tem em vista corrigir falhas do mercado e não a protecção da parte mais frágil da relação contratual.

res impostos ao intermediário financeiro resultantes do princípio da conduta leal[292], não será possível reconhecer-lhe a natureza de uma *ratio* geral de tutela do investidor[293].

Na realidade, mais do que a protecção do investidor perante o intermediário financeiro, a consagração de princípios e de deveres de conduta resulta da necessidade de materializar o papel do intermediário financeiro na protecção dos investidores não profissionais no mercado. A lei procura definir as obrigações dos intermediários financeiros em face dos investidores de modo a especificar os termos em que se concretiza a função do intermediário financeiro no apoio ao investidor. Com efeito, é nossa convicção que, mais do que tutelar o investidor enquanto parte mais débil da relação contratual perante o profissional, os princípios e deveres de conduta têm em vista assegurar a realização da função jurídico-económica da relação[294] de intermediação financeira. O papel da actividade de intermediação financeira consiste em facultar ao investidor a real possibilidade de enveredar pela opção de investimento que melhor sirva os seus interesses ao contribuir para neutralizar as assimetrias informativas e de avaliação que caracterizam o mercado de valores mobiliários. De facto, a informação difundida no mercado de valores mobiliários é complexa e o investidor não qualificado não estará muitas vezes em condições de a compreender[295]. Por outro lado, uma decisão esclarecida supõe o conhecimento das possíveis alternativas[296]. O intermediário financeiro assume um papel de relevo na efectiva satisfação dos interesses do investidor e, por conseguinte, na promoção da confiança no mercado. Tendo em linha de conta a importância da actividade de intermediação financeira na orientação do investidor, não poderemos ignorar a sua relevância na alocação eficiente dos capitais disponíveis[297].

Neste quadro, cremos que os princípios e os deveres de conduta que regem a actividade de intermediação nas relações com o cliente terão por finalidade garantir o cumprimento da função jurídico-económica da actividade de intermediação financeira. Muito embora não deixe de ser objecto de preocupação

[292] Integram-se neste âmbito os deveres de não intermediação excessiva, as normas sobre conflitos de interesses, o dever de sigilo. Sobre esta matéria, CASTILHO DOS SANTOS, A *Responsabilidade Civil do Intermediário Financeiro... cit.*, pp. 119 e segs.

[293] HELLGARDT parece reconhecer-lhe a natureza de *ratio* geral das normas que tutelam o investidor não profissional – v. *Kapitalmarktdeliktsrecht... cit.*, p. 170, nota 18.

[294] Esta expressão é utilizada por CASTILHO DOS SANTOS, com a finalidade de definir o alcance do dever na relação jurídica entre o intermediário financeiro e o seu cliente – *A Responsabilidade Civil do Intermediário Financeiro... cit.*, p. 123.

[295] Fazendo ressaltar esta circunstância, ASSMANN, *The Broker-Dealer's Liability... cit.*, pp. 17 e segs.

[296] Igualmente pondo em evidência, ASSMANN, *The Broker-Dealer's Liability... cit.*, p. 19.

[297] V. ASSMANN, *The Broker-Dealer's Liability... cit.*, p. 18.

a defesa do investidor perante condutas abusivas do intermediário financeiro, entendemos que a pedra de toque da tutela do investidor, em especial do investidor não qualificado, é a garantia da prossecução da função jurídico-económica da actividade de intermediação. Esta não se reduz ao pontual cumprimento da vontade do investidor[298]. O papel do intermediário incorpora uma obrigação de assistência[299], pelo que apresenta suma relevância no esclarecimento e na orientação do investidor, deste modo contribuindo para o fomento da confiança do mercado e para a promoção de uma eficiente alocação de recursos.

Tendo presente esta ideia, entendemos que mesmo normas que assumem a preocupação de obstar a condutas abusivas por parte do intermediário financeiro se inscrevem na necessidade de assegurar que o papel que o ordenamento jurídico atribui ao intermediário financeiro não é desvirtuado, não visando tais normas restritamente a prevenção de comportamentos abusivos do profissional perante o investidor[300].

Ilustrativa do alcance mais vasto do dever de lealdade no domínio da relação entre o intermediário financeiro e o cliente é a obrigação de o intermediário financeiro colocar os interesses do cliente acima dos seus próprios interesses (art. 309º/3 do CVM). Trata-se de um corolário da função jurídico-económica da relação entre o intermediário financeiro e o cliente, só assim se assegurando o cumprimento da finalidade da actividade de intermediação financeira.

Com o que acabámos de dizer, pretendemos demonstrar que a protecção do investidor, mormente do investidor não qualificado, não é essencialmente ins-

[298] V. CASTILHO DOS SANTOS, *A Responsabilidade Civil do Intermediário Financeiro... cit.*, p. 83.

[299] V. neste sentido, HOPT, *Der Kapitalanlegerschutz im Recht der Banken... cit.*, p. 386.
Temos consciência da circunstância de que o alcance do apoio a que o intermediário financeiro está obrigado perante o investidor pode variar não só de acordo com a categoria em que este se integra, mas também de acordo com a relação de intermediação financeira existente. No entanto, mesmo no âmbito da mera execução de ordens, embora seja menor a medida em que o intermediário financeiro está obrigado a assistir o investidor, não deixa de lhe ter que prestar apoio, estando mesmo em determinadas circunstâncias obrigado a avaliar a conformidade da operação com o conhecimento e a experiência do investidor. E, ainda que esteja dispensado de proceder a esta apreciação, está pelo menos vinculado a recusar a execução da ordem quando for manifestamente contrária aos interesses do investidor, excepto se este persistir na sua vontade, fazendo-o saber por escrito.

[300] Na realidade, MENEZES CORDEIRO considera, em sede geral, que o dever de lealdade se orienta no sentido de obstar a comportamentos que façam perigar o respeito pelo objectivo do negócio ou o equilíbrio das prestações – *Da Boa Fé... cit.*, pp. 606 e 607. O dever de lealdade integra, a par dos deveres de informação, de diligência, de cooperação, de protecção, etc., os chamados deveres laterais ou deveres acessórios de conduta. CASTILHO DOS SANTOS, apelando ao relevo que assumem na relação entre o cliente e o intermediário financeiro, considera integrarem os deveres de transparência, lealdade e diligência o dever de prestar – v. *A Responsabilidade Civil do Intermediário Financeiro... cit.*, pp. 96 e segs., e pp. 180 e 181.

pirada pela estrita necessidade de o proteger perante comportamentos abusivos do intermediário, mas essencialmente pela necessidade de garantir que o intermediário financeiro efectivamente representa uma real base de apoio ao investidor no complexo mercado de valores mobiliários, assim contribuindo para o fomento da confiança no seu seio e para a eficiente alocação de recursos. Cremos inclusivamente que muitos dos deveres que visam prevenir comportamentos abusivos dos intermediários financeiros nas relações com os seus clientes vão ordenados à realização da função jurídico-económica da relação de intermediação financeira. Por isso, não se trata tão-só de impor o dever de omitir comportamentos abusivos, mas acima de tudo de garantir a realização do objectivo da actividade de intermediação que, segundo cremos, consiste em prover o investidor de um efectivo e eficaz apoio profissional no mercado dos valores mobiliários.

As observações de ASSMANN são particularmente ilustrativas do sentido do papel do intermediário financeiro da protecção do investidor no mercado de valores mobiliários. Perante a afirmação de que o objectivo da legislação mobiliária seria o de proteger os que não possuem conhecimentos sobre o mercado de condutas exploratórias por parte daqueles que deles dispõem[301], o Autor alemão alerta para a necessidade de actualizar esta noção. Deste modo, sublinha que, pese embora a relevância da protecção do investidor contra comportamentos exploratórios do intermediário financeiro, este é olhado como uma importante "instituição" cujo papel seria o de suavizar a entrada do investidor não qualificado no mercado, podendo a protecção do investidor tomar uma orientação positiva[302].

Deste modo, consideramos não ser possível descortinar como razão geral da protecção do investidor a simples intenção de tutela da parte mais débil da relação contratual que intercede entre o intermediário financeiro e o investidor não qualificado. A preocupação que subjaz às obrigações a que estão sujeitos os intermediários financeiros nas relações com os investidores vai mais longe, impondo-lhes deveres de actuação positiva como reflexos de uma obrigação de assistência do intermediário financeiro.

Concluímos que a *ratio*, quer das normas impostas ao emitente no sentido da protecção do público investidor, quer das normas impostas ao intermediário financeiro perante o investidor, não se deixa apreender correctamente por uma perspectiva social de tutela do investidor enquanto parte mais frágil do contrato perante o profissional.

[301] *The Broker-Dealer's Liability... cit.*, p. 33, nota 79.

[302] *The Broker-Dealer's Liability... cit.*, p. 33, nota 79.

2.2.2. Recusa do ordenamento jurídico-mobiliário em proteger o investidor da sua própria irracionalidade

Em consequência do que temos vindo a referir, poder-se-á colocar a questão, já nossa conhecida, do acolhimento da obrigação de o intermediário financeiro recusar a execução da operação se ela se mostrar desconforme aos interesses do investidor.

Caso uma resposta afirmativa a este problema encontre exclusiva justificação na tutela individual do investidor, poderemos concluir ser uma preocupação de natureza social de defesa da parte mais frágil a inspirar os deveres do intermediário financeiro perante o investidor. Por outras palavras, o papel do intermediário financeiro seria o de proteger o investidor da sua própria irracionalidade, salvaguardando-o de operações ruinosas, sem encarar o problema sob a perspectiva das consequências que a tomada de decisões irracionais poderá apresentar quanto à capacidade de funcionamento do mercado[303].

Desta forma, o intermediário financeiro estaria obrigado a evitar que o investidor realizasse uma operação cujo conteúdo desfavorecesse os seus interesses, mesmo que fosse essa a sua vontade. Tal como vimos ao estudarmos os casos das fianças prestadas por familiares, a operação pretendida pelo investidor não reflectiria adequadamente os seus interesses, traduzindo-se na assunção de obrigações especialmente gravosas para o interesse do investidor. No entanto, ao contrário do que sucede nesses casos, o papel do contrato enquanto instrumento apto a servir uma equilibrada composição de interesses não é posto em causa desde que o investidor tenha sido devidamente informado pelo intermediário financeiro.

Com efeito, procurando a lei auxiliar o investidor a ultrapassar as dificuldades relativas à avaliação da informação disponível no mercado, uma vez sendo o investidor esclarecido sobre o carácter arriscado da operação, ficam preenchidas as condições necessárias à tomada de uma decisão adequada à defesa dos seus interesses. A situação de fragilidade que porventura decorra das dificuldades da avaliação da informação disponível é ultrapassada através do alerta do intermediário financeiro. Daí que uma eventual imposição de um dever de recusa do intermediário financeiro tenha por finalidade a protecção do investidor perante a sua persistência na tomada de uma decisão irracional. Não estão, ao contrário do que vimos acontecer na jurisprudência sobre as fianças prestadas por familiares, comprometidas as condições que tornam o contrato instrumento adequado a reflectir de forma equilibrada os interesses das partes[304]. Como referimos, a situação de fragilidade na avaliação da informação é superada pelo esclarecimento do intermediário financeiro. Assim, a explicação de um eventual dever de recusa,

[303] Sobre esta questão, v. *supra*, ponto 1.2.2.

[304] V. *supra*, ponto 2.1.2.3.2.3.

encontrar-se-ia pura e simplesmente na protecção do investidor perante "a sua própria avidez" e não na sua fragilidade em face da natureza complexa do mercado de capitais.

Vimos que as legislações comunitária e nacional optam pela prevalência da vontade do investidor, ainda que esta não sirva os seus interesses ou se apresente mesmo desastrosa. É uma solução que, reflectindo a concentração das preocupações do legislador em redor da formação da vontade do investidor, afasta a intenção de o defender de opções que se possam vir a revelar ruinosas.

2.2.3. Referência ao problema do recurso ao mercado de valores mobiliários como alternativa aos sistemas públicos de segurança social

Surgem vozes alertando para a importância do mercado de valores mobiliários como solução alternativa aos sistemas estatais de segurança social[305]. É uma abordagem que ganha importância em face da perspectiva de insuficiência dos sistemas públicos de segurança social, em especial no que toca à protecção na velhice. Estando em causa a subsistência dos investidores, perguntar-se-á se não se justificará nesta perspectiva um Direito dos Valores Mobiliários comprometido com preocupações de ordem social, em que caberia a tutela do investidor perante a sua própria irracionalidade[306]. Não seria uma protecção funcionalizada

[305] BENICKE, *Wertpapiervermögensverwaltung... cit.*, pp. 413/4 e 423. Também GEDICKS, *Suitability claims... cit.*, p. 588.

[306] No Direito norte-americano, admitindo, ainda que de forma limitada, o dever de o intermediário financeiro recusar a execução de operações contrárias aos interesses do investidor, GEDICKS, *Suitability claims... cit.*, pp. 587 a 599. Note-se que, procurando que a consagração deste dever não desfigure o modelo da *disclosure philosophy* que subjaz às leis mobiliárias federais, o Autor restringe este dever do intermediário financeiro aos casos em que o investidor apresenta capacidade diminuída para participar em transacções no mercado de capitais. Parece, pois, restringir a obrigação de recusa às situações em que as características da personalidade do investidor ou determinadas circunstâncias limitam a sua capacidade para participar de forma racional no mercado de capitais. O Autor refere estarem em causa não só os menores e os que sofram de anomalias psíquicas, mas também quantos padeçam de uma incapacidade momentânea ou vejam a sua capacidade de agir de modo livre e esclarecido afectada pelo consumo de drogas ou de álcool. Para além destes grupos, o Autor considera estar o intermediário também vinculado a recusar a execução de operações ruinosas aos que manifestem dependência do jogo ou da *Internet*.
O Direito português reconhece que certas qualidades das pessoas colocam em causa a sua capacidade para actuarem pessoal e autonomamente. Para além da menoridade, a interdição e a inabilitação constituem incapacidades de exercício, que têm por finalidade proteger o incapaz perante "qualidades minguantes" (HÖRSTER, *A Parte Geral do Código Civil Português... cit.*, p. 318). A surdez-mudez, cegueira e a anomalia psíquica poderão dar origem a interdição ou a inabilitação, conforme a gravidade. Já o consumo de estupefacientes ou de álcool (quando não se reconduza a uma anomalia psíquica) constituem causas de inabilitação. A prodigalidade habitual constitui motivo de inabilitação. Esta causa de inabilitação tem como finalidade, em face do actual Código Civil,

às necessidades de regular funcionamento do mercado, mas seria antes dirigida à defesa do investidor individual, servindo ao mesmo tempo um interesse público da subsistência dos investidores e dos que dele dependem, diverso do interesse público do regular funcionamento do mercado. Também nesta perspectiva se estaria perante um desvio ao princípio da *disclosure philosophy*, levando a uma interferência no mérito da decisão do investidor.

2.2.4. Opção do legislador por uma concepção procedimental de justiça

Do que referimos, é possível concluir que o legislador não tem por objectivo, ao estabelecer deveres de conduta por parte do emitente ou por parte do intermediário financeiro, proteger o investidor como parte mais fraca no contrato de intermediação, recusando ao mesmo tempo tutelá-lo em face da sua própria irracionalidade.

O propósito é proporcionar aos investidores as condições informativas necessárias à regular formação de preços[307], no que diz respeito aos deveres impostos

proteger o próprio incapaz (v., por todos, CARLOS MOTA PINTO, *Teoria Geral do Direito Civil.* 4ª edição... *cit.*, pp. 227/8. Pensamos que a dependência do jogo é susceptível de originar um desbaratamento do património justificativo da declaração de inabilitação por prodigalidade. Já em matéria de dependência da *Internet* a ligação não é tão clara, mas onde precipite habitualmente gastos excessivos ou injustificados estaremos em face de um comportamento pródigo. No entanto, quer a dependência do jogo, quer da *Internet* não constituem fundamentos autónomos da declaração de inabilitação.

Por outro lado, situações de momentânea incapacidade são igualmente susceptíveis de fazer perigar a capacidade de o sujeito actuar de forma livre e esclarecida. Daí que o art. 257º CC preveja, como fundamento de anulação do negócio, a incapacidade acidental. Não se trata de uma reacção a determinadas características pessoais do incapaz, mas de uma protecção em situações onde a sua capacidade de querer ou entender se encontram ausentes. Contudo, o problema que nos ocupa é diferente. Não está, desde logo, em jogo a validade do negócio pretendido pelo investidor, mas antes a definição da responsabilidade do intermediário financeiro. Além disso, julgamos que apresenta uma dimensão mais abrangente. Pensamos não ser correcto circunscrever a discussão em torno do dever de recusa de execução de operações contrárias ao interesse do cliente às situações de incapacidade do investidor para agir de forma livre e esclarecida. Na realidade, cremos que o objectivo de um eventual dever de recusa do intermediário financeiro não se deverá restringir à protecção do investidor perante a sua incapacidade de decidir de forma livre e esclarecida, mas compreenderá hipóteses em que, mesmo sem existir qualquer incapacidade, permanente ou momentânea, a sua decisão possa desencadear efeitos desastrosos na sua situação económica. Assumindo-se como um dever de natureza diversa em relação à linha traçada pelo modelo da *disclosure philosophy*, concentrar-se-ia nas consequências que adviriam da execução da operação para a vida económica do investidor, sem necessidade de averiguar se o investidor padece de uma qualquer incapacidade que comprometa a sua capacidade de querer ou entender. Tratar-se-ia pura e simplesmente de uma obrigação de o intermediário financeiro evitar que da decisão do investidor decorram resultados devastadores para a sua situação patrimonial.

[307] Como melhor explicaremos na Parte I, Cap. II, ponto 2.4.1.3.

aos emitentes, e à regular formação da vontade individual dos investidores, no que concerne aos intermediários. Opta-se nitidamente por uma concepção procedimental e não por uma concepção material de justiça.

A linha de rumo seguida pelo nosso Código e pela legislação europeia em matéria de protecção do investidor no âmbito da intermediação financeira vai no sentido da tutela da regular formação da vontade do investidor. Não tem por finalidade o regime aí instituído tão-só combater comportamentos abusivos do intermediário financeiro, mas procura assegurar ao investidor um efectivo apoio profissional que o ajude a "descodificar" a informação difundida no mercado e com base nela formular um juízo, permitindo-lhe decidir de modo livre e esclarecido.

O auxílio assim prestado pelo intermediário financeiro não justifica a imposição sobre este de uma obrigação de, face à insistência do investidor em realizar uma operação arriscada susceptível de comprometer o seu futuro, recusar a execução da operação por ele desejada.

Como vimos, a vinculação a prestações muito gravosas comprometedoras do livre desenvolvimento da sua personalidade poderá , no entanto, configurar uma violação do princípio da ordem pública. A intervenção *a posteriori* no contrato coloca em causa a certeza e a segurança jurídicas, a que esta área do Direito é particularmente sensível.

Daí que nos pareça que a melhor forma de conciliar os interesses em presença seja a consagração da obrigação do intermediário financeiro[308] recusar a celebração do contrato, ainda que o investidor insista na sua realização onde seja manifesta a ameaça que da realização da operação decorre para o livre desenvolvimento da personalidade do investidor. Não foi esta, porém, a opção legislativa que recusa qualquer intervenção no mérito da decisão do investidor.

Uma vez tendo presente a opção do legislador por uma concepção procedimental de justiça, vamos apurar de que forma se relaciona com o funcionamento do mercado.

[308] Recorde-se que HOPT chama a atenção para a circunstância de a intervenção no mercado para protecção do investidor se dever fazer através de normas de conduta bem definidas – v. *Der Kapitalanlegerschutz im Recht der Banken... cit.*, pp. 325 e 326.

Capítulo II
A protecção do investidor e o mercado

1. Considerações gerais

1.1. A liberdade contratual e o funcionamento do mercado

Como vimos, a articulação entre a liberdade contratual e o mercado tem sido colocada em evidência por Autores fiéis à ideia de autodeterminação em sentido ético-jurídico. Para estes, a realização da ideia de autodeterminação tem que se adaptar às condições do mercado e à economia de massas.

Por isso, alertam para a circunstância de frequentemente a fixação do conteúdo do contrato não resultar de negociação, sem que esta circunstância ponha necessariamente em causa a liberdade contratual efectiva[309].

Na verdade, os mecanismos do mercado e da concorrência poderão assegurar a liberdade efectiva da parte que não teve possibilidade de influenciar o conteúdo do negócio, ao facultarem outras possibilidades de escolha. Deste modo, a influência das partes no conteúdo do contrato deixa de ser um elemento nuclear na afirmação da liberdade contratual.

A liberdade contratual deixa de dever ser necessariamente assegurada ao nível da relação entre as partes, para passar a ser garantida a nível institucional pelo funcionamento da concorrência. A liberdade contratual é então determinada pelas condições oferecidas pelo funcionamento do mercado e da concorrência. Pense-se nos contratos com conteúdo estandardizado de que as empresas se servem. Neste caso, a liberdade da parte que não participou na determinação das cláusulas contratuais passa a apresentar-se unicamente sob a veste da liberdade de celebração do contrato. Assim, o controlo da natureza abusiva das cláusulas deverá ficar reservado aos casos em que exista uma falha de mercado

[309] CANARIS, *Wandlugen... cit.*, pp. 284/5, nota 29.

(*Marktversagen*)[310] que não permita uma decisão de contratar livre e esclarecida[311]. Esta perspectiva acentua os efeitos da concorrência sobre a liberdade contratual efectiva.

A relação entre a concorrência e a liberdade dos agentes económicos foi estabelecida pela primeira vez pela corrente de pensamento da escola de Friburgo, designada por ordoliberalismo. Partem os seus defensores da necessidade de combater as formas de poder privado numa sociedade livre. Esta escola, admitindo que a liberdade de mercado não pode ser garantida pela actuação dos seus agentes, apela à intervenção da ordem jurídica. Assentando a sociedade de Direito Privado (*Privatrechtsgesellschaft*), nos direitos de propriedade e na autonomia privada, pertenceria ao Direito Privado a criação de regras capazes de resolver os litígios que eventualmente pudessem surgir. Contudo, pelo seu formalismo, o Direito Privado não seria suficiente para combater o poder privado no seio da sociedade[312]. Deste modo, alertam os seguidores do ordoliberalismo para a necessidade de adicionalmente erigir uma garantia institucional que assegure a concorrência, instrumento de neutralização do poder no seio da sociedade[313].

A concorrência garantiria não somente uma maior adequada formação dos preços, promovendo uma eficiente alocação de recursos, mas também a liberdade dos participantes no mercado[314]. A sociedade de Direito Privado não pode ser deixada entregue a si mesma. Por isso, é necessário um Estado forte e ao mesmo tempo limitado[315]. Seria tarefa do Estado garantir o funcionamento da concorrência, combatendo o poder económico susceptível de o comprometer.

O ordoliberalismo olha o funcionamento do mercado, assente na livre concorrência, como uma ordem ética *per se*, pois traduz uma ordem isenta de privilégios[316]. Bastaria à ordem jurídica garantir as condições de que depende o

[310] KÖTZ, *Vertragsrecht... cit.*, p. 102.

[311] Daí a sujeição a controlo do conteúdo das cláusulas acessórias, como explicámos.

[312] STREIT/WOHLGEMUTH, *The Market Economy and the State – The Hayekian and Ordoliberal Conceptions*. Diskutionbeitrag 06/97. Max-Planck Institut für Erforschung von Wirtschaftssystemen, 1997, p. 6.

[313] STREIT/WOHLGEMUTH, *The Market Economy and the State... cit.*, p. 6.

[314] STREIT/WOHLGEMUTH, *The Market Economy and the State... cit.*, p. 7.

[315] STREIT/WOHLGEMUTH, *The Market Economy and the State... cit.*, p. 8.

[316] VANBERG, *The Freiburg School: Walter Eucken and Ordoliberalism*. Freiburger Diskutionpapiere zur Ordnungsökonnomik 04/11, p. 2. Como VANBERG sublinha, este é um traço diferenciador da escola ordoliberal em relação à posição de MÜLLER-ARMACK (citado por VANBERG) que vê a ordem do mercado como instrumento técnico susceptível de servir a criação de riqueza, não se identificando, no entanto, como uma ordem ética. Deste modo, ao contrário do que é sustentado pelo pensamento ordoliberal, as políticas sociais suplementares não se encontram aprisionadas nos limites da obrigação de não corromper o livre jogo das regras do mercado, entendido, como referimos em texto, como ordem isenta de privilégios – v. p. 2.

desenvolvimento da livre concorrência, não interferindo nos resultados que dele advêm. Em consequência, é legítimo afirmar-se que o ordoliberalismo defende uma perspectiva processual[317]. Sugestiva é a imagem de que o poder político teria o papel de um jardineiro, que se limita a cuidar da preservação das condições para que as regras da natureza sigam o seu curso[318]. Esta é a tarefa da chamada *Ordnungspolitik*. Esta asseguraria as condições de concorrência no sentido de servir os interesses dos consumidores (*Leistungswettbewerb*)[319].

A escola ordoliberal acentua o papel da concorrência numa ordem isenta de privilégios. A concorrência, ao neutralizar as relações de poder, permitiria a livre actuação dos participantes no mercado, emergindo como pressuposto da liberdade contratual efectiva. A liberdade contratual, para além da sua dimensão individual ou subjectiva, também apresenta uma dimensão institucional ou objectiva como elemento de funcionamento de uma ordem no mercado. A liberdade contratual deixa, por isso, de ser observada simplesmente ao nível da relação individual para ser igualmente analisada no plano institucional[320]. Desta mudança de perspectiva decorrerão efeitos sobre a natureza da liberdade contratual protegida[321]. Assim, a liberdade contratual centrada na sua dimensão institucional será uma expressão da vontade do participante no mercado, sujeito às condições que este lhe oferece, e não uma expressão da vontade individual em sentido ético-jurídico, como manifestação do direito ao livre desenvolvimento da personalidade. Deste modo, assegurando a concorrência a liberdade efectiva, fá-lo-á na medida em que a ordem constitucional económica, sobre que o mercado se baseia, o exige[322].

Embora esta circunstância não equivalha necessariamente a um esvaziamento do conteúdo da liberdade contratual individual, desde que a ordem económica resulte pura e simplesmente da articulação da vontade livre dos indivíduos, a importância central que os defensores do ordoliberalismo atribuem à ordem do mercado assente na concorrência poderá determinar uma diluição da liberdade

[317] VANBERG, *The Freiburg School... cit.*, p. 2. No entanto, o conceito de concorrência completa (*vollständiger Wettbewerb*), que representa o modelo ideal de concorrência tendo em vista os interesses dos consumidores, implica uma orientação pelo resultado, isto é, pela prossecução de um dado modelo de concorrência, o que está em contradição com a natureza eminentemente processual do paradigma ordoliberal – v. VANBERG, *The Freiburg School... cit.*, pp. 13 e 14.

[318] VANBERG, *The Freiburg School... cit.*, p. 13.

[319] VANBERG, *The Freiburg School... cit.*, p. 13.

[320] Segundo SOUSA RIBEIRO, "a liberdade contratual perde a sua natureza estritamente privatista, para ganhar uma dimensão institucional, como elemento objectivo de uma determinada constituição económica" – v. *O Problema do Contrato... cit.*, p. 183.

[321] SOUSA RIBEIRO, *O Problema do Contrato... cit.*, pp. 186 e segs.

[322] SOUSA RIBEIRO, *O Problema do Contrato... cit.*, pp. 190 e segs.

individual no mecanismo colectivo da concorrência, transformando-a em "pressuposto funcional e instrumento da economia de mercado"[323].

A dimensão funcional da autonomia privada em relação ao funcionamento do mercado tem-se tornado bem visível nos nossos dias. Se, como vimos, muitos dos que defendem uma concepção ético-personalista de liberdade contratual não deixam de reconhecer o papel dos mecanismos colectivos do mercado e da concorrência na afirmação da efectiva liberdade contratual, cremos ter-se vindo a delinear uma tendência, nomeadamente ao nível do Direito da União Europeia, no sentido de considerar a tutela da liberdade contratual efectiva como condição do funcionamento do mercado assente na concorrência. Na realidade, para além de esta visão se distanciar de uma concepção ético-personalista da liberdade contratual, as intervenções da ordem jurídica em reacção às situações de desequilíbrio contratual não são determinadas por uma preocupação de justiça social, mas antes pela necessidade de assegurar as condições para o regular funcionamento do mercado.

1.2. A propensão da legislação europeia em matéria contratual para a promoção e manutenção das condições necessárias ao funcionamento do mercado interno

Como dissemos, ao nível do Direito da União Europeia, é bastante nítida a natureza funcional do Direito dos Contratos em relação à construção do mercado interno. As exposições de motivos de várias Directivas em matéria de tutela do consumidor são elucidativas desta tendência pelo acento tónico que colocam na protecção do consumidor enquanto via necessária à eliminação das barreiras susceptíveis de comprometer a realização do mercado interno. A perspectiva funcional confere à protecção do consumidor a natureza de um instrumento ao serviço da realização do mercado interno. O objectivo consiste em assegurar as condições de funcionamento do mercado, removendo os obstáculos resultantes da persistência de diferentes regimes jurídicos de protecção do consumidor. Pretende-se *promover* o funcionamento do mercado e *não*, em atenção a padrões de justiça distributiva[324], *corrigir* os resultados que do seu funcionamento advêm[325]. Daí

[323] Sousa Ribeiro, *O Problema do Contrato... cit.*, p. 196.

[324] Neste sentido, *Study Group on Social Justice in European Private Law, Social justice in European contract Law: A manifesto.* "European Law Journal" 2004, p. 661.

[325] Esta abordagem, estritamente funcionalizada à promoção do mercado interno, é explicada pela limitação tradicional de poderes da Comunidade Europeia à construção do mercado interno – v. *Study Group on Social Justice in European Private Law, Social justice... cit.*, p. 661. Neste manifesto chama-se a atenção para a circunstância de a União Europeia carecer de um mandato claro e geral no sentido de prosseguir objectivos de justiça distributiva na regulação do comércio. Porém, no âmbito da tutela do consumidor, com o Tratado de Maastricht passou a existir uma certa autono-

que as Directivas sobre protecção do consumidor privilegiem o modelo da informação.

No entanto, a Directiva sobre cláusulas abusivas vem, como vimos, paralelamente à consagração de exigências de informação, submeter as cláusulas dos contratos aí abrangidos a controlo do conteúdo. Não se trata, todavia, de uma viragem no sentido de o Direito corrigir os resultados do mercado, procurando atingir objectivos de justiça distributiva. Trata-se de suprir uma falha no funcionamento do mercado que impede a formação do contrato com base numa efectiva autodeterminação.

Como já tivemos oportunidade de analisar, reconhece-se que relativamente às cláusulas acessórias existe uma falha de mercado, uma vez que a concorrência aí não funciona, ao contrário do que sucede em matéria de cláusulas relativas às prestações principais.

Não existindo no âmbito das prestações principais qualquer limitação ao funcionamento do mecanismo da concorrência, estão as disposições a elas respeitantes isentas da apreciação do conteúdo, considerando o legislador ser suficiente a disponibilização de informação clara.

A principal preocupação da União Europeia em matéria de direitos contratuais parece estar na promoção das condições necessárias ao bom funcionamento do mercado e em colmatar deficiências do funcionamento do mecanismo da con-

mia da protecção do consumidor em relação ao objectivo de protecção do mercado interno. Na verdade, aí se prevê, a par das medidas de protecção do consumidor no âmbito da realização do mercado interno, medidas de apoio, complemento e acompanhamento das políticas seguidas pelos Estados-membros nesta matéria – v. Sousa Ribeiro, *Direito dos contratos e regulação do mercado.* "Direito dos Contratos – Estudos". Coimbra: Coimbra Editora, 2007, p. 68. Este cenário é mantido pela versão do Tratado da União Europeia resultante do Tratado de Lisboa (art. 169º/2), mas, ao contrário do que se poderia supor, a União Europeia tem continuado a inscrever a defesa do consumidor na promoção do mercado. Sintomática desta tendência é a circunstância de a Directiva sobre os Direitos dos Consumidores (Directiva 2011/83/UE) ter ido no sentido da harmonização máxima, isto é, os Estados-membros não podem, em princípio, adoptar um nível de protecção mais elevado do que o que a Directiva oferece. Com esta opção pretende-se impedir que as diferenças de regimes de protecção dos consumidores dificultem o comércio transfronteiriço e a realização do mercado interno. Deste modo, cremos que mais do que uma limitação de competências, trata-se de uma opção de fundo no sentido de a tutela do consumidor não prosseguir objectivos de índole social, renunciando à prossecução da justiça distributiva. As Directivas concentram-se antes na promoção das condições necessárias ao funcionamento regular do mercado. Daí que se assista a um especial enfoque nos deveres de informação como meio de defesa dos interesses dos consumidores, assim como no direito de arrependimento em certos tipos de contratos. Trata-se, por isso, de mecanismos destinados a assegurar as condições para uma formação esclarecida da vontade, factor essencial para a confiança dos consumidores e à realização do mercado interno.

corrência[326]. São raras as disposições de uma genuína preocupação com questões de justiça distributiva[327].

A funcionalização da protecção do consumidor ao funcionamento do mercado não é contrariada pela linha de rumo seguida pelo legislador em matéria de claúsulas abusivas, apesar de se concentrar na falta de negociação dos contratos celebrados com os consumidores.

Pensamos que o enfoque posto pelas leis alemã (AGB-Gesetz) e portuguesa (DL 446/85) nas cláusulas contratuais gerais poderia demonstrar em primeira linha uma preocupação com as repercussões colectivas decorrentes da utilização desta técnica de contratação. Na verdade, se o legislador atribuir à natureza geral das cláusulas o papel de factor decisivo na aplicação do regime estabelecido nesses diplomas, em particular em sede de sujeição ao controlo judicial do conteúdo das cláusulas, não considerando para esse efeito suficientes a unilateralidade, a pré-formulação e a rigidez[328] do conteúdo, poderia não ser tanto a limitação da liberdade contratual do aderente que o movia, mas antes as consequências que o uso dessas cláusulas comporta no plano colectivo.

No entanto, uma parte da doutrina tendia a desvalorizar a generalidade e indeterminação das cláusulas enquanto requisitos necessários à aplicação dos regimes instituídos pelo AGB-Gesetz e pelo DL 446/85.

Efectivamente, no âmbito de uma análise concentrada na relação individual e que identifique a pré-elaboração e a ausência de negociação como *ratio* dos diplomas, tenderá a ultrapassar para certos efeitos, através da interpretação extensiva ou aplicação analógica, a limitação do campo de aplicação destes diplomas às

[326] Referindo-se a esta perspectiva "complementar" da protecção do consumidor em relação ao funcionamento do mercado, FERREIRA DE ALMEIDA, *Direito do Consumo*. Coimbra: Almedina, 2005, pp. 40 e segs.

[327] A imperatividade dos direitos do consumidor, previstos na Directiva 1999/44/CE, em caso de desconformidade do bem com o contrato (art. 7º, em conjugação com o art. 3º) é fortemente criticada por CANARIS. Considerando inválida qualquer cláusula que afaste ou limite os referidos direitos, ainda que inserida em contrato negociado, a Directiva incorre, segundo o Autor, numa atitude paternalista que não é justificada por razões de justiça. Posto isto, o Autor considera que não se deveria ter ido além da protecção oferecida no contexto das cláusulas contratuais gerais – v. *Wandlungen... cit.*, p. 362 e segs. Como vimos, a intervenção do legislador em matéria de cláusulas acessórias em contratos não previamente negociados justifica-se por uma deficiência ao nível do funcionamento da concorrência que a intervenção legislativa pretende colmatar.
A natureza imperativa dos direitos previstos na referida Directiva, aplicando-se mesmo aos contratos individualmente negociados distancia-se da via em geral seguida pelo legislador europeu de não interferência no livre jogo dos agentes económicos, apenas controlando o conteúdo dos contratos onde se verifiquem falhas no funcionamento da concorrência.

[328] PINTO MONTEIRO, *Contratos de adesão/cláusulas contratuais gerais*. In Centro de Estudos do Direito do Consumo. "Estudos de Direito do Consumidor". Coimbra: Almedina, 2001, p. 135.

cláusulas destinadas a integrar todos os contratos ou uma categoria de contratos a celebrar no futuro (generalidade)[329] e dirigidas a um número indeterminado de pessoas (indeterminação)[330]. Com efeito, centrando-se a compreensão dos regimes instituídos por aquelas leis na pré-elaboração e falta de negociações, tais regimes compreenderiam as cláusulas pré-elaboradas e em que a negociação estivesse ausente independentemente de serem gerais e dirigidas a um número indeterminado de pessoas.

Neste quadro, é compreensível a ideia de que as normas respeitantes à tutela da formação da vontade do aderente, assim como o controlo incidente sobre a natureza abusiva das cláusulas, se deveriam estender às situações em que as cláusulas sejam desprovidas das características da generalidade e da indeterminação, contanto que apresentem as já referidas características da pré-formulação, da unilateralidade e da rigidez[331]. Dentro desta perspectiva, igualmente se compreende que, mesmo antes do DL 249/99[332], se entendesse que os preceitos relativos à formação da vontade, assim como o controlo das cláusulas abusivas também valiam para as cláusulas elaboradas prévia e unilateralmente sem possibilidade de negociação, ainda que não dotadas das características da generalidade e da indeterminação[333].

Assim, a classificação da alteração introduzida no art. 1º/2 do DL 249/99 como inovadora ou meramente clarificadora dependerá do apuramento da razão de

[329] PINTO MONTEIRO, *Contratos de adesão/cláusulas contratuais gerais... cit.*, p. 135.

[330] PINTO MONTEIRO, *Contratos de adesão/cláusulas contratuais gerais... cit.*, p. 135.

[331] Neste sentido, PINTO MONTEIRO, *Contratos de adesão/cláusulas contratuais gerais... cit.*, pp. 138-139. Refira-se que o Autor considera que a acção inibitória só seria aplicável às cláusulas que apresentassem como características a generalidade e a indeterminação. Isto, ao contrário do que sustenta quanto às normas que pretendem proteger a formação da vontade do aderente, assim como quanto às que se referem ao controlo do conteúdo. Podemos, deste modo, dizer que o Autor não reconhecia à projecção colectiva das cláusulas um papel determinante na delimitação geral do âmbito de aplicação do DL 446/85. No entanto, não deixava de considerar que a dimensão colectiva das cláusulas terá consequências no que respeita às formas de controlo aplicáveis.

[332] Através deste decreto-lei passou a lei portuguesa a admitir expressamente a aplicação do DL 446/85 aos contratos dotados das características da pré-formulação, da unilateralidade e da rigidez, cujas cláusulas assim formuladas se aplicam a um único contrato.

[333] Neste sentido, PINTO MONTEIRO, *Contratos de adesão/cláusulas contratuais gerais... cit.*, pp. 137 e segs., 154 e 157. O Autor considera, mesmo perante a versão originária do DL 466/85, poder defender-se, dada a identidade de *ratio*, a aplicação das normas destinadas a tutelar a formação da vontade e o controlo do conteúdo das cláusulas. Em reforço desta tese, o Autor invoca, com base na Directiva 93/13/CEE, o princípio da interpretação conforme a Directiva. Assim, apesar de no DL 220/95, que teve por finalidade a transposição da Directiva, estar ausente uma norma que expressamente considerasse aplicável o regime do DL 446/85 aos contratos com cláusulas pré-formuladas unilateralmente sem possibilidade de negociação não dirigidas à generalidade dos contratos e a um conjunto indeterminado de pessoas.

ser do regime instituído originariamente. Pensamos que esta não residiria numa genuína preocupação de justiça distributiva, que teria por finalidade defender a parte no contrato colocada numa situação de fragilidade[334], nem se situava ao nível da relação individual.

Na verdade, desde logo, o controlo sobre o conteúdo das cláusulas não pretende substituir o funcionamento do mercado, mas apenas colmatar falhas no seu funcionamento, o que explica a exclusão do controlo do conteúdo das cláusulas que versem sobre as prestações principais, como já tivemos oportunidade de explicar.

Por outro lado, o regime não se circunscreve aos contratos celebrados entre empresas e consumidores finais, mas estende-se (embora com aplicação mais restrita) aos contratos celebrados entre empresas.

No entanto, poderia surgir a dúvida sobre se o legislador, ao adoptar o regime previsto no DL 446/85 original, teria tido por finalidade consagrar meios de controlo centrados na relação individual ou se teria visado com esses instrumentos de controlo solucionar os problemas associados à *repercussão colectiva* da utilização de cláusulas pré-formuladas unilateralmente sem possibilidade de negociação numa generalidade de contratos, abrangendo um número indeterminado de pessoas.

Uma análise centrada na relação individual que veja na simples ausência de negociação motivo suficiente de aplicação de normas relativas à formação da vontade e de submissão do contrato ao controlo da natureza abusiva das cláusulas pré-formuladas, não enfrentará naturalmente dificuldades na extensão do regime previsto no DL 446/85 sobre aquelas matérias. Nesta hipótese, a introdução da tutela do aderente perante a simples ausência de negociação, ainda que as cláusulas pré-formuladas se destinem a um determinado contrato, terá uma missão puramente clarificadora.

Pelo contrário, uma apreciação, ainda centrada na relação individual, que veja na natureza genérica e indeterminada das cláusulas a razão do regime jurídico previsto no DL 446/85, isto é, que entenda que apenas as cláusulas com essas características representarão uma ameaça à liberdade contratual efectiva capaz de justificar a aplicação das normas sobre a formação da vontade e em particular sobre o controlo do conteúdo, será dificilmente conciliável com a pretendida extensão às cláusulas não negociadas dirigidas a um contrato[335]. Neste caso,

[334] Neste sentido, v. no Direito alemão em face das condições negociais gerais, KÖTZ, *Vertragsrecht... cit.*, p. 102 e *Der Schutzweck der AGB Kontrolle: Eine rechtsökonomische Skizze.* "JuS" 2003, 209 e segs.

[335] SOUSA RIBEIRO, na linha de vários Autores alemães, considera que a formulação prévia das cláusulas não é um elemento qualificativo determinante de tratamento diferenciado – v. *O Problema do Contrato... cit.*, p. 608. Seria antes a generalidade e indeterminação das cláusulas que colo-

a introdução da tutela em face da pura e simples ausência de negociação assumirá uma natureza inovadora.

Note-se, no entanto, que qualquer das posições acabadas de descrever se prende com a protecção da liberdade contratual efectiva no plano da relação individual, divergindo apenas na identificação da intensidade da ameaça à liberdade contratual efectiva que a reacção da ordem jurídica requer, sem dar relevo à ressonância social de uma utilização generalizada das cláusulas.

Diferente é a posição que, abandonando uma perspectiva concentrada na relação individual, encontre a justificação da exigência do carácter geral e indeterminado das cláusulas nos efeitos que ao nível social advêm da utilização de cláusulas contratuais pré-formuladas afectando uma generalidade de contratos e um número de pessoas indeterminado. Neste caso, a liberdade contratual seria protegida na medida em que da utilização generalizada das cláusulas advêm importantes custos sociais. Neste caso, a introdução da tutela do aderente perante a simples falta de negociação apresentaria um carácter inovador, uma vez que não poderia ser defendida em face do texto anterior.

O reconhecimento tradicional da natureza geral das cláusulas como critério de aplicação da disciplina prevista no DL 446/85 e no AGB-Gesetz poderia manifestar a ideia de que o objectivo do legislador seria o de evitar os resultados que advêm da utilização generalizada de cláusulas destinadas a servir exclusivamente os interesses do utilizador. O uso dessas cláusulas em todos ou em certa categoria de contratos a celebrar no futuro, associado à sua aplicação a um número indeterminado de pessoas, conduz a uma ineficiente alocação de recursos, uma vez que as referidas cláusulas tendem a fazer pender sobre o aderente riscos contratuais que seriam mais bem suportados pelo predisponente[336]. A utilização em número indeterminado de contratos de cláusulas que não reflectem uma composição equilibrada de interesses determina custos sociais elevados[337].

cariam em causa a efectiva autodeterminação. Anote-se que o Autor não deixa de considerar sobretudo determinante a repercussão social da utilização das cláusulas contratuais.

336 RAKOFF chama a atenção para a circunstância de os termos do negócio em contratos estandardizados não assegurarem uma composição razoável de interesses. O Autor contesta a tese de que as cláusulas dos contratos estandardizados constituirão um instrumento de promoção do bem-estar social – v. *Contracts of adhesion; an essay in reconstruction.* "Harvard Law Review" 1983, pp. 1204 a 1206 e 1230 a 1235.

337 Admitindo o papel de motor de intervenção legislativa das repercussões sociais derivadas da utilização generalizada das cláusulas, SOUSA RIBEIRO, *O Problema do Contrato... cit.*, pp. 617 a 619 e pp. 643 a 645. O Autor identifica como fundamento último da Directiva sobre cláusulas abusivas as repercussões sociais ligadas ao uso de cláusulas uniformizadoras no âmbito dos contratos de consumo. Deste modo, aproxima as cláusulas pré-formuladas das cláusulas contratuais gerais. Não obstante as diferenças a nível dogmático patentes na Directiva, o fundamento último dos dois diplomas seria comum.

Sendo surpreendida na repercussão colectiva das cláusulas a razão do regime originariamente previsto do DL 446/85, teríamos de concluir que a alteração introduzida em 1999 tem uma natureza inovadora e não meramente clarificadora. Com efeito, o regime instituído pelo DL 449/99 passou indubitavelmente a seguir na direcção da tutela da vontade do aderente no plano da relação individual, não tendo como fito a repercussão colectiva da utilização generalizada de condições contratuais predispostas à realização dos interesses de uma das partes.

Em face do exposto, julgamos ser legítimo concluir que a relevância do carácter geral e indeterminado das cláusulas poderia ser consequência do enfoque sobre as repercussões que a nível do bem-estar social resultam da utilização dessas cláusulas, nesse caso não exprimindo preocupações de protecção do aderente enquanto parte mais débil ou sequer de tutela da sua liberdade contratual efectiva enquanto expressão da sua autodeterminação.

A Directiva das cláusulas abusivas centra-se na relação individual e contém a sobreposição de duas perspectivas totalmente distintas, sendo resultado da solução de compromisso entre as posições alemã e francesa.

Esta solução de compromisso tem sido objecto de críticas[338]. Partindo da focagem da protecção na liberdade efectiva não faz sentido limitar a tutela da liberdade contratual efectiva aos consumidores. Uma tal restrição só seria coerente se o legislador fosse movido pela preocupação da tutela da parte mais frágil da relação contratual. Sendo o objectivo do legislador proteger a correcta formação da vontade individual, não cremos que se vislumbrem razões para restringir essa tutela aos consumidores[339].

O regime instituído em sede de cláusulas abusivas liga-se à promoção das condições de afirmação da liberdade contratual efectiva dos consumidores. Não se trata de uma actuação unicamente dependente da constatação da desigualdade fáctica entre as partes na relação contratual, antes assumindo natureza essencial a ausência de condições de autodeterminação efectiva. Daí que o âmbito de aplicação do diploma nas relações com os consumidores não se satisfaça com a qualidade de consumidor, mas exija, além disso, a falta de negociação. Os consumidores em contratos não negociados gozam da tutela instituída pelo diploma através de deveres de informação e de comunicação, e da instituição de controlo do conteúdo. O controlo do conteúdo só é chamado onde a concorrência não possa funcionar como sucedâneo da negociação, dado não estarem reunidas as condições para a efectiva autodeterminação.

[338] Veja-se PINTO MONTEIRO, *Contratos de adesão/cláusulas contratuais gerais... cit.*, p. 149, e SOUSA RIBEIRO, *O Problema do Contrato... cit.*, pp. 585 e segs.

[339] Neste sentido, SOUSA RIBEIRO, *O Problema do Contrato... cit.*, p. 611.

Do que acabámos de expor fluem duas conclusões: Por um lado, o diploma não se deixa orientar por preocupações de justiça distributiva. A lei aceita em princípio os resultados decorrentes do mercado, apenas controlando o conteúdo acordado na medida em que se verifique uma falha no seu funcionamento. Por outro, o funcionamento do mercado parece ser encarado como pressuposto da efectiva autodeterminação do consumidor, pois a concorrência assume um papel de sucedâneo da negociação, dispensando assim o controlo do conteúdo das cláusulas relativas às prestações principais.

Já no que respeita às prestações acessórias tal não acontece, justificando-se um controlo de conteúdo (v. ar. 4º/2 da Directiva sobre cláusulas abusivas).

Ao situar as suas preocupações no plano da relação individual, considerando a lei determinante, em matéria de relações com consumidores, a inexistência de negociação individual, parece ser o funcionamento do mercado que está ao serviço da autodeterminação individual efectiva. O legislador parece centrar-se na protecção da liberdade contratual efectiva do consumidor individual, sendo a concorrência pressuposto da sua afirmação. Parece assim não ser expressão de uma perspectiva institucional, detendo-se no prisma individual. Contudo, a protecção da liberdade contratual efectiva não deixa, por sua vez, de estar ao serviço da construção do mercado interno.

A legislação europeia sobre o consumidor tende, pois, a não assumir preocupações relacionadas com a prossecução de justiça social. Emerge antes como finalidade a criação de condições de funcionamento do mercado interno. Esta preocupação é nítida na opção pela harmonização máxima em algumas matérias, plasmada na Directiva dos direitos dos consumidores.

Além da indiferença perante preocupações de justiça social, ao assumir o direito do consumidor um papel instrumental em relação à edificação do mercado interno, decorre igualmente não se ter o legislador da União Europeia orientado à protecção da liberdade contratual efectiva individual em termos absolutos, apenas o fazendo na medida em que considera ser esta tutela relevante para o funcionamento do mercado único. É a protecção da vontade assente no paradigma do Homem racional actuante no mercado[340] e não da livre formação da vontade individual, baseada na autodeterminação em sentido ético.

A funcionalização à construção do mercado interno reflecte-se no modelo da informação, em grande medida adoptado pelo Direito europeu. Trata-se de um modelo apto a servir o objectivo de construção do mercado interno, curando da esclarecida formação da vontade que mais não é do que um instrumento ao

[340] Sobre a impossibilidade de identificação de uma compreensão de liberdade contratual fundada na autodeterminação com uma visão funcional da liberdade contratual, v. SOUSA RIBEIRO, *O Problema do Contrato... cit.*, pp. 189 e segs.

serviço do seu regular funcionamento. No entanto, o modelo de controlo do conteúdo não representará qualquer contradição com este arquétipo na medida em que se destine a colmatar falhas no funcionamento do mercado, como sucede na Directiva sobre cláusulas abusivas.

2. A protecção do investidor e o mercado

2.1. Considerações preliminares sobre a importância da relação entre a tutela do investidor e a eficiência do mercado

Comecemos por assinalar que a relevância da protecção do investidor não é mais do que o resultado da opção de política legislativa[341] quanto ao papel da tutela do investidor em face da capacidade de funcionamento do mercado.

A protecção do investidor poderá não ir além de uma defesa reflexa do investidor, ou seja, poderá consistir numa simples consequência da protecção da eficiência do mercado. Neste caso, a lei não reconhece posições jurídicas individuais ao investidor. A sua protecção será, portanto, uma consequência da tutela dirigida à eficiência do mercado. É imprescindível, todavia, assinalar que a circunstância de a lei prever posições jurídicas individuais do investidor não implica que a protecção do investidor constitua um *objectivo autónomo* em confronto com a prossecução da capacidade de funcionamento do mercado. O reconhecimento de posições jurídicas individuais poder-se-á traduzir em *mero instrumento ao serviço da eficiência do mercado*[342].

Deste modo, se concluirmos que a protecção do investidor não passa de uma tutela reflexa da protecção dirigida à eficiência do mercado, ou se entendermos que, apesar de a lei se orientar também no sentido da protecção do investidor, este objectivo será tão-somente um meio destinado a proteger a capacidade de funcionamento do mercado, a medida da intervenção legislativa no âmbito do mercado de valores mobiliários *será determinada pela necessidade de proteger a capacidade de funcionamento do mercado.*

No primeiro caso, a protecção do investidor decorrerá, de forma reflexa, das normas destinadas a proteger a eficiência do mercado. No segundo, as normas que tutelam o investidor, conferindo-lhe direitos, hão-de traduzir-se apenas em instrumentos dirigidos à realização de um mercado eficiente, sendo moldadas em função do que é estritamente necessário para prosseguir o objectivo da exis-

[341] Chamando a atenção para este aspecto, tenha-se em conta BENICKE, *Wertpapiervermögensverwaltung... cit.*, p. 399.

[342] Neste sentido, ASSMANN, em *Konzeptionelle Grundlagen des Anlegerschutzes.* "ZBB" 1989, p. 61. BENICKE, *Wertpapiervermögensverwaltung... cit.*, p. 399, nota 105, e p. 806.

tência e manutenção de um mercado eficiente no que respeita à sua capacidade de funcionamento[343].

Já se o legislador optar por uma protecção do investidor fundada em razões sociais, a protecção do investidor poderá modelar de forma autónoma o alcance da intervenção legislativa nesta matéria[344].

A protecção do investidor constituirá igualmente um objectivo autónomo na medida em que a lei tenha em vista a protecção da formação regular da vontade do investidor. Nesta hipótese, a medida da sua protecção será orientada, não pela necessidade de promover o regular funcionamento do mercado, mas pela preocupação de garantir a efectiva autodeterminação do investidor como fim em si mesmo,

Tendo presente este quadro, nas páginas que se seguem pretendemos aprofundar a análise da relação entre a tutela do regular funcionamento do mercado e as questões da liberdade contratual e da justiça contratual no âmbito da protecção do investidor no Direito dos Valores Mobiliários.

2.2. A importância do bom funcionamento do mercado, em especial como mecanismo de alocação eficiente de recursos e de realização da justiça distributiva

O investidor é um elemento central no mercado de capitais, pois é o titular do capital procurado pelas empresas que aí se financiam. Compreende-se que a sua protecção seja fundamental para o regular funcionamento do mercado, não só do ponto de vista institucional, como do ponto de vista alocativo. O fomento da confiança reveste fulcral importância, só assim se dispondo os investidores a aplicar as suas poupanças no mercado de valores mobiliários, contribuindo para as necessárias amplitude (maior número possível de valores mobiliários e de transacções)[345] e profundidade (maior diversidade de valores mobiliários oferecidos)[346]. Por outro lado, apenas existindo condições para uma correcta formação de preços se permitirá que o mercado confirme o seu papel como instrumento de realização da justiça distributiva e de promoção de uma eficiente alocação de recursos.

É bem visível a relevância da protecção do investidor para a capacidade de funcionamento do mercado. Emerge assim o problema da relação entre a pro-

[343] Neste sentido, BENICKE, *Wertpapiervermögensverwaltung... cit.*, pp. 398 e 399.

[344] BENICKE, *Wertpapiervermögensverwaltung... cit.*, designadamente, pp. 399 e 412.

[345] ASSMANN, *Prospekthaftung als Haftung für die Verletzung... cit.*, p. 26, e OSÓRIO DE CASTRO, *A informação no Direito do Mercado de Valores Mobiliários... cit.*, p. 334.

[346] ASSMANN, *Prospekthaftung als Haftung für die Verletzung... cit.*, p. 26, e OSÓRIO DE CASTRO, *A informação no Direito do Mercado de Valores Mobiliários... cit.*, p. 334.

tecção do investidor e a protecção da capacidade de funcionamento do mercado. Teremos então de ponderar *a posição* da tutela do interesse privado do investidor *em face* do interesse público da capacidade de funcionamento do mercado.

Na doutrina germânica, como já vimos, HOPT considera constituir a protecção do investidor uma finalidade autónoma do Direito dos Valores Mobiliários, não estando subordinada ao interesse público do regular funcionamento do mercado. Não obstante reconhecer a protecção do investidor enquanto objectivo independente da prossecução do interesse da protecção da capacidade de funcionamento do mercado, considera que determinadas normas poderão eleger este último como objectivo prevalente e atribuindo à protecção do investidor uma posição subordinada[347].

Outros, recusando uma protecção autónoma do investidor consideram ser apenas um instrumento ao serviço da protecção da capacidade de funcionamento do mercado[348].

A resposta a esta questão é um problema de política legislativa[349]. Está, portanto, dependente da escolha do legislador. Como vimos, a protecção do investidor não surge inspirada pela preocupação da protecção do participante mais débil perante o profissional.

O legislador elegeu uma concepção procedimental de justiça. Esta linha de pensamento manifesta-se no afastamento de soluções que passem por um controlo substantivo das decisões dos investidores e dos produtos oferecidos no mercado. As intervenções do Direito não pretendem, por conseguinte, substituir o mercado[350].

Já tivemos oportunidade de constatar que as legislações nacional e europeia rejeitam a protecção do investidor perante a sua própria avidez. Como vimos, o intermediário financeiro não é obrigado a recusar uma operação susceptível de provocar a ruína do investidor se este persistir na sua realização, exprimindo essa vontade por escrito. Esta posição vem na linha do modelo da informação e de recusa da intervenção na vontade do investidor.

[347] HOPT, *Der Kapitalanlegerschutz im Recht der Banken... cit.*, p. 337, nota 230.

[348] ASSMANN, *Konzeptionelle Grundlagen des Anlegerschutzes... cit.*, p. 61. No mesmo sentido, procurando enquadrar a questão no *Aktiendesetz* de 1965, MÜLBERT, *Aktiengesellschaft, Unternehmensgruppe und Kapitalmarkt – Die Aktionarsrechte bei Bildung und Umbildung einer Unternehmensgruppe zwischen Verbands-und Anlegerschutzrecht*. München: C.H. Beck, 1996. Concluindo pela opção da legislação actual no sentido da prevalência da protecção da capacidade de funcionamento do mercado, embora sem deixar de chamar a atenção para a necessidade de no futuro a lei dispensar uma maior atenção à tutela do investidor, tendo presente o papel do mercado de capitais como alternativa ao sistema público de segurança social, BENICKE, *Wertpapiervermögensverwaltung... cit.*, p. 423.

[349] BENICKE, *Wertpapiervermögensverwaltung... cit.*, p. 399.

[350] BENICKE, *Wertpapiervermögensverwaltung... cit.*, pp. 394 e 395.

Por outro lado, também como resultado da opção pelo modelo da informação, e, por conseguinte, por uma concepção procedimental de justiça, à entidade de supervisão não são reconhecidos poderes de controlo sobre a qualidade dos valores mobiliários. Esta ideia é comprovada pela consagração do princípio da atipicidade na criação de valores mobiliários e pela circunstância de a aprovação do prospecto não implicar qualquer garantia quanto à bondade económica das operações retratadas.

2.3. A CMVM não exerce controlo substantivo sobre o conteúdo dos valores mobiliários e das ofertas públicas

2.3.1. O princípio da atipicidade dos valores mobiliários

Quanto ao primeiro aspecto, segundo o regime inicialmente consagrado no CVM, assumiam a qualidade de valores mobiliários não apenas aqueles que a lei classificasse como tal, mas também todos aqueles que a CMVM (ou o Banco de Portugal quanto aos valores mobiliários de natureza monetária, através de Aviso), por meio de regulamento, considerasse assumir essa natureza.

Ao lado dos valores mobiliários de génese legal, surgiam os valores mobiliários de origem administrativa. A criação por esta via estava sujeita à verificação de determinadas condições. Deste modo, deveriam ser documentos representativos de situações jurídicas homogéneas, destinados ao financiamento de entidades públicas ou privadas, emitidos com vista à distribuição junto do público, em condições que assegurassem a protecção dos investidores. Esta última exigência revela que as atribuições da CMVM nesta matéria não se restringiam a um estrito controlo da legalidade, mas envolviam um poder discricionário[351]. Assim, a *criação* dos valores mobiliários não estava na disposição dos agentes económicos.

Consagrou-se uma solução que buscava o equilíbrio entre a defesa dos investidores e a necessidade de servir os interesses da inovação financeira e da competitividade dos mercados dos valores mobiliários. Sendo estes interesses incompatíveis com a tipicidade legal[352], entendeu-se, no entanto, não dever ser confiada ao mercado a apreciação da bondade dos valores mobiliários. Por conseguinte, o legislador optou por reconhecer à autoridade administrativa competência para emitir um juízo prévio sobre o respeito pelos legítimos interesses dos investidores, dependendo dessa apreciação a natureza de valor mobiliário. É uma escolha que seguia uma linha oposta ao modelo de informação que já subjazia em larga medida ao CVM. Neste âmbito, era já a própria lei a esclarecer que o registo da oferta pública se deixava orientar somente por critérios de legalidade.

[351] Neste sentido, Sousa Ribeiro, *Autonomia privada e atipicidade dos valores mobiliários*. In AAVV, "Direito dos Valores Mobiliários". Vol. VI. Coimbra: Coimbra Editora, 2006, pp. 296 e 297.

[352] Sousa Ribeiro, *Autonomia privada e atipicidade dos valores mobiliários... cit.*, p. 297.

A aquisição da qualidade de valor mobiliário dependia de um juízo discricionário da administração, ao contrário do que sucedia com a decisão de registo da oferta pública[353]. Com efeito, o registo não resultava de qualquer apreciação sobre a bondade dos valores mobiliários objecto da oferta ou sobre o mérito económico das operações ou sobre as condições económicas do oferente, do emitente ou do eventual garante, mas apenas de um juízo acerca da conformidade da oferta com as exigências da lei, que, como veremos, tipicamente caracteriza a actuação das entidades reguladoras.

Trata-se de dois caminhos antagónicos em termos de política legislativa[354]. Efectivamente, enquanto o controlo administrativo da qualidade dos valores mobiliários é tributário de um modelo de tutela dos interesses dos investidores motivado pela preocupação de os colocar a salvo de investimentos arriscados, o controlo da legalidade da oferta enfileira numa concepção de protecção dos investidores essencialmente dirigida à tutela das condições necessárias a uma correcta avaliação dos valores mobiliários por parte do público investidor, não devendo a administração interferir na avaliação do risco das operações.

Em 2004, veio a lei portuguesa consagrar o princípio da atipicidade dos valores mobiliários[355]. Tendo presentes as necessidades de flexibilização e de fomento da inovação financeira[356] e considerando encontrar-se já o mercado suficientemente maduro[357], o legislador abriu a possibilidade de os seus agentes criarem novos tipos de valores mobiliários. Desde que sejam observadas as condições

[353] Repare-se que, ao contrário do que sucedia antes da entrada em vigor do DL 52/2006, o CVM manteve a exigência de registo prévio apenas no âmbito das ofertas públicas de aquisição. Esta alteração resultou da transposição para o Direito nacional da Directiva dos Prospectos. Em matéria de ofertas públicas de distribuição, o controlo administrativo centra-se no prospecto.

[354] Pensamos não ser esta circunstância suficientemente valorizada por Sousa Ribeiro (*Autonomia privada e atipicidade dos valores mobiliários... cit.*, p. 312). Embora o Autor reconheça a diversidade de alcance da intervenção da CMVM após a consagração do princípio da atipicidade, observa que, em todo o caso, a consideração dos interesses dos potenciais adquirentes não deverá deixar de continuar a ser considerada em sede de supervisão pela CMVM, representando a adopção daquele princípio não mais do que uma desburocratização em matéria de criação de valores mobiliários. O princípio da atipicidade não traria, segundo o Autor, alterações substanciais na figura.
Como resulta do que escrevemos em texto, a circunstância de a criação dos valores passar a depender da iniciativa privada, não tendo de passar pelo crivo da autoridade administrativa, representa o alinhamento da matéria da protecção do investidor no âmbito da *disclosure philosophy*, recusando qualquer intervenção da autoridade administrativa que substitua o mercado na apreciação dos riscos inerentes aos valores mobiliários.

[355] Falando de princípio da tipicidade não taxativa, Daniela Baptista Passos, *O princípio da tipicidade e os valores mobiliários*. In Maria de Fátima Ribeiro, "Jornadas Sociedades Abertas, Valores Mobiliários e Intermediação Financeira". Coimbra: Almedina, 2007.

[356] V. Preâmbulo do DL 66/2004, de 24 de Março.

[357] V. Preâmbulo do DL 66/2004, de 24 de Março.

previstas no art. 1º/2 CVM, isto é, a homogeneidade e a susceptibilidade de transmissão em mercado, os instrumentos financeiros adquirem a natureza de valores mobiliários. Deste modo, o controlo administrativo deixa de ser exercido previamente e de estar focado na apreciação da bondade dos produtos financeiros, para passar a ser exercido posteriormente e a incidir sobre o cumprimento das exigências previstas na lei. A aquisição da natureza de valor mobiliário deixa de depender do juízo discricionário da administração para passar a derivar da vontade dos agentes económicos. O controlo administrativo reduz-se ao controlo da legalidade.

2.3.2. O controlo da legalidade do prospecto

A consagração do princípio da atipicidade está em sintonia com a opção pelo modelo da informação. A autoridade administrativa não emite um juízo sobre a qualidade dos valores mobiliários, quer previamente, com a finalidade de decidir sobre a atribuição dessa natureza aos produtos financeiros, quer posteriormente, com vista a ponderar a aprovação do prospecto. Assim, a prossecução do interesse público não é realizada de forma directa[358], mas através da verificação do cumprimento dos requisitos legais[359]. Não há, portanto, lugar a uma ponderação

[358] ANDRÉ FIGUEIREDO, *A informação difundida no mercado de valores mobiliários e os poderes da CMVM. "Uma nova dimensão do Direito Administrativo?"*. "Cadernos do Mercado de Valores Mobiliários" 2006, principalmente, p. 86.

[359] Podemos distinguir três características dos valores mobiliários: a representação de situações jurídicas através de *documento*, a *homogeneidade* das situações jurídicas representadas e a *aptidão para circular*. Estes parâmetros definidos pela lei são considerados essenciais para a circulação rápida e segura dos valores mobiliários.

Os valores mobiliários encontram-se representados por documentos, que podem assumir suporte em papel (valores mobiliários titulados) ou suporte informático (valores mobiliários escriturais). A representação através de documento permite a aplicação de um regime de transmissão protector da segurança na circulação dos valores mobiliários, através da tutela do adquirente *a non domino* de boa fé (art. 58º CVM).

Os valores mobiliários identificam-se com situações jurídicas homogéneas, o que equivale a dizer que os valores mobiliários emitidos pela mesma entidade que pertençam à mesma categoria, conferem aos respectivos titulares os mesmos direitos e deveres. Por exemplo, se a sociedade X emitir duas categorias distintas de acções, os titulares de acções de cada uma das categorias gozam dos mesmos direitos e estão obrigados pelos mesmos deveres. As acções pertencentes à mesma categoria são *fungíveis*. Esta característica possibilita uma fácil circulação. As acções gozam em abstracto vocação para circular. Portanto, são consideradas valores mobiliários, ainda que no caso concreto estejam previstas no contrato de sociedade restrições à sua transmissão (art. 328º do CSC). A averiguação em abstracto e não em concreto da aptidão dos valores mobiliários para circularem compreende-se pela preocupação em assegurar a certeza e a segurança. Sobre esta matéria, v. PAULO CÂMARA, *Manual de Direito dos Valores Mobiliários... cit.*, pp. 87 e segs. Note-se que, para efeitos de negociação em mercado organizado, a fungibilidade é mais exigente. Para que neste contexto os

casuística dos interesses em presença pela administração. Um juízo sobre a qualidade dos valores mobiliários equivaleria à substituição dos investidores pela Administração Pública nesta apreciação.

Por isso, recusa-se uma regulação e uma supervisão orientadas ao controlo dos valores mobiliários à maneira das *Blue Sky Laws* estaduais norte-americanas do início do século XX. Não está em causa defender os investidores dos produtos financeiros perigosos[360]. Antes visa a lei dotar o mercado dos meios necessários para que se possa proteger a si mesmo[361].

2.4. As relações entre a protecção da liberdade contratual do investidor e o funcionamento do mercado. A ligação genética entre a protecção do investidor e o bom funcionamento do mercado

2.4.1. As relações entre a tutela do investidor e o mercado e os bens jurídicos protegidos

2.4.1.1. Preliminares

A *disclosure philosophy* ou modelo de informação é a via escolhida para a tutela do investidor. Aqui chegados, surge então o momento de encararmos a questão da relação entre a protecção do investidor e a eficiência do mercado. Como vimos, a tutela do investidor poderá não representar mais do que um instrumento ao serviço do regular funcionamento do mercado. Partindo-se da convicção da actuação racional do investidor individual e do público investidor, o seu esclarecimento será uma importante via para atingir não só uma alocação eficiente de recursos, mas também para fomentar a confiança no mercado.

valores mobiliários assumam esta qualidade, é necessário que, para além de pertencerem à mesma categoria, partilhem a mesma forma de representação e estejam sujeitos ao mesmo regime fiscal. Como dissemos, os valores mobiliários gozam *em abstracto* de aptidão para circular. Por tal motivo, as quotas não apresentam esta qualidade. Em regra, salvo previsão estatutária em contrário, a sua transmissão depende do consentimento da sociedade (arts. 228º/2 e 229º/2 do CSC). Já a transmissão de acções é, salvo disposição estatutária em contrário, livre, pelo que as acções são consideradas valores mobiliários.

[360] É assim que Assmann caracteriza o objectivo central da obrigação de publicar o prospecto consagrada no *Börsengesetz* em 1896. A *ratio* desta obrigação estava essencialmente na preocupação em combater o anonimato dos bancos no processo de constituição das sociedades. Desta forma, procurava-se estimular os bancos a influírem na qualidade e no investimento oferecido. – *Civil liability for the prospectus... cit.*, pp. 165 e 166, *Prospekthaftung als Haftung für die Verletzung... cit.*, p. 61, *Die Prospekthaftung – zwischen aktien- und kapitalmarktrechtlichen Regelungsaufgaben*. In Abadeessa/Rogo, "Il Diriritto delle Società per Azioni: Problemi, Esperienze, Progetti". Milano: Giuffrè, 1993, p. 604.

[361] Assmann, *Civil liability for the prospectus... cit.*, p. 166. O Autor assim se refere à orientação inglesa, vertida no *Companies Act de* 1900.

A passagem para uma tutela do investidor estritamente ligada à formação das sociedades anónimas para uma tutela do investidor inserida no âmbito do mercado, incidente sobre quaisquer instrumentos nele transaccionados e não apenas sobre as acções, faz emergir a necessidade de reflectir sobre a relação entre a tutela do investidor e a tutela do interesse público da eficiência do mercado[362].

Se concluirmos que na lei mobiliária a protecção do investidor assume a natureza de um fim em si mesmo, deveremos qualificá-la como objectivo autónomo em relação à capacidade de funcionamento, assim se perfilando ao lado da protecção da capacidade de funcionamento do mercado. Deste modo, para além do interesse público da protecção da capacidade de funcionamento do mercado, a lei mobiliária visaria a protecção do investidor individualmente considerado.

Se, pelo contrário, entendermos que a tutela do investidor não passa de um meio ao serviço da protecção da capacidade de funcionamento do mercado, a protecção individual do investidor não se posicionará ao lado da eficiência do mercado enquanto bem jurídico protegido pela lei mobiliária, antes sendo por aquela absorvida. Em consequência, exigir-se-á neste contexto a tutela do investidor apenas na estrita medida em que tal seja justificado pelas necessidades de um regular funcionamento do mercado. A tutela do investidor aparece neste caso funcionalizada ao desiderato da protecção do interesse público no regular funcionamento do mercado.

Não obstante, como veremos, a primazia da protecção da eficiência do mercado em qualquer uma das situações, pensamos que a *ratio* das obrigações de esclarecimento e de aconselhamento dos intermediários financeiros relativamente aos seus clientes (*Individualpublizität*) e dos deveres de informação ao público investidor (*Publizitätpflichten*) é diferente. Esta diversidade resulta da natureza distinta do bem jurídico protegido pelos deveres de informação dirigidos ao público das obrigações de informação dirigidas ao investidor individual.

2.4.1.2. As obrigações individuais de informação do intermediário financeiro

A consagração das obrigações de esclarecimento do intermediário financeiro tem por finalidade a protecção de um destinatário determinado. Como já referi-

362 Assmann observa que, ao desligar-se a responsabilidade por prospecto, bem como a protecção individual do investidor (*Individualschutz*) a ela ligada, da subscrição de acções, tornam-se o dever de publicar o prospecto, bem como as outras exigências de publicidade, instrumentos para a promoção da eficiência do mercado (*Funktions-und Institutionenschutz*) – v. *Die Prospekthaftung... cit.*, p. 598. O *Börsengesetz*, assim como o *Companies Act* mantiveram a responsabilidade por prospecto estritamente ligada à constituição de sociedades anónimas. O *Securities Act* institui uma protecção do investidor orientada ao mercado, desligada da tutela do investidor no contexto da constituição das sociedades anónimas.

mos, podemos identificar a vontade individual do investidor como bem jurídico a tutelar. Com efeito, as obrigações individuais de informação e de assistência na decisão do investidor pelo intermediário financeiro têm como finalidade a tutela da vontade do investidor individual, não estando limitados à apreciação da relação risco/rendimento, indo antes dirigida à plena realização da vontade do investidor[363].

No entanto, a tutela da vontade não se sobrepõe ao interesse da capacidade de funcionamento do mercado do ponto de vista operacional[364]. A existência e o alcance da obrigação de o intermediário financeiro avaliar a conformidade de determinada operação aos interesses do investidor estão fortemente dependentes da relação contratual acordada entre o intermediário financeiro e o investidor. A intensidade com que a lei pretende promover a esclarecida formação da liberdade contratual do investidor através das obrigações de assistência do intermediário financeiro é balizada por considerações ligadas aos custos associados ao cumprimento desses deveres. Podemos então dizer que a protecção da esclarecida formação da vontade do investidor é objecto de ponderação em face dos custos decorrentes da transacção. O interesse da formação esclarecida da vontade do investidor não emerge como bem jurídico a que a lei pretenda conferir protecção em termos absolutos, pois que a sujeição do intermediário financeiro à obrigação de avaliar a conformidade da operação à condição do investidor e a sua intensidade são essencialmente delimitadas pela relação contratual estabelecida entre o investidor e o intermediário financeiro. São, desta forma, determinantes na consagração e na intensidade da obrigação considerações de eficiência operacional do mercado[365], não sendo tão relevantes as que decorrem da natureza de investidor qualificado ou não qualificado.

[363] Os intermediários financeiros não estão apenas obrigados a auxiliar o investidor na avaliação do mérito do investimento em termos objectivos, mas também o deverão ajudar na procura da solução mais adequada às características individuais. Acentuando esta ideia, Hellgardt, *Kapitalmarktdeliktsrecht... cit.*, p. 170. Sugestivas são as expressões utilizadas pelo Autor de que o intermediário financeiro estaria obrigado a assistir o investidor, não apenas na avaliação do investimento (*anlagegerecht*), mas também na sua adequação relativamente ao investidor (*anlegergerecht*).

[364] A tutela da vontade individual do investidor sobrepõe-se ao que é exigido pela protecção da eficiência alocativa, como já tivemos ocasião de dizer, ao impedir o intermediário financeiro de recusar a ordem manifestamente desfavorável aos interesses do investidor, se este persistir em realizá-la, fazendo-o saber por escrito. Note-se, por outro lado, que os deveres de informação e de assistência poderão ir além do que é estritamente necessário a uma correcta avaliação da relação risco/rendimento, atendendo à plena satisfação do interesse do investidor.

[365] No âmbito do Direito Civil, também a formação esclarecida da vontade do declarante não é protegida de forma absoluta. Na verdade, em sede de relevância do erro, há que ter em conta também a confiança do declaratário, assim como a segurança no tráfico jurídico. No entanto, aos

Daqui parece então decorrer a primazia da capacidade operacional de funcionamento do mercado em relação à protecção individual do investidor. Onde a protecção da formação da vontade individual do investidor exija a imposição de deveres ao intermediário financeiro que ultrapassem o que é necessário para assegurar a capacidade operacional de funcionamento do mercado[366], deverá prevalecer a solução óptima para o funcionamento do mercado em termos de custos de transacção.

A natureza proeminente da tutela da capacidade de funcionamento do mercado em relação à protecção do investidor transparece das exposições de motivos de Directivas nesta matéria[367]. A protecção do investidor é tomada como ins-

deveres de informação no âmbito pré-contratual não vão associadas considerações ligadas aos custos de transacção.

366 BENICKE, *Wertpapiervermögensverwaltung... cit.*, p. 423.

367 A protecção do investidor surge funcionalizada a objectivos de integração.
De facto, poderá ter como finalidade exclusiva a promoção do princípio do país de origem. Todavia, a instrumentalização em relação a objectivos de integração é igualmente surpreendida em Directivas que têm por preocupação definir um nível mínimo comum de protecção do investidor de forma a evitar que diferentes regras nesta matéria estorvem o investimento em determinados mercados por falta de confiança dos investidores para aí disponibilizarem a sua poupança.
No primeiro caso, a harmonização da protecção tem como intenção exclusiva impedir que as diferentes regras no acesso ao capital ou ao exercício da prestação de serviços constituam obstáculos, respectivamente, ao acesso aos capitais na União Europeia ou à prestação de serviços financeiros em países diversos do país de origem. Trata-se de promover o princípio do país de origem – v. BENICKE, *Wertpapiervermögensverwaltung... cit.*, pp. 415 e 416. Como refere o Autor, será este o caso da primeira Directiva sobre os serviços de investimento.
No segundo caso, a harmonização das normas sobre protecção do investidor é vista como uma condição necessária à realização do mercado único. Embora também a harmonização prossiga uma finalidade de integração, ao impedir que diferentes níveis de protecção constituam obstáculos ao investimento nos mercados de outros Estados membros, a definição do nível de protecção envolve valorações ligadas à tutela do investidor – BENICKE, *Wertpapiervermögensverwaltung... cit.*, p. 416. Aqui se enquadra a segunda Directiva sobre os serviços de investimento – v. pontos 2 e 71 da exposição de motivos. Também este segundo enquadramento merecerá a Directiva 2003/71/CE, conhecida por Directiva dos Prospectos, que tem por objectivo criar um passaporte único para os emitentes com base no princípio do Estado de origem. No entanto, a criação do passaporte único procura servir a finalidade mais ampla da criação de um mercado único de capitais (v. pontos 4 e 45 da exposição de motivos). Daí que a protecção do investidor se apresente também dirigida à criação do mercado único não se contendo no estrito objectivo de promover o princípio do país de origem.
Sublinhe-se, porém, que a posição de primazia da eficiência do mercado em relação à tutela dos investidores, não significa que não sejam reconhecidas posições jurídicas individuais aos investidores. Por exemplo, a Directiva dos Prospectos e a Directiva dos Serviços Financeiros não atribuem uma mera tutela reflexa aos investidores. Já no âmbito da Directiva 2003/6/CE surge como meramente reflexa – v., exposição de motivos da Directiva 2003/6/CE, sobre o abuso do mercado, no seus pontos 2, 12 e 15.

trumento de construção do mercado único de capitais Aliás, como foi já visto, igualmente dos considerandos das Directivas ligadas à protecção dos consumidores, também flui a natureza de simples condição de integração no âmbito do mercado interno.

Esta circunstância não arreda, porém, o facto de ser a vontade individual do investidor o bem jurídico protegido pelas obrigações de informação e de assistência no âmbito da actividade financeira. Trata-se de obrigações que se destinam a apoiar determinado investidor e não de deveres gerais de informação que tenham como destinatário o público investidor.

Se bem que o esclarecimento do investidor individual sirva em grande medida as exigências ligadas ao regular funcionamento do mercado[368], a protecção da vontade do investidor poderá implicar custos que prejudiquem a eficiência do mercado do ponto de vista operacional. Foram considerações desta natureza que determinaram a opção do legislador no sentido de, em regra, dispensar o intermediário do dever de ajuizar a adequação dos conhecimentos e experiência do investidor às operações pretendidas quando se limite a executar uma ordem. Prevalecem, em consequência, preocupações ligadas aos custos decorrentes da transacção que seriam maiores se o intermediário financeiro fosse obrigado a proceder àquele juízo no contexto da mera execução de ordens.

2.4.1.3. Os deveres gerais de informação

Ao invés, o bem jurídico tutelado pelos deveres gerais de informação do emitente perante o público investidor, em que se insere o prospecto, não se deixa surpreender na regular formação da vontade do investidor individual. Com efeito, os deveres gerais de informação têm em vista prover o público investidor das informações necessárias à avaliação correcta da relação risco/rendimento dos valores mobiliários[369]. A sua finalidade é fornecer ao público investidor as informações relevantes para o processo de formação de preços.

As assimetrias no acesso à informação derivam de uma falha no mercado, razão pela qual a lei impõe deveres informativos ao emitente[370]. Deste modo, assentando a formação de preços no mercado na hipótese do mercado (semi) eficiente, os preços que emergem no mercado reflectirão toda a informação tor-

[368] BENICKE, *Wertpapiervermögensverwaltung... cit.*, p. 423.

[369] Neste sentido, chama HELLGARDT a atenção para a circunstância de os deveres de informação que impendem sobre o emitente (por exemplo, pelos §§ 8g do revogado VerkProspG e 5, 1 e 2 WpPG) se reflectirem na formação de preços no mercado – v. *Kapitalmarkdeliktsrecht... cit.*, p. 171.

[370] HOPT/VOIGT, *Grundsatz-und Reformprobleme... cit.*, p. 90. KALSS, *Anlegerinteressen. Der Anleger im Handlungsdreiecke von Vertrag, Verband und Markt.* Wien, NewYork: Springer, 2001, pp. 161 e segs.

nada pública. A formação de preços não depende da vontade individual de cada investidor, que muitas vezes se apresenta irracional[371], mas do juízo do mercado no seu conjunto.

Não sendo a informação imposta por estes deveres dirigida a investidores individualizados, mas antes ao público investidor[372] e dependendo a formação de preços da avaliação da relação risco/rendimento dos valores mobiliários que é empreendida pelo mercado no seu conjunto, não poderemos em tais deveres descortinar uma intenção de tutelar a vontade individual do investidor.

A protecção do investidor dispensada pelos deveres gerais de informação inscreve-se no interesse público da capacidade alocativa do funcionamento do mercado. A realização deste interesse não assenta na vontade individual do investidor que será muitas vezes determinada por factores complexos, sendo frequentemente irracional[373]. Com efeito, a prossecução da capacidade alocativa de funcionamento do mercado apenas poderá alicerçar-se em opções racionais, pois só assim será possível aspirar a que os recursos sejam afectados às entidades que deles podem tirar maior rendimento.

Os deveres gerais de informação apresentam, por conseguinte, uma dimensão colectiva que não pode ser ignorada ao questionarmo-nos sobre o bem jurídico por eles protegido. É, segundo cremos, a importância colectiva que a informação apresenta, atenta a natureza determinante na canalização dos recursos para as aplicações mais produtivas e na promoção da confiança dos investidores, que justifica a imposição de deveres gerais de informação.

Não está em discussão, no âmbito dos deveres gerais de informação, o problema da compatibilização da tutela da vontade individual do investidor com o funcionamento eficiente do mercado sob o ponto de vista operacional. Trata-se mais precisamente de proteger o interesse colectivo numa regular formação de preços.

Consideramos ser visível uma diferença essencial do bem jurídico protegido pelos deveres gerais de informação em confronto com o bem jurídico tutelado pelos deveres de informação do intermediário financeiro. Na realidade, a protecção da regular formação da vontade do investidor não é um bem jurídico tutelado

[371] Neste sentido, HOPT/VOIGT, *Grundsatz-und Reformprobleme... cit.*, p. 90.

[372] A protecção do público não corresponde ao somatório da tutela das vontades individuais dos investidores, mas antes se apresenta como qualitativamente diferente – v. HELLGARDT, *Kapitalmarktdeliksrecht... cit.*, pp. 174 e 175. Um problema paralelo surge no âmbito do Direito Industrial em que, embora se venha utilizando indiferenciadamente as expressões público e consumidor, OLIVEIRA ASCENSÃO alerta para a necessidade de não serem confundidas as duas realidades – v. *Direito Civil e Direito do Consumidor... cit.*, p. 173.

[373] *Grundsatz-und Reformprobleme... cit.*, p. 90.

pelos deveres de informação impostos pela ordem jurídica ao emitente perante o público investidor. Pelo contrário, os deveres gerais de informação apresentam-se como instrumentos aptos a servir o interesse geral da regular formação de preços. Esta circunstância assumirá relevo na determinação do regime da obrigação de indemnizar em virtude da deficiência do prospecto. A isto nos referiremos na parte relativa à responsabilidade civil.

Por seu turno, os deveres de informação que impendem sobre o intermediário financeiro têm por escopo proteger a regular formação da vontade do investidor. No entanto, a definição dos deveres do intermediário financeiro destinados a promover a esclarecida formação da vontade do investidor é limitada por considerações ligadas aos custos de transacção, não indo além do que é exigido pela optimização do funcionamento do mercado em termos operacionais.

Há pois que ter presente que a delimitação dos deveres de informação, quer da informação prestada em base individual pelo intermediário financeiro, quer da informação orientada ao público investidor, obedece a interesses ligados ao funcionamento do mercado.

2.4.2. A ligação genética da protecção do investidor ao bom funcionamento do mercado

2.4.2.1. A protecção do investidor e as assimetrias informativas

Torna-se evidente a íntima ligação da protecção do investidor à prossecução do interesse público no bom funcionamento do mercado, onde se tenha em atenção as falhas no seu funcionamento, especialmente em matéria de assimetrias informativas[374]. Por isso, a ordem jurídica estabelece deveres de informação que impendem sobre o emitente e deveres de informação, de lealdade e diligência sobre o intermediário financeiro. Mais do que proteger o investidor perante o emitente ou perante o intermediário financeiro[375], pretende-se combater as assimetrias no acesso à informação e na avaliação da informação difundida no mer-

[374] Neste sentido, Paulo Câmara, *Regulação dos mercados de valores mobiliários: fundamento e estrutura*. "Legislação" 2009, pp. 10 e 11.

[375] Não ignoramos a existência de normas destinadas a combater os perigos decorrentes da relação de agente principal que intercede entre o intermediário financeiro e o cliente. Como vimos, cremos que estas normas visam acima de tudo garantir o cumprimento do papel do intermediário financeiro no mercado de valores mobiliários. A lei tenta evitar, já o notámos (v. *supra*, Cap. I, ponto 2.2.1), que o intermediário financeiro faça prevalecer os seus interesses em detrimento dos interesses do investidor, o que, para além de representar um prejuízo para o investidor, iria colocar em causa a importante função do intermediário financeiro na superação das assimetrias informativas necessária ao regular funcionamento do mercado. Como veremos, as assimetrias informativas justificam a necessidade de intermediação, ao contrário do que sucede em outros mercados – v. Costa Pina, *Instituições e Mercados Financeiros*. Coimbra: Almedina, 2005, p. 110.

cado de valores mobiliários, por este meio se contribuindo para o seu regular funcionamento, quer do ponto de vista institucional, promovendo a confiança dos investidores, quer do ponto de vista alocativo, contribuindo para a canalização do capital para as aplicações mais produtivas, quer do ponto de vista operacional, diminuindo os custos das transacções.

Na verdade, a protecção do investidor no Direito dos Valores Mobiliários é determinada pelas falhas do mercado, em especial pelas assimetrias informativas aí existentes e não tanto pela necessidade de proteger o investidor que actua fora do exercício da sua actividade profissional[376] perante a contraparte profissional[377], mais bem talhada a orientar-se por critérios de racionalidade económica. Na realidade, muitas das normas do Direito dos Valores Mobiliários destinadas à tutela do investidor não qualificado pretendem essencialmente protegê-lo perante deficiências no funcionamento do mercado e não tanto perante o profissional (emitente, intermediário financeiro) com quem ele eventualmente contrate. Intenciona a lei criar deveres, *maxime* deveres de informação, que permitam ultrapassar as assimetrias susceptíveis de comprometer o bom funcionamento do mercado.

Neste sentido, poderá afirmar-se não se dever confundir as assimetrias informativas que caracterizam o mercado financeiro com as desigualdades informativas entre os agentes económicos e os consumidores que justificam a especial protecção do consumidor[378].

Não sendo o mercado capaz de garantir a reparação das suas falhas, podemos dizer que as assimetrias informativas nos mercados financeiros são genéticas[379]. Daí a necessidade de intermediação financeira[380]. A informação nos mercados financeiros é um bem público[381] que o funcionamento do mercado por si mesmo não é capaz de garantir, impondo-se a necessidade de regulação

[376] Como observa FERREIRA DE ALMEIDA, a propósito da discussão em torno da possibilidade de fazer entrar na noção do consumidor pessoas que actuem no âmbito da sua actividade profissional, mas adquiram bens e serviços não incluídos na sua área de especialização, os argumentos em favor da igualdade de tratamento de não profissionais e profissionais que adquiram bens ou serviços estranhos à sua especialidade, ignora as vantagens conferidas pela organização profissional, por mais simples que se apresente – v. *Direito do Consumo... cit.*, p. 49. Igualmente sublinhando as vantagens de uma organização profissional, como explicação para exclusão dos profissionais do conceito de consumidor, CANARIS, *Wandlungen... cit.*, p. 360.

[377] A referência ao chamado elemento relacional é comum à maioria das definições de consumidor – v. FERREIRA DE ALMEIDA, *Direito do Consumo... cit.*, pp. 35 e 36.

[378] COSTA PINA, *Instituições e Mercados Financeiros... cit.*, p. 115.

[379] COSTA PINA salienta, neste sentido, serem as falhas do mercado genéticas – v. *Instituições e Mercados Financeiros... cit.*, p. 110.

[380] COSTA PINA, *Instituições e Mercados Financeiros... cit.*, p. 110.

[381] COSTA PINA, *Instituições e Mercados Financeiros... cit.*, p. 110.

e supervisão nesta matéria. Poderemos dizer que a informação protege directamente o mercado e indirectamente os investidores[382]. Isto não significa, insista-se, que a protecção do investidor seja necessariamente reflexa. Como veremos, a lei opta muitas vezes pelo reconhecimento de posições jurídicas individuais.

Do cumprimento dos deveres de informação depende a existência de uma regular formação de preços, estando em causa o bom funcionamento da Economia. A existência de assimetrias informativas leva à diminuição da qualidade do mercado, conduzindo a um efeito de selecção adversa[383]. Correr-se-á o risco de uma canalização dos recursos para projectos de menor qualidade, comprometendo o financiamento dos projectos de maior qualidade, com prejuízos importantes para o bem-estar social. A existência de um mercado em que a formação de preços espelhe a informação nele produzida, nada garante em matéria da qualidade dessa informação[384].

Não devemos, consequentemente, ignorar a importância da qualidade da informação numa regular formação de preços, reflexo de uma eficiente alocação de recursos, e na promoção da confiança no mercado de valores mobiliários. Daí a importância da qualidade da informação e da responsabilidade civil decorrente da falta qualidade da informação no bom funcionamento do mercado, não apenas como instrumento de protecção do investidor, mas também (essencialmente) como instrumento de protecção do bom funcionamento do mercado.

[382] Costa Pina, *Instituições e Mercados Financeiros... cit.*, p. 115. O Autor, tendo em vista o âmbito mais vasto dos mercados financeiros, sublinha funcionar a necessidade de combater assimetrias como forma de protecção directa do próprio mercado e indirecta dos intervenientes (agentes económicos e consumidores).

[383] George Akerlof estudou as repercussões das assimetrias informativas no nível de qualidade dos mercados. Servindo-se do exemplo do mercado de carros usados, conclui que os comerciantes que escondem a menor qualidade dos produtos acabam por expulsar os melhores vendedores ou obrigam-nos a comercializar automóveis de menor qualidade – *The market for "lemons". Quality, uncertainity and market mechanism.* "The Quarterly Journal of Economics" 1970, pp. 488 a 500.
No mercado de valores mobiliários, a existência de assimetrias informativas poderia levar, por exemplo, à canalização dos recursos para aplicações menos rentáveis, com os consequentes custos numa eficiente alocação de recursos. Conduziria igualmente à redução da confiança dos investidores no mercado – v., neste sentido, Costa Pina, *Instituições e Mercados Financeiros... cit.*, pp. 120 e 121. Repare-se, porém, que o Autor chama a atenção para a circunstância de a selecção adversa não ser uma consequência inevitável, dado o jogo dos agentes económicos e do papel da regulação.

[384] Isto mesmo nota Costa Pina, *Instituições e Mercados Financeiros... cit.*, p. 118.

2.4.2.2. A distinção entre a tutela do consumidor e a protecção do investidor no Direito dos Valores Mobiliários

2.4.2.2.1. A não coincidência entre os interesses que inspiram a delimitação do conceito de consumidor e os que subjazem à delimitação da figura do investidor não qualificado

A natureza determinante das falhas do mercado na protecção do investidor no Direito dos Valores Mobiliários fornece, segundo cremos, um contributo decisivo para a compreensão da distinção entre a protecção do investidor e a tutela do consumidor.

Na realidade, a protecção do consumidor, na sua génese, centra-se exclusivamente na relação individual, aparecendo divorciada de considerações ligadas ao mercado. Diferentemente do que se passa com a protecção do investidor, a protecção do consumidor surgiu centrada na relação individual, ora como forma de ultrapassar a desigualdade estrutural entre as partes, privilegiando-se a intervenção no conteúdo do contrato, ora enquanto meio de garantir a livre e esclarecida formação da vontade, dando-se primazia à consagração de deveres de informação.

Contudo, como referimos, a protecção do consumidor no âmbito da União Europeia aparece funcionalizada à prossecução do objectivo de construção do mercado interno. Assim se vem assistindo a uma prevalência do interesse da construção do mercado interno, que vem moldando a tutela do consumidor no âmbito da União Europeia. Procura-se tutelar as condições necessárias ao mercado interno. Daí que o normativo da União Europeia tenha vindo a privilegiar o modelo da informação, sendo raras as intervenções legislativas orientadas por critérios de justiça distributiva. Repare-se que a definição das normas destinadas à protecção do consumidor não visam a tutela da formação da vontade do consumidor em termos absolutos, apenas o fazendo na medida das necessidades de construção do mercado interno. Apesar deste panorama de funcionalização da protecção do consumidor à construção do mercado interno, o mercado não assume um papel tão determinante na protecção do consumidor quanto na protecção do investidor no Direito dos Valores Mobiliários. Na realidade, não existe a ligação umbilical entre a protecção do consumidor e o bom funcionamento do mercado, que caracteriza a tutela do investidor.

A ligação genética da protecção do investidor à existência de falhas no mercado não deixa de se reflectir na delimitação da qualidade de investidor não qualificado. Vamos então analisar a tradução desta ideia na delimitação legal da qualidade de investidor não qualificado e na sua diferenciação face ao conceito de consumidor.

A dicotomia investidores qualificados/investidores não qualificados vem a substituir a contraposição entre investidores institucionais e investidores não institucionais que figurou no CVM até à entrada em vigor do DL 52/2006[385]. Este diploma transpôs para a ordem jurídica nacional a Directiva 2003/71/CE, mais conhecida pela Directiva dos Prospectos, e a Directiva 2003/6/CE, relativa ao abuso do mercado. A mudança da designação resultou da transposição das referidas Directivas comunitárias que utilizam essa terminologia. A lei não definia os conceitos de investidor institucional e de investidor não institucional, optando antes pela enumeração dos investidores institucionais. O legislador considerava como investidores institucionais entidades que devem ser autorizadas ou regulamentadas para intervir nos mercados financeiros[386], possuindo os conhecimentos e a experiência necessários para tomar decisões esclarecidas no mercado de valores mobiliários. Como tal, não reclamavam um nível de protecção igual aos restantes investidores, por estarem apetrechadas com conhecimentos e experiência que lhes permitiam dispensar o nível de protecção oferecido pela lei aos outros investidores. Por outro lado, do conjunto dos investidores não institucionais eram destacados aqueles que, não sendo incluídos entre os investidores institucionais, não careciam do padrão de protecção de que necessitavam os investidores não institucionais, uma vez que actuavam profissionalmente no mercado de valores mobiliários[387].

Tal como sucedia até 2006, a propósito da contraposição entre investidores institucionais e investidores não institucionais, a lei mobiliária não nos fornece, nem a definição de investidor qualificado, nem a definição de investidor não qualificado. O legislador enumera no art. 30º/1 CVM as entidades que considera investidores qualificados.

Após a reforma de 2006, igualmente passaram os números seguintes a contemplar casos em que as entidades eram rotuladas como investidores qualificados *apenas para* determinados efeitos, mais concretamente para efeitos de ofertas públicas e prospecto[388]. No entanto, respondendo a uma orientação de política

[385] Em 2004, assistiu-se a um alargamento da categoria dos investidores institucionais e ao mesmo tempo foi atribuída à CMVM a competência regulamentar para a qualificação de determinados investidores como investidores institucionais, contanto que sejam entidades com especial competência ou experiência, definindo os indicadores económicos e financeiros (art. 30º/3, na redacção resultante do DL 66/2004, de 24 de Março, correspondente ao art. 30º/4 da redacção actual para o reconhecimento da qualidade de investidor qualificado).

[386] Oliveira Ascensão, *A protecção do investidor*. In AAVV, "Direito dos Valores Mobiliários". Vol. IV. Coimbra: Coimbra Editora, 2003, p. 16.

[387] Oliveira Ascensão, *A protecção... cit.*, p. 18.

[388] Sobre a categorização dos investidores no âmbito das normas sobre intermediação financeira, Rafaela Rocha, *Categorização de investidores no âmbito da intermediação financeira – apontamentos sobre o novo regime*. "Cadernos do Mercado de Valores Mobiliários" nº 27 (Agosto de 2007), pp. 97 e segs. Net: http://www.cmvm.pt/NR/rdonlyres/BDDFD9E7-AA16-43F8-8C2A-2D33D4F6F60F/8729/Artigo7.pdf

legislativa no sentido de eliminar distinções em matéria de qualificação dos investidores conforme estivesse em causa a sua qualificação para efeitos de aplicação das normas sobre ofertas públicas ou para efeitos de aplicação de disposições sobre intermediação financeira, veio recentemente sujeitar as duas situações às mesmas regras sobre a qualificação.

No seguimento desta opção, a qualificação por iniciativa do investidor fica dependente para todos os efeitos legais do art. 317º-B CVM. Deste modo, o pedido é dirigido ao intermediário financeiro, que apreciará a experiência e o conhecimento do investidor de forma a avaliar a sua capacidade para tomar por si mesmo decisões de investimento esclarecidas e para compreender os riscos no âmbito dos serviços, dos instrumentos financeiros e das operações contratados (art. 317º-B/2 CVM). Este pedido poderá restringir-se a certos serviços, a certas operações ou a certos instrumentos. Como requisitos *mínimos* para que o intermediário financeiro possa deferir o pedido do investidor, deverão verificar-se duas das condições enumeradas no art. 317º-B/3 CVM. Repare-se que a avaliação da adequação do conhecimento e da experiência do investidor para que possa tomar decisões elucidadas e para que possa compreender correctamente os riscos comporta uma porção de subjectividade do intermediário financeiro[389], ao contrário do que sucedia no âmbito da atribuição da qualidade de investidor qualificado para efeitos da não aplicação de determinadas normas relativas às ofertas públicas e ao prospecto. De facto, no âmbito do art. 110º-A CVM, o papel da CMVM era apenas o de verificar a presença das condições de que a lei fazia depender o registo e que se encontravam previstas no art. 110º-A/2 CVM, traduzindo-se em estrito controlo da legalidade.

Por outro lado, cumpre ainda assinalar que no âmbito da intermediação financeira, quer por iniciativa do próprio investidor, de acordo com o disposto no art. 317º-A CVM, quer por iniciativa do intermediário financeiro (art. 317º/2 al. a) CVM), o investidor, considerado pela lei como investidor qualificado, poderá ser tratado como investidor não qualificado[390].

[389] Sublinhando esta circunstância, Rafaela Rocha, *Categorização dos investidores... cit.*, p. 102.

[390] Repare-se que, para efeitos de aplicação do regime previsto para a intermediação financeira, existe uma terceira categorização de investidores – as contrapartes elegíveis. A esta categoria é reservado um nível de protecção mais reduzido em comparação com o que é conferido aos investidores qualificados, pois a ela não se aplicam as normas de conduta enumeradas no número 6 do art. 317º CVM, embora possa ser solicitado pelas contrapartes elegíveis um nível de protecção mais elevado. Por outro lado, as contrapartes elegíveis poderão por iniciativa do intermediário financeiro ser tratadas como investidores qualificados ou mesmo como investidores não qualificados (art. 317º/2 al. b) CVM).

De seguida, procuraremos, partindo da delimitação legal da categoria de investidores não qualificados, aferir o critério que presidiu ao recorte desta categoria de investidores.

Em vários casos previstos no art. 30º/1 CVM, a ausência, à partida, de necessidade de protecção apresenta-se especialmente evidente, dado que estão em causa entidades autorizadas ou regulamentadas para actuarem no mercado financeiro, entidades públicas, assim como entidades que negoceiem em instrumentos financeiros sobre mercadorias.

Em outras situações, a dispensa da tutela informativa conferida pelas normas em causa fundamenta-se, ora na circunstância de a principal actividade das entidades consistir no investimento em valores mobiliários (embora não sejam objecto de uma autorização nem estejam regulamentadas para actuar no mercado de valores mobiliários), ora na dimensão das empresas em causa. A sua grandeza económica e financeira confere-lhes a possibilidade de disporem de meios materiais e humanos aptos a permitir o acesso à informação relevante, dispensando a publicação do prospecto.

No que respeita à qualificação facultativa, ou seja, requerida pelo investidor, à partida considerado investidor não qualificado, ela é actualmente confiada aos intermediários financeiros. Isto, ao contrário do que sucedia anteriormente, no âmbito das ofertas públicas e prospecto, que dependiam do preenchimento dos requisitos legais que indiciavam a possibilidade de prescindir dos deveres de informação impostos pela lei ao emitente de modo a ultrapassar as assimetrias informativas existentes no mercado.

A atribuição da qualidade de investidor qualificado por iniciativa do investidor depende da apreciação do intermediário financeiro, a quem compete avaliar os conhecimentos e a experiência necessários para que o investidor possa actuar conscientemente no mercado de valores mobiliários, sem necessidade da tutela conferida aos investidores não qualificados.

No âmbito das normas sobre intermediação financeira, o juízo sobre o tratamento de *determinado investidor* como investidor não qualificado poderá caber ao próprio intermediário financeiro não apenas quando haja um pedido do investidor, considerado à partida como não qualificado, para ser tido como investidor qualificado, mas igualmente quando, tratando-se de investidores qualificados ou contrapartes elegíveis, o intermediário financeiro decida oferecer-lhes o tratamento de investidores não qualificados, seja por iniciativa do intermediário, seja a pedido do investidor. O juízo emitido pelo intermediário financeiro incide sobre os conhecimentos e a experiência do investidor, relativamente aos serviços, instrumentos ou operações, de forma a aferir se o investidor tem capacidade para decidir esclarecidamente, compreendendo os riscos envolvidos nos serviços ou operações contratados.

Pensamos que a ideia-chave que preside à delimitação da categoria dos investidores não qualificados e que fundamenta o regime que a lei lhes reserva residirá na ausência de factores que indiciem a capacidade dos investidores para acederem à informação no mercado ou para actuarem de forma esclarecida no contexto do mercado de valores mobiliários sem o regime informativo previsto para os investidores não qualificados. Poderão caber nesta categoria, tanto pessoas singulares como pessoas colectivas, não sendo decisivo saber se o investidor actua ou não para prossecução de fins profissionais.

2.4.2.2.2. A possibilidade de aplicação ao investidor das normas que protegem o consumidor

Um problema que a este propósito se coloca é o de saber se poderemos tratar o investidor como consumidor. Esta questão releva especialmente na aplicação das normas que tutelam o consumidor.

Numa primeira análise, poderá parecer algo estranha a aplicação da tutela do consumidor ao investidor. Na verdade, em termos económicos, o investimento é o contrário do consumo[391]. Para a Economia, "consumir é destruir um bem económico com o objectivo de obter uma satisfação pessoal"[392]. Sendo a destruição mais ou menos longa, deve fazer-se uma distinção entre os bens de consumo não duradouros, os bens de consumo semiduradouros e os bens duradouros[393].

No entanto, a contraposição económica entre investimento e consumo não será relevante à partida, na medida em que a noção jurídica de consumidor apresente autonomia relativamente à noção económica. Os conceitos jurídicos são funcionais, isto é, estão ao serviço dos valores jurídicos. Por isso, muitas vezes distanciam-se do seu sentido comum, assumindo uma coloração peculiar[394]. Assim, o conceito jurídico de consumidor terá em vista a prossecução dos valores associados a esta área do Direito. Desta forma, teremos que averiguar se a noção de consumidor relevante para o Direito exige que o bem ou serviço adquirido se dirija ao consumo em sentido económico.

[391] Esta circunstância tem sido frequentemente apontada, mas nem sempre considerada como determinante na solução do problema, ou seja, para recusar a qualificação do investidor como consumidor. Veja-se no sentido da irrelevância da diversidade da situação do consumidor e investidor em termos económicos, na doutrina alemã, Benicke, *Wertpapiervermögensverwaltung... cit.*, p. 403. Em Portugal, Oliveira Ascensão, *A protecção do investidor... cit.*, p. 38, e Sofia Nascimento Rodrigues, *A Protecção dos Investidores... cit.*, p. 31.

[392] Alain Cotta, *Dicionário de Economia*. Círculo de Leitores, 1989, p. 58.

[393] Alain Cotta, *Dicionário de Economia... cit.*, p. 58.

[394] V. sobre este assunto, Baptista Machado, *Introdução ao Direito e ao Discurso Legitimador*. Coimbra: Almedina, 1989, pp. 80 e segs. e 110 e segs.

A noção de consumidor não é unívoca, quer na doutrina, quer na legislação[395]. Numa análise comparativa das noções de consumidor, FERREIRA DE ALMEIDA distingue os seguintes elementos[396]: o elemento subjectivo, o elemento objectivo, o elemento teleológico e o elemento relacional. O primeiro tem em vista os sujeitos que poderão ser qualificados como consumidores, o elemento objectivo prende-se com os bens ou serviço adquiridos, o elemento teleológico tem em vista a finalidade com que os bens ou serviços são adquiridos, ou seja, a circunstância de o consumidor os destinar a uso não profissional. Finalmente, o elemento relacional traduz a qualidade profissional da contraparte do contrato. Os contornos permanecem ainda assim incertos. Consequentemente, por exemplo, na definição de BORCHERT[397], figura a afectação do bem ou serviço ao consumo.

DREXL, tendo em consideração os negócios de garantia, critica a ideia de que o consumo constitui o elemento-chave da noção jurídica de consumidor, pois a sua aceitação conduziria a uma concepção demasiado estreita de consumidor. Se a noção jurídica de consumidor abrangesse somente o consumo em sentido económico, nota o mesmo Autor, ficariam excluídos os negócios de garantia, em que o garante carece muitas vezes de uma protecção análoga à do adquirente dos bens ou serviços[398]. Ora, o garante não é consumidor em sentido económico, assumindo essa qualidade quando muito o devedor principal[399]. Consequentemente, DREXL adverte que, no âmbito do seu estudo, entende como consumidor a pessoa que participa no tráfico jurídico economicamente relevante sem a qualidade profissional ou industrial ou então a pessoa que, por exemplo, seja destinatária de publicidade[400].

Vamos então averiguar se o Direito positivo português permitirá a qualificação do investidor como consumidor ou se exigirá que os bens ou serviços sejam orientados ao consumo em sentido económico[401]. A Lei de Defesa do Consu-

[395] Para uma análise detalhada das diversas noções legais e doutrinais de consumidor, ver ELSA DIAS OLIVEIRA, A *Protecção dos Consumidores nos Contratos Celebrados através da Internet*. Coimbra: Almedina, 2002, pp. 49 e segs.
Sobre a noção de consumidor no Direito alemão, veja-se WOLF/NEUNER, *Allgemeiner Teil des Bürgerlichen Rechts... cit.*, pp. 140 e segs.

[396] *Direito do Consumo... cit.*, pp. 29 e segs.

[397] *Apud* DREXL, *Die wirtschaftliche Selbstbestimmung dês Verbrauchers*. Tübingen: Mohr Siebeck, 1998, p. 10.

[398] *Die wirtschaftliche... cit.*, p. 10.

[399] *Die wirtschaftliche... cit.*, pp. 10 e 11.

[400] *Die wirtschaftliche... cit.*, p. 11.

[401] MENEZES CORDEIRO, *Tratado de Direito Civil Português*, Tomo I. 4ª edição. Coimbra: Almedina, 2012, pp. 317-318) considera que o que releva económica e juridicamente é a qualidade de consumidor final, não exigindo o Direito que o consumidor adquira bens consumíveis nos termos do art. 208º CC. Daí que o Autor denuncie a imprecisão terminológica da palavra consumidor, não

midor não elege como elemento modelador da definição o facto de o bem ou serviço ser destinado ao consumo do adquirente. Na realidade, o que a lei considera relevante é a circunstância de o bem ou serviço, fornecido por alguém que exerça com carácter profissional uma actividade económica que vise a obtenção de benefícios, se destinar ao uso não profissional[402].

Deste modo, a afectação do dinheiro a poupança ou à aquisição de valores mobiliários não será impedimento ao tratamento do aforrador ou adquirente como consumidor, desde que estejam preenchidos os pressupostos da noção.

Oliveira Ascensão[403] entende que o investidor, ainda que não qualificado, não é considerado legalmente como consumidor, com fundamento no art. 321º/3 CVM. Este artigo dispõe que, no caso de o intermediário financeiro se ter socorrido de cláusulas contratuais gerais nas suas relações com os investidores, se aplica o diploma das cláusulas contratuais gerais, sendo, para esse efeito, os investidores não qualificados *equiparados* a consumidores. Assim, segundo o Autor, por argumento *a contrario sensu,* o investidor não seria considerado consumidor pela lei. Em consequência, apenas por equiparação se poderia aplicar ao investidor uma parte das regras relativas ao consumidor[404].

só em Portugal como também noutros países, como a Alemanha, concluindo que o mais acertado seria o uso do termo "consumador".
O Autor parte de uma noção económica de consumidor que o identifica com o consumidor final. No entanto, a noção económica de consumo poderá também incluir o consumo intermédio, usado na produção, o qual se distingue do consumo final por se destinar à produção e não à satisfação directa de uma necessidade – Bernard/Colli, *Dicionário Económico e Financeiro.* Círculo de Leitores, 1997, pp. 166 e 167. No que releva para o Direito, o conceito de consumidor final coincidirá com a noção de consumidor entendido como pessoa que adquire bens ou serviços a um profissional, empregando-os em fins estranhos à sua actividade profissional, não assumindo, deste modo, qualquer relevância, na noção jurídica de consumidor, o destino dos bens ao consumo, entendido no sentido económico que analisámos.
Refira-se que os direitos brasileiro e espanhol utilizam a noção de consumidor final. No sentido de que esta é uma fórmula equivalente à da exigência da afectação dos bens a fins não profissionais, Ferreira de Almeida, *Direito do Consumo... cit.*, p. 33.

402 A lei não inclui no conceito de consumidor as pessoas singulares que adquiram bens ou serviços a um profissional para a prossecução de fins profissionais, ainda que não disponham de competência específica para essas transacções. No entanto, o Anteprojecto do Código do Consumidor opta por uma extensão do regime por ele previsto às pessoas singulares que adquiram bens ou a quem sejam prestados serviços para fins profissionais, mas que não disponham de competência específica para essas transacções (art. 11º/2).

403 *A protecção do investidor... cit.*, p. 39.

404 Sofia Nascimento Rodrigues vem expressamente defender uma posição idêntica à defendida por Oliveira Ascensão, exposta em texto, considerando que o estatuto do investidor é autónomo relativamente ao estatuto do consumidor, admitindo apenas a aplicação analógica das normas que protegem o consumidor – v. *A protecção dos investidores nos contratos sobre valores mobiliá-*

Consideramos que a categoria de investidor não qualificado não se identifica com o conceito de consumidor. Como já tivemos oportunidade de salientar, a delimitação da categoria de investidor não qualificado não passa necessariamente pela circunstância de o investidor actuar no mercado de valores mobiliários para a prossecução de fins alheios à sua profissão, nem tão-pouco o investidor não qualificado é necessariamente uma pessoa singular, como *expressamente* é exigido por alguma legislação que se dirige à protecção do consumidor e pelo Anteprojecto do Código do Consumidor.

O que determina a noção de investidor não qualificado é antes a não existência de elementos que indiciem a capacidade dos investidores para aceder à informação no mercado ou para actuar de forma esclarecida no contexto do mercado de valores mobiliários. Isto não equivale a dizer que o investidor não possa em qualquer circunstância ser considerado como consumidor. Ele poderá ser tido como consumidor se preencher os requisitos com que os diplomas dirigidos à protecção do consumidor delimitam o conceito de consumidor, sendo-lhe directamente, e não apenas por analogia, aplicável o regime jurídico previsto nesses diplomas para a protecção do consumidor.

Assim sendo, não pretendemos defender que o investidor não qualificado deva automaticamente ser considerado consumidor. É necessário que o investidor não qualificado preencha as condições de que a lei faz depender a noção de consumidor. O que não nos parece ser correcto é negar em termos abstractos a possibilidade de o investidor não qualificado ser tratado como consumidor e recusar, ainda que na situação concreta se verifiquem as condições de que a lei faz depender o conceito de consumidor, a aplicação directa ao investidor não qualificado das normas que protegem o consumidor.

Nas situações em que não preenche estas condições é que poderá fazer sentido explorar a via da analogia. No entanto, deverá ser utilizada com muita cautela. Como dissemos, na delimitação da figura do investidor não qualificado não é decisiva a actuação fora do exercício da profissão perante o profissional. Esta circunstância leva-nos a concluir que a demarcação da qualidade de investidor qualificado não vai tanto associada à preocupação de proteger o investidor perante o profissional, como à preocupação de ultrapassar falhas no funcionamento no mercado relacionadas com as assimetrias no acesso à informação e as dificuldades do investidor na leitura da informação divulgada.

Ao invés, o que se apresenta como decisivo na noção de consumidor é a situação de desequilíbrio entre as partes, associada a determinadas circunstâncias que limitam a liberdade efectiva do consumidor. Com efeito, na noção de consumidor

rios. "Jornadas Sociedades Abertas, Valores Mobiliários e Intermediação Financeira". Coimbra: Almedina, 2007, p. 159.

avulta o elemento relacional, ou seja, a posição daquele que actua fora do exercício da sua actividade profissional perante o profissional.

A lei considera como uma das características determinantes do preenchimento da noção de consumidor a finalidade que preside à aquisição dos bens ou serviços (elemento teleológico). A sua justificação encontra-se no facto de que quem actua no exercício da sua actividade profissional, em regra, usa de uma maior racionalidade, não só pela experiência específica de que eventualmente goza, mas também por outros factores, como a facilidade no que respeita ao cálculo económico das operações e a circunstância de aquele que se movimenta no contexto do desenvolvimento da actividade profissional tender a um maior egoísmo[405].

Tendo em conta, como dissemos, que o conceito de consumidor assenta igualmente num elemento relacional, não é havido como consumidor todo aquele que adquira bens ou serviços para fins privados. É necessário que a contraparte assuma a qualidade de profissional. É este desequilíbrio, associado a determinadas circunstâncias que limitam a liberdade efectiva do consumidor, que inspira a criação de normas orientadas à protecção do consumidor.

Já das diversas normas de que resulta a delimitação do conceito de investidor não qualificado, cremos decorrer não ser tão decisiva a posição relativa das partes como a ausência de características na pessoa do investidor que lhe permitam aceder à informação e actuar de forma esclarecida no mercado de valores mobiliários. Na realidade, a circunstância de o investidor se movimentar no contexto do exercício da sua actividade profissional não é *per se* relevante para o excluir do âmbito de protecção. O que determina a necessidade da sua tutela é a falta de elementos que indiciem a capacidade do investidor aceder à informação e de tomar decisões esclarecidas em matéria tão complexa como a negociação de valores mobiliários.

Não nos parece, desta forma, que a protecção do investidor não qualificado seja decisivamente inspirada pela tutela da parte menos favorecida em face da contraparte no negócio, preocupação que preside ao conceito de consumidor[406]. Entendemos que o fundamento de protecção deve ser surpreendido essencial-

[405] CANARIS, *Wandlungen... cit.*, p. 360.

[406] Tal não significa que a desigualdade entre as partes se apresente necessariamente como motor da intervenção legislativa, justificando uma correcção dos resultados do contrato em atenção a considerações de justiça distributiva.
Na verdade, recorde-se que a intervenção legislativa na protecção do consumidor poderá apenas ser considerada legítima na medida da tutela da livre formação da vontade. Isto significa que as preocupações deverão dirigir-se no sentido de assegurar as condições necessárias à livre e esclarecida formação da vontade. Onde, em razão de determinadas circunstâncias, não seja possível garantir a subsistência dos pressupostos de surgimento de uma decisão que seja fruto da liberdade

mente na necessidade de assegurar aos investidores não qualificados, não só a possibilidade de ultrapassar as assimetrias no acesso à informação, mas também a possibilidade de uma leitura esclarecida da informação difundida. Só neutralizando as assimetrias informativas se poderá garantir a confiança dos investidores, requisito essencial da capacidade de funcionamento do ponto de vista institucional, sendo igualmente um pressuposto da eficiente alocação de recursos.

Não obstante esta diferença, pensamos não estar vedada a possibilidade de aplicação por analogia de certas normas relativas à tutela do consumidor, contanto que estejam presentes as condições de que depende a sua aplicação analógica. A própria lei reconhece o paralelismo das situações de investidor não qualificado e de consumidor para efeitos de aplicação das normas que regulam as cláusulas contratuais gerais, equiparando o investidor não qualificado a consumidor.

Em consequência, entendemos que o conceito de investidor não qualificado não integra sem mais a noção de consumidor. Para que se apliquem de forma directa as normas dirigidas à protecção do consumidor é necessário que o investidor não qualificado cumpra os requisitos que moldam o conceito de consumidor. É que a noção de investidor não qualificado não exige que se trate de uma pessoa singular que se relacione com um profissional para fins alheios à sua actividade profissional. Com efeito, poderão caber na categoria de investidores não qualificados não só pessoas colectivas, mas igualmente pessoas que actuem no mercado de valores mobiliários com fins profissionais.

Pensamos que o que caracteriza a noção de investidor não qualificado é a ausência de indícios de conhecimentos e experiência que permitam dispensar a aplicação das normas ou de certas normas que têm em vista ultrapassar assimetrias informativas e dificuldades na leitura da informação divulgada.

A Lei de Defesa do Consumidor não esclarece se exige que o consumidor seja uma pessoa singular[407]. Não obstante, como veremos, existem diplomas que

contratual efectiva, será admitida a intervenção da ordem jurídica que tenha por objectivo corrigir as cláusulas contratuais contrárias à boa fé, que se revelem gravosas para o consumidor.

[407] Elsa Dias Oliveira, *A Protecção dos Consumidores... cit.*, p. 55. No entanto, veremos que o DL 95/2006, que trata da protecção do consumidor na prestação à distância de serviços financeiros (com relevância na protecção do investidor enquanto consumidor) vem a restringir o conceito de consumidor às pessoas singulares.

O § 13 BGB caracteriza o consumidor como uma pessoa singular. Menezes Cordeiro considera não ser compreensível esta limitação – v. *Tratado de Direito Civil I*, 4ª edição ... *cit.*, pp. 330 a 332.

No Anteprojecto do Código do Consumidor prevê-se expressamente a restrição da noção de consumidor às pessoas singulares – v. art. 10º. Assim, as pessoas colectivas não entram na noção de consumidor, muito embora o art. 11º/1 do Anteprojecto preveja a extensão do regime aí previsto a pessoas colectivas relativamente às quais, no caso concreto, se verifique a mesma necessidade de protecção. Sobre as extensões (art. 11º) e restrições (art. 12º)

identificam o consumidor com uma pessoa singular que actue para a prossecução de fins alheios ao exercício da sua actividade profissional perante um profissional, como sucede nas situações em que esta seja a entidade emitente dos valores mobiliários ou um intermediário financeiro. Assim, *contanto que apresente as características de que a lei faz depender a qualidade de consumidor*, não nos parece haver obstáculos a que o investidor não qualificado possa ser considerado investidor.

O que dissemos sobre a possibilidade de o investidor integrar o conceito de investidor é confirmado pelo DL 95/2006, de 29 de Maio, sobre o regime aplicável à informação pré-contratual e aos contratos relativos a serviços financeiros prestados a consumidores através de meios de comunicação à distância, que inclui o investidor no conceito de consumidor. Entre os serviços financeiros contam-se, como diz o art. 2º, al. c), os serviços de investimento. Deste modo, o legislador considera o investidor consumidor de serviços de investimento. O art. 2º, al. e) refere que, para efeitos de aplicação das disposições constantes deste diploma, consumidor é qualquer pessoa singular que no contexto de um contrato à distância actue para a prossecução de objectivos que não se enquadrem na sua actividade comercial ou profissional. Esta noção parece traduzir a concretização da figura do consumidor traçada pela Lei de Defesa do Consumidor. Com efeito, em termos substanciais as duas noções convergem, no sentido de que ambas se traduzem em conceitos relacionais, isto é, como refere Pinto Monteiro, alguém que se relaciona com um profissional para fins privados[408], parecendo a primeira traduzir-se numa especificação da segunda. Para além disso, apresenta a particularidade de clarificar que apenas entram no conceito de consumidor as pessoas singulares. Na realidade, o consumidor de serviços finan-

ao regime jurídico aplicável ao consumidor, no contexto do Anteprojecto do Código do Consumidor, v. Pinto Monteiro, *Sobre o Direito do Consumidor em Portugal e o Anteprojecto do Código do Consumidor*. In Luís Menezes Leitão, "Estudos do Instituto de Direito do Consumo", pp. 46 e 47. Como nota o Autor, as extensões e restrições justificam-se pelo princípio da igualdade, que deve ser material e não meramente formal – v. p. 47. Parece assistirmos aqui a uma tendência paralela à que se verifica no âmbito da intermediação financeira, em que é permitido, através da apreciação da situação concreta realizada pelo intermediário financeiro, a "comunicabilidade" (Rafaela Rocha, *Categorização de investidores... cit.*) entre as categorias, como foi sugerido no documento de 2000 da FESCO relativo à classificação dos investidores para efeitos de implementação de regras de conduta.
Em contrapartida, não existem dúvidas, de acordo com o art. 30º CVM, que pessoas colectivas possam assumir a qualidade de investidores não qualificados. Trata-se de uma posição já defendida por Oliveira Ascensão em face da redacção original do art. 30º – v. *A protecção do investidor... cit.*, pp. 18 e 19.

[408] *Sobre o direito do consumidor em Portugal... cit.*, p. 46, a propósito do confronto entre a noção de consumidor adoptada pela Lei de Defesa do Consumidor e a noção proposta no Anteprojecto do Código do Consumidor.

ceiros para efeitos do DL 95/2006 é uma pessoa singular que contrata à distância com um profissional – o prestador de serviços financeiros – para fins alheios à actividade comercial ou profissional. Mais uma vez, é a daquele que actua fora do contexto do desenvolvimento de uma actividade profissional perante o profissional que determina a especial necessidade de protecção legal.

Tendo presente estas considerações, não nos parece levantar obstáculos à qualificação do investidor como consumidor o argumento de que não se verifica uma dependência em relação ao bem ou serviço fornecido. Na verdade, por um lado, como referimos, o investidor não qualificado integra sem dificuldades a noção de consumidor, contanto que seja uma pessoa singular que actue perante um profissional com vista a realizar fins alheios à sua actividade profissional. Tal se justifica tendo em conta que a situação de *desequilíbrio contratual* associada a determinada forma de contratação que inspira a protecção do consumidor se estende aos investidores não qualificados perante os intermediários financeiros ou a entidade emitente. Por outro lado, a situação de dependência verifica-se em certos casos, tendo já sido destacado o papel do mercado de valores mobiliários como sucedâneo do sistema de segurança social na protecção na velhice.

Em resumo, consideramos que as noções de investidor não qualificado e de consumidor procuram servir objectivos de natureza diversa. Enquanto a noção de consumidor se constrói em torno do desequilíbrio que existe numa relação entre o profissional e a pessoa que actua para fins privados, procurando essencialmente assegurar a protecção da sua liberdade contratual efectiva, a delimitação da figura do investidor não qualificado assenta fundamentalmente na ausência de circunstâncias que indiciem a capacidade de o investidor ultrapassar as assimetrias informativas existentes no mercado e de compreender a informação aí divulgada, assim se buscando essencialmente suprimir as falhas inerentes ao funcionamento do mercado de valores mobiliários.

Tendo presente esta circunstância, não excluímos a possibilidade de o investidor ser tido como consumidor, posto que o investidor preencha as condições legais para que possa ser havido como consumidor, sendo-lhe então aplicáveis as normas que tutelam o consumidor. Neste cenário, a lei procura proteger o investidor consumidor de condutas abusivas da contraparte. É a relação entre profissional e não profissional que determina a necessidade de tutela e não tanto a preocupação de ultrapassar falhas relacionadas com o funcionamento do mercado. Para além disso, pensamos ser admissível a aplicação analógica. O que recusamos é a identificação automática da figura do investidor não qualificado com a figura do consumidor.

Depois desta incursão pelas razões que terão presidido à protecção dos investidores no Direito dos Valores Mobiliários, cremos ter ficado demonstrada a conexão genética existente entre a protecção da capacidade de funcionamento do mercado e a protecção do investidor.

O papel determinante que a protecção da capacidade de funcionamento do mercado apresenta na protecção do investidor não impõe uma tutela meramente reflexa do investidor individual. Efectivamente, o papel dos interesses relacionados com o funcionamento do mercado não impede a atribuição de posições jurídicas individuais aos investidores.

A delimitação dos deveres de informação é determinada pela necessidade de garantir a capacidade de funcionamento do mercado. Esta circunstância não obsta a que sejam reconhecidos aos investidores direitos a indemnização. De facto, tanto as deficiências no cumprimento dos deveres de informação dirigidos ao público investidor, quanto as deficiências no cumprimento das obrigações individuais de informação a cargo do intermediário e dirigidas ao investidor individual podem desencadear uma obrigação de indemnizar perante os investidores lesados.

A importância do mercado na modelação das obrigações individuais de informação não exclui, todavia, a possibilidade de a protecção da regular formação da vontade do investidor constituir o bem jurídico que as obrigações de informação procuram proteger. Já tivemos oportunidade de defender a protecção da regular formação da vontade do investidor como o bem jurídico defendido pelas obrigações de informação a cargo do intermediário financeiro e dirigidas ao investidor individual. No entanto, a regular formação da vontade do investidor não é ilimitadamente protegida, sendo antes a sua tutela moldada pela finalidade da protecção da capacidade de funcionamento do mercado, através da definição das obrigações de informação e de assistência.

Quanto aos deveres de informação dirigidos ao mercado, tendo eles como destinatário o público, e não um investidor em particular, visam a regular formação de preços no mercado que, como vimos, não assenta na vontade individual do investidor, mas antes se constrói ao nível do mercado no seu conjunto. Em face do que acabámos de dizer, será legítimo interrogarmo-nos sobre o bem jurídico protegido por tais deveres de informação, em especial acerca do bem jurídico tutelado pelo dever de tornar pública a informação que deve integrar o prospecto. Com efeito, é importante averiguar se o bem jurídico que este dever procura proteger se situa apenas na defesa do interesse colectivo do regular funcionamento do mercado ou se, para além dele, busca defender interesses individuais do investidor. É o que iremos então procurar apurar para posteriormente estarmos em condições de apreciar a conformidade das soluções adoptadas em matéria de responsabilidade civil por prospecto com o fundamento que subjaz ao dever de tornar públicas as informações que do prospecto devem constar.

Parte II

O Bem Jurídico Protegido pelo Dever de Publicar as Informações Que Devem Integrar o Prospecto nas Ofertas Públicas de Subscrição de Valores Mobiliários. Consequências em Sede de Responsabilidade Civil por Prospecto

Capítulo I
O dever de publicação do prospecto como dever de informação ao *público*

1. Considerações prévias

Uma vez identificada a regular formação de preços no mercado e não a correcta formação da vontade individual como o objectivo inspirador dos deveres de informação perante o mercado, é chegado o momento de apurar se os interesses individuais de natureza patrimonial do investidor entrarão no âmbito protector do dever de dar a conhecer ao público as informações que devem compor o prospecto, ou se, pelo contrário, a protecção do investidor, obtida por via do (correcto) cumprimento deste dever, assumirá um papel meramente instrumental em confronto com a realização do interesse público do eficiente funcionamento do mercado. Trata-se de um problema de política legislativa, cuja resposta, a nosso ver, se há-de buscar na delimitação do dever de publicação do prospecto.

Pensamos, de facto, que a delimitação do dever de publicação do prospecto reflecte a escolha de política legislativa nesta matéria. Através da definição dos contornos das situações a que se encontra ligado o dever de publicar o prospecto, descobrir-se-á se o dever de divulgação da informação é consagrado também em atenção aos interesses individuais dos investidores ou se, inversamente, a tutela dos investidores, conseguida por meio da divulgação das informações que o prospecto deve compreender, é somente um instrumento ao serviço do interesse público do bom funcionamento do mercado. Concentremo-nos então na análise das condições de surgimento do dever de publicação do prospecto.

2. A existência de uma oferta ao público como pressuposto do dever de publicar o prospecto

2.1. O dever de publicação do prospecto e a protecção do público investidor

O dever de publicar o prospecto surge como dever de informação ao público investidor. Na realidade, as informações contidas no prospecto não se dirigem a destinatários determinados, emergindo o dever de divulgar o prospecto no contexto das ofertas públicas e da admissão dos valores mobiliários à negociação em mercado regulamentado.

Tanto num caso como noutro ressalta a ideia fundamental da indeterminação dos destinatários. A protecção instituída pelo dever de publicar o prospecto parece, em qualquer dos casos, pelo menos em primeira frente, alinhar na preocupação de proteger o público e não na preocupação de proteger individualmente os investidores. Na verdade, a protecção do público é algo de qualitativamente diverso da protecção de cada investidor[409]. Trata-se de uma ideia paralela à que preside à distinção entre consumidor e público no âmbito dos sinais distintivos[410].

No que especificamente respeita ao prospecto de ofertas públicas de valores mobiliários, o dever de publicar o prospecto vem associado à noção de oferta ao público. A noção de público assume-se como elemento central no surgimento do dever de publicar o prospecto. Com efeito, a noção de oferta pública no Direito dos Valores Mobiliários tem por objectivo identificar as situações de apelo ao investimento que justificam um regime especial de protecção, em particular em sede informativa. A razão de ser desse regime especial reside na insuficiência e até mesmo na inadequação das normas gerais de Direito Civil para servir a tutela dos bens jurídicos que relevam no Direito dos Valores Mobiliários. Como adiante teremos oportunidade de explicar, no que respeita ao dever de publicar o prospecto, procura a lei, por meio do esboço da definição de oferta ao público, identificar os casos em que as assimetrias no acesso à informação reclamam o dever de tornar disponível a informação ao público investidor através da publicação do prospecto[411].

Deste modo, o propósito da consagração do dever de publicar o prospecto é fornecer ao público investidor, entendido como a colectividade de investidores efectivos ou potenciais, as informações necessárias para que o público investidor possa avaliar a relação risco/rendimento dos valores mobiliários. Assim, como melhor veremos, é o público o destinatário das informações previstas no prospecto[412].

409 HELLGARDT realça também a circunstância de que a protecção do público é qualitativamente diferente da protecção de cada investidor, *Kapitalmarktdelikstrecht... cit.*, p. 174.

410 OLIVEIRA ASCENSÃO, *Direito Civil e Direito do Consumidor... cit.*, p. 173.

411 Como veremos, a definição das situações que dão origem ao dever de publicar o prospecto é alcançada não apenas com a delimitação de oferta pública de valores mobiliários, mas também através de consagração de excepções ao dever de publicação em certas ofertas públicas.

412 Diferente do problema das assimetrias no acesso à informação que justificam a imposição pela lei mobiliária do dever de tornar público o prospecto informativo, é a questão da capacidade para compreender a informação contida no prospecto. Tendo presente a sua complexidade e a frequente ausência da sua leitura por parte dos investidores não profissionais, têm-se levantado

Por agora, vamos analisar a noção de oferta pública de valores mobiliários, à luz da especificidade, que tem a sua origem na sua vocação protectora do público investidor, em relação à noção de oferta pública do Direito Civil.

2.2. Considerações sobre a oferta pública no Direito Civil

O estudo da oferta ao público apresenta-se especialmente relevante no contexto da massificação dos contratos[413]. A oferta pública é uma das modalidades de declarações negociais dirigidas ao público[414]. É, pois, uma declaração direccionada a pessoas indeterminadas (*ad incertas personas*). A oferta ao público é qualificada juridicamente como uma proposta contratual dirigida a destinatários indeterminados.

Assumindo a natureza de proposta contratual em sentido jurídico, deveremos, desde logo, distingui-la do convite a contratar. Tanto a proposta contratual como o convite a contratar se podem dirigir a pessoas indeterminadas[415]. Na verdade, quer a proposta contratual, quer o convite a contratar dirigidos ao público se caracterizam pela "*indeterminação pessoal* do declaratário"[416], pela "*fungibilidade* do futuro ou dos futuros contraentes"[417] e "pela utilização de um *meio público* de difusão dos enunciados"[418]. Assim, a proposta demarca-se do convite a contratar na medida em que deve conter todos os elementos necessários para que da sua

vozes defendendo que a informação constante do prospecto se destina aos investidores profissionais. Como veremos, não é esta a solução mais defensável. As informações contidas no prospecto dirigem-se ao público investidor.

[413] Ferreira de Almeida, *Texto e Enunciado na Teoria do Negócio Jurídico*. Vol. II. Coimbra: Almedina, 1992, p. 804. O Autor sublinha que a sua admissibilidade foi especialmente debatida em momento anterior à erupção do fenómeno de massificação dos contratos e reconhece não dever considerar-se a questão ultrapassada – v. p. 804.

[414] A oferta pública distingue-se da promessa pública. Com efeito, esta constitui um negócio jurídico unilateral. A oferta ao público é uma proposta contratual, surgindo no *iter* da conclusão do contrato – v., neste sentido, Antunes Varela, *Das Obrigações em Geral... cit.*, pp. 443/4, Almeida Costa, *Direito das Obrigações*. 12ª edição. Coimbra. Coimbra Editora, 2009, p. 461, Ferreira de Almeida, *Texto e Enunciado... cit.*, p. 804, e Menezes Leitão, *Direito das Obrigações*. Vol. I. 10ª edição. Coimbra: Almedina, 2013, p. 252. Por sua vez, Pedro Pais Vasconcelos considera a proposta um negócio jurídico unilateral – v. *Teoria Geral do Direito Civil... cit.*, p. 401. Daí que considere as ofertas públicas do Direito mobiliário como negócios jurídicos unilaterais, com "a natureza jurídica de proposta ao público" – v. p. 451.

[415] Neste sentido, v. por todos, Ferreira de Almeida, *Texto e Enunciado... cit.*, p. 809, contrariando os que vêem nas ofertas públicas, em princípio, meros convites a contratar.

[416] Ferreira de Almeida, *Texto e Enunciado... cit.*, p. 808 (itálico do autor).

[417] Ferreira de Almeida, *Texto e Enunciado... cit.*, p. 808 (itálico do autor).

[418] Ferreira de Almeida, *Texto e Enunciado... cit.*, p. 808 (itálico do autor).

aceitação resulte a celebração do contrato[419]. Para além de completa, a oferta deve revestir a forma do contrato a celebrar[420].

Deste modo, através do convite a contratar apenas mostra o seu Autor a disponibilidade para iniciar um processo negocial[421], apresentando-se como sua modalidade, o convite a propor, isto é, o convite à apresentação de propostas[422]. Tanto a proposta contratual, como o convite a contratar podem dirigir-se ao público[423].

[419] V. por todos, FERREIRA DE ALMEIDA, *Texto e Enunciado... cit.*, p. 808.

[420] FERREIRA DE ALMEIDA, *Contratos I. Conceito – Fontes – Formação.* 4ª edição. Coimbra: Almedina, 2013, p. 104, MENEZES CORDEIRO, acrescenta aos dois aspectos referidos em texto a intenção inequívoca de o autor da declaração se vincular – *Tratado de Direito Civil Português I*, Tomo I ... *cit.*, pp. 552 e 557. No entanto, ao contrário de alguma doutrina, o Autor não encara a necessidade da existência de uma intenção inequívoca de o proponente se obrigar como especificidade da proposta ao público, valendo igualmente para os casos em que o destinatário seja determinado. Diversamente, FERREIRA DE ALMEIDA considera que a proposta contratual não exige um grau especial de clareza, de consciência ou de seriedade que ultrapassem o patamar mínimo exigido para qualquer declaração negocial – v. *Contratos I... cit.*, p. 104.

[421] V., por todos, FERREIRA DE ALMEIDA, *Texto e Enunciado... cit.*, pp. 807/8.

[422] V. FERREIRA DE ALMEIDA, *Texto e Enunciado... cit.*, pp. 807/8.

[423] FERREIRA DE ALMEIDA sustenta não haver razões para considerar as iniciativas de negociação com o público, em princípio, como meros convites – v. *Contratos I... cit.*, p. 106. Alguma doutrina considera valer a iniciativa negocial dirigida ao público, em princípio, como convite a contratar – v. CARLOS MOTA PINTO, *Teoria Geral do Direito Civil.* 4ª edição (por Pinto Monteiro e Paulo Mota Pinto)... *cit.*, p. 651. Refira-se ser esta a solução adoptada pelo art. 14/2 da Convenção das Nações Unidas sobre a Venda Internacional de Mercadorias.

CARLOS MOTA PINTO sublinha que a necessidade de existir vontade de o Autor se vincular e consciência de estar a emitir uma declaração negocial, justificaria, em princípio, a qualificação de uma iniciativa negocial dirigida ao público como convite a contratar, apenas sendo de classificar como proposta contratual se o Autor da proposta indicar claramente a vontade de se vincular ou se tal resulta das circunstâncias. Não cremos que na apreciação desta questão existam razões para um desvio ao preceituado no art. 236º CC. Neste sentido, FERREIRA DE ALMEIDA defende não haver razões para as propostas ao público merecerem um tratamento diverso das propostas dirigidas a pessoa determinada – v. *Texto e Enunciado... cit.*, p. 809, não existindo motivos para considerar que as iniciativas contratuais dirigidas a destinatários indeterminados valham em princípio como meros convites a contratar.

Para KÖTZ, a apreciação da vontade de o Autor da iniciativa contratual se vincular deve efectuar-se de acordo com o que o destinatário razoável colocado na posição do destinatário real poderia concluir quanto à intenção do Autor da comunicação se vincular. Seriam especialmente relevantes circunstâncias que o destinatário da declaração pudesse conhecer e que indicassem a existência de motivos razoáveis para o emitente não se desejar vincular. Seria o caso de a iniciativa negocial se dirigir a pessoas indeterminadas. Por esta via chega o Autor à conclusão de que as comunicações dirigidas a destinatários indeterminados em geral não constituem propostas contratuais, mas meros convites a contratar – v. *Vertragsrecht... cit.*, pp. 40/1.

A discussão sobre a natureza da iniciativa negocial dirigida ao público como proposta contratual ou convite a contratar surge essencialmente em torno do problema da limitação de *stocks*, defendendo neste contexto alguns Autores a existência de um mero convite a contratar. Existem, no

A circunstância de a proposta contratual se dirigir a destinatários indeterminados justifica o princípio da revogabilidade das propostas dirigidas ao público. Ao contrário do que sucede em relação à proposta dirigida a destinatários determinados, nas prospostas dirigidas ao público, vigora o princípio da revogabilidade da oferta (art. 230º/3 CC)[424].

A indeterminação das pessoas às quais a oferta se dirige merece uma análise atenta. Cumpre sublinhar que a indeterminação dos destinatários da oferta não é incompatível com a direcção da oferta a uma classe de pessoas. Na realidade, uma oferta pode ser dirigida a uma classe de pessoas sem que com isso seja prejudicado o carácter público da oferta[425]. Deste modo, as ofertas públicas podem ter como alvo uma classe de pessoas que comungam determinado atributo[426]. O que afasta a natureza indeterminada dos destinatários desta é antes a determinação das pessoas destinatárias da oferta em função de características individualizadoras[427].

2.3. A oferta pública no Direito dos Valores Mobiliários

2.3.1. As necessidades de protecção do mercado inspiradoras do regime da oferta pública

Depois de analisada a oferta pública no Direito Civil, iremos reflectir sobre a figura da oferta pública no Direito dos Valores Mobiliários. Devemos começar por sublinhar que a qualificação de uma oferta de valores mobiliários como oferta pública desencadeia um regime destinado a dar resposta às necessidades específicas do mercado de valores mobiliários, zelando pela sua protecção através da tutela dos investidores[428].

Expressão desta preocupação é a circunstância de à existência de uma oferta pública ir ligado um dever de informação, o dever de publicar o prospecto. Já demos conta da opção do legislador mobiliário pelo modelo da informação[429]. A vinculação do emitente ao dever de publicar o prospecto constitui um instrumento de neutralização das assimetrias informativas existentes no mercado, ao

entanto, soluções alternativas como a condição resolutiva ou a impossibilidade de cumprimento – v. Oliveira Ascensão, *Direito Civil... cit.*. Vol. II, pp. 457/8.

424 Isto em sentido diverso do que é regra no contexto das ofertas públicas de valores mobiliários.

425 Ferreira de Almeida, *Texto e Enunciado... cit.*, pp. 590 a 592.

426 Ferreira de Almeida, *Texto e Enunciado... cit.*, p. 590.

427 Hopt/Voigt, referindo-se à aferição da natureza pública da oferta no contexto das ofertas públicas de valores mobiliários – v. *Grundsatz-und Reformprobleme... cit.*, p. 20.

428 Repare-se que este regime protector reflecte-se não apenas na circunstância de uma oferta pública estar associada ao dever de publicar o prospecto, mas também nos princípios que orientam as ofertas públicas: a igualdade de tratamento dos investidores e a estabilidade da oferta.

429 V. *supra*, Capítulo II, ponto 2.3.

possibilitar uma adequada avaliação dos valores mobiliários pelo público investidor. Reputam-se de insuficientes os deveres de informação do Direito Civil.

Para além das exigências informativas, traduzidas no dever de elaboração e divulgação do prospecto, destacamos enquanto especialmente sintomático da preocupação da tutela do mercado, o princípio da estabilidade das ofertas públicas[430]. Na realidade, as ofertas públicas só podem ser modificadas ou revogadas se interceder uma alteração imprevisível ou substancial das circunstâncias. Por outro lado, a oferta só pode ser retirada ou suspensa, se ocorrer qualquer ilegalidade ou violação de regulamento.

Procura-se a protecção da estabilidade da oferta, cuidando das expectativas do público investidor, de forma a promover a confiança no mercado. Note-se, em particular, que as ofertas públicas no Direito dos Valores Mobiliários obedecem ao princípio da irrevogabilidade, ao contrário do que sucede, como vimos, no Direito Civil[431]. Esta circunstância responde claramente ao facto de nas ofertas públicas de valores mobiliários ser a protecção do público investidor destinatário da oferta que move o legislador.

Ora, também tendo presente a relevância da noção de oferta pública na aplicação de um regime inspirado pela necessidade de responder às exigências do mercado de valores mobiliários, a noção de oferta pública no Direito dos Valores Mobiliários poderá não ser inteiramente coincidente com a que vimos relevar para efeitos de Direito Civil.

2.3.2. A noção de oferta pública

2.3.2.1. A inserção do elemento de natureza quantitativa na noção de oferta pública no CVM

Procedamos então ao estudo da noção de oferta pública no nosso Direito dos Valores Mobiliários. Esta noção parte de um elemento de índole qualitativa, definindo como oferta pública a oferta dirigida ao público. No Direito nacional, o legislador traduz este critério qualitativo considerando oferta pública a que for dirigida a destinatários indeterminados.

Este elemento de natureza qualitativa. presente nas noções de oferta pública de valores mobiliários, coincide com a noção civilística. O mesmo se poderá dizer da qualificação como pública da oferta dirigida aos accionistas de uma sociedade aberta ou a oferta precedida de publicidade ou de recolha de intenções de investimento junto do público. Na realidade, a oferta dirigida aos accionistas de uma sociedade aberta tem o público como destinatário, ou seja, dirige-se a pessoas

[430] V. Paulo Câmara, *Manual de Direito dos Valores Mobiliários... cit.*, pp. 555 e segs., que igualmente se debruça sobre o princípio da igualdade no tratamento dos investidores – v. pp. 554 e 555.

[431] V. *supra*, p. 159.

indeterminadas. Pretende-se no caso da oferta precedida de publicidade ou de recolha de intenções de investimento evitar que a natureza pública da oferta seja defraudada por uma determinação dos destinatários da oferta atingida por uma dessas vias[432].

Alguns ordenamentos jurídicos, entre os quais o nosso, ao traçarem a noção de oferta pública, apelam a um elemento de índole quantitativa. O recurso a este elemento na delimitação da noção de oferta pública de valores mobiliários obedecerá, ora a uma finalidade de clarificação do elemento qualitativo, ora, para além desta, a um objetivo de alargamento da noção de oferta pública que decorre da aplicação do elemento qualitativo.

Paradigmático de uma intenção clarificadora do elemento qualitativo da noção de oferta pública é o Direito francês. Considera o *Code monétaire et financiere* ser oferta pública a emissão ou alienação de instrumentos financeiros para o público pelos meios referidos no art. L 411-1. Esclarece o mesmo diploma, no art. L 411-2, não se enquadrarem no conceito de oferta aquelas ofertas que se dirijam exclusivamente a investidores qualificados, bem como as que se dirijam a um círculo restrito de investidores. Entende o legislador francês constituir um círculo restrito de investidores o que seja composto por pessoas em número inferior a 150[433]. Ao introduzir este limiar, procedeu a lei à clarificação do conceito de público, assim ultrapassando preocupações relacionadas com a segurança e a certeza jurídicas no contexto da demarcação da oferta pública face à oferta privada[434].

Levanta-se a este propósito dúvida sobre se, através da interpretação enunciativa, por argumento *a contrario sensu*[435], se poderá concluir que a oferta pública não

[432] Costa Pina, *Instituições e Mercados Financeiros... cit.*, p. 357.

[433] V.L411-1 II, 2, última alínea, em conjugação com o art. 411-3 da parte regulamentar.

[434] A preocupação em combater a incerteza da delimitação do conceito de oferta pública por via da introdução do elemento numérico no Direito francês é realçada por Pietrancosta, que já assim justificava o Decreto de 1 de Outubro de 1998. Segundo este diploma, presumia-se existir um círculo restrito de investidores onde a oferta fosse dirigida a menos de 100 pessoas (v. Pietrancosta, *The "public offering of securities" concept in the new prospectus directive.* In Ferrarini, Guido/ Wymeersch, Eddy, "Investor Protection in Europe. Corporate Law Making, the MiFID and Beyond". Oxford: Oxford University Press, 2006, p. 362. Deste modo, uma oferta dirigida a menos de 150 pessoas não era, em princípio, uma oferta pública.
Contudo, após a transposição da Directiva dos Prospectos, em 2005, o elemento numérico deixou de servir de mera presunção da existência de um círculo restrito de pessoas, para passar a definir este conceito. Com efeito, a lei francesa actual, como vimos em texto, define círculo restrito de pessoas aquele que seja composto por menos de 150 investidores, que não sejam qualificados.

[435] Neste sentido, Hopt/Voigt, *Grundsatz-und Reformprobleme... cit.*, p. 20. Como adiante referiremos, os Autores fazem esta observação a propósito de um eventual entendimento do art. 3º/2 da

é mais do que a oferta dirigida, pelo menos, a 150 investidores não qualificados mesmo que determinados por características individualizadoras.

Como salientámos, a consagração de um elemento numérico na noção de oferta pública poderá ir além de uma intenção meramente clarificadora do conceito e visar um alargamento deste. É o que se passa no Direito português. Com efeito, começa o legislador por definir a oferta pública como a oferta dirigida a destinatários indeterminados. Estabelece igualmente critérios complementares, afirmando merecerem também a qualificação de públicas, não só as ofertas dirigidas aos accionistas de uma sociedade aberta e as precedidas de publicidade ou prospecção ou recolha de intenções de investimento junto do público, mas também as ofertas dirigidas a pelo menos 150 investidores não qualificados. Se os dois primeiros casos, como já escrevemos, não representam qualquer extensão do conceito geral, cremos ser menos clara a situação por último referida.

Na verdade, é legítimo questionarmo-nos sobre o sentido do art. 109º/3 c) CVM. Parece o texto legal comportar a possibilidade de atribuir a qualificação de pública às ofertas dirigidas a pelo menos 150 investidores não qualificados com residência ou estabelecimento em Portugal, ainda que sejam determinados em função de atributos individuais[436]. Se for de admitir esta interpretação, o Direito português aceitará a extensão da qualificação como oferta pública para além do conceito civilístico de oferta.

Repare-se que admitindo-se esta interpretação, que vai no sentido de estender o conceito de oferta pública, e não simplesmente de o clarificar, devemos concluir que ofertas dirigidas a menos de 150 investidores poderão ser ofertas públicas[437]. Neste aspecto, distinguir-se-ia da solução francesa actual, posterior à transposição da Directiva[438].

Directiva dos Prospectos que recusasse a qualidade de pública à oferta destinada a menos de 100 (agora 150) investidores não qualificados.

[436] Paulo Câmara, *Manual de Direito dos Valores Mobiliários... cit.*, p. 550.
Tendendo para esta interpretação, Costa Pina, *Instituições e Mercados Financeiros... cit.*, p. 357.

[437] Parece ir neste sentido Costa Pina, *Instituições e Mercados Financeiros... cit.*, p. 357, ao salientar que poderá existir indeterminação onde o número de destinatários seja inferior a 100. Paulo Câmara, por sua vez, afasta decididamente a possibilidade de uma interpretação que, por argumento *a contrario sensu*, recuse a qualificação de uma oferta como pública a toda a oferta dirigida a um número de pessoas inferior ao previsto no art. 109º/3 CVM. V. *Manual de Direito dos Valores Mobiliários... cit.*, p. 550.

[438] A solução anterior à transposição da Directiva, recusava a qualidade de oferta pública à oferta dirigida a um círculo restrito de pessoas, presumindo a sua existência quando a oferta fosse dirigida a menos de 100 pessoas. Deste modo, não se afastava a possibilidade de oferta dirigida a menos de 100 pessoas se poder considerar pública, desde que se considerasse possível o afastamento da presunção.

Como já referimos, a introdução do elemento quantitativo na noção de oferta pública, quer gerada por uma preocupação clarificadora da natureza pública da oferta, quer originada por uma intenção amplificadora da noção de oferta pública decorrente da aplicação do elemento qualitativo (direcção da oferta ao público ou a pessoas indeterminadas) poderá convergir na qualificação como pública de uma oferta dirigida a investidores não qualificados em número igual ou superior a 150. No entanto, divergiriam na medida em que, presidindo à introdução do elemento numérico a intenção de expandir a noção de oferta pública, deverão ser consideradas públicas as ofertas dirigidas a investidores indeterminados, mesmo que em número inferior a 150.

A importância conferida ao elemento quantitativo parece pôr na sombra o critério da indeterminação dos destinatários como atributo decisivo para que a oferta seja havida como oferta ao público. Assim, afasta-se a noção de oferta ao público de valores mobiliários do elemento caracterizador aceite na delimitação civilística da oferta ao público. Esta circunstância resultaria de uma opção de política legislativa.

Estaria subjacente a ideia de que, ao dirigir-se a oferta a um certo número de destinatários, ainda que determinados em razão de características individualizadoras, as dificuldades no acesso à informação relevante serão paralelas às que se verificam onde a oferta se direccione a pessoas indeterminadas[439]. Neste caso, reclamar-se-ia a mesma necessidade de protecção[440].

Na realidade, o conceito de oferta pública no Direito dos Valores Mobiliários orienta-se pela preocupação em submeter a oferta a um regime sensível às exigências de protecção do público investidor em razão da necessidade de ultrapassar as assimetrias informativas[441]. A protecção do público constitui um mecanismo necessário à salvaguarda do interesse de natureza colectiva do regular funcionamento do mercado, podendo igualmente constituir um factor de tutela dos interesses (patrimoniais) individuais dos investidores. A protecção considerar-se-ia premente se a oferta se dirigir a pessoas indeterminadas, mas também se poderá ter por necessária no caso de a oferta se direccionar a pesssoas deter-

[439] ORRICK, *Non public offerings of corporate securities – limitations on the exemption under the federal securities Act.* "University of Pittsburgh Law Review" 1959, p. 8.

[440] Observe-se que SCHNORBUS, na anotação ao § 2 WpPG (*Frankfurter Kommentar zum WpPG und zur EU.ProspektVO.* Frankfurt am Main: Verlag Recht und Wirtschaft, 2011, anotações 33 e segs.) começa por chamar a atenção para que a natureza pública da oferta deva ser determinada em razão de uma consideração valorativa e funcional segundo a finalidade protectora da lei sobre o prospecto relativo a valores mobiliários (WpPG).

[441] O público, entendido como colectividade dos investidores, carece de personalidade jurídica, pelo que a protecção centra-se nas pessoas que o integram – v. HELLGARDT, *Kapitalmarktdeliktsrecht*, p. 177.

minadas, que sejam investidores não qualificados e cujo número exceda certo quantitativo.

Pensamos que a extensão do conceito de oferta pública de valores mobiliários, no sentido de abranger destinatários determinados, contanto que sejam investidores não qualificados em número igual ou superior a 150, em confronto com a noção civilística de oferta pública se explicaria pela circunstância de aquela procurar satisfazer as exigências tuteladoras reclamadas pela necessidade de ultrapassar as assimetrias no acesso à informação. Com efeito, se o número de destinatários aproximar a relação entre o emitente e os destinatários da relação que intercede entre aquele e destinatários indeterminados, apresentando assim idênticas necessidades de protecção, *maxime* em matéria de acesso à informação, justificar-se-ia, segundo o juízo do legislador, a extensão do regime previsto para as ofertas dirigidas a destinatários não determinados. Diversamente do que se passa no âmbito do Direito Civil, o conceito de oferta pública no Direito dos Valores Mobiliários procura delimitar o campo de aplicação de normas protectoras do público destinatário da oferta.

Com efeito, ao passo que o art. 230º/3 CC, norma específica relativa à oferta pública no Direito Civil, visa proteger o emitente da declaração, em face das características de uma oferta dirigida a pessoas indeterminadas, o regime ligado à oferta pública no Direito dos Valores Mobiliários orienta-se pela necessidade de tutelar o público destinatário da oferta. Assim se entenderia a falta de coincidência entre as noções de oferta nos dois ramos do Direito.

Efectivamente, indo as normas, cuja aplicação decorre da existência de uma oferta pública, direccionadas à protecção do mercado, entendido como o público investidor, a delimitação do conceito de oferta pública deverá ser realizada em função das necessidades de protecção do público destinatário da oferta no acesso à informação. Deste modo, ao concluir-se que os destinatários da oferta, determinados em função de qualidades pessoais, se encontram numa relação com o emitente semelhante à que ocorre entre este e destinatários indeterminados[442], seria legítimo, segundo o juízo do legislador, classificar a oferta a eles dirigida como oferta pública de valores mobiliários.

A introdução de um critério de natureza numérica na demarcação do conceito de oferta pública constituiria um indício de que o propósito do legislador teria sido o de utilizar um elemento de natureza quantitativa com a finalidade de estabelecer a linha de fronteira entre as situações em que se justifica a protecção decorrente das normas que a lei associa à existência de oferta pública, em espe-

[442] Mercê do seu número e da qualidade de investidores não qualificados.

cial em matéria de deveres de informação, daquelas em que essa protecção, no entendimento do legislador, não se revela necessária.

Com efeito, cremos que o conceito de oferta pública é uma noção construída em função das necessidades de protecção associadas essencialmente às assimetrias no acesso à informação no mercado de valores mobiliários. Considerar-se-ia existir tal necessidade onde não interceda uma proximidade entre o emitente e os destinatários da oferta que torne acessível a informação relevante na formulação de um juízo sobre a relação risco/rendimento dos valores mobiliários objecto da oferta. O elemento de natureza quantitativa serviria para demarcar as situações carecidas de protecção pela ausência de uma relação de proximidade, favorecendo a certeza e segurança jurídicas.

Como melhor explicaremos, parece ser a inserção do elemento de natureza quantitativa na noção de oferta pública, alargando o conceito de oferta ao público do Direito Civil uma opção indicativa de que terá sido intenção do legislador servir as necessidades não só de tutela do mercado, mas também dos interesses individuais dos investidores perante a possibilidade de uma inadequada ponderação da relação risco/rendimento em resultado das assimetrias informativas, sendo alheia uma ponderação ligada à relação custo/benefício ao nível do mercado.

Contudo, a seguir vê-lo-emos, não foi esta a opção do legislador na Directiva dos Prospectos, pelo que esta circunstância não pode deixar de ser levada em consideração na interpretação das normas dos Estados-membros.

2.3.2.2. A inserção do elemento de natureza quantitativa entre as excepções ao dever de publicação do prospecto na Directiva dos Prospectos

A questão de que ora nos ocupamos é a de saber se a delimitação do conceito de oferta pública com recurso a um critério de índole quantitativa representa uma transposição cuidada do Direito da União Europeia.

Com efeito, o texto do art. 2º, d) da Directiva 2003/71/CE, ao traçar o conceito de oferta pública, não refere qualquer elemento de índole quantitativa. Considera oferta pública a oferta de valores mobiliários ao *público*, independentemente da forma ou dos meios utilizados, que apresente informações suficientes sobre as condições da oferta e dos valores mobiliários que permitam aos investidores decidir sobre a sua aquisição ou subscrição. Termina esclarecendo que a mesma definição é aplicável à colocação por meio de intermediário financeiro.

Utiliza, isso sim, um elemento de índole quantitativa a propósito da consagração de excepções ao dever de publicar o prospecto. Está aqui em causa subtrair determinadas ofertas públicas a este dever. Deste modo, não existe para o emitente qualquer dever de publicar o prospecto caso as ofertas públicas tenham por destinatários menos de 150 investidores por Estado-membro, que não sejam investidores qualificados[443].

Na interpretação que fazemos da Directiva consideramos muito importante a inserção de considerações de natureza quantitativa no âmbito das excepções à obrigação de publicação do prospecto e não no contexto da definição de oferta pública. Na verdade, como já aflorámos, julgamos presidirem à escolha da colocação sistemática valorações distintas.

Assim, se as considerações quantitativas se inscreverem na definição de oferta pública, elas terão, em princípio, como fito *delimitar* o conceito de público em função das necessidades de tutela que o regime decorrente da existência de uma oferta pública procura servir, *esclarecendo* que não são ofertas públicas as ofertas dirigidas a pessoas em número inferior ao determinado na lei e considerando por argumento *a contrario sensu* como ofertas públicas as dirigidas a destinatários em número igual ou superior, ou *qualificando expressamente* como ofertas públicas as dirigidas a destinatários em número igual ou superior ao fixado na lei. Por outras palavras, a inscrição de um elemento de natureza numérica no conceito de oferta pública indicia que terá o legislador entendido que a falta de proximidade entre o emitente e os destinatários se verificaria onde os destinatários da oferta atinjam um certo número, independentemente de serem determinados em função de características que os individualizem.

Se, pelo contrário, se pretender excluir do dever de publicar o prospecto *as ofertas públicas* dirigidas a um número de pessoas inferior ao previsto na lei, como faz a Directiva, não estará em jogo delimitar a noção de oferta pública, mas sim estabelecer uma excepção ao dever de publicar o prospecto. Na realidade, terá o legislador neste caso entendido que, embora devendo reconhecer-se a necessidade de protecção em razão da ausência de proximidade entre o emitente e os destinatários da oferta, a suportação dos custos ligados ao dever de publicar o prospecto não se justificaria, segundo o juízo do legislador, pela reduzida relevância social da oferta. Uma interpretação deste género não representa qualquer contributo para interpretação da noção de público contida no art. 2º/1, al. d).

No entanto, em sentido contrário ao que vimos sustentando, perante a ausência de clarificação do conceito de público, alguns Autores têm procurado a sua delimitação recorrendo às excepções ao dever de publicação do prospecto, previstas no art. 3º/2[444]. Para este efeito, seriam relevantes a exclusão do dever de

[443] O art. 1º da Directiva 2010/73/EU, que veio alterar o art. 3º/2 al. b) da Directiva 2003/71/CE, aumentou esse número de 100 para 150 investidores não qualificados.

[444] Assim, Paulo Câmara, *A Directiva dos Prospectos: Contexto, conteúdo e confronto com o Direito positivo nacional*. In AAVV, "Direito dos Valores Mobiliários". Vol. VII. Coimbra: Coimbra Editora, 2007, p. 22. No mesmo sentido, Pietrancosta, *The public offering of securities... cit.*, p. 353 e segs.

publicar o prospecto da oferta dirigida exclusivamente a investidores qualificados, assim como o afastamento da oferta dirigida a investidores não qualificados em número inferior ao aí previsto.

Pretendendo-se que as isenções ao dever de publicar o prospecto concorrem, através de interpretação enunciativa por argumento *a contrario sensu*[445], para a revelação dos contornos da noção de oferta pública, induzir-se-á tomarem a natureza de ofertas públicas as que se dirijam a um número igual ou superior de investidores não qualificados ao fixado na Directiva, independentemente de serem ou não pessoas indeterminadas.

Pensamos, no entanto, que as isenções do dever de publicar o prospecto não poderão contribuir para a delimitação do conceito de oferta pública. A opção final do legislador europeu por colocar o elemento quantitativo no conjunto de desvios ao dever de publicar o prospecto, e não no âmbito da noção de oferta pública, constitui uma indicação de não ter sido intenção do legislador dotar a noção de oferta pública de um elemento de natureza quantitativa[446].

Na realidade, a utilização do argumento *a contrario sensu* só poderia conduzir à conclusão de que, fora dos casos previstos no art. 3º/2, seria obrigatória a publicação do prospecto. Repare-se, no entanto, que a utilização do argumento *a contrario sensu* deve ser efectuada com muita cautela. Para que se possa induzir um

[445] PIETRANCOSTA, *The public offering of securities... cit.*, pp. 351 e segs.

[446] Embora o elemento literal possa inculcar a ideia de que considerações de natureza quantitativa integrariam o conceito de oferta ao público, existem razões para afastar esta ideia. Como observam HOPT e VOIGT (*Grundsatz-und Reformprobleme... cit.*, pp. 20 e 21), a ausência do qualificativo público das ofertas que, nos termos do art. 3º/2, não estão sujeitas ao dever de publicar o prospecto, poderia levar o intérprete a concluir que não estariam em causa ofertas públicas. No entanto, como também sublinham os mesmos Autores, o próprio elemento literal também contribui para sustentar o contrário na medida em que a aferição do carácter de oferta pública da revenda de valores mobiliários que anteriormente tenham sido objecto de ofertas previstas nas alíneas a) a e) do art. 3º/2 se realiza pura e simplesmente através do recurso ao art. 2º/1 d), não se afigurando qualquer remissão para o art. 3º/2, alínea b).
Também o elemento sistemático e o elemento histórico, apontam HOPT e VOIGT, suportam a tese de que a definição de oferta pública permanece imune a considerações de índole quantitativa. Na realidade, a direcção da oferta a menos de 150 investidores não qualificados por Estado-membro é uma excepção ao dever de publicar o prospecto e não pretende delimitar a natureza pública da oferta. As oscilações na colocação do elemento quantitativo na noção de oferta pública ou no elenco das excepções ao dever de difundir o prospecto, com a adopção na versão final desta última posição, sustentam a tese de que o legislador não pretendeu fazer entrar na noção de oferta pública um elemento de natureza quantitativa.
No entanto, como veremos, HOPT e VOIGT, tendo em conta o elemento teleológico, acabam por admitir uma futura interpretação da Directiva no sentido da entrada do elemento numérico na noção de oferta pública – *Grundsatz-und Reformprobleme... cit.*, p. 21.

regime-regra contrário para os casos não abrangidos por determinada norma[447], é necessária a presença de uma "implicação intensiva"[448] ou "replicação"[449], o que presssupõe a natureza taxativa da norma[450] ou a sua qualidade de verdadeiro *ius singulare*[451].

Ora, não entendemos que se possa concluir que o art. 3º/2 proceda a uma enumeração taxativa das situações em que não é exigida a publicação do prospecto[452]. Com efeito, o art. 3º/2 apenas tem em vista dispensar a publicação do prospecto em situações em que as necessidades de protecção do mercado não justificam, numa análise custo/benefício, a imposição dos custos associados à elaboração do prospecto.

O art. 3º/2 da Directiva não pretende enumerar todas as ofertas a que a lei não associa o dever de publicar o prospecto. Apenas descreve as *ofertas, que apesar da sua natureza pública,* não justificam, *numa análise custo/benefício,* a consagração do dever de publicar o prospecto. Para além das ofertas aí previstas, também não obrigam à publicação do prospecto as ofertas que, por serem privadas, não estão sujeitas à disciplina prevista para as ofertas públicas. A avaliação da natureza pública da oferta deverá resultar do conceito de público a que o art. 2º/1 al. d) se refere.

Recusamos, desta forma, a possibilidade de, por simples argumento *a contrario sensu,* inferir a natureza pública das ofertas dirigidas a investidores não qualificados em número igual ou superior a 150, independentemente de serem ou não determinados por características individuais. Na verdade, consideramos que o que leva o legislador europeu a excluir o dever de publicar o prospecto quando as ofertas públicas sejam dirigidas a menos de 150 investidores não qualificados é a irrelevância social da oferta. Assim, não podemos daqui induzir a natureza pública das ofertas que tenham por destinatários 150 ou mais investidores não qualificados.

Há, na realidade, para este efeito, que interpretar o conceito de público a que se refere a alínea d) do art. 2º/1. Como já tivemos oportunidade de defender, o conceito de oferta pública poderá não coincidir com o conceito de oferta pública para efeitos de Direito Civil. De facto, a necessidade de ultrapassar as

[447] Baptista Machado, *Introdução ao Direito e ao Discurso Legitimador... cit.*, p. 187.

[448] Baptista Machado, *Introdução ao Direito e ao Discurso Legitimador... cit.*, p. 187.

[449] Baptista Machado, *Introdução ao Direito e ao Discurso Legitimador... cit.*, p. 187.

[450] Baptista Machado, *Introdução ao Direito e ao Discurso Legitimador... cit.*, p. 187.

[451] Baptista Machado, *Introdução ao Direito e ao Discurso Legitimador... cit.*, p. 188.

[452] Causa-nos, por isso, alguma estranheza a posição de Pietrancosta que, apesar de se inclinar no sentido do reconhecimento da natureza não taxativa do art. 3º/2, defende, por argumento *a contrario sensu,* a natureza pública das ofertas não previstas nessa norma – v. *The public offering of securities... cit.*, pp. 353, 354 e 360.

assimetrias informativas poderá justificar um conceito de oferta pública diferente da noção civilística de oferta pública de modo a compreender ofertas dirigidas a investidores determinados, por se considerar estarem presentes necessidades de protecção semelhantes às que surgem nas ofertas dirigidas a destinatários indeterminados.

Fica então a dúvida sobre como deveremos interpretar o conceito de público. Na verdade, fica por esclarecer pelo texto legal se deverá essa noção ser interpretada no sentido civilístico ou se a protecção do mercado de valores mobiliários reclamará uma diferenciação do conceito de oferta ao público. Pensamos que esta avaliação é uma questão de política legislativa. O caminho escolhido pelo legislador europeu, ao empregar a expressão público sem mais especificações e ao inserir o elemento de natureza numérica no âmbito das excepções ao dever de publicação do prospecto, terá sido o de considerar pública a oferta dirigida a destinatários indeterminados.

Trata-se de uma matéria essencial ao cumprimento dos objectivos que presidiram à elaboração da Directiva dos Prospectos. Com efeito, a Directiva tem como objectivo contribuir para a criação de um mercado único de capitais, procurando evitar que diferentes níveis de protecção dos investidores minem a sua confiança e comprometam a eficiência do mercado. A existência de um nível idêntico de protecção dos investidores igualmente concorre na criação de um passaporte único europeu para os emitentes que assim mais facilmente procurarão financiamento nos mercados de outros Estados-membros, fomentando a realização do mercado único de capitais[453].

O objectivo de contribuir para a constituição do mercado único de capitais através da garantia de um nível idêntico de protecção para os investidores será necessariamente prejudicado se não existir uma noção comum de oferta pública de valores mobiliários. Com efeito, estando o dever de publicar o prospecto ligado à existência de uma oferta pública, é necessária a harmonização do conceito por forma a impedir que uma oferta assuma a natureza de oferta pública em determinado Estado-membro, estando o emitente obrigado à publicação do prospecto, e uma oferta idêntica revista a qualidade de oferta particular noutro Estado-membro, estando o emitente dispensado de publicar o prospecto. Esta circunstância torna aconselhável uma mais adequada clarificação da noção de oferta pública da Directiva.

Os Direitos nacionais não transpuseram de modo uniforme o conceito de oferta pública, prejudicando a intenção harmonizadora do legislador europeu.

[453] V. Considerando 5 da Directiva 2003/71/CE. O Comité de Sábios, no seu relatório inicial de 9 de Outubro de 2000, sublinhou a importância da harmonização do conceito de oferta pública na predisposição para os emitentes procurarem financiamento em outros Estados-membros.

Os Direitos francês[454], belga[455] e espanhol[456] actuais[457], por exemplo, são paradigmáticos da opção pela clarificação ou interpretação do conceito de oferta pública lançando mão do elemento numérico. Deste modo, recusam a existência de uma oferta pública onde esta seja dirigida a investidores não qualificados em número inferior ao consagrado na lei. Como já vimos, em tal enquadramento surge a questão de saber se, por argumento *a contrario sensu,* serão consideradas ofertas públicas as que se dirijam a destinatários em número igual ou superior ao previsto na lei, sem que essa qualificação dependa da indeterminação dos destinatários[458].

Já diferente foi a inserção sistemática do elemento quantitativo noutros ordenamentos jurídicos. Na verdade, os Direitos alemão[459], austríaco[460], italiano[461] e britânico[462] optaram pela inserção do elemento numérico nas excepções à obrigação de publicar o prospecto, seguindo a sistemazação escolhida pela Directiva. Neste contexto, não será possível, já o explicámos, por argumento *a contrario sensu,* fazer entrar na noção de oferta pública aquela que seja dirigida a investidores não qualificados em número igual ou superior ao previsto na lei. Intenciona a lei apenas excepcionar do dever de publicar o prospecto determinadas ofertas públicas, como consequência de uma ponderação custo/benefício para o mercado.

O Direito português, ao colocar o elemento quantitativo no âmbito da noção de oferta pública, atribuindo a qualificação de públicas às ofertas dirigidas a

[454] V. art. L 411-1 em conjugação com o art. L411-II, 2 do *Code monétaire et financier.*

[455] Art. 3 § 1 e § 2 b) da *Loi relative aux offres publiques d'instruments de placement et aux admissions d'intruments de placement et à la négociation sur des marches reglementées.*

[456] Art. 30-bis 1 al. b) da Ley de Mercado de Valores.

[457] No direito belga anterior à transposição da Directiva dos Prospectos um dos critérios de aferição da natureza pública da oferta era ser dirigida a mais de 50 investidores não institucionais – CAROLINE BOLLE, *Prospekt-und Kapitalmarktinformationshaftung in der Europäischen Union: Belgium.* 4 Kapitel. In Hopt, Klaus/Voigt, Christian – "Prospekt- und Kapitalmarktinformationshaftung". Tubingen: Mohr Siebeck, 2005, pp. 334 e 335.

[458] HOPT/VOIGT, *Grundsatz-und Reformprobleme... cit.*, p. 20. Os Autores fazem esta afirmação a propósito da interpretação do art. 3º/2 da Directiva 2003/71/CE. Assim, observam que, se se considerar que o art. 3º/2 pretende delimitar a noção de oferta pública, por argumento *a contrario sensu,* serão públicas as ofertas que tenham por destinatários investidores não qualificados em número igual ou superior a 100, independentemente de quaisquer outras considerações.

[459] § 2/4, em conjugação com o §3/2/2, ambos do WpPG.

[460] § 1(1), 1, em conjugação com o § 3 (1), 14. do *Kapitalmarktgesetz.*

[461] V. 1/1 al. t) em conjugação com o art. 100º/1 al. b), ambos do TUF. Repare-se que esta conclusão parece valer apenas no contexto das ofertas públicas de distribuição (subscrição e venda). Nas ofertas públicas de aquisição e de troca o legislador lança mão de um elemento de natureza quantitativa ao delimitar a noção de oferta pública de aquisição ou de troca.

[462] Art. 86, em conjugação com o art. 102 B do *Financial Services and Markets Act.*

pelo menos 150 investidores não qualificados, parece ter ido além de uma clarificação[463] do conceito de oferta pública, tendo essencialmente pretendido alargá-lo.

A inserção sistemática do limite quantitativo no âmbito da noção de oferta pública ou no contexto das excepções ao dever de publicar o prospecto pode assumir importância decisiva no alcance da noção de oferta pública e, consequentemente, na delimitação das situações em que é obrigatória a publicação do prospecto. Isto porque, como dissemos, a opção de colocação do elemento numérico no âmbito da noção de oferta pública ou no contexto dos desvios ao dever de publicar o prospecto será, em princípio, norteada por preocupações diversas.

Assim, *enquanto que a sua inscrição do elemento numérico na noção de oferta pública*, em regra, ou visando satisfazer exigências de certeza e de segurança jurídicas, procura a consagração de um critério numérico capaz de a clarificar ou, visando compreender na noção de oferta pública de valores mobiliários ofertas que no juízo do legislador reclamam a mesma necessidade de protecção, busca directamente, além de clarificar, alargar o conceito civilístico de oferta pública, através da consagração de um critério numérico, *a inserção do elemento quantitativo no contexto das excepções ao dever de publicação do prospecto* deixa-se orientar unicamente por uma ponderação da relação custo/benefício ligada ao dever de divulgar o prospecto. Terá entendido o legislador que a irrelevância social da oferta dispensava a publicação do prospecto.

Reconhecemos que a inserção do elemento quantitativo na noção de oferta pública poderia favorecer a certeza e segurança jurídicas, servindo de uma forma eficaz o propósito, que presidiu à Directiva dos Prospectos, de evitar que a oferta obrigue à publicação do prospecto num Estado-membro e não desencadeie essa obrigação num outro Estado[464]. Todavia, não foi esta a opção do legislador europeu, certamente por considerar que o conceito civilístico de público, entendido pela doutrina como destinatários indeterminados, seria suficiente para garantir a harmonização da noção de oferta pública, sem que fosse necessário recorrer a um critério numérico.

[463] Esta ideia é inculcada pela utilização no corpo do art. 109º/3 CVM da frase "Considera-se também pública".

[464] Esperando uma interpretação no sentido da inclusão do elemento quantitativo na noção de oferta pública, tendo em conta a necessidade de evitar divergências na definição das situações que obrigam â publicação do prospecto, assim como o facto de a actual Directiva ter consagrado um critério numérico para excluir o dever de divulgação do prospecto, em detrimento da referência a "um círculo limitado de pessoas" – v. HOPT e VOIGT, *Grundsatz- und Reformprobleme... cit.*, pp. 18 e segs.

Deste modo, a localização do elemento quantitativo entre as excepções à publicação do prospecto, parece-nos revelar *uma valoração centrada numa análise custo/benefício*[465]. Na verdade, a circunstância de o legislador optar por integrar a referência ao número de investidores no universo das excepções ao dever de publicar o prospecto, não o usando com a finalidade de clarificar[466] a noção de público relevante na delimitação do conceito de oferta pública de valores mobiliários, torna, quanto a nós, clara uma sensibilidade à necessidade de uma ponderação da relação custo/benefício na consagração do dever de publicação do prospecto.

Assim, onde a oferta pública não apresente peso suficiente no mercado, neste caso devido ao reduzido número de destinatários[467], não se justifica, numa análise custo/benefício, a imposição do dever de publicar o prospecto, apesar de ser um grupo carecido de tutela informativa, pela ausência de contacto pessoal com o emitente, a que se junta a qualidade de investidores não qualificados dos destinatários da oferta[468]. Não está em jogo traçar a linha de fronteira entre as ofertas. que por serem de natureza pública impõem o dever de publicação do prospecto e as que pela sua natureza privada não desencadeiam esse dever, mas antes, no contexto de uma ponderação custo/benefício, isentar desse dever os emitentes nas ofertas públicas de reduzida importância social.

A Directiva 2010/73/UE, que tem como objectivo central a redução dos custos que impendem sobre as empresas, susceptíveis de comprometer a competi-

[465] Sobre a fragilidade dos argumentos retirados da simples localização da norma, CANARIS, *Pensamento Sistemático e Conceito de Sistema na Ciência do Direito*. Tradução de António Menezes Cordeiro. Lisboa: Fundação Calouste Gulbenkian, 2002, pp. 157 e segs.
Estes argumentos só serão eficazes, bem nota CANARIS, quando os valores resultantes da localização sistemática sejam extrapolados. O Autor salienta tratar-se então de uma argumentação derivada do sistema interno, constituindo uma extensão de uma interpretação teleológica – v. *Pensamento Sistemático e Conceito de Sistema na Ciência do Direito... cit.*, p. 159.

[466] Esteja em causa uma intenção meramente clarificadora ou pretendendo directamente o seu alargamento em relação à noção de oferta pública relevante para efeitos de Direito Civil.

[467] Outro caso de exclusão do dever de publicar o prospecto determinada pela reduzida relevância social da oferta, em razão agora pelo seu valor total, está prevista no art. 3º/2 alínea e).

[468] Veja-se em sentido próximo, considerando que os desvios ao dever de publicar o prospecto em razão da pequena dimensão das ofertas são casos em que a necessidade de protecção cede em face dos custos excessivos associados de publicação do prospecto por comparação com a diminuta expressão social da oferta, PAUL DAVIES/SARAH WORTHINGTON, *Gower & Davies' Principles on Modern Company Law*. Ninth Edition. London: Sweet and Maxwell, 2012, p. 920, 25-19.
Em sentido paralelo, apontando como fundamentos das dispensas relativas a certas transacções do dever de registo o facto de não existir necessidade prática de aplicação do *Securites Act* e a circunstância de os benefícios públicos resultantes da protecção do dever de registo serem mínimos, *House of Representatives Report* 85, 73rd. Congress, citado na decisão do Supremo Tribunal Federal norte-americano no caso SEC *vs. Ralston Purina*, 346 US 119 (1953).

tividade do mercado, passa a isentar do dever de publicar o prospecto as ofertas dirigidas a menos de 150 investidores não qualificados[469]. Este objectivo inspirador da Directiva constitui um testemunho que nos permite reforçar a nossa convicção de que o legislador europeu terá assentado na ponderação da relação custo/benefício a *ratio* da isenção de divulgação do prospecto nas ofertas públicas dirigidas a investidores não qualificados em número inferior ao fixado.

Do que temos vindo a dizer, cremos fluir ter a Directiva dos Prospectos adoptado o entendimento civilístico de oferta pública, como a oferta dirigida a destinatários indeterminados (*ad incertas personas*), sem que o elemento quantitativo intervenha. Assim, terá a Directiva optado pela recusa do reconhecimento da qualidade de públicas às ofertas dirigidas a um círculo de pessoas agrupadas em função de características que as individualizam, mesmo que formem um círculo numeroso. Terá, portanto, considerado o legislador da União Europeia que as necessidades de protecção próprias do mercado de valores mobiliários não pedem um desvio em relação ao conceito de oferta pública do Direito Civil.

Assim sendo, no juízo do legislador da União Europeia, apenas reclamariam a tutela as ofertas dirigidas a pessoas indeterminadas. Onde sejam as ofertas direccionadas a destinatários determinados em função de características individualizadoras, não se justificaria a protecção associada pela lei à existência de oferta pública[470].

2.3.2.3. Consequências da opção do legislador europeu na interpretação do conceito de oferta pública no CVM e na determinação do bem jurídico protegido pelo dever de publicar o prospecto

Como vimos, os Direitos nacionais nem sempre transpuseram a Directiva dos Prospectos do modo que nos parece mais correcto. Assim, em sentido contrário ao da Directiva, a ordem jurídica portuguesa, segundo uma interpretação do art. 109º/3 al. c) CVM, terá admitido o reconhecimento da natureza de oferta pública não só das ofertas dirigidas a pessoas determinadas desde que sejam investidores não qualificados e em número igual ou superior ao aí fixado[471], mas igualmente das ofertas dirigidas a investidores não determinados em número inferior[472].

[469] Recorde-se que antes desta Directiva, estavam isentas do dever de publicação do prospecto as ofertas direccionadas a menos de 100 investidores.

[470] Na Directiva 2010/73/EU, a Comissão Europeia é incumbida de apreciar a necessidade de revisão do conceito de oferta pública – art. 29º.

[471] V. *supra*, pp. 162 e 163.

[472] V. *supra*, pp. 162 e 163.

No entanto, pensamos não se poder manter esta intepretação em face da Directiva dos Prospectos. Na realidade, como vimos, ao colocar a referência ao elemento numérico entre as excepções ao dever de publicar o prospecto, terá pretendido o legislador da União Europeia subtrair a este dever a oferta dirigida e menos de 150 investidores, em atenção à irrelevância social da oferta, não tencionando com a introdução do elemento de natureza quantitativa clarificar ou alargar o conceito de público relevante para efeitos de aplicação da Directiva.

Deste modo, o princípio da interpretação conforme o Direito da União Europeia não permitirá, por um lado que sejam havidas como ofertas públicas as ofertas que tenham por destinatárias 150 ou mais pessoas determinadas em função de características que as individualizem[473], nem, por outro lado. que se torne obrigatória a publicação do prospecto nas ofertas públicas dirigidas a menos de 150 investidores, ainda que indeterminados.

O elemento numérico não é introduzido tendo em vista delimitar o conceito de público[474], que é chamado a balizar as situações que reclamam a tutela informativa em razão da ausência de contacto directo entre o emitente e os investidores[475]. Antes, pondo o seu enfoque nas necessidades de tutela do mercado no seu conjunto e não nas necessidades de protecção dos investidores a que a oferta se dirige, exclui a Directiva o dever de publicar o prospecto nos casos em que se dirija a um número inferior a 150 investidores, atenta reduzida dimensão social da oferta, que não justificaria, no juízo do legislador da União Europeia, a imposição dos custos inerentes à publicação do prospecto.

A posição seguida pelos ordenamentos jurídicos que escolheram inserir o elemento numérico na noção de oferta pública não poderá, à luz do princípio da interpretação conforme ao Direito da União Europeia[476], ser interpretada nem no sentido de compreender no conceito de oferta pública as ofertas dirigi-

[473] Seja directamente, seja por interpretação enunciativa, através de argumento *a contrario sensu*.

[474] Veja-se neste sentido, entre outros, em face do § 3 WpPG e do art. 3º da Directiva dos Prospectos, Gross, *Kapitalmarktrecht. Kommentar zum Börssengesetz, zur BörsenzulassungsVO, zum Wertpapierprospektgesetz*. München: C.H. Beck, 2012, pp. 280 a 282, anotações 16 e 17, e Schnorbus, *Frankfurter Kommentar zum Wertpapier prospekgesetz und zur EU- PorspektVO*, pp. 58 e 59, Anotação 54.

[475] Gross, *Kapitalmarktrecht... cit.*, p. 281, Anotação 17.

[476] A interpretação conforme o Direito da União Europeia surgiu como tentativa de ultrapassar as dificuldades geradas pela negação do efeito directo horizontal das directivas – neste sentido, v., por todos, Sofia Oliveira Pais, *Incumprimento das directivas comunitárias (do efeito directo à responsabilidade do Estado)*. "Dois Temas de Direito da União Europeia do Trabalho". Porto: Publicações Universidade Católica, 2000, p. 30.
À luz do princípio da interpretação conforme as disposições do Direito nacional devem ser interpretadas de acordo com o texto e finalidades da Directiva. O Acórdão *Marleasing* levou muito longe esta ideia, conduzindo a um resultado equivalente ao reconhecimento do efeito directo horizontal das Directivas – v. Sofia Oliveira Pais, *Incumprimento das Directivas... cit.*, p. 32.

das a número igual ou superior a 150 investidores determinados em função de características individualizadoras, nem tão-pouco no sentido de subordinar ao dever de publicar o prospecto os emitentes de ofertas dirigidas a menos de 150 investidores indeterminados[477]. Assim, a interpretação do art. 109º/3 al. c) CVM à luz da Directiva ditará que apenas se qualifiquem como ofertas públicas, com o dever de publicar o prospecto, as que sejam dirigidas a 150 ou mais investidores indeterminados. Cremos, no entanto, que a opção mais fiel à Directiva teria sido reservar considerações de índole quantitativa ao conjunto de excepções ao dever de publicar o prospecto, tal como o fizeram os legisladores alemão, austríaco e britânico.

Concluímos que da Directiva dos Prospectos decorre que a qualificação das ofertas como ofertas públicas está reservada àquelas que se dirijam a destinatários indeterminados. Por outro lado, estão excluídas do dever de publicação do prospecto as ofertas que, embora dirigidas a destinatários indeterminados, não justificam, em razão de uma ponderação custo/benefício, que o emitente seja vinculado ao dever de publicar o prospecto. Estarão nomeadamente dispensados do dever de publicar o prospecto os emitentes, no contexto de pequenas ofertas, por estas apresentarem uma reduzida importância social.

Esta circunstância é, segundo pensamos, decisiva na avaliação do bem jurídico protegido pelo dever de publicar as informações que deverão integrar o

Deste modo, tem sido ressalvado que a aplicação do princípio da interpretação conforme a Directiva não deverá comprometer a segurança jurídica violando o princípio da não retroactividade. Não poderá igualmente levar a uma interpretação *contra legem*. Sobre o princípio da interpretação conforme o Direito da União Europeia – v. Fausto de Quadros, *Direito da União Europeia*. 3ª edição. Coimbra: Almedina, 2013, pp. 563 e segs.

477 Do que escrevemos, decorre a nossa discordância com a asserção de Hopt/Voigt, segundo a qual a utilização do termo público pela Directiva dos Prospectos não poderia servir de alicerce a uma delimitação da noção de oferta pública em função de critérios de índole qualitativa (v. *Grundsatz-und Reformprobleme... cit.*, p. 21). Pelo contrário, a utilização do termo público, sem mais especificações, remete-nos para o sentido jurídico-civil do termo, que, como sabemos, assenta na natureza indeterminada dos destinatários da oferta. Reconhecemos que um critério quantitativo favorece a certeza jurídica, podendo servir mais eficazmente a finalidade de harmonização dos Direitos nacionais quanto à noção de oferta pública. No entanto, consideramos não ter sido o caminho escolhido pelo legislador da União Europeia. A inserção de um critério quantitativo na noção de oferta pública poderia abrir portas, como vimos, a que, por interpretação declarativa ou por interpretação enunciativa por meio de argumento *a contrario sensu*, possam ser havidas como ofertas públicas as dirigidas a 150 ou mais investidores não qualificados, ainda que determinados, o que nos parece contrariar a intenção do legislador da União Europeia ao inserir uma limitação do número de destinatários no elenco de excepções à obrigação de publicar o prospecto. Acresce, como vimos, que o legislador da União Europeia terá considerado servir o propósito harmonizador da noção de oferta pública a indeterminação dos destinatários.

prospecto. Na realidade, a exclusão das pequenas ofertas do dever de publicar o prospecto atesta que as preocupações que presidiram à previsão do dever se situam ao nível da tutela do bom funcionamento do mercado no seu conjunto, e não tanto ao nível da protecção dos interesses individuais dos investidores.

2.3.2.4. O problema da qualificação da oferta pública de valores mobiliários como proposta contratual

Outro aspecto em que o escopo protector ligado à noção de oferta pública poderá justificar um desvio em relação à noção de oferta pública relevante para efeitos de Direito Civil reside em saber se a oferta pública de valores mobiliários se identificará com uma verdadeira proposta contratual ou se compreenderá qualquer outra comunicação ao público como convite a contratar ou mensagem publicitária.

Com efeito, a noção de oferta pública no contexto do Direito dos Valores Mobiliários é orientada pela finalidade de protecção dos destinatários da oferta, ou seja, do mercado, entendido como o público investidor. Daí que se coloque o problema da extensão do conceito a situações em que não está em causa uma oferta em sentido jurídico.

A demarcação da proposta contratual do mero convite é importante para aferir se a resposta positiva dos destinatários à iniciativa contratual é susceptível de conduzir à celebração do contrato ou se, pelo contrário, esta depende de aceitação da pessoa de quem a iniciativa partiu[478].

No entanto, essa distinção não assume relevância na definição de aplicação do regime protector decorrente da classificação de uma comunicação como oferta pública de valores mobiliários. Com efeito, não nos parece que o público a quem tenha sido dirigido um convite a contratar deixe neste contexto de reclamar as exigências informativas a que a publicação do prospecto procura responder. A resposta positiva do investidor a um convite a contratar poderá, efectivamente, implicar uma proposta contratual a que o investidor fica vinculado.

O texto da Directiva, contemplando qualquer comunicação ao público que contenha os elementos suficientes sobre a oferta e sobre os valores mobiliários de forma a que o investidor possa decidir sobre a sua aquisição ou sobre a sua subscrição, comporta também o convite a contratar e até mesmo mensagens publi-

[478] V. o que referimos sobre as condições da qualificação da iniciativa contratual dirigida ao público como oferta em sentido jurídico.

citárias[479], contanto que exista uma possibilidade concreta de subscrição ou de aquisição[480].

Em Portugal, no entanto, a doutrina reconhece à oferta pública de valores mobiliários a natureza de uma verdadeira proposta contratual[481]. A noção de oferta pública não responde de forma clara à questão, ficando a solução dependente do significado que se atribuir à palavra oferta. Uma análise do regime jurídico, em particular do processo da oferta pública, parece apontar no sentido de a oferta pública de valores mobiliários assumir a natureza de uma oferta em sentido jurídico, ou seja, uma proposta contratual. A aceitação por parte dos destinatários da oferta é susceptível de conduzir à celebração do contrato, sem que esta última fique dependente de um ulterior acordo[482].

[479] Como sublinha ELSA DIAS OLIVEIRA, embora seja mais frequente as mensagens publicitárias conterem meros convites a contratar, dado não conterem frequentemente todos os elementos para que da aceitação possa resultar a celebração do contrato, também poderão representar verdadeiras propostas contratuais – v. *A Protecção dos Consumidores... cit.*, pp. 86 e 87.

[480] V. neste sentido a fundamentação do projecto de transposição da Directiva 2003/71/CE para a ordem jurídica alemã, pp. 75 e 76, onde se pode ler que a referência no texto da União Europeia à necessidade de a oferta ao público conter as informações suficientes sobre as condições de oferta e sobre os valores mobiliários para que o investidor possa decidir quanto à sua aquisição exclui a possibilidade de integrar no conceito as simples mensagens publicitárias que não estejam ligadas a uma possibilidade concreta de aquisição ou de subscrição – v. *Begründung- Diskussionsentwurf Bundesfinanzministerium* – disponível em Net:http://www.kapitalmarktrecht-im-internet.eu/de/Rechtsgebiete/Kapitalmarktrecht/Artikelgesetze/13/Prospektrichtlinie-Umsetzungsgesetz.htm#an7_0_3

Em sentido diferente, inclinando-se para a possibilidade de no conceito de oferta pública caberem as mensagens publicitárias, ainda que esteja ausente uma possibilidade concreta de subscrição ou de aquisição, HOPT/VOIGT, *Grundsatz-und Reformprobleme... cit.*, p. 17.

[481] MENEZES CORDEIRO, *Manual de Direito das Sociedades*. Vol. II. Coimbra: Almedina, 2006, p. 618, e *Ofertas Públicas de Aquisição*. "ROA" 1996, p. 499, *Tratado de Direito Civil Português*. Parte Geral, Tomo I, ... *cit.*, p. 558, PAULO CÂMARA, *Manual de Direito dos Valores Mobiliários... cit.*, p. 590. Repare-se, como nota o Autor, que da mera aceitação não decorre necessariamente a celebração do contrato. A aceitação é um elemento necessário no processo de conclusão do contrato, mas não um elemento suficiente, uma vez que a oferta pode ser incompleta ou excedentária – PAULO CÂMARA, *Manual de Direitos dos Valores Mobiliários... cit.*, p. 558.

Já em face do revogado Cod.MVM, OSÓRIO DE CASTRO constatava que ofertas ao público se identificavam com verdadeiras propostas contratuais no sentido do Direito Civil – v. *A Informação... cit.*, p. 340.

[482] As reacções perante uma oferta que se venha a revelar excedentária estão definidas previamente, assim não impondo a necessidade de um acordo novo (art. 112º/2CVM). Veja-se, face do princípio da liberdade de procedimento em matéria de colocação das emissões consagrado no art. 25º/2 (anterior art. 29º) da *Ley del Mercado de Valores* espanhola, a posição de LOPEZ-MARTINEZ, que sustenta não se poder dar uma resposta unívoca quanto à questão da natureza da oferta pública, que tanto poderá constituir uma proposta como um convite a contratar – v. *La Responsa-*

Observe-se, porém, que a noção de oferta pública de valores mobiliários no Direito português, ao identificar-se com a oferta pública em sentido jurídico, ficaria aquém da noção de oferta pública de valores mobiliários no âmbito da Directiva, relevante para efeitos da vinculação ao dever de publicar o prospecto. Deste modo, ao passo que um mero convite a contratar daria origem ao dever de publicar o prospecto, segundo o Direito da União Europeia, o mesmo não se poderia dizer no contexto do Direito português.

Cremos, no entanto, que a consideração do elemento teleológico, assim como o princípio da interpretação conforme a Directiva, podem conduzir a outra conclusão. Como já tivemos oportunidade de referir, a distinção entre proposta contratual e convite a contratar é relevante para efeitos de perfeição do acordo negocial. O proponente fica vinculado aos termos da oferta, enquanto o autor de um convite a contratar revela apenas disponibilidade para iniciar o processo negocial.

Contudo, a oferta pública de valores mobiliários é um conceito que delimita o dever de divulgação das informações que compõem o prospecto. Onde as necessidades do mercado na superação das assimetrias informativas o imponham, justificar-se-á a publicação do prospecto. Ora, existindo uma comunicação ao público capaz de influenciar a avaliação do preço dos valores mobiliários, poderá estar presente a necessidade de tutela informativa, independentemente de a iniciativa contratual do emitente se identificar com uma proposta contratual ou com um convite a contratar. Equivale então a afirmar-se ter cabimento o dever de publicar o prospecto mesmo no âmbito de um mero convite a contratar. Na verdade, o convite a contratar poderá desencadear a apresentação de propostas por parte dos investidores às quais estes ficam vinculados.

Por outro lado, a mesma conclusão flui do princípio da interpretação em conformidade com o Direito da União Europeia. Como vimos, o texto da Directiva dos Prospectos relativo à noção de oferta pública compreende tanto a proposta contratual como o convite a contratar. Deste modo, parece-nos defensável a ideia de não merecerem tratamento diferenciado a proposta contratual e o convite a contratar, com vista à demarcação do dever de publicar o prospecto.

bilidad por el Contenido del Folleto Informativo en las Ofertas Publicas de Valores. Madrid: Civitas, 2003, pp. 45 e segs.

Notemos que só em termos muito restritos poderá haver modificação da oferta. Na verdade, o conteúdo da oferta somente poderá ser alterado se ocorrer uma modificação imprevisível e substancial das circunstâncias ou se o emitente optar pela revisão da oferta. Ora, esta apenas poderá consistir numa redução de preço não inferior a 2% em matéria de ofertas públicas de distribuição. No âmbito das ofertas públicas de aquisição, a revisão poderá incidir sobre a natureza da contrapartida ou sobre o seu montante, mas sempre em termos mais favoráveis aos destinatários da oferta, sendo que o preço oferecido não poderá conhecer uma majoração em percentagem inferior a 2%.

Já o processo de lançamento e de execução de oferta está previsto na lei, sendo o seu tratamento apenas compatível com a oferta em sentido jurídico. Tenha-se presente o carácter irrevogável da oferta e os termos excepcionais em que a oferta pode ser modificada ou revista. O convite a contratar do emitente não é pela sua natureza compatível com estas disposições. No entanto, já terá pleno cabimento a aplicação da mesma tutela informativa.

Como é sabido, o princípio da interpretação conforme não legitima uma interprestação *contra legem*[483]. Não é o que se passa, segundo pensamos, no caso em apreço, uma vez que a inclusão do convite a contratar no conceito de oferta pública apenas seria relevante em sede do dever de publicação do prospecto. Já a aplicação das disposições sobre a perfeição negocial parecem supor a existência de uma oferta em sentido jurídico.

Com efeito, a protecção do público investidor, que constitui a *ratio* da imposição legal do dever de publicação do prospecto, não justifica qualquer distinção entre proposta contratual e convite a contratar. Pelo contrário, a protecção do mercado será mais eficazmente alcançada se a divulgação do prospecto se impuser no âmbito de qualquer iniciativa negocial dirigida ao público investidor. Em suma, para efeitos de aplicação do dever de publicação do prospecto, devemos aceitar a possibilidade de este dever ser desencadeado por iniciativas negociais ao público que não se identifiquem com uma proposta contratual.

3. O público investidor como destinatário das informações contidas no prospecto

Como acabámos de explicar, o dever de publicar o prospecto tem em vista a protecção do mercado, entendido como a colectividade constituída por todos os investidores, actuais ou futuros[484].

Pese embora o facto de ficarem excluídas do dever de publicar o prospecto as ofertas dirigidas *exclusivamente* a investidores qualificados, por não se justificar a imposição desse encargo quando os destinatários da oferta puderem pelos seus próprios meios eficazmente obter as informações necessárias a uma avaliação correcta da relação risco/rendimento, onde essa obrigação tenha lugar, é o público investidor na sua totalidade o destinatário das informações contidas no prospecto.

O dever de publicar o prospecto deriva das assimetrias no acesso à informação. Com efeito, o investidor não qualificado não dispõe em regra de capacidade de recolha das informações necessárias à tomada de uma decisão esclarecida. Esta incapacidade deriva não só da falta de poder no acesso à informação, mas

[483] V. *supra* nota 476.

[484] Neste sentido, HOPT/VOIGT, *Grundsatz-und Reformprobleme... cit.*, p. 43.

igualmente dos custos que a busca de tal informação envolve e que o investidor não qualificado não está, em regra, em condições de suportar[485]. Compreende-se, deste modo, a subtracção ao dever de elaboração do prospecto das ofertas circunscritas a investidores qualificados. Estes terão em regra possibilidade de recolher as informações.

Com efeito, apesar de o dever de publicar o prospecto se deixar traçar em função da necessidade de protecção dos destinatários da oferta, reflectindo a distinção entre investidores qualificados e investidores não qualificados[486], a prática vem a mostrar que, tipicamente. os investidores não qualificados não lêem o prospecto na sua totalidade, sendo lido apenas por uma minoria dos investidores, normalmente os investidores profissionais[487].

Esta circunstância leva alguns Autores a concluírem que a informação constante do prospecto teria por destinatários os investidores profissionais[488]. Os investidores não qualificados receberiam a informação já processada pelos investidores profissionais, em particular pelos intermediários financeiros, pelo que o prospecto deveria ser preparado tendo presente o padrão do investidor qualificado. Este padrão identifica-se com o investidor senhor da experiência e dos conhecimentos que lhe permitem movimentar-se esclarecida e autonomamente no mercado de valores mobiliários.

Contraria este entendimento, desde logo, o facto de o acompanhamento dos investidores pelos intermediários financeiros não pretender substituir os investidores na tomada das suas decisões, mas antes servir de suporte à esclarecida formação da vontade dos investidores seus clientes[489]. Acresce que a confiança

[485] HOPT/VOIGT, *Grundsatz-und Reformprobleme... cit.*, p. 12 e KALSS, *Anlegerinteressen... cit.*, p. 161.

[486] V. art. 3º/2, als. a), c) e d) da Directiva 2003/71/CE. No Direito português, a natureza dos investidores releva para efeitos do art. 109º/3, al. c), do art. 110º/1, al. a), do art. 134º/2, al. a) e do art. 111º/1, al. e).

[487] V. FLEISCHER, *Empfiehlt es sich im Interesse des Anlegerschutzes und zur Förderung des Finanzplaztes Deutschland das kapitalmarkt-und Börsenrecht neu zu regeln?* Gutacten F für 64. Deutschen Juristentag. München: C.H. Beck, 2002, F 43, HOPT/VOIGT, *Grundstaz... cit.*, p. 42.

[488] V. HOPT/VOIGT, *Grundsatz-und Reformprobleme... cit.*, p. 43. Na Alemanha, travou-se uma discussão na doutrina e na jurisprudência em torno da identificação dos destinatários da informação *ad hoc*. Segundo uma corrente, esta informação dirigir-se-ia tão-só aos investidores profissionais. No entanto, entre os argumentos contra esta posição cumpre-nos destacar a ideia de que a tutela da confiança do público e da capacidade de funcionamento do mercado só serão alcançadas se as informações tiverem também por destinatários a generalidade dos investidores. DÜHN, *Schadenersatzhaftung... cit.*, p. 48, e DÜHN/FUCHS, *Deliktische Schadenersatzhaftung für fälsche Ad-hoc Mitteilungen – Zugleich Beschprechung des Urteils des OLG München.* "BKR" 2002, p. 1066, MÖLLERS/ /LEISCH. "BKR" 2002, p. 55.

[489] FLEISCHER, *Empfiehlt... cit.*, F 44. Sobre a possibilidade de o intermediário financeiro recusar uma decisão irracional do investidor, v. *supra*, p. 108 e segs.

necessária ao bom funcionamento do mercado não seria suficientemente promovida se as informações sobre o objecto e perfil de risco dos valores mobiliários não resultassem directamente do prospecto para os investidores não profissionais[490].

Assim, na maioria das ordens jurídicas, a informação contida no prospecto tem por alvo o investidor médio, razoável, dotado dos conhecimentos e das capacidades mínimos no âmbito do mercado de valores mobiliários[491]. A legislação comunitária vem dispensando especial atenção à posição do investidor não profissional como destinatário da informação contida no prospecto. Esta asserção é comprovada pela exigência e pela atenção dispensada ao sumário na Directiva 2003/71/CE[492], que testemunha a preocupação em atender aos diferentes conhecimentos técnicos dos investidores[493].

Tendo a informação veiculada no prospecto por finalidade *permitir* a *todos* os investidores informações sobre a avaliação dos riscos, não faria sentido excluir do público-alvo dessas informações os investidores não qualificados[494].

Como vimos, a assistência dos intermediários financeiros não visa substituir os investidores nas suas opções de investimento. Por outro lado, como igualmente já referimos, a confiança dos investidores não seria promovida se as características e os riscos dos valores mobiliários e das operações que sobre eles incidem não resultassem directamente do prospecto.

Podemos então concluir que a informação contida no prospecto se dirige ao público investidor. O publico investidor apresenta uma composição heterogénea no que concerne aos conhecimentos e experiência dos investidores sobre

[490] FLEISCHER, *Empfiehlt... cit.*, F 44.

[491] HOPT/VOIGT, *Grundsatz- und Reformprobleme... cit.*, pp. 43 e 44.

[492] LOSS/SELIGMAN que falam da orientação anglo-saxónica da *differential disclosure*.
O prospecto deveria combinar informação mais concisa e menos complexa acessível ao investidor médio e informação técnica mais detalhada para os que tenham conhecimentos técnicos – v. *Fundamentals of Securities Regulation... cit.*, pp. 182 e segs. Referindo esta solução, também FLEISCHER, *Empfiehlt... cit.* F 45.
É este igualmente o caminho seguido na Directiva 2003/71/CE. A atenção dispensada ao sumário é reforçada na Directiva 2010/73/EU – v., especialmente, considerandos 15 e 16.
Veja-se na doutrina suíça WATTER (*Prospekt(haft)pflicht heute und morgen.* "AJP" 1992, p. 55), entendendo serem os investidores os analistas e os investidores institucionais os principais destinatários do prospecto. No mesmo sentido, a nível da legislação comunitária, HEINZE, *Europäisches Kapitalmarktrecht. Recht des Primärmarktes.* München: C.H. Beck, 1999, p. 370. Entendendo não se poder concluir em face dos dados fornecidos pela Directiva 2003/71/CE serem os que actuam profissionalmente no mercado de valores mobiliários o alvo exclusivo da informação contida no prospecto, HOPT/ /VOIGT, *Grundsatz- und Reformprobleme... cit.*, pp. 42 e 43, na linha de FLEISCHER, *Empfhiehlt... cit.*, F 44 e F 45.

[493] V. considerandos 16 e 21.

[494] HOPT/VOIGT, *Grundsatz-und Reformprobleme... cit.*, p. 43. Considerando 19 da Directiva 2003/71/CE.

o mercado de valores mobiliários. A Directiva dos Prospectos mostra sensibilidade às diferentes capacidades dos investidores na compreensão e na apreciação das informações veiculadas no prospecto. Exige, desta forma, como já referimos, a redacção de um sumário que se afigure claro para o investidor não qualificado. Na verdade, no prospecto estão inseridas informações que, devido à sua complexidade, não são apreensíveis pelo investidor não qualificado. A exigência do sumário no prospecto é um factor que comprova a preocupação de tornar os riscos retratados no prospecto acessíveis ao entendimento dos investidores não qualificados, assim representando um contributo na apreciação pelo investidor dos riscos associados à decisão de investimento, e fomentando a sua confiança no mercado.

A circunstância de a lei pretender tornar acessível ao investidor não qualificado a compreensão dos riscos retratados no prospecto, não significa que o dever de publicar o prospecto seja inspirado pela preocupação de proteger o interesse da correcta formação da vontade individual do investidor. O que acabámos de dizer resulta da especificidade do mecanismo da formação de preços no seio do mercado de valores mobiliários, que não assenta na formação da vontade individual do investidor, em conjunto com a escolha do legislador europeu no sentido de isentar as pequenas ofertas do dever de publicar o prospecto, em atenção à sua reduzida relevância social, que julgamos testemunhar uma concentração das preocupações do legislador na tutela do mercado e não tanto na protecção do investidor individual[495].

Uma vez feita esta advertência, devemos referir que, tendo presente a preocupação de tornar os riscos retratados no prospecto acessíveis à compreensão dos investidores não qualificados, factor importante na promoção da confiança no mercado, neste contexto se aponta como modelo de destinatário da informação o investidor médio, que não dispõe de conhecimentos especializados, gozando, todavia, dos conhecimentos e capacidade mínimos sobre o mercado de valores mobiliários. É este modelo em geral aceite no Direito Civil[496].

[495] Em sentido diverso, em face dos dados fornecidos pela Directiva dos Prospectos, concluindo que a Directiva centra as suas preocupações na protecção do investidor individual, ASSMANN, *Civil liability for the prospectus... cit.*, p. 179. Contudo, como explicámos em texto na consagração do dever de publicação do prospecto pesam de forma determinante considerações ligadas ao interesse de protecção do mercado. Pensamos que o dever de publicar o sumário procura promover a confiança dos investidores não qualificados ao tornar acessível a informação técnica contida no prospecto.

[496] FLEISCHER sustenta ser o paradigma do investidor razoável, sensato (*verstandiger Anleger*) é relevante quando se trata de aferir a necessidade de tornar a informação complexa compreensível aos olhos do investidor. Não dispensa um grau mínimo de conhecimentos base e de capacidade interpretativa – v. *Empfhielt... cit.*, F 44 e F 45. Quanto a Portugal, tem-se igualmente entendido ser o investidor médio alvo da informação contida no prospecto – v. BÖCKEL/GRÜNEWALD, 15

Identificando a protecção do mercado, o que equivale a dizer do público investidor, como a *ratio* do dever de publicar o prospecto, é chegado o momento de estudarmos as consequências que resultam em matéria de responsabilidade civil pela deficiência das informações compreendidas no prospecto. Na realidade, o apuramento do bem jurídico protegido pela responsabilidade civil por prospecto está na dependência do juízo sobre o bem jurídico tutelado pelo dever de publicar o prospecto. Este situa-se na protecção de interesse colectivo do regular funcionamento do mercado, e não tanto na defesa dos interesses individuais afectados pela deficiência do prospecto.

Antes de nos concentrarmos sobre o problema, cabe-nos desde já situar a responsabilidade por prospecto em face da promessa de qualidade dos produtos financeiros.

Kapitel: *Portugal*. In Hopt/Voigt,"Prospekt-und Kapitalmarktinformationshaftung". Tübingen: Mohr Siebeck, 2005, pp. 904 e 905. Em face do revogado Cod.MVM, Costa Pina considerava como modelo de investidor destinatário da informação contida no prospecto o investidor médio, defendendo não haver razões para o afastamento do critério aceite no Direito Civil do paradigma do consumidor médio – *Dever de Informação e Responsabilidade pelo Prospecto no Mercado Primário de Valores Mobiliários*. Coimbra: Coimbra Editora, 1999, p. 89.

Capítulo II
A responsabilidade civil por prospecto e a promessa da qualidade dos produtos financeiros

1. Breve referência às origens da responsabilidade civil por prospecto

O instituto da responsabilidade civil por prospecto surgiu intimamente ligado à constituição das sociedades anónimas[497]. Com efeito, a necessidade da responsabilidade civil por prospecto tornou-se evidente com a passagem de um sistema de reconhecimento, através de concessão ou mediante autorização administrativa, para o sistema de reconhecimento normativo.

Por este motivo, a responsabilidade civil por prospecto é tida como substituto do sistema de concessão[498]. Embora a emissão de prospectos já seja conhecida desde o início do século XVIII, apenas em meados do século XIX surgiu o dever de publicar o prospecto, com o *Company Act* de 1867[499].

Na Alemanha, sobreveio. em 1896, no contexto do *Börsengesetz* a previsão normativa da responsabilidade civil por prospecto. Contudo, o objectivo principal da consagração do dever de publicar o prospecto e da responsabilidade civil por prospecto não estaria tanto em prover o mercado e o investidor individual das informações necessárias à tomada da sua decisão, como em combater o anonimato dos bancos na formação das sociedades[500]. Tendo presente o papel dos bancos na colocação das acções para negociação em bolsa, o dever de publicar o prospecto, bem como a responsabilidade civil resultante da sua imperfeição, serviriam o escopo de, através do interesse que os bancos teriam na promoção e

[497] Assmann, *Die Prospekthatung... cit.*, p. 599.

[498] Assmann, *Civil liability for the prospectus... cit.*, p. 164.

[499] Assmann, *Civil liability for the prospectus... cit.*, p. 164. Embora já na preparação do *Company Act* de 1844 se reconhecesse a importância da informação na prevenção de fraudes, não se estabeleceu a obrigatoriedade de publicar o prospecto, prevendo apenas o registo das ofertas ao público.

[500] Assmann, *Civil liability for the prospectus... cit.*, p. 165, e *Die Prospekthaftung... cit.*, p. 604.

garantia de um bom crédito de emissão, influenciar a qualidade das acções postas à disposição do público[501].

Aflora, assim, como intenção controlar as acções fornecidas ao público[502], procurando evitar a formação de sociedades de modo fraudulento por meio da oferta de acções defeituosas[503]. Por seu turno, em 1900, o *Companies Act* inglês integrou o *Directors Liability Act* que passou a admitir a responsabilidade civil dos directores por *misrepresentation* negligente, ao mesmo tempo que introduziu regras elaboradas sobre a publicação do prospecto (Secção 10 do *Companies Act*, 1900).

Ao contrário do que sucedia no âmbito do *Börsengesetz*, o propósito era dotar o investidor das informações necessárias à formação da sua vontade[504]. Por isso, enquanto que na Alemanha a principal finalidade da introdução da responsabilidade civil por prospecto consistia na protecção dos investidores perante produtos de investimento defeituosos, em Inglaterra, com a responsabilidade civil por prospecto procurava-se garantir a protecção dos investidores através da disponibilidade da informação necessária à tomada da sua decisão.

No nosso País, embora o dever de publicar o prospecto de admissão à negociação tivesse sido consagrado na lei na década de 80, um regime especial sobre a responsabilidade civil por prospecto apenas nasceu em 1991 com o Cod.MVM[505]. Foi assim, na ausência de um regime especial, que emergiu o problema da responsabilidade civil pela deficiência do prospecto no âmbito da privatização da Sociedade Financeira Portuguesa. Este caso mereceu a atenção da doutrina, quer através da elaboração de pareceres[506], quer por meio de anota-

[501] Assmann, *Die Prospekthaftung... cit.*, p. 604.

[502] Assmann, *Civil liability for the prospectus... cit.*, p. 166.

[503] Assmann, *Civil liability for the prospectus... cit.*, p. 166.

[504] Assmann, *Civil liability for the prospectus... cit.*, p. 166 e *Die Prospekthaftung... cit.*, p. 602.

[505] Este DL insere-se em legislação, anterior ao Cod.MVM centrada na informação a divulgar em bolsa ou na admissão à negociação – DL 8/74, de 13 de Janeiro, DL 235/87, de 12 de Junho e o mencionado em texto DL 8/88, de 15 de Janeiro, relativo à informação a apresentar no momento em que são admitidos à cotação.

[506] Vejam-se Calvão da Silva, *Parecer de Direito*. In AAVV, "A Privatização da Sociedade Financeira Portuguesa – Regras sobre Reprivatizações. Responsabilidade pelo prospecto. Culpa *in contrahendo*. Vícios Ocultos das Empresas Reprivatizadas". Lisboa: Lex, 1995, pp. 203 e segs., Ferrer Correia/Almeno de Sá. In AAVV, "A Privatização da Sociedade Financeira Portuguesa – Regras sobre Reprivatizações. Responsabilidade pelo prospecto. *Culpa in contrahendo*. Vícios Ocultos das Empresas Reprivatizadas". Lisboa: Lex, 1995, pp. 225 e segs., Galvão Telles, *Parecer de Direito*. In AAVV, "A Privatização da Sociedade Financeira Portuguesa – Regras sobre Reprivatizações. Responsabilidade pelo prospecto. *Culpa in contrahendo*. Vícios Ocultos das Empresas Reprivatizadas". Lisboa: Lex, 1995, pp. 181 e segs., Manuel Duarte Gomes da Silva/Rita Amaral Cabral, *Parecer*. In AAVV, "A Privatização da Sociedade Financeira Portuguesa – Regras sobre Reprivatizações. Responsabilidade pelo prospecto. *Culpa in contrahendo*. Vícios Ocultos das Empresas Reprivatizadas". Lisboa: Lex, 1995, pp. 303 e segs., Manuel Lopes

ções[507] ao Acórdão do Tribunal Arbitral de 31 de Março de 1993. Este aresto inscreveu o caso em apreciação no problema da responsabilidade por prospecto. Estava em causa a ausência de menção no prospecto, no âmbito do processo de privatização da Sociedade Financeira Portuguesa, de duas pesadas garantias por ela assumidas e que vieram a ser accionadas. A informação contabilística disponível aos interessados também não reflectia adequadamente estas garantias. Perante os factos, o Tribunal Arbitral considerou, como dissemos, haver responsabilidade por prospecto, por violação do art. 2º do DL 8/88[508]. A responsabilidade civil por prospecto conduziria à restauração natural o que, segundo o juízo do Tribunal, o dispensaria de analisar a situação à luz do regime da compra e venda de coisas defeituosas ou oneradas[509]. Parece, deste modo, atribuir à responsabilidade pelo prospecto a finalidade de proteger os investidores perante produtos financeiros defeituosos. Com efeito, reconhece à responsabilidade resultante de deficiências do prospecto a natureza de um mecanismo sucedâneo relativamente aos regimes de venda de coisas defeituosas ou oneradas[510]. Por con-

Porto/Fernando Nascimento, *Processo de privatização da Sociedade Financeira Poruguesa*. "ROA" 1994, pp. 973 e segs., Marcelo Rebelo de Sousa, *Parecer de Direito*. In AAVV, "A Privatização da Sociedade Financeira Portuguesa – Regras sobre Reprivatizações. Responsabilidade pelo prospecto. *Culpa in contrahendo*. Vícios Ocultos das Empresas Reprivatizadas". Lisboa: Lex, 1995, pp. 225 e segs., Menezes Cordeiro, *Privatização da Sociedade Financeira e vícios ocultos: das pretensões de reparação*. In AAVV, "A Privatização da Sociedade Financeira Portuguesa – Regras sobre Reprivatizações. Responsabilidade pelo prospecto. *Culpa in contrahendo*. Vícios Ocultos das Empresas Reprivatizadas". Lisboa: Lex, 1995, pp. 145 e segs., e Pessoa Jorge, *Parecer de Direito*. In AAVV, "A Privatização da Sociedade Financeira Portuguesa – Regras sobre Reprivatizações. Responsabilidade pelo prospecto. *Culpa in contrahendo*. Vícios Ocultos das Empresas Reprivatizadas". Lisboa: Lex, 1995, pp. 161 e segs.

507 Antunes Varela, *Oferta pública de venda de acções – OPV –* e *violação do dever de informar*. "RLJ" 1993/1994, nºs 3829/3830 e segs., Menezes Cordeiro, *Anotação ao Acórdão do Tribunal Arbitral de 31 Março de 1993*. "ROA" 1995, pp. 123 e segs., Rita Amaral Cabral, *A responsabilidade por prospecto e a responsabilidade pré-contratual. Anotação ao Acórdão do Tribunal Arbitral, de 31 de Março de1993 (Acção proposta pelo Banco Mello contra o Banco Pinto e Sotto Mayor)*. "ROA" 1995, pp. 191 e segs., e Manuel Henrique Mesquita, *Oferta Pública de Venda de Acções e Violação do Dever de Informar (comentário a uma operação de privatização)*. Coimbra: Coimbra Editora, 1996.

508 *Vícios na empresa privatizada, responsabilidade por prospecto, culpa in contrahendo, indemnização* – Acórdão do Tribunal Arbitral de 31 de Março de 1993. "ROA" 1995, p. 101 (ponto III do Acórdão).

509 *Vícios na empresa privatizada... cit.*, p. 104 (ponto IV do Acórdão).

510 O problema da recondução do regime da venda de coisas defeituosas ao cumprimento defeituoso ou aos vícios na formação da vontade não merece uma resposta unívoca da doutrina, como o demonstram as posições tomadas por Galvão Telles, *Direito das Obrigações*. 7ª edição. Coimbra: Almedina, 1997, pp. 339 e 340, e Baptista Machado, *Acordo negocial e erro na venda de coisas defeituosas*. "BMJ" 215, pp. 5 e segs.
A título exemplificativo, vejamos as posições de Ferreira de Almeida e de Dário Moura Vicente. O confronto das posições dos dois Autores é ilustrativo da relevância da solução do

seguinte, do ponto de vista do Tribunal, a responsabilidade civil por prospecto e o regime de venda de coisas defeituosas ou oneradas partilhariam a intenção de defender o mesmo bem jurídico.

O bem jurídico protegido pela responsabilidade civil por prospecto e o regime de venda de coisas defeituosas ou oneradas seria no entendimento do Tribunal Arbitral o regular cumprimento de contrato. A suportar esta ideia encontra-se a opção pela indemnização pelo interesse contratual positivo. Na realidade, o Tribunal Arbitral considerou traduzir-se a restauração natural na aquisição das acções pelos lesados tal como estes as deveriam ter recebido[511]. Trata-se, pois, de colocar os lesados na situação em que se encontrariam se a Sociedade Financeira Portuguesa não tivesse assumido as garantias que sobre ela gravavam e que determinaram a diminuição do valor das suas acções. Daqui decorre que o Tribunal Arbitral não considerou como bem jurídico protegido pela responsabilidade por prospecto a tutela da liberdade contratual dos investidores ou a protecção do mercado, antes o identificando na tutela dos investidores perante produtos financeiros defeituosos. Repare-se, porém, que o carácter sucedâneo da responsabilidade por prospecto não é unanimemente aceite pela doutrina que se debruçou sobre a questão[512].

problema na determinação do bem jurídico protegido pela disciplina da compra e venda de coisas defeituosas. Enquanto FERREIRA DE ALMEIDA defende abertamente a integração do regime de venda de coisas defeituosas no cumprimento defeituoso (*Texto e Enunciado... cit.*, pp. 655 e segs.), DÁRIO MOURA VICENTE sustenta que a venda de coisa defeituosa específica (ou genérica quando o vício afecte todo o género) representa um vício da vontade, reconduzindo-se a venda de coisa genérica defeituosa ao cumprimento defeituoso – v. *Da Responsabilidade Pré-Contratual em Direito Internacional Privado*. Coimbra: Almedina, 2001, p. 265. Este último Autor considera que a responsabilidade pré-contratual e a venda de coisa defeituosa, onde esteja em causa coisa específica (ou genérica quando o vício afecte todo o género), protegerão o mesmo bem jurídico, ou seja, a regular formação da vontade. Diversamente, onde de coisa genérica se trate, o bem jurídico protegido pelo regime da venda de coisa defeituosa será o regular cumprimento – v. *Da Responsabilidade Pré-Contratual... cit.*, p. 465.

Cremos que à decisão do Tribunal Arbitral subjaz o entendimento de que o regime da venda de coisas defeituosas serve o interessse do regular cumprimento, dado que opta pela responsabilidade pelo interesse contratual positivo no âmbito da responsabilidade por prospecto, que considera sucedâneo em relação ao regime da compra e venda de coisas defeituosas.

[511] *Vícios na empresa privatizada... cit.* p. 105 (ponto V do Acórdão).

[512] Veja-se, criticando abertamente este aspecto, ANTUNES VARELA, *Oferta pública de venda... cit.*, nº 3833, p. 285, nota 2. Parece ir no sentido indicado pelo aresto, ao aplaudir a orientação da indemnização do interesse contratual positivo, RITA AMARAL CABRAL. Com efeito, a colocação do lesado na situação em que estaria se a Sociedade Financeira não tivesse assumido as garantias, parece assim partir da ideia de que o bem jurídico protegido pela responsabilidade por prospecto consiste na protecção dos investidores de acções defeituosas e não na protecção da regular formação da vontade de contratar. No entanto, cremos poder afirmar ser tendência da doutrina

A aceitação da natureza sucedânea da responsabilidade por prospecto, onde se entenda ser o bem jurídico protegido pelo regime da venda de coisas o regular cumprimento, harmoniza-se com uma concepção que assinale às informações contidas no prospecto uma promessa quanto às qualidades dos valores mobiliários a que respeita. Pelo contrário, se a responsabilidade por prospecto procurar servir preocupações ligadas à protecção da regular formação da vontade dos investidores individuais ou ao fornecimento das informações necessárias ao bom funcionamento do mercado, não poderemos dizer que as finalidades que presidem aos institutos da responsabilidade por prospecto e da compra e venda de coisas defeituosas ou oneradas se identifiquem.

Procurando unicamente servir o objectivo de dotar os investidores de elementos que lhes permitam avaliar a bondade das operações, afastando as preocupações ligadas à garantia da qualidade do produto, apresenta-se o *Companies Act* inglês de 1900[513]. Temos então uma regulamentação dirigida à protecção da formação da vontade do investidor. A protecção da regular formação da vontade é encarada como a via da tutela do investidor, não se acolhendo a responsabilidade civil por prospecto como meio de controlo ou de promoção da qualidade do produto financeiro oferecido. No entanto, a responsabilidade civil por prospecto continua intimamente ligada ao Direito das Sociedades, não reflectindo as preocupações ligadas ao bom funcionamento do mercado de valores mobiliários que vieram a caracterizar a legislação norte-americana nascida nos anos 30 do século XX[514].

Com a legislação americana dos anos 30, emergiu com plena força a *disclosure philosophy*. A orientação aí seguida não se confina ao problema da constituição das sociedades, mas vai mais longe, tendo em vista o mercado de valores mobiliários em geral. Esta legislação desenvolve-se em torno do conceito de *security*. A orientação seguida pela legislação norte-americana veio a exercer uma influência decisiva na legislação europeia.

que se manifestou no contexto deste aresto não acolher a natureza sucedânea da responsailidade por prospecto em relação às regras sobre a compra e venda de coisas defeituosas ou oneradas. Na verdade, alguns dos Autores que aceitam a recondução da situação apreciada pelo Tribunal Arbitral ao regime de venda de coisas defeituosas ou oneradas, consideram igualmente aplicável a responsabilidade por prospecto (vejam-se os pareceres de Calvão da Silva, *Parecer de Direito... cit.*, pp. 220 e segs., de Marcelo Rebelo de Sousa, *Parecer de Direito... cit.*, pp. 244 e segs., e de Menezes Cordeiro, *Anotação ao Acórdão do Tribunal Arbitral de 31 de Março de 1993*, "ROA" 1995, pp. 189 e segs.). Parecem, portanto, reconhecer que a responsabilidade por prospecto e o regime da compra e venda de coisas defeituosoas ou oneradas servem finalidades distintas.

513 Assmann, *Civil liability... cit.*, p. 166.

514 Assmann, *Civil liability... cit.*, p. 166.

O sentido da regulamentação para o mercado é susceptível de marcar uma descolagem da ideia da protecção da formação da vontade do investidor individual enquanto bem jurídico protegido pelo dever de publicar o prospecto e, consequentemente, pela responsabilidade civil decorrente das suas deficiências. Na verdade, a orientação das preocupações da regulamentação para o mercado poderá determinar a transformação da tutela do investidor em simples meio ao serviço do regular funcionamento do mercado.

2. Crítica à tese da responsabilidade civil por prospecto enquanto responsabilidade decorrente da promessa da qualidade dos produtos financeiros

Como vimos, a responsabilidade por prospecto poderá, eventualmente, configurar uma reacção do ordenamento jurídico à ausência de conformidade das qualidades dos produtos financeiros oferecidos com aquelas que são evidenciadas no prospecto.

É este o rumo seguido pela tese de KÖNDGEN[515]. O Autor faz relevar os papéis sociais e económicos desempenhados por diversos sujeitos que criariam expectativas em outros sujeitos. Com efeito, numa sociedade estruturada em torno da divisão do trabalho, existiriam papéis sociais e económicos geradores de expectativas de que o Direito não se deveria alhear. O contrato e o delito não captariam devidamente esta realidade. Deste modo, rejeitando o Autor a construção da responsabilidade pela confiança de CANARIS, propõe a concepção da autovinculação sem contrato.

KÖNDGEN, salientando a insuficiência das fontes da responsabilidade civil, polarizadas em torno do contrato e do delito, para dar resposta às necessidades da sociedade contemporânea, busca uma construção da responsabilidade civil que, atendendo ao panorama da sociedade actual, forneça um fundamento de vinculação que enquadre devidamente a realidade. Encontra-o na autovinculação do sujeito. A auto-apresentação do sujeito faria nascer expectativas em outros sujeitos. Esta auto-apresentação implicaria uma vinculação do sujeito à actuação conforme às expectativas por ela geradas[516]. Neste contexto, assume especial

[515] Para a descrição e apreciação crítica da tese de KÖNDGEN, v. CARNEIRO DA FRADA, *Teoria da Confiança... cit.*, pp. 767 e segs., e SINDE MONTEIRO, *Responsabilidade por Conselhos... cit.*, pp. 478 e segs.

[516] O Autor apoia-se no Direito anglo-saxónico com vista a ultrapassar as limitações resultantes do relevo atribuído ao contrato no nascimento de vinculações.

Nos sistemas jurídicos anglo-saxónicos surge em regra como pressuposto da vinculatividade da promessa a existência de uma contrapartida. Com efeito, a presença de contrapartida constitui um indício da intenção de vinculação – secção 71 do *Restatement (Second) of Contracts*. Na sua ausência, a promessa deverá assumir um carácter formal, que substitui a *consideration* como circunstância reveladora da intenção de vinculação. No entanto, em alguns casos, a exigência de uma contrapar-

importância a assunção de papéis sociais ou o exercício de uma autoridade, em que a força vinculativa é mais forte do que na assunção de papeis sociais.

Estes situar-se-iam numa posição intermédia entre as expectativas dirigidas às pessoas e as dirigidas à adopção de comportamento conforme as normas. Indagando o fundamento da exigibilidade do comportamento conforme as expectativas, encontra-o na reciprocidade[517].

KÖNDGEN atribui ao prospecto a natureza de uma declaração negocial de promessa das qualidades do investimento, embora reconheça que ainda não constitui uma proposta contratual vinculativa de conclusão do contrato[518]. Trata-se de uma construção que permite, segundo observa o Autor, ir além de uma responsabilidade por violação positiva do contrato baseada na culpa, abrindo as portas a uma responsabilidade assente na garantia[519]. No entanto, apurar se uma declaração se poderá classificar como assunção de uma garantia é uma questão a ser resolvida no caso concreto[520]. Lançando mão de um paralelismo com a jurisprudência sobre a compra e venda, que vinha deduzindo a vontade de assumir uma garantia de circunstâncias objectivas, identifica a *essencialidade* da declaração para a formação do juízo sobre o valor intrínseco do negócio de investimento como um primeiro indício de que a declaração revestiria a natureza de uma garantia[521]. Entre as declarações essenciais considera o Autor decisiva. para

tida poderá conduzir a resultados injustos. Por exemplo, onde a promessa induza uma conduta do promissário ou de terceiro e esta circunstância possa razoavelmente ser prevista pelo promitente. É precisamente no sentido que vai a figura da *promissory estoppel* segundo a qual está obrigado pela promessa, independentemente de contrapartida, o promitente para quem seja razoavelmente previsível que o promissário ou terceiro adoptem uma conduta fundada nessa promessa. Isto, no caso de a injustiça apenas poder ser evitada pelo reconhecimento da natureza vinculativa da promessa – Secção 90 do *Restatement (Second) of Contracts*. Trata-se de uma figura ilustrativa da flexibilidade do sistema da *Common Law*, que possibilita o surgimento de "vinculações de variável intensidade" (CARNEIRO DA FRADA, *Teoria da Confiança... cit.*, pp. 773 e 774).

Assinale-se que CARNEIRO DA FRADA encontra o fundamento da figura da *promissory estoppel* na protecção da confiança e não na existência de uma promessa – *Teoria da Confiança... cit.*, pp. 795 e segs.

517 SINDE MONTEIRO salienta que a auto-apresentação explica o nascimento da autovinculação, sendo a sua exigibilidade determinada pelo princípio da reciprocidade – v. *Responsabilidade por Conselhos... cit.*, p. 481, nota 70.

518 *Zur Theorie der Prospekthaftung.*"AG" 1983, pp. 90 e segs. Neste sentido, aponta o Autor a circunstância de se tratar de o prospecto conter uma vontade negocial limitada a uma promessa das qualidades do investimento – v. *Zur Theorie der Prospekthaftung... cit.*, p. 91.

519 *Zur Theorie der Prospekhaftung... cit.*, p. 96.

520 *Zur Theorie der Prospekthaftung... cit.*, p. 97. A propósito do contrato de compra e venda de empresa, esta ideia é evidenciada por PINTO MONTEIRO e PAULO MOTA PINTO, *Compra e venda de empresa.* "RLJ" Novembro-Dezembro 2007, pp. 93 e 94.

521 *Zur Theorie der Prospekthaftung... cit.*, p. 97. Como afirma PINTO MONTEIRO, através da obrigação de garantia "o devedor assegura ao credor determinado resultado, assumindo *o risco* da não

efeitos de apuramento da existência da garantia, a distinção entre declarações sobre factos presentes ou passados[522] (*Tatsachenbehauptungen*) e as relativas a ilações[523] retiradas desses factos (*Werturteile*). Aqueles poderiam ser objecto de uma garantia, sendo deste modo susceptíveis de desencadear uma responsabilidade assente na garantia[524]. Já as ilações retiradas dos factos devem-se considerar limitadas à responsabildade alicerçada na culpa[525]. A responsabilidade decorrente da falta de realização das qualidades deverá em princípio atender ao interesse contratual positivo[526]. No entanto, declarações contidas no prospecto de natureza garantística conduzem em regra apenas à indemnização pelo interesse contratual negativo[527]. Esta "anomalia" explica-se pelo facto de no prospecto não vir normalmente garantido um concreto rendimento, sendo nele apenas assegurados factores que o podem influenciar[528]. Na realidade, um hipotético resultado da empresa não se poderá provar sem mais[529]. Contudo, sendo o interesse positivo inequivocamente determinável, a indemnização deverá colocar o investidor na situação em que estaria se as declarações constantes do prospecto fossem verdadeiras[530].

No que respeita às omissões de factos relevantes, a responsabilidade decorrente da falta das qualidades sugeridas em virtude da omissão fundamenta-se na culpa[531].

As declarações do emitente contidas no prospecto teriam natureza de declaração negocial. Consistiriam numa promessa das qualidades do investimento, podendo, no caso concreto identificar-se com uma garantia de qualidades descritas no prospecto.

Ao classificar as declarações do emitente[532] constantes do prospecto como promessas negociais, KÖNDGEN elege como bem jurídico protegido pelo ins-

verificação do mesmo, qualquer que seja, em princípio, a sua causa" (itálico do Autor) – *Cláusula Penal e Indemnização... cit.*, p. 265.

[522] CARNEIRO DA FRADA, *Direito Civil. Responsabilidade Civil – O Método do Caso*. Coimbra: Almedina, 2006, p. 112.

[523] CARNEIRO DA FRADA, *Direito Civil. Responsabilidade Civil... cit.*, p. 112.

[524] KÖNDGEN, *Zur Theorie der Prospekthaftung... cit.*, pp. 97 e 98.

[525] KÖNDGEN, *Zur Theorie der Prospekhaftung... cit.*, pp. 97 e 98.

[526] KÖNDGEN, *Zur Theorie der Prospekthaftung... cit.*, p. 98.

[527] KÖNDGEN, *Zur Theorie der Prospekthaftung... cit.*, p. 98.

[528] KÖNDGEN, *Zur Theorie der Prospekthaftung... cit.*, p. 98.

[529] KÖNDGEN, *Zur Theorie der Prospekthaftung... cit.*, p. 98.

[530] KÖNDGEN, *Zur Theorie der Prospekthaftung... cit.*, p. 98.

[531] KÖNDGEN, *Zur Theorie der Prospekthaftung... cit.*, p. 98.

[532] KÖNDGEN salienta que uma responsabilidade ampla pelo conteúdo do prospecto, que poderá assumir a natureza de uma responsabilidade pela garantia desde que estejam em causa simples asserções de factos passados, apenas obriga os emitentes do prospecto (v. *Zur Theorie der Prospekthaftung... cit.*, pp. 93 e segs). Os restantes responsáveis solidários pelo conteúdo do prospecto

tituto da responsabilidade civil por prospecto a salvaguarda dos investidores perante investimentos defeituosos, isto é, a defesa em face de investimentos que não correspondam às qualidades asseguradas pelo emitente no prospecto. O enfoque não incide tanto na tutela da regular formação da vontade dos investidores como na protecção destes últimos em face de investimentos defeituosos. O dano consistiria na falta de realização do investimento com as qualidades prometidas e não na indução do investidor em erro. Por outras palavras, o prejuízo resultante da deficiência do prospecto estaria no incumprimento da promessa das qualidades do investimento e não na indução do investidor em erro. Estas considerações apontam, pois, para a indemnização pelo interesse contratual positivo. No entanto, como vimos, KÖNDGEN considera as dificuldades de prova motivo para a indemnização pelo interesse contratual negativo, mesmo nos casos em que esteja presente uma garantia das qualidades.

Entre nós, FERREIRA DE ALMEIDA enquadra a responsabilidade do emitente ou do oferente pelo prospecto no âmbito contratual[533]. Considera o Autor que, na maioria dos casos, o prospecto se identifica com uma proposta contratual ao público[534]. Uma vez esta proposta aceite, o conteúdo do contrato vem a coincidir com aquele que integra a proposta[535]. Fica deste modo o vendedor vinculado a cumprir o contrato nos termos aí previstos. Se o não fizer, incorre em responsabilidade contratual[536].

Ambos os Autores defendem constituir a responsabilidade civil por prospecto uma consequência do incumprimento pelo emitente das qualidades associadas ao investimento sobre o qual incidem as informações constantes do prospecto.

apenas respondem pelo cumprimento dos deveres que individualmente lhes cabem no desempenho dos papéis no sistema de distribuição – v. *Zur Theorie der Prospekthaftung... cit.*, p. 126. Os papéis assumidos pelos responsáveis dariam origem a fundamentos de responsabilidade conformes às expectativas criadas pelo desempenho desses papéis sociais. Deste modo, por exemplo, os auditores prometeriam não as qualidades do investimento que fluem da leitura do prospecto, mas apenas "prometeriam" uma conduta conforme os padrões profissionais. KÖNDGEN observa ainda que o auditor emitiria uma declaração pública de aceitação de uma tarefa de protecção, uma vez que os investidores constituem os destinatários e os beneficiários intencionados da auditoria. Daí que classifique a sua responsabilidade como quase delitual.
Estas considerações entende-as o mesmo Autor como sendo aplicáveis aos restantes peritos que participem no prospecto – *Zur Theorie der Prospekthaftung... cit.*, p. 126.

533 *Contratos I... cit.*, p. 195.

534 *Contratos I... cit.*, p. 195.

535 *Contratos I... cit.*, p. 195.

536 *Contratos I... cit.*, p. 195.

Ferreira de Almeida parte da assunção de que na maioria das situações o prospecto se identifica com uma verdadeira proposta contratual[537] que vincularia o vendedor à conclusão do contrato nos termos referidos no prospecto.

Já Köndgen não considera decisiva a existência de uma proposta contratual em sede de vinculação do emitente ao cumprimento das qualidades do investimento referidas no prospecto. Na verdade, sustenta o Autor, embora o prospecto não implique ainda uma proposta vinculativa de celebração do contrato[538], comporta uma promesssa vinculativa de qualidades do investimento[539], segundo a qual, no momento da celebração do contrato, o investimento preencherá as qualidades declaradas no prospecto[540]. O prospecto representaria uma oferta cuja eficácia estaria pendente (*stehendes Angebot*)[541] no que respeita às qualidades do investimento. A obrigação de observância dessas qualidades adquiriria eficácia no momento da celebração do contrato[542].

Köndgen não faz depender a existência de uma promessa de qualidades dos produtos financeiros da identificação do prospecto como uma verdadeira pro-

[537] Em matéria de publicidade, o Autor considera que se o conteúdo da mensagem publicitária compreender todos os elementos necessários para a qualificar como proposta contratual e não houver protesto nem a conclusão do contrato estiver dependente da apreciação pessoal do declaratário, o conteúdo da mensagem e o conteúdo da proposta coincidirão necessariamente – *Contratos II. Conteúdo. Contratos de Troca*. 2ª edição. Coimbra: Almedina, 2011, p. 81. Se, pelo contrário, a mensagem publicitária não contiver todos os elementos para que possa ser tida como proposta contratual, a integração da mensagem no contrato depende de uma remissão expressa ou implícita deste para aquela – v. *Contratos II... cit.*, p. 81.
Tendo em vista a possibilidade de reconhecer, apelando às regras gerais do Direito Civil, a relevância contratual da publicidade para além dos contratos de consumo, Ferreira de Almeida sustenta não constituir a ausência do conteúdo da mensagem publicitária dos elementos necessários à qualificação da mensagem publicitária como proposta contratual impedimento da relevância contratual do conteúdo da mensagem. Na realidade, o Autor defende a ideia de que constituiriam cláusulas contratuais gerais, desde que a mensagem publicitária e o contrato apresentem uma conexão adequada (coincidência entre o objecto do anúncio e o do contrato) e oportunidade temporal (precedência e proximidade do anúncio em face do contrato). O facto de a mensagem não ser elaborada pelo vendedor não impede a relevância contratual da publicidade, existindo apenas maior exigência no requisito da conexão adequada – v. *Contratos II... cit.*, pp. 82 e segs.
A ideia da relevância contratual da publicidade parece estar associada, no pensamento de Ferreira de Almeida, a uma menor exigência no elemento volitivo como pressuposto da existência de uma proposta contratual. Na verdade, ao passo que Autores, como Menezes Cordeiro, exigem uma vontade inequívoca de contratar, Ferreira de Almeida não refere nestes termos o elemento volitivo.

[538] *Zur Theorie der Prospekthaftung... cit.*, p. 91.

[539] *Zur Theorie der Prospekthaftung... cit.*, p. 91.

[540] *Zur Theorie der Prospekthaftung... cit.*, p. 91.

[541] *Zur Theorie der Prospekthaftung... cit.*, p. 91.

[542] *Zur Theorie der Prospekthaftung... cit.*, p. 91.

posta contratual, que vincula o vendedor *à celebração do contrato*. Para KÖNDGEN, o prospecto constituiria uma *proposta limitada às qualidades dos produtos financeiros aí veiculadas*. Esta proposta vincularia o vendedor à observância das qualidades e tornar-se-ia eficaz com a celebração do contrato. Já a posição de FERREIRA DE ALMEIDA parece assentar na necessidade de uma verdadeira proposta contratual que, uma vez aceite, implica a integração das qualidades constantes do prospecto no conteúdo do contrato celebrado com o investidor. Repare-se, todavia, que quanto ao elemento volitivo, FERREIRA DE ALMEIDA considera que a existência de uma proposta contratual não pressupõe uma vontade firme de contratar. Valem, segundo o Autor, as regras gerais de interpretação da declaração negocial, não sendo necessário um grau de clareza ou um grau de consciência mais exigentes do que os que são necessários para que exista uma declaração negocial[543]. Em todo o caso, parece resultar do pensamento de FERREIRA DE ALMEIDA que, verificando-se um protesto no sentido de o prospecto não valer como proposta, as qualidades referidas no prospecto não integrarão o conteúdo do contrato. Para KÖNDGEN, as qualidades constantes do prospecto serão devidas independentemente da circunstância de ao prospecto estar associada a vontade de o vendedor se vincular à celebração do contrato.

Os Autores convergem no reconhecimento ao prospecto a natureza de uma declaração negocial que vincularia o emitente/oferente a dar cumprimento aos atributos do investimento que resultam do prospecto. Deste modo, os Autores parecem ver na responsabilidade civil por prospecto um instrumento de realização da expectativas suscitadas no investidor pelo prospecto. Na realidade, o prospecto é encarado nesta perspectiva como promessa de verificação do cenário nele descrito. Neste sentido, representa a vinculação do emitente ou do oferente a um determinado resultado, isto é, a existência das qualidades prometidas no prospecto. As informações que compõem o prospecto não são tidas como pressupostos necessários a uma correcta formação da vontade do investidor, mas como promessas de verificação das qualidades por elas transmitidas.

Consideramos ser necessário não perder de vista que o dever de publicar o prospecto nas ofertas públicas de valores mobiliários é imposto pela lei. Será, por isso, imprescindível averiguar a razão desta adstrição. O dever de o emitente publicar as informações que devem constar do prospecto é um afloramento do modelo da *disclosure philosophy*.

Cabe-nos, pois, indagar a coerência das teses de KÖNDGEN e de FERREIRA DE ALMEIDA com o modelo da *disclosure philosophy* que inspira o Direito dos Valores Mobiliários. O modelo da informação actua ao nível do esclarecimento do público investidor. A via escolhida para a protecção do investidor deixa-se

[543] *Contratos I... cit.*, p. 118.

assim surpreender na garantia das condições necessárias à regular avaliação pelo público investidor dos instrumentos financeiros objecto da oferta e não no reconhecimento de uma promessa de realização das qualidades do investimento descritas no prospecto. Concentra-se em assegurar a informação necessária para que o público investidor possa ajuizar o valor dos instrumentos financeiros sobre os quais incide o prospecto, não se preocupando em resguardar o investidor de produtos financeiros defeituosos, seja por meio do controlo administrativo sobre o mérito dos investimentos, à maneira das *Blue Sky Laws*, seja, segundo cremos, através da vinculação do vendedor ao cumprimento do conteúdo do prospecto, assegurando por esta via ao investidor a situação patrimonial que resultaria da harmonia da realidade com o cenário traçado pelo prospecto[544].

O dever de publicar o prospecto é assim encarado pela lei como um dever de informação. O prospecto não implica, deste modo, uma promessa das qualidades do investimento tal como aí vêm descritas. É antes na informação do público investidor que a lei concentra as suas preocupações. Por outras palavras, o legislador mobiliário não procura proteger o investidor de um mau investimento, mas sim apetrechar o público investidor de informações que lhe permitam uma avaliação adequada, habilitando-o a separar o trigo do joio.

A recusa da ideia de que a informação contida no prospecto vincula juridicamente o emitente às qualidades aí descritas, é suportada pelo regime da responsabilidade civil por prospecto previsto no nosso Direito mobiliário. Com efeito, o art. 152º/1 CVM afirma claramente que a indemnização visa colocar o investidor na situação em que estaria se o prospecto observasse as exigências que a lei prescreve em matéria de informação[545]. Desta norma resulta de forma nítida estar no centro das preocupações do instituto da responsabilidade civil por prospecto posicionar o lesado na situação em que estaria se o prospecto traçasse uma imagem fiel da realidade e não indemnizar o investidor lesado pela falta de cumprimento das qualidades referidas no prospecto.

Como melhor veremos, está assim em causa a chamada indemnização pelo interesse contratual negativo e não a indemnização pelo interesse contratual positivo, como aconteceria se à responsabilidade civil por prospecto prevista no CVM presidisse a finalidade de indemnizar o investidor pela violação da vin-

[544] A vinculação do vendedor às qualidades referidas no prospecto concentra-se, tal como sucede com as chamadas *Blue Sky Laws*, na protecção do investidor perante produtos financeiros defeituosos. Ao passo que as *Blue Sky Laws* optam por um modelo de intervenção directa da administração assente numa apreciação substantiva dos valores mobiliários, procurando evitar que produtos financeiros defeituosos sejam postos à disposição do público, a vinculação dos investidores às qualidades prometidas pretende assegurar aos investidores produtos financeiros conformes as qualidades descritas no prospecto.

[545] Veja-se o art. 7º do CVM.

culação assumida pelo emitente ou pelo oferente no que respeita às características do investimento constantes do prospecto[546].

É chegado então o momento de nos debruçarmos sobre o problema do bem jurídico protegido pela responsabilidade civil por prospecto. Como vimos, os deveres de informação do emitente ao público investidor (na terminologia alemã, os *Publizitätpflichten*), procuram prover o mercado das informações necessárias a uma correcta avaliação do preço dos valores mobiliários, tendo presente que na formação de preços não concorre a vontade de cada investidor. Por outro lado, verificámos que o dever de dar a conhecer ao público as informações que devem compor o prospecto surge inspirado pelas necessidades de protecção do mercado e não tanto pela tutela dos interesses patrimoniais individuais dos investidores. A esta conclusão chegámos, recorde-se, através da delimitação das situações a que se aplica o dever de publicar o prospecto. Deste modo, no capítulo que se segue é nosso objectivo apreciar o regime da responsabilidade civil por prospecto, com a finalidade de averiguar a sua harmonia com a concentração evidenciada pelo legislador nas exigências do regular funcionamento do mercado ao traçar os termos em que surge o dever de publicar o prospecto.

[546] Neste sentido, PAULO MOTA PINTO, *Interesse Contratual Negativo e Interesse Contratual Positivo*. Vol. II. Coimbra: Coimbra Editora, 2008, pp. 1462 e 1463.

Capítulo III
A responsabilidade civil por prospecto como instrumento de protecção do investidor individual ou como mecanismo de protecção do público investidor?

Identificámos a razão do dever de dar a conhecer ao público as informações que devem compor o prospecto na preocupação em proteger o público investidor, isto é, o mercado, e não tanto nos interesse individuais dos investidores.

A questão que procuraremos clarificar consiste na avaliação da coerência do regime da responsabilidade civil por prospecto com a finalidade de protecção do mercado prosseguida pelo dever de publicar as informações que deverão integrar o prospecto.

Pretendemos, assim, no presente capítulo, averiguar se o regime da responsabilidade civil por prospecto se encontra talhado para a tutela do investidor como condição da realização do objectivo de natureza colectiva do bom funcionamento do mercado.

Para proceder a esta tarefa, impõe-se empreender uma análise da solução dada ao problema do dano indemnizável e do nexo de causalidade em matéria de responsabilidade civil por prospecto.

As soluções a dar a estes problemas divergem consoante a lei tenha em vista tutelar o investidor individual ou intente a protecção do investidor, perspectivada como condição do bom funcionamento do mercado de valores mobiliários. Neste caso, os interesses patrimoniais dos investidores conhecem uma tutela meramente instrumental, sendo protegidos na medida do necessário à tutela do interesse colectivo de uma correcta alocação de recursos pelo mercado.

Pelo contrário, onde os interesses individuais dos investidores sejam protegidos de forma autónoma em relação ao interesse público, serão as necessidades de tutela dos interesses individuais do investidor a modelar a protecção do investidor através do instituto da responsabilidade civil. Ao apreciar esta questão, devemos ter em linha de conta que o problema do dano indemnizável e do nexo de causalidade poderão exigir soluções diferenciadas consoante esteja em causa a protecção de interesse de natureza não patrimonial da correcta formação da vontade ou a defesa do património de cada investidor.

Antes de procedermos à análise do caminho escolhido pelo legislador em matéria de responsabilidade civil por prospecto, iremos averiguar a forma como a ordem jurídica tutela a vontade e os interesses puramente patrimoniais. Neste contexto dispensaremos particular atenção à responsabilidade civil pelo incumprimento ou deficiente cumprimento dos deveres de informação dos intermediários financeiros perante os seus clientes (*individualpublizität*), que, como vimos, se deixam orientar pelo propósito de proteger a formação da vontade do investidor. Pensamos que só depois de empreendida esta análise estaremos em condições de compreender claramente o bem jurídico protegido pela responsabilidade civil por prospecto como resulta dos arts. 149º e segs. CVM e de avaliar a sua conformidade com a intenção que dita o dever de dar a conhecer ao público as informações que devem compor o prospecto.

§ 1. Protecção da liberdade contratual e do património em sede de responsabilidade delitual

1. A recusa do direito à liberdade de decisão jurídico-negocial e do direito ao património como direitos protegidos nos termos do art. 483º/1, 1ª parte

No que respeita à responsabilidade extracontratual, cremos não assumirem o património e o direito à liberdade de decisão jurídico-negocial a natureza de direito subjectivo, protegido nos termos do art. 483º/1, 1ª parte do CC.

Com efeito, o Código Civil português[547] não adoptou uma cláusula geral do tipo do art. 1382 do Codigo Civil francês[548] que permita concluir ter optado o nosso Direito pelo princípio da indemnizabilidade dos prejuízos puramente

[547] O Direito português, à semelhança do sistema alemão, destaca o conceito de ilicitude, clarificando-o, por meio de três minicláusulas – os direitos subjectivos (art. 483º/1, 1ª parte CC), normas de protecção (art.483º/1, 2ª parte CC) e abuso do direito (art. 334º CC). Contudo, ao passo que o BGB enumera os direitos (a vida, o corpo, a saúde, a liberdade, a propriedade ou outro direito), o Código Civil refere-se genericamente ao direito. Esta diferença não é considerada decisiva para afastar o Código Civil português do modelo alemão – CARNEIRO DA FRADA, *Contrato e Deveres de Protecção*. Separata XXXVIII ao BFDUC. Coimbra, 1994, p. 135. MENEZES CORDEIRO considera que referência genérica a direitos de outrem no art. 483º/1CC constitui uma diferença importante relativamente ao § 823 BGB, porquanto permitiria a inclusão de direitos relativos no perímetro dos direitos subjectivos protegidos pelo art. 483º/1, 1 ª parte – v. *Tratado de Direito Civil Português. Direito das Obrigações*. Tomo III. Coimbra: Almedina, 2010, pp. 445 e segs.

[548] O art. 1382 do *Code civil* assenta no conceito de *faute*, que comporta a ilicitude, a culpa e o nexo de causalidade – v. MENEZES CORDEIRO, *Tratado de Direito Civil Português – Direito das Obrigações*. Tomo III... *cit.*, p. 324.

patrimoniais[549] em sede delitual. Ao considerar a ilicitude como requisito autónomo relativamente à culpa, o legislador nacional atribui-lhe a natureza de uma questão prévia, a aferir em abstracto[550] perante os dados do sistema jurídico. Na verdade, a selecção dos interesses que merecem protecção em sede de responsabilidade delitual situa-se num plano prévio e abstracto. Pelo contrário, não tivesse o legislador escolhido a autonomização da ilicitude, o juízo sobre os interesses dignos de protecção seria deixado ao prudente arbítrio do julgador. Pensamos ter o legislador privilegiado os interesses da segurança e certeza jurídicas, evitando que a decisão sobre os interesses merecedores de protecção em sede delitual seja deixada à decisão do julgador no caso concreto[551]. Deste modo, não gozando os interesses puramente patrimoniais de notoriedade social típica, compreende-se que não sejam, em princípio. protegidos no âmbito da responsabilidade delitual. Daí que os direitos subjectivos compreendidos no art. 483º/1, 1ª parte, devam ser facilmente reconhecíveis pelos cidadãos. Na realidade, tendo em conta que estes direitos gozam de eficácia *erga omnes*, eles deverão ser susceptíveis de fácil reconhecimento para a generalidade dos sujeitos, sob pena de determinarem um pesado constrangimento à liberdade de acção. Ora, direitos como o direito ao património[552],

[549] Interesses puramente patrimoniais, danos puramente patrimoniais ou danos puramente económicos consistem nas lesões de interesses patrimoniais sem que se assista à violação de um direito absoluto. Na terminologia anglo-saxónica, os *pure economic losses* contrapõem-se aos *consequential damages*. Estes, ao contrário dos primeiros, surgem na sequência da lesão da pessoa ou da propriedade. A ressarcibilidade dos *consequential damages* não é questionada. Sobre a noção de *pure economic losses v.* BUSSANI/PALMER, *The notion of pure economic loss and its setting*. In BUSSANI/PALMER, "Pure Economic Loss In Europe". Cambridge: Cambridge University Press, 2005 (reimpressão), pp. 3 a 14, e, entre nós, MAFALDA MIRANDA BARBOSA, *Liberdade vs. Responsabilidade – A precaução como fundamento da imputação delitual?* Coimbra: Almedina, 2006, pp. 214 a 216.

[550] BUSSANI/PALMER, *The liability regimes of Europe – their façades and interiors*. In BUSSANI/PALMER, "Pure Economic Loss in Europe". Cambridge: Cambridge University Press, 2005 (reimpressão), p. 123.

[551] Note-se que nem sempre a circunstância de a ilicitude não figurar como requisito autónomo da obrigação de indemnizar significa que seja deixada ao julgador a selecção dos interesses merecedores de protecção. Exemplo é o art. 1295º do *Allgemeines Gesetzbuch* austríaco que, apesar de conter uma redacção semelhante à do art. 1382º do *Code civil*, é interpretado em termos paralelos ao BGB. BUSSANI/PALMER, *The liability regimes of Europe... cit.*, pp. 152 a 154.
Por outro lado, nos sistemas de tipo francês o dano puramente patrimonial não é necessariamente ressarcido, devido, por exemplo, a exigências em matéria de nexo de causalidade – v. BUSSANI/PALMER, *The liability regimes of Europe... cit.*, pp. 128 e 129.

[552] A *Cassazione* italiana reconheceu o direito subjectivo à integridade do património, procurando assegurar a recondução da protecção de interesses puramente patrimoniais aos quadros do direito subjectivo. No entanto, vem-se assistindo a reacções da doutrina, alertando para a incoerência de um direito subjectivo à integridade do património com a rejeição no Direito italiano de uma

o direito à empresa[553], à liberdade de iniciativa económica[554] ou à liberdade de decisão jurídico-negocial[555], pelo seu conteúdo impreciso, conflituam com a opção fundamental do legislador, ao recusar confiar ao poder judicial a determinação dos interesses susceptíveis de serem resssarcidos em sede de responsabilidade delitual. A liberdade de acção dos sujeitos seria fortemente afectada

cláusula geral de tipo francês quanto aos danos ressarcíveis – v. CASTRONOVO, *La Nuova Responsabilità Civile*. Milano: Giuffrè, 2006, pp. 110 a 112. No Direito italiano, o art. 2043º elege o conceito *danno ingiusto* enquanto critério determinante da ressarcibilidade dos interesses. Ao autonomizar a ilicitude, afasta-se da cláusula geral do Direito francês. No entanto, diversamente do que sucede com os Direitos português e alemão, não estabelece as três minicláusulas, destinadas a clarificar a ilicitude. Não admira, por isso, que discuta a qualificação do art. 2043º do *Codice civile* como uma ampla cláusula geral. No entanto, parece-nos decisiva a autonomização do conceito de ilicitude. Daí que possamos dizer com CASTRONOVO que o art. 2043º se situa a meio caminho entre os modelos francês e alemão,conjugando a elasticidade do art. 1382º do *Code civil* com a segurança do § 823 BGB – v. *La Nuova Responsabilità Civile... cit.*, p. 11.

553 Considerando que o direito à empresa permitiria "o rompimento do sistema delitual", ADELAIDE MENEZES LEITÃO, *Normas de Protecção e Danos Puramente Patrimoniais*. Coimbra: Almedina, 2009, p. 569. No mesmo sentido, recusando a integração do direito à empresa entre os direitos de outrem, referidos no art. 483º/1, 1ªparte, MENEZES CORDEIRO, *Tratado de Direito Civil Português – Direito das Obrigações*. Tomo III ... *cit.*, p. 447, e OLIVEIRA ASCENSÃO, *Concorrência Desleal*. Lisboa: AAFDL, 1994, pp. 434 e segs. Foi também a posição por nós defendida em *A Responsabilidade Civil do Banqueiro perante os Credores da Empresa Financiada*. Coimbra: Coimbra Editora, 2003, pp. 48 e 49. A favor da inclusão do direito à empresa nos direitos de outrem previstos no art. 483º/1, 1ª parte, MENEZES LEITÃO, *Direito das Obrigações – Introdução. Constituição das Obrigações... cit.*, pp. 266 e 267, SINDE MONTEIRO, *Responsabilidade por Conselhos... cit.*, pp. 206 e segs., MAFALDA MIRANDA BARBOSA, *Liberdade vs. Responsabilidade... cit.*, pp. 255 e segs., embora considere que os *cable cases* não poderão ser decididos pelo recurso a esta figura, uma vez que defende ser necessário que seja atingido um elemento que afecte o núcleo da empresa, que a distingue em relação aos seus elementos – v. pp. 278 a 282.

554 Sobre a recusa da inclusão da liberdade de iniciativa económica entre os direitos subjectivos protegidos pelo art. 483º/1, 1ª parte, na medida em que representaria uma contradição valorativa com a opção fundamental do legislador de não deixar à jurisprudência a identificação dos interesses merecedores de protecção, v. o nosso *Responsabilidade Civil do Banqueiro... cit.*, pp. 48 e 49.

555 Na doutrina italiana, têm ressoado críticas, não apenas quanto à recondução ao perímetro de protecção do art. 2043º do *Codice civile*, do direito à integridade do património, mas também do direito a "determinar-se livremente na actividade negocial relativa ao património". Com efeito, em qualquer dos casos se procuraria ultrapassar a autonomização da *ingiustizia* como pressuposto da obrigação de indemnizar.

Também excluindo a possibilidade de protecção do "exercício livre e esclarecido da liberdade contratual" ao abrigo do art. 483º/1, 1ª parte, CARNEIRO DA FRADA, *Teoria da Confiança... cit.*, p. 201. Admitindo que a liberdade de decisão jurídico-negocial se reconduz ao direito à liberdade, protegido pelo art. 483º/1, 1ª parte, PAULO MOTA PINTO, *Interesse Contratual Negativo e Interesse Contratual Positivo II... cit.*, p. 1369.

se eles pudessem vir a responder pela violação de direitos caracterizados pela dificuldade de reconhecimento do seu conteúdo.

Não considerando defensável a inclusão de interesses puramente patrimoniais e da liberdade de decisão jurídico-negocial entre os direitos protegidos pelo art. 483º/1, 1ª parte, avaliemos o contributo que as normas de protecção, previstas no art. 483º/1, 2ª parte, podem trazer nesta matéria.

2. As normas de protecção da liberdade de decisão jurídico-negocial e do património no Direito dos Valores Mobiliários

2.1. As normas de protecção de interesses individuais

2.1.1. Considerações gerais

Diversamente do que sucede no âmbito dos direitos de outrem, as normas de protecção não dispensam tutela ao lesado pelo simples facto de este ver atingido um direito subjectivo de que seja titular na sequência de uma conduta culposa de outrem. Com efeito, a norma de protecção protege-o apenas perante determinadas formas de conduta que nela eventualmente estejam previstas[556]. Tenha-se, no entanto, em linha de conta que as normas de protecção poderão individualizar certos interesses por elas protegidos, "sem proscrever comportamentos concretos susceptíveis de os atingir"[557]. Por outro lado, não tutela apenas direitos subjectivos, mas também interesses que não revistam a forma de direitos subjectivos para efeitos da primeira parte do art. 483º/1 CC. Poderá proteger interesses puramente patrimoniais, como vimos, não tutelados ao abrigo da primeira parte do art. 483º/1 CC.

Apontam-se três pressupostos necessários para qualificar determinada norma como norma de protecção de interesses individuais: a natureza legal da norma, a necessidade de a norma ter por intenção proteger interesses particulares e a recondução do interesse particular afectado ao âmbito de protecção da norma[558]. O fim da norma assume um papel muito importante na qualificação de uma norma como norma de protecção de interesses individuais.

[556] Carneiro da Frada, *Teoria da Confiança... cit.*, p. 249, nota 221. O Autor observa que na presença de *Tatbestand* de responsabilidade o problema da ausência de evidência social dos interesses atingidos é resolvido pelo estabelecimento e publicação da norma – *Teoria da Confiança... cit.*, p. 246, nota 214.

[557] Carneiro da Frada nota que as normas de protecção tanto poderão proteger directamente determinados bens jurídicos, "ainda que sem proscrever comportamentos concretos susceptíveis de os atingir", como tutelá-los indirectamente através da imposição de condutas que têm por finalidade proteger tais bens – *Teoria da Confiança... cit.*, p. 249, nota 221.

[558] Antunes Varela, *Das Obrigações em Geral*. Vol. I. 10ª edição. Coimbra: Almedina, 2006, pp. 539 e segs.

Todavia, em face da sua indefinição, alerta CANARIS para o perigo de o juízo sobre o fim da norma, a cargo do aplicador do Direito, poder desvirtuar a opção do legislador no sentido de consagrar o princípio da não ressarcibilidade dos interesses puramente patrimoniais no domínio delitual. Por isso, considera ser necessária uma interpretação do § 823 II BGB que atente nos §§ 823 I e 826[559]. Deste modo, defende que, a menos que os interesses puramente patrimoniais resultem inequivocamente do fim de protecção da norma, só deverão ser protegidos por normas penais[560], pois estas favorecem a certeza e a segurança, ao garantirem uma delimitação rigorosa das condutas nela previstas, ao mesmo tempo que apresentam um nível de ilicitude semelhante ao do § 826[561].

Uma posição semelhante poderia ser tomada em face do art. 483º/1, 2ª parte, do art. 483º/1, 1ª parte, e do art. 334º CC. No entanto, invocando a diversidade entre responsabilidade penal e responsabilidade civil e a evolução socioeconômica das últimas décadas, ADELAIDE MENEZES LEITÃO rejeita o modelo penal das normas de protecção defendido por CANARIS[562].

Pensamos que as preocupações de certeza e de segurança jurídicas que indubitavelmente inspiram o nosso sistema de responsabilidade civil delitual, não exigem a exclusão *ipso facto* das cláusulas gerais do universo das normas de protecção[563]. Com efeito, desde que através da interpretação do fim da norma se possa

[559] *Schutzgesetze-Verkehrpflichten-Schutzpflichten.* In Canaris, Claus-Wilhelm, Diederichsen, Uwe. "Festschrift für Karl Larenz zum 80 Geburtstag". München: C.H. Beck, 1983, p. 48.

[560] No domínio da defesa da concorrência e da concorrência desleal, admite o Autor a natureza de normas de protecção a normas de mera odenação social – v. *Schutzgesetze... cit.*, pp. 66 e 67. Realçando este aspecto da posição de CANARIS, ADELAIDE MENEZES LEITÃO. *Normas de Protecção... cit.*, pp. 185 e segs.

[561] *Schutzgesetze... cit.*, p. 49.

[562] *Normas de Protecção... cit.*, pp. 189 e 190. Note-se, como já referimos, que para CANARIS normas não penais podem assumir a natureza de normas de protecção, desde que a interpretação conduza de forma segura à conclusão que os interesses puramente patrimoniais entram no perímetro protector da norma. Isto mesmo é sublinhado por SINDE MONTEIRO, *Responsabilidade por Conselhos... cit.*, pp. 254 e 255.

[563] ADELAIDE MENEZES LEITÃO atribui a natureza de normas de protecção à cláusula geral de concorrência desleal. *Estudo de Direito Privado sobre a Cláusula Geral de Concorrência Desleal.* Coimbra: Almedina, 2000, pp. 153 e segs., especialmente, p. 159.

Referindo-se ao problema da possibilidade de normas de conduta contidas em estatutos profissionais constituírem normas de protecção, SINDE MONTEIRO aponta o carácter impreciso das normas. As normas contidas nestes estatutos, observa o Autor, frequentemente não estabelecem padrões de conduta concretos, o que impede a sua qualificação como normas de protecção. *Responsabilidade por Conselhos... cit.*, p. 37, nota 11. No mesmo sentido se pronuncia BARBARA GRÜNEWALD. *Die Haftung des Experten für seine Expertise gegenüber Dritten.* "AcP" 1987, p. 297.

Cremos que a natureza de cláusula geral de uma norma não fala por si só contra a sua qualificação como norma de protecção. Com efeito, a circunstância de os padrões de conduta não estarem

concluir estarem os interesses particulares em causa compreendidos, entendemos que a necessidade de intervenção do julgador com a finalidade de concretizar as condutas abrangidas pela norma não choca com o facto de a delimitação dos danos ressarcíveis não ter sido confiada ao juiz. A tarefa de selecção dos interesses puramente patrimonais específicos[564] tutelados é efectuada pelo legislador, cabendo ao juiz densificar os comportamentos compreendidos na norma.

As normas de protecção podem deste modo servir de fundamento à tutela de interesses patrimoniais dos investidores, bem como à protecção de manifestações específicas da liberdade de contratar, ainda que tais normas constituam cláusulas gerais. Cremos não faltarem exemplos no ordenamento jurídico de normas de protecção que têm por finalidade tutelar a liberdade contratual de determinados sujeitos. Pensamos, por exemplo, nas disposições sobre publicidade enganosa[565]

rigorosamente traçados na norma, limitando-se esta a referir linhas gerais, não implica contradição valorativa com a opção do art. 483º/1 no sentido de não confiar ao julgador a delimitação dos interesses ressarcíveis em sede delitual. Pensamos que, contanto que seja seguro que os interesses puramente patrimonias em causa se encontram abrangidos no âmbito protector da norma, não haverá razão para que a circunstância de caber ao julgador a densificação dos padrões de conduta estabelecidos pela norma afaste a possibilidade de a classificar como norma de protecção.
Parece-nos que assim se justifica o reconhecimento de natureza de norma de protecção à cláusula geral de concorrência desleal, prevista no corpo do art. 317º do CPI, como já vimos defender Adelaide Menezes Leitão.
No domínio do Direito dos Valores Mobiliários, quanto ao problema da responsabilidade civil decorrente de deficiências em recomendações de investimento, considerámos que o dever de diligência na preparação de recomendações de investimento previsto no art. 36º-A do Regulamento 2/2007, por remissão para o art. 10º-A do mesmo diploma, poderá configurar uma norma de protecção, não sendo a classificação como norma de protecção afastada pelo facto de se tratar de uma cláusula geral. Contudo, é necessário sublinhar que a protecção dos interesses dos investidores deve estar compreendida de forma clara no fim da norma. Neste sentido, a redacção do art.10º-A/3, ao mencionar que a actuação dos analistas deve ser desenvolvida levando em conta a protecção dos investidores e a eficiência do mercado, faz entrar os interesses dos investidores no seu âmbito protector – *A responsabilidade civil perante os investidores por realização defeituosa de relatórios de auditoria, recomendações de investimento e relatórios de notação de risco.* "Cadernos do Mercado de Valores Mobiliários". Agosto de 2010, pp. 25 e 26, disponível em Net: http://www.cmvm.pt/CMVM/Publicacoes/Cadernos/Documents/Artigo1Cadernos36.pdf

[564] Carneiro da Frada chama a atenção para a incongruência que representaria a consagração de uma norma que genericamente protegesse todos os danos puramente patrimoniais – v. *Teoria de Confiança... cit.*, pp. 149 e 150, nota 222.

[565] Veja-se Adelaide Menezes Leitão que preconiza a recondução do ilícito publicitário à responsabilidade delitual no quadro das normas de protecção. A Autora entende que o tratamento da questão em sede de responsabilidade contratual ou em sede de *culpa in contrahendo* ignora o interesse colectivo do fenómeno publicitário, sob a égide do interesse geral da defesa do consumidor – v. *Normas de Protecção... cit.*, p. 483. Esta dimensão colectiva tem vindo a ser acentuada pelo

e, em geral, nas normas que combatem as práticas comerciais desleais nas relações entre empresas e consumidores[566].

Atente-se que o debate acerca do reconhecimento de uma disposição legal enquanto norma de protecção gravita em torno da possibilidade de considerar compreendida a tutela dos interesses *individuais* no perímetro de protecção da norma. Centra-se assim numa perspectiva de tutela autónoma dos interesses individuais e não numa óptica instrumental de protecção dos interesses individuais enquanto meio de realização do interesse público. Pretendemos em seguida analisar as obrigações e os deveres de informação no Direito dos Valores Mobiliários, indagando a posição da tutela do interesse individual em face do bem jurídico de natureza pública protegido pela norma.

2.1.2. As normas de protecção dos interesses individuais dos investidores

A possibilidade de reconhecer às normas de conduta impostas pelo legislador ao intermediário financeiro o epíteto de normas de protecção é uma questão largamente debatida no Direito alemão em face dos §§ 31 e segs. WpHG[567]. O receio de que o reconhecimento de natureza de normas de protecção possa contrariar a opção de fundo do Direito alemão no sentido de confiar ao legislador a tarefa de definir os interesses protegidos em sede delitual tem impedido alguns Autores de reconhecer esse atributo aos deveres de boa conduta (*Wohlverhaltenspflichten*) constantes dos §§ 31 e segs.[568]. Não cremos que esta seja uma razão que dite o

Direito da União Europeia que encara a protecção da confiança do consumidor como pressuposto do bom funcionamento do mercado.

566 Tenha-se em conta que o DL 57/2008 lança mão de algumas cláusulas gerais (veja-se, por exemplo, os arts. 5º, 7º, em especial no seu nº 2, 10º e 11º). Esta natureza não impede a sua classificação como normas de protecção dos interesses dos consumidores. A intenção de tutelar estes interesses resulta bem vincada no Preâmbulo do diploma e enconra expressão no art. 15º. Já os interesses dos concorrentes apenas são protegidos de forma reflexa pelo diploma, não podendo exigir a reparação dos danos relacionados com uma prática comercial desleal de um dos seus concorrentes. Poderá, contudo, fundamentar a sua pretensão na concorrência desleal, desde que estejam reunidos os pressupostos do art. 317º CPI.

567 Anote-se que da resposta a esta questão não depende estritamente a possibilidade de os §§ 31 e segs. WpHG vincularem no âmbito das relações privadas. Com efeito, a relevância jusprivatística destas normas poderá resultar ou do reconhecimento de uma "eficácia de irradiação" no Direito Privado (*Austrahlungwirkung*), assim obtendo estas normas de natureza pública uma eficácia indirecta no universo das relações entre os sujeitos de Direito Privado, ou da aceitação da ideia de que tais regras conheceriam uma dupla natureza, pública e privada, produzindo directamente efeitos nas relações entre privados – sobre este aassunto, BENICKE, *Wertpapiervermögensverwaltung... cit.*, pp. 467 e segs.

568 Neste sentido, BENICKE, *Wertpapiervermögensverwaltung... cit.*, p. 469. O Autor considera ser desnecessário qualificar os deveres de boa conduta previstos nos §§ 31 e segs. WpHG como normas de protecção no que toca às relações dos investidores com o intermedário financeiro, tendo

afastamento da possibilidade de qualificar as normas que impõem estes deveres como normas de protecção. Na verdade, onde seja possível concluir com segurança que os interesses dos investidores estão compreendidos no perímetro de protecção da norma, a opção fundamental do legislador de não atribuir à jusrisprudência a delimitação dos bens jurídicos protegidos não resulta beliscada.

No Direito mobiliário português, a violação pelos intermediários financeiros dos deveres de organização e de exercício de actividade fundamenta a obrigação de indemnizar os danos causados a qualquer pessoa (art. 304º-A/1 CVM). Desde logo, poder-se-á desta norma retirar a conclusão que a obrigação de indemnizar fundada na violação desses deveres não exige uma ligação especial entre o intermediário financeiro e o lesado. Contudo, consideramos ser fundamental ter em linha de conta que, sob pena de descaracterização do sistema delitual de responsabilidade, onde esteja em causa a protecção de interesses individuais do lesado, estes interesses devem entrar no âmbito protector da norma.

Com efeito, julgamos que a qualidade de norma de protecção dos interesses individuais apenas deverá ser reconhecida por via da interpretação da norma concreta. Deste modo, o primeiro número do art. 304º-A CVM não poderá servir de fundamento genérico ao reconhecimento do carácter de norma de protecção de interesses individuais a toda e qualquer disposição (legal ou regulamentar) que verse sobre a organização e o exercício da actividade do intermediário financeiro. Pensamos, portanto, que o art. 304ºA/1 terá por finalidade clarificar que o direito à indemnização resultante da violação das normas respeitantes à organização e exercício do intermediário financeiro não supõe a existência de *ligação especial entre o intermediário financeiro e o lesado*. Parece então prescindir de uma relação de proximidade entre o intermediário financeiro e o lesado para que se desencadeie a obrigação de indemnizar. No entanto, como vimos, esta circunstância não equivale a qualificar como norma de protecção de interesses individuais toda e qualquer norma relativa à organização e exercício da actividade do intermediário financeiro. Pensamos, com efeito, estar o reconhecimento da natureza de norma de protecção de interesses individuais dependente da inclusão dos intereses individuais no âmbito de protecção da norma.

Tal significa que o lesado poderá obter reparação dos danos resultante da lesão dos interesses individuais em sede delitual, admitindo o art. 304º-A/1 CVM

em conta que entre eles intercede uma relação contratual ou pré-contratual. Diversamente, já se poderia afigurar útil a qualificação dos §§ 31 e segs. enquanto normas de protecção quanto à responsabilidade pessoal dos administradores ou dos empregados. Não obstante a utilidade deste enquadramento nesta sede, a responsabilidade destas pessoas com base na violação dos deveres de protecção, sem que entre essas pessoas e o investidor interceda uma ligação especial (*Sonderverbindung*), segundo Benicke, levaria demasiado longe a protecção dos interesses puramente patrimoniais no âmbito da responsabilidade aquiliana – v *Wertpapiervermögensverwaltung... cit.*, p. 470.

que tais normas possam ser tidas como normas de protecção de interesses individuais. Todavia, a aceitação desta ideia não equivale a qualificar à partida como norma de protecção de interesses individuais *toda* a disposição relativa à organização e exercício da actividade do intermediário financeiro[569], tão-pouco significa que a norma tuteladora de interesses individuais surja a proteger qualquer interesse particular que possa ser afectado pela sua violação[570].

Há que indagar o fim de protecção da norma, averiguando, por um lado, se nele cabe a defesa de interesses individuais e, ao mesmo tempo, se os interesses afectados estão compreendidos no seu âmbito protector. Quanto ao primeiro aspecto, a norma deverá ter por finalidade não apenas o interesse público da protecção do mercado, mas também a protecção dos interesses individuais. Releva pois a finalidade da norma e não os efeitos que ela poderá ter na protecção reflexa dos intereses dos lesados[571].

Estudaremos o problema mais adiante em sede de responsabilidade por prospecto.

2.2. A protecção do investidor como instrumento de realização do interesse público protegido pela norma

Pensamos que a discussão em torno da possibilidade de a violação de uma norma fundar pretensões indemnizatórias para os lesados não fica resolvida através da restrição da faculdade de estes lesados obterem a reparação dos danos individualmente sofridos às situações em que os seus interesses estejam compreendidos no fim de protecção da norma.

Existem, na verdade, disposições cuja vocação protectora de *interesses individuais* está nitidamente arredada, uma vez que têm por escopo a protecção da organização e integridade da negociação no mercado em si mesmas[572], sem que

[569] No âmbito do ilícito publicitário também poderá surgir um problema semelhante em face do art. 30º do Código da Publicidade. A este propósito, CARNEIRO DA FRADA recusa a possibilidade, por contrária ao sistema da reponsabilidade delitual, de considerar norma de protecção toda e qualquer norma relativa ao ilícito pubicitário. *Teoria da Confiança... cit.*, p. 201 e nota 186. No mesmo sentido, ADELAIDE MENEZES LEITÃO, *Normas de Protecção... cit.*, p. 497, nota 1339.

[570] Ao contrário do que poderia sugerir a letra do art. 304º/1 CVM.

[571] Sobre a qualidade de norma de proteção segundo o § 823 II BGB, LARENZ/CANARIS, *Lehrbuch des Schuldrechts*. Band II Teillband II. Besonderer Teil. 13. Auflage. München: C.H. Beck, 1994, pp. 430 e segs.

[572] V. HELLGARDT, *Kapitalmarktdeliktsrecht... cit.*, p. 236. O Autor utiliza como exemplos as disposições que regem a transparência da oferta e da procura. HELLGARDT defende que o incumprimento destes deveres, apesar de ter consequências sobre a formação de preços, afectando o investidor, não representa fundamento de indemnização dos seus interesses individuais, uma vez que não existe uma relação de proximidade económica (*wirtschatiliches Näheverhältnis*) entre o infractor e o investidor. No entanto, como resulta do exposto em texto, parece-nos que a inexistência de um

esta circunstância tenha como consequência necessária o afastamento da possibilidade de serem reconhecidas pretensões indemnizatórias aos lesados no âmbito de tais normas, contanto que sirvam de instrumento auxiliar de prossecução do interesse público da organização e integridade do mercado. Não está, na verdade, em causa a protecção dos interesses individuais dos lesados, mas a utilização de pretensões indemnizatórias como mecanismo de protecção do interesse público. Coloca-se então o problema do reconhecimento de pretensões indemnizatórias instrumentais à prossecução do interesse público visado pela norma. O seu acolhimento reclamaria a possibilidade de uma interpretação funcional do art. 483º/1, 2ª parte, que seria particularmente útil em ramos do Direito em que a protecção do regular funcionamento do mercado é um objectivo essencial[573].

Pensamos ser essencial distinguir o reconhecimento de pretensões indemnizatórias destinadas a proteger o *interesse individual* e as destinadas a proteger o interesse do *público investidor*, isto é, do *mercado*.

Assim, o art. 311º CVM contempla o dever de defesa do mercado. O intermediário financeiro está impedido de praticar actos que comprometam a regularidade do funcionamento, a transparência e a credibilidade do mercado. A necessidade da intermediação financeira tem por finalidade tornar o funcionamento do mercado mais eficiente[574].

Na verdade, se o bem jurídico protegido residir exclusivamente na regularidade do funcionamento do mercado e não na salvaguarda dos interesses individuais dos investidores, fica afastada a possibilidade de o lesado obter por esta via uma indemnização *destinada à protecção dos seus interesses individuais*[575].

Acreditamos que o dever de defesa do mercado que a lei faz impender sobre os intermediários financeiros tem em vista a salvaguarda do regular funcionamento do mercado, protegendo o *público investidor*. Com efeito, cremos residir na necessidade de proteger o público investidor como interessado no regular

direito à indemnização dos interesses individuais advém do facto de a norma se concentrar no interesse público da organização e integridade da negociação do mercado, não tendo em vista a protecção de interesses individuais.

573 Realçando a natureza instrumental das pretensões individuais em sede de defesa da concorrência, concorrência desleal e no âmbito da responsabilidade por informações no mercado de valores mobiliários, nos termos do §§ 37 b e 37 c do WpHG, em relação à protecção do interesse público, DÖRTE POELZIG, *Normdurchsetzung durch Privatrecht*. Tübingen: Mohr Siebeck, 2012, pp. 398 e segs.

574 FERREIRA DE ALMEIDA, *As transacções por conta alheia... cit.*, p. 293.

575 FAZENDA MARTINS inclui o dever de defesa do mercado entre os "deveres gerais", por contraposição aos que assumem a natureza de deveres perante os clientes ou perante um qualquer participante no mercado – *Deveres dos intermediários financeiros... cit.*, p. 334. BRANDÃO DA VEIGA parece sustentar a ideia de que o dever de defesa do mercado protege os investidores – v. *Crime de Manipulação, Defesa e Criação de Mercado*. Coimbra: Almedina, 2001, pp. 169 a 174.

funcionamento do mercado o móbil da consagração do dever de defesa do mercado pelo intermediário financeiro. Este dever não tem assim por fito promover a regular formação individual da vontade do investidor ou mesmo proteger os interesses patrimonais individuais dos investidores Ora, apresentando-se a protecção do público investidor como objectivo da consagração do dever de defesa do mercado, não podemos concluir ter ela em vista a protecção dos interesses individuais dos investidores na correcta formação da sua vontade individual ou na tutela do seu património.

No entanto, o interesse no regular funcionamento do mercado não é um mero interesse abstracto. Deste interesse participam os investidores, pois o bom funcionamento do mercado é condição de uma regular formação de preços, para além de promover a confiança dos investidores. Por isso, perguntar-se-á se não será possível reconhecer pretensões indemnizatórias aos investidores *instrumentalmente* ligadas ao regular funcionamento do mercado.

Sublinhe-se que estas pretensões indemnizatórias não teriam por objectivo proteger o interesse individual do investidor em si mesmo, antes servindo a protecção das posições individuais do investidor de instrumento de defesa do regular funcionamento do mercado. Não obstante, como veremos, as pretensões indemnizatórias em matéria de informação no Direito dos Valores Mobiliários nacional gravitam em torno da protecção de interesses individuais do investidor.

Parece, portanto, à partida, estranha ao nosso Direito dos Valores Mobiliários a consagração de pretensões indemnizatórias para a protecção do interesse público.

Contudo, caberá perguntar se a prossecução do fins públicos que inspiram o Direito dos Valores Mobiliários justificaria a atribuição de direito a indemnização aos investidores. Seria então o interesse público a nortear o reconhecimento de posições individuais aos investidores. O problema em causa reside, deste modo, na avaliação da importância do reconhecimento dos direitos indemnizatórios dos investidores enquanto instrumentos da protecção do interesse do público investidor. Por outras palavras, julgamos não estar em jogo a aferição da recondução da tutela dos interesses individuais dos investidores ao âmbito de protecção da norma, mas sim a apreciação do relevo do reconhecimento de pretensões indemnizatórias aos investidores na realização do interesse público de protecção do público investidor.

Esta perspectiva adquiriu relevo na jurisprudência norte-americana nos anos 40, 50, 60 e princípios dos anos 70 do século XX, no contexto do reconhecimento de *implied causes of action* no âmbito de leis mobiliárias, nomeadamente, do art. 10b 5 do *Securities and Exchange Act*. Assim, assumiu importância a constatação do relevo do reconhecimento do direito à indemnização na prossecução do interesse da protecção do público investidor. O reconhecimento de pretensões indemnizatórias assumiria um papel fundamental na realização desta finalidade[576], prestando-se, pois, homenagem à máxima *ubi ius, ibi remedium*.

Por isso, ainda que a norma vise a realização do interesse do público investidor e não tanto a protecção dos interesses individuais dos investidores, não está arredada a possibilidade do reconhecimento de pretensões indemnizatórias a favor dos investidores, em homenagem à promoção da realização do interesse público. Está, pois, em causa uma concepção diferente de norma de protecção[577],

[576] Vão neste sentido as considerações na opinião dissidente do Juiz Clark no caso *Baird v. Franklin* 141 F2d, pp. 244 e 245. As reflexões foram retomadas no reconhecimento da *implied cause of action* da Rule *10b* 5 SEA – v. *Fratt v. Robinson* 203 F 2d, p. 632.
Contudo, mais recentemente, tem-se vindo a salientar uma tendência mais restritiva, centrada na exigência da intenção de o legislador criar um *private right of action*. Este é um dos quatro factores considerados relevantes no caso *Cort vs. Ash* na avaliação da existência de um *private right of action*. Esta condição reflecte a preocupação da jurisprudência em não tomar em mãos uma tarefa da competência do Congresso. Neste sentido vai claramente a opinião dissidente do Juiz Powell no caso *Cannon v.University of Chicago*, que considera mesmo que algumas decisões que reconheceram um *implied right of action* violaram o princípio constitucional da separação de poderes. Este receio está igualmente bem presente no caso *Stoneridge Inv. Partners, LLC vs. Scientific Atlanta Co.*
Parece-nos, no entanto, tratar-se de um temor infundado caso se considere estar em causa, não a definição pelos tribunais do âmbito de protecção da norma, mas apenas a busca de uma maior eficácia da tutela por esta pretendida. Em sentido próximo parecem ir as considerações de Louis Loss, *Fundamentals of Securites Regulation... cit.*, pp. 1260 e 1261.
Sobre a admissibilidade da *implied cause action* no Direito mobiliário norte-americano, Louis Loss, *Fundamentals of Securities Regulation... cit.*, pp. 1217 e segs.

[577] Buxbaum, *Die Private Klage als Mittel zur Durchsetzung wirtschaftspolitischer Rechtsnormen*. Karlsruhe: Verlag C. F. Müller, 1972, p. 36, nota 63.
Trata-se de uma circunstância realçada pelo *United States District Court New York* no caso *Astor v. Texas Gulf Sulphur company*, p. 245. Aí se observa que o *private right of action* poderá fundamentar-se na circunstância de a violação de uma norma desencadear o direito a reparação dos danos sofridos pela pessoa que, ao fazer valer o seu direito, actua no seu interesse, em conformidade com o § 286 do *Restatement Second of Torts*. Mas poderá igualmente o reconhecimento de um *private right of action* alicerçar-se na preocupação de assegurar ao público investidor uma protecção completa e eficaz, dando cumprimento às metas do *Securities and Exchange Act* de 1934. São, na verdade, dois fundamentos bem distintos de pretensões indemnizatórias.
Refira-se a este propósito que a jurisprudência alemã (v. Medicus/Lorenz, *Schuldrecht II. Besonderer Teil*. 15. Auflage. München: C.H. Beck, 2010, pp. 457 e 458), com vista a delimitar o alcance da qualidade de norma de protecção, lançou mão do seguinte critério: deverá ser reconhecida a qualidade de norma de protecção onde seja de concluir que os fins públicos prosseguidos pela norma também são alcançados através da reparação dos danos sofridos na sequência da sua violação. Nesta perspectiva, seria reconhecida a qualidade de norma de protecção apenas onde se considere o remédio ressarcitório uma via igualmente adequada a alcançar a protecção do interesse público prosseguido pela norma. O critério orientador no juízo da natureza de norma de protecção de uma disposição legal reside na identificação do interesse público servido pela norma e na adequação das pretensões à sua prossecução. Parece, deste modo, que a jurisprudência apela

uma vez que o reconhecimento das posições jurídicas aos investidores não resulta da inclusão dos seus interesses individuais no âmbito tutelador da norma, antes advindo da necessidade de promoção do interesse do público investidor através do reconhecimento de direitos indemnizatórios.

Fala-se a propósito, na Alemanha, de uma interpretação funcional (*Funktionale Auslegung*) do § 823 II BGB[578]. A qualidade de norma de protecção não estaria necessariamente dependente da circunstância de os interesses individuais virem compreendidos no fim de protecção da norma.

Bastaria que o reconhecimento de pretensões jurídicas individuais contribua para a realização do interesse público pretendido pela norma. Desta forma, uma norma que intente a protecção do mercado como instituição poderá ser havida como norma de protecção segundo o § 823 II onde reconheça às pretensões indemnizatórias dos particulares uma função necessária na prossecução do inte-

à identificação do interesse público que a norma pretende atingir e à verificação da possibilidade de as pretensões indemnizatórias se revelarem adequadas a servir o interesse público que a norma intenciona tutelar.

Pensamos que o critério descrito no parágrafo anterior não equivale a uma instrumentalização das pretensões indemnizatórias à prossecução do interesse público. Na verdade, trata-se de uma tentativa de circunscrever o conceito de norma de protecção de interesses individuais em face das dificuldades advenientes do critério do fim da norma. Pretende-se, pois, delimitar as normas protectoras dos *interesses individuais* através da avaliação da aptidão do ressarcimento dos danos para protecção do interesse público intencionada pela norma.Não cremos que se possa dizer que o reconhecimento de pretensões indemnizatórias seja por este critério estritamente instrumentalizado à prossecução do interesse público tutelado pela norma. Em suma, pensamos que a utilização deste critério na jurisprudência alemã ainda se move na contraposição entre protecção institucional (*Institutionalschutz*) e protecção individual (*Individualschutz*).

No entanto, a possibilidade de utilização deste critério para a delimitação da figura da norma de protecção fornece um argumento a favor da admissibilidade de pretensões indemnizatórias estritamente instrumentalizadas à protecção do interesse público visado pela norma. Na realidade, se a lei permite que o ressarcimento dos interesses individuais seja delimitado pela aptidão do ressarcimento desses interesses para a satisfação do interesse público que a norma tem em vista proteger, também deverá permitir o reconhecimento de pretensões indemnizatórias que estritamente tenham em vista uma mais eficaz protecção do interesse público visado, como sucede com as normas que visem a protecção do público investidor v.em texto.

[578] Dörte Poelzig, *Normdurchsetzung durch Privatrecht... cit.*, pp. 488 e segs. Como nota a Autora, já Raiser, admitindo pretensões indemnizatórias funcionalizadas à prossecução do interesse público, considerava o § 823 II uma porta de entrada a este tipo de pretensões. Igualmente vendo no § 823 II uma disposição capaz de comportar pretensões indemnizatórias funcionalizadas à prossecução do interesse público no início dos anos 70 do século XX, Buxbaum, *Die Privatklage... cit.*

Admitindo uma acção dos privados para prossecução do interesse público (*actio pro institutione*), não apelando para o efeito a uma interpretação funcional do § 823 II, mas sugerindo antes uma faculdade de acção autónoma, Fikentscher, *Wirtschaftsrecht*. Band II. Deutsches Recht. München: C.H. Beck, 1983, pp. 527 e segs.

resse público tutelado pela norma[579]. O direito à indemnização dos particulares apresentar-se-ia, deste modo, como instrumento necessário à realização da protecção do mercado[580].

Admitida uma interpretação funcional do art. 483º/1, 2ª parte CC, no sentido que acabámos de referir, seria possível reconhecer ao art. 311º CVM a natureza de uma norma de protecção, ainda que não seja possível incluir interesses individuais no seu âmbito de protecção.

A esta circunstância não fará óbice, segundo pensamos, o princípio do não ressarcimento de interesses puramente patrimoniais no âmbito delitual. Na verdade, consistindo a interpretação funcional do art. 483º/1, 2ª parte, no reconhecimento das pretensões indemnizatórias como instrumentos de realização do interesse público protegido pela norma, não nos parece que uma tal interpretação seja susceptível de contradizer a opção fundamental no sentido de confiar ao legislador a selecção dos bens jurídicos protegidos pela responsabildade civil delitual. Não está em jogo a tutela de interesses individuais autonomamente considerados, mas sim a protecção dos interesses individuais enquanto instrumento ao serviço do interessse público protegido pela norma. O que significa que uma tal protecção só será reconhecida na medida do necessário à tutela deste interessse. Por outras palavras, neste quadro, a tutela delitual não comporta, como consequência, o reconhecimento da delimitação dos bens jurídicos protegidos pelo instituto da responsabilidade civil delitual como tarefa do poder judicial. O bem jurídico protegido pela norma não se identifica com os interesses individuais, mas sim com o interesse público. O reconhecimento de pretensões indemnizatórias individuais mais não é do que um meio de prossecução do bem jurídico de natureza pública que a lei visa alcançar[581]. Esta ideia tem, como veremos, importantes consequências ao nível da determinação do dano indemnizá-

[579] Neste sentido, Dörte Poelzig, *Normdurchsetzung durch Privatrecht... cit.*, p. 491.

[580] Neste sentido, Dörte Poelzig, *Normdurchsetzung durch Privatrecht... cit.*, p. 491.

[581] Di Majo refere o recurso pela jurisprudência germânica, em razão das dificuldades associadas à determinação do fim de protecção da norma, a avaliação da utilidade das pretensões indemnizatórias na prossecução do resultado pretendido pela norma. O Autor considera que seria provavelmente ir longe demais dizer que um mecanismo clássico de natureza civilística como a responsabilidade civil seria neste contexto utilizado para proteger interesses de carácter geral – v. *Il problema del danno al patrimonio.* "RCDP" 1984, p. 311.
Pensamos que assiste razão ao Autor italiano. Como já tivemos ocasião de o dizer, a referida jurisprudência alemã, tendo por finalidade responder às dificuldades ligadas ao critério do fim de protecção da norma, procura avaliar a qualidade da norma de protecção de interesses individuais em atenção à utilidade do reconhecimento de direitos de indemnização de interesses individuais em função dos resultados pretendidos pela norma. Diversamente, uma concepção funcional das normas de protecção implica uma modelação das pretensões indemnizatórias pelo interesse público protegido pela norma.

vel. Realce-se a circunstância de estar em causa o apuramento da necessidade do reconhecimento das pretensões indemnizatórias na prossecução do interesse público e não a ponderação da possibilidade de ressarcimento dos prejuízos individualmente sofridos na sequência da afectação de interesses puramente patrimoniais do lesado. Não se intenta avaliar a intenção normativa de protecção de interesses individuais, mas antes se cuida de ajuizar a importância do reconhecimento das pretensões indemnizatórias na realização do interesse público.

Em suma, em direcção diversa à que ocorre no quadro da apreciação da qualidade de norma de protecção de interesses individuais, em que se busca a verificação da tutela dos interesses individuais a par da protecção do interesse público, no âmbito da aceitação de uma interpretação funcional do art. 483º/1, 2ª parte, as pretensões indemnizatórias procuram servir a realização do interesse público[582].

Assim sucede, segundo cremos, em matéria de protecção do interesse do mercado, em que o reconhecimento de pretensões indemnizatórias aos sujeitos afectados poderá ter um papel decisivo na tutela do interesse público do regular funcionamento do mercado. Com efeito, como melhor veremos, a perspectiva funcional assumirá especial interesse no âmbito do Direito da Concorrência e no âmbito do Direito dos Valores Mobiliários[583].

Observada a possibilidade de ressarcimento dos investidores sob esta perspectiva, não assumiria qualquer relevância a apreciação do acolhimento dos interesses individuais no perímetro de protecção do art. 311º CVM. Torna-se antes decisiva a avaliação da adequação e da necessidade das pretensões ressarcitórias em vista da prossecução do interesse do público investidor.

Deparamos assim, como já referimos, com uma concepção de norma de protecção diferente da que correntemente é apontada à figura das normas de protecção. Com efeito, encontrando-se a delimitação da qualidade de norma de protecção centrada no binómio Instituição/pessoa[584], os esforços da doutrina e da jurisprudência desenvolvem-se no sentido de apreciar se, entre os fins visados pela norma, se encontra, a par da tutela do interesse público, a protecção de interesses individuais que possam ser atingidos por essa violação. Diversamente, na perspectiva que temos vindo a desenvolver, a qualidade de norma de protec-

[582] Dörte Poelzig parece traduzir esta ideia ao citar Schmiedel, o qual salienta que a protecção do titular do direito à indemnização "não é intencionada ao lado de algo diverso, mas antes em benefício deste" – *Normduchsetzung durch Privatrecht... cit.*, p. 491.

[583] Este aspecto é posto em evidência por Dörte Poelzig, *Normdurchsetzung durch Privatrecht... cit.*, p. 491.

[584] V. Buxbaum, *Die Private Klage... cit.*, pp. 30 e segs.

ção assenta na relevância das pretensões indemnizatórias enquanto instrumento de realização do interesse público que à norma subjaz. As pretensões indemnizatórias auxiliariam na realização do interesse público. O Direito dos Valores Mobiliários é um domínio onde a protecção do bom funcionamento do mercado assume um papel decisivo na promoção da confiança do públlico investidor e na captação de poupanças para investimento no mercado de valores mobiliários, sendo, simultaneamente, condição de uma eficiente alocação de recursos.

Estas circunstâncias justificariam, quanto a nós, o recurso à responsabilidade civil como instrumento coadjuvante na prossecução do interesse público. Assim se pretende dar pleno cumprimento aos desígnios que inspiram a legislação mobiliária[585].

O papel que à responsabilidade civil cabe na prossecução do interesse público parece surgir bem evidente ao sublinhar-se a circunstância de a responsabilidade civil em matéria de informação divulgada no mercado assumir a natureza de sucedâneo de um controlo por parte da entidade de supervisão orientado à apreciação do mérito da informação divulgada. Com efeito, os poderes de supervisão da CMVM não envolvem uma apreciação da bondade económica das operações, nem a sua intervenção implica qualquer garantia sobre a qualidade da informação[586]. Deste modo, a responsabilidade civil parece talhada a complementar a natureza limitada da intervenção da entidade de supervisão na prossecução do interesse público[587]. Pensamos, portanto, que a natureza complementar da responsabilidade civil por prospecto relativamente aos poderes de supervisão da CMVM exige uma comunhão de finalidades. Ora, os poderes atribuídos à CMVM têm por objectivo a promoção dos mercados através da protecção do público que

[585] Igualmente no domínio do Direito da Concorrência a relevância social do direito à indemnização justifica o uso de pretensões privadas para prossecução de interesse público da liberdade de concorrência.

[586] Este ponto tem sido salientado na doutrina nacional – veja-se ANDRÉ FIGUEIREDO, *A informação difundida no mercado de valores mobiliários e os poderes da CMVM ... cit.*, p. 77, PAULO CÂMARA, *Os deveres de informação e a formação dos preços no mercado de valores mobiliários.* "Cadernos do Mercado de Valores Mobiliários" nº 2 (1º semestre de 1998), p. 91, e PAZ FERREIRA, *A informação no mercado de valores mobiliários.* In AAVV, "Direito dos Valores Mobiliários". Vol. III. Coimbra: Coimbra Editora, 2003, p. 152. Também ASSMANN acentua esta mesma ideia em *Civil liability for the prospectus... cit.*, pp. 174 e 180.

[587] Neste sentido, ASSMANN qualifica a responsabilidade civil por prospecto como um "equivalente funcional" a um controlo material por parte da entidade de supervisão – v. *Civil liability for the prospectus... cit.*, p. 174. O Autor reitera esta mesma ideia na p. 180.
Igualmente realçando o papel da responsabilização pela deficiência das informações no sentido de "acautelar a materialidade do preço" tarefa que não pode ser garantida pela CMVM, PAULO CÂMARA, *Os deveres de informação e a formação de preços no mercado de valores mobiliários... cit.*, p. 91.

neles participa[588], pelo que o mesmo escopo deve ser prosseguido pelo instituto da responsabilidade civil.

Com efeito, por exemplo, como adiante estudaremos, a responsabilidade civil por prospecto assume relevância como instrumento de promoção do interesse público da eficiência do mercado, não só na medida em que surge como importante estímulo à confiança dos investidores (pela correcção da inadequada formação de preços precipitada pela deficiência da informação), mas também porquanto se apresenta como mecanismo de prevenção de divulgação de informação deficiente, pois coloca nas mãos dos lesados um mecanismo de reacção à divulgação de informações defeituosas, assim incentivando a qualidade da informação divulgada, necessária à regular formação de preços no mercado.

Por outro lado, estudos empíricos têm posto em evidência a importância das acções privadas no desenvolvimento do mercado de valores mobiliários[589]. A existência do controlo público não prejudica a relevância do reconhecimento dos direitos a indemnização na prossecução do interesse público.

Pensamos que as considerações acabadas de tecer em sede de responsabilidade por prospecto nos permitem identificar um pendor de tutela do interesse público associado à responsabilidade civil no Direito dos Valores Mobiliários. Deste modo, no âmbito do reconhecimento de pretensões indemnizatórias, esfumar-se ia a relevância da orientação da norma no sentido da protecção dos interesses individuais, passando a assumir natureza determinante a importância da contribuição desse reconhecimento para a promoção do interesse público do regular funcionamento do mercado.

[588] PEDRO DE ALBUQUERQUE/MARIA DE LURDES PEREIRA, *A responsabilidade civil das autoridades reguladoras e de supervisão por danos causados a agentes económicos e investidores no exercício de actividades de fiscalização ou investigação.* "O Direito", 2004, p. 93.

[589] V. LA PORTA, RAFAEL/LOPEZ DE SILANES, FLORENCIO/SHLEIFER, ANDREI, *What works in securites laws?* Tuck School of Business Working Paper 03/22: Net: http://papers.ssrn.com/sol3/papers.cfm?abstract_id=425880. Tenham-se, no entanto, em consideração as reflexões de COFFEE sobre a restrita eficácia compensatória e preventiva das *class actions* nos EUA (*Law and Market. The Impact of Enforcement.* Columbia Law and Economics Working Papers. Working Paper nº 304. March 7 2007. Net: http://papers.ssrn.com/sol3/papers.cfm?abstract_id=967482, pp. 66 e segs. O Autor sustenta que a responsabilidade deveria impender sobre os administradores e os profissionais externos que examinam ou certificam a informação dada pelas sociedades, jogando a sua reputação (os chamados *gatekeepers*) e não sobre a própria sociedade, por forma a evitar que as indemnizações sejam em última instância suportadas pelos accionistas. O Autor salienta, no entanto, ser necessária uma intervenção legislativa, uma vez que o Supremo Tribunal tem entendido não se encontrarem abrangidas no § 10(b) do *Securities and Exchamge Act* as situações de cumplicidade (*aiding and abetting*). Sobre este problema, v. LOUIS LOSS. *Fundamentals of Securities Regulation... cit.*, pp. 1313 e segs. – V. *Central Bank of Denver vs. First Central interstate Bank of Denver* (511 US 164) que veio a recusar a inclusão do *aiding and abetting* no § 10(b) do *Securites and Exchange Act.*

Ora, no âmbito do art. 311º CVM está em causa a protecção do interesse do público investidor no regular funcionamento do mercado e não a tutela de interesses individuais. Isto não equivale, como temos vindo a defender, a arredar a possibilidade de tutelar os investidores através do reconhecimento do direito a indemnização. O interesse público será mais eficazmente defendido se forem reconhecidas pretensões indemnizatórias aos lesados. Assim sendo, a violação do dever de defesa do mercado imposto aos intermediários financeiros apenas seria apta a fundamentar uma obrigação de indemnizar se considerarmos que o direito de obter a indemnização está ao serviço do interesse público, não tendo por fito o ressarcimento dos danos resultantes da lesão dos interesses individuais dos investidores.

Estaria em jogo a apreciação da aptidão das pretensões indemnizatórias para servir o interesse público. Mais do que julgar a adequação do ressarcimento dos interesses individuais à prossecução do interesse público protegido pela norma, como propõe alguma jurisprudência alemã, trata-se de confiar às pretensões indemnizatórias dos particulares a realização do interesse público[590]. Não se trata de conferir ao interesse público prosseguido pela norma a missão de pautar a discriminação dos interesses individuais susceptíveis de serem ressarcidos em caso de violação da norma[591]. Vai-se mais além, funcionalizando os direitos a indemnização à realização do interesse público pretendido pela norma, independentemente de a norma proteger interesses individuais.

Já tivemos oportunidade de referir os cuidados a ser postos na identificação de situações que podem dar origem a obrigações de indemnizar, procurando evitar a descaracterização da opção fundamental do legislador em matéria de responsabilidade civil, no sentido de não confiar ao julgador a selecção dos interesses susceptíveis de gerar a obrigação de indemnizar. Pensamos que, não estando em causa a tutela de interesses individuais, pretendendo-se antes tutelar eficazmente o interesse público ínsito na norma, não sairá beliscada a escolha do Direito português no sentido de atribuir à lei a escolha dos bens jurídicos objecto de protecção delitual. Trata-se, como temos vindo a dizer, de utilizar a responsabilidade civil como instrumento de protecção do interesse público que o legislador pretende tutelar. O interesse público já foi olhado como critério apto a delimitar o círculo de interesses individuais protegidos pela norma, através da apreciação da aptidão do ressarcimento dos danos resultantes da lesão de interesses individuais para a satisfação do interesse público inspirador da norma[592]. Não repugnará,

[590] V. supra, nota 577.

[591] V. supra, nota 577.

[592] V. supra, nota 577.

assim, reconhecer pretensões indemnizatórias destinadas à prossecução do interesse público.

Esta perspectiva, olhando as pretensões indemnizatórias individuais enquanto instrumento ao serviço do interesse público, filia-se no modelo das chamadas acções *qui tam* do Direito norte-americano[593]. Com efeito, o *False Claims Act* reconhece aos particulares (os chamados *whistleblowers*), que tenham conhecimento de uma fraude em prejuízo do Tesouro público, a faculdade de, em representatção do Estado, accionarem os responsáveis, exigindo a compensação a favor do Estado. Tal como sucede nestes casos a acção de indemnização dos investidores é um instrumento de realização do interesse público. No entanto, ao contrário do que sucede nas acções *qui tam*, não é o Estado o titular do direito à compensação, mas sim os investidores. Como vimos, o mercado não goza de personalidade jurídica, sendo titulares do direito à indemnização os que nele participam.

Acreditamos que a opção do legislador por uma atitude em princípio restritiva em matéria de indemnizabilidade de interesses puramente patrimoniais não constitui impedimento a uma interpretação funcional do art. 483º/1, 2ª parte, nos termos expostos. Ponto é, na verdade, que as pretensões indemnizatórias sirvam a prossecução do interesse público. Contudo, a sua admissibilidade no nosso ordenamento jurídico positivo não poderá ter-se por aceite sem mais. Devemos averiguar se o nosso Direito da responsabilidade civil admite em geral pretensões indemnizatórias instrumentais à realização do interesse público protegido pela norma ou se, pelo contrário, o reconhecimento de pretensões indemnizatórias dessa natureza se encontra dependente de um regime especial nesse sentido. Como veremos, um regime geral da responsabilidade civil onde se reserve um papel primordial à função compensatória da responsabilidade civil, não comportará pretensões indemnizatórias instrumentais à realização do interesse público sem a consagração de um regime especial. Esta uma questão para a qual reservaremos considerações posteriores.

2.3. A protecção da liberdade de decisão jurídico-negocial e do património pelas normas de comportamento do intermediário financeiro

Uma vez estudada a distinção entre as normas de protecção de interesses individuais e as normas de protecção olhadas sob o prisma funcional, retomemos a discussão em torno da possibilidade de tutela delitual do interesse individual da liberdade contratual do investidor individual por recurso às normas de protecção. Recordamos que a liberdade contratual se identifica com um interesse de

[593] Fisch, *Class action reform,* qui tam *and the role of the plaintiff.* "Law and Contemporary Problems." Vol. 60, nº 4, 1997, pp. 184 e segs. Na linha da acção *qui tam* vem igualmente a acção popular para tutela de interesses gerais e difusos.

natureza não patrimonial, por contraposição ao interesse patrimonial ligado à protecção do património do investidor individual.

A tutela delitual do interesse individual da regular formação da vontade do investidor depende, desde logo, como temos vindo a referir, da circunstância de a norma se dirigir à tutela de interesses individuais dos investidores, pois de outro modo correr-se-ia o risco de trair o princípio protector da liberdade de acção sobre o qual recaiu a opção do Código Civil, ao reservar ao legislador o juízo sobre a selecção dos bens protegidos pela responsabilidade delitual.

Tomemos as recomendações de investimento provenientes de intermediário financeiro ou de pessoas que para eles trabalhem. As recomendações de investimento dirigem-se a um conjunto indeterminado de destinatários[594].

Uma vez que o art. 304º-A CVM prescinde da intercessão de uma ligação especial entre o intermediário financeiro e o lesado, a violação das normas sobre recomendações de investimento da responsabilidade de intermediários financeiros poderá constituir fundamento de responsabilidade do intermediário financeiro perante qualquer investidor. Aqui chegados, coloca-se o problema da inclusão dos *interesses individuais* dos investidores no perímetro de protecção das normas. O carácter genérico das recomendações de investimento gera dúvidas sobre a recondução dos interesses individuais dos investidores ao escopo protector das normas. Será por isso legítimo questionarmo-nos sobre a recondução dos interesses individuais do investidor ao âmbito protector das normas.

Na realidade, o objectivo das normas poderá consistir na protecção do público investidor, surgindo então a indemnização como um mero instrumento ao serviço do eficiente funcionamento do mercado. Se assim concluirmos, as normas não incluirão a tutela do interesse individual do investidor, consista este na regular formação da vontade ou na protecção do seu património. Vejamos então se a interpretação das normas que regem os conflitos de interesses e operações pessoais em matéria de recomendações de investimentos nos permite incluir o interesse individual do investidor no seu âmbito protector.

A exposição de motivos da Directiva 2004/39/CE, cuja transposição serviu de mote à introdução dos arts. 309º e segs. no CVM, refere, em vários dos seus pon-

[594] A indeterminação dos destinatários caracteriza as recomendações de investimento, marcando a distinção da consultoria para investimento, prestada em base individual, a pessoas determinadas. A consultoria para investimento pressupõe uma relação de clientela – v. Sofia Nascimento Rodrigues, *Aspectos jurídicos da actividade e dos relatórios de análise financeira (research)*. "Cadernos do Mercado de Valores Mobiliários" nº 14 (Agosto de 2002), p. 102, e Lucena e Vale, *Consultoria para investimento em valores mobiliários*. In AAVV, "Direito dos Valores Mobiliários". Vol. V. Coimbra: Coimbra Editora, 2004, p. 365. A lei contempla expressamente a hipótese de a recomendação de investimento se dirigir aos clientes do intermediário financeiro, desde que não seja prestada em base individual.

tos como duplo objectivo que presidiu à sua criação, a protecção dos investidores e do regular funcionamento do mercado. O contexto que rodeia o art. 309º-D parece assim apontar para a protecção dos interesses individuais, o que lido em conjunto com o art. 304º-A/1 nos leva a reconhecer ao art. 309º-D a qualidade de norma de protecção de interesses individuais.

Por outro lado, para que a livre formação da vontade seja protegida, deverá o interesse na regular formação da vontade estar entre os "interesses protegidos pela norma[595]. Com efeito, apesar de a norma compreender a tutela de interesses individuais do investidor, poderá não abranger especificamente o interesse da regular formação da vontade de contratar. Concluir-se-á nesta hipótese que, pese o facto de a norma visar proteger interesses individuais dos investidores, o interesse da regular formação da vontade não está compreendido no seu âmbito protector. É possível, de facto, que a norma tenha por finalidade a protecção dos interesses patrimoniais individuais do investidor e não a sua vontade de contratar.

Como é sabido, no quadro de um mercado eficiente, o preço espelha a informação divulgada, independentemente de o investidor ter por si mesmo procedido a qualquer avaliação da relação risco/rendimento[596]. Concluir-se-á que o bem jurídico protegido pela responsabilidade delitual no mercado de capitais reside na protecção do património do investidor[597].

Onde se não possa identificar uma ligação especial contratual ou pré-contratual não está, como vimos, afastada a possibilidade de o lesado exigir o ressarcimento dos danos por ele individualmente sofridos. Assim, quanto à questão da responsabilidade civil dos intermediários financeiros por recomendações de investimento, relembramos que estas se direccionam a destinatários indeterminados. Estes destinatários poderão ser os clientes do intermediário financeiro ou o público em geral. Salientámos igualmente que as normas que regulam os conflitos de interesses ou operações pessoais poderão ser consideradas normas de protecção de interesses individuais. Resta então apurar se a correcta formação da vontade do investidor individual é o bem jurídico por elas protegido. As recomendações de investimento integram um conceito amplo de informação, sendo susceptíveis de influenciar a regular formação de preços.

595 Note-se que a dúvida sobre a possibilidade da regular formação da vontade do investidor individual vir compreendida no âmbito de protecção da norma, não se colocará nos casos em que as normas impostas ao intermediário financeiro se destinem a evitar o uso de informação privilegiada, como sucede nas situações previstas no nº 3 do art. 309º-D. Neste caso, a preocupação do legislador não se prende com a qualidade da informação, mas antes com a confiança dos investidores no funcionamento do mercado com base em informação relevante tornada pública.

596 HELLGARDT, *Kapitalmarktdeliktsrecht... cit.*, p. 171.

597 HOPT/VOIGT, *Empfehlungen... cit.*, pp. 3 e 4. *Grundsatz-und Reformprobleme... cit.*, pp. 90, 139 e segs., e HELLGARDT, *Kapitalmarktdeliktsrecht... cit.*, p. 172.

Recordemos que, no quadro de um mercado eficiente, o preço espelha a informação aí divulgada, independentemente da apreciação individual por parte do investidor da relação risco/rendimento inerente ao valor mobiliário. Somos deste modo forçados a recusar a possibilidade de surpreender na regular formação da vontade individual do investidor o bem jurídico protegido. Tendo em conta que uma interpretação apoiada no elemento sistemático nos leva a admitir a inclusão dos interesses individuais no âmbito protector da norma, o bem jurídico individual protegido será o património do investidor.

As considerações anteriores, assentes nas premissas da *Efficient Capital Market Hypothesis*, reclamam o apartamento das normas relativas a informações dirigidas ao público investidor da tutela da correcta formação da vontade individual. Pensamos que esta conclusão é válida para qualquer tipo de informação dirigida a destinatários indeterminados que seja susceptível de influenciar a formação de preços no mercado. Sendo abrangido no círculo de protecção da norma o interesse individual do investidor, ele não se poderá identificar com o interesse da correcta formação da vontade, mas antes com o interesse da protecção do património individual do investidor.

Contra a possibilidade de qualificar normas de conduta dos intermediários financeiros como normas de protecção poder-se-ia invocar a vocação do direito delitual para proteger "um estático *statu quo*"[598] e não tanto a dinâmica da vida presente na interacção entre os sujeitos[599]. Contudo, a actual economia de massas demanda uma responsabildade delitual apta a fundamentar condutas capazes de determinar o sentido das decisões de outros sujeitos no tráfico jurídico-negocial[600].

Pensamos igualmente, como teremos oportunidade de desenvolver, ser o Direito delitual sede adequada ao tratamento da responsabilidade civil por informações divulgadas no mercado. Contudo, temos de ter presente que a formação de preços no quadro da doutrina da *Efficient Capital Market Hypothesis* não deixa espaço a uma interpretação que eleja a formação da vontade do investidor como bem jurídico protegido.

Em suma, onde as informações se dirijam ao mercado, não será possível identificar a formação da vontade como bem jurídico protegido, tendo em atenção a especificidade do modo de formação de preços no mercado de valores mobiliá-

[598] CARNEIRO DA FRADA, *Teoria da Confiança... cit.*, p. 203.

[599] Neste sentido, CARNEIRO DA FRADA, *Teoria da Confiança... cit.*, p. 203 e nota 159.

[600] Chamando a atenção para circunstância de a responsailidade delitual ter abandonado a estrita protecção de um estático *statu quo* patrimonial, estando "ao serviço de uma dinâmica de coexistência e de integração comunitárias e da própria integração de expectativas", ADELAIDE MENEZES LEITÃO, *Normas de Protecção... cit.*, p. 483.

rios. Por conseguinte, ainda que seja possível concluir no sentido da qualidade de norma de protecção de interesses individuais do preceito violado, o interesse individual protegido irá surpreender-se na protecção do património do investidor, não sendo possível identificá-lo na correcta formação da vontade. Recorde-se que onde o reconhecimento de pretensões indemnizatórias seja apenas um instrumento ao serviço do interesse público, não será possível afirmar-se a tutela de interesses patrimoniais individuais.

Pelo contrário, no que respeita aos deveres de conduta dos intermediários financeiros, verificamos que os deveres de informação em face do cliente ou do potencial cliente se enquadram numa relação contratual ou pré-contratual, dirigindo-se a um investidor concreto e não ao público investidor. Por este motivo, será possível aí identificar formação da vontade como bem jurídico tutelado. Vejamo-lo mais de perto no parágrafo seguinte.

§ 2. A protecção da vontade do investidor individual no âmbito da responsabilidade contratual

1. As obrigações de informação e de conselho do intermediário financeiro perante o cliente como deveres de prestar e não como meros deveres laterais

Já no âmbito dos deveres de informação e de assistência impostos aos intermediários financeiros nas relações com os seus clientes, uma vez que são prestados em base individual, em atenção à situação concreta do cliente, dirigem-se à protecção da correcta formação da vontade do investidor individual, sendo enquadráveis no contrato entre o intermediário financeiro e o cliente[601].

A sua violação no quadro de contrato entre o intermediário financeiro e o cliente fundamenta uma responsabilidade de natureza contratual. Com efeito, os deveres de informação no âmbito da relação do intermediário financeiro com o cliente são deveres dirigidos à realização do interesse do investidor. Vimos anteriormente que a função jurídico-económica da intermediação financeira consiste em proporcionar ao investidor a real possibilidade de tomar uma decisão esclarecida, capaz de satisfazer os seus interesses. Deste modo, os deveres de informação não traduzem meros deveres de protecção do património do cliente, estando antes orientados à prossecução positiva do interesse do investidor. Dado que os

[601] Repare-se que os deveres de informação do intermediário financeiro que aqui temos em vista são os denominados "deveres de informação prévia" em relação ao investimento (expressão de Castilho dos Santos, A *Responsabilidade Civil dos Intermediário Financeiro... cit.*, p. 141) e não os "deveres de informação sucessiva" (novamente, expressão de Castilho dos Santos, *A Responsabilidade Civil do Intermediário Financeiro... cit.*, p. 140). Estes, como refere o Autor, são deveres dos intermediários financeiros destinados a permitir a satisfação dos seus clientes e a preservar os seus clientes de danos.

deveres legais, entre os quais os deveres de informação, integram por determinação da lei o conteúdo obrigatório do contrato de intermediação (art. 321º-A/1, al. d)), representam obrigações em sentido técnico, assumindo a natureza de deveres de prestar[602]. Os deveres de comportamento integram o contrato de modo que a sua inobservância determina o incumprimento. O compromisso contratual não representa, assim, um mero "facto jurídico não negocial", como sucede no contexto dos deveres de protecção da integridade, mas antes releva enquanto acto de autonomia privada[603].

Observe-se que se na ausência de semelhante disposição legal ou disposição contratual consagradora dos deveres de informação, concluíssemos que os deveres de informação não incorporariam o compromisso negocial[604] – o que não nos parece defensável, dada a referida finalidade que configura tipicamente os contratos de intermediação financeira[605] – estariam compreendidos entre os deveres laterais dirigidos à realização *positiva* do interesse do investidor e não entre os deveres de protecção. Queremos dizer que, mesmo que não revestissem a qualidade de obrigações em sentido técnico, assumiriam a natureza de deveres laterais

[602] Neste sentido, CASTILHO DOS SANTOS, *A Responsabilidade Civil do Intermediário Financeiro... cit.*, pp. 180 e 181. Na Alemanha, BENICKE enquadra a violação dos deveres de comportamento na deficiente realização da prestação. Todavia, o Autor rejeita identificar no cumprimento defeituoso do contrato de gestão de carteira pelo intermediário financeiro uma violação do dever primário de prestação, assim não encarando a indemnização como sucedâneo da prestação. O cliente apenas pretenderia ressarcir os danos resultantes do deficiente cumprimento da prestação – v. *Wertpapiervermögensverwaltung... cit.*, pp. 814 e 815.

[603] CARNEIRO DA FRADA, *Contrato... cit.*, p. 97, nota 187.

[604] Não seria necessário que obrigações de informação resultassem de forma expressa do acordo contratual, bastando que se pudesse concluir por interpretação do contrato a inclusão de tais obrigações no seu conteúdo.

[605] Como refere CARNEIRO DA FRADA, na hipótese de o interesse do credor na prestação se encontrar compreendido no conteúdo da vinculação negocial, seja por acordo das partes quanto a essa finalidade, seja em resultado da representação típica do contrato em causa, os deveres necessários para alcançar esse objectivo constituem verdadeiros deveres de prestar – v. *Contrato... cit.*, p. 41, nota 70.
Vertendo estas considerações para o problema da natureza dos deveres de informação dos intermediários financeiros perante os clientes, dever-se-á ter em consideração que a finalidade típica da intermediação financeira consiste em dotar o investidor da efectiva possibilidade de tomar uma decisão esclarecida, susceptível de servir os seus interesses no complexo mercado de capitais. Sendo os deveres de informação necessários para atingir este desiderato, eles assumiriam natureza de deveres de prestar, mesmo que não integrassem expressamente o conteúdo do acordo negocial.

de conduta orientados à satisfação do interesse do investidor na prestação[606-607]. Não se traduziriam em deveres laterais de protecção, mas em deveres laterais finalizados à realização do interesse na prestação[608].

Não obstante, como começámos por referir, consideramos que os deveres informativos do intermediário financeiro perante o seu cliente assumem a natureza de deveres de prestar. A inclusão dos deveres legais no âmbito do compromissso negocial reforça a certeza jurídica, dando ao mesmo tempo expressão à importância dos deveres impostos pela lei aos intermediários financeiros na efec-

[606] Entre os deveres laterais podemos distinguir os que se dirigem à realização positiva do interesse do credor na prestação dos que têm em vista a protecção dos interesses pessoais ou patrimoniais do credor, a que se dá nome de normas de protecção.
Referindo-se à distinção entre os deveres laterais de conduta ao serviço de uma "função auxiliar de realização positiva do fim contratual" e deveres laterais de conduta orientados à protecção da pessoa e património do credor, Carlos Mota Pinto, *Cessão da Posição Contratual* (reimpressão). Coimbra: Almedina, 1982, p. 339. Também Carneiro da Frada se refere a esta distinção, preferindo, no entanto, falar de deveres laterais que visam realizar o interesse prosseguido pelo credor com a prestação e não de deveres auxiliares na prossecução do fim contratual, invocando a necessidade de evitar a ideia de que ambas as partes estão numa posição igualitária face ao fim do contrato, podendo sugerir uma partilha igualitária de riscos advenientes da sua frustração ou perturbação – v. *Contrato... cit.*, p. 41, nota 70.

[607] Pinto Monteiro rejeita a possibilidade de as partes excluírem do contrato, não apenas os deveres essenciais do tipo contratual, mas igualmente os que cumprem uma função auxiliar na realização positiva do fim contratual – v. *Cláusulas Limitativas e de Exclusão da Responsabilidade Civil.* Coimbra: Almedina, 2003, pp. 126 e segs.

[608] Repare-se que, ao contrário dos deveres de prestação, os deveres laterais não resultam de previsão contratual expressa, da interpretação do contrato, ou da aplicação de normas de direito dispositivo. Os deveres laterais decorrem antes da aplicação do princípio da boa fé. Admite-se igualmente que os deveres laterais advenham da interpretação complementadora, baseada nos usos comerciais e nas exigências do princípio da boa fé (v. Kötz, *Vertragsrecht... cit.*, p. 487). Carlos Mota Pinto admite a possibilidade de os próprios deveres laterais de protecção se fundarem na interpretação complementadora – v. *Cessão... cit.*, p. 339. Já Carneiro da Frada recusa assentar os deveres laterais de protecção na integração do contrato, tendo em conta que a existência de uma lacuna no contrato é determinada em conformidade com o plano de regulação das partes no contrato – v. Larenz/Wolf, *AllgemeinerTeil des Bürgerlichen Rechts... cit.*, p. 542. Seguindo esta linha de pensamento, observa Carneiro da Frada que os deveres laterais de protecção não são por via de regra reclamados pela "unidade de sentido interno do acordo". O Autor considera que o interesse do credor se identifica com o interesse na prestação. Não abrange assim os deveres de protecção da integridade – v. *Contrato... cit.*, pp. 69 e segs.
Tendo em conta as considerações desenvolvidas no parágrafo anterior, a determinação dos deveres laterais orientados para a realização positiva do fim contratual envolve o recurso à integração do contrato, ampliando o leque de deveres acordados pelas partes – v. neste sentido, Carneiro da Frada, *Contrato... cit.*, p. 85. V. também, Larenz/Wolf, *Allgemeiner Teil des Bürgerlichen Rechts... cit.*, pp. 544 e 545.

tiva realização da finalidade assinalada à actividade de intermediação de suporte na realização da vontade do investidor no mercado de capitais.

O reconhecimento dos deveres de prestar tem consequências no âmbito das reacções ao seu incumprimento.

O facto de os deveres legais se identificarem com deveres de prestação arreda qualquer tipo de dúvidas sobre a possibilidade de serem objecto de uma acção de cumprimento[609].

2. A indemnização por violação das obrigações de informação e de conselho

Coloca-se o problema da apreciação da natureza do interesse prosseguido pela indemnização que o intermediário financeiro deva satisfazer perante o seu cliente em caso de violação de deveres de informação ou de conselho. Para tal, há que atender à finalidade da norma consagradora dessas obrigações[610]. Como temos vindo a referir, os deveres de esclarecimento a cargo do intermediário financeiro têm em vista assegurar as condições necessárias a uma efectiva autodeterminação do cliente no complexo mercado de valores mobiliários. Por conseguinte, a vinculação do intermediário financeiro incide, em princípio[611], sobre o correcto cumprimento das obrigações de esclarecimento e não sobre a existência dos factos descritos. Não sendo observadas as obrigações de esclarecimento ou não sendo elas correctamente cumpridas, a indemnização deve colocar o cliente na situação em que estaria se as obrigações de esclarecimento tivessem sido regularmente cumpridas.

Desta conclusão decorre, desde logo, não terem as obrigações de esclarecimento dos intermediários por escopo garantir a veracidade das circunstâncias retratadas. Não está, pois, em causa vincular o intermediário financeiro ao resultado esperado pelo seu cliente ao tomar uma determinada opção de investimento na sequência da violação ou deficiente cumprimento das obrigações de informação ou de conselho. De outro modo, transfomar-se-ia o intermediário financeiro

[609] Quanto ao problema de aplicação da acção de cumprimento aos deveres laterais v. LARENZ, *Lehrbuch des Schuldrechts.* Band I. 14. Auflage. München: C.H. Beck, 1987, p. 12, e STÜRNER, *Der Anspruch auf Erfüllung von Treue-und Sorgfaltspflichten.* "JZ" 1976, pp. 383 e segs. Entre nós, CARNEIRO DA FRADA, *Contrato... cit.*, p. 39, nota 67. Este problema liga-se, como veremos, ao papel reconhecido aos deveres de comportamento na prevenção da lesão de determinados bens jurídicos e dos danos que daí poderão resultar.

[610] OEKTER, Anotação 127 ao § 249 BGB. *Münchener Kommentar zum BGB, Schuldrecht, Allgemeiner. Teil.* 6. Auflage. München: C.H. Beck, 2012.

[611] Em princípio, uma vez que o intermediário financeiro poderá no exercício da liberdade contratual assumir a garantia pela veracidade das informações prestadas. No entanto, não é esta a normal distribuição de riscos no contrato de intermediação – v., a seguir, em texto.

em garante das vantagens patrimoniais esperadas pelo cliente em resultado da deficiente conduta informativa daquele.

A responsabilidade civil decorrente da violação das obrigações de informação e de conselho pretende colocar o cliente na situação em que estaria se tivesse sido devidamente esclarecido pelo intermediário financeiro[612].

Com efeito, se, como temos vindo a defender, tais obrigações têm em vista assegurar as condições da efectiva realização da autonomia da vontade do cliente, a sua frustração, resultante de violação dos deveres de conduta do intermediário financeiro, reclamará a indemnização pelo interesse de correcto cumprimento das obrigações de informação ou de conselho. A realização deste interesse não se confunde com o interesse de concretização das expectativas associadas à opção de investimento tomada[613].

Devemos igualmente ter presente que as obrigações de informação e de conselho do intermediário financeiro assumem a natureza de deveres de prestar, comprometidas com a realização do fim contratual de dotar os investidores de condições que lhes permitam movimentar-se de forma esclarecida no complexo mercado de valores mobiliários. Por conseguinte, a violação destas obrigações pelo intermediário financeiro que leve o cliente a uma opção de investimento diferente daquela que tomaria se tivesse sido devidamente informado ou aconselhado pelo intermediário financeiro reclamará a colocação do investidor na situação em que estaria se tivesse tomado uma decisão de investimento devidamente esclarecida pelo (correcto) cumprimento das obrigações de informação e de conselho do intermediário financeiro. Trata-se, cremos, de colocar o cliente na situação que teria desejado em face de um regular cumprimento do dever de esclarecimento, isto é, em princípio, a situação em que estaria se tivesse tomado uma opção susceptível de satisfazer os seus interesses.

Desta forma, podemos afirmar que as obrigações de informação e de conselho do intermediário financeiro, assumindo a natureza de deveres de prestar, são obrigações de orientação positiva, no sentido de dotar os investidores das condições de uma actuação esclarecida no mercado de valores mobiliários que lhes permita escolher a opção que melhor os serve.

O mesmo não se poderia dizer na hipótese de as obrigações de conduta do intermediário financeiro assumirem a natureza de meros deveres de protecção. Na realidade, os deveres de protecção têm em vista preservar o credor de danos na sua pessoa ou património no âmbito de uma ligação especial. O con-

[612] Na doutrina italiana, Lobuono, *La Responsabilità Civile degli Intermediari Finanziari*. Napoli: Edizione Scientifique Italiane, 1999, pp. 259 e segs.

[613] V. neste sentido, Paulo Mota Pinto, *Interesse Contratual Negativo e Interesse Contratual Positivo... cit.*, pp. 1384/5, nota 3907.

trato assume-se, neste quadro, como um facto jurídico não negocial[614], advindo os deveres de protecção do Direito objectivo e não da vontade das partes. Neste caso, assumindo a natureza de deveres de protecção, seriam obrigações de orientação negativa, que visam preservar o cliente de danos.

Sendo o escopo dos deveres de protecção preservar o credor do risco de danos decorrente do contacto que a relação obrigacional propicia[615], caso entendêssemos revestirem as obrigações de informação que impendem sobre o intermediário financeiro esta natureza, não se lhes poderia assinalar a finalidade de, pelo cumprimento do contrato de intermediação, tornar efectiva a possibilidade de o cliente tomar *opções de investimento* esclarecidas no mercado de valores mobiliários e que, em princípio, serviriam melhor os seus interesses e objectivos. Na verdade, aceitando-se a ideia de que os deveres de informação do intermediário perante o cliente integrariam a categoria de deveres de protecção, dever-se-ia ter presente que os deveres de informação do intermediário financeiro tencionariam apenas *evitar que o cliente, por ausência de esclarecimento, celebrasse um contrato contrário à vontade que teria se tivesse actuado de modo informado*. Por outras palavras, não estaria em causa conferir ao investidor a possibilidade de tomar uma opção de investimento que sirva os seus interesses, mas tão-somente dar-lhe condições para o preservar da celebração de um contrato não desejado.

Inscrevendo-se as obrigações de informação no âmbito dos deveres de prestar e presidindo ao contrato de intermediação a finalidade de tornar efectiva a possibilidade de o investidor tomar uma decisão esclarecida, susceptível de satisfazer os seus interesses e objectivos, devemos concluir que mais do que preservar o investidor de um contrato não desejado, se pretende evitar que o investidor, por deficiente esclarecimento, não escolha uma opção que sirva os seus interesses.

Mais do que prevenir a celebração de um contrato não desejado, os deveres de informação do intermediário visam esclarecer o investidor de modo a permitir-lhe tomar uma opção de investimento adequada aos seus interesses. Esta ideia terá importância na solução da querela em torno da aceitação de uma inversão do ónus da prova em matéria de causalidade.

3. O problema da prova do nexo de causalidade

A prova do nexo de causalidade levanta dificuldades, tendo em conta que entre a ausência do (correcto) cumprimento do dever de informar e a opção de investimento tomada pelo cliente medeia a sua vontade. Com efeito, a vontade do lesado é um facto do seu foro psíquico, não sendo aferível por um

614 CARNEIRO DA FRADA, *Contrato... cit.*, pp. 96 e 97, em especial nota 187.

615 CARNEIRO DA FRADA, *Contrato... cit.*, pp. 40 e 41.

estrito determinismo. Por isso, sugere-se, também neste âmbito, o reconhecimento da relevância do juízo de probabilidade no estabelecimento do nexo causal[616].

Embora a natureza típica do juízo de probabilidade não seja em si mesma capaz de fundamentar uma inversão do ónus da prova[617], reconhece-se a sua ligação à violação de deveres de comportamento[618], orientados ao esclarecimento do cliente. Com efeito, com a consagração de deveres de comportamento almeja-se prevenir a violação de bens jurídicos e a ocorrência de danos que daí possam advir[619]. Deste modo, em face da violação de deveres de comportamento e da ocorrência de danos que aqueles deveres têm em vista prevenir, dá-se uma facilitação da prova do nexo causal[620], podendo admitir-se, segundo julgamos, uma inversão do ónus da prova.

Pensamos que ao escopo das regras de conduta poderá estar associado um papel decisivo em sede de inversão do ónus da prova. Como acabámos de referir, a consagração de regras de agir intenciona prevenir a violação de bens jurídicos e a ocorrência de danos que resultem dessa violação. Para que esta finalidade seja alcançada, não é indiferente a distribuição do ónus da prova. Na realidade, à eficácia da consagração dos deveres de comportamento está ligada à possibilidade de sucesso em matéria da prova do nexo de causalidade[621]. Como veremos de

[616] CARNEIRO DA FRADA, *Teoria da Confiança... cit.*, pp. 626 e segs., especialmente pp. 636 e segs., e *Direito Civil... cit.*, pp. 102/3.

[617] GRIGOLEIT, *Vorvertragliche Informationshaftung Vorsatzdogma, Rechtsfolgen, Schrancken*. München: C.H. Beck, 1997, pp. 173 e 174. A natureza típica do juízo de probabilidade é decisiva na fundamentação da prova *prima facie* (*Anscheinbeweis*), mas não em sede de inversão do ónus da prova (*Beweisumkehr*). Efectivamente, na origem da inversão do ónus da prova encontram-se razões de natureza substantiva, como retrata o texto.

[618] CARNEIRO DA FRADA, *Teoria da Confiança... cit.*, pp. 636 e segs., referindo-se em geral aos danos resultantes de uma decisão precipitada pela violação de deveres de comportamento de outrem. O Autor reconduz ainda este tipo de causalidade ao paradigma naturalístico em homenagem à ideia de probabilidade. O desrespeito de deveres de comportamento teria como efeito previsível a tomada de uma decisão desfavorável do lesado. Por seu turno, uma responsabilidade fundada na protecção da confiança e não na violação de deveres de comportamento exprimiria um paradigma diverso de causalidade, assente na articulação de condutas, "na justificação prático-racional do agir". Neste âmbito, não será consentida uma facilitação da prova do nexo de causalidade em termos paralelos aos permitidos no quadro de uma violação de deveres de comportamento – *Teoria da Confiança... cit.*, p. 640, nota 691.

[619] Chamando a atenção para esta circunstância, CARNEIRO DA FRADA, *Teoria da Confiança... cit.*, pp. 628 e 629.

[620] Neste sentido, CARNEIRO DA FRADA, *Teoria da Confiança... cit.*, p. 640, nota 691.

[621] V. GRIGOLEIT, *Vorvertragliche Informationshaftung... cit.*, pp. 174 e 175.

seguida, considerações de índole preventiva assumem uma importância essencial na resolução do problema[622].

A importância de considerações ligadas ao escopo dos deveres de comportamento e à necessidade de prevenir a violação destes deveres não deve fazer perder de vista a circunstância de a aceitação de uma inversão do ónus da prova ser susceptível de permitir a transferência, em caso de incumprimento, para o obrigado ao dever de conduta de riscos cuja suportação deveria cair na esfera jurídica do lesado. Em particular, em caso de violação de regras de conduta relativas a deveres informativos, a inversão do ónus da prova poderá abrir portas à transferência do risco de tomada de uma decisão desvantajosa do credor da informação para o vinculado pela obrigação de informação.

Em face do que referimos no parágrafo anterior, impõe-se uma solução em matéria do ónus da prova do nexo de causalidade, que reflicta um equilíbrio na consideração de todas estas preocupações.

Precisamente em sede de responsabilidade por informações, surge uma discussão em torno da existência de uma verdadeira inversão do ónus da prova[623] de comportamento conforme a informação (*aufklarungsrichtiges Verhalten*).

Trata-se de uma questão muito debatida na doutrina e jurisprudência alemãs. A doutrina e jurisprudência alemãs não são unânimes quanto à aceitação de uma verdadeira inversão do ónus da prova (*Beweisumkehr*)[624] ou de uma simples prova

[622] CARNEIRO DA FRADA chama a atenção para a importância das considerações de índole preventiva na consagração de deveres de comportamento, observando apenas ter sentido a sua consagração onde, através dela, se possa evitar a lesão de certos bens ou os prejuízos decorrentes dessa lesão. Em atenção à importância dos deveres de comportamento na prevenção de danos, sustenta não estar arredada a possibilidade de uma acção de cumprimento no universo dos deveres laterais – v. *Teoria da Confiança... cit.*, p. 629, nota 675.

[623] Enquanto a inversão do ónus da prova representa uma excepção às regras gerais de distribuição do ónus da prova, a prova de primeira aparência constitui uma facilitação de prova assente na existência de um encadeamento causal típico. Sobre o assunto, v. GRIGOLEIT, *Vorvertragliche Informationshaftung... cit.*, pp. 168 e segs. Na realidade, ao passo que a inversão do ónus da prova implica que, na hipótese de não serem carreados para o processo elementos que permitam uma conclusão quanto à questão em litígio, a parte sobre a qual faz gravar o ónus da prova venha a ver considerados como não provados os factos que lhe caberia provar, a presunção *prima facie* assenta na tipicidade objectiva do curso dos acontecimentos, não implicando qualquer desvio às regras gerais de distribuição do ónus da prova.

[624] Neste sentido, apreciando a questão no quadro dos deveres de informação em sede pré-contratual, GRIGOLEIT, *Vorvertragliche Informationshaftung... cit.*, pp. 172 e segs. Também MERTENS, *Die rechtsfolgen einer Haftung aus culpa in contrahendo beim zustande gekommenen Vertrag nach neuem Recht*. "ZGS" 2004, p. 68. Igualmente no mesmo âmbito, MERTENS considera que a inversão do ónus da prova só se justificará se tratar de circunstâncias cuja informação se imponha em virtude do princípio da boa fé e cuja essencialidade para decisão de conclusão do contrato pelo credor da informação seja cognoscível para o obrigado à informação.

de primeira aparência (*Anscheinbeweis*)[625] em sede de prova do nexo causal entre o incumprimento do dever de informar e a decisão tomada pelo credor da informação. Com efeito, tem sido objecto de controvérsia o problema do ónus da prova do nexo de causalidade entre a violação do (correcto) cumprimento do dever de informação e a decisão tomada pelo credor da informação.

No quadro da aceitação da existência de uma verdadeira inversão do ónus da prova caberá ao devedor da informação provar que, mesmo perante um correcto cumprimento do dever de informação, o credor da informação teria tomado a mesma decisão, correndo deste modo o vinculado pela obrigação de informação o risco de não serem provados factos que permitam uma conclusão clara em matéria de nexo de causalidade entre a infracção do dever de informação e a decisão do credor do dever de informação[626]. Não é suficiente, ao contrário do que

Justificando a existência de uma inversão do ónus da prova com a necessidade de protecção de uma das partes. v. EMMERICH, *Münchener Kommentar zum Bürgerlischen Gesetzbuch. Schuldrecht, Allgemeiner Teil.* 4. Auflage. München: C.H. Beck, 2004, anotação prévia 188 ao § 275. Na jurisprudência, defendendo uma inversão do ónus da prova, na responsabilidade resultante de deveres contratuais ou pré-contratuais de esclarecimento, por exemplo, a decisão BGH de 6 de Abril de 2001. Net: http://www.bundesgerichtshof.de/DE/Entscheidungen/EntscheidungenBGH/entsche idungenBGH_node.html

Entre nós, PAULO MOTA PINTO defende a existência de uma verdadeira inversão do ónus da prova em matéria de nexo causal no âmbito dos deveres de informação – v. *Interesse Contratual Negativo e Interesse Contratual Positivo ... cit.*, pp. 1388/1389 e 1060-1064. O Autor alicerça a sua opinião na diversidade do nexo causal (esclarecido e não esclarecido) ou na doutrina de comportamento alternativo lícito (*rechtmässiges Alternativverhalten*). GRIGOLEIT rejeita a possibilidade de fundamentar a inversão do ónus da prova na doutrina do comportamento alternativo lícito – *Vorvertragliche Informationshaftung... cit.*, pp. 172 e 173. O Autor alemão argumenta que, tratando-se de estabelecer o nexo de causalidade entre a violação do dever de informação e o dano (*haftungsasufüllende Kausalität*), o problema do ónus da prova quanto ao comportamento conforme a informação não se identifica com a questão do comportamento alternativo lícito, uma vez que neste último o nexo causal entre o facto e o dano real já está provado e chama a atenção para que, caso o fundamento da inversão do nexo causal se surpreendesse no comportamento alternativo lícito, teria de aceitar sempre a inversão do ónus da prova entre o facto e o dano, o que contrariaria as regras gerais de distribuição do ónus da prova.

Contudo, poder-se-á observar que preocupações de índole preventiva ligadas à elevação do risco de dano em resultado da violação de um dever poderão apoiar uma inversão do ónus da prova. Assim, CARNEIRO DA FRADA, *Direito Civil... cit.*, pp. 102 e 103.

625 Tendo em vista a responsabilidade civil no Direito do mobiliário, KREBS sustenta uma prova de primeira aparência e não uma inversão do ónus da prova – "*Nomos Kommentar BGB.* Band 2/1. §§ 241-610. 2. Auflage. Baden-Baden: Nomos, 2012, Anotação nº 162 ao § 311.

626 As regras sobre a distribuição do ónus da prova determinam que a parte sobre a qual a lei faz incidir o risco de o julgador não poder firmar um juízo claro sobre o problema em apreciação. Em resultado da proibição de *non liquet*, o julgador não poderá abster-se de decidir. Daí que GRIGOLEIT observe que a inversão do ónus da prova faz incidir o risco de um *non liquet* sobre a parte que,

acontece no âmbito da prova *prima facie*, que o obrigado à informação faça prova de circunstâncias que ponham em causa o juízo de experiência em que assenta a prova de primeira aparência. Não lhe bastaria, por isso, provar que, tivesse sido regularmente esclarecido, o credor da informação se veria confrontado com um conflito de decisões[627]. Teria, pois, de demonstrar que a decisão do credor seria a mesma ainda que houvesse sido regularmente elucidado[628].

Concentrando-nos agora nos contratos de intermediação financeira, consideramos que a chave da solução deste problema se encontra no escopo que é reconhecido à actividade de intermediação financeira pelo Direito mobiliário. Assim, como temos vindo a sublinhar, o fim que decorre da ordem jurídico-mobiliária para os contratos de intermediação financeira consiste em prover o cliente com condições para que possa, de modo esclarecido, eleger uma opção de investimento que sirva os seus interesses. Sendo este o desígnio da actividade de intermediação, ele determina o escopo dos deveres de conduta que a lei impõe e que compõem o conteúdo do contrato.

Daí que, tendo ocorrido uma violação de obrigação de informar, destinada a prevenir que o cliente tome decisões que não prossigam os seus interesses, e tendo em conta a já referida importância da possibilidade de sucesso da prova do nexo de causalidade na eficácia da consagração desses deveres, se possa aceitar uma inversão do ónus da prova que ponha a cargo do intermediário financeiro o ónus de demonstrar que o cliente teria procedido da mesma forma caso houvesse

segundo as regras gerais em matéria de repartição do ónus da prova, não suportaria tal risco – v. *Vorvertragliche Informationshaftung... cit.*, p. 172.

[627] Na jurisprudência alemã, várias decisões têm sublinhado a dependência da inversão do ónus da prova da existência de apenas um comportamento conforme a informação ou de várias alternativas, todas elas evitando o dano. Assim, negam a presunção de causalidade onde o lesado fique colocado num conflito de decisões pelo regular cumprimento do dever de informação. No entanto, exigências deste tipo não parecem decisivas onde esteja em causa fundar uma verdadeira inversão do ónus da prova.

[628] A inversão do ónus da prova apresenta um fundamento normativo, não sendo decisiva para o afastamento da presunção de causalidade a circunstância de a probabilidade objectiva do curso típico dos acontecimentos em que assenta a presunção ser posta em questão no caso concreto. Grigoleit censura decisões do BGH que fazem depender a inversão do ónus da prova da possibilidade de apenas existir um comportamento do credor conforme a informação. Na realidade, a circunstância de apenas se verificar uma única possibilidade de comportamento conforme a informação é apta a fundar uma presunção *prima facie* uma vez que se baseia em um juízo de tipicidade no desenvolvimento dos acontecimentos. Já não será suficiente em sede de inversão do ónus da prova que não se satisfaz com a regularidade do encadeamento de acontecimentos (v. *Vorvertragliche Informationshaftung... cit.*, p. 174. Neste mesmo sentido, entre nós, Paulo Mota Pinto, *Interesse Contratual Negativo e Interesse Contratual Positivo... cit.*, p. 1386, nota 1909.

sido correctamente informado. Isto contanto que os danos sofridos se encontrem no leque que a obrigação se destina a evitar.

Com efeito, devemos ter presente que a imposição do ónus da prova da causalidade sobre o investidor constituiria um elemento susceptível de frustrar a finalidade do contrato de intermediação financeira. Como temos vindo a sublinhar, pretende a lei, através da consagração de deveres de conduta, criar as condições necessárias à esclarecida formação da vontade do investidor. Colocar sobre os ombros do investidor o ónus da prova significaria sobre ele fazer gravar o risco de não serem provados factos que permitam uma conclusão em matéria de nexo de causalidade entre a inobservância do (correcto) cumprimento do dever de informação e a escolha do investidor. Uma solução deste tipo não seria suficiente para atingir uma eficaz prevenção de condutas informativas irregulares pelos intermediários financeiros[629].

Em homenagem à necessidade de assegurar as condições necessárias a uma real autodeterminação que permita ao investidor tomar uma opção de investimento que sirva os seus interesses, justificar-se-á o reconhecimento da dispensa da prova dos factos ilustrativos da determinação da sua escolha pela conduta informativa do intermediário financeiro, satisfazendo-se o tribunal com um juízo de natureza meramente probabilística. Sacrifica-se, por conseguinte, a necessidade de demonstração rigorosa do nexo causal a um juízo de natureza probabilística, assim se procurando evitar o desvirtuamento do papel que a lei assinala à actividade de intermediação financeira. As preocupações de natureza preventiva assumem suma importância, uma vez que a real possibilidade de actuação esclarecida é um importante factor de criação da confiança dos investidores.

Por outras palavras, os deveres de conduta do intermediário, concentrando-se embora na formação da vontade individual do investidor, reflectem-se igualmente na finalidade de natureza colectiva de bom funcionamento do mercado.

[629] Como já referimos, EMMERICH sublinha a importância da inversão do ónus da prova do nexo de causalidade perante comportamentos exploratórios dos bancos, de sociedades de investimento de capital ou de consultores para investimento em face dos investidores – v. *Münchener Kommentar zum Bürgerlischen Gesetzbuch. Schuldrecht, Allgemeiner Teil... cit.*, 4. Auflage. Anotação prévia 188 ao § 275.
Todavia, conforme também já tivemos oportunidade de defender, não cremos que as normas de conduta que impendem sobre os intermediários financeiros visem tanto proteger o investidor de condutas abusivas do intermediário financeiro como assegurar a realização do escopo da intermediação financeira que consiste em prover o investidor com as condições reais de uma esclarecida formação da vontade (embora, como também vimos, essa protecção seja balizada pelas necessidades de bom funcionamento do mercado).

Contudo, a aceitação de um juízo meramente probabilístico na fixação do nexo de causalidade acarretará o risco de transferência para o intermediário financeiro das consequências de uma decisão efectivamente desejada pelo investidor (e não determinada pela conduta informativa do intermediário financeiro) que se venha a revelar desfavorável.

Não obstante, cremos que o objectivo dos deveres de conduta que a lei faz gravar sobre o intermediário financeiro, a que se ligam fortes exigências de índole preventiva, justificarão a necessidade de uma presunção de comportamento conforme a informação (*aufklärungsrichtiges Verhalten*).

Note-se que a presunção de nexo de causalidade não equivale a prescindir da ligação entre a violação ou deficiente cumprimento do dever e a celebração do contrato pelo investidor. Com efeito, não se revelaria adequada neste contexto, em que a lei elege a regular formação da vontade como bem jurídico protegido, a opção de prescindir do estabelecimento do nexo causal entre o incumprimento ou deficiente cumprimento do dever de informar e a decisão de investimento. Trata-se apenas de estabelecer uma presunção que poderá vir a ser afastada se o intermediário lograr fazer prova em contrário[630].

Como vimos em momento anterior, a liberdade contratual do investidor apresenta-se como o bem jurídico protegido pelos deveres impostos pela lei ao intermediário financeiro nas relações com os seus clientes. Esta protecção é enquadrada no contrato de intermediação[631]. Os deveres são impostos tendo

[630] Ao contrário do que veremos suceder no contexto dos deveres de informação dirigidos ao mercado – v. *infra* § 6.

[631] Neste sentido, HOPT, *Der Kapitalanlegerschutz im Recht der Banken... cit.*, pp. 391 e segs., e HELLGARDT, *Kapitalmarktdeliktsrecht... cit.*, pp. 170 e 171.
HOPT considera que, apesar de os deveres de comportamento do intermediário financeiro poderem existir independentemente do contrato, se deverão ancorar na relação contratual.
Com efeito, o Autor defende que, pese o facto de o padrão dos deveres de conduta do intermediário não depender da relação contratual, a integração desses deveres no contrato inscreve-se na utilização de figuras do Direito Privado com a finalidade de, pela disciplina das relações de poder na sociedade, permitir uma frutuosa cooperação entre os sujeitos. *Der Kapitalanlegerschutz im Recht der Banken... cit.*, pp. 391 e segs. HELLGARDT, *Kapitalmarktdeliktsrecht... cit.*, p. 392.
Cremos que as reflexões de HOPT revelam a importância da inserção no contrato das regras de comportamento como via orientada a uma eficaz cooperação entre o intermediário financeiro e o investidor, corroborando a posição que tomámos em texto de que os deveres de comportamento impostos ao intermediário financeiro têm em vista dar plena realização ao desígnio da intermediação financeira que consiste em facultar ao investidor uma decisão efectivamente informada.
Contudo, repare-se que HOPT põe o assento tónico na protecção do investidor e na protecção do público perante posições de poder. Faz incidir as suas preocupações na desigualdade de poder do investidor em face do intermediário financeiro que seria protegido como parte mais débil da relação contratual. É, pois, um desígnio de protecção social que inspira a análise de HOPT. No entanto, como vimos, o ordenamento jurídico nacional e o Direito europeu concentram-se nos pressupos-

em vista a tutela da esclarecida formação individual da vontade do investidor que permita ao cliente escolher as opções talhadas à protecção dos seus interesses.

Refira-se, por último, em consequência da sua natureza de deveres de prestar e tendo presente a função jurídico-económica do contrato de intermediação, as obrigações de informação e de conselho dos intermediários financeiros têm por objectivo tornar efectiva a possibilidade de o investidor tomar uma decisão esclarecida, capaz de servir os seus interesses. Daí que o dano sofrido pelo investidor não tenha necessariamente que se identificar com uma perda patrimonial resultante da sua escolha efectiva[632]. O prejuízo poderá, na realidade, consistir na ausência da escolha de uma opção de investimento diversa da que o investidor teria eleito se houvesse sido regularmente esclarecido. Cremos ser a efectiva autodeterminação do investidor o bem jurídico protegido[633].

Neste contexto, entrará na finalidade protectora das obrigações de esclarecimento e de informação a ausência de realização das opções alternativas de investimento que o investidor escolheria, tivessem as obrigações de informação e de conselho sido regularmente cumpridas. Não estará simplesmente em causa prevenir a celebração de um contrato não desejado pelo investidor, mas conferir-lhe a possibilidade de concluir um contrato conforme à sua esclarecida vontade. Deste modo, a responsabilidade resultante da violação de tais obrigações abrangerá naturalmente a frustração da alternativa que teria sido escolhida pelo investidor em face do regular esclarecimento da sua vontade, beneficiando de uma presunção legal no que à relação entre o incumprimento ou deficiente cum-

tos de uma esclarecida formação da vontade, surgindo a vontade do investidor como bem jurídico protegido pelos deveres de informação impostos ao intermediário financeiro.

[632] Na doutrina alemã, BENICKE realça, no âmbito do contrato de gestão de carteiras, a qualidade de deveres de prestar das obrigações de informação e de conselho no que respeita à definição das directrizes de investimento (*Wertpapiervermögensverwaltung... cit.*, em especial, pp. 576 e segs.). Daí que, coerentemente, o Autor considere que o dano sofrido pelo investidor em razão da violação de tais obrigações possa não coincidir com uma perda patrimonial resultante do investimento realizado, sendo de atender à situação em que o investidor se encontraria caso tivesse escolhido a alternativa que elegeria se houvesse sido regularmente informado (v. *Wertpapiervermögensverwaltung... cit.*, pp. 832 e segs.). Com efeito, sendo obrigações de orientação positiva, a indemnização pela sua inobservância não visa colocar o lesado na situação em que estaria se a opção de investimento não tivesse efectivamente sido tomada, mas antes almeja colocá-lo na situação em que se encontraria se as obrigações de esclarecimento houvessem sido regularmente cumpridas (*Wertpapiervermögensverwaltung... cit.*, pp. 834 e segs.).

[633] Sobre a vontade como bem jurídico protegido no âmbito da *culpa in contrahendo*, v. *infra* § 3.

primento das obrigações e a celebração do contrato não desejado ou a frustração de investimento alternativo diz respeito[634].

Com efeito, as obrigações de informação e de conselho pretendem colocar o investidor em condições de tomar uma esclarecida opção de investimento e não apenas preservá-lo da celebração de contratos que não corresponderiam à sua vontade se tivesse sido esclarecido.

Depois de defendermos a natureza contratual dos deveres de informação e de conselho a que o intermediário está obrigado nas relações com o seu cliente, caberá interrogarmo-nos sobre o papel do instituto da *culpa in contrahendo* na protecção da vontade no âmbito da responsabilidade por informações no Direito dos Valores Mobiliários.

A *culpa in contrahendo* resulta da violação de deveres de protecção na fase preparatória do contrato e não da violação de deveres de prestar. Assumindo a natureza de deveres de protecção, as obrigações de esclarecimento na fase pré-contratual, espelham uma orientação negativa, visando evitar os danos que o contacto na fase preparatória do contrato propicia. Assim, estará em causa somente resguardar o credor da obrigação de informação da celebração de um contrato que não teria desejado se tivesse sido regularmente esclarecido. Neste caso, a presunção de causalidade apenas se reportaria à relação entre a violação destes deveres e a celebração do contrato não desejado. A frustração de investimentos alternativos é um dano consequencial que não se identifica com o bem jurídico protegido pelos deveres de protecção[635]. Vamos então passar a analisar a figura da *culpa in contrahendo* como instrumento de protecção da liberdade contratual e apreciar a sua utilidade no quadro da responsabilidade

[634] Pensamos que esta presunção poderá ser retirada do art. 799º CC, uma vez que aceitamos a tese de que esta disposição contém não apenas uma presunção de culpa e de ilicitude, mas igualmente uma presunção de nexo causal. Defendendo esta presunção alargada, CARNEIRO DA FRADA, *Contrato... cit.*, pp. 191 a 193.
De facto, consideramos que o nexo causal entre, por um lado, a conduta do intermediário financeiro e a conclusão de um negócio que não teria sido concluído se o investidor estivesse regularmente informado ou a opção de investimento diversa da que teria sido escolhida se o investidor estivesse bem informado, por outro, é uma questão que se prende com a causalidade fundamentadora (*haftungsbegründende Kausalität*). Na verdade, como vimos em texto, a finalidade das obrigações de informação e de conselho é a de permitir uma opção de investimento esclarecida e não somente preservar o credor da informação da celebração de um contrato não desejado. Onde a finalidade das obrigações seja a de evitar a celebração de um contrato que o *deceptus* não teria desejado em face de correcto esclarecimento, como sucede com os deveres de protecção, a frustração de negócios alternativos caberá, como danos consequenciais, quanto a nós, no âmbito da causalidade preeenchedora de responsabilidade (*haftungsauffüllende Kausalität*).

[635] V. nota anterior.

pela violação dos deveres de informação e conselho dos intermediários financeiros.

§ 3. A responsabilidade por culpa *in contrahendo* por celebração de contrato não desejado

1. A *culpa in contrahendo* como mecanismo de protecção da correcta formação da vontade

1.1. A revogação do contrato por via da indemnização

1.1.1. Considerações gerais

O instituto da *culpa in contrahendo* tem sido perspectivado como mecanismo de protecção da liberdade contratual por parte significativa da doutrina alemã, tendo esta posição encontrado eco na modernização do Direito das Obrigações alemão. No entanto, a questão foi largamente debatida.

Com efeito, na sequência da decisão pioneira de 1962[636], que reconheceu a possibilidade de desvinculação do contrato com base em responsabilidade pré-contratual por indução negligente em erro, e em resultado de fortes críticas[637] que alguns vultos da doutrina lhe dirigiram, o mesmo tribunal, numa tentativa de colocar a possibilidade de desvinculação do contrato assente na *culpa in contrahendo* a salvo destas objecções, veio a fazer depender esta possibilidade da verificação de um dano patrimonial[638]. Esta exigência foi, por sua vez, classificada

[636] A chamada *Kreissage Entscheindung*. BGH 31 de Janeiro de 1962. "NJW" 1962, pp. 1196 e segs.

[637] Veja-se, por exemplo, MEDICUS, *Grenzen der Haftung für culpa in contrahendo*. "JuS" 1965, pp. 209 e segs. As críticas assentam fundamentalmente no reconhecimento legal da ideia de diversidade entre a protecção da liberdade contratual e a protecção perante o dano. Assim se conclui não possibilitar o Direito então vigente (anterior à reforma do Direito das Obrigações) uma indemnização por violação dos deveres pré-contratuais de informação como forma de reconstituição natural (§ 249/1 BGB). A lei teria estabelecido regras e consequências distintas em matéria de liberdade na formação de vontade e de danos. É, pois, invocada uma intencionalidade distinta às regras de validade, por um lado, e às regras de comportamento ou regras de responsabilidade, por outro. Deste modo, as regras de validade protegeriam a liberdade na formação da vontade, ao passo que as regras de comportamento tutelariam o património.
Partindo da aceitação desta diversidade teleológica, o BGH procurou salvaguardar a possibilidade de revogação do contrato por via indemnizatória (*schadensrechtliche Vertragsaufhebung*) como forma de reconstituição natural fazendo-a depender da existência de um dano patrimonial. Com este requisito procurou igualmente fazer face à observação de que a revogação do contrato por via indemnizatória, como forma de reconstituição natural, abriria as portas a desvinculações abusivas, em que a parte que dela se prevalece pretende unicamente libertar-se de uma vinculação que tornou pesada – v. neste sentido GRIGOLEIT, *Neuere Tendenzen zur schadenrechlichen Vertragsaufhebung*. "NJW" 1999, p. 902. No entanto, como veremos, GRIGOLEIT considera esta exigência desnecessária, pois a natureza abusiva do exercício do direito de revogação do contrato pela via indemnizatória poderia ser combatida através do instituto do abuso do direito.

[638] V. decisão do BGH de 26 de Setembro de 1997. "NJW" 1998, pp. 302 e segs.

por parte significativa da doutrina como supérflua. A própria conclusão de um contrato não desejado ou em termos não desejados representaria em si mesma um dano[639].

Verificamos, assim, que a discussão se desenrola no contexto da aplicação da reconstituição natural como forma de indemnização no âmbito da responsabilidade pré-contratual. A reconstituição natural pretende remover o dano real, colocando o lesado na situação que hipoteticamente existiria se o facto determinante da responsabilidade não houvesse ocorrido.

Consistindo o dano resultante da violação dos deveres pré-contratuais de informação na celebração de um contrato que não se teria concluído ou se teria concluído em termos diversos, caso não tivesse acontecido a infracção de tais deveres, a reconstituição natural consistirá na reconstituição da situação que existiria se o contrato não tivesse sido celebrado ou não tivesse sido celebrado nos termos em que o foi. Por seu turno, atendendo ao princípio da compensação de vantagens, o lesado fica obrigado a devolver o que recebeu, na medida em que se tenha enriquecido[640]. Facilmente se detecta o paralelismo com os efeitos da anulação. Caberá então perguntar pela relação entre a desvinculação com base na anulação e a reconstituição *in natura* assente em *culpa in contrahendo* por celebração de contrato não desejado. Este problema coloca-se em sede dos vícios na formação da vontade previstos na lei (dolo, coacção moral), mas assume especial importância no âmbito da indução negligente em erro.

639 FLEISCHER, *Konkurrenzprobleme um die culpa in contrahendo. Fahrlässige Irreführung versus arglistige Täuschung.* "AcP" 2000, pp. 108 e segs., *Informationsasymetrie... cit.*, pp. 440 e segs. No mesmo sentido, MEDICUS, *Schuldrecht... cit.*, p. 53, nº 109. Na mesma linha se encontram as considerações tecidas por KÖTZ em *Vertragsrecht... cit.*, p. 151, nº 163.
Também GRIGOLEIT defende a ideia de que a celebração do contrato constitui em si mesma um dano – v. *Neuere Tendenzen... cit.*, pp. 901 e 902. O Autor salienta que, embora a anulação por dolo não exija, nos termos do § 123 BGB a ocorrência de um dano, este sempre se verificará, visto que a celebração do contrato constitui em si mesma um dano. GRIGOLEIT salienta esta circunstância em *Vorvertragliche Informationshaftung... cit.*, p. 148, realçando a identidade de interesse jurídico protegido pela anulação por dolo e pela responsabilidade resultante da violação de deveres pré-contratuais de informação. Com efeito, o Autor sublinha a irrelevância de um dano patrimonial, tanto no âmbito da anulação por dolo, como da *culpa in contrahendo.* O interesse que a lei pretende proteger é, em ambos os casos, a livre formação da vontade.
Igualmente considerando a celebração do contrato em si mesma um dano, LARENZ, *Lehrbuch des Schuldrechts.* Band I. Allgemeiner Teil. 14. Auflage. München: C.H. Beck, 1987, p. 112.
LORENZ considera poder igualmente constituir a própria celebração do contrato um dano em si mesma, sendo o bem jurídico protegido pela *culpa in contrahendo* a liberdade contratual. – *Vertragsaufhebung wegen culpa in contrahendo: Schutz der Entschedungsfreiheit oder Schutz des Vermögens?* "ZIP" 1998, pp. 1055 e segs.

640 PAULO MOTA PINTO, *Interesse Contratual Negativo e Interesse Contratual Positivo... cit.*, p. 1404.

1.1.2. A revogação por via da indemnização e a anulação

Impõe-se, neste momento, confrontar a anulação do contrato com a reconstituição natural com base em *culpa in contrahendo* por celebração de contrato não desejado. Embora os efeitos de uma e de outra se afigurem paralelos, a primeira resulta da inobservância de regras de validade, enquanto a segunda deriva do desrespeito de deveres de comportamento[641].

As regras de validade, em matéria de vícios da vontade, procuram definir as condições em que as perturbações na formação da vontade justificam o afastamento do princípio *pacta sunt servanda*. Nesta tarefa, a protecção do interesse da regular formação da vontade do declarante é moldada tendo em consideração as necessidades de segurança e de protecção do tráfico jurídico.

Já as regras de comportamento *in contrahendo* visam a definição dos padrões de conduta conformes o princípio da boa fé no processo de formação do contrato. Em primeira linha, estas regras não delimitam a tutela da regular formação da vontade do declarante face às necessidades de segurança e de protecção do tráfico jurídico. Antes almejam, acima de tudo, concretizar as condutas devidas em obediência ao princípio da boa fé na formação dos contratos[642].

Deste modo, enquanto a anulação actua sobre o vínculo contratual, almejando uma protecção da regular formação da vontade recortada pelos interesses referidos, a restauração natural, constituindo uma indemnização por violação das regras de conduta conformes à boa fé na formação do contrato, tem em vista reparar o dano sofrido pelo lesado, colocando-o na situação em que estaria se estas regras não tivessem sido violadas.

[641] Sobre o assunto, D'AMICO, *Regole di validità e di comportamento nella formazione del contratto,* "RDC" 2002, pp. 37 e segs.

[642] Como escreve PAULO MOTA PINTO, as regras de comportamento visam directamente a justiça, ao passo que as regras de validade visam em primeira linha a certeza e só indirectamente a justiça. Daí que as regras de validade utilizem conceitos rígidos, diversamente das regras de comportamento – *Interesse Contratual Negativo e Interesse Contratual Positivo... cit.*, p. 1396, com referências.
Contudo, não deve deixar de se ter presente que as regras de conduta impostas pela boa fé também poderão ter um papel relevante em matéria de invalidade, sendo expressão de um movimento de eticização do direito patrimonial – PAULO MOTA PINTO, *Interesse Contratual Negativo e Interesse Contratual Positivo... cit.*, pp. 1397 e 1398, e SOUSA RIBEIRO, *A boa fé como norma de validade.* "Direito dos Contratos – "Estudos". Coimbra: Coimbra Editora, 2007, pp. 207 e segs., onde o Autor sublinha a importância do princípio da boa fé na validade dos contratos de adesão.
Não podemos também esquecer que a consideração de condições de invalidação poderá concorrer no esforço de definição dos comportamentos demandados pelo princípio da boa fé no contexto da formação dos contratos. Pense-se na relevância que o conhecimento da essencialidade do vício poderá assumir na delimitação de um dever de informação – PAULO MOTA PINTO, *Interesse Contratual Negativo e Interesse Contratual Positivo... cit.*, p. 1397.

Tendo em consideração que as preocupações de segurança e de protecção do tráfico jurídico[643] não inspiram em primeira linha a definição dos deveres pré-contratuais de actuação conforme a boa fé, assim como do regime de responsabilidade decorrente da sua violação, é compreensível o receio de que a aplicação da reconstituição natural possa contradizer a ponderação de interesses reflectida nas regras sobre a invalidade. Daí que, como seguidamente veremos, o Tribunal Federal alemão tenha procurado demonstrar que os interesses prosseguidos pelas regras de validade e de responsabilidade são diversos, por forma a justificar a independência entre a anulação e restauração natural em sede de *culpa in contrahendo* por indução negligente em erro. No entanto, como teremos ocasião de estudar, a defesa da reconstituição natural não implica a aceitação de uma diversidade teleológica entre as regras de validade e as regras de responsabilidade. Por outro lado, teme-se que a desvinculação indemnizatória conduza a uma desvinculação abusiva por parte do enganado.

Com efeito, reconhecendo estas preocupações, o BGH procura estabelecer a distinção entre a anulação e a revogação por via indemnizatória. Prosseguindo o objectivo de precisar a distinção, o Tribunal Federal alemão vem a atribuir um papel decisivo à existência de um dano patrimonial[644].

Repare-se, todavia, que admite uma concepção subjectiva de dano, assim prescindindo de um desequilíbrio objectivo entre as prestações. A possibilidade de o lesado se desvincular com base em reconstituição natural saitisfar-se-á com a circunstância de a prestação não poder ser usada para servir os fins tidos em vista pelo adquirente. Note-se que a aptidão da prestação para satisfazer os fins prosseguidos pelo adquirente deverá ser ajuizada do ponto de vista do tráfico e não pela vontade arbitrária do enganado.

Esta concepção subjectiva de dano veio a ser criticada, quer por alguns dos que admitem a revogação do contrato por via indemnizatória, quer por aqueles que a rejeitam. Para estes, a visão subjectiva do dano patrimonial alargaria de tal modo a noção de dano que equivaleria a identificá-lo com a própria celebração do contrato não desejado[645]. Já para os primeiros, defensores da revogação por via

[643] Vigorando o princípio da tipicidade das causas de invalidade, que encontra uma das suas justificações, como acertadamente salienta PAULO MOTA PINTO, na circunstância de operar retroactivamente, e atingindo terceiros que apenas encontrarão protecção nas condições previstas no art. 291º CC – *Interesse Contratual Negativo e Interesse Contratual Positivo... cit.*, p. 1396, nota 3936.

[644] V. decisão BGH de 26 de Setembro de 1997, "NJW" 1998, pp. 302 e segs.

[645] LIEB, *Culpa in contrahendo und rechtsgeschäftliche Entscheidungsfreiheit.* "Festschrift für Dieter Medicus". Köln: Heymanns, 1999, pp. 339 e segs.
Esta crítica é indicada por EMMERICH, *Münchener Kommentar.* 4. Auflage... *cit.* Anotação prévia 93 § 275. Note-se, porém, que EMMERICH não toma nesta edição uma posição sobre o problema, mostrando-se nas edições posteriores, já em anotação ao § 311, sensível aos argumentos favoráveis

indemnizatória, a exigência de um dano patrimonial seria, como já apontámos, supérflua[646].

A discussão em torno da dependência da revogação do contrato por via indemnizatória da existência de um dano patrimonial encerra uma querela acerca do bem jurídico protegido pela *culpa in contrahendo* por violação de deveres pré-contratuais de informação. Na verdade, se admitirmos que o direito à revogação do contrato por via indemnizatória pela violação de deveres pré-contratuais de informação poderá surgir independentemente da ocorrência de um prejuízo patrimonial, pretenderá a lei proteger a regular formação da vontade do contraente induzido em erro. Se, pelo contrário, se exigir a existência de um dano patrimonial, surgirá então como bem jurídico protegido o seu património. Na realidade, embora por via de regra, à celebração de um contrato indesejado venha associado um prejuízo patrimonial, tal não sucede necessariamente[647].

Ao defender a diversidade teleológica associada ao mecanismo da anulação por dolo, por um lado, e da *culpa in contrahendo*, por outro, o BGH pretendeu sublinhar a ausência de uma relação de especialidade entre os dois institutos[648]. A independência entre os mecanismos da anulação e da *culpa in contrahendo* legitimaria a recusa de qualquer relação de prevalência das regras sobre a anulação relativamente às regras da *culpa in contrahendo*[649]. Uma identidade de fins prosse-

à revogação do contrato por via indemnizatória sem que fique dependente da ocorrência de um dano de natureza patrimonial.

646 Neste sentido, veja-se FLEISCHER, *Konkurrenze Probleme... cit.*, pp. 109 e 110, e GRIGOLEIT, *Neuere Tendenzen... cit.*, p. 902.

647 FLEISCHER salienta o carácter pouco frequente das situações em que à celebração de um contrato indesejado não está associado um dano patrimonial – *Konkurrenze Probleme... cit.*, p. 110.

648 Criticamente, FLEISCHER, *Informationsasymmetrie... cit.*, p. 431. O Autor salienta a circunstância de o carácter pouco frequente da ausência de um dano ligado à indução dolosa à celebração de um contrato não permitir dar por resolvida a questão da relação entre a anulação por indução dolosa em erro e a *culpa in contrahendo* através da exigência de um dano patrimonial, como pretende o BGH, procurando este Tribunal assim afastar a existência de uma relação de especialidade entre as duas figuras.
O Autor salienta serem raros os casos de aplicação do § 123 BGB (dolo) sem a ocorrência de um dano. Embora não seja um pressuposto de aplicação da norma, tipicamente vem associada à indução dolo em erro a ocorrência de um dano. A mesma observação é feita pelo Autor a propósito da *culpa in contrahendo* por indução negligente em erro – v. *Informationsasymmetrie... cit.*, p. 442 e também *Konkurrenze Probleme... cit.*, p. 111.

649 O BGH defende a aplicação do prazo de prescrição próprio da responsabilidade e não o prazo de caducidade de um ano previsto para a anulação. Diversamente, FLEISCHER, surpreendendo na protecção da liberdade contratual o interesse que a *culpa in contrahendo* por indução negligente em erro visa tutelar, entende dever aplicar-se o prazo de caducidade de um ano e não o prazo de prescrição então previsto no § 195 BGB de 30 anos. Depois da reforma do Direito das Obrigações, o prazo de prescrição passou a ser apenas de três anos. No entanto, o problema manteve-se.

guidos, por seu turno, conduz à interrogação sobre a relação entre as normas que regem a anulação e as normas que regem a *culpa in contrahendo*, isto é, saber, em caso de conflito, quais as que se deverão aplicar no âmbito de *culpa in contrahendo* por dolo, coacção moral ou indução negligente em erro.

Na realidade, o requisito da existência de um dano patrimonial é utilizado pelo BGH, não apenas com o propósito de defender a revogação do contrato por via indemnizatória nas situações de indução negligente em erro, como, igualmente, com vista a salvaguardar a revogação do contrato por via da indemnização da interferência das regras sobre a anulação.

1.1.3. A liberdade contratual efectiva como interesse protegido pelo instituto da *culpa in contrahendo*

Em sentido contrário à orientação do BGH, que acabámos de referir, pensamos não estar a possibilidade de revogação por via indemnizatória dependente da ocorrência de qualquer dano patrimonial. É certo, como vimos, que o Tribunal Federal alemão procurou, ao utilizar uma noção subjectiva de dano, afastar a necessidade de um dano patrimonial no sentido da teoria da diferença, colocando-o em terrenos muito próximos aos do dano não patrimonial consistente na própria celebração do contrato não desejado[650]. No entanto, identifica como escopo da revogação por via indemnizatória a protecção do património do *deceptus*[651]. A dúvida sobre a necessidade de um dano patrimonial foi ultrapassada no âmbito da modernização do Direito das Obrigações.

Na verdade, segundo a nova redacção do § 241/2 BGB, a relação obrigacional exige que cada parte tenha em conta, não só os direitos ou bens juridicamente protegidos, mas igualmente os interesses da outra parte. Esta redacção foi introduzida com o objectivo de afastar dúvidas, quer quanto à possibilidade de aplicação do instituto da *culpa in contrahendo* à celebração de um contrato não desejado, quer quanto à independência da revogação por via indemnizatória de um dano patrimonial. Com efeito, a referência a interesses pelo texto legal torna clara a circunstância de que quaisquer interesses da outra parte, incluindo

[650] GRIGOLEIT considera que esta noção subjectiva de dano patrimonial que o BGH importou do Direito Penal, o descaracteriza – v. *Neuere Tendenzen... cit.*, p. 902.

[651] Na realidade, o conceito lato de dano utilizado pelo Tribunal Federal alemão ainda o situa na órbitra do dano patrimonial. Na decisão de 1997 insere a insusceptibilidade de utilização para fins individuais no âmbito do dano patrimonial. Embora prescinda de um desequilíbrio entre as prestações, na sua senda de demonstrar que a revogação do contrato por via indemnizatória por violação dos deveres pré-contratuais de informação constitui um *aliud* relativamente à anulação por dolo, o Tribunal Federal não abre mão da existência de um dano patrimonial, aí incluindo a insusceptibilidade de a contraprestação servir os fins do lesado. Não identifica, pois, o dano com a própria celebração do contrato não desejado.

o interesse da liberdade de decisão jurídico-negocial, cabem no âmbito da *culpa in contrahendo*[652].

Porém, como vimos, tem sido já largamente aceite, mesmo na doutrina alemã anterior à reforma do Direito das Obrigações, a tese de que a própria celebração de um contrato indesejado constitui um dano, podendo o lesado exigir a revogação contratual por via indemnizatória independentemente da ocorrência de um dano qualificável como dano patrimonial, o mesmo acontecendo com grande parte da doutrina lusa[653]. Efectivamente, vários Autores nacionais têm

[652] Veja-se, por exemplo, pondo em evidência esta circunstância, EMMERICH, *Münchener Kommentar. 6. Auflage... cit.*, Anotação 51 ao § 311. Veja-se igualmente, LORENZ/RIEHM, *Lehrbuch zum neuen Schuldrecht... cit.*, p. 189, nº 373, considerando que, se a exigência de um dano patrimonial feita pelo BGH para a revogação do contrato por via indemnizatória já não se afigurava defensável em face do Direito anterior à modernização do Direito das Obrigações, agora encontra-se definitivamente afastada.
No mesmo sentido, a fundamentação da redacção do § 241/2 BGB constante do projecto da lei visando a modernização do Direito das Obrigações diz claramente que a circunstância de aí se encontrar estatuído que a relação obrigacional pode, segundo o seu conteúdo, vincular cada uma das partes ao respeito não só dos direitos, e dos bens jurídicos, mas também dos interesses tem em vista afastar qualquer dúvida quanto à inclusão no âmbito da relação obrigacional os interesses patrimoniais e de outros interesses como o interesse da liberdade de decisão jurídico-negocial – v. *Begründung zum Gesetzentwurf eines Schuldrechtmodernsierungsgesetzes,* Anotação prévia ao § 241. O interesse da liberdade negocial como interesse a ser protegido no âmbito da relação obrigacional é também destacado na fundamentação do § 311/2 BGB. Veja-se a este propósito o que se disse quanto à protecção do património e da liberdade negocial em sede delitual.
Os Autores portugueses, que se concentraram sobre este problema no âmbito do BGB, salientam a liberdade negocial como interesse claramente protegido pela *culpa in contrahendo* após a modernização do Direito das Obrigações alemão, veja-se EVA MOREIRA DA SILVA, *As Relações entre a Responsabilidade Pré-Contratual por Informações e os Vicios da Vontade (Erro e Dolo). O Caso da Indução Negligente em Erro.* Coimbra: Almedina, 2010, pp. 171 a 174, e *Da Responsabilidade Pré-Contratual por Violação dos Deveres de Informação... cit.*, pp. 232 a 235, e PAULO MOTA PINTO. *Interesse Contratual Negativo e Interesse Contratual Positivo... cit.*, p. 523, nota 1513, e p. 1399.

[653] Neste sentido sustenta-se que a celebração de um contrato surgirá como dano quando a contraprestação não possa ser utilizada para os fins tidos em vista pelo lesado – v. SINDE MONTEIRO, *Responsabilidade por Conselhos... cit.*, p. 370, nota 100, e EVA MOREIRA DA SILVA, *Da Responsabilidade Pré-Contratual por Violação dos Deveres de informação... cit.*, p. 237.
Não nos parece, no entanto, de aceitar que o dano da celebração do contrato apenas se verifique nos casos em que a *prestação* não serve os fins do lesado. Na verdade, a ausência de aptidão do contrato para satisfazer as finalidades do lesado poderá estar ligada a elementos diferentes da prestação. Tenha-se presente o caso de alguém ser levado à compra de acções de determinada sociedade por ter sido mal informado sobre a sua política ambiental. Nesta hipótese não está em causa a adequação da prestação aos fins pretendidos pelo investidor. Trata-se, na verdade, de circunstâncias ligadas, não à prestação em si mesma, mas à desconformidade da política ambiental da sociedade com as expectativas do investidor.

admitido a possibilidade de a própria celebração do contrato constituir um dano[654].

A aceitação desta ideia deriva da circunstância de a liberdade contratual constituir objecto de tutela da responsabilidade por *culpa in contrahendo* resultante da violação de deveres pré-contratuais de informação ou de verdade (e em geral da responsabilidade civil por violação de deveres de informação ou de verdade), ao considerar satisfeito o pressuposto do dano pela celebração do contrato não desejado, independentemente de qualquer dano de natureza patrimonial.

1.1.4. A celebração de um contrato não desejado como dano não patrimonial

Neste ponto, confrontamo-nos com o problema da ressarcibilidade dos danos não patrimoniais em sede de *culpa in contrahendo*. Com efeito, tendo presente a inserção sistemática do art. 496º CC, poder-se-á levantar a questão da sua aplicabilidade a outras formas de responsabilidade, para além da responsabilidade delitual[655].

Com efeito, tratando-se de uma mera venda de participações, o dever de prestar incide sobre as acções e não sobre a empresa. Assim, não é a prestação que não possui características aptas a satisfazer o interesse do lesado, mas antes a forma como a empresa está organizada em termos de política ambiental que não satisfaz o desígnio do investidor ao subscrever acções, ou seja, são circunstâncias estranhas à prestação em si mesma. Sobre a venda de acções e a venda de empresa, veja-se Paulo Mota Pinto, *Interesse Contratual Negativo e Interesse Contratual Positivo... cit.*, p. 1442 e segs., com vastas referências bibliográficas.

[654] Neste sentido, Dário Moura Vicente, *Da Responsabilidade Pré-Contratual... cit.*, pp. 264 e 324, Eva Moreira da Silva, *As Relações... cit.*, p. 298, e *Da Responsabilidade Pré-Contratual... cit.*, pp. 236 e 237, e Sinde Monteiro, *Responsabilidade por Conselhos... cit.*, p. 37, nota 100. Diversamente, entendendo ser exigível um dano patrimonial efectivo, Carneiro da Frada, *Teoria da Confiança... cit.*, pp. 200 e 201, nota 154. Ferreira de Almeida preconiza a exigência de um desequilíbrio entre as prestações, *Contratos. I... cit.*, p. 197. Paulo Mota Pinto, por seu turno, alerta para a circunstância de ser necessária verificação dos pressupostos da responsabilidade por *culpa in contrahendo*, entre os quais o dano que, em princípio, deve ser um dano de natureza patrimonial. Este dano, adverte o Autor, poderá resultar, e resultará na maioria dos casos, do desequilíbrio entre as prestações – *Interesse Contratual Negativo e Interesse Contratual Positivo... cit.*, p. 1411. Acertadamente observa que a qualificação como dano não patrimonial dependerá da aceitação da ressarcibilidade deste tipo de danos na *culpa in contrahendo* e de um juízo sobre a gravidade do dano (*Interesse Contratual Negativo e Interesse Contratual Positivo... cit.*, p. 1411, nota 3992) – v. a seguir em texto.

[655] Sustentando a possibilidade de ressarcimento dos danos não patrimoniais em outros sectores da responsabilidade civil, em particular por violação do contrato, v. Almeida Costa, *Direito das Obrigações... cit.*, pp. 603 e segs., Galvão Telles, *Direito das Obrigações... cit.*, pp. 423 e 424. O Autor nota não existir entre a responsabilidade extra-obrigacional e a responsabilidade obrigacional uma diversidade que justifique em relação àquela, mas não em relação a esta, a ressarcibilidade dos danos não patrimoniais. Menezes Leitão, *Direito das Obrigações... cit.*, p. 304. Também Nuno

Contudo, o elemento sistemático não se afigura *per se* decisivo. Na verdade, o lugar de uma norma apenas será determinante na definição do seu alcance se se fundar em valorações que justifiquem a inserção da norma nesse lugar e não noutro. Deste modo, para sustentar a não ressarcibilidade dos danos não patrimoniais em sede obrigacional ou contratual, há que procurar especificidades que justifiquem um tratamento diferente do problema em relação à responsabilidade delitual. Neste sentido, argumenta-se com a circunstância de que a extensão da ressarcibilidade dos danos não patrimoniais à responsabilidade contratual seria fonte de insegurança para o tráfico jurídico. Nota-se que seriam muito numerosos os interesses cuja violação as partes pretenderiam invocar, sendo grande a tentação de converter em dinheiro prejuízos insignificantes[656].

No entanto, em sentido contrário, defende Pinto Monteiro que o critério estabelecido na lei é suficiente para evitar pedidos de indemnização por danos desprovidos de gravidade, permitindo evitar a extensão da indemnização e atenuar o problema da segurança no comércio jurídico[657]. Na realidade, o critério escolhido pela lei para apurar os danos não patrimoniais susceptíveis de serem ressarcidos tem em vista precisamente prevenir a indemnização de danos não patrimoniais insignificantes e será, consequentemente, apto a dar uma resposta adequada ao problema qualquer que seja a forma de responsabilidade.

A evolução verificada no Direito alemão vem confirmar a ressarcibilidade dos danos não patrimoniais fora do âmbito da responsabilidade delitual[658]. Na verdade, o § 241/2 BGB vem a permitir o ressarcimento dos danos não patrimoniais no âmbito da responsabilidade contratual[659] e da responsabilidade por *culpa in contrahendo*[660], incluindo, entre os interesses não patrimoniais protegidos, o interesse da liberdade de decisão jurídico-negocial.

Pinto Oliveira considera aplicável o art. 496º CC aos casos de responsabilidade contratual ou obrigacional – *Princípios de Direito dos Contratos*. Coimbra: Coimbra Editora, 2011, pp. 636 e segs.
Destacamos a análise de Pinto Monteiro em *Cláusulas Limitativas... cit.*, pp. 84 e segs., nota 164, e *Cláusula Penal e Indemnização... cit.*, pp. 31 e segs., nota 77. O Autor conclui que o critério da gravidade dos danos é suficiente para evitar perturbações no comércio jurídico.
Em sentido contrário, Antunes Varela, *Das Obrigações em Geral... cit.*, p. 605, nota 3, na linha de Larenz, vem a excluir a possibilidade de aplicação analógica da ressarcibilidade dos danos não patrimoniais à responsabilidade contratual.
Considerando a inserção sistemática do art. 496º CC Jorge Ribeiro de Faria defende ser duvidosa a aplicabilidade do preceito à responsabilidade contratual.

656 Pires de Lima/Antunes Varela, *Código Civil Anotado... cit.*, Anotação 8 ao art. 496º.

657 *Cláusulas Limitativas... cit.*, p. 89, nota 164, e *Cláusula Penal e Indemnização... cit.*, p. 34, nota 71.

658 V. sobre a limitação dos danos não patrimoniais à responsabilidade delitual, Larenz, *Lehrbuch des Schuldrechts*. Band I. Allgemeiner Teil. 14. Auflage. München: C.H. Beck, 1987, § 28 III, p. 475.

659 Kötz/Wagner, *Deliktsrecht*. 11. Auflage. München: Luchterhand, 2010, ponto 700, p. 281.

660 Lorenz/Riehm, *Lehrbuch zum neuen Schuldrechts... cit.*, ponto 372, p. 189.

Cremos não oferecer dúvidas a gravidade do dano consistente na própria celebração do contrato não desejado. Na verdade, o *deceptus* assume uma vinculação não querida em razão de um deficiente processo de formação da vontade. Esta circunstância afecta a autonomia privada, mais precisamente a liberdade contratual do lesado. A autonómia privada é constitucionalmente protegida como uma das expressões do direito ao livre desenvolvimento da personalidade, previsto no art. 26º/2 CRP[661]. Trata-se, pois, de um interesse tutelado constitucionalmente, podendo, como liberdade jurídica, integrar os direitos de personalidade[662].

Como já tivemos oportunidade de salientar, a liberdade contratual não deverá ser apenas formal, mas também material. Na realidade, a afirmação da liberdade contratual não se satisfaz com a inexistência de impedimentos jurídicos, sendo igualmente necessária a ausência de obstáculos fácticos que impeçam a liberdade contratual efectiva, como sucede onde um sujeito seja induzido em erro, celebrando um contrato não desejado.

Na realidade, para que o contrato seja verdadeira expressão da autonomia privada, é necessário que os intervenientes estejam bem informados[663]. De outra forma, não poderemos ver no contrato um instrumento de livre ordenação dos interesses das pessoas. Esta ordenação de interesses só será verdadeiramente livre se as partes estiverem regularmente informadas. Não hesitamos em defender que a circunstância de um sujeito se ver vinculado a um contrato que não teria concluído se tivesse tomado a sua decisão de modo informado constitui um dano que pela sua gravidade reclama a tutela da ordem jurídica. Deste modo, ainda que não exista um desequilíbrio entre as prestações, isto é, um dano patrimonial, existirá um dano não patrimonial identificado com a própria celebração do contrato. Bastará assim que o contrato não seja apto a satisfazer os interesses do *deceptus*, sejam esses interesses materiais ou imateriais.

Embora consideremos não oferecer dúvidas que o dano da celebração assume gravidade suficiente para justificar a tutela do Direito, cremos que não seria sequer necessário, na hipótese de revogação do contrato por via da indemnização, fazer passar o dano consistente na celebração do contrato pelo crivo da apreciação da sua gravidade.

Na realidade, estando em causa o problema da revogação por via da indemnização, não nos parece que seja necessária a apreciação da gravidade do dano. Devemos ter presente que a revogação por via da indemnização representa uma *indemnização sob a forma de reconstituição natural*, a modalidade prioritária de indemnização nos termos do art. 562º CC, e não uma indemnização em dinheiro.

661 Paulo Mota Pinto, *O direito ao livre desenvolvimento da personalidade... cit.*, pp. 210 e segs.

662 Paulo Mota Pinto, *O direito ao livre desenvolvimento da personalidade... cit.*, p. 214 e nota 179.

663 Eva Moreira da Silva, *Da Responsabilidade Pré-Contratual... cit.*, p. 237.

Ora, pensamos que a restrição da ressarcibilidade dos danos não patrimoniais aos prejuízos cuja gravidade justifique a tutela do Direito obedece a preocupações relacionadas com a necessidade de prevenir uma extensão desmesurada da indemnização *em dinheiro* em vista do ressarcimento dos danos não patrimoniais[664]. Pese embora a circunstância de a letra do nosso art. 496º CC – ao contrário da do § 253 BGB, que limita a possibilidade de ressarcimento de danos não patrimoniais em dinheiro aos casos previstos na lei, acrescentando no número 2 poderem ser indemnizados em dinheiro danos não patrimoniais que decorram da violação dos bens aí elencados (corpo, saúde, liberdade ou autodeterminação sexual) – não restringir expressamente o seu âmbito de aplicação aos casos de indemnização em dinheiro, acreditamos poder afirmar apenas ter em vista a indemnização em dinheiro e não já a indemnização sob a forma de reconstituição natural.

Cremos, como já referimos, que será a preocupação de conter uma extensão desmesurada dos danos não patrimoniais ressarcíveis, tendo em conta o risco que ela implica para a segurança no comércio jurídico, que justifica a atitude restritiva do legislador quando encara o problema da ressarcibilidade dos danos não patrimoniais. As cautelas que os danos não patrimoniais suscitam em face de considerações ligadas à segurança do comércio jurídico resultam da circunstância de os danos não patrimoniais representarem duas grandezas não comparáveis[665]. Se esta ideia fundou a rejeição da ressarcibilidade dos danos não patrimoniais, actualmente fundamenta a restrição dessa possibilidade em ordenamentos jurídicos como o alemão e o português.

Os dois ordenamentos jurídicos escolheram duas vias diferentes com a mesma intenção. Deste modo, ao passo que o art. 496º CC opta por fazer passar os danos não patrimoniais pelo crivo da apreciação pelo julgador da sua gravidade, o § 253 limita a possibilidade de indemnização em dinheiro aos danos não patrimoniais decorrentes da violação dos bens referidos na lei.

Consideramos que o que marca a distinção entre os dois preceitos reside no facto de no nosso Direito o juízo da gravidade do dano ser entregue ao poder judicial, que decidirá perante o dano concretamente sofrido, enquanto no Direito germânico essa apreciação é feita *ex ante* pelo legislador através da expressa enumeração dos bens jurídicos cuja violação o legislador considera suficientemente

664 Veja-se a justificação avançada por LARENZ para o carácter restritivo do § 253 BGB, *Lehrbuch des Schuldrechts... cit.*, § 28 III, p. 477.

665 V., por todos, KÖTZ/WAGNER, *Deliktsrecht... cit.*, ponto 701, p. 282. Entre nós, chamando igualmente a atenção para esta circunstância como facto que explica as hesitações no âmbito da ressarcibilidade dos danos não patrimoniais, MENEZES CORDEIRO, *Tratado de Direito Civil Português* II, Tomo III... *cit.*, p. 514.

grave e capaz de justificar o ressarcimento em dinheiro dos danos que dessa violação decorram.

Embora o nosso art. 496º CC não refira expressamente a circunstância de apenas visar a indemnização em dinheiro, pensamos que não conhece uma inspiração diversa da que orientou o legislador germânico. Por conseguinte, consideramos estar a reconstituição natural fora das preocupações que justificam a atitude restritiva da lei em relação aos danos não patrimoniais[666].

Estas considerações conduzem-nos à conclusão de que a razão de ser da atitude restritiva do legislador em face da questão da ressarcibilidade dos danos não patrimoniais deriva da utilização do dinheiro como forma de indemnização de danos que não são avaliáveis em dinheiro.

Por isso, correspondendo a revogação do contrato por via da indemnização à reconstituição natural da situação que existiria se o *deceptus* tivesse sido regularmente informado, nem seria sequer necessário sujeitar o dano consistente na própria celebração do contrato ao teste da gravidade[667].

Não podemos, porém, ignorar alguma apreensão em relação à possibilidade de a revogação do contrato por via indemnizatória ser fruto da vontade arbitrária do *deceptus*.

No entanto, o facto de a responsabilidade civil por *culpa in contrahendo* exigir um comportamento censurável da parte do lesante responde adequadamente a

[666] A via escolhida pelo legislador nacional evita as dificuldades experimentadas na jurisprudência alemã no que respeita ao ressarcimento de danos não patrimoniais decorrentes da violação de direitos de personalidade relativamente aos quais a lei não prevê essa possibilidade. O art. 496º CC afigura-se assim mais flexível do que o § 253 BGB. Por outro lado, a ressarcibilidade dos danos não patrimoniais não é admitida com a mesma amplitude do Direito francês, em que se equipara, para efeitos de indemnização, os danos não patrimoniais aos danos patrimoniais. – Para uma análise de Direito Comparado, veja-se ELSA DIAS OLIVEIRA, *Da Responsabilidade Civil Extracontratual por Violação de Direitos de Personalidade*. Coimbra: Almedina, 2012, pp. 179 e segs.
A jurisprudência alemã tem procurado ultrapassar a restritividade da lei no que toca à indemnização dos danos não patrimoniais, quer lançando mão da aplicação analógica do § 847 (que antes da reforma do direito da responsabilidade civil de 2002 enumerava os bens cuja violação poderia dar lugar a uma indemnização em dinheiro), quer apoiando-se nos arts. 1 e 2 da Constituição alemã como forma de tutela dos direitos de personalidade – ELSA DIAS OLIVEIRA, *Da Responsabilidade Civil Extracontratual... cit.*, p. 183. No entanto, como informa esta Autora, a jurisprudência entende que a indemnização em dinheiro relativamente a direitos de personalidade não previstos na lei é entendida como a última *ratio* e sujeita a condições apertadas – v. *Da Responsailidade Civil Extracontratual... cit.*, pp. 184 e 185.

[667] Na doutrina alemã, no sentido de que a reconstituição natural está fora da restrição operada pelo § 253 e no então em vigor § 847, veja-se LARENZ, *Lehrbuch des Schuldrechts... cit.*, § 28 III, p. 474. No mesmo sentido, no âmbito do tratamento da revogação do contrato por via indemnizatória, FLEISCHER, *Konkurrenze Probleme... cit.*, pp. 111 e 112. GRIGOLEIT, *Neuere Tendenzen... cit.*, p. 901. LORENZ, *Vertragsauhebung... cit.*, p. 1055, e MEDICUS, *Schuldrecht I... cit.*, ponto 109, p. 51.

esta preocupação[668]. Com efeito, para que haja lugar no âmbito da responsabilidade por *culpa in contrahendo*, à revogação do contrato por via indemnizatória é mister que ocorram os pressupostos da responsabilidade por *culpa in contrahendo*, ou seja, é necessário que se assista a comportamento do lesante contrário às exigências impostas pelo princípio da boa fé.

No caso de *culpa in contrahendo* por informações, é seu pressuposto uma omissão de um dever de informação ou em alternativa um deficiente cumprimento de um dever de informação, contrários ao princípio da boa fé. Por outro lado, a lei fornece um instrumento de combate ao exercício abusivo de direitos. Na realidade, o art. 334º CC poderá enquadrar um exercício abusivo do direito à revogação do contrato por via indemnizatória[669].

Deste modo, não cremos que a revogação do contrato por via indemnizatória constitua uma porta aberta a abusos ameaçando o princípio *pacta sunt servanda*. Não será igualmente de temer uma responsabilidade muito onerosa para o obrigado. Na verdade, onde a restauração seja para o lesante excessivamente onerosa, optar-se-á pela indemnização em dinheiro[670].

1.1.5. O regime da revogação do contrato por via indemnizatória e o regime da anulação

Cremos que a correcta formação da vontade constitui o bem jurídico protegido pela revogação do contrato por via indemnizatória por *culpa in contrahendo* resultante do incumprimento ou deficiente cumprimento de deveres de informação. Existe, pois, uma identidade de bens jurídicos protegidos pela desvinculação indemnizatória e pela anulação resultante de vícios na formação da vontade.

Desta circunstância parece resultar a necessidade de assegurar que o regime da responsabilidade pré-contratual não ponha em causa as cautelas relacionadas com a segurança jurídica. Com efeito, como vimos, o regime da anulação por vícios na formação da vontade procura um equilíbrio entre as exigências de protecção da segurança jurídica e a protecção da correcta formação da vontade jurídico-negocial.

Receia-se, assim, que a aplicação das regras da *culpa in contrahendo* no quadro da revogação do contrato por via indemnizatória faça perigar o equilíbrio estabelecido entre os interesses da tutela da segurança jurídica e a da protecção da

[668] V. neste sentido, FLEISCHER, *Konkurrenze Probleme... cit.*, pp. 117 e 118.

[669] Neste sentido, chamando a atenção para o papel do § 242 BGB em caso de exercício abusivo do direito à desvinculação, GRIGOLEIT, *Neuere Tendenzen... cit.*, p. 902. Na realidade, o § 242 BGB tem servido de enquadramento à figura do abuso do direito no Direito alemão.

[670] V. FLEISCHER que lembra a possibilidade de recurso ao § 251 BGB, disposição idêntica ao nosso art. 566º/1 CC – *Konkurrenze Probleme... cit.*, p. 118.

regular formação da vontade pelo regime da anulação de negócio. Nesta linha de raciocínio, tem-se defendido a aplicação do prazo de caducidade de um ano a partir do conhecimento do erro por parte do *deceptus* e não o prazo de prescrição de três anos a partir do conhecimento do direito à revogação do contrato por via indemnizatória[671], conforme prevê o art. 227º/2CC, por remissão para o art. 498ºCC. Argumenta-se que a aplicação do prazo de três anos aqui previsto representaria uma contradição valorativa com o prazo de um ano previsto para o caso de anulação (art. 287º CC). Se a lei concede ao *deceptus* um ano para anular o contrato com base em dolo, como explicar que lhe reconheça um prazo mais longo de três anos para exercer o direito de revogação por via indemnizatória em caso de mera indução negligente em erro[672]?

Daí que SINDE MONTEIRO sustente existir uma lacuna no art. 227º/2, que deverá ser objecto de uma redução teleológica, defendendo que o legislador não teve a intenção de abranger os casos de revogação por via indemnizatória, devendo aplicar-se o prazo de um ano previsto no art. 287º CC[673].

Não obstante, pensamos que a solução deste problema decorre necessariamente da apreciação do problema da diversidade ou unidade teleológica dos dois institutos. Efectivamente, embora defendamos que o bem jurídico protegido na revogação do contrato por via indemnizatória com base em *culpa in contrahendo*

[671] O problema do prazo que deve valer no caso de revogação do contrato por via indemnizatória, em particular no âmbito da responsabilidade por *culpa in contrahendo* por indução negligente em erro, tem ocupado igualmente a doutrina alemã. No Direito actualmente em vigor, o prazo ordinário de prescrição é de três anos (§ 195 BGB), mas no Direito anterior à modernização do Direito das Obrigações esse prazo era de trinta anos. O problema gira em torno da escolha entre o prazo ordinário de prescrição e o prazo de caducidade previsto no § 124 BGB. No entanto, antes da modernização do Direito das Obrigações alemão, colocava-se ainda a possibilidade de aplicação analógica do prazo de três anos relativo à responsabilidade delitual, solução rejeitada por FLEISCHER. Após a modernização do Direito das Obrigações, a prescrição relativa às prescrições delituais caem na previsão do § 195 – v. *Begründung zum Gesetzentwurf eines Schuldrechtsmodernisierungsgesetzes*. §§ 195 e 852.
No sentido de que a identidade teleológica entre o dolo e a indução negligente em erro determina a aplicação do prazo de um ano previsto para a anulação por dolo e não o prazo geral de prescrição previsto no § 195 BGB, FLEISCHER, *Konkurrenze Probleme... cit.*, p. 119. Também GRIGOLEIT defende a aplicação do prazo do um ano previsto para a anulação por dolo – *Neuere Tendenzen... cit.*, p. 903. No contexto da discussão da lei sobre a modernização do Direito das Obrigações, GRIGOLEIT defende a aplicação do prazo previsto no § 124 e não o prazo geral de prescrição do § 195 BGB (citado por EVA MOREIRA DA SILVA, *As Relações... cit.*, pp. 180 e segs.).

[672] V. neste sentido, SINDE MONTEIRO, *Responsabilidade por Conselhos... cit.*, p. 379.

[673] *Responsabilidade por Conselhos... cit.*, pp. 478 e segs., NUNO PINTO OLIVEIRA, *Princípios de Direito dos Contratos... cit.*, p. 226, EVA MOREIRA DA SILVA, *As Relações... cit.*, pp. 181 e 182, e *Da Responsabilidade Pré-Contratual... cit.*, pp. 238 e segs. RAUL GUICHARD, *Um"caso exemplar" ou um "exemplo casual?*"RCEJ" 2005, p. 137.

por omissão ou deficiente cumprimento dos deveres de informação é a livre formação da vontade, tal como sucede nos casos de anulação por vícios na formação da vontade, admitimos a aplicação do prazo de prescrição de três anos.

A razão de ser da nossa posição reside nas diferentes exigências de protecção do tráfico jurídico-negocial nas duas situações. Conforme referido na jurisprudência alemã, o direito de revogação do contrato por via indemnizatória tem efeitos meramente obrigacionais, ao passo que o direito à anulação produz efeitos reais[674].

O que acabámos de dizer significa que os terceiros que adquiram um direito sobre os bens que tenham sido objecto de um negócio declarado nulo ou anulado só serão protegidos nas apertadas condições previstas no art. 291ºCC. O mesmo não acontece com o direito à revogação por via indemnizatória, cujo exercício não afecta os direitos adquiridos por terceiros sobre objecto do negócio declarado nulo ou anulado.

Deste modo, cremos ser legítimo justificar-se o prazo mais curto do art. 287ºCC com base nos efeitos que a declaração de nulidade ou a anulação poderão ter na segurança das transacções. Assim sendo, e tendo presente que a revogação por via indemnizatória não afecta os direitos adquiridos por terceiros, não parecem existir razões para sujeitar a desvinculação indemnizatória ao prazo de caducidade previsto no art. 287º/1 CC.

Daí que não surpreenda, como veremos, que em matéria de responsabilidade civil por prospecto em algumas ordens jurídicas o legislador tenha expressamente lançado mão da figura da revogação por via indemnizatória como forma de reparação dos danos sofridos pelo investidor lesado. Com efeito, se a revogação por via indemnizatória constituísse uma ameaça à segurança no tráfico jurídico, dificilmente se compreenderia a sua consagração num ramo do Direito onde tão importante é a segurança das transacções.

Testemunhando esta ideia, como igualmente veremos, o § 21/2 WpPG, em conformidade com o revogado § 44/2 do *Börsengesetz*, prevê que, quando os valores mobiliários já houverem sido transferidos para um terceiro, o investidor lesado apenas terá direito a ser ressarcido pela diferença entre o valor por que adquiriu os valores mobiliários e o preço pelo qual os vende, em conjunto com os custos habituais inerentes à aquisição.

674 Paulo Mota Pinto chama a atenção para esta circunstância ao dizer: "Não parece, com efeito, que exista uma total defraudação deste prazo, dado que os efeitos do exercício dos direitos de anulação e de revogação são diversos, nomeadamente quando existiu uma alienação a terceiros". – *Interesse Contratual Negativo e Interesse Contratual Positivo... cit.*, p. 1410. O Autor já havia defendido a aplicação do prazo de prescrição de três anos nos casos de dolo ou coacção – v. *Declaração Tácita... cit.*, p. 325, nota 306.

O direito à revogação do contrato por via indemnizatória constitui, pois, um direito de crédito à reparação dos danos sob a forma de reconstituição natural, oponível portanto apenas ao lesante e não um direito potestativo cujo exercício tenha efeitos em relação a terceiros adquirentes. Concluímos, assim, não representar uma ameaça à segurança no tráfico jurídico-negocial.

Nem nos parece, aliás, aceitável invocar a necessidade de protecção das expectativas da contraparte do *deceptus* na manutenção do negócio, uma vez que o seu comportamento contraria o princípio da boa fé na formação dos contratos, sendo esta conduta a causa de o *deceptus* ter celebrado um contrato contrário à sua vontade.

O argumento de falta de justificação da protecção das expectativas da contraparte surge ligado aos casos de dolo e coacção[675], mas acreditamos ser extensível às hipóteses de indução negligente em erro, na medida em que neste âmbito também está presente um comportamento contrário ao princípio da boa fé na formação dos contratos[676].

Acreditamos, por isso, que os deveres de informação pré-contratuais protegem a liberdade de decisão, sendo reconhecido à parte induzida em erro o direito à revogação por via indemnizatória, independentemente da ocorrência de qualquer dano patrimonial. A anulação e a revogação do contrato por via indemnizatória constituem duas vias de protecção da liberdade de decisão jurídico-negocial.

Cremos, desta forma, que a responsabilidade resultante da violação de deveres pré-contratuais de informação e a anulação por vícios na formação da vontade constituem duas vias autónomas de protecção da liberdade contratual. Deste modo, enquanto a responsabilidade resultante da violação de deveres pré-contratuais de informação representa uma reacção por via indemnizatória a condutas ilícitas, porque contrárias às exigências impostas pelo princípio da boa fé na formação do contrato, a anulação por vícios na formação da vontade resulta da violação das regras de validade.

As regras de validade têm por finalidade definir as situações em que a perturbação da formação da vontade é de tal modo grave que justifique o afastamento do princípio *pacta sunt servanda*. Nesta tarefa são ponderadas as necessidades de

[675] Assim, Paulo Mota Pinto, *Interesse Contratual Negativo e Interesse Contratual Positivo... cit.*, p. 1410, e *Declaração Tácita... cit.*, p. 325, nota 306.

[676] Parece admitir a ideia de que as expectativas da contraparte do *deceptus* na manutenção do negócio não merecem protecção no caso de aquela ter induzido o *deceptus* em erro por simples negligência, Paulo Mota Pinto ao afirmar não descortinar razão para que os pressupostos de um efeito semelhante à anulação não possam ser alargados quando a outra parte actua com culpa – v. *Interesse Contratual Negativo e Interesse Contratual Positivo... cit.*, pp. 1411 e 1412, nota 1993.

protecção das expectativas[677] da outra parte e de segurança no tráfico jurídico-negocial. A protecção do tráfico jurídico-negocial torna premente a consagração de um prazo relativamente curto para o exercício do direito à anulação.

Em suma, enquanto os deveres pré-contratuais de informação incidem sobre o problema da licitude do comportamento, as regras de validade em sede de vícios na formação da vontade não versam sobre o problema da licitude da conduta, mas visam harmonizar a necessidade de tutela da regular formação da vontade de contratar com as exigências decorrentes do princípio *pacta sunt servanda*, relacionadas com a protecção das expectativas do declaratário na estabilidade do negócio, assim como com a tutela da segurança no tráfico jurídico.

Repare-se, por um lado, que nem todos os vícios na formação da vontade resultam de condutas ilícitas. Assim, o erro simples não é precedido de qualquer conduta ilícita.

Por outro lado, os regimes dos vícios na formação da vontade, ainda que originados por uma conduta ilícita, do declaratário ou de terceiro, não são orientados pela preocupação de reparação do dano decorrente do comportamento ilícito, mas são antes delineados em razão da ponderação do interesse da protecção da

[677] A preocupação com a protecção das expectativas e do interesse da estabilidade contratual da contraparte do contratante cuja vontade foi irregularmente formada é bem visível no regime do erro sobre os motivos. Assim, o erro sobre os motivos é em princípio irrelevante. Com efeito, o erro sobre os motivos determinantes da vontade apenas desencadeará a possibilidade de anulação do negócio em três hipóteses. O erro sobre os motivos é razão de anulação do negócio se incidir sobre a pessoa do declaratário ou o objecto do negócio ou se as partes houverem reconhecido por acordo a essencialidade do elemento sobre que incide o erro ou onde o erro incida sobre a base negocial nos termos do art. 252º/2 CC. Refiramos ainda que, para que o erro sobre a pessoa do declaratário ou o objecto do negócio possa dar lugar à anulação do negócio é necessário que o declaratário conheça ou não deva ignorar a essencialidade para o declarante do elemento sobre que incide o erro, isto é, a essencialidade para o declarante da pessoa do declaratário ou do objecto do negócio (art. 251º, por remissão para o art. 247º, ambos do CC).
Igualmente do regime do dolo de terceiro transparece a preocupação da protecção dos interesses do declaratário relacionados com a protecção das expectativas e com a estabilidade do contrato. Deste modo, o declarante apenas poderá anular o negócio caso o declaratário conheça ou não deva ignorar o dolo de terceiro.
No caso da coacção moral de terceiro, as preocupações relacionadas com a protecção das expectativas e da estabilidade do negócio cedem em face do interesse da regular formação da vontade. Na realidade, se a coacção provier de terceiro, a lei não faz depender a possibilidade de anulação do negócio do conhecimento que o declaratário tenha ou deva ter da coacção. Antes considera o negócio anulável por coacção de terceiro se o mal for grave e justificado o receio da sua consumação. HÖRSTER explica a diversidade em face do regime do dolo de terceiro, lembrando que o declarante no dolo poderá ter a possibilidade de anular com base em erro, pelo que o *deceptus* tem mais possibilidades de anular o negócio do que o coagido – v. *A Parte Geral do Código Civil Português... cit.*, pp. 597 e 598.

regular formação da vontade em confronto com os interesses da protecção das expectativas do declaratário na estabilidade da transacção e da tutela do tráfico jurídico.

1.1.6. A revogação do contrato por via indemnizatória em virtude da conduta de terceiro estranho à relação contratual

Refira-se ainda que a revogação do contrato por via indemnizatória poderá decorrer de uma conduta de um terceiro estranho à relação contratual. Na verdade, a indução à celebração do contrato pode resultar de comportamento de um terceiro que não seja parte num contrato ou representante de uma das partes. Somos, desde logo, confrontados com o problema da responsabilidade de terceiros no âmbito da *culpa in contrahendo*.

Na Alemanha, começaram a doutrina e a jurisprudência por admitir a responsabilidade de pessoas estranhas ao negócio através da teoria da *Sachwalterhaftung*. No contexto da consagração legislativa do instituto da *culpa in contrahendo* pela Lei da Modernização do Direito das Obrigações, veio o BGB a admitir expressamente a sujeição a deveres laterais de conduta de quem não deva vir a vincular-se pelo contrato. Exemplificativamente refere as situações em que o terceiro concita em si especial confiança, assumindo assim um papel determinante na conclusão do negócio ou nos termos em que o contrato é concluído, consagrando desta forma legislativamente a doutrina da *Sachwalterhaftung*[678] (§ 311/III BGB). Note-se que

[678] V. Lorenz/Riehm, *Lehrbuch zum neuen Schuldrecht... cit.*, p. 191, § 376. Os Autores salientam a circunstância de a *Sachwalterhaftung*, prevista na segunda parte do § 311/III não excluir a recondução à primeira parte do § 311/III de outras hipóteses de responsabilidade.
Deste modo, entendem estar aí compreendidos os casos em que o *lesado* não deva vir a tornar-se parte no contrato (por exemplo, o caso da folha de hortaliça, em que uma menor que acompanhava sua mãe em compras num supermercado escorregou numa folha de hortaliça que estava no chão tendo ficado ferida em consequência da queda), em que a exposição dos bens e interesses de terceiros na fase pré-contratual justifica a sua inserção no perímetro de protecção pré-contratual.
Como casos de responsabilidade de terceiros, recondutíveis à primeira parte do § 311/III, aponta Lowisch os casos em que o terceiro tem um interesse económico forte no contrato.Salienta-se que neste caso a responsabilidade do terceiro não está dependente de este ter concitado na sua pessoa uma especial confiança. Veja-se Lowisch/Feldmann. In *J Von Staudingers Kommentar zum Bürgerlichen Gesetzbuch mit Einführungsgesetz und Nebegesetzen*. Buch 2 Recht der Schuldverhältnisse §§ 311, 311a, 312a-f BGB. Berlin: De Gruyter, 2013, Anotação 167 ao § 311.
A subsunção, quer dos casos em que o terceiro estranho à relação pré-contratual é o lesado (os casos do tipo da folha de hortaliça), quer dos casos de interesse económico intenso, ao § 311/III não é pacífica.
Com efeito, para alguns, os casos de protecção de terceiro através do instituto da *culpa in contrahendo* caberiam antes no § 311/II/3, ou seja, no âmbito dos contactos negociais semelhantes às negociações ou nos preliminares de um contrato. A nota prévia ao § 311 BGB parece inserir no § 311/II/3 os casos de responsabilidade perante terceiros, posto que se verifiquem os princípios

é necessária uma confiança que vá além da confiança que é normal nas negociações[679].

Entram no conceito de *Sachwalter* as pessoas que, em virtude da autonomia com que intervêm nas negociações, assumem um papel determinante na conclusão do contrato ou na definição dos termos em que ele é concluído. Estão compreendidos, não apenas os representantes, como igualmente os administradores de facto, os curadores ou administradores do negócio. Para além destes, também se consideram abrangidos os peritos, ou seja, pessoas que pelos conhecimentos que possuem podem influenciar a decisão de concluir o contrato ou os termos em que o contrato é celebrado[680].

Embora da letra do nosso art. 227º CC não se possa extrair uma responsabilidade pré-contratual de pessoas que não devam tornar-se partes no contrato[681], não traduz uma escolha legislativa no sentido de excluir a responsabilidade de terceiros do instituto da *culpa in contrahendo*[682]. Neste sentido, CARNEIRO DA

do contrato com eficácia de protecção para terceiros, que se estendem à relação pré-contratual – veja-se a nota preliminar ao § 311 BGB, *Entwurf eines Gesetzes zur Modernsierung des Schuldrechts... cit.*, a propósito do nº3 do § 311/II.

Por outro lado, LORENZ e RIEHM consideram não serem em si mesmos susceptíveis de caber no § 311/III BGB os casos em que o terceiro possua um interesse económico intenso no contrato, uma vez que a existência deste interesse não é forçosamente acompanhada pela concitação de confiança por parte de terceiro. Por esta razão, sustentam a inclusão deste tipo de casos na hipótese normativa do § 311/II/3 BGB – *Lehrbuch zum neuen Schuldrecht... cit.*, p. 191, § 376.

Quanto à existência de um interesse económico intenso, tem-se entendido que não basta qualquer interesse económico próprio. É necessário que actue como se estivesse a tratar de um assunto próprio e que, do ponto de vista económico, seja a parte real no contrato – LORENZ/RIEHM, *Lehrbuch zum neuen Schuldrecht... cit.*, p. 191, nota 375.

Vêm a propósito, as considerações de CARNEIRO DA FRADA, alertando para a inadequação do recurso à *culpa in contrahendo* quando a finalidade seja fazer alguém, que não participa formalmente no contrato, assumir os efeitos desse contrato – v. *Responsabilidade pela Confiança... cit.*, p. 124. Não deixa, no entanto, de reconhecer que o papel da *culpa in contrahendo* ajuda "a colmatar o *deficit* de protecção do lesado susceptível de ocorrer em virtude de os seus meios de tutela se dirigirem apenas, em princípio, contra quem é parte formal no contrato". Com efeito, o interesse de cumprimento não encontra a sua sede de protecção na responsabilidade pré-contratual. Salientando igualmente a separação entre os casos de *culpa in contrahendo* de responsabilidade contratual, FERREIRA DE ALMEIDA, *Contratos I... cit.*, p. 195.

[679] V. nota prévia ao § 311 BGB, na Anotação relativa à 2 ª parte do § 311 II BGB – *Begründung zum Gesetzentwurf eines Schuldrechtsmodernisierungsgesetzes... cit.*

[680] Nos termos da nota prévia ao § 311 afirma-se que para este efeito se generalizou a doutrina da *Sachwalterhaftung*.

[681] Os representantes entrarão no espírito do art. 227º CC, razão pela qual se admite que entrem na sua previsão normativa através da interpretação extensiva – EVA MOREIRA DA SILVA, *As Relações... cit.*, pp. 321 e 322.

[682] CARNEIRO DA FRADA, *Teoria da Confiança... cit.*, p. 154.

FRADA sustenta ser a responsabilidade pré-contratual expressão de princípios gerais da ordem jurídica[683] que o legislador não quis afastar neste quadrante da responsabilidade de terceiros. Considera assim legítimo um desenvolvimento *praeter legem* do Direito[684] que permita submeter a responsabilidade pré-contratual de sujeitos que não devam vir a tornar-se partes no futuro contrato[685]. Deste modo, terceiros que actuem com autonomia nas negociações e que possam influenciar a decisão de celebrar o contrato ou o seu conteúdo podem ver-se responsabilizados por *culpa in contrahendo.*

A responsabilidade de um terceiro pelo dano da conclusão do contrato, ditando a obrigação de colocar o lesado na situação em que se encontraria se não o tivesse feito, poderá causar alguma estranheza. Dando expressão a tal perplexidade, EVA MOREIRA DA SILVA questiona-se sobre a possibilidade de fazer responder o terceiro pelo dano da celebração de um contrato inútil se não é ele (o terceiro) que poderá restaurar a situação através da revogação por via indemnizatória[686].

Cremos que se trata de uma dificuldade apenas aparente. Na verdade, devemos ter presente a diferente natureza dos direitos à anulação, por um lado, e à revogação por via indemnizatória, por outro. Esta constitui uma *indemnização* sob a forma de reconstituição natural. Como vimos, trata-se de um direito de crédito do *deceptus* sobre aquele a quem é imputável uma conduta ilícita e culposa, isto é, o autor do dolo ou da informação negligente.

683 *Teoria da Confiança... cit.*, p. 154.

684 *Teoria da Confiança... cit.*, p. 155.

685 Considerando legítima a inclusão de terceiros como responsáveis por *culpa in contrahendo*, desde que actuem com autonomia e desempenhem um papel influente nas negociações FERREIRA DE ALMEIDA, *Contratos I... cit.*, pp. 210 e 211, CARNEIRO DA FRADA, *Uma "Terceira Via"... cit.*, pp. 100 a 102, *Teoria da Confiança... cit.*, pp. 154 a 156, e EVA MOREIRA DA SILVA, *As Relações... cit.*, pp. 321 e 322. Repare-se, no entanto, que, como veremos, em texto, a Autora considera que a responsabilidade pré-contratual de terceiro não constitui a sede mais adequada para resolver os casos de indução negligente em erro proveniente de terceiro. Em sentido contrário, não admitindo a responsabilidade pré-contratual de terceiros, RITA AMARAL CABRAL, *A responsabilidade por prospecto... cit.*, p. 206.

686 *As Relações... cit.*, p. 323. A Autora considera que esta dificuldade constitui um argumento em favor da tese de que o enquadramento mais adequado do problema da responsabilidade por indução negligente em erro é a figura do dolo. Na verdade, na linha de GRIGOLEIT, embora não negue que a responsabilidade pré-contratual proteja o interesse da liberdade de decisão jurídico-negocial, considera não constituir a responsabilidade pré-contratual o enquadramento mais adequado à responsabilidade por indução negligente em erro. Afastando a possibilidade de recondução directa da indução negligente em erro ao art. 253º CC, ao recusar quer uma interprestação lata, quer uma interpretação extensiva do conceito de dolo aí contida, EVA MOREIRA DA SILVA conclui defendendo a aplicação analógica do art. 253º CC aos casos de indução negligente em erro.

A revogação do contrato por via indemnizatória pretende tão-só colocar o lesado na situação de facto hipotética em que estaria se não tivesse celebrado o contrato. Trata-se, portanto, de corrigir uma perturbação na repartição de bens (uma repartição indesejada)[687]. Não está em causa avaliar a repercussão do comportamento do *deceptor* sobre a validade do negócio, como sucede no problema da anulação por dolo. A obrigação de indemnizar não representa mais do que uma consequência da conduta ilícita do *deceptor*. A revogação do contrato por indemnizatória é, como vimos repetindo, uma indemnização sob a forma de restauração natural, identificando-se com a obrigação de o *deceptor* colocar o *deceptus* na situação de facto em que se encontraria se não houvesse celebrado o contrato.

Reconhecemos, é certo, que se o *deceptor* for a contraparte no negócio, os efeitos da desvinculação indemnizatória são paralelos aos efeitos da anulação do contrato. Na realidade, a reconstituição *in natura* envolve a restituição das prestações, tal como sucede com a anulação. Esta circunstância que poderá provocar receios legítimos sobre o desrespeito das normas sobre os vícios na formação da vontade, inspiradas, como dissemos, pela necessidade de compatibilizar a protecção da esclarecida e livre formação da vontade com a segurança e certeza jurídicas.

Contudo, onde a indução em erro provenha de terceiro, os efeitos da revogação do contrato por via indemnizatória repercutem-se nas esferas jurídicas do terceiro indutor em erro e do *deceptus*, mas não na esfera jurídica da contraparte do *deceptus*. Assim, ao contrário do que sucede no âmbito do problema do dolo de terceiro como causa de invalidade, em que se pretende determinar em que termos a conduta dolosa do terceiro estranho ao contrato pode afectar a sua validade, no âmbito da revogação do contrato por via indemnizatória, pretende-se apenas reagir à conduta ilícita do *deceptor* obrigando-o a indemnizar o *deceptus*. A obrigação de indemnização sob a forma de reconstituição *in natura* impende apenas sobre o terceiro autor do dolo ou da informação negligente. Este estará obrigado a proporcionar ao lesado, na medida em que tal for possível, a situação de facto que lhe assistiria se não tivesse celebrado o contrato.

Assim, se alguém é induzido à compra de acções de certa sociedade pela informação, prestada negligentemente por um terceiro, de que a sociedade possui uma inovadora política ambiental, o *deceptus* poderá exigir do terceiro a quantia que empregou na aquisição das participações sociais contra a transmissão das acções para o terceiro[688].

[687] Paulo Mota Pinto, *Interesse Contratual Negativo e Interesse Contratual Positivo... cit.*, p. 1398.

[688] Repare-se que a figura da revogação do contrato por via indemnizatória é também utilizada pelo BGH no âmbito da responsabilidade delitual. Veja-se a decisão de 9 Maio de 2005 em que estava em causa a responsabilidade pessoal dos membros dos órgãos de administração de uma

Não está aqui em causa avaliar as consequências do comportamento de terceiro sobre a validade do negócio de compra e venda de acções. Os interesses do vendedor das acções não são afectados. Assumindo o direito à indemnização a natureza de um direito de crédito, não poderá ter repercussões sobre o contrato de compra e venda de acções, obrigando a contraparte do *deceptus* à revogação do contrato por via indemnizatória. O exercício do direito de revogação do contrato por esta via obriga antes o terceiro a colocar o lesado a salvo de uma repartição de bens indesejada decorrente da omissão ou do deficiente cumprimento de um dever de informação.

Não é assim de recear que o exercício do direito à revogação por via indemnizatória por dolo ou por informação negligente proveniente de terceiro afecte as expectativas da contraparte do *deceptus*. Com efeito, a revogação por via indemnizatória não produz efeitos sobre a subsistência do contrato, uma vez que o direito à indemnização apenas pode ser exigido ao terceiro, autor do dolo da indução negligente em erro.

Por conseguinte, não é prejudicado o interesse do parceiro contratual do *deceptus* na estabilidade do contrato. Como referimos, o direito à revogação do contrato por via indemnizatória é um direito de crédito do *deceptus* perante o *deceptor*, neste caso o terceiro.

1.1.7. O concurso entre as figuras da revogação do contrato por via indemnizatória e da anulação

Como temos vindo a dizer, cremos que a anulação e a responsabilidade pré-contratual por deveres de informação constituem duas vias de protecção da liberdade de decisão jurídico-negocial. A revogação do contrato por via indemnizatória constitui uma indemnização sob a forma de reconstituição natural que visa reparar o dano da celebração do contrato, ao passo que a anulação resulta de determinadas perturbações na liberdade de decisão jurídico-negocial a que a lei ligou a invalidade do negócio[689].

sociedade anónima por informações prestadas ao investidores com base no § 826 BGB. Atendendo à prioridade da restauração natural, o Tribunal Federal alemão considerou que os investidores poderiam exigir aos membros do órgão de administração as quantias despendidas na compra das acções contra a sua transmissão. Deste modo, os membros do órgão de administração assumiriam os efeitos do negócio de compra e venda das acções, restituindo aos investidores as somas e tornando-se titulares das acções.

[689] Paulo Mota Pinto vem, neste sentido, a salientar que o direito de revogação por *culpa in contrahendo* se distingue do direito à anulação por nele estar em causa a protecção do lesado contra "danos da conclusão do contrato" causados pelo responsável e não apenas uma protecção contra determinadas lesões da liberdade de decisão jurídico-negocial previstas em normas de invalidade – v. *Interesse Contratual Negativo e Interesse Contratual Positivo... cit.*, p. 1408.

O direito à revogação por via indemnizatória é um direito de crédito do *deceptus* perante o responsável pela violação do dever de informação, enquanto a anulação é um direito potestativo, cujo exercício pode afectar os direitos que terceiros tenham adquirido sobre o objecto do contrato anulado[690]. Tendo em conta estas diferenças, pensamos que o risco de que a revogação por via indemnizatória faça perigar as preocupações de segurança e certeza jurídicas, com as quais o regime dos vícios da vontade procura conciliar a protecção da formação da vontade, não será tão elevado como se afirma.

Daí que não considerássemos impor-se o prazo de caducidade previsto no art. 287º ao direito de revogação indemnizatória e que defendêssemos que o direito à revogação indemnizatória poderia ser exigido a terceiros, sem que esta circunstância seja susceptível de afectar as expectativas da contraparte do *deceptus*, uma vez que, lembramos, sendo o direito à revogação por via indemnizatória um direito de crédito, opera apenas nas relações entre o *deceptus* e o responsável pela violação do dever de informação.

Contudo, pensamos que a determinação dos deveres de informação também deverá ter em conta as exigências de segurança e de certeza. A consideração destes interesses não reclama, todavia, que a delimitação do dever de informar fique aprisionada pelas exigências de que a lei faz depender a anulação por erro ou por dolo, antes devendo estes interesses ser objecto de ponderação no caso concreto,

[690] Na Alemanha, o BGH na *Kreissage Entscheidung* usou este critério para distinguir a anulação da revogação do contrato por via indemnizatória. No entanto, a doutrina criticou fortemente a possibilidade de a distinção entre as duas figuras assentar na diversidade dos efeitos jurídicos – veja-se, por exemplo, MEDICUS, *Grenzen der Haftung für culpa in contahendo... cit.*, p. 212. O BGH foi deste modo levado a procurar um outro critério diferenciador, encontrando-o, como vimos, na necessidade de um dano patrimonial como pressuposto da desvinculação indemnizatória.
Compreende-se que na Alemanha se considere limitada a aptidão distintiva da eficácia em relação a terceiros. Efectivamente, nos negócios de vinculação obrigacional, a própria revogação por via indemnizatória poderá ter efeitos em relação a terceiros adquirentes do direito de crédito conforme o disposto no § 404 BGB – v. GRIGOLEIT, *Neuere Tendenzen... cit.*, p. 903. Ela já será importante nos chamados negócios de disposição, como reconhece o mesmo Autor – v. *Vorvertragliche Informationshaftung... cit.*, pp. 125 e 126.
Como chama a atenção PAULO MOTA PINTO, a distinção assente na eficácia em relação a terceiros entre anulação e revogação por via indemnizatória assumirá especial importância no nosso sistema jurídico em que não se distingue o negócio obrigacional do negócio de disposição. Na verdade, a propriedade transmite-se por mero efeito do contrato no Direito português, na linha do *Code civil*, não havendo assim lugar, ao contrário do que sucede no Direito alemão, a um contrato obrigacional (*Verpflichtungsgeschaft*) e que segue o negócio de disposição ou de execução (*Verfügungsgeschaft* ou *Erfüllungsgeschaft*), em que a transmissão da propriedade acompanha a entrega da coisa (coisas móveis) ou a inscrição no registo (coisas imóveis) – v. PAULO MOTA PINTO, *Interesse Contratual Negativo e Interesse Contratual Positivo... cit.*, p. 1409, nota 3981.

face às exigências decorrentes da justiça[691]. Daí que, como já foi referido, apesar de poder assumir relevância para o surgimento do dever de informar imposto pelo respeito pelo princípio da boa fé na formação dos contratos o conhecimento ou a cognoscibilidade pelo obrigado da essencialidade para o declarante do elemento sobre que incide o erro, a exigência de conhecimento ou cognoscibilidade não será um pressuposto necessário para que se possa concluir pela existência de uma obrigação de informação imposta pelo princípio da boa fé. Na verdade, a satisfação de exigências de justiça poderá requerer a tomada em consideração de outras circunstâncias, como sejam a assimetria informativa ou o custo na obtenção da informação[692].

A nosso ver, existe um concurso entre a anulação e a revogação por via indemnizatória. Como dissemos, são duas vias diferentes dirigidas à protecção da liberdade de decisão jurídico-negocial: a anulação incidindo sobre a validade do negócio e a revogação por via indemnizatória reagindo à violação de um dever pré-contratual de informação, através da indemnização sob a forma de reconstituição natural. Se existir um vício na formação da vontade que represente simultaneamente a violação de um dever pré-contratual de actuação da boa fé na formação dos contratos, em particular a violação de um dever pré-contratual de informação, existirá um concurso de pretensões.

Assim, nas situações de indução negligente em erro, a aplicabilidade do regime do erro ou do dolo não prejudica a possibilidade de recurso à revogação do contrato por via indemnizatória. Deste modo, não concordamos com o afastamento das hipóteses de indução negligente em erro do âmbito do art. 227º que permita concluir pela existência de um concurso meramente aparente de normas[693].

Tanto no caso de dolo, como nos casos de indução negligente em erro, o erro é provocado por uma conduta culposa do *deceptor*. Em ambas as situações o erro é causado por uma conduta contrária à ordem jurídica. Será então legítima a per-

[691] Neste sentido, PAULO MOTA PINTO, *Interesse Contratual Negativo e Interesse Contratual Positivo... cit.*, p. 1380 e nota 3896, p. 1409 e nota 3983. FERREIRA DE ALMEIDA, por seu turno, entende que os limites do dever de informação tenderão a coincidir com os fundamentos da anulabilidade – v. *Contratos I... cit.*, p, 202. Neste sentido, considera o Autor permanecer alguma incerteza, na falta de um preceito específico de protecção institucional de um dos contraentes e de definição legal ou jurisprudencial dos deveres de informação – v. *Contratos... cit.*, p. 204.

[692] Neste sentido, PAULO MOTA PINTO, *Interesse Contratual Negativo e Interesse Contratual Positivo... cit.*, p. 1381.

[693] Esta é a tese de EVA MOREIRA DA SILVA, *As Relações... cit.*, p. 336. A Autora recorre a uma redução teleológica do art. 227º CC, assim subtraindo a esta norma as hipóteses de indução negligente em erro. Identifica uma lacuna oculta que seria preenchida através da aplicação analógica do regime do dolo.

gunta sobre a possibilidade de aplicação analógica do regime do dolo à indução negligente em erro.

Para responder a esta questão, devemos ter presente que o regime dos vícios da vontade procura conciliar o interessse da protecção da regular formação da vontade do declarante com as exigências de respeito do princípio *pacta sunt servanda* e de segurança no tráfico jurídico.

A busca de tal equilíbrio é confiada ao legislador, vigorando o princípio da tipicidade dos vícios da vontade e das condições que os tornam juridicamente relevantes. O rigor com que o regime dos vícios da vontade é delineado pela lei resulta das exigências de certeza e segurança jurídicas que neste domínio se tornam especialmente prementes, atenta a natureza *ob rem* dos seus efeitos[694].

A anulação por dolo, quando o autor do dolo seja o declaratário, não depende de outras condições. O mesmo já não acontece com o dolo proveniente de terceiro ou com o erro simples, cuja verificação está dependente da existência de determinadas condições de relevância. Parece-nos que se o legislador não optou claramente por sujeitar a indução negligente em erro provocada pelo declaratário ao regime do dolo terá sido por entender que a ponderação entre a protecção da correcta formação da vontade do declarante e as exigências de certeza e segurança jurídicas no âmbito do erro sobre os motivos se adequaria melhor aos casos de erro negligentemente provado. Se assim se entender, a hipótese de indução negligente em erro poderá constituir fundamento de anulabilidade se se verificarem os pressupostos de relevância do erro sobre os motivos.

Em suma, a disciplina dos vícios na formação da vontade resulta da ponderação entre o interesse de protecção da regular formação da vontade do declarante, por um lado, e o respeito do princípio *pacta sunt servanda* e da segurança no tráfico jurídico, por outro. Deste modo, embora a indução negligente em erro partilhe com o dolo o facto de o erro do declarante provir de conduta informativa de outrem, o legislador terá julgado que o equilíbrio entre a protecção da vontade do declarante e os postulados de certeza e segurança jurídicas seriam mais adequadamente prosseguidas em sede de erro sobre os motivos.Trata-se, pois, de uma opção de política legislativa, não nos parecendo poder afirmar-se a existência de uma lacuna no art. 252º/1 CC.

Por isso, pensamos que apenas onde se verifiquem os pressupostos de relevância do erro sobre os motivos, o declarante induzido negligentemente em erro poderá anular o negócio. O equilíbrio entre a protecção da formação da vontade do declarante e o interesse de tutela das expectativas do declaratário na estabi-

[694] Encontrando a natureza *ob rem* uma das justificações da tipicidade das causas de invalidade e, em particular, dos seus efeitos, PAULO MOTA PINTO, *Interesse Contratual Negativo e Interesse Contratual Positivo... cit.*, p. 1396, nota 3936.

lidade do negócio é espelhado no regime da anulação por erro. Assim, o acordo sobre a essencialidade do elemento sobre que recai o erro ou o facto de tal elemento constituir a base do negócio ou, tratando-se de erro sobre o objecto ou sobre o declaratário, o conhecimento ou cognoscibilidade pelo declaratário da essencialidade para o declarante sobre o elemento sobre o qual incide o erro representam as situações em que o declarante pode anular o negócio com base em indução negligente em erro[695].

Esta circunstância não arreda, como já dissemos, a possibilidade de a indução negligente ser causa de responsabilidade civil por violação de deveres pré-contratuais impostos pelo princípio da boa fé, ainda que não esteja presente qualquer das hipóteses referidas em que o erro sobre os motivos é causa de anulação do negócio.

Representando a prestação negligente da informação uma conduta contrária ao princípio da boa fé na formação dos contratos, haverá lugar a responsabilidade pré-contratual.Trata-se, portanto, de reagir a condutas ilícitas e culposas, e não, como sucede na anulação, de estabelecer as condições em que a protecção da regular formação da vontade prevalece, procurando o legislador conciliar essa prevalência com as expectativas do declaratário na estabilidade do negócio jurídico.

Não ignoramos ter a desvinculação indemnizatória efeitos práticos idênticos aos que resultam da anulação do negócio, sendo compreensível o receio de que o recurso à desvinculação indemnizatória traia o equilíbrio estabelecido pelo regime da anulação por erro.

No entanto, desde logo, as exigências de tutela das expectativas do declaratário na estabilidade do contrato não obstarão à responsabilidade pré-contratual por indução negligente em erro onde resulte da violação de deveres de informação previstos na lei ou suficientemente delimitados pela jurisprudência[696]. Pensamos, contudo, que a diversidade dos mecanismos anulatório e indemnizatório justificará que se vá mais longe.

Não podemos, de facto, perder de vista que a desvinculação indemnizatória é uma forma de indemnização e não o efeito do exercício do direito potestativo à anulação. O exercício do direito potestativo à anulação invalida o contrato, obrigando, por isso, à restituição das prestações. O exercício do direito de crédito de desvinculação indemnizatória, embora obrigue à restituição das prestações,

[695] Neste sentido, Paulo Mota Pinto, *Interesse Contratual Negativo e Interesse Contratual Positivo... cit.*, pp. 1371, 1380 e 1409.

[696] Ferreira de Almeida considera que, para além destes casos, será incerto admitir deveres de informação *in contrahendo* se não se contiverem dentro das fronteiras da anulação com fundamento em erro – *Contratos I... cit.*, p. 204.

representa apenas a forma prioritária de indemnização, a reconstituição natural. A obrigação de restituição das prestações não se impõe inelutavelmente, ao contrário do que se passa com a anulação.

Devemos, na verdade, lembrar que onde a reconstituição natural seja excessivamente onerosa para o devedor ela cederá o lugar à compensação em dinheiro. Esta ressalva salvaguarda o lesante de consequências patrimoniais gravosas resultantes da indemnização sob a forma de reconstituição natural. No nosso caso, a reconstituição natural traduz-se na obrigação imposta ao *deceptor* de devolução da prestação do *deceptus* devendo este, em contrapartida, restituir o que houver recebido em execução do contrato. Se esta obrigação se revelar para o *deceptor* excessivamente onerosa, a obrigação de desvinculação indemnizatória dará o lugar à obrigação de indemnização em dinheiro.

Já a desvinculação por via anulatória não oferece ao *deceptor* a possibilidade de invocar a extrema onerosidade da obrigação de devolução do que tiver sido prestado no âmbito do cumprimento do contrato por forma a evitar uma situação para si especialmente gravosa.

A inflexibilidade dos efeitos do exercício da anulação concorre para a explicação da rigorosa delimitação dos pressupostos da possibilidade de anulação do negócio. Inversamente, a desvinculação por via indemnizatória, embora assuma a qualidade de forma prioritária de indemnização, não constitui uma obrigação que necessariamente decorra da responsabilidade pré-contratual[697]. Deste modo, como facilmente se compreende, não está a definição dos pressupostos de sur-

[697] Neste sentido, FLEISCHER que chama a atenção para o § 251/2 do BGB que dita o afastamento da obrigação de indemnização sob a forma de reconstituição natural onde a desvinculação indemnizatória represente um custo irrazoavelmente desproporcionado – v. *Konkurrenze Probleme... cit.*, p. 117.
Também o *Misrepresentation Act* de 1967 atribui ao julgador a faculdade de optar pela indemnização em dinheiro em lugar da *rescission* (*damages in lieu de rescission*) na *negligent misrepresentation* e para a *wholly innocenent misrepresentation*. Neste juízo, deverá confrontar o dano que resultaria da manutenção das obrigações contratuais com o dano que decorreria da *rescission*, devendo igualmente ter em consideração a natureza da *misrepresentation* (v. 2 (2) do *Misrepresentation Act*).
No âmbito do *Misrepresentation Act*, cabem não apenas as informações fraudulentas, mas também as informações negligentes e as informações incorrectas que não sejam fraudulentas ou negligentes, fazendo impender o risco da inexactidão da informação sobre a contraparte do *deceptus*. Diversamente, a responsabilidade por *culpa in contrahendo* pressupõe uma conduta ilícita e culposa do informante.
O *Misrepresentation Act* não abrange, em princípio, as condutas omissivas, pois no Direito inglês não existe um dever geral pré-contratual de informação. No entanto, tem-se considerado existir um dever de informar em determinadas áreas, uma das quais é a publicação do prospecto relativo à oferta de valores mobiliários e à sua admissão à negociação, prevista no *Financial Services and Markets Act* de 2000.

O *Misrepresentation Act* não compreende a *misrepresentation* provocada por terceiro. Pelo contrário, no âmbito da *culpa in contrahendo*, embora o problema seja discutível, admitimos a responsabilidade de terceiros cuja conduta leva uma das partes a celebrar o contrato.
O instituto da *misrepresentation* emergiu no âmbito da *Common Law*, e na *Equity*. No que respeita à *Common Law*, cumpre destacar os casos *Derry. vs. Peek* e *Hedley Byrne vs. Heller*. O primeiro caso data de 1889, tendo considerado que a responsabilidade civil por informações apenas poderia ocorrer nos casos em que o autor da informação esteja consciente da sua falsidade ou tenha actuado com indiferença quanto à sua veracidade (*recklessly*). A responsabilidade por informação continha-se, pois, nos estreitos limites do *tort of deceit*. Em 1963, a decisão do caso *Hedley Byrne vs. Heller and Parteners* vem a admitir a responsabilidade por informações prestadas negligentemente, recorrendo ao conceito de *special relationship*. Este resultado já vinha a ser preparado pela jurisprudência da *Equity* (v. Sinde Monteiro, *Responsabilidade por Conselhos... cit.*, pp. 123 e segs.). Na verdade, a jurisprudência da *Equity* utiliza o conceito de *fiduciary relationship* para fazer face a casos não cobertos pelo *tort of deceit*.
No caso *Hedley Byrne* veio, como dissemos, a integrar-se no *tort of negligence* a responsabilidade civil por informações, considerando-se como pressuposto dessa recondução a *special relationship*, isto é, uma relação equivalente a um contrato. Como nota Sinde Monteiro, a *special relationship* procura alargar a ideia desta relação, subjacente à *fiduciary relationship*, a novas situações – *Responsabilidade por Conselhos... cit.*, p. 432.
A existência de uma relação especial obrigaria a um dever de cuidado (*duty of care*) na prestação da informação. A evolução posterior a este caso mostra uma tendência para a extensão do *duty of care*. Na verdade, lança-se mão de conceito de proximidade (*proximity*), não sendo necessário que a informação negligente tenha dado origem a uma actuação com base nessa informação – v. Sinde Monteiro, *Responsabilidade por Conselhos... cit.*, pp. 135 e segs.
Aliás, a aceitação de ressarcibilidade dos danos puramente patrimoniais por informações negligentes pela *House of Lords* no caso *Hedley Byrne*, nota Howarth, originou dois tipos de tendências interpretativas: uma visão contratual e uma visão delitual. A primeira considera que da decisão do caso *Hedley Byrne* elege como elementos fundamentais a existência de uma relação especial, uma assunção voluntária de responsabilidade e a razoabilidade da confiança. Já a outra visão considera como elementos essenciais do caso *Hedley Byrne* as habilitações profissionais, a apreciação da razoabilidade da conduta do lesante em face das circunstâncias e a proximidade. Assim, segundo a interpretação contratual, a decisão *Hedley Byrne* esforçou-se por definir as fronteiras do Direito contratual, ao passo que a interprestação delitual cuidou de delimitar o *tort of negligence* no âmbito de um caso de *pure economic losses* – v. *Economic loss in England: The search for coherence*. In Efstathios Banakas, "Civil Liability for Pure Economic Loss". London, The Hague, Boston: Kluwer Law International, 1996, pp. 32 a 35.
Onde a informação negligente tiver dado origem à celebração de um contrato, sendo essa informação imputável a uma das partes no contrato, configura-se uma situação de facto que cai no âmbito de aplicação das regras estabelecidas no caso *Hedley Byrne*, entrando ao mesmo tempo, no perímetro de aplicação *do Misrepresentation Act* de 1967. Estarão então presentes – dois fundamentos (delitual e contratual) capazes de suportar a responsabilidade do *deceptor* perante o *deceptus*. No entanto, Von Bar defende a ideia de que a responsabilidade delitual, assente no caso *Hedley Byrne*, perde nestas hipóteses relevância, uma vez que o *Misrepresentation Act* na secção 2 (1) estabelece uma presunção de culpa – v. *Gemeineuropäisches Deliktsrechts*. Vol. I. (*Die Kernbereich des Deliktsrechts, seine Angleichung in Europa und seine Einbettung in die Gesamtrechtsordnungen*). München: C.H. Beck,

gimento da obrigação de indemnizar sujeita às mesmas exigências de precisão a que obedece a fixação dos requisitos da anulabilidade por erro. Na realidade, a necessidade de tutelar a segurança e certeza jurídicas não assume o peso que reveste na desvinculação por via da anulação.

O que se acaba de dizer não equivale a ignorar pura e simplesmente preocupações de certeza e segurança no âmbito da definição dos deveres pré-contratuais de informação. Na verdade, tendo presente estes interesses, a delimitação de tais deveres é efectuada por referência a situações típicas e não com base em expectativas estritamente pessoais[698].

Todas estas circunstâncias nos levam a concluir que a responsabilidade pré-contratual constitui sede adequada à protecção da regular formação da vontade.

1.2. A reparação do dano sofrido pelo *deceptus* através da adaptação do conteúdo do contrato

1.2.1. A problemática existente

Vamos analisar a hipótese em que o *deceptus* em face do conhecimento da realidade teria desejado celebrar o negócio, mas com conteúdo diverso do que foi celebrado. A manutenção do contrato com um conteúdo divergente do negócio que efectivamente foi celebrado levanta dúvidas não só quanto ao problema de classificação desta indemnização como indemnização pelo interesse contratual negativo ou enquanto indemnização pelo interesse contratual positivo, mas igualmente no que respeita à possibilidade de por via da indemnização se impor ao *deceptor* um conteúdo contratual para o qual a vontade, quer actual, quer hipotética, do *deceptor* não concorre.

1.2.2. A manutenção do negócio com conteúdo modificado como indemnização pelo interesse contratual negativo

No que concerne à qualificação como indemnização pelo interesse contratual negativo[699] ou como indemnização pelo interesse contratual posi-

1996, p. 428. Também parecem inclinar-se neste sentido BUSSANI e PALMER, *The liability regimes in Europe... cit.*, p. 140, nota 66. O Direito inglês não conhece o instituto da *culpa in contrahendo*, pelo que as situações de *misrepresentation* integrarão a responsabilidade delitual (*tort of deceit* ou *tort of negligence*) ou a responsabilidade contratual decorrente do *Misrepresentation Act* – VON BAR, *Gemeineuropäishes Deliktsrecht... cit.*, p. 429. O Autor trata do problema do concurso entre a responsabilidade contratual e extracontratual no Direito inglês, nas pp. 424 e segs., e, em especial, para os casos de *misrepresentation*, durante as negociações, pp. 428 e 429.

[698] FLEISCHER em *Konkurrenze Probleme... cit.*, p. 117, considera que, na ausência de pontos de referência mais próximos, o programa de deveres pré-contratual só oferecerá uma protecção a expectativas de conduta estandardizadas.

[699] GRIGOLEIT, *Vorvertragliche Informationshaftung... cit.*, pp. 189 e segs.

tivo[700], consideramos que, uma vez que a indemnização não procura satisfazer o interesse de cumprimento do contrato efectivamente celebrado, pretendendo antes colocar o *deceptus* na situação em que estaria se o dever de informação tivesse sido regularmente cumprido, está em causa a indemnização pelo interesse contratual negativo. Não se trata, com efeito, de indemnizar o dano provocado pelo incumprimento de uma obrigação contratual, mas antes de reparar o dano causado por uma informação deficiente.

Porém, compreende-se alguma hesitação no momento de qualificar a indemnização como indemnização pelo interesse contratual positivo ou como indemnização pelo interesse contratual negativo. Na verdade, a indemnização, na hipótese de o lesado ter pretendido celebrar um contrato com um conteúdo diverso, visa assegurar não o *status quo ante*, mas antes um *status ad quem* diverso

[700] MESSER, *Schadenersatzansprüche aus Verschulden bei Vertragshandlungen wegen der Verletzung für den Vertragsinhalt wesentlicher vorvertraglicher Pflichten*. "Festschrift für Ernst Steindorff". Berlin, New York: De Gruyter, 1990, pp 749 e segs. Entre nós, FERREIRA DE ALMEIDA, *Contratos I... cit.*, p. 214, e RITA AMARAL CABRAL, *Responsabilidade por prospecto... cit.*, pp. 220 e segs.
FERREIRA DE ALMEIDA considera que em matéria de contratos anuláveis, mas efectivamente não anulados, a indemnização deverá consistir na reposição do equilíbrio contratual através da redução da prestação, chamando ao mesmo tempo a atenção para que este resultado corresponde basicamente à indemnização pelo interesse contratual positivo.
RITA AMARAL CABRAL defende que a indemnização por *culpa in contrahendo* não deverá estar confinada ao resssarcimento do interesse contratual negativo nas hipóteses em que esteja em causa um contrato válido, não vendo razão para não indemnizar os danos que derivam do facto ilícito e culposo. Com efeito, como observa a Autora, a responsabilidade civil por *culpa in contrahendo* não se circunscreve aos casos de invalidade do contrato. Relevantes são, pois, os danos que decorrem do facto ilícito.
Concordamos assim com a ideia de que a responsabilidade por *culpa in contrahendo* não está necessariamente limitada ao interesse contratual negativo. No entanto, nos casos de responsabilidade pré-contratual por celebração de um contrato indesejado, a responsabilidade tem em vista colocar o lesado na situação em que se encontraria se o dever de comportamento tivesse sido regularmente cumprido, isto é, o contrato não teria sido celebrado ou não teria sido celebrado em termos diferentes. Como refere PAULO MOTA PINTO (v. em texto), a situação hipotética em caso de ausência do facto ilicito obtém-se fundamentalmente pela abstracção de um facto realmente ocorrido.
Cremos, na verdade, que, correspondendo as obrigações pré-contratuais de informação a declarações de ciência e não a declarações de vontade, não será possível identificar na indemnização derivada da violação de tais obrigações uma indemnização pelo interesse contratual positivo – neste sentido, GRIGOLEIT, *Vorvertragliche Informationshaftung... cit.*, p. 190 e segs. O Autor considera que a indemnização pelo interesse contratual positivo em sede de obrigações de informação conduziria a uma obrigação de contratar, desconforme ao sistema, não identificando razões para a defesa da ideia de que a violação de deveres de informação daria lugar a uma indemnização pelo interesse contratual positivo.

do acordado no contrato efectivamente celebrado[701]. No entanto, como observa Paulo Mota Pinto, a qualificação da indemnização como indemnização pelo interesse contratual negativo ou pelo interesse contratual positivo deve partir do evento lesivo e não das suas consequências[702].

Lançando mão do critério por si delineado com vista à distinção entre interesse contratual positivo e interesse contratual negativo[703], Paulo Mota Pinto considera determinante a caracterização do evento lesivo que, no presente caso, consiste na confiança criada na correcção da informação. Assim sendo, identifica como situação hipotética que existiria sem o evento lesivo a não celebração do contrato efectivamente celebrado ou a ausência de criação da situação de confiança, alertando para a circunstância de a conclusão de um contrato com conteúdo diverso ser consequência da não celebração do contrato efectivamente celebrado[704]. Na verdade, se a confiança não houvesse sido criada, o *deceptus* poderia desejar celebrar o contrato, mas apenas aceitaria fazê-lo com um conteúdo diferente, que lhe fosse mais favorável.

1.2.3. O problema da necessidade de concurso da vontade hipotética da parte que actua culposamente na modificação do contrato por via indemnizatória

1.2.3.1. A independência da adaptação do contrato por via indemnizatória da vontade hipotética da parte que actua culposamente, na jurisprudência alemã

Na jurisprudência alemã, vem sendo aceite a possibilidade de a redução do preço por via indemnizatória, sem a fazer depender do facto de o *deceptor* não fazer prova de que o contrato não teria sido concluído por esse preço. Estabelece-se, deste modo, uma presunção *iuris et de iure* de conclusão do contrato por um preço inferior. Contra esta jurisprudência tem-se argumentado que a impossibilidade de o contraente que actuou culposamente provar que não teria concluído o contrato em condições mais favoráveis ao lesado não só contraria a exigên-

[701] Paulo Mota Pinto, *Interesse Contratual Negativo e Interesse Contratual Positivo... cit.*, pp. 885, 886 e 1413.

[702] *Interesse Contratual Negativo e Interesse Contratual Positivo... cit.*, pp. 886 e segs.

[703] O Autor recorda que elege como critério de distinção entre interesse contratual negativo e interesse contratual positivo a circunstância de o termo hipotético ser obtido *fundamentalmente* pela adição de um elemento (interesse positivo) ou pela abstracção de algo que aconteceu (interesse negativo)" (itálico do Autor) – v. *Interesse Contratual Negativo e Interesse Contratual Positivo... cit.*, p. 886. Paulo Mota Pinto situa no evento lesivo o critério relevante para determinar o interesse que fundamentalmente caracteriza a situação hipotética. Veja-se *Interesse Contratual Negativo e Interesse Contratual Positivo... cit.*, pp. 886 e 887.

[704] *Interesse Contratual Negativo e Interesse Contratual Positivo... cit.*, pp. 887 e 1413.

cia de causalidade[705], como também resulta numa verdadeira obrigação de contratar[706].

Entre outras tentativas de fundamentação, procura-se justificar a independência da modificação do contrato da prova da vontade hipotética, da parte que actuou culposamente, dando origem à conclusão do contrato em condições diversas das que o *deceptus* teria desejado, com a falta de merecimento de protecção da sua posição[707]. Invoca-se não estar em causa uma sanção que opere por meio de uma restrição da liberdade contratual da parte que actua culposamente[708]. Na verdade, a indemnização está dependente de um dano, não se reconduzindo a uma sanção no sentido da restrição da liberdade contratual[709].

1.2.3.2. A restrição da relevância da questão à hipótese de a regular formação da vontade das partes surgir como o bem jurídico protegido pela adaptação do contrato por via indemnizatória

Como anteriormente vimos, a lesão da liberdade contratual pode constituir em si mesma um dano. No entanto, na jurisprudência alemã, embora se assista a algumas hesitações, encontramos decisões que defendem a ideia de que a modificação do contrato por via indemnizatória depende de um desequilíbrio entre as prestações. É uma posição que igualmente encontra eco na doutrina[710].

A exigência de uma situação de desequilíbrio revela, quanto a nós, ter a modificação do contrato como forma de indemnização em vista proteger o património do *deceptus* e não tanto a regular formação da sua vontade. Pelo contrário, se o desequilíbrio entre as prestações não assumir a natureza de requisito da modificação do contrato por via da indemnização, devemos considerar a livre e esclarecida formação da vontade como o bem jurídico por ela protegido. Acreditamos que a opção por uma ou outra solução conduz a resultados diferentes no que respeita à questão da relevância do problema da dispensa da vontade hipotética da contraparte.

Com efeito, ao aceitar-se constituir a vontade das partes o bem jurídico protegido pela modificação do contrato por via indemnizatória, não poderemos igno-

[705] Por exemplo, GRIGOLEIT aponta que a dispensa da prova de causalidade provoca dificuldades na determinação do dano – v. *Vorvertragliche Informationshaftung... cit.*, pp. 181 e segs.

[706] NICKEL, *Die Rechtsfolgen aus culpa in contrahendo – apud* PAULO MOTA PINTO, *Interesse Contratual Negativo e Interesse Contratual Positivo... cit.*, p. 1418.

[707] PAULO MOTA PINTO, *Interesse Contratual Negativo e Interesse Contratual Positivo... cit.*, p. 1418.

[708] Acolhendo este argumento, PAULO MOTA PINTO, *Interesse Contratual Negativo e Interesse Contratual Positivo... cit.*, p. 1418.

[709] PAULO MOTA PINTO, *Interesse Contratual Negativo e Interesse Contratual Positivo... cit.*, p. 1418.

[710] Veja-se por exemplo, MEDICUS, *Erfüllungsinteresse aus Verschulden bei Vertragsverhandlungen?* "Festschrift für Hermann Lange". Stuttgart, Berlin, Köhln: Kohlhammer, 1992, pp. 557 e 558.

rar o problema da relevância da vontade hipotética da contraparte que actuou culposamente. Segundo as regras gerais do ónus da prova, caberia ao lesado fazer a prova do nexo de causalidade. Com efeito, sobre ele incidiria o ónus de demonstrar que o contrato teria sido concluído noutros termos se não fosse a irregularidade da informação.

Para tal, teria o lesado que provar não apenas a sua vontade hipotética, mas também a vontade hipotética da outra parte. Uma situação deste tipo acarretaria não só dificuldades em termos de prova, como poderia, vê-lo-emos, ameaçar a protecção da regular formação da vontade de contratar que a *culpa in contrahendo* procura promover.

Onde se entenda ser a correcta formação da vontade do *deceptus* o bem jurídico que procura tutelar, a modificação contratual por via indemnizatória faz surgir o problema da vinculação, da parte que actuou culposamente, a um conteúdo contratual para o qual a sua vontade não concorreu. Uma vez que a modificação por via indemnizatória e a modificação do contrato por vícios incidentais comungam do mesmo objectivo, teremos que averiguar o tratamento da questão em matéria de vícios da vontade. Reconhecemos, como dissemos a propósito da revogação do contrato por via indemnizatória, que à indemnização e à anulação subjaz a necessidade de um equilíbrio de interesses diferente. Sendo, no entanto, a regular formação da vontade o bem jurídico protegido, teremos que ter presente, por uma questão de coerência valorativa[711], o papel da vontade da contraparte onde se verifique um vício incidental na formação da vontade.

Onde a lei procure tutelar um interesse de natureza patrimonial do contraente prejudicado, entendemos não se colocar o problema da necessidade de concurso da vontade hipotética da parte que actuou culposamente como pressuposto da adaptação do contrato por via indemnizatória. Neste caso, a situação que existiria se a informação fosse correcta não pressupõe o apuramento da vontade hipotética das partes, mas antes se baseia em considerações de índole objectiva, ligadas ao valor da prestação.

Por conseguinte, se o bem jurídico tutelado for a posição patrimonial do *deceptus*, considerando-se o desequilíbrio de prestações pressuposto indispensável da modificação do contrato por meio da indemnização, já não cremos que a coerência do sistema jurídico exija uma sintonia com o regime dos vícios incidentais na formação da vontade. Efectivamente, presidindo à anulação parcial com base nos vícios incidentais na formação da vontade e à modificação do contrato por via indemnizatória por violação de deveres pré-contratuais de boa fé diferentes finalidades de protecção, não cremos que a coerência do ordenamento imponha uma idêntica solução quanto ao papel da vontade hipotética da parte que actuou

[711] Paulo Mota Pinto. *Interesse Contratual Negativo e Interesse Contratual Positivo... cit.*, p. 1423.

culposamente. Reconhecendo ao desequilíbrio de prestações a natureza de condição necessária à modificação do contrato por via indemnizatória, pensamos nem sequer se colocar o problema da vontade hipotética da parte que actuou culposamente. Com efeito, identificado o desequilíbrio das prestações como cerne da modificação do contrato por via indemnizatória, aproximar-se-á da figura da usura no sentido de que, como vimos, tal como ela, tem como núcleo a correcção do desequilíbrio entre as prestações e não a protecção da regular formação da vontade.

1.2.3.3. A solução do problema da relevância da vontade hipotética da contraparte em sede de vícios na formação da vontade

Como concluímos anteriormente, a responsabilidade pré-contratual surge como sede adequada à protecção da liberdade contratual. Embora a tutela anulatória e a tutela ressarcitória se distingam essencialmente por nesta, ao contrário daquela, surgir como pressuposto necessário o comportamento contrário à boa fé por parte do responsável, ambas terão em vista a protecção da regular formação da vontade. Isto não significa que se devam submeter ao mesmo regime em todos os seus aspectos. Cremos que o papel da vontade hipotética da contraparte na modificação do contrato por *culpa in contrahendo* é uma questão que impõe a tomada em linha de conta da solução do mesmo problema em sede de vícios na formação da vontade[712].

A razão por que pensamos impor-se a consideração em sede de *culpa in contrahendo* da solução do mesmo problema em sede de vícios na formação da vontade resulta do paralelismo das consequências[713] e da circunstância de a ambas as situações estar subjacente um conflito entre a tutela da formação da vontade do enganado e a necessidade de concurso da vontade de ambas as partes (neste caso, vontade hipotética) nos termos da vinculação negocial. Trata-se, por outras palavras, de apurar se a protecção da livre e esclarecida formação da vontade do contraente poderá justificar o afastamento da necessidade de concurso da vontade hipotética da parte que actuou culposamente na fixação dos termos do contrato.

Considerando a correcta formação da vontade o bem jurídico protegido, a redução do preço deverá, em princípio, coerentemente, determinar-se pela diferença entre o preço efectivamente acordado e o preço por que as partes se

[712] PAULO MOTA PINTO salienta a necessidade de considerar o tratamento da questão em sede de vícios na formação da vontade, atento o paralelismo dos efeitos da modificação do contrato por *culpa in contrahendo* e da modificação do contrato por vícios incidentais na formação da vontade, por razões de consistência valorativa e teleológica – v. *Interesse Contratual Negativo e Interesse Contratual Positivo... cit.*, p. 1423.

[713] Veja-se o que refere PAULO MOTA PINTO – v. nota anterior.

vinculariam[714] se não existisse uma formação incorrecta da vontade do *deceptus*. Deste modo, parece, à partida, impor-se o concurso da vontade hipotética da contraparte, pois o contrato com conteúdo modificado não se teria concluído sem o acordo de ambas as partes. Porém, cumpre averiguar se o interesse da tutela da regular formação da vontade, quer no âmbito de um vício incidental, quer no âmbito da violação de deveres pré-contratuais, prevalecerá sobre a relevância da vontade hipotética da contraparte, ditando a independência da modificação em relação à prova da vontade hipotética da contraparte.

A doutrina maioritária considera serem relevantes os vícios da vontade incidentais, apelando à aplicação do regime da redução dos negócios jurídicos[715].

A doutrina tem igualmente defendido a relevância da prova da vontade hipotética contrária da contraparte do *deceptus* na modificação do contrato com base em erro incidental[716]. Contudo, alerta-se para a necessidade de prevenir que a contraparte autora do dolo ou da coacção moral, através da prova de que não se teria vinculado senão nos termos determinados pelo dolo ou pela coacção moral, conseguisse a manutenção do contrato com o conteúdo com o qual o contrato realmente foi celebrado. Nesta hipótese, restaria ao enganado ou ao coagido como única alternativa a anulação total do contrato[717]. Daí não ser de admitir a possibilidade da prova da contraparte, autora do dolo, de que não se teria vinculado sem a parte viciada.

Consideramos que a necessidade de evitar uma situação desta natureza justificará a prevalência do interesse da parte cuja vontade foi determinada por dolo

[714] V. PAULO MOTA PINTO, *Interesse Contratual Negativo e Interesse Contratual Positivo... cit.*, p. 1445, e GRIGOLEIT, *Vorvertagliche Informationshaftung... cit.*, p. 198.

[715] Veja-se em sentido contrário MENEZES CORDEIRO, *Tratado de Direito Civil Português*. Parte Geral, Tomo I... *cit.*, pp. 818 e 837. A favor da aplicação da figura da redução, veja-se CARLOS MOTA PINTO, *Teoria Geral do Direito Civil*. 4ª edição (por António Pinto Monteiro e Paulo Mota Pinto)... *cit.*, p. 508, CARVALHO FERNANDES, *Teoria Geral do Direito Civil*. Vol. II. Lisboa: Universidade Católica Editora, 2010, pp. 208 e 526 e segs., e OLIVEIRA ASCENSÃO, *Direito Civil. Teoria Geral*. Vol. II, p. 150. Repare-se que o instituto da redução supõe uma modificação quantitativa do negócio.
Uma modificação qualitativa no sentido da modificação do tipo de negócio deverá ser enquadrada no regime da conversão (art. 293º CC) – veja-se neste sentido, PAULO MOTA PINTO, *Interesse Contratual Negativo e Interesse Contratual Positivo... cit.*, p. 1426, considerando ser a figura mais próxima para estes casos a figura da conversão dos negócios jurídicos. O Autor observa ainda que a modificação no sentido de aumento das obrigações a cargo da contraparte não conhece base legal.

[716] V. CARLOS MOTA PINTO, *Teoria Geral do Direito Civil*. 4ª edição (por António Pinto Monteiro e Paulo Mota Pinto)... *cit.*, p. 508, CARVALHO FERNANDES, *Teoria Geral do Direito Civil*, Vol. II... *cit.*, pp. 208 e 526 e segs., e GALVÃO TELLES, *Manual dos Contratos em Geral*. Coimbra: Coimbra Editora, 2002, p. 86.

[717] PAULO MOTA PINTO, *Interesse Contratual Negativo e Interesse Contratual Positivo... cit.*, p. 1431, e CARLOS MOTA PINTO, *Teoria Geral do Direito Civil*. 4ª edição (António Pinto Monteiro e Paulo Mota Pinto)... *cit.*, p. 525, nota 721.

ou por coacção moral na modificação do contrato segundo a sua vontade. Apesar de o conteúdo do contrato modificado ficar unicamente dependente da vontade hipotética da parte cuja vontade foi mal formada, consideramos dever defender-se a sua prevalência, até porque de outra forma se frustraria a finalidade das normas que visam tutelar uma das partes perante o comportamento da outra. Por consequência, sustenta-se nestas hipóteses preterição da possibilidade de a contraparte demonstrar que não teria celebrado o contrato sem a parte viciada, prevista pelo instituto da redução dos negócios jurídicos[718]. Este resultado obtém-se através de redução teleológica[719]. As finalidades protectoras das normas apenas se poderiam alcançar pela redução do negócio, ainda que a contraparte consiga provar que não teria aceite celebrar o negócio sem a parte viciada[720]. A efectividade da tutela da regular formação da vontade do *deceptus* ou do *coacto* perante o *deceptor* ou perante o *coactor* demanda a irrelevância da vontade hipotética destes últimos como condição de modificação do negócio.

1.2.3.4. A falta de relevância da vontade hipotética da parte que actuou culposamente na adaptação do contrato por *culpa in contrahendo*

Valendo a tese da irrelevância da vontade hipotética da contraparte no âmbito dos vícios incidentais de dolo e coacção moral, ela estender-se-á igualmente à modificação do contrato pela via indemnizatória por violação dos deveres pré-contratuais de actuação em conformidade com a boa fé[721].

Já o erro negligentemente provocado não é previsto como vício autónomo, dependendo das condições de relevância do erro sobre os motivos.

Como vimos, no âmbito do regime do erro incidental releva a vontade hipotética contrária à modificação da contraparte do errante.

Cremos, porém, que, no âmbito da responsabilidade civil por indução negligente em erro, a ponderação dos interesses da protecção da regular formação da vontade do *deceptus* e o interesse de concurso da sua vontade hipotética por parte do *deceptor* parece também apontar para a prevalência da tutela da von-

[718] Carlos Mota Pinto, *Teoria geral do Direito Civil.* 4ª edição (por António Pinto Monteiro e Paulo Mota Pinto)... *cit.*, pp. 636 e 637, e Paulo Mota Pinto, *Interesse Contratual Negativo e Interesse Contratual Positivo... cit.*, p. 1431, nota 4074.

[719] Carlos Mota Pinto, *Teoria geral do Direito Civil.* 4ª edição (por António Pinto Monteiro e Paulo Mota Pinto)... *cit.*, pp. 636 e 637, e Paulo Mota Pinto, *Interesse Contratual Negativo e Interesse Contratual Positivo... cit.*, p. 1431, nota 4074.

[720] Carlos Mota Pinto, *Teoria geral do Direito Civil.* 4ª edição (por António Pinto Monteiro e Paulo Mota Pinto)... *cit.*, pp. 636 e 637, e Paulo Mota Pinto, *Interesse Contratual Negativo e Interesse Contratual Positivo... cit.*, p. 1431, nota 4074.

[721] Paulo Mota Pinto, *Interesse Contratual Negativo e Interesse Contratual Positivo... cit.*, p. 1412 e segs.

tade do *deceptus* no sentido da modificação ou redução do negócio, sem a tornar dependente da vontade hipotética do *deceptor*. Trata-se, segundo pensamos, de fazer gravar sobre o responsável pela violação de obrigações pré-contratuais de informação os danos resultantes da natureza deficiente das informações. A finalidade que preside a este dever, indo no sentido de proteger a regular formação da vontade dos destinatários, correria o risco de ficar prejudicada caso os termos do contrato que o *deceptus* desejaria ver consagrados se não tivesse sido induzido em erro fossem afastados pela prova da vontade hipotética em sentido contrário da parte responsável pela deficiência da informação[722].

Na verdade, pensamos que a eficácia da obrigação de actuar de boa fé na fase pré-contratual no plano informativo seria afectada se a possibilidade de reconstituição natural em sede de indução negligente em erro fosse afastada pela prova da vontade hipotética da parte responsável em sentido contrário.

PAULO MOTA PINTO tende a admitir a irrelevância da prova da vontade hipotética contrária da contraparte responsável pela indução negligente em erro, embora reconheça que os argumentos apresentados em favor desta tese não têm uma força igual à que ostentam em sede de dolo ou coacção moral incidentais[723]. O Autor aceita assim a irrelevância da prova hipotética da vontade contrária da parte que actuou violando o dever de boa fé *in contrahendo*, "pelo menos no caso, em que a restituição das prestações não seja exigível ao lesado"[724].

[722] Repare-se que nas hipóteses em que a modificação do contrato conduza a um aumento das prestações assumidas pela contraparte ou a alargamento dos efeitos económicos do contrato, a prova da vontade hipotética contrária já se deverá aceitar – v., neste sentido, PAULO MOTA PINTO, *Interesse Contratual Negativo e Interesse Contratual Positivo... cit.*, p. 1434, nota 4083.

[723] *Interesse Contratual Negativo e Interesse Contratual Positivo... cit.*, p. 1434.

[724] *Interesse Contratual Negativo e Interesse Contratual Positivo... cit.*, p. 1434. PAULO MOTA PINTO lança mão da ideia defendida por CANARIS no sentido de admitir a irrelevância da vontade hipotética apenas onde não for exigível ao lesado a restituição das prestações (v. *Wandlungen... cit.*, pp. 315 e 316).
O Autor alemão qualifica o problema como uma questão de escolha da forma de indemnização e não como uma discussão em torno do nexo de causalidade (veja-se *Wandlungen... cit.*, p. 315). Nesta perspectiva, considera que a reconstituição natural se identifica com a restituição das prestações. Se esta for inexigível para o lesado, ela cederá lugar à indemnização em dinheiro, por aplicação do § 251/1 BGB (correspondente ao art. 566º/1 CC), pelo menos por via analógica, pois que o preceito – ao prever que a insuficiência da restauração natural é motivo para a sua substituição pela indemnização em dinheiro – encontra o seu fundamento na inexigibilidade da reconstituição natural – *v. Wandlungen... cit.*, p. 316.
A posição de PAULO MOTA PINTO difere da posição de CANARIS ao situar o problema do papel da vontade hipotética do responsável pela informação no âmbito da causalidade e não no âmbito das formas de indemnização. O Autor português, em sentido inverso do Autor alemão, identifica a restauração natural com a adaptação do contrato nos termos que o lesado desejaria se a infor-

Pensamos que a irrelevância da vontade hipotética da contraparte, contrária à modificação que a parte induzida em erro pretenderia se a informação não fosse defeituosa, se deverá impor ainda que a restituição da prestação pelo lesado não se afigure inexigível. Na realidade, cremos que se a actuação segundo boa fé na fase pré-contratual impõe, com o objectivo de proteger a regular formação da vontade do parceiro contratual, deveres de informação, assim como o dever de cuidado na prestação de informação, pensamos que essa finalidade seria prejudicada caso se pemitisse à parte que violou tais deveres a prova de que não se teria vinculado a não ser nas condições em que o contrato se celebrou com base no erro em que ela induziu o *deceptus*. Queremos então dizer que a protecção da regular formação da vontade só será plenamente alcançada se for vedada a prova da vontade hipotética do *deceptor* contrária à vontade do *deceptus*, ainda que a restituição da prestação por parte deste não se afigure inexigível. Sendo o bem jurídico protegido a regular formação da vontade do *deceptus*, ela apenas será alcançada se for afastada a possibilidade de a contraparte, cuja conduta negligente induziu o lesado em erro, provar que não se teria vinculado nos termos que o desejaria se não tivesse ocorrido a perturbação na formação da sua vontade.

Trata-se de uma solução paralela à defendida por PAULO MOTA PINTO – que nós seguimos – em matéria de dolo ou coacção moral do declaratário ou lesante. Embora consideremos que a relevância do erro negligentemente provocado em sede de vícios da vontade deve (tendo presente as exigências de certeza e segurança que presidem à tipicidade das causas de invalidade dos negócios jurídicos e a circunstância de o legislador não haver submetido expressamente os casos de indução negligente em erro ao regime previsto para o dolo) estar dependente, em sede de vícios na formação da vontade, das condições de relevância do erro sobre os motivos (art. 252º/1CC)[725], cremos que à adaptação do contrato por *culpa in contrahendo* decorrente de erro negligentemente provocado não deve obstar a prova da vontade hipotética da outra parte em sentido contrário.

Em suma, a preocupação em prevenir o prejuízo da finalidade que presidiu à consagração da obrigação de um comportamento informativo conforme a boa fé ditará, também no caso de *culpa in contrahendo* por informações negligentes,

mação não retratasse a realidade, consistindo a restituição das prestações uma indemnização em dinheiro. PAULO MOTA PINTO propende, como vemos em texto, a aceitar a irrelevância da vontade hipotética do responsável pelo menos onde a restituição da prestação não se deva exigir ao lesado, tornando insuficiente a indemnização em dinheiro – *Interesse Contratual Negativo e Interesse Contratual Positivo... cit.*, p. 1434.

[725] PAULO MOTA PINTO afirma que parece ser de admitir que onde estejam preenchidos os requisitos de que depende a sua relevância, em caso de erro incidental deverá ser admitida prova hipotética contrária à redução/modificação do negócio – v. *Interesse Contratual Negativo e Interesse Contratual Positivo... cit.*, p. 1433, nota 4082.

a impossibilidade de afastamento da adaptação através da prova da vontade hipotética contrária da parte que actuou culposamente[726].

Não deixamos de compreender o receio de que a demanda da manutenção do contrato com o conteúdo que o lesado desejaria caso tivesse sido bem informado surja, em face do caso concreto, demasiado onerosa para o responsável pela informação. No entanto, pensamos que este problema terá resposta adequada no art. 566º/1 CC que, como já vimos, admite o afastamento da reconstituição natural onde esta seja excessivamente onerosa para o lesante ou onde, recorde-se, a reconstituição natural seja impossível ou insuficiente.

Por outro lado, o risco de o responsável pela informação impor arbitrariamente o conteúdo do contrato poderá ser combatido pelo recurso à figura do abuso do direito.

Terminamos, recordando que as considerações em torno da possibilidade de prova da vontade hipotética contrária da contraparte à redução/modificação do negócio se compreendem pelo facto de os deveres de informação *in contrahendo* servirem o interesse da regular formação da vontade. Onde se entenda ser necessário um dano patrimonial, cremos que o problema não se põe, pois não está em causa a violação do bem jurídico da regular formação da vontade de contratar, não estando em questão a regularidade do acordo negocial. Assumindo o bem jurídico a proteger natureza patrimonial, a modificação do contrato não depende da prova de um acordo negocial nesse sentido, mas de juízos de natureza objectiva. Deste modo, torna-se irrelevante o sentido do acordo negocial que se teria concluído sem a informação incorrecta, passando a valer considerações ligadas ao valor patrimonial da prestação, como teremos ocasião de ver a propósito da responsabilidade por prospecto.

1.3. *Culpa in contrahendo* e as obrigações de informação dos intermediários financeiros

A responsabilidade pré-contratual por informações pode revelar-se útil na actividade de intermediação financeira onde não tenha ainda ocorrido a celebração do contrato. Com efeito, na medida em que o intermediário financeiro tenha violado um dever pré-contratual de informação, o intermediário financeiro responderá perante o *deceptus* por responsabilidade pré-contratual.

[726] Apesar de GRIGOLEIT, no Direito alemão e, entre nós, EVA MOREIRA DA SILVA (*As Relações... cit.*, pp. 335 e segs.) proporem a aplicação analógica do regime do dolo à indução negligente em erro (defendendo uma redução teleológica do art. 252º/1 CC às situações de erro espontâneo, considerando existir uma lacuna oculta), não aceitam a possibilidade de aplicação analógica do dolo incidental, uma vez que na doutrina alemã tende a não se admitir a anulação parcial por dolo, antes propondo uma redução com base num juízo de equidade.

Quando, pelo contrário, o contrato de intermediação tenha sido celebrado, as obrigações de informação impostas pela lei assumirão, como vimos, natureza contratual, dando a sua violação lugar a uma obrigação de indemnizar.

As obrigações de informação impostas pela lei ao intermediário financeiro têm em vista contribuir para a criação das condições necessárias a uma opção de investimento esclarecida, por parte do investidor, ou seja, têm por objectivo prover o investidor das informações necessárias para que seja colocado nas condições informativas *que lhe permitam enveredar pela decisão que melhor se adequa aos seus interesses*. Na verdade, as obrigações de informação a que o intermediário financeiro está sujeito não se explicam apenas em função de uma estrita preocupação de salvaguarda do investidor perante o dano da celebração de contrato não desejado.

Na verdade, vão mais longe e cuidam de assegurar ao investidor um certo nível de cooperação do intermediário financeiro, com a finalidade de garantir as condições necessárias a uma *opção de investimento* informada, capaz de satisfazer o melhor possível os seus interesses.

Assim sendo, a restauração natural não se restringirá necessariamente à desvinculação indemnizatória do contrato não desejado, mas poderá igualmente compreender, se tal for possível, a celebração do contrato que o investidor teria concluído, se tivesse sido convenientemente informado.

Como já anteriormente notámos, não estão em causa meros deveres de protecção que procurem unicamente preservar o investidor de danos pessoais ou patrimoniais que a relação com o intermediário financeiro poderá propiciar, mas sim deveres de cooperação destinados à afirmação da liberdade efectiva indispensável para que o investidor seja capaz de optar pela decisão que melhor se adequa aos seus interesses. Com efeito, o objectivo da actividade de intermediação financeira, como repetidamente afirmámos, consiste na busca da garantia das condições necessárias a que os clientes do intermediário possam tomar a *opção de investimento* mais bem talhada à prossecução dos seus interesses.

Depois de estudarmos o papel da responsabilidade contratual e da *culpa in contrahendo* na tutela da formação da vontade do investidor, vamos averiguar o papel da responsabilidade fundada na frustração de expectativas.

§ 4. Responsabilidade pela confiança

1. A celebração de contrato não desejado como investimento de confiança

A responsabilidade fundada na protecção de expectativas, ou seja, a teoria "pura" na responsabilidade pela confiança[727], contrariamente à responsabilidade delitual

[727] Cujo estudo se deve a CARNEIRO DA FRADA na sua *Teoria da Confiança e Responsabilidade Civil*. A expressão é usada pelo Autor ao fechar a sua obra – v. p. 905.

ou obrigacional não se funda na violação de direitos de outrem ou na inobservância de regras de conduta. A teoria "pura" da responsabilidade pela confiança encontra-se antes alicerçada na protecção de expectativas, não estando dependente da violação de regras de conduta. Em contrapartida, a responsabilidade derivada da violação de deveres assenta na inobservância de normas de conduta.

É certo que, frequentemente, nos confrontamos com normas inspiradas pela protecção de expectativas, sem que, no entanto, o seu fundamento se deva aí surpreender[728]. Com efeito, as normas consagradoras de regras de conduta, embora possam almejar a protecção de expectativas, encontram o seu alicerce nas regras de comportamento e não na protecção de expectativas. Assim, a frustração de expectativas não relevará como condição de surgimento da responsabilidade assente na violação de regras de conduta[729].

Imprescindível ao surgimento da responsabilidade fundada na tutela de expectativas se mostra a frustração da confiança, o que torna compreensível a sua dependência de condições como a natureza razoável da convicção e o investimento de confiança.

Carneiro da Frada identifica a protecção do investimento como a função básica da responsabilidade pela confiança[730]. Deste modo, a responsabilidade pela confiança não pretende reparar "o puro dano da decepção das expectativas"[731]. Na realidade, a confiança não será em si mesma digna de protecção, apenas o sendo na medida em que se apresente como a razão da conduta do confiante[732]. Para que haja lugar a responsabilidade pela confiança é necessário que as expectativas criadas se corporalizem num investimento de disposição ou de confiança (*"Disposition" oder "Vertrauensinvestition"*)[733].

Neste ponto, interessa-nos saber se a celebração do contrato em si mesma caberá no conceito de investimento de confiança independentemente da realização de qualquer despesa[734]. Se esta questão merecer uma resposta positiva,

[728] A distinção entre normas consagradoras de regras de conduta dirigidas à protecção das expectativas e normas fundadas na protecção de expectativas corporiza a diferença entre causa final e causa eficiente, como resulta da explicação de Carneiro da Frada ao salientar a destrinça entre "fim estratégico de uma norma e o que representa, pelo contrário, a sua *ratio iuris*" – *A responsabilidade pela confiança nos 35 anos do Código Civil – balanço e perspectivas*. "Comemorações dos 35 anos do Código Civil e dos 25 Anos da Reforma de 1977". Vol. III. Coimbra: Coimbra Editora, 2007, p. 295.

[729] *Teoria da Confiança... cit.*, pp. 381 e segs.

[730] *Teoria da Confiança... cit.*, p. 673.

[731] Carneiro da Frada, *Teoria da Confiança... cit.*, p. 674.

[732] Canaris, *Die Vertrauenshaftung... cit.*, p. 510.

[733] Canaris, *Die Vertrauenshaftung... cit.*, p. 510.

[734] Canaris defende que as condições ligadas à definição das situações e do alcance do investimento de confiança variam de acordo com as situações de facto de protecção da confiança. Preconiza, assim, atendendo às necessidades de segurança e certeza que se impõem no âmbito da

a responsabilidade pela confiança abrirá outra via de tutela da vontade do disponente. Cremos que a sua solução se encontra em estreita relação com a posição que se defenda quanto à possibilidade de a conclusão do contrato constituir em si mesma um dano.

Na realidade, não nos parece constituir obstáculo ao acolhimento da celebração do contrato no seio do conceito de investimento de confiança a preocupação de evitar que a responsabilidade pela confiança se converta num mecanismo de pura protecção das expectativas, independente do investimento de confiança. A pura protecção de expectativas sem dependência de um investimento de confiança terá sede própria na responsabilidade decorrente do incumprimento de vinculações negociais e não na responsabilidade pela confiança[735]. O facto de se considerar a celebração do contrato em si mesma suficiente para preencher o investimento de confiança não equivale necessariamente a uma protecção da confiança conducente a uma garantia da realização das expectativas do confiante com independência do investimento realizado.

Concretizando esta ideia em matéria de responsabilidade por informações, haverá responsabilidade pela pura protecção das expectativas, independente do investimento de confiança, onde a declaração assuma a natureza de uma promessa de qualidades, caso em que existe uma vinculação negocial[736].

Não existindo uma promessa, a declaração revestirá a natureza de uma declaração de ciência e não de uma declaração de vontade. Daqui decorrerá a obrigação de indemnizar o investimento de confiança, caso a informação não transmita uma imagem fiel da realidade[737]. A responsabilidade pela confiança tem por finalidade ressarcir o dano que o confiante não teria sofrido se não tivesse confiado[738]. Este dano corresponde ao investimento de confiança realizado[739]. Carneiro da Frada observa que uma solução que aceitasse a protecção das expectativas com independência do investimento realizado ignoraria a diferenciação de regimes e a sua *ratio*[740].

responsabilidade pela aparência, que a conclusão do contrato preenche o requisito de investimento de confiança independentemente de já ter sido realizada qualquer despesa.

735 Carneiro da Frada, *Teoria da Confiança... cit.*, pp. 673 e segs.

736 Carneiro da Frada, *Teoria da Confiança... cit.*, p. 687.

737 Carneiro da Frada, *Teoria da Confiança... cit.*, pp. 686 e 687.

738 Carneiro da Frada, *Teoria da Confiança... cit.*, p. 684.

739 Carneiro da Frada, *Teoria da Confiança... cit.*, p. 686, especialmente nota 745, a propósito da responsabilidade civil por prospecto.

740 *Teoria da Confiança... cit.*, p. 687. Paulo Mota Pinto contesta a ideia de que a função ou o quadrante da responsabilidade que se reflectem no escopo da norma possam, sem mais, delimitar o sentido de protecção e a medida da responsabilidade, ignorando a relação entre evento lesivo e dano – *Interesse Contratual Negativo e Interesse Contratual Positivo... cit.*, p. 38.

Assim, se uma informação incorrecta induzir o confiante em erro, levando-o a optar pela conclusão de um contrato que de outra forma não celebraria, o dano de confiança que se identifica, como acabámos de ver, com o investimento de confiança realizado, consistirá na própria celebração do contrato. Desta forma, cremos que a desvinculação por via indemnizatória responderá à exigência de uma indemnização limitada ao investimento de confiança realizado. Na verdade, a desvinculação por via indemnizatória não é uma forma de indemnização orientada ao ressarcimento do dano (positivo) da frustração das expectativas, mas indemniza apenas o investimento.

Do que temos vindo a dizer, resulta não constituírem as condições de funcionamento da responsabilidade pura pela confiança óbice à tutela da esclarecida formação da vontade através da doutrina pura da responsabilidade pela confiança. Tudo dependerá da possibilidade de a celebração do contrato poder em si mesma ser tida como um dano, independentemente da verificação de um prejuízo qualificável como prejuízo patrimonial. Como já tivemos oportunidade de referir, em matéria de *culpa in contrahendo* por violação de deveres de informação, entendemos constituir a conclusão do contrato em si mesma um dano.

A regular formação da vontade poderá, segundo pensamos, ser protegida, quer através de deveres de comportamento, quer através da tutela do investimento de confiança. Na verdade, nos casos da responsabilidade por informações, a aplicação da reconstituição *in natura* não conflitua com o primado da protecção do investimento de confiança[741]. Efectivamente, a reconstituição *in natura* não

Na verdade, o Autor considera essencial na fixação da indemnização por interesse contratual negativo ou pelo interesse contratual positivo a determinação do evento lesivo, para a qual concorrem a função ou quadrante da responsabilidade reflectidos na fixação do escopo da norma. Deste modo se compreende que o Autor aceite a possibilidade de uma indemnização por equivalente pelo interesse positivo na confiança onde a declaração assuma a natureza de uma declaração de ciência e não de uma promessa negocial. Como dissemos, para Paulo Mota Pinto a determinação do evento lesivo reveste um papel decisivo, pelo que se, na sua ausência, o lesado fosse colocado numa situação equivalente ao cumprimento, poderá receber uma indemnização equivalente ao cumprimento, embora não tenha direito a este – *Interesse Contratual Negativo e Interesse Contratual Positivo... cit.*, p. 40, nota 141.

Já Carneiro da Frada centrando a opção por uma protecção positiva da confiança ou por uma protecção negativa da confiança na função da responsabilidade em causa, em princípio, não admitirá que uma asserção que assuma a natureza de um simples *dictum* possa proteger a confiança de modo positivo, seja por reconstituição natural, seja por mero equivalente – v. *Teoria da Confiança... cit.*, pp. 686/7.

[741] Carneiro da Frada sustenta a primazia da tutela do investimento de confiança sobre a tutela positiva da confiança. Como corolário desta ideia, conjugada com a diversidade entre responsabilidade pela confiança e responsabilidade pela infracção de deveres de conduta, defende o Autor o afastamento do princípio da reconstituição natural previsto no art. 566º/1 CC no âmbito da responsabilidade pela confiança – *Teoria da Confiança... cit.*, pp. 700 e 701.

acarreta neste âmbito a colocação do confiante na situação em que estaria se as expectativas criadas pela informação se cumprissem. A reconstituição natural coloca antes o confiante na situação em que estaria se não houvesse confiado na informação. Por outras palavras, a reconstituição natural indemniza, no caso da responsabilidade por informações, o investimento de confiança.

No entanto, neste ponto não devemos deixar de ter em linha de conta que a circunstância de a responsabilidade pela confiança não estar ligada a uma infracção de deveres de comportamento poderá reclamar um diferente tratamento do dano indemnizável. CARNEIRO DA FRADA defende que a natureza compensatória da indemnização da responsabilidade pela confiança apela à possibilidade de uma indemnização de montante inferior ao investimento de confiança. O montante da indemnização constituirá uma questão a apreciar em face das características do caso concreto[742].

2. A intenção de influenciar decisões alheias e a ligação especial

Havendo a intenção de influenciar condutas alheias, compreende-se que se relativize o relevo da ligação especial que, como vimos, assume uma importância decisiva no surgimento dos deveres laterais em conformidade com a boa fé, no seio do contrato[743] e das relações obrigacionais sem deveres primários de pres-

Porém, esclarece que a aplicação do princípio da reconstituição natural não se cinge ao quadro da responsabilidade por factos ilícitos, podendo abranger igualmente responsabilidade por condutas lícitas, como a responsabilidade por risco dos arts. 499º e segs. do Código Civil e da responsabilidade por danos ecológicos – *Teoria da Confiança... cit.*, p. 701, nota 753.
Pensamos compreender-se a rejeição por CARNEIRO DA FRADA da possibilidade de reconstituição natural quando esta conduza a reconstituição da situação que existiria se as expectativas criadas tivessem sido efectivamente realizadas. Todavia, não nos parece existir qualquer obstáculo a que a reconstituição coloque o lesado na situação que existiria se as expectativas não tivessem sido criadas. Neste sentido parece ir PAULO MOTA PINTO, ao afirmar não ver à partida motivo para excluir "uma protecção em *via específica do interesse (negativo)* no não surgimento da expectativa" (itálico do Autor) – *Interesse Contratual Negativo e Interesse Contratual Positivo... cit.*, pp. 39 e 40.

742 *Teoria da Confiança... cit.*, p. 701.

743 No âmbito dos deveres laterais ou acessórios de conduta, o contrato surge como facto jurídico não negocial. Esta ideia é sublinhada por CARNEIRO DA FRADA em *Contrato... cit.*, pp. 96 e 97 e nota 187, a propósito dos deveres de protecção. Com efeito, o Autor subtrai os deveres de protecção ao plano contratual, recusando-se a aceitar a ideia de que os deveres de protecção possam decorrer da integração da vontade das partes. Pelo contrário, os deveres laterais orientados à realização positiva do interesse do credor poderão decorrer do preenchimento da lacuna contratual. O Autor sublinha que a existência de uma lacuna se refere à "teleologia do contrato tal como resulta do plano contratual". Identificando o fim contratual com o interesse da prestação, o Autor afasta a possibilidade de nele compreender os deveres de protecção. Inclui, no entanto, os deveres laterais de realização positiva do interesse do credor.

tação[744]. Na realidade, no sector da responsabilidade pela confiança, a ligação especial terá um papel delimitador da responsabilidade onde o lesado não seja o destinatário intencionado das expectativas criadas[745] ou onde o comportamento do responsável, embora não seja orientado à criação de expectativas, seja tido em conta em decisões alheias, baseadas em expectativas gerais de coerência e continuidade do comportamento[746].

A ligação especial constitui um instrumento, quer de delimitação da responsabilidade pela infracção de deveres de comportamento que vão além do que é requerido nas relações gerais entre os indivíduos, quer de contenção das situações de responsabilidade pela confiança. No âmbito da responsabilidade fundada na confiança, Carneiro da Frada sustenta que, em regra, apenas importará apelar à ligação especial, como instrumento de delimitação da responsabilidade, nos casos em que quem criou uma situação de confiança não pretendia construir expectativas na pessoa que depositou a confiança na sua declaração ou no seu comportamento. Assim, se quem concita a confiança tenciona criar expectativas em outrem, a sua responsabilidade não estará, em princípio, dependente da circunstância de entre ele e o lesado existir uma ligação especial[747]. Com efeito, a intenção de influenciar outrem colocará na sombra a necessidade de uma ligação especial para se afirmar a responsabilidade fundada na protecção da confiança.

É, pois, essencialmente fora dos casos em que em haja intenção por parte do autor da informação de influenciar opções alheias, que a responsabilidade dependerá da existência de uma ligação especial[748]. A ligação especial traduz-se numa relação de proximidade[749] do lesante relativamente aos interesses afectados.

No entanto, cremos apresentar-se igualmente válida em sede dos deveres laterais que contribuem para a realização positiva do credor na prestação a qualificação do contrato como mero facto jurídico não negocial. Com efeito, a força vinculativa destes deveres não decorre da vontade das partes, mas do Direito objectivo, da regra de conduta conforme a boa fé.

[744] Deste modo, as relações obrigacionais sem deveres primários de prestação são apenas uma parte das relações especiais, uma vez que estas poderão não abarcar deveres, mas constituir um enquadramento da responsabilidade pela protecção da confiança, independentemente da existência de deveres – v. *Teoria da Confiança... cit.*, pp. 751 e segs. e nota 832.

[745] Carneiro da Frada, *Teoria da Confiança... cit.*, pp. 750 e segs.

[746] Carneiro da Frada, *Teoria da Confiança... cit.*, p. 751.

[747] Carneiro da Frada, *Teoria da Confiança... cit.*, p. 750.

[748] Carneiro da Frada, *Teoria da Confiança... cit.*, p. 750 e nota 829.

[749] Hellgardt identifica a relação de proximidade (*Naheverhältnis*) como critério de justificação de uma ligação especial (*Sonderverbindung*). A relação de proximidade delimitaria quando e entre quem poderia surgir uma ligação especial com relevância em termos de responsabilidade. A relação de proximidade daria a possibilidade de, com a aprovação da ordem jurídica, alguém interferir nos interesses de outrem, pelo que se justificaria a sua sujeição a deveres mais severos do que aqueles que vigoram no âmbito da responsabilidade aquiliana – *Kapitalmarktdeliktsrecht... cit.*, p. 220.

A necessidade de não expor o lesante a um risco de responsabilidade dificilmente controlável[750] aponta para a necessidade do conhecimento ou a possibilidade de conhecimento, pelo autor da lesão, dos terceiros cujos interesses foram concretamente afectados, não bastando a simples previsibilidade de prejuízo de interesses alheios. Deste modo, em matéria de responsabilidade por informações, a

Como se percebe facilmente, o Autor tem aqui apenas em vista a responsabilidade pela infracção de deveres e não uma responsabilidade fundamentada na confiança.

[750] No âmbito das ligações especiais, em contraposição às relações gerais entre os indivíduos, não se colocam os problemas relacionados com a falta de evidência social dos interesses puramente patrimoniais. Daí que o requisito da ligação especial funcione como um mecanismo de circunscrição dos interesse patrimoniais susceptíveis de serem objecto de reparação, como forma de evitar que a liberdade de acção do lesante resulte intoleravelmente limitada. Na realidade, a sua liberdade de acção seria fortemente restringida se ficasse exposto à possibilidade de responder por danos em interesses que não pudesse conhecer. PICKER considera assim que no domínio das relações especiais não haverá razão para não admitir o ressarcimento dos danos puramente patrimonias – *Positive Forderungsverletzung und culpa in contrahendo – Zur Problematik der Haftungen "zwischen" Kontrakt und Delikt.* "AcP" 1983, pp. 476 e 477. Na verdade, o autor situa o problema da ressarcibilidade dos danos puramente patrimoniais na falta de evidência social comprometedora da liberdade de acção e não tanto numa necessidade puramente pragmática de evitar uma responsabilidade de grandes dimensões.

Repare-se, no entanto, ser necessária uma coloração valorativa do conceito de ligação especial e não encará-lo como um conceito puramente técnico. Deste modo, CANARIS considera que a responsabilidade pela confiança (na qual baseia os deveres de protecção), se aplica no âmbito da participação no tráfico jurídico-negocial, excluindo os meros contactos sociais. Sublinha o Autor alemão não ser necessário um contacto directo, bastando que exista uma relação estreita entre o contrato e a possibilidade de interferência em interesse alheios – *Schutzgesetze... cit.*, pp. 107 e 108. CARNEIRO DA FRADA reconhece ser a responsabilidade pela confiança uma responsabilidade fundamentalmente do âmbito do tráfico jurídico-negocial – *Teoria da Confiança... cit.*, p. 756. No entanto, diferentemente de CANARIS, autonomiza a responsabilidade pela confiança da responsabilidade pela violação de deveres. Assim, uma aplicação das regras do incumprimento das obrigações não se poderá fundamentar na circunstância de em ambos os casos se tratar da violação de deveres – *Teoria da Confiança... cit.*, p. 756, nota 837. CARNEIRO DA FRADA considera, assim, que a possibilidade de aplicação das regras sobre o não-cumprimento das obrigações à responsabilidade pela confiança deverá ser objecto de uma "ponderação material-valorativa" das regras sobre o incumprimento contratual perante "situações de falhas na coordenação de condutas dos sujeitos com base na confiança – *Teoria da Confiança... cit.*, p. 756, nota 837.

SINDE MONTEIRO, por seu turno, considerava na sua tese de doutoramento apenas existir uma base científica sólida para se aceitar a existência de uma ligação obrigacional sem deveres primários de prestação na relação corrente de negócios e no contrato com eficácia para protecção de terceiros – *Responsabilidade por Conselhos... cit.*, pp. 514 e segs.

Contudo, CARNEIRO DA FRADA, reconhecendo que as dificuldades em identificar as situações em que está presente uma ligação especial, defende que o que sustenta a sujeição a deveres de comportamento em conformidade com a boa fé na relação corrente de negócios e do contrato com eficácia para protecção de terceiros, também justifica uma responsabilidade pela confiança baseada na ligação especial entre lesante e lesado – v. *Teoria da Confiança... cit.*, pp. 754 e 755, nota 834.

previsibilidade da circunstância de a informação poder vir a ser tomada em conta em decisões alheias não se afigura como critério decisivo para a responsabilidade pela confiança[751].

A ligação especial no seio da responsabilidade fundada na tutela da confiança não visa a delimitação das situações em que, mercê da possibilidade mais intensa de interferência nos interesses de outrem, a ordem jurídica impõe sobre os sujeitos deveres de comportamento mais exigentes do que os vigentes nas relações gerais entre os indivíduos, como sucede nas relações obrigacionais sem deveres primários de prestação, com as quais não se deverá identificar[752]. Na verdade, como vimos, a responsabilidade fundada na confiança não traduz uma responsabilidade fundada pela violação de deveres[753]. A ligação especial, no domínio da responsabilidade fundamentada na protecção da confiança, terá por missão delimitar a atendibilidade da protecção da frustração das expectativas pela responsabilidade civil.

Na verdade, é necessária uma ligação especial que permita ao lesante o conhecimento ou a possibilidade de conhecimento dos interesses susceptíveis de concretamente serem atingidos pela informação incorrecta[754]. Note-se que, em sede de responsabilidade pela confiança, o requisito de ligação especial serve para circunscrever os casos de atendibilidade da frustração das expectativas[755], em regra, onde não haja intenção por parte do lesante de influenciar decisões alheias e não, como sucede na responsabilidade por violação de deveres de comportamento, como base de imposição de deveres de condutas mais intensos do que aqueles que vigoram nos contactos ocasionais entre os indivíduos.

A previsibilidade da circunstância de a informação influenciar decisões de outrem não se mostra capaz de delimitar a responsabilidade por informações baseada na frustração de expectativas. Não visando o sujeito influenciar condutas alheias, será necessária uma ligação especial. Pelo contrário, obedecendo o

[751] CARNEIRO DA FRADA, *Teoria da Confiança... cit.*, pp. 742 e segs.

[752] CARNEIRO DA FRADA, *Teoria da Confiança... cit.*, pp. 752 e segs.

[753] CARNEIRO DA FRADA, *Teoria da Confiança... cit.*, pp. 751 e segs.

[754] CARNEIRO DA FRADA, *Teoria da Confiança... cit.*, pp. 744 e 745.
O conceito de ligação especial é mais restrito do que o critério da participação no tráfico jurídico com o qual CANARIS procurou delimitar a protecção da confiança que legitimaria a imposição do regime da responsabilidade contratual (*Schutzgesetze... cit.*, pp. 107/8).

[755] Daí que CARNEIRO DA FRADA observe que os critérios especificadores da ligação especial se deverão harmonizar com os requisitos gerais da responsabilidade pela confiança – v. *Teoria da Confiança... cit.*, p. 754. Concretizando esta ideia, o Autor considera que os argumentos em favor de uma responsabilidade "objectiva" pela confiança fornecem critérios para a definição da ligação especial, ao mesmo tempo que salienta que a ligação especial não pode assumir uma extensão que ponha em causa o requisito da imputação de confiança a um comportamento voluntário do sujeito – v. *Teoria da Confiança... cit.*, p. 754, nota 833.

sujeito a essa intenção, em princípio, não estará a responsabilidade dependente da existência de uma ligação especial.

A exigência da intenção influenciar decisões alheias ou, em alternativa, o requisito de uma ligação especial afastam a responsabilidade alicerçada na protecção de expectativas do domínio delitual[756]. Uma perspectiva puramente delitual casar-se-ia bem com o requisito da simples previsibilidade de influência em decisões alheias[757]. Com efeito, existe, como vimos, a preocupação em apenas proteger delitualmente os bens jurídicos que gozem de evidência social, cujo conteúdo é facilmente reconhecível para o lesante. Compreende-se facilmente que a liberdade de acção resultaria perturbada se o autor da lesão se pudesse ver obrigado a responder pela violação de interesses cujo conteúdo não se apresente facilmente reconhecível. Assim, o ressarcimento de interesses dotados de evidência social harmoniza-se bem com o requisito da simples previsibilidade da sua lesão.

Ao invés, estando em causa interesses cujo conteúdo não seja facilmente reconhecível, como sucede com os interesses puramente patrimoniais ou com o interesse da regular formação da vontade jurídico-negocial, o requisito da simples previsibilidade de lesão desses interesses não se coaduna com a necessidade de não impor limites intoleráveis à liberdade de acção, pela insegurança que provocaria no tráfico jurídico[758].

[756] Uma análise de certa forma semelhante é feita a propósito do já referido caso *Hedley Byrne*. Como também já tivemos oportunidade de escrever, distingue-se a este propósito uma interpretação contratual e uma interpretação extracontratual do aresto – v. Howarth, *Economic Loss in England... cit.*, pp. 32 e segs. Desta forma, a primeira considera que a decisão se preocupa em definir as condições de responsabilidade por informações negligentes procurando apurar em que circunstâncias existirá uma situação equivalente a um contrato (*equivalent to contract*). Já a segunda procura definir as condições de responsabilidade por informações negligentes, tentando estabelecer em que condições o *tort of negligence* poderá contemplar uma responsabilidade por palavras e não apenas uma responsabilidade por actos. Assim, enquanto a interpretação contratual vê nessa decisão um relaxamento de uma rigorosa *privity*, a interpretração extracontratual surpreende no caso *Hedley Byrne* uma excepção ao princípio da não ressarcibilidade dos interesses puramente económicos.
A interpretação contratual da decisão da *House of Lords* apoia-se nos seguintes elementos: relação especial, assunção voluntária de responsabilidade e carácter razoável da confiança. Já a interpretação delitual faz presa nos requisitos de conhecimentos especiais, razoabilidade do comportamento e proximidade entendida como falta de *remotness* ou no sentido de previsibilidade ou uma mistura dos dois (Howarth, *Economic Loss in England... cit.*, pp. 33 e 34).

[757] Carneiro da Frada, *Teoria da Confiança... cit.*, p. 745, nota 822.

[758] Cremos ser este o sentido das considerações de Carneiro da Frada ao apontar que, em si mesma, a teoria da confiança tanto consente em sede de imputação o critério da intenção de influenciar condutas alheias, como o critério da previsibilidade de que possa ser reconhecido crédito à declaração, havendo, no entanto, necessidade de harmonizar a teoria da confiança com as

No âmbito da responsabilidade assente na frustração de expectativas estão, pois, em causa tipicamente interesses puramente patrimoniais ou o interesse da esclarecida formação da decisão em si mesmo (muitas vezes da liberdade de decisão jurídico-negocial). Daí que, apenas onde haja intenção de influenciar decisões alheias ou onde interceda uma ligação especial prévia entre lesante e lesado, nasça uma obrigação de indemnizar.

Deste modo, a responsabilidade baseada na protecção de expectativas, tal como sucede no âmbito da responsabilidade por *culpa in contrahendo*, mostra-se adequada à protecção do património do confiante, assim como à tutela da regular formação da decisão jurídico-negocial, independentemente da ocorrência de um prejuízo patrimonial. Pensamos que a aceitação da ideia de que o investimento da confiança constitui a *ratio* da indemnização alicerçada na protecção de expectativas não implica que o prejuízo sofrido pelo confiante deva consistir num prejuízo patrimonial efectivo, bastando que a decisão tomada pelo confiante não seja capaz de servir os fins por ele tidos em vista ao tomar a decisão confiando na conduta de outrem.

Contudo, as normas que protegem os clientes perante os intermediários financeiros consagram verdadeiros deveres de comportamento que, segundo cremos, assumem mesmo a natureza de deveres contratuais, orientados à prossecução do fim contratual do contrato de intermediação. A responsabilidade do intermediário financeiro perante o cliente resulta, nos termos do art. 304º-A, da violação de deveres. Deste modo, a deficiência das informações ou dos conselhos por parte do intermediário financeiro não se fundamenta na protecção da confiança, mas sim na infracção de deveres.

Depois de estudada a protecção da vontade através do instituto da responsabilidade civil no âmbito dos deveres individuais de informação dos intermediários financeiros perante os seus clientes, atentemos nos deveres de informação perante o mercado, em especial no dever de dar a conhecer ao mercado as informações que deverão integrar o prospecto, que procuram, como sabemos, promover a regular formação de preços. A formação de preços no mercado não assenta, recordemos, na vontade individual de cada investidor. Por outro lado, o propósito do dever de divulgar as informações que devem compor o prospecto situa-se no plano da protecção do interesse público de protecção do mercado e não tanto no patamar da protecção dos interesses individuais de cada investidor.

regras sobre as responsabilidades resultantes de deveres de comportamento – *Teoria da Confiança... cit.*, p. 745, nota 822.

Por consequência pretendemos apurar se o regime da responsabilidade civil por prospecto previsto no CVM se harmoniza com as necessidades de protecção do mercado, ou se, pelo contrário, se concentra na protecção dos interesses individuais dos investidores. Nesta apreciação assume uma importância essencial o tratamento das questões do dano e do nexo de causalidade. Passemos a analisar o problema do dano indemnizável.

§ 5. A tutela do investidor e o dano indemnizável na responsabilidade civil por prospecto

1. A opção pela indemnização do interesse contratual negativo

Como já tivemos oportunidade de explicar, o prospecto não se traduz numa promessa de qualidades dos instrumentos financeiros. Consequentemente, o dano indemnizável pela responsabilidade civil por prospecto deixa-se surpreender no dano da confiança, tendo pois em vista colocar o investidor na situação em que estaria se o prospecto traçasse uma imagem fiel da realidade. É esta, quanto a nós, inequivocamente, a solução seguida pela lei portuguesa, que, no art. 152º CVM, prevê que o investidor deve ser colocado na situação em que se encontraria se no momento da aquisição ou da alienação o prospecto estivesse conforme as exigências do art. 135º CVM[759]. Contudo, esta posição nem sempre é acolhida sem hesitações na nossa doutrina. É o caso das posições de MENEZES LEITÃO e de PAULO CÂMARA. O primeiro Autor mostra preferência pela posição que vê na indemnização pelo interesse contratual negativo o dano indemnizável consagrado no art. 152º/1 CVM, embora considerando o problema de solução algo duvidosa. Note-se, contudo, que o Autor observa que a lei, ao impor que o investidor seja colocado na situação em que estaria se o prospecto divulgasse adequadamente a informação, apontaria no sentido da indemnização pelo interesse positivo[760]. No entanto, acaba igualmente por reconhecer que também se pode defender que a colocação do investidor na situação em que se encontraria se a informação não estivesse viciada poderia significar que o investidor não aceitaria a oferta, indicando a opção pela indemnização pelo interesse contratual negativo, inclinando-se para esta última solução.

759 Neste sentido, v. CARNEIRO DA FRADA, *Teoria da Confiança... cit.*, p. 686, nota 745, aplaudindo o art. 152º/1, considera que esta opção está sistematicamente em sintonia com a teoria pura da responsabilidade pela confiança. Considerando também a indemnização pelo interesse contratual negativo, PAULO MOTA PINTO, *Interesse Contratual Negativo e Interesse Contratual Positivo... cit.*, p. 1462.

760 MENEZES LEITÃO, *A responsabilidade civil no âmbito da OPA*. In AAVV, "Direito dos Valores Mobiliários". Vol. IV. Coimbra: Coimbra Editora, 2003, p. 120, e *A responsabilidade civil do auditor de uma sociedade cotada*. In AAVV, "Direito dos Valores Mobiliários". Vol. VI. Coimbra: Coimbra Editora, 2006, pp. 238/9.

Não nos parece que a forma como o Autor enuncia o problema seja a mais adequada. Com efeito, como vimos, a indemnização pelo interesse contratual positivo não consiste na colocação do investidor na situação em que se encontraria se o prospecto divulgasse adequadamente a informação, mas reside antes na colocação do investidor na situação em que estaria se a informação divulgada efectivamente correspondesse à realidade. Neste mesmo sentido vão as observações de PAULO MOTA PINTO[761].

Por sua vez, PAULO CÂMARA recusa ver no art. 152º/1 CVM a consagração da indemnização pelo interesse contratual negativo. O Autor observa que a indemnização pelo interesse contratual negativo implicaria a colocação do investidor na situação em que estaria se não tivesse celebrado o contrato[762]. Uma solução deste tipo conflituaria com a necessidade, sentida no Direito dos Valores Mobiliários, de evitar escolhas legislativas que ponham em causa a subsistência dos investimentos[763]. Por isso, considera dever interpretar-se o art. 152º/1 CVM no sentido de exigir a colocação do investidor na situação em que estaria se "*concretizando a sua decisão de investimento,* o prospecto estivesse correctamente elaborado"[764]. Deste modo, sustenta dever o investidor ser indemnizado pela diferença entre o preço de subscrição ou de aquisição e o preço que teria pago na hipótese de correcção do prospecto[765].

Começamos por discordar com a convicção do Autor de que a indemnização pela diferença entre os preços de subscrição ou de aquisição efectivamente desembolsados e o preço que pagaria se o prospecto estivesse correcto não se traduz numa indemnização pelo interesse contratual negativo. Com efeito, a indemnização pelo interesse contratual negativo não se restringe, como pretende o Autor, ao prejuízo que o lesado evitaria se não tivesse celebrado o contrato, mas compreende igualmente a manutenção do contrato por um preço inferior[766]. A posição deste Autor será objecto de uma análise mais completa.

A opção pela indemnização do interesse contratual negativo e não pela reparação do interesse do cumprimento é partilhada por várias legislações europeias[767].

Nos Estados Unidos da América, embora, como veremos, as *Sections* 11 e 12 do *Securities Act* consagrem soluções no sentido da indemnização do interesse con-

761 *Interesse Contratual Negativo e Interesse Contratual Positivo... cit.*, p. 1463, nota 4173.

762 *Manual de Direito dos Valores Mobiliáros... cit.*, p. 725.

763 *Manual de Direito dos Valores Mobiliários... cit.*, p. 725.

764 Itálico do Autor – v. *Manual de Direito dos Valores Mobiliários... cit.*, p. 726.

765 *Manual do Direito dos Valores Mobiliários... cit.*, p. 726.

766 Neste sentido, HOPT/VOIGT, *Grundsatz-und Reformprobleme... cit.*, p. 88. Entre nós, PAULO MOTA PINTO, *Interesse Contratual Negativo e Interesse Contratual Positivo... cit.*, p. 1462.

767 Veja-se HOPT/VOIGT, *Grundsatz-und Reformprobleme... cit.*, p. 88.

tratual negativo, algumas decisões têm consagrado a indemnização pelo interesse contratual positivo.

Com efeito, no Direito norte-americano uma das formas de indemnização no âmbito da *Common Law* fundamenta-se na *breach of warranty*, que dá origem à reparação pela *loss of bargain measure*. São reconhecidas fortes limitações à utilização deste fundamento de indemnnização[768].

Esta medida da indemnização tem igualmente sido aplicada, embora com cautela, também no âmbito da *Rule* 10b-5 do *Securities Exchange Act*. Trata-se de um remédio de natureza contratual que tem em vista reparar o *expectation interest*. Devido à incerteza na sua determinação, os tribunais mostram-se relutantes na aceitação de uma determinação dos danos pautada pela *loss of bargain measure*. Deste modo, compreende-se que a utilização desta forma de fixação dos danos seja acolhida em situações em que essa determinação possa fazer-se com um grau de certeza razoável[769]. No entanto, sendo um remédio de cariz contratual, poderá ser aplicado onde interceda uma relação contratual entre as partes[770].

2. A determinação do dano indemnizável em diferentes ordenamentos jurídicos

2.1. Preliminares

Se, como acabámos de constatar, existe uma forte tendência dos diversos ordenamentos jurídicos no que respeita à circunstância de o instituto da responsabilidade civil por prospecto ser norteado pela indemnização do interesse contratual negativo, os ordenamentos jurídicos não comungam na hora de decidir a extensão do dano indemnizável. Por exemplo, se em algumas ordens jurídicas se tende a restringir o dano indemnizável à diferança entre o preço de aquisição ou de subscrição dos instrumentos financeiros e o preço por que o investidor os teria adquirido ou subscrito se o prospecto estivesse em conformidade com a realidade, em outras identifica-se a indemnização com a restituição da quantia despendida pelo investidor contra a devolução dos instrumentos financeiros. Já no Direito dos Valores Mobiliários nacional se opta pela reparação total do prejuízo sofrido pelo investidor.

Vamos, de seguida, analisar as soluções quanto ao dano indemnizável em vários ordenamentos jurídicos. Tais soluções, segundo pensamos, são portadoras de significado quanto ao bem jurídico protegido pela responsabilidade civil por prospecto.

[768] V. LOSS/SELIGMAN, *Fundamentals of Securities Regulation... cit.*, pp. 1182 e 1183.

[769] Neste sentido, *Restatement (second) of Torts*, § 549.

[770] Veja-se LOSS/SELIGMAN, *Fundamentals of Securities Regulation... cit.*, p. 1186, nota 18.

2.2. A restituição das quantias empregues pelo investidor na compra dos valores mobiliários ou a indemnização pelo seu equivalente substancial no caso de os valores mobiliários terem sido transmitidos

Na Alemanha, a responsabilidade por deficiências do prospecto em ofertas públicas de valores mobiliários (*Wertpapiere*) consta dos §§ 21 e 22 do WpPG, recentemente introduzidos neste diploma[771].

[771] Os parágrafos sobre responsabilidade civil por prospecto (§§ 21 a 25) foram introduzidos no âmbito do WpPG pelo *Gesetz zur Novellierung des Kapitalanlagevermittlers- Anlagevermögensrechts* (FinAnlVG) de 6 de Dezembro de 2011, que entrou em vigor em Junho de 2012.
O § 21 WpPG vem a substituir o § 44 BörsG, ao contemplar a responsabilidade pelo conteúdo do prospecto de admissão em bolsa. O regime estabelecido no actual § 21 WpPG não alterou o regime previsto no agora revogado § 44 BörsG.
O § 22 WpPG estabelece o regime da responsabilidade civil pelo conteúdo do prospecto em matéria de valores mobiliários objecto de oferta pública no caso de o prospecto não servir de base à admissão à negociação em bolsa. Esta norma veio a tomar o lugar (na parte relativa aos valores mobiliários) do anterior § 13 do *Verkaufsprospektgesetz* (lei revogada na sua totalidade pelo artigo 2 do FinAnlVG). O regime aí previsto coincide com o que está disposto no parágrafo anterior, sujeito apenas às adaptações constantes dos nºs 1 e 2.
No âmbito dos instrumentos não cobertos pelo conceito de valores mobiliários constante do § 2/1 WpPG e que se integrem num dos números do § 1 (2) do VermAnlG – diploma introduzido no ordenamento jurídico germânico pelo já referido FinAnlVG) é aplicável em matéria de responsabilidade civil pelo conteúdo do prospecto o § 21 do VermAnlG. Trata-se da disposição que substitui § 13 *Verkaufprospektgesetz* em matéria de instrumentos não compreendidos no conceito de valores mobiliários no sentido referido pelo WpPG.
Se atentarmos no conteúdo do § 21 VermAnlG, verificamos que reproduz em larga medida o regime da responsabilidade pelo conteúdo do prospecto previsto no WpPG. Este é um dos reflexos do objectivo que orientou o FinAnlVG. Realmente, o FinAnlVG visou submeter os instrumentos financeiros que integravam o mercado cinzento de capitais (*Grauen Kapitalmarkt*) a regras comparáveis às que regem os instrumentos financeiros que fazem parte do mercado regulado de capitais. Um importante passo no sentido de alcançar um nivelamento no tratamento dos dois mercados já havia sido dado pelo *Verkaufsprospektgesetz*. A ideia de sujeitar o mercado cinzento de capitais a regras idênticas às regras dos mercados regulados já havia sido avançada nos anos setenta do século XX. No entanto, apenas se materializou essa intenção em 2004, com o *Anlegerschutzverbesserungsgesetz*, ao introduzir o § 8f no *Verkaufprospektgesetz*, que por sua vez contemplava as ofertas públicas de certos instrumentos financeiros que não se traduziam em valores mobiliários. O § 13 do mesmo diploma veio a sujeitar à obrigação de publicar o prospecto as ofertas destes instrumentos financeiros, sujeitando-os ao mesmo regime de responsabilidade por prospecto, decalcado nos §§ 44 e segs. do *Börsengesetz*. Como observa HELLGARDT, o 8f compreendia grande parte dos instrumentos financeiros do mercado cinzento de capitais – v. *Kapitalmarktdeliktsrecht... cit.*, 17.
O objectivo de sujeitar a regimes equiparáveis os instrumentos que faziam parte do chamado mercado cinzento de capitais aos mercados de capitais regulados constitui o móbil da recente intervenção legislativa em matéria de investimentos patrimoniais – v. *Entwurf eines Gesetzes zur Novellierung des Finanzanlagenvermittler- und Vermögensanlagenrechts:* Drucksache 17/6051.

Com efeito, no Direito alemão, o § 21 (relativo ao prospecto que serve de base à admissão dos valores mobiliários em bolsa) e o § 22 WpPG (relativo ao prospecto de oferta pública que não sirva de base à admissão dos valores mobiliários em bolsa que remete para o parágrafo anterior), assim como o § 20 VermAnlG e o 127 InvG ordenam, em caso de deficiência do prospecto, a restituição das prestações, isto é, a restituição da quantia despendida pelo investidor e, em contrapartida, a restituição dos instrumentos financeiros que houverem sido transmitidos pelo investidor (*Zug um Zug gegen Rückübertragung der erwobenen Wertpapier*).

Estamos em presença de uma indemnização sob a forma de reconstituição natural, uma hipótese em que a lei consagra a revogação do contrato por via indemnizatória. Esta solução apenas cederá o lugar à diferença entre o preço de aquisição e o preço de venda (contanto que não ultrapasse o preço de emissão), onde o investidor tenha transmitido os instrumentos financeiros.

Como referimos em momento anterior, a revogação do contrato por via indemnizatória produz apenas efeitos *inter partes* e não *erga omnes*, como sucede nas hipóteses de anulação. Aliás, uma solução que passasse pela desvinculação

Devemos ter em conta que a circunstância de à responsabilidade civil por prospecto vir associado um regime especial não afasta a responsabilidade decorrente das normas gerais sobre responsabilidade civil contratual ou extracontratual. Isto mesmo está expressamente previsto no § 20 (6) VermAnlG, na senda do § 25 WpPG que, por sua vez, se inspira no hoje revogado § 47 do *Börsengesetz*. Desta norma resultava não serem excluídas as pretensões baseadas em responsabilidade contratual e em responsabilidade civil extracontratual por factos ilícitos dolosos, sendo também consideradas abrangidas as pretensões indemnizatórias por *culpa in contrahendo* fundadas na confiança pesoalmente suscitada (Assmann/Schütze, *Handbuch des Kapitalanlagerechts*. München: C.H. Beck, 2007, § 6, p. 356). Não vemos razões para que esta doutrina não seja acolhida em face do § 25 WpPG.

No entanto, é necessário referir uma diferença que nos parece ser importante: ao passo que o § 47 do *Börsengesetz* apenas salvaguardava, no âmbito da responsabilidade civil extracontratual por factos ilícitos, as pretensões assentes em condutas dolosas, o § 25 WpPG não faz hoje essa restrição, antes salvaguardando genericamente as pretensões baseadas em responsabilidade civil extracontratual por factos ilícitos. Tratando-se de responsabilidade civil por violação de interesses puramente patrimoniais, o seu ressarcimento está subordinado ao preenchimento das hipóteses do § 823 II, em conexão com uma norma de protecção, ou do § 826 BGB (v. Assmann/Schütze, *Handbuch des Kapitalanlagerechts... cit.*, § 6, p. 356). Quanto à ressarcibilidade dos danos puramente patrimoniais, v. *supra*, § 1.

Os investimentos patrimoniais que não entrem numa responsabilidade civil especial serão, em princípio, objecto da responsabilidade de Direito Civil por prospecto de natureza jurisprudencial. Sobre os investimentos cobertos pela responsabilidade de Direito Civil por prospecto, pode ver-se, se bem que ainda em face da lei anterior, Assmann/Schütze, *Handbuch des Kapitalanlagerechts... cit.*, § 6, pp. 308/9. Não devemos, todavia, esquecer que grande parte dos instrumentos financeiros do mercado cinzento de capitais está actualmente compreendida no VermAnlG, o que já também resultava do *Verkaufprospektgesetz*.

com efeitos *erga omnes* minaria a confiança no mercado de valores mobiliários, comprometendo o seu funcionamento.

A solução dada pelo WpPG é paralela à escolhida, como veremos pela *Section* 12 do *Securities Act* que elege a *rescission* como forma de indemnização.

A indemnização prevista no § 21 WpPG afasta em grande medida as regras gerais previstas no BGB sobre o dano[772]. Deste modo, está excluída a cobertura dos lucros cessantes, em sentido contrário ao previsto no § 252 BGB, embora estejam compreendidos na obrigação de indemnizar os restantes custos de aquisição[773].

Constatamos que a lei germânica enfrenta a indemnização por responsabilidade por prospecto como reparação sob a forma de reconstituição *in natura*, limitando a indemnização à restituição das prestações (ou o seu equivalente, no caso de os valores mobiliários já terem sido transmitidos), ao contrário do que sucede, como a seguir veremos, com a responsabilidade de Direito Civil, desenvolvida pela jurisprudência.

2.3. A aplicação das regras gerais da responsabilidade civil em matéria de dano

2.3.1. Preliminares

Outra solução quanto à determinação do dano indemnizável é a aplicação das regras gerais sobre a responsabilidade civil. É o caso da responsabilidade de Direito Civil por prospecto desenvolvida pelos tribunais alemães e também, como melhor veremos, a solução escolhida pelo art. 152ºCVM. A aplicação das normas gerais conduz, desde logo, ao princípio do primado da restauração natural. Nesta medida, existe um paralelismo com as normas especiais sobre a responsabilidade por prospecto no Direito alemão. No entanto, diversamente do que aí ocorre, a responsabilidade não está limitada à restituição das quantias despendidas pelo investidor em troca da devolução dos instrumentos financeiros, mas compreende a reparação da totalidade do prejuízo sofrido pelo investidor.

2.3.2. A responsabilidade de Direito Civil por prospecto desenvolvida pela jurisprudência germânica

No domínio da responsabilidade civil por prospecto desenvolvida pela jurisprudência para os instrumentos negociados no *Grauen Markt*, o dano deveria

[772] Antes do 3 *Finanzmarktförderungsgesetz*, não se previam no *Börsengesetz* disposições especiais em matéria de determinação do dano indemnizável. Valia então a aplicação do §§ 249 e segs. ASSMANN/SCHÜTZE, *Handbuch des Kapitalanlagerechts... cit.*, p. 352.

[773] V. HOPT/VOIGT, *Grundsatz-und Reformprobleme... cit.*, p. 87.

ser indemnizado de acordo com as regras previstas nos §§ 249 e segs. BGB[774]. A indemnização visaria então colocar o lesado na situação em que estaria se o prospecto não contivesse informação defeituosa ou, nas palavras de ASSMANN, se os deveres de tráfico tivessem sido observados[775]. Tendo em conta a aplicação das regras gerais, dever-se-ia observar o princípio do primado da restauração natural.

Na realidade, caso o investidor provasse que não teria celebrado o contrato se soubesse a verdade, teria direito à restituição da quantia e ficaria obrigado a devolver os instrumentos financeiros entregues[776].

Já se, pelo contrário, o investidor perante o conhecimento da verdade houvesse, ainda assim, optado por comprar os instrumentos, a indemnização a que teria direito deveria ser representada pela diferença entre o preço de compra e o preço que os instrumentos financeiros teriam se o prospecto não se apresentasse defeituoso[777]. A indemnização reportar-se-ia à diferença entre o preço de compra e o preço dos instrumentos financeiros nesse mesmo momento e não à diferença entre o preço de compra e o preço dos instrumentos financeiros por altura da instauração do processo ou da decisão do tribunal.

Compreende-se esta solução tendo presente que a indemnização incorpora a reconstituição natural. Na verdade, tratava-se de reparar o dano real. Não estava, por isso, em causa indemnizar o dano patrimonial, isto é, as alterações que ocorreram no património do investidor em resultado do facto ilícito, como sucederia se estivéssemos no domínio da indemnização por equivalente.

Efectivamente, tendo a reconstituição *in natura* em vista a reparação do dano real este surpreender-se-ia na diferença entre o preço que o investidor efectivamente pagou e o que pagaria se a informação fosse correcta. Assim, se o prospecto fosse regular, o investidor teria celebrado o contrato, mas desembolsaria uma importância inferior. Deste modo, a indemnização sob a forma de reconstituição *in natura* traduzir-se-ia no pagamento da diferença entre a quantia que

[774] ASSMANN, *Prospekthaftung als Haftung für die Verletzung... cit.*, pp. 366 e segs.

[775] *Prospekthaftung als Haftung für die Verletzung... cit.*, p. 366.

[776] Caso o investidor haja entretanto vendido os instrumentos financeiros, não sendo já seu titular, a indemnização deverá consistir no preço de compra, se os instrumentos financeiros houverem ficado sem valor, ou na diferença entre o preço pelo qual o investidor adquiriu os instrumentos financeiros e o preço de venda, se o valor dos instrumentos financeiros houver diminuído à data da venda (ASSMANN/SCHÜTZE, *Handbuch des Kapitalanlagerechts... cit.*, § 6, p. 330). De modo semelhante ao que sucede na *Section* 12 (a) (2) do *Securities Act*, em que a indemnização a que o investidor tem direito no caso de os valores mobiliários já haverem sido transmitidos assume a natureza de um equivalente funcional à *rescission*, trata-se de um equivalente substancial à rescisão do contrato por via indemnizatória.

[777] ASSMANN, *Prospekthaftung als Haftung für die Verletzung... cit.*, p. 367, ASSMANN/SCHÜTZE, *Handbuch des Kapitalanlagerechts... cit.*, § 6, p. 332.

desembolsou e a quantia que dispensaria se o prospecto transmitisse fielmente a realidade.

Uma vez que, como começamos por referir, a aplicação do regime geral levaria ao princípio da reparação do prejuízo na sua totalidade, não estando a indemnização limitada à restauração *in natura*, esta modalidade de indemnização poderia não ser suficiente para cobrir todo o prejuízo sofrido pelo investidor. Com efeito, afigurando-se esta forma de indemnização insuficiente, ela daria lugar à indemnização por equivalente.

Como vimos, as leis alemãs que regulam a responsabilidade por prospecto limitam a indemnização à restituição ao investidor das importâncias por ele empregues na compra dos valores mobiliários em troca da transmissão destes para o responsável, apenas admitindo a indemnização por equivalente na hipótese de o investidor já ter disposto dos valores mobiliários, não se tornando, por este motivo, possível a transmissão dos valores mobiliários para o responsável. Na sequência da limitação da indemnização à restauração *in natura,* ficam por indemnizar os lucros cessantes[778].

Em contraste, na esfera da responsabilidade de Direito Civil por prospecto, a aplicação das normas gerais sobre reparação do dano constantes do BGB abria a possibilidade de indemnização dos lucros cessantes advenientes da frustração de investimentos alternativos[779]. Com efeito, o § 252 contempla a indemnizabilidade dos lucros cessantes derivados da frustração de investimentos alternativos, considerando-se aplicável à responsabilidade de Direito Civil por prospecto[780].

[778] Criticando a falta de cobertura dos lucros cessantes pela solução introduzida no *Börsengesetz* germânico, pelo 3 *Finanzmarktförderungsgesetz,* no sentido de restringir a indemnização à devolução ao investidor das quantias por este empregues na compra dos valores mobiliários e alertando para a necessidade de alteração em futura intervenção legislativa, GERBER, *Die Prospekthaftung bei Wertpapieremissionen nach dem Dritten Finanzmaktförderungsgesetz... cit.*, p. 158.

[779] Repare-se que estão aqui em causa os lucros cessantes que resultam de investimentos alternativos e não os lucros cessantes que decorrem da ausência dos rendimentos esperados em face da informação (defeituosa) contida no prospecto. Na verdade, a ressarcibilidade dos danos resultantes da frustração dos rendimentos esperados em face da informação contida no prospecto, seria apenas compatível com uma indemnização do interesse contratual postivo, o que anteriormente rejeitámos e que não foi acolhida pelos ordenamentos jurídicos analisados. O art. 161º/3 do revogado Cod.MVM estabelecia a indemnizabilidade dos lucros cessantes decorrentes da ausência de concretização dos rendimentos justificadamente esperados em face do quadro traçado pelo prospecto. Como melhor veremos, a solução do revogado Código de Mercado de Valores Mobiliários em matéria de dano indemnizável é severamente criticada por PAULO MOTA PINTO que chama a atenção para a combinação entre elementos do interesse contratual negativo, no que respeita ao dano emergente, e elementos do interesse contratual positivo, em sede de lucro cessante – v. *Interesse Contratual Negativo e Interesse Contratual Positivo... cit.*, pp. 1460-1462, em especial, nota 4168.

[780] ASSMANN, *Prospekthaftung als Haftung für die Verletzung... cit.*, p. 367, e ASSMANN/SCHÜTZE, *Handbuch des Kapitalanlagerechts... cit.*, p. 331, anotação 197. Note-se que, independentemente da

2.3.3. O art. 152º/1 CVM como concretização do art. 562º CC

2.3.3.1. Considerações gerais

Diversamente das leis alemãs que especialmente regulam a matéria de responsabilidade civil por prospecto e de modo semelhante ao que sucedia em sede da responsabilidade de Direito Civil por prospecto, a lei mobiliária portuguesa, onde o art. 152º/1 CVM, ao eleger como objectivo da indemnização posicionar o investidor na situação em que estaria se no momento da subscrição ou da aquisição o prospecto contivesse informação correcta, postula a indemnização pela totalidade do prejuízo sofrido pelo investidor. Constituindo o art. 152º da nossa lei mobiliária uma concretização do art. 562º CC, o legislador não terá pretendido impor nesta matéria um regime diverso do que resulta da aplicação da lei civil.

Ferreira de Almeida chama, aliás, a atenção para a relevância dos conceitos e regimes do Código Civil no âmbito do CVM, sublinhando particularmente a sua importância em sede de responsabilidade civil[781]. O Código dos Valores Mobiliários, ao contrário do seu antecessor, apresenta "confiança na possibilidade de uma relação harmoniosa, quer com as outras leis do País, quer com outras normas reconhecidas pelo sistema jurídico do Estado português que regulam matérias afins ou complementares"[782].

Por consequência, não constando do CVM um regime especial em sede de dano indemnizável, aplicar-se-ão as normas gerais previstas na lei civil sobre a matéria. Assim sendo, deveremos apelar ao art. 566ºCC. Desde logo, é mister atender ao princípio da prioridade da reconstituição *in natura*.

2.3.3.2. A prioridade da reconstituição natural

Visando este princípio da prioridade da reconstituição natural a reparação do dano real, a lei não procura em primeira linha indemnizar as alterações verificadas no património em resultado da deficiência da informação contida no prospecto, mas sim reconstituir a situação que teria resultado da ausência da incorrecção da informação contida no prospecto.

Devemos começar por ter presente que os pressupostos de que depende a reconstituição *in natura*, ligam-se à identificação do bem jurídico protegido. Se se tratar de tutelar o bem jurídico não patrimonial da liberdade de decisão jurídico-negocial, a vontade do investidor terá relevo decisivo. Na hipótese de o bem

prova do concreto investimento que o investidor realizaria se não tivesse canalizado as suas poupanças para o investimento a que o prospecto defeituoso se refere, admite-se uma indemnização no montante da taxa de juro geral. Assmann/Schütze, *Handbuch des Kapitalanlagetrechts... cit.*, p. 331, anotação 187.

781 *O Código dos Valores Mobiliários e o Sistema Jurídico*. "Cadernos do Mercado de Valores Mobiliários" nº 7 (Abril de 2000), pp. 40 e 41.

782 Ferreira de Almeida, *O Código dos Valores Mobiliários e o Sistema Jurídico... cit.*, p. 21.

jurídico a proteger assumir índole patrimonial, a vontade do investidor não será decisiva. Reveste um papel determinante a existência de efectivo prejuízo patrimonial no sentido da doutrina da diferença, isto é, um desequilíbrio entre o preço pago pelo investidor e o valor real dos valores mobiliários de que se tornou titular.

Se a lei pretender tutelar o bem jurídico de natureza não patrimonial da liberdade de decisão jurídico-negocial, a vontade do investidor assume importância central e a reconstituição natural operará independentemente da existência de qualquer prejuízo patrimonial.

Em qualquer uma das duas hipóteses, devemos considerar duas possibilidades: ou o investidor não teria desejado celebrar o contrato se a realidade fosse retratada de forma rigorosa no prospecto, ou pretenderia contratar, mas despendendo uma quantia inferior.

Caso o investidor não houvesse celebrado o contrato se a informação contida no prospecto transmitisse correctamente a realidade, a reconstituição natural traduzir-se-á na obrigação de o emitente restituir as quantias despendidas pelos investidores na subscrição ou aquisição dos instrumentos financeiros e, em contrapartida, na obrigação de os investidores restituírem os instrumentos financeiros subscritos ou adquiridos.

Encaramos então um caso de revogação do contrato por via indemnizatória, à semelhança do que sucede no âmbito da responsabilidade civil por prospecto no contexto das ofertas públicas de valores mobiliários prevista no WpPG.

Contudo, diversamente do que aí sucede, e como resultado da aplicação das regras gerais do Código Civil, existe a possibilidade de o investidor ter celebrado o contrato em termos diferentes, concretamente, celebrando o contrato por um preço de aquisição ou de subscrição menos elevado. Se o investidor houvesse igualmente contratado, ainda que tivesse conhecido a realidade, isto é, mesmo que o prospecto tivesse retratado fielmente a realidade, a indemnização sob a forma de reconstituição natural dever-se-á fazer pelo pagamento da diferença entre a quantia que o investidor desembolsou pela subscrição ou aquisição e o preço que teria desembolsado se o prospecto estivesse correcto[783].

Onde se entendesse existir uma identificação do bem jurídico protegido com o interesse da liberdade jurídico-negocial, a reparação sob a forma de reconstituição natural não dependeria de um desequilíbrio de prestações, bastando a demonstração de que se conhecesse a verdade, não teria subscrito os valores mobiliários ou tê-lo-ia feito por um preço inferior.

Diversamente, se a lei tiver em vista o ressarcimento de um interesse de natureza patrimonial, o direito à indemnização por parte do investidor dependerá da

[783] Esta hipótese não é aberta pelas leis especiais que na Alemanha regulam a responsabilidade civil por prospecto.

existência de um dano de natureza patrimonial. Isto significa que não bastará ao investidor provar que não teria contratado ou o teria feito noutros termos se conhecesse a verdade. Com efeito, é necessário que demonstre um prejuízo patrimonial, no sentido de um desequilíbrio entre as prestações.

Como já observámos, a propósito da revogação do contrato por via indemnizatória em sede de *culpa in contrahendo*, na maioria dos casos existirá efectivamente um prejuízo patrimonial. Com efeito, assiste-se regularmente a um desequilíbrio entre a quantia despendida pelo investidor e o valor real dos valores mobiliários que entram na sua titularidade. Mas, apesar da frequente presença de um desequilíbrio de prestações, ele não ocorre inelutavelmente.

No caso de a lei ter em vista proteger um bem jurídico de natureza patrimonial, a simples demonstração de que o investidor não teria celebrado o contrato ou o haveria concluído por importância inferior, não será suficiente para desencadear a obrigação de indemnizar. Esta estará condicionada pela ocorrência de um dano no sentido da teoria da diferença.

Deste modo, a revogação do contrato por via indemnizatória dependerá da verificação da circunstância de o investidor haver sofrido um prejuízo no seu património, não bastando a prova de que não teria celebrado o contrato se o prospecto traçasse um quadro fiel da realidade. Do mesmo modo, também não será suficiente provar que teria sido sua vontade celebrar o contrato, apenas aceitando pagar um preço inferior. É mister demonstrar que a compra dos valores mobiliários implicou um prejuízo patrimonial para o investidor.

Esta é uma questão a que procuraremos responder mais à frente. Por agora, concentremo-nos na reconstituição *in natura* como consequência de aplicação das regras gerais em matéria de dano.

A aplicação das regras gerais do Código Civil, que dita a aplicação do princípio do primado da reconstituição *in natura* condena a posição de PAULO CÂMARA. Como já tivemos oportunidade de verificar, o Autor defende uma interpretação restritiva do art. 152º/1 CVM. Na realidade, parte da recusa firme de uma solução assente na desvinculação contratual, limitando o alcance do art. 152º/1 CVM à obrigação de colocar o investidor na situação em que estaria se, "concretizando a sua decisão de investimento"[784], o prospecto retratasse fielmente a realidade.

A repulsa por uma solução assente na revogação do contrato, poderá explicar-se pela necessidade de preservar a segurança no tráfico jurídico-negocial. O receio de uma ameaça à segurança no tráfico jurídico-negocial não colhe, como vimos, no âmbito da revogação por via indemnizatória, uma vez que esta não goza de eficácia *erga omnes*, ao contrário do que sucede com a anulação. Recordemos a diversidade entre os institutos da anulação e da revogação do contrato por via

[784] *Manual de Direito dos Valores Mobiliários... cit.*, p. 774.

indemnizatória. Com efeito, esta não afecta direitos de terceiros. Constituindo uma forma de indemnização, a revogação por via indemnizatória apresenta uma eficácia apenas *inter partes*, como já tivemos oportunidade de referir. Daí que não seja susceptível de pôr em risco a segurança e a certeza no tráfico jurídico-negocial.

Se atentarmos no § 21 WpPG que expressamente consagra a revogação do contrato por via indemnizatória, como forma de indemnização do dano resultante da deficiência do prospecto, verificamos que, no caso de os valores mobiliários terem sido já transmitidos, a diferença entre o preço de subscrição ou de aquisição e o preço de venda (desde o momento que não ultrapasse o primeiro preço de emissão) toma o lugar da revogação por via indemnizatória[785]. A eficácia *inter partes* da revogação do contrato por via indemnizatória torna esta forma de indemnização impossível onde já tenha ocorrido transmissão dos valores mobiliários para um terceiro. Deste modo, atenta a eficácia limitada às relações entre o responsável e o lesado, a revogação do contrato por via indemnizatória não representa uma ameaça às exigências de segurança e certeza no tráfico jurídico, que inspiram várias normas do CVM[786].

Cremos, deste modo, que considerações ligadas à protecção do tráfico jurídico-negocial não deporão contra a reparação *in natura*, mesmo que se traduza uma desvinculação por via indemnizatória. A bondade da reconstituição *in natura* deverá ser apreciada à luz do bem jurídico protegido pela obrigação de divulgação das informações que devem integrar o conteúdo do prospecto.

Por outro lado, tendo também presente a sua natureza indemnizatória, compreende-se com facilidade não ter a indemnização sob a forma de revogação por via indemnizatória necessariamente de ser exercida contra a contraparte do investidor induzido em erro. Esta circunstância resulta bem evidente no Direito alemão. Assim, serão responsáveis ao abrigo do referido § 21 WpPG sujeitos que não estejam numa relação contratual com o investidor prejudicado, contanto que tenham assumido responsabilidade pelo prospecto ou sejam os sujeitos dos quais o prospecto efectivamente provém[787]. Daí que não constitua óbice à aplicação da

[785] Por consequência, não concordamos com PAULO CÂMARA, pois parece assimilar o alcance da revogação por via indemnizatória ao da anulação – *Manual de Direito dos Valores Mobiliários... cit.*, p. 774. Com efeito, damos razão ao Autor quando observa não conviver o Direito dos Valores Mobiliários pacificamente com a anulação, mas não aceitamos a ideia de que a revogação do contrato por via indemnizatória possa equiparar-se, ao nível dos constrangimentos ao tráfico jurídico-negocial, à anulação.

[786] Vejam-se os arts. 58º e 277º CVM.

[787] ASSMANN/SCHÜTZE, *Handbuch des Kapitalanlagerechts... cit.*, § 6 pp. 340 a 342.
Discutida é a possibilidade de os membros dos órgãos de direcção responderem a título pessoal pelo conteúdo do prospecto. Ao contrário do que se passa em Portugal, em que os membros dos

reconstituição *in natura* o simples facto de o responsável pela deficiência do prospecto não estar numa relação contratual com o investidor[788]. O que poderá suscitar dificuldades de aplicação é a circunstância de existirem vários responsáveis.

Sendo a reconstituição natural impossível, insuficiente ou excessivamente onerosa, ela cederá lugar à indemnização por equivalente (art. 566º/1CC). A reconstituição natural tornar-se-á impossível se, como vimos, o investidor já houver transmitido a titularidade dos instrumentos financeiros. De acordo com o art. 566º/1 CC, o cálculo da indemnização é feito pela comparação global das situações real e hipotética do património do investidor na data mais recente que puder ser atendida pelo Tribunal.. Ao contrário do que sucede no âmbito da reconstituição *in natura*, não está em causa reparar o dano real, mas o dano patrimonial, concentrando-se a indemnização por equivalente nas alterações no património do investidor decorrentes da deficiência do prospecto.

2.3.3.3. O princípio da reparação da totalidade do prejuízo

Uma outra característica do Direito português em matéria de dano indemnizável, que igualmente resulta da aplicação das regras gerais do Código Civil, é o princípio da reparação do dano na sua totalidade. Na realidade, o art. 566º/1 CC manda atender à diferença entre a situação patrimonial actual e a situação patrimonial em que se encontraria o lesado se não tivesse ocorrido o facto que obriga a reparação. Por outro lado, o art. 564º CC manda considerar não apenas os danos emergentes mas igualmente os lucros cessantes. Na verdade, a doutrina da diferença consagrada no art. 566º/1CC ao dar relevo à comparação entre a *situação patrimonial global* actual do lesado e *a sua situação patrimonial global*, não tivesse acontecido a lesão – e não apenas ao elemento sobre o qual esta incidiu – abre a porta ao ressarcimento dos lucros cessantes (assim como despesas reflexas e a *compensatio lucri cum damno*)[789].

órgãos de administração do emitente ou do oferente constam claramente do elenco de responsáveis pelo conteúdo do prospecto, no Direito alemão a questão não é clara. Tem sido aceite a possibilidade de se tornarem responsáveis ao abrigo da primeira parte do § 44/1 BörsG, contanto que tenham assumido responsabilidade pelo conteúdo do prospecto (veja-se EHRICKE, *Prospekt-und Kapitalmarkt-informationshaftung*. In HOPT/VOIGT, "Prospekt- und Kapitalmarkt-informationshaftung". Tübingen: Mohr Siebeck, 2005, pp. 226 e 227 e HELLGARDT, *Kapitalmarktdeliktsrecht... cit.*, p. 426). A par deste enquadramento, tem sido defendida a recondução da responsabilidade pessoal dos membros dos órgãos de direcção ao § 44/1, 2ª parte do *Börsengesetz*, contanto que os participantes nos órgãos de direcção tenham actuado com interesse económico próprio – HELLGARDT, *Kapitalmaktdeliktsrecht... cit.*, p. 427.

[788] Já nos havíamos pronunciado neste sentido ao tratarmos da figura da desvinculação indemnizatória em sede de *culpa in contrahendo*.

[789] ANTUNES VARELA, *Das Obrigações em Geral... cit.*, p. 907, nota 2.

Neste aspecto, difere a lei mobiliária portuguesa do § 21/1, 1ª parte WpPG, que opta, como já referimos, pela reconstituição *in natura* ou, no caso de os valores mobiliários já haverem sido transmitidos, pela diferença entre os preços de subscrição ou de aquisição e o preço de venda, assim como diverge dos ordenamentos que limitam a indemnização à diferença entre o preço pelo qual os valores mobiliários foram subscritos ou adquiridos e o preço hipotético pelo qual teriam sido subscritos ou adquiridos se o prospecto estivesse em conformidade com as exigências legais.

2.4. A ausência de regras específicas sobre a determinação do dano nos direitos inglês e italiano e a limitação do dano indemnizável ao *out-of-pocket loss*

Em outros ordenamentos jurídicos em que a lei não fornece uma resposta clara sobre o problema do dano indemnizável, são visíveis hesitações sobre a matéria.

Em Itália, o art. 94 do TUF nada prevê em matéria de dano indemnizável[790]. No entanto, cremos poder identificar uma tendência no sentido de considerar como dano indemnizável a diferença entre o preço de transmissão e o preço por que teriam sido transmitidos caso o prospecto observasse as exigências legais[791]. O montante resultante desta diferença não compreenderia eventuais lucros cessantes, nem outras consequências advenientes da deficiência do prospecto no património global do investidor. No entanto, alguma doutrina e também alguma jurisprudência têm admitido o ressarcimento dos lucros cessantes[792].

[790] A disciplina da responsabilidade por prospecto, constante dos números 8 e 9 do art. 94 TUF, foi introduzida no ordenamento jurídico italiano em 2007, em resultado da transposição da Directiva 2003/71/CE.

[791] Em Itália, na doutrina vêm surgindo Autores que reconhecem na diferença entre o preço pelo qual o valor mobiliário foi subscrito ou adquirido e o preço por que o teria sido se a informação preenchesse as condições impostas pela lei como o dano ressarcível – SARTORI, *La responsabilità da prospetto informativo.* "Rivista di Diritto Bancario" 2011. Net: http://www.dirittobancario.it/sites/default/files9/allegati/sartori_f._la_responsabilita_da_prospetto_informativo_2011.pdf, p. 6. FACCI considera que esta diferença constitui o dano ou uma parte dele – *Il Danno da Informaxione Finanziaria Inesatta.* Bologna: Zanichelli Editore, 2009, p. 155.
Na jurisprudência, a *Cassazione Civile,* em 11 de Junho de 2010, nº 14056. (Consultalex.it Banca, Finanza e Società) igualmente sustentou que o dano indemnizável consiste na diferença entre o preço de subscrição ou de aquisição e o preço de subscrição ou de aquisição caso o prospecto estivesse em sintonia com as exigências legais. No mesmo sentido, o Tribunal de Milão, na sua decisão de 25 de Julho de 2008. Net: http://www.ilcaso.it/giurisprudenza/archivio/1645.php, pp. 40 e segs.

[792] GIUDICI considera estarem compreendidos no dano a ressarcir os lucros cessantes – v. *La Responsabilità Civile nel Diritto dei Mercati Finanziari.* Milano: Giuffrè, 2008, p. 240. Aparentemente não compreendendo os lucros cessantes entre os danos ressarcíveis, SARTORI, *La responsabilità da prospetto informativo... cit.,* p. 6. Com efeito, o Autor identifica o dano ressarcível com a diferença entre o preço de subscrição ou de aquisição e o preço por que teriam sido subscritos ou adquiri-

Da mesma forma, em Inglaterra, o FSMA não estabelece regras específicas em matéria de dano ressarcível. Deste modo, a doutrina e a jusrisprudência[793] vêm optando pela aplicação das regras da responsabilidade delitual nesta sede, mais precisamente do *tort of deceit*[794]. O investidor deverá ser colocado na situação em que se encontraria se o prospecto observasse as exigências impostas pelo ordenamento jurídico. Estabelece-se como ponto de partida o chamado *out-of-pocket loss*[795]. Identifica-se, pois, a indemnização com o dinheiro que "saiu do bolso"[796] devido à lesão, tratando-se de colocar o lesado na situação em que estaria se o prospecto traçasse uma imagem fiel da realidade[797].

dos na ausência de deficiência do prospecto, acrescida das despesas resultantes da subscrição ou da aquisição e deduzida das vantagens de que o investidor tenha beneficiado. Quer isto dizer que SARTORI, apesar de admitir que devem ser tidas em conta outras consequências da deficiência do prospecto no património do devedor para além da diferença entre o valor pago e o valor real dos valores mobiliários, não inclui, pelo menos expressamente, os lucros cessantes em investimentos alternativos.

Também a jurisprudência parece concentrar a sua atenção na diferença entre o preço desembolsado pelos valores mobiliários e o seu preço real (por exemplo, *Cassazione Civile* em 11 de Junho de 2010 e a decisão do Tribunal de Milão de 25 de Julho de 2008 (http://www.ilcaso.it/giurisprudenza/archivio/1645.php). No entanto, a *Corte di Appello* de Nápoles incluiu os lucros cessantes entre os danos ressarcíveis. Com efeito, ao afirmar estar a cargo do investidor o ónus da prova entre a irregularidade do dever de informação e o dano sofrido, considera que o investidor deverá provar, mesmo com o recurso a presunções, que não teria celebrado o contrato se houvesse sido bem informado e também as menores vantagens ou as maiores desvantagens resultantes do facto de não ter optado por outras possibilidades de investimento – v. *Corte di Appello di Napoli* de 4 de Novembro de 2010, disponível em Net: http://www.ilcaso.it/giurisprudenza/archivio/5740.php.

Note-se que a primeira sentença sobre o assunto admitia a ressarcibilidade dos lucros cessantes em investimentos alternativos – FERRARINI/LEONARDI, *Italy*. In Hopt/Voigt, "Prospekt- und Kapitalmarkt-informationshaftung". Tübingen: Mohr Siebeck, 2005, p. 718.

793 V. a decisão fundamental *McConnel* vs. *Wright* de 1903, 1 Ch. 1 546.

794 Tendo em conta que o prospecto não representa uma promessa de lucros esperados, compreende-se a preferência da doutrina pela aplicação das regras da responsabilidade delitual em matéria de dano indemnizável. Uma responsabilidade por lucros esperados apenas poderá existir segundo o Direito inglês, no âmbito de um contrato nesse sentido. Chamando a atenção para esta circunstância, LEYENS/MAGNUS, *England*. In HOPT/VOIGT, "Prospekt-und Kapitalmarkt-infomationshaftung". Tübingen, 2005, p. 484. O prospecto não representa uma promessa de lucros esperados. Também chamando a atenção para a circunstância de as declarações contidas no prospecto dificilmente poderem ser qualificadas como promessas, DAVIES/WORTHINGTON, *Gower & Davies' Principles on Modern Company Law... cit.*, p. 939, 25-40.

Já neste sentido, igualmente a decisão de 1903 relativa ao caso *McConnel vs. Wright*.

795 LEYENS/MAGNUS, *England... cit.*, p. 484. Veja-se *McConnel vs. Wright*, 1903.

796 *McConnel vs. Wright*, 1903.

797 Como observam LEYENS e MAGNUS (*England... cit.*, pp. 488/5), corresponde à indemnização pelo interesse contratual negativo no Direito alemão.

No Direito inglês, vale então a regra de que o investidor deverá ser indemnizado pela diferença entre o preço que pagou e o preço real dos instrumentos financeiros no momento da transacção[798]. Neste cálculo não vão compreendidos os lucros cessantes resultantes de investimentos alternativos. A reparação do *out-of-pocket loss* constitui uma forma de reparação sob a forma de reconstituição *in natura*. Limitando-se a indemnização a este valor, ficam excluídos os danos que não estejam compreendidos nessa diferença, como os lucros cessantes. Na realidade, não existe, como no caso português, a possibilidade de, onde a reparação *in natura* não seja suficiente (ou impossível ou excessivamente onerosa), comparar a situação patrimonial global existente e a situação patrimonial global que se verificaria na ausência da deficiência do prospecto na data mais recente a que o Tribunal possa atender.

O *out-of-pocket loss* traduz o elemento do património do investidor sobre o qual incide a lesão. Na verdade, o *out-of-pocket loss* representa o prejuízo patrimonial sofrido pelo investidor que se identifica na circunstância de o investidor haver pago um preço superior ao valor real dos instrumentos financeiros. Não abrange, portanto, como já dissemos, outras consequências da deficiência do prospecto no património global do investidor, como sejam os lucros cessantes. Daí que se compreenda alguma hesitação no reconhecimento da ressarcibilidade deste tipo de danos. Não obstante, observa-se uma tendência para aceitar a ressarcibilidade dos lucros cessantes.

Com efeito, várias decisões admitem a possibilidade de reparação dos danos consequenciais, fazendo-a depender da natureza directa do dano[799].

[798] Veja-se sobre esta regra ROLLER, *Die Prospekthaftung im Englischen und im Deutschen Recht*. Berlin: Duncker und Humboldt, 1991, pp. 84 e segs.
Embora se defenda no Direito inglês que o momento relevante para a apreciação do verdadeiro valor dos instrumentos financeiros é a data da transacção, não tem passado despercebida a sua rigidez. Com efeito, a aplicação daquela regra poderá em certos casos levar a deixar de fora do âmbito do dano indemnizável prejuízos resultantes de efeitos de informações deficientes que se fazem sentir após a data da transacção. Admitem-se desvios à regra do apuramento do real valor dos instrumentos financeiros na data da transacção, de forma a cobrir danos posteriores ao momento da transacção. Assim acontecerá onde as informações inexactas continuarem a influenciar o comportamento do investidor e, devido à fraude, este seja compelido a manter os instrumentos financeiros – – veja-se a decisão da *House of Lords* no caso *Smith New Court of Securities vs. Scrimgeour Vickers* Net: http://www.publications.parliament.uk/pagthfgih/ld199697/ldjudgmt/jd961121/smith02.htm.
Como melhor veremos em texto, esta dificuldade não é partilhada pelo Direito português, que atende à situação patrimonial global do investidor na data mais recente que puder ser atendida e a situação em que estaria nessa data se não fosse o evento lesivo, nos termos do art. 566º CC.

[799] LEYENS/MAGNUS, *England... cit.*, p. 485. Vejam-se as considerações de Lord Browne Wilkinson sobre o problema no caso *Smith New Court of Securities vs. Scrimgeour Vickers*. Lord Browne Wilkinson considera que a *rigidez* da regra oitocentista, no sentido de que o momento relevante na determi-

Verificamos, assim, que o problema passa a ser tratado no seio da determinação do nexo de causalidade[800].

A identificação do problema como uma questão de determinação do nexo de causalidade implica o ressarcimento do dano na sua totalidade. Deste modo, ao invés de a reparação incidir sobre o elemento do património afectado pela deficiência do prospecto, passa a concentrar-se nos reflexos que a natureza defeituosa do prospecto vem a desencadear no património global do investidor. Por conseguinte, abre-se a porta à inclusão na obrigação de indemnizar dos danos consequenciais, como sejam os lucros cessantes em investimentos alternativos ou juros.

Podemos então concluir que se vem assistindo a uma tendência para flexibilizar a indemnização dos danos, procurando ultrapassar a regra da limitação da indemnização ao *out-of-pocket loss*, calculada no momento da transacção. A sua aplicação estrita inviabilizaria a reparação dos lucros cessantes, razão pela qual foi sentida a necessidade de quebrar a rigidez desta regra, tendendo assim a admitir-se o ressarcimento dos danos que provenham directamente da transacção.

Aliás, as considerações de Lord Collins sustentando a limitação da indemnização ao *out-of-pocket loss* parecem adequar-se à recusa de indemnização pelos lucros cessantes esperados no âmbito do negócio a cuja celebração o investidor foi induzido pela deficiência da informação e não tanto aos lucros cessantes decorrentes da frustração dos negócios alternativos. Contudo, a rigorosa limitação do ressarcimento dos danos ao *out-of-pocket loss* acaba por afastar a possibilidade de indemnização dos lucros cessantes em investimentos alternativos[801].

nação do prejuízo sofrido pelo investidor é o momento da transacção, deverá ser ultrapassada, considerando-se decisiva na determinação do dano indemnizável a natureza directa do dano em relação ao comportamento ilícito do responsável. Os efeitos desta conduta podem prolongar-se para além do momento da transacção. A regra de que a determinação do prejuízo sofrido pelo investidor é o momento da transacção deverá ser ultrapassada, considerando-se na determinação do dano indemnizável decisiva a natureza directa do dano em relação ao comportamento ilícito do responsável. Os efeitos desta conduta podem prolongar-se para além do momento da transacção. Assim sucederá onde a *misrepresentation* continue a influenciar o comportamento do investidor ou onde as circunstâncias obriguem o investidor a manter os valores mobiliários.

No sentido de considerar susceptíveis de ressarcimento todos os danos consequenciais, incluindo os lucros cessantes, mesmo depois de ter deixado de existir fraude, contanto que os danos se projectem em momentos posteriores ao momento de revelação da fraude, se manifesta a decisão do caso *Parabola Investments Ltd. vs. Browallia Cal Ltd.* Net: http://www.bailii.org/ew/cases/EWHC/Comm/2009/901.html. Considera, portanto, poderem ser ressarcidos todos os danos que constituam uma consequência directa da fraude.

[800] Lord Browne Wilkinson explica a limitação da indemnização à diferença entre o valor da aquisição e o valor real nesse momento pela preocupação de evitar as dificuldades decorrentes da determinação do nexo causal.

[801] *McCollen vs. Wright*, 1903. Com efeito, Lord Collins sustenta decorrer da circunstância de o dano sofrido pelo investidor pela compra por um preço inflacionado não ocorrer em virtude de uma

Não devemos, no entanto, deixar de ter presente que a tendência de abandono de uma indemnização limitada ao *out-of-pocket loss* se encontra circunscrita aos casos em que o investidor não possa mitigar o dano[802] vendendo os valores mobiliários que haja comprado. Assim acontecerá enquanto o investidor permanecer em erro ou onde não tenha possibilidade de se desfazer dos valores mobiliários[803].

violação contratual, mas antes de um ilícito de natureza delitual (*tort of deceit*), a impossibilidade dos rendimentos esperados pelo investidor pela celebração do seu contrato. Pensamos que estas considerações afastam a possibilidade de ressarcimento dos lucros esperados pela celebração do contrato que o investidor foi conduzido a concluir na sequência da natureza defeituosa da informação. No entanto, Lord Collins acaba por ir mais longe, defendendo a limitação da indemnização ao *out-of-pocket loss*. Esta limitação fixada de modo rígido, acaba por excluir a indemnização dos lucros cessantes em investimentos alternativos.
A decisão do *Court of Appeal* no caso *Last vs. Mauer* EWCA Civ. 6 Setembro 1990, disponível em http://www.bailii.org/ew/cases/EWCA/Civ/1990/6.html, considera que a reparação dos lucros cessantes em investimentos alternativos é possível no quadro do *tort of deceit*. No mesmo sentido, no já referido caso *Smith New Court of Securites vs. Scrimgeour Vickers*, as considerações de Lord Steyn. Este entendimento é igualmente partilhado na decisão do caso *Parabola Investments Ltd & Anor vs. Browallia CAL*.Justice Faux EWHC 901 (Comm), Net: http://www.bailii.org/ew/cases/EWHC/Comm/2009/901.html.

802 Sobre a obrigação de mitigar o dano coloca-se o problema de saber se a omissão da diminuição do dano vai compreendida no art. 570º CC, uma vez que a letra da lei apresenta um carácter lacónico, referindo-se tão-só ao concurso da culpa do lesado como causa de produção ou de agravamento do dano. Surge então a dúvida quanto à possibilidade de incluir o agravamento do dano resultante de uma omissão de uma conduta destinada a afastar ou a reduzir o dano.
Considerando que o pensamento do legislador não exclui omissões de afastamento ou de redução do dano, Brandão Proença, *A Conduta do Lesado como Pressuposto e Critério de Imputação do Dano Extracontratual*. Coimbra: Almedina, 1997, pp. 644 a 647. Pinto Monteiro defende residir o critério da obrigação de minorar o dano no princípio da boa fé – v. *Cláusulas Limitativas... cit.*, pp. 93 e 94. Refira-se que Brandão Proença defende que a relevância da omissão do afastamento ou redução do dano no âmbito do art. 570º/1CC não implica a aceitação de um estrito dever de afastar ou diminuir o dano – v. pp. 659 e segs.
Com recurso a uma análise de Direito Comparado e considerando especialmente o Direito chileno, Rodrigo Fuentes Guinez, *El deber de evitar o mitigar el dano*. "Revista de Derecho Universidad de Concepción" 2005. O Autor procede a uma análise de Direito Comparado sobre o problema e conclui que este deve ser resolvido em sede de nexo de causalidade. Por isso, exclui dos danos ressarcíveis, por não serem "necessários ou directos", os danos que puderem ser evitados ou mitigados. O Autor vem, na linha de Pothier, a adoptar uma perspectiva do problema que o situa na imputação causal ao lesado do agravamento dos danos. Na verdade, situando a omissão de condutas que obstem ao agravamento do dano no âmbito da causalidade, entender-se-á que a imputação do maior dano ao lesado provoca uma quebra do nexo entre a conduta do lesante e o acréscimo do dano. Em sentido diverso, Brandão Proença classifica esta perspectiva como "exclusivista" e sustenta haver que tomar como ponto de partida o dano globalmente sofrido pelo lesado para uma cuidadosa partilha de responsabilidades – v. *A Conduta do Lesado... cit.*, pp. 656 e 657.

803 Assim, as as considerações de Lord Browne Wilkinson no caso *Smith New Court Securities vs. Scrimgeour Vickers*.

Uma vez aceite a possibilidade de indemnização dos lucros cessantes em investimentos alternativos, levantou-se o problema de saber se a incerteza na ocorrência de tais lucros prejudicaria a sua ressarcibilidade. Esta questão foi analisada na decisão do *High Court of Justice* no caso *Parabola Investments Ltd & Anor vs. Browallia CAL*[804], tendo Mr. Justice Faux defendido não estar a ressarcibilidade dos lucros cessantes que adviriam de investimentos alternativos dependente da prova de um investimento alternativo necessariamente lucrativo. Bastará a demonstração de que num balanço de probabilidades o investidor teria celebrado um ou mais negócios alternativos vantajosos. Mr. Justice Faux considera ser suficiente um mero juízo de probabilidade[805].

Para além do FSMA, também podemos encontrar no Direito inglês outros fundamentos de responsabilidade por prospecto. Assim, ainda no domínio da *Statute Law*, o *Misrepresentation Act* prevê o direito ao ressarcimento dos danos causados pela decisão de contratar decorrente da indução em erro, ainda que não seja fraudulenta (a menos que aquele a quem se deve a indução em erro demonstre que tinha fundamento razoável para acreditar e tenha acreditado que os factos eram verdadeiros) – *Section* 2 (1) do *Misrepresentation Act*. Impôs-se a interpretação de que os danos deveriam ser determinados segundo as regras do *tort of deceit*[806]. Deste modo, as decisões judiciais têm admitido a indemnização dos lucros cessantes[807].

No domínio da *Common Law*, a responsabilidade por prospecto era enquadrada no *tort of deceit*, não se admitindo o ressarcimento onde a indução em erro fosse meramente negligente. A partir do caso *Hedley Byrne*, passou a ser admitido o ressarcimento de danos causados por declarações indutoras em erro meramente negligentes. Em matéria de dano indemnizável, valem as regras *do tort of deceit*[808] já descritas a propósito do regime de danos indemnizáveis no âmbito do FSMA, a que se aplicam, recorde-se, as regras do *tort of deceit*.

[804] Como vimos, esta decisão aceitou a indemnização dos lucros cessantes que resultem da frustração de investimentos alternativos.

[805] Mr. Justice Faux apoia-se no argumento de que a exigência no âmbito do *tort of deceit* da prova de um concreto investimento alternativo vantajoso para o investidor contraria a decisão da maioria do *Court of Appeal* no caso *Esso Petroleum Limited vs. Mardon*, 1976, no sentido de não fazer depender a possibilidade de ressarcimento dos lucros resultantes de hipotético investimento alternativo da demonstração de um concreto investimento alternativo. Se assim foi decidido num caso de *negligent misrepresentation, a fortiori*, do mesmo modo se deveria ajuizar no âmbito da *fraudulent misrepresentation* (v. ponto 151). V., no entanto, as observações de Devenney/Poole, *Reforming damages for misrepresentation: the case for coherent aims and principles*. "Journal of Business Law" 2007, pp. 269 e segs.

[806] Leyens/Magnus, *England... cit.*, pp. 489 e 490.

[807] Leyens/Magnus, *England... cit.*, pp. 489 e 490.

[808] Leyens/Magnus, *England... cit.*, p. 489.

A *rescission* é admitida apenas onde haja um contacto contratual entre lesante e lesado[809]. Tendo presente a possibilidade de a utilização da *rescission* ser motivada, não tanto pela incorrecção da informação como pela ocorrência de outros eventos cujos efeitos afectam o curso no mercado de valores mobiliários, cremos assumir especial importância a possibilidade aberta pela *Section* 2 (2) do *Misrepresentation Act*[810]. Na verdade, este preceito confere ao decisor a faculdade de atribuir uma indemnização em lugar da *rescission (damages in lieu of rescission)*[811], onde, uma vez ponderada a natureza da conduta indutora em erro, em conjugação com os efeitos da *rescission* e da manutenção do contrato, considere ser preferível a manutenção do contrato, acompanhada da reparação de danos.

2.5. *O out-of-pocket loss* no Direito norte-americano e sua comparação com o conceito de *out-of-pocket loss* no Direito inglês

Ao contrário do que sucede com o FSMA britânico, prevê o *Securities Act* norte-americano regras sobre o dano indemnizável em matéria de responsabilidade derivada da deficiência do prospecto – *Section* 12 (a) (2), assim como dos *registration statements* – *Section* 11.

As duas secções elegem diferentes soluções em matéria de dano indemnizável. Deste modo, na hipótese de o investidor se manter como titular dos instrumentos financeiros, a *Section* 12 (a) (2) faculta ao investidor o recurso à *rescission*, isto é, à desvinculação do contrato, devendo o investidor receber a soma que desembolsou, a que se juntam os juros e se retiram os proveitos obtidos com o investimento. Em contrapartida, está o investidor obrigado a devolver os instrumentos financeiros.

Se, pelo contrário, o investidor já houver transmitido os instrumentos financeiros, terá direito a ser ressarcido dos danos. Esta indemnização deverá representar um equivalente substancial da *rescission*[812], pelo que o investidor terá direito a receber a diferença entre o preço de compra e o preço da venda, acrescida de juros, não deixando de se deduzir os rendimentos proporcionados pelo investimento[813].

[809] LEYENS/MAGNUS, *England... cit.*, pp. 490 e segs.

[810] PAUL DAVIES/SARAH WORTHINGTON, *Gower and Davies' Principles on Modern Company Law... cit.*, p. 937, 25-39. De facto, uma das objecções que se levantam em face da indemnização sob a forma de reconstituição natural em matéria de responsabilidade civil por prospecto consiste precisamente no receio de que ela se torne um mecanismo de transferência do risco do mercado para o responsável pela deficiência do prospecto.

[811] V. o que dissemos *supra*, p. 262.

[812] LOSS/SELIGMAN, *Fundamentals of Securities Regulation... cit.*, p. 1226.

[813] *Randall vs. Lottsgaarden* 478 US 647 (1986).

A *Section* 11 trata da reparação dos prejuízos sofridos pelos investidores por deficiências dos *registration statements*. A indemnização dos danos não pretende aqui assumir a natureza de um equivalente à *rescission*, como acontece na *Section* 12 (a) (2)[814]. Na realidade, a *Section* 11 manda no essencial indemnizar o investidor pela diferença entre o preço pago pelo investidor e o seu valor à data da acção de reparação dos danos[815]. Deste modo, o investidor pode optar por uma de três possibilidades: exigir a diferença entre o preço que desembolsou e o seu valor na data da instauração da acção[816]; se houver vendido os instrumentos financeiros antes da acção, poderá pedir a diferença entre o preço pago pelo investidor e o preço por que os vendeu anteriormente à acção; se houver vendido os instrumentos financeiros na pendência da acção, mas antes da decisão, receberá a título de indemnização a diferença entre o preço pago pelos instrumentos financeiros e o preço por que os vendeu, contanto que esta diferença seja inferior à diferença entre o preço pago pelo investidor na compra dos valores mobiliários e o seu valor à data da instauração da acção. Em qualquer caso, pressupõe-se que o preço pago pelo investidor não exceda o preço pelo qual foram oferecidos ao público.

Ao contrário do que sucede no âmbito da *Section* 12 (a) (2), não é referido pagamento do juro nem a dedução dos rendimentos[817].

A *Rule* 10(b) 5 do *Securities Exchange Act* também pode ser aplicada ao mercado primário de valores mobiliários[818]. Embora esta norma não consagre expressamente um direito a indemnização, reconhece-se conter um *implied right of action*. A *Rule* 10b-5 do *Securities Exchange Act* estabelece a proibição de fraude na negociação de instrumentos financeiros. Esta norma nada dispõe em matéria de dano indemnizável. Apesar de já se haver admitido a *rescission* enquanto forma de repa-

[814] LOSS/SELIGMAN, *Fundamentals of Securities Regulation... cit.*, p. 1238.

[815] LOSS/SELIGMAN, *Fundamentals of Securities Regulation... cit.*, p. 1238.

[816] A *Section* 11 do *Securities Act* fala do valor à data da instauração da acção e não do preço nessa data, o que revelará que o preço de mercado nessa data poderá não ser decisivo – vejam-se as considerações desenvolvidas por LOSS/SELIGMAN, *Fundamentals of Securities Regulation... cit.*, p. 1238, nota 122.

[817] LOSS/SELIGMAN, *Fundamentals of Securities Regulation... cit.*, p. 1238.

[818] LOSS/SELIGMAN, *Fundamentals of Securities Regulation... cit.*, pp. 1031 e 1032.
Considerando que o facto de os casos em que existe um *registration statement* serem abrangidos pela previsão normativa da *Section* 11 não impede a aplicação da Rule 10b-5, v. *Herman & MacLean vs. Hudlesston* 459 US 382 e segs. Note-se que uma solução que recusasse a natureza cumulativa da *Rule* 10b-5 em relação às normas previstas no *Securities Act* contrariaria a intenção do Congresso, ao consagrar o *Securities Exchange Act*, de garantir uma regulamentação razoavelmente completa e eficaz. Este objectivo resultaria prejudicado pelo afastamento da possibilidade de aplicação de um instrumento importante na prossecução da finalidade de dispensar de eficácia ao regime dos valores mobiliários, como é a *Rule* 10b-5, com argumento que preencheria a hipótese normativa de uma outra norma – v. p. 386.

ração do investidor no âmbito da *Rule* 10b-5, a jusrisprudência vem reconhecendo constituir o recurso à chamada *out-of-pocket loss* a forma mais adequada de reparação do dano indemnizável.

Na definição do dano indemnizável, assumem no âmbito da *Rule* 10b-5 especial relevo as reflexões contidas no caso *Dura Pharmaceuticals v. Broudo*[819]. Nesta decisão, o Supremo Tribunal dos Estados Unidos considerou que a *Rule* 10b-5 não se satisfaz com a demonstração pelo investidor de que o preço dos valores mobiliários se encontrava inflacionado no momento da compra[820]. Seria necessária a prova de um dano efectivo e, para além disso, seria também imprescindível o estabelecimento de um nexo causal entre a deficiência da informação e a queda do preço dos valores mobiliários.

No que respeita à necessidade da prova de um dano efectivo, observa o Supremo Tribunal que, enquanto não for revelada a verdade ao mercado, o investidor não sofre qualquer dano[821], uma vez que os valores mobiliários que comprou são susceptíveis de ser transaccionados a um preço que (ainda) não espelha a realidade[822]. O Supremo Tribunal apoia-se nos institutos da *Common Law*, *deceit* e *misrepresentation*, lembrando as afinidades das causas implícitas de acção relativas à fraude em matéria de valores mobiliários com estas figuras da *Common Law*. Assim, chama a atenção para a necessidade imposta neste domínio de existência de um dano patrimonial efectivo[823], não bastando provar que não teria concluído o contrato se soubesse a verdade[824]. Tendo em conta estas circunstâncias, considerou o Supremo Tribunal dos Estados Unidos que a simples circunstância de o preço dos valores mobiliários estar inflacionado no momento da compra não constitui um dano efectivo pelo qual o investidor possa exigir reparação com base na violação da *Rule* 10b-5.

[819] *Dura Pharmaceuticals vs. Broudo* 544 US, p. 236.

[820] *Dura Pharmaceuticals vs. Broudo* 544 US, pp. 342 e segs.

[821] A decisão do *New York Court of Appeals* no caso *Reno vs. Bull*, decidido no âmbito da *Common Law*, tinha considerado não existirem danos se a determinação do valor dos valores mobiliários (no caso, obrigações) ao tempo da compra decorresse do seu preço de mercado nessa data.
Assim, sustentou o Tribunal que a determinação do valor no momento da compra deveria ter em conta a evolução subsequente da empresa. A indemnização foi definida pela obrigação de restituição do preço de compra, acrescida do juro e deduzida da quantia recebida no preenchimento da quota de liquidação e dos juros recebidos – Loss/Seligman, *Fundamentals of Securities Regulation... cit.*, pp. 1186 e 1187. Como aqui referem Loss e Seligman, esta forma de considerar o dano indemnizável terá na sua substância sido adoptada pelo *Restatement (second) of Torts* no sentido de que onde haja uma falsa representação de natureza geral, o valor deverá ser determinado depois da divulgação da verdade, v. Comentário 3 ao § 459 *Restatement (second) of Torts.*

[822] *Dura Pharmaceuticals vs. Broudo* 544 US, p. 342.

[823] *Dura Pharmaceuticals vs. Broudo* 544 US, pp. 343 e 344.

[824] *Dura Pharmaceuticals vs. Broudo* 544 US, p. 344.

Chegados a este ponto, não podemos deixar de salientar que o conceito de *out-of-pocket loss* aqui relevante não coincide com o sentido que lhe é dado em outras ordens jurídicas. Recordemos que no Direito inglês o *out-of-pocket loss* é determinado pela diferença entre o preço efectivamente pago pelo investidor e o preço que pagaria se o prospecto fosse fiel à realidade, o mesmo sucedendo como vimos na doutrina italiana. Na verdade, o Supremo Tribunal dos Estados Unidos, no caso *Dura Pharmaceuticals vs. Broudo*, defendeu que o *out-of-pocket loss* corresponderia à diferença entre a quantia paga pelo investidor e o preço dos valores mobiliários após a revelação da verdade ao mercado, não atribuindo relevo à diferença entre o preço pago pelo investidor e o valor real no momento dos valores mobiliários no momento da compra.

Repare-se que as *Sections* 11 e 12 (2) (a) também não elegem o *out-of-pocket loss* tal como é entendido nas ordens jurídicas inglesa ou italiana enquanto método de determinação do dano. Como vimos, a *Section* 12 (2) (a) considera a diferença entre a quantia gasta pelo investidor na compra dos valores mobiliários e o valor pelo qual os vendeu (ao que acresce o juro e são descontados os rendimentos auferidos). Já a *Section* 11 assenta na diferença entre o preço pago na compra dos valores mobiliáros e o preço por que foram vendidos antes ou depois da instauração da acção (neste último caso desde que a venda tenha ocorrido anteriormente à decisão e a diferença seja inferior à diferença entre o preço de compra e o seu valor no momento da instauração da acção). Uma vez proferida a decisão, a diferença relevante passa a consistir no confronto entre o preço de compra dos valores mobiliários e o seu valor à data da instauração da acção.

Do que acabámos de dizer, decorre que o *out-of-pocket loss*, tal como vem sendo perspectivado no âmbito dos ordenamentos jurídicos inglês e italiano, situa as parcelas da diferença no momento da compra dos valores mobiliários, ao escolher como forma de cálculo da indemnização a diferença entre o preço de compra dos valores mobiliários e o seu justo valor nessa data, isto é, o valor por que o investidor os adquiriria se a informação contida no prospecto estivesse correcta, permitindo que o preço formado resultasse de uma ponderação adequada da relação risco/rendimento.

Pelo contrário, as soluções resultantes das *Sections* 11 e 12 do *Securities Act* e da decisão *Dura Pharmaceuticals vs. Broudo* situam as parcelas da diferença em momentos diversos, ao considerarem relevante a diferença entre o preço da compra e o preço ou o valor[825] que os valores mobiliários apresentam em momento posterior.

[825] Note-se que a referência ao valor na data da acção poderá, como já vimos, indicar não ser decisivo o preço do mercado. Confirmando-se uma leitura de o termo "valor" no sentido de relativizar

A perspectiva do *out-of-pocket loss* como diferença entre o preço de compra e o valor intrínseco nesse momento, se o prospecto estivesse correcto, apela ao valor económico efectivo dos valores mobiliários. Tendo em consideração a dificuldade na determinação desse valor, é advogado o recurso ao preço formado no mercado após a divulgação da correcção das informações deficientes contidas no prospecto como meio de determinação do valor económico efectivo dos valores mobiliários à data da subscrição ou da aquisição dos valores mobiliários pelo investidor.

Não se pense, contudo, que o concurso do preço formado no mercado após a divulgação da correcção do quadro descrito no prospecto na determinação do valor económico efectivo dos valores mobiliários conduza à assimilação da concepção do *out-of-pocket loss* como diferença entre o preço pago pelo investidor no momento da compra e o seu valor nessa data com aqueloutra que encara o *out-of-pocket loss* enquanto diferença entre o preço de compra e o preço pelo qual os valores mobiliários são transaccionados no mercado depois da revelação da verdade ao mercado.

Com efeito, a concepção do *out-of-pocket loss* que identifica no valor económico efectivo dos valores mobiliários a parcela com a qual o preço de compra dos valores mobiliários deverá ser confrontado surpreende o dano indemnizável na diferença entre o valor económico efectivo dos valores mobiliários à data da compra e o preço pelo qual o investidor os subscreveu. Apenas apela ao preço dos valores mobiliários após a revelação da verdade como *critério auxiliar na determinação do valor económico efectivo* dos valores mobiliários na data de compra.

Diversamente, a perspectiva do *out-of-pocket loss* que reconhece no preço de transacção dos valores mobiliários subsequente à difusão no mercado da correcção do prospecto a parcela com a qual o preço de compra dos valores há-de ser comparado, surpreende na diferença entre o preço de mercado de valores mobiliários após a revelação da verdade e o preço de compra dos valores mobiliários pelo investidor *o dano a ser indemnizado.* Não se trata, como vimos no parágrafo antecedente, de utilizar o preço a que são transaccionados os valores mobiliários depois da revelação da verdade como critério auxiliar na determinação do valor efectivo dos valores mobiliários à data em que o investidor os comprou. Como vimos, o Supremo Tribunal dos Estados Unidos na decisão *Dura Pharmaceuticals vs. Broudo* recusa ver um dano na simples circunstância de o preço estar inflacionado no momento da compra dos valores mobiliários.

o preço do mercado, teríamos que reconhecer neste ponto uma ponderação valorativa diferente, pois será o valor real a assumir o papel determinante.

Concluímos, assim, estar na presença de dois modos distintos de encarar o dano indemnizável que, como veremos, traduzem diferentes concepções do bem jurídico protegido pela responsabilidade civil por prospecto.

Na verdade, cremos que as diferentes formas de fixação do dano indemnizável são portadoras de significado quanto ao problema do bem jurídico que a responsabilidade civil por prospecto procura servir. Neste sentido, pretendemos em seguida tornar clara a ligação das opções em matéria de dano indemnizável ao bem jurídico protegido pela responsabilidade civil por prospecto.

3. A relevância da solução do problema do dano indemnizável na determinação do bem jurídico protegido pela responsabilidade civil por prospecto

3.1. O património do investidor como bem jurídico protegido pela responsabilidade civil por prospecto

3.1.1. O Direito norte-americano e o Direito alemão

O problema do dano indemnizável é uma questão central na compreensão do bem jurídico protegido pela responsabilidade civil pelo conteúdo do prospecto.

A utilização da figura da revogação por via indemnizatória poderá colocar dúvidas quanto à identificação do bem jurídico protegido pela responsabilidade civil por prospecto. É, pois, compreensível alguma hesitação em classificar os interesses patrimoniais do investidor ou o interesse de natureza não patrimonial da correcta formação da sua vontade como a finalidade protectora da responsabilidade civil por prospecto.

Na realidade, é legítimo considerar a possibilidade de as informações contidas no prospecto se perspectivarem como instrumento de protecção, por via indemnizatória, da regular formação da vontade do investidor. Nesta hipótese, como referem Hopt e Voigt, estaria em causa a indemnização de um dano não patrimonial[826]. Este dano de natureza não patrimonial identificar-se-ia com a celebração de um contrato que não seria desejado, tivesse sido a realidade retratada fielmente no prospecto.

Contudo, devemos ter em atenção que a formação regular da vontade de contratar apenas poderá ser identificada como bem jurídico protegido pela responsabilidade por prospecto onde não se faça depender o ressarcimento do investidor da ocorrência de um prejuízo de natureza patrimonial[827]. Deste modo, só poderemos concluir que a desvinculação indemnizatória prevista na *Section* 12 (2) (a)

[826] *Grundsatz-und Reformprobleme... cit.*, p. 89.

[827] O mesmo problema já foi ponderado no âmbito da *culpa in contrahendo*.
Concluímos, recorde-se, que a indemnização fundamentada na *culpa in contrahendo* não depende da ocorrência de um prejuízo de natureza patrimonial, razão pela qual depreendemos que a regular formação da vontade de contratar constitui um bem jurídico protegido pela *culpa in contrahendo*.

do *Securities Act* ou nas leis alemãs que especialmente prevêem a responsabilidade por prospecto têm em vista defender a regular formação da vontade se não requererem a verificação de um prejuízo patrimonial.

Embora a lei em qualquer dos preceitos referidos não o diga expressamente, a sua interpretação parece não poder ir senão no sentido da exigência de um prejuízo de natureza patrimonial sofrido pelo investidor. Por esta razão, não cremos ser possível ver na revogação do contrato por via indemnizatória prevista na *Section* 12 (2) (a) do *Securities Act* e nas leis alemãs especiais sobre a responsabilidade por prospecto o ressarcimento de um dano de natureza não patrimonial.

Na verdade, a *Section* 12 (2) (a) do *Securities Act* estabelece, tal como tivemos oportunidade de explicar, a indemnização pela diferença entre o preço de aquisição e o preço de venda (acrescida do juro e deduzida das quantias recebidas pelo investidor a título de rendimentos dos valores mobiliários) onde o investidor já haja transmitido os valores mobiliários. Não sendo nesta hipótese a *rescission* possível por os valores mobiliários haverem já sido transmitidos, ela cederá lugar à indemnização por danos consistentes na diferença entre o preço de aquisição e o preço por que o investidor os transmitiu (acrescida do juro e deduzida dos rendimentos auferidos pelo investidor enquanto titular dos valores mobiliários). Procura, por isso, reparar o prejuízo patrimonial sofrido pelo investidor, resultante da desvalorização dos valores mobiliários no período compreendido entre a aquisição pelo investidor e a sua alienação. Ora, representando esta indemnização por danos um "equivalente substancial"[828] à rescisão por via indemnizatória, somos levados a concluir que a rescisão por via indemnizatória e a indemnização por danos partilham a mesma finalidade.

Comungando ambas as formas de reparação de idêntico objectivo, pensamos ser legítimo concluir pela necessidade, também no domínio da *rescission*, de ocorrência de prejuízo de natureza patrimonial. Por esta razão, a indemnização pela via da *rescission* tutelará o património do investidor.

Para além disso, o prejuízo de natureza patrimonial objecto do ressarcimento encontrar-se-á na diminuição de preço dos valores mobiliários resultante da deficiência da informação divulgada. Deste modo, somente onde ocorra uma diminuição do valor de mercado de valores mobiliários poderá o investidor exigir a indemnização por via da *rescission*, ou seja, a restituição do que pagou em troca da devolução dos valores mobiliários.

Cremos que esta conclusão resulta reforçada pelo facto de em 1995[829] ter sido reconhecida pela *Section* 12 (b) do *Securities Act* a possibilidade de o responsável provar a ausência do nexo de causalidade entre a deficiência das informações

[828] LOSS/SELIGMAN, *Fundamentals of Securities Regulation... cit.*, p. 1226.

[829] O *Private Securities Litigation Reform Act* veio introduzir no *Securities Act* a *Section* 12 (b).

e o dano sofrido pelo investidor. Efectivamente, se o responsável provar que a queda do preço se deveu a factores estranhos à deficiência da informação divulgada, o montante da indemnização é reduzido nessa medida. Deste modo, onde não exista uma queda do preço dos valores mobiliários na sequência da natureza defeituosa da informação divulgada não haverá lugar a *rescission*[830].

As circunstâncias acabadas de referir apontam no sentido de a *Section* 12 do Securities *Act* postular a ocorrência de um prejuízo de natureza patrimonial como pressuposto das consequências nela previstas. O dano de natureza patrimonial identifica-se então com o prejuízo sofrido pelo investidor em virtude da descida do preço dos valores mobiliários precipitada pela correcção em face do mercado da informação defeituosa anteriormente divulgada.

Daqui decorre não residir na protecção da regular formação da vontade do investidor o bem jurídico protegido. O interesse protegido reveste antes natureza patrimonial.

Por outro lado, o prejuízo a ressarcir identifica-se com a descida do preço dos valores mobiliários no mercado. O dano patrimonial não deriva, assim, da circunstância de o preço que o investidor desembolsou na compra dos valores mobiliários exceder, nesse momento, o seu valor real. A este assunto voltaremos mais tarde.

Igualmente, na lei alemã, cremos que a revogação do contrato por reconstituição natural partilha a exigência de um dano de natureza patrimonial enquanto condição do seu funcionamento. Com efeito, o § 23 (2) 2 WpPG prevê como motivo de exclusão da responsabilidade a circunstância de a situação sobre a qual incidiu a informação defeituosa não ter contribuído para uma queda no preço dos valores mobiliários. Deste modo, tal como sucede no âmbito da *Section*

[830] A circunstância de a indemnização prevista na *Section* 12 (a) (2), isto é, a indemnização por deficiências na informação divulgada por prospecto ou outras comunicações, depender da ocorrência de uma queda do preço dos valores mobiliários no mercado é sublinhada por COFFEE, *Causation by Presumption? Why should the Supreme Court reject Phantom losses and reverse Broudo.* "Columbia Law and Economics Working Papers". Working Paper 264. Net: http://papers.ssrn.com/sol3/papers.cfm?abstract_id=648624, pp. 5 e 6 e nota 9, p. 19 e nota 49.

Como veremos em texto, o Autor aponta o facto de a introdução da *Section* 12 (b) do *Securities Act* tornar bem clara a circunstância de a indemnização por deficiência do prospecto e de outras comunicações no mercado primário de valores mobiliários nos termos da *Section* 12 (a) (2) do *Securities Act* estar dependente de uma queda do preço dos valores mobiliários no mercado, considerando não ser suficiente o facto de o investidor se ter tornado titular dos valores mobiliários por um preço inflacionado – *Causation by presumption?... cit.*, p. 19 e nota 49.

THOMAS LEE-HAZEN afirma que, em certas circunstâncias, a prova de que a queda do preço dos valores mobiliários no mercado se ficou a dever a factores diversos da deficiência da informação divulgada, poderá evitar uma acção de *rescission* – *Treatise on the Law of Securities Regulation*. Vol. 2. St. Paul: West, 2009, p. 303.

12 (a) (2) do *Securities Act*, a rescisão por via da reconstituição natural depende da ocorrência de um prejuízo patrimonial surpreendido na quebra do preço dos valores mobiliários no mercado gerada pela correcção da informação defeituosa anteriormente divulgada.

Concluímos assim que o bem jurídico que a obrigação de indemnização procura proteger assume natureza patrimonial. Também como referimos a propósito da *Section* 12 (a) (2) do *Securities Act*, o interesse patrimonial referido não consiste no excesso do preço pago pelo investidor em relação ao valor real dos valores mobiliários, questão que mais adiante desenvolveremos.

Do que temos vindo a referir resulta que a limitação da indemnização à rescisão por via da reconstituição natural, quando os valores mobiliários ainda não hajam sido transmitidos pelo investidor, não equivale a necessariamente eleger a protecção da regular formação da vontade do investidor como bem jurídico tutelado[831]. A preocupação de proteger a regular formação da vontade implicaria a independência da obrigação de indemnização relativamente à ocorrência de um prejuízo de natureza patrimonial[832].

Concluímos, por consequência, não se pretender abranger a indemnização de um dano de natureza não patrimonial, consistente na irregular formação da vontade, mas unicamente o dano patrimonial associado à quebra do preço no mercado de valores mobiliários provocada pela correcção da informação anteriormente divulgada.

3.1.2. Panorama do Direito português da responsabilidade civil por prospecto

3.1.2.1. O património do investidor como bem jurídico protegido pela responsabilidade civil por prospecto

No Direito português, recorde-se, o art. 152º/1 CVM mais não representa do que uma concretização do art. 562º CC, sendo aplicáveis as regras gerais relativas ao dano[833]. Tem em vista a lei colocar o lesado na situação em que estaria se a informação contida no prospecto não fosse deficiente. Esta finalidade nada adianta quanto ao bem jurídico protegido. Vimos que a chave de resolução deste

[831] Repare-se, contudo, que no caso da *Section* 12 acresce à revogação do contrato por via indemnizatória ou à reparação pela diferença entre o preço de compra e o preço de venda o juro e são deduzidas as quantias recebidas a título de rendimentos, ao passo que o § 21 WpPG faz acrescer à revogação por via da reconstituição *in natura* ou à diferença entre o preço de compra e o preço de venda os custos habituais associados à compra dos valores mobiliários.Por outro lado, a lei alemã estabeleceu um *plafond* constituído pelo primeiro preço de oferta.

[832] Este problema foi tratado igualmente no âmbito da responsabilidade *por culpa in contrahendo*, tendo sido concluído no âmbito deste instituto que a revogação do contrato por reconstituição *in natura* não depende da ocorrência de um prejuízo de natureza patrimonial.

[833] V. *supra*, pp. 293 e segs.

problema está em apurar a necessidade de um prejuízo de natureza patrimonial como pressuposto da obrigação de indemnizar.

Tal como fizemos no contexto dos Direitos norte-americano e alemão, onde as regras sobre o nexo de causalidade assumem uma importância decisiva nesta matéria, deveremos averiguar se o tratamento do problema do nexo de causalidade poderá indicar uma solução. Não nos parece, contudo, que o art. 152º/2 CVM resolva o problema. Esta disposição apenas refere que o montante da indemnização pode ser reduzido na medida em que o responsável prove que o dano se deve também a causas diversas da deficiência de informação contida no prospecto.

O art. 152º/2 CVM retrata a preocupação de o legislador prevenir a subtracção do investidor ao risco do mercado. A responsabilidade por prospecto apenas tem em vista reparar os danos sofridos pelo investidor na medida em que eles resultem da deficiência de informação e não de indemnizar os danos que advenham de causas diversas.

Efectivamente, ao contrário do que sucede nas leis norte-americana e germânica, a lei portuguesa no referido art. 152º/2 CVM não se reporta expressamente à quebra no preço do mercado como elo do nexo causal. Não reveste, portanto, a qualidade de elemento necessário da obrigação de indemnizar, não identificando nessa diminuição o dano a ressarcir.

Permanece, por conseguinte, a dúvida sobre se a ocorrência de um prejuízo de natureza patrimonial surgirá no âmbito da responsabilidade civil pelo prospecto como pressuposto da obrigação de indemnizar, em particular como pressuposto da obrigação de indemnizar pela via da reconstituição natural. Cremos que a resposta a esta questão vem ligada à compreensão do mecanismo de formação dos preços no mercado de valores mobiliários. Como já vimos, as informações divulgadas em mercado de valores mobiliários, funcionando este correctamente, são, em princípio, reflectidas nos preços que se geram no mercado, independentemente do conhecimento que os investidores individualmente tenham do conteúdo do prospecto. As informações contidas no prospecto destinam-se a informar o público investidor sobre os riscos associados ao investimento, assim facultando ao mercado a possibilidade de julgar adequadamente a relação risco/ /rendimento dos valores mobiliários. A correcta apreciação da relação risco/rendimento afigura-se essencial para que os preços se formem adequadamente.

Queremos com isto dizer que o prospecto tem por objectivo disponibilizar ao mercado as informações necessárias para que o preço dos valores mobiliários reflicta o seu valor intrínseco. Por conseguinte, não podemos deixar de concluir que a tutela indemnizatória do investidor pressupõe a ocorrência do prejuízo de natureza patrimonial, identificado na diferença entre preço de compra e o valor real dos valores mobiliários.

Com efeito, o prospecto não se destina a possibilitar uma regular formação da vontade do investidor. Ao contrário do que sucede em sede de responsabilidade contratual e em sede de *culpa in contrahendo*, no seio das quais a formação da vontade poderá emergir como bem jurídico protegido, não podemos ver na responsabilidade civil por prospecto no Direito dos Valores Mobiliários um mecanismo de protecção da formação individual da vontade.

A responsabilidade por prospecto destina-se a proteger interesses de natureza patrimonial dos investidores. No nosso ordenamento jurídico, ela rege-se, como sabemos, pelas normas gerais sobre responsabilidade civil em matéria de dano. Como já a seguir melhor explicaremos, esta circunstância leva-nos a concluir que se procura reparar os danos patrimoniais *individualmente* sofridos pelo investidor.

3.1.2.2. Os danos patrimoniais individualmente sofridos pelo investidor como objecto de reparação

Das considerações referidas decorre que, apesar de o mecanismo de formação de preços no mercado de valores mobiliários impor como condição de surgimento da obrigação de indemnizar por responsabilidade por prospecto a ocorrência de um prejuízo de natureza patrimonial, identificado na diferença entre o preço pago pelo investidor e o valor real dos valores mobiliários, provocada pela natureza deficiente do prospecto, o dano indemnizável poderá não coincidir com esta diferença. O dano ressarcível não está tão-pouco limitado à restituição da quantia empregue na subscrição dos valores mobiliários ou à diferença entre o preço de subscrição (acrescidas do juro e deduzidas dos rendimentos associados aos valores mobiliários, como prevê a *Section* 12 do *Securities Act* ou acrescidas dos custos habituais relacionados com a transacção, como prevê o WpPG). Com efeito, o dano ressarcível é a totalidade do dano sofrido pelo investidor causado pela deficiência do prospecto.

Por aplicação das normas gerais, devemos ter presente, desde logo, como já referimos, o princípio da prioridade da restauração natural. Tendo esta por finalidade colocar o lesado na situação real em que estaria se o prospecto retratasse fielmente a realidade e levando em consideração a circunstância de que se assim houvesse sucedido o preço formado no mercado traduziria o seu valor real, a reconstituição *in natura* deverá colocar o investidor na situação em que estaria se o preço se tivesse formado correctamente.

Surpreendido o interesse protegido pelo dever de transmissão de uma imagem fiel da realidade pelo prospecto (art. 135º CVM), na preocupação de procurar assegurar uma correcta formação de preços no mercado, a reconstituição natural deverá posicionar o investidor na situação que se verificaria se o preço se tivesse formado correctamente.

Em face do escopo do dever de correcção da imagem traçada pelo prospecto, interrogamo-nos sobre os termos em que concretamente deverá operar a reconstituição natural. Partindo da necessidade de atender à finalidade da responsabilidade civil resultante da violação de normas protectoras dos interesses de terceiros no mercado de valores mobiliários na determinação do dano indemnizável, uma posição tomada na doutrina alemã considera ser a integridade do preço a circunstância determinante na delimitação do dano ressarcível[834]. Na sequência da aplicação das normas gerais sobre a responsabilidade civil quanto ao dano, assumiria um papel determinante a consideração do fim da norma na determinação do dano indemnizável[835]. Este entendimento assenta na teoria do fim da norma em sede de nexo causal. Segundo esta teoria, o escopo da norma teria um papel decisivo na delimitação dos danos a ressarcir. Residindo, como vimos, o fim da norma na protecção da regular formação de preços, o dano a indemnizar traduzir-se-ia na diferença entre o preço despendido pelo investidor na compra dos valores mobiliários e o preço que se formaria se o prospecto não enfermasse da deficiência[836].

Por outro lado, considera-se apenas existir direito a indemnização onde ocorra um dano efectivo, derivado da quebra do preço após a revelação da verdade ao mercado[837]. Se o investidor vender antes de a verdade se tornar conhecida pelo mercado, não haverá lugar a responsabilidade por ausência do pressuposto da causalidade preenchedora (*haftungsausfüllenden Kausalität*)[838].

Devemos, com vista à apreciação da bondade desta tese, começar por tecer algumas considerações sobre a teoria do fim da norma enquanto critério relevante na determinação do nexo de causalidade. A teoria do fim da norma foi avançada pela doutrina alemã na busca de uma resposta às limitações apontadas à teoria da causalidade adequada na determinação dos danos a ressarcir.

Identificámos como finalidade do art. 135º CVM a tutela da íntegra formação de preços no mercado de valores mobiliários. Apenas onde os preços formados no mercado exprimam uma correcta ponderação da relação risco/rendimento, existirá uma eficiente alocação de recursos, essencial ao desenvolvimento económico. Para além disso, só uma regular formação de preços promoverá o fortalecimento da confiança a longo prazo no funcionamento do mercado, potenciando o aumento do número de investidores (profundidade do mercado). A ausência de confiança por parte dos investidores no funcionamento do mercado conduziria

834 Hellgardt, *Kapitalmarktdeliktsrecht... cit.*, p. 493.
835 Hellgardt, *Kapitalmarktdeliktsrecht... cit.*, pp. 493 a 496.
836 Hellgardt, *Kapitalmarktdeliktsrecht... cit.*, p. 494.
837 Hellgardt, *Kapitalmarktdeliktsrecht... cit.*, p. 494.
838 Hellgardt, *Kapiatlmarktdeliktsrecht... cit.*, p. 494.

em última análise ao seu abandono pelos investidores. Deste modo, a regular formação de preços é um interesse de natureza colectiva.

Contudo, a lei não deixa sem tutela os interesses individuais dos investidores. Com efeito, a qualidade de norma de protecção de interesses individuais do art. 135º CVM não oferece dúvidas em face do CVM. Conforme dissemos, a aplicação das normas gerais em matéria de dano indemnizável no âmbito da responsabilidade civil por prospecto tornam claro o facto de aí se pretender proteger interesses individuais. Não basta, no entanto, verificar estarem estes interesses compreendidos no círculo protector do art. 135º CVM. É necessário que sejam interesses da natureza dos que a norma visa proteger. Daqui decorre que, tendo o art. 135º CVM em vista a íntegra formação de preços no mercado e não o interesse da formação da vontade do investidor, devemos considerar que o interesse individual do investidor a proteger há-de assumir natureza patrimonial e não a qualidade de interesse não patrimonial de tutela da livre e esclarecida formação individual da vontade.

Confrontamo-nos então com o problema do apuramento dos danos que concretamente deverão ser reparados. Interrogamo-nos sobre se deverão ser indemnizados os danos patrimoniais que num juízo de natureza probabilística não teriam ocorrido se não fosse a deficiência do prospecto ou, em alternativa, apenas deverá ser reparado o prejuízo correspondente à diferença entre o preço pago pelo investidor e o que pagaria em caso de correcção do conteúdo do prospecto.

A doutrina do escopo da norma tem sido proposta tanto como substituta da doutrina da causalidade adequada, como enquanto seu complemento. As críticas dirigidas à doutrina da causalidade adequada apontam para a circunstância de se tratar de uma fórmula vazia[839]. Contudo, devemos ter em linha de conta que a determinação do fim da norma igualmente se não deixa, como vimos, muitas vezes, apreender com facilidade[840]. Daí que sejam conhecidas dificuldades tanto no que respeita à identificação dos interesses incluídos no escopo protector da

[839] Assim, na doutrina nacional, Menezes Cordeiro, *Tratado de Direito Civil. Direito das Obrigações.* Tomo III... *cit.*, p. 535, e *Da Responsabilidade Civil dos Administradores das Sociedades Comerciais.* Lisboa: Lex, 1997, p. 533. Também Menezes Leitão reconhece a legitimidade desta observação na medida em que remete para a questão de imputação subjectiva, pois faz apelo às condições subjectivas do lesante. O Autor aponta o facto de a doutrina da causalidade adequada admitir o nexo de causalidade em presença de circunstâncias anormais, desde que conhecidas ou cognoscíveis do lesante – v. *Direito das Obrigações... cit.*, pp. 314 e 315.

[840] Paulo Mota Pinto refere neste sentido que, sem maior concretização, os elementos que o critério do fim da norma oferece não são seguramente mais densos do que os que resultam da teoria da causalidade adequada – v. *Interesse Contratual Negativo e Interesse Contratual Positivo... cit.*, p. 943. Também lembrando a ausência de clareza quanto aos danos abrangidos na norma de protecção, Adelaide Menezes Leitão, *Normas de Protecção e Danos Puramente Patrimoniais... cit.*, p. 720.

norma, como no que respeita aos danos aí abrangidos[841]. Assim sendo, concordamos com os Autores que consideram exagerada a importância da doutrina do fim da norma na determinação do nexo causal[842].

[841] Recorde-se que a natureza aberta do § 823 II BGB terá levado alguns Autores a fazerem depender da natureza da norma violada a atribuição de norma de protecção de interesses puramente patrimoniais.

[842] Na doutrina alemã, LARENZ, *Lehrbuch des Schuldrechts... cit.*, § 27 III, p. 441.
Entre nós, relativizando a importância da teoria do fim da norma, CARNEIRO DA FRADA, *Direito Civil – Responsabilidade Civil... cit.*, pp. 101 e 102, e PAULO MOTA PINTO, *Interesse Contratual Negativo e Interesse Contratual Positivo... cit.*, pp. 940 e segs.
Na doutrina alemã, uma corrente vê a teoria do fim da norma como substituto da teoria da causalidade adequada, enquanto outros Autores a consideram como um complemento. Para uma panorâmica da divisão doutrinal, LARENZ, *Lehrbuch des Schuldrechts... cit.*, § 27 III, pp. 440 e 441. Para uma referência detalhada à doutrina germânica favorável à teoria do fim da norma no âmbito da causalidade, entre nós, MENEZES CORDEIRO, *Tratado de Direito Português. Direito das Obrigações.* Tomo III ... *cit.*, pp. 539 e 540.
Entre nós, defendendo a substituição da doutrina da causalidade adequada pela doutrina do fim da norma, MENEZES CORDEIRO, *Tratado de Direito Civil Português. Direito das Obrigações.* Tomo III ... *cit.*, pp. 539 a 550 e *Da Responsabilidade Civil dos Administradores das Sociedades Comerciais... cit.*, pp. 539 a 550. Também MENEZES LEITÃO, *Direito das Obrigações... cit.*, p. 315, e A *responsabilidade do gestor perante o dono do negócio no Direito Civil Português.* "Ciência e Técnica Fiscal" 1991, nºs 363/4, p. 281. ANTUNES VARELA, embora reconhecendo a importância do fim da norma na determinação do dano indemnizável, recusa a substituição da doutrina da causalidade adequada pelo teoria do fim da norma – v. *Das Obrigações em Geral... cit.*, pp. 901 a 903. Negando uma substituição total, mas não deixando de atribuir à teoria do fim da norma um papel em última instância decisivo, PAULO MOTA PINTO, *Interesse Contratual Negativo e Interesse Contratual Positivo... cit.*, pp. 930 a 949. O Autor considera que a doutrina da causalidade adequada constitui um primeiro teste, devendo os resultados a que se chega pela sua aplicação ser confirmados pela teoria do fim de protecção da norma. A teoria do fim da norma afigura-se aos olhos do Autor como critério complementar na determinação dos danos indemnizáveis.
SINDE MONTEIRO, a propósito da normas de protecção, sustenta que mesmo nas normas proibitivas de perigo abstracto não se deve renunciar à doutrina da causalidade adequada, servindo no mínimo de auxiliar na determinação no fim da norma – *Responsabilidade por Conselhos... cit.*, p. 280. ADELAIDE MENEZES LEITÃO, por seu turno, tratando igualmente o problema a propósito das normas de protecção, não obstante reconhecer as limitações da causalidade de tipo naturalístico, salienta não se poder prescindir de "uma determinada aderência à realidade" (*Normas de Protecção e Interesses Puramente Patrimoniais... cit.*, p. 719). Deste modo, admitindo o relevo do fim da norma no recorte dos danos indemnizáveis, sustenta que os danos inseridos no âmbito protector da norma deverão ser confrontados com as ponderações jurídicas da causalidade adequada. Apela a Autora, por conseguinte, a uma combinação das teorias sobre a causalidade de modo a alcançar a melhor solução – v. *Normas de Protecção e Interesses Puramente Patrimoniais... cit.*, p. 720.
Diversamente de PAULO MOTA PINTO, ADELAIDE MENEZES LEITÃO elege como primeiro teste o fim da norma. Num segundo momento, considerações relacionadas com a causalidade adequada poderão excluir do círculo dos danos indemnizáveis prejuízos compreendidos no fim da norma, recusando mesmo nas normas de perigo abstracto a responsabilidade por danos causados por cir-

Esta circunstância não arreda, todavia, o reconhecimento do papel do fim da norma na determinação dos danos indemnizáveis. Afasta apenas a ideia de que a teoria do fim da norma possa substituir a teoria da causalidade adequada. Cremos que o fim da norma é chamado a corrigir[843] os resultados obtidos pela aplicação da doutrina da causalidade adequada através de um juízo de índole probabilística.

Tendo presentes as considerações anteriores, cabe transpô-las para o problema que nos ocupa. Como vimos, a finalidade do dever de correcção do prospecto reside na promoção da regular formação de preços, o que afasta a protecção da vontade individual do investidor do seu escopo protector.

Identificámos como seu objectivo fornecer elementos que sirvam de base a uma correcta formação de preços no mercado. O preço forma-se através do mercado, não dependendo da decisão individual de investimento[844]. Assim, recusámos identificar a tutela da liberdade negocial como o interesse individual protegido pelo art. 135º CVM. Chegou então o momento de determinar os danos que concretamente deverão ser ressarcidos.

À luz da doutrina da causalidade adequada, deverão ser reparados todos os danos que, com base num juízo de natureza probabilística, tenham sido causados pela deficiência do prospecto. Deste modo, todos os prejuízos resultantes de decisões patrimoniais tomadas pelo investidor, quer se trate de danos emergentes, quer se trate de lucros cessantes.

Tendo presente a teleologia do art. 135º CVM, surge o problema de saber se ela reclama a limitação do dano ressarcível ao que deriva da diferença entre o preço pago pelos valores mobiliários e o seu valor efectivo. Pensamos que a resposta deverá ser negativa. Recordamos ser a formação de preços um interesse de natureza colectiva.

Ora, o art. 135º CVM reveste natureza de norma de protecção de interesses individuais. Como vimos, os interesses individuais dos investidores abrangidos no perímetro protector do art. 135º CVM são puros interesses patrimoniais. Os danos ressarcíveis serão os danos causados ao património de cada investidor. Sendo a regular formação de preços em si mesma um interesse de natureza colectiva e assumindo o art. 135º CVM a qualidade de uma norma de protecção de interesses individuais, os danos a ressarcir são os danos sofridos por *cada investidor no seu património* em consequência do facto de o preço formado não corresponder ao valor real dos valores mobiliários. Assim sendo, não compreendemos a limitação

cunstâncias anormais ou extraordinárias – *Normas de Protecção e Interesses Puramente Patrimoniais... cit.*, p. 720.

843 É esta, como vimos, a posição defendida por PAULO MOTA PINTO, *Interesse Contratual Negativo e Interesse Contratual Positivo... cit.*, pp. 947 a 950.

844 HOPT/VOIGT, *Grundsatz-und Reformprobleme... cit.*, p. 90.

do dano a ressarcir à diferença entre o preço de compra e o valor efectivo dos valores mobiliários transaccionados.

Na verdade, uma tal limitação só se poderia aceitar onde o art. 135º não assumisse a natureza de uma norma de protecção de interesses individuais. Nesse caso, uma eventual indemnização só poderia ser reconhecida como instrumento de prossecução do interesse colectivo da regular formação de preços no mercado de valores mobiliários e dever-se-ia, por conseguinte, ver limitada ao estritamente necessário à prossecução desse objectivo de natureza colectiva. As pretensões indemnizatórias dos investidores mais não seriam do que a expressão na sua esfera jurídica de um prejuízo de natureza colectiva[845]. Em sentido contrário, ao considerarem-se, como referimos, aplicáveis as normas gerais do Código Civil em matéria de dano, não podemos deixar de entender que estão em causa interesses patrimoniais individuais do investidor e, consequentemente, a medida do dano a reparar é determinada pelas desvantagens patrimoniais sofridas por cada investidor.

Por outras palavras, a responsabilidade civil por prospecto tal como resulta do nosso Direito positivo não vê na indemnização do investidor uma simples reparação da expressão individual de um prejuízo colectivamente sofrido pelo mercado, mas, ao mandar aplicar as regras gerais pretende abranger os interesses individuais afectados pela incorrecção do prospecto, tornando-se assim claro que o art. 135º CVM assume a natureza de uma norma de protecção.

Surpreendido o interesse protegido pelo dever de publicar as informações que devem integrar o prospecto e, por conseguinte, pelo dever de correcção dessas informações, na regular formação de preços no mercado, os danos ressarcíveis sofridos pelo investidor hão-de estar ligados à lesão daquele interesse. Como referimos no parágrafo antecedente, o facto de merecerem aplicação as regras gerais em matéria de dano, comprova que está em causa o ressarcimento dos prejuízos individualmente sofridos pelo investidor. Consequentemente, o interesse individual protegido na responsabilidade civil por prospecto é um interesse de natureza puramente patrimonial do investidor atingido por uma irregular formação de preços. Sendo assim, os danos a ressarcir serão os danos sentidos individualmente pelo investidor pelo facto de o preço formado no mercado não espelhar o seu valor real.

A teleologia do art. 135ºCVM, associada à especificidade do mecanismo de formação de preços no mercado de valores mobiliários, exclui o interesse da livre formação da vontade do âmbito protector do art. 135º CVM. Deste modo, a reparação do investidor dependerá sempre de uma divergência entre o preço de com-

[845] V. *supra*, Parte II, Cap. III, § 1, ponto 2.2 e *infra*, § 8.

pra e o valor real dos valores mobiliários transaccionados. Assim sendo, deverá o prejuízo a ressarcir assumir natureza patrimonial.

Por outro lado, uma vez que está em causa a protecção de interesses patrimoniais individualmente sofridos pelos investidores, a indemnização apenas ocorrerá onde se assista a uma efectiva quebra dos preços dos valores mobiliários no mercado. Por outras palavras, é necessário um prejuízo efectivo[846].

3.1.2.3. A reparação dos danos causados ao património individual do investidor em consequência da irregular formação de preços

Cumpre neste momento esclarecer quais os prejuízos patrimoniais individuais que a irregular formação de preços poderá ocasionar. A regular formação de preços é condição de uma eficiente alocação de recursos, ao mesmo tempo que constitui a pedra angular em que assenta a confiança dos investidores no funcionamento do mercado.

Formando-se um preço divergente do valor real dos instrumentos financeiros, é possível que resulte para o investidor, não apenas o prejuízo identificado no desequilíbrio de prestações, mas igualmente outras consequências patrimoniais desfavoráveis que provavelmente não teriam acontecido, não tivesse o investidor depositado a sua confiança na regular formação de preços no mercado. Assim, e pretendendo o art. 135º CVM, enquanto norma de protecção de interesses individuais, a tutela dos interesses patrimoniais do investidor individual, o responsável pelo conteúdo do prospecto deverá reparar todos os prejuízos sofridos pelo investidor que provavelmente não teriam acontecido, não fosse a deficiente formação de preços.

Como é sabido, o Código Civil reconhece a prevalência à reconstituição natural. A irregular formação de preços é susceptível de levar o investidor a realizar um negócio que não concluiria se soubesse o valor substancial dos instrumentos ou que apenas concluiria por um preço correspondente ao seu valor substancial. Desta forma, a reparação do dano real poderá consistir na desvinculação do contrato por via indemnizatória ou na indemnização da diferença entre o preço pago pelo investidor e o valor efectivo dos valores mobiliários[847].

[846] Como veremos, a solução seria diferente onde a lei não abrangesse os interesses patrimoniais dos investidores no seu perímetro de protecção, mas se admitisse a natureza instrumental das pretensões indemnizatórias individuais em relação à prossecução do interesse público.

[847] A diferença entre o preço pago pelo investidor e o valor real dos instrumentos financeiros constitui de facto uma indemnização sob a forma de reconstituição natural e não uma reparação sob a forma de uma indemnização por equivalente. A indemnização pela diferença entre a quantia desembolsada pelo investidor e o valor substancial tem por finalidade repor a situação que existiria se o prospecto não fosse deficiente. Neste caso, o investidor teria celebrado o negócio, mas pagaria

A reconstituição *in natura* não estará assim forçosamente limitada à diferença entre o valor pago pelo investidor e o valor real dos valores mobiliários. Com efeito, a irregular formação de preços poderá ter levado o investidor a uma compra que não efectuaria se conhecesse o real valor dos instrumentos financeiros que subscreveu. Não se diga que a reconstituição natural nestes termos apenas seria compatível com a ideia de que a vontade individual do investidor assumiria a qualidade de interesse jurídico protegido pela responsabilidade civil por prospecto.

A reconstituição *in natura* através da revogação por via indemnizatória cuida, neste contexto, não de proteger a vontade do investidor, mas de neutralizar a desvantagem patrimonial que o investidor[848] sofreu por ter firmado a sua confiança na ideia de que o preço espelhava o valor substancial dos instrumentos financeiros comprados. A vontade hipotética do investidor quanto à conclusão do contrato surge enquanto elemento de afirmação do nexo causal entre a deficiência do prospecto e o dano concretamente sofrido pelo investidor e não

o preço que se teria formado no mercado se a informação contida no prospecto retratasse fielmente a realidade (correspondente ao valor real dos valores mobiliários).
Na doutrina alemã, considerando que a indemnização consistente na diferença entre o preço pago e o valor intrínseco dos valores mobiliários (*Differenzschadensersatz* ou *Kompensation* – Hellgardt, *Kapitalmarktdeliktsrecht... cit.*, p. 494) é uma forma de indemnização pela via da reparação natural (*Naturalrestitution*) – veja-se, por exemplo, Grigoleit, *Vorvertragliche Informationshaftung... cit.*, p. 198, Hopt/Voigt, *Grundsatz-und Reformprobleme... cit.*, p. 129, nota 808, e Hellgardt, *Kapitalmarktdeliktsrecht... cit.*, p. 428. A reconstituição natural não está segundo estes Autores limitada à indemnização sob a forma de desvinculação indemnizatória (*Rückabwicklungsschadensersatz* ou *Restitution*), mas poderá abranger a já referida diferença entre o preço pago e o valor real que pagaria se não existisse erro acerca do valor real. Como bem salienta Grigoleit, esta indemnização *não* depende da verificação dos requisitos do § 251 BGB – *Vorvertrgliche Informationshaftung... cit.*, p. 198. Entre nós, em sentido contrário, considerando que esta forma de cálculo da indemnização "apenas tutelaria o interesse negativo por equivalente, e não em forma específica", Paulo Mota Pinto, *Interesse Contratual Negativo e Interesse Contratual Positivo... cit.*, p. 1441, nota 4112. Refira-se, no entanto, que o Autor tem em vista a vontade como bem jurídico protegido na *culpa in contrahendo*. Pensamos que a qualificação da diferença entre o preço pago e o valor real como reconstituição *in natura* ou como indemnização por equivalente dependenderá do interesse que a indemnização tem em vista tutelar. Deste modo, sendo o património do investidor o interesse protegido, é legítimo ver naquela diferença uma indemnização sob a forma de reconstituição natural. Se, pelo contrário, se afigurar a vontade do investidor como interesse jurídico tutelado, não poderá ser aquela diferença tida como uma forma de reconstituição natural. Com efeito, onde a regular formação da vontade seja o bem jurídico protegido, a diferença relevante será a diferença entre o preço pago e a quantia que o investidor se disporia a pagar.

[848] Acentuando a ideia de que a reconstituição natural não visa nesta sede um interesse não patrimonial da protecção da liberdade contratual do investidor, almejando antes tutelar o interesse de natureza patrimonial da protecção do património do investidor – Wagner, *Schadensberechnung im Kapitalmarktrecht*. "ZGR" 2008, pp. 511 e 512.

como o interesse juridicamente protegido afectado pela irregularidade do prospecto.

É essencial, pois, que tenha ocorrido uma errada formação de preços, não bastando que a deficiência da informação contida no prospecto tenha levado o investidor a uma compra que de outra forma não teria realizado. Apenas onde a reconstituição natural dependesse unicamente da circunstância de a vontade individual ter sido determinada pela deficiência do prospecto, poderíamos considerar a formação da vontade como interesse jurídico protegido.

Na mesma linha de pensamento, devemos salientar que onde a indemnização consista na diferença entre o valor pago pelo investidor e o valor que este desembolsaria se o prospecto não fosse deficiente, que corresponde ao *out-of-pocket loss* do Direito inglês[849], esta última parcela da operação de subtracção não equivale ao preço que resultaria de uma avaliação subjectiva do investidor perante o conhecimento da verdade, antes correspondendo ao preço que *objectivamente* espelhe o valor real dos valores mobiliários[850]. Isto por clara contraposição com a nossa conclusão em matéria de adaptação do contrato por *culpa in contrahendo*, uma vez que em sede de responsabilidade civil por prospecto o interesse juridicamente protegido não se deixa surpreender na regular formação da vontade do investidor. Na realidade, para a formação do preço não concorre a vontade individual do investidor. A vontade hipotética do investidor quanto à conclusão do contrato assume-se, como vimos, como elemento do nexo causal entre a natureza deficiente do prospecto e o prejuízo sofrido pelo investidor.

Na verdade, é necessário ter presente que a vontade hipotética do investidor é elemento do nexo de causalidade e não o interesse juridicamente protegido. Compreende-se deste modo que, por um lado, a indemnização resultante da deficiência do prospecto, mesmo que sob a forma de restituição das prestações, esteja sempre dependente da existência de um desfasamento entre o preço e o valor intrínseco dos valores mobiliários. Por outro lado, compreende-se igualmente que nos casos em que o investidor teria celebrado o contrato, mas despendendo outra quantia, esta corresponderá ao valor real dos valores mobiliários e não àquela que decorreria de uma avaliação subjectiva do investidor.

849 Damos razão a PAULO MOTA PINTO ao precisar que a *out-of-pocket loss rule* corresponde à diferença entre o montante empregue pelo investidor e o valor real, mas já não à diferença entre o preço pago e o que corresponderia à sua vontade hipotética se as informações estivessem correctas – v. *Interesse Contratual Negativo e Interesse Contratual Positivo... cit.*, pp. 1440 a 1444, nota 4131.

850 Tendo presente que a avaliação do preço dos valores mobiliários pertence ao mercado, a determinação do seu valor real dependerá do preço formado no mercado na sequência da correcção do prospecto perante o mercado.

Por conseguinte, não é pertinente em matéria de responsabilidade civil por prospecto a observação de CANARIS de que a indemnização resultante da violação de deveres pré-contratuais de informação não deverá ser calculada com base na diferença entre o preço pago e o valor real porque tal representaria uma violação do princípio da equivalência subjectiva[851]. Com efeito, sendo o interesse protegido pelo dever de publicação e de correcção da informação contida no prospecto a regular formação de preços e não a formação da vontade individual do investidor, a lei pretende evitar que a justiça contratual material seja afectada pela deficiência do prospecto. Note-se que tal não equivale a uma substituição do juízo feito pelo mercado quanto ao valor dos instrumentos financeiros, mas à procura da garantia das *condições* para que o mercado possa cumprir a sua missão na alocação eficiente de recursos. Acresce, neste sentido, que, estando em causa a reparação de interesses patrimoniais individuais do investidor, este apenas deverá ser ressarcido se o mercado, em reacção à correcção do prospecto, diminuir o preço dos valores mobiliários em causa. Só assim poderemos dizer que o património individual do investidor sofreu um prejuízo. A solução seria diversa

[851] *Wandlungen... cit.*, p. 316. Também no contexto da *culpa in contrahendo*, PAULO MOTA PINTO rejeita a diferença entre o preço e o valor real como critério de cálculo da indemnização igualmente argumentando que a relação entre o preço e o valor deve ser livremente determinada pelas partes – v. *Interesse Contratual Negativo e Interesse Contratual Positivo... cit.*, p. 1442.
Na verdade, onde seja objectivo da lei proteger a formação regular da vontade das partes, a diferença entre o preço e o valor real não se afigura forma adequada de reconstituição da situação que existiria se o dever de (correcta) informação não houvesse sido violado.
Assim, CANARIS propõe como forma mais adequada de determinação da indemnização resultante da responsabilidade pré-contratual o método proporcional, o qual asseguraria o respeito pela relação de equivalência estabelecida pelas partes no contrato. É uma posição que se concentra na protecção da liberdade contratual como expressão da autonomia ética dos sujeitos a que são estranhos padrões de justiça material. Igualmente aceitando o método proporcional, por exemplo, LARENZ, *Schuldrecht I... cit.*, p. 113, nota 26.
PAULO MOTA PINTO, embora reconheça ao método proporcional o mérito de respeitar a relação de equivalência subjectiva das prestações, considera preferível a utilização do critério da vontade do lesado.
O Autor refere o facto de a utilização do método proporcional ser susceptível de colocar o lesado numa situação melhor do que aquela em que estaria se não houvesse celebrado o contrato, o que contrariaria o fim da indemnização, que consiste na indemnização pelo interesse contratual negativo. Por consequência, PAULO MOTA PINTO mostra preferência pelo recurso à vontade hipotética do lesado se não tivesse ocorrido uma informação defeituosa. Diferentemente do método proporcional, o reflexo no preço do menor valor da coisa em relação ao valor que resultou da representação deficiente da realidade não tem que ser proporcional, sendo antes decisiva a vontade hipotética do lesado.

se o direito à indemnização do investidor assumisse natureza instrumental em relação à realização do interesse público[852].

Podemos concluir que, pretendendo a lei através dos deveres de publicação e de qualidade das informações contidas no prospecto, criar as condições necessárias a uma correcta formação de preços no mercado, isto é, tendo por finalidade assegurar as condições necessárias para que os preços possam reflectir o valor real dos instrumentos financeiros e não garantir os pressupostos de esclarecida formação da vontade individual do investidor, relevará, consequentemente, nesta sede, a equivalência objectiva de prestações e não a equivalência subjectiva.

Poderá então suceder que o investidor não tivesse comprado os valores mobiliários ou os tivesse subscrito por um preço inferior. No primeiro caso, a reconstituição *in natura* operará através da rescisão do contrato como forma de indemnização. No segundo caso, a reconstituição *in natura* implicará o pagamento da diferença entre o preço pago e o valor real dos valores mobiliários. Em qualquer das situações, se a reconstituição natural se mostrar insuficiente para cobrir a totalidade dos danos sofridos pelo investidor, deverá ter lugar a indemnização por equivalente por forma a garantir a cobertura da totalidade dos danos, abrangendo os lucros cessantes[853].

Julgamos, assim, ser o património do investidor o bem jurídico protegido pela responsabilidade por prospecto. Esta conclusão resulta da compreensão do papel dos deveres de informação, entre os quais se compreende o dever de dar as informações que compõem o prospecto, perante o mercado. Como vimos, estes deveres procuram assegurar uma regular formação de preços, uma vez que se parte da convicção de que, em mercado (semi) eficiente, os preços reflectem a informação divulgada no mercado[854]. Assim sendo, a obrigação de indemnizar está dependente da ocorrência de uma divergência entre o valor por que os valores mobiliários foram subscritos e o seu valor real.

Não obstante esta circunstância, a aplicação das normas gerais do Código Civil em matéria de dano não conduz a uma limitação do dano a indemnizar a esta diferença. Pelo contrário, deverão ser indemnizados todos os danos sofridos pelo investidor no seu património e que resultem da irregular formação de preços. Não seguimos assim a posição de HELLGARDT que, perante o Direito alemão, no contexto da aplicação das normas gerais da responsabilidade civil, entende que o fim de protecção da norma (*Schutzzweck*) restringe o dano ressarcível à dife-

[852] V. *infra* § 8.

[853] Sobre estes aspectos, v., detalhadamente, *infra*, pp. 334 e segs.

[854] Salientando esta circunstância, HELLGARDT, *Kapitalmarktdeliktsrecht... cit.*, p. 171.

rença entre o preço pago e o valor substancial dos instrumentos financeiros[855]. Com efeito, cremos que o fim de protecção da norma apenas afasta o interesse da regular formação da vontade como interesse juridicamente protegido, impedindo que a indemnização por responsabilidade civil por prospecto possa ocorrer sem que exista um prejuízo de natureza patrimonial.

As normas civilísticas são moldadas tendo em conta a protecção dos interesses dos lesados individualmente considerados. É este o quadro que deriva do nosso Direito positivo.

Diversamente de PAULO CÂMARA, consideramos que a aplicação das regras gerais do Código Civil não autoriza a interpretação no sentido de limitar a indemnização à diferença entre o valor desembolsado pelo investidor e o valor real dos valores mobiliários[856]. O Autor salienta que o sentido a dar ao art. 152º/1 CVM não poderá ignorar a incorporação nos preços das informações representada pela *Efficient Capital Market Hypothesis*[857]. Contudo, entendemos que a aplicação das regras gerais em matéria de dano, assim como a circunstância de a formação de preços no mercado de valores mobiliários ser em si mesma apenas susceptível de impor o afastamento da vontade individual do investidor do âmbito dos interesses individuais tutelados pelo dever de o prospecto traçar uma imagem fiel da realidade não autorizam uma interpretação do art. 152º/1 CVM no sentido de restringir a indemnização devida ao investidor à diferença entre o preço pago e o valor real dos instrumentos financeiros.

Caberá perguntar se a aplicação das normas gerais em matéria de dano, norteadas pela princípio da indemnização pela totalidade dos prejuízos patrimoniais sentidos pelo investidor, se harmoniza com o intento que presidiu à consagração de deveres gerais de informação, ou se, pelo contrário, a *ratio* que subjaz a tais deveres reclamará uma solução diversa. Trata-se de uma questão essencial sobre a qual nos debruçaremos mais adiante.

3.1.3. A tendência do Direito inglês para a reparação dos danos patrimoniais sofridos pelo investidor

A tendência do tratamento do problema do dano vai no sentido de considerar que estão em causa interesses de índole patrimonial do investidor e não o interesse de tutela da sua vontade individual. Assim, também o Direito inglês com a consagração do princípio do ressarcimento da *out-of-pocket loss*, aferido pela diferença entre o preço de compra e o valor real dos bens se o prospecto não fosse defeituoso. Por outro lado, assiste-se a uma propensão para aceitar a reparação

[855] *Kapitalmarktdeliktsrecht... cit.*, pp. 493 e 494.

[856] *Manual de Direito dos Valores Mobiliários cit.*, pp. 774/5.

[857] *Manual de Direito dos Valores Mobiliários cit.*, p. 775.

total dos danos de natureza patrimonial sofridos pelo investidor. Recorde-se que a rigidez desta regra tem sido atenuada, admitindo-se a indemnização de danos consequenciais, incluindo os lucros cessantes que decorreriam de investimentos alternativos. Parece assistir-se a uma tendência para a indemnização da totalidade do prejuízo sentido pelo investidor e não apenas a diferença entre o montante que pagou e o valor real dos valores mobiliários se o prospecto estivesse correcto. Com efeito, da análise do Direito inglês podemos concluir que para efeitos de responsabilidade civil por prospecto do FSMA a existência de um prejuízo patrimonial assume-se como requisito essencial de surgimento do dever de indemnizar.

A evolução mais recente no sentido de indemnizar os danos consequenciais, quebrando a regra da limitação da indemnização ao *out-of-pocket loss*, espelha uma visão da finalidade do instituto da responsabilidade orientada à indemnização dos interesses patrimonias individuais do investidor.

Parece-nos ser de afastar a possibilidade de identificar a tutela da vontade do investidor como objectivo de protecção da *Section* 90 FSMA.

Vimos, no entanto, que o FSMA não afasta a possibilidade de recurso a outros fundamentos de responsabilidade civil, que derivam do *Misrepresentation Act* e da *Common Law*. A *rescission*, tradicionalmente aceite no âmbito da *Common Law*[858], constitui um importante instrumento de tutela do investidor, mesmo onde este seja protegido pelas disposições que contemplam o direito à indemnização por danos (*damages remedy*), como sucede em matéria de responsabilidade civil por prospecto[859]. O investidor pode, na verdade, apenas desejar libertar-se do negócio, reavendo o dinheiro que empregou na compra e restituir os valores mobiliários[860].

Devemos ter bem presente que o instituto da *rescission* tem um carácter geral, não se assumindo como uma forma de reparação especialmente dirigida à tutela do investidor lesado pela incorrecção do prospecto.

Não admira, por isso, que as condições de que depende o recurso a este instituto não incluam a existência de um prejuízo de carácter patrimonial. Com efeito, para que o lesado possa recorrer ao instituto da *rescission* deverá ter existido uma

[858] PAUL DAVIES/SARAH WORTHINGTON, *Gower and Davies' Principles of Modern Company Law... cit.*, p. 937.

[859] PAUL DAVIES/SARAH WORTHINGTON, *Gower and Davies' Principles of Modern Company Law... cit.*, p. 937.

[860] PAUL DAVIES/SARAH WORTHINGTON, *Gower and Davies' Principles of Modern Company Law... cit.*, p. 937.

informação errada e relevante sobre factos[861] e uma conduta do lesado com base nessa informação[862].

Trata-se de um fundamento de tutela distinto do previsto na *Section* 90 FSMA, no âmbito do qual não se contempla o remédio da *rescission*, mas antes o remédio dos *damages*. Com efeito, subjaz à *Section* 90 FSMA uma intenção de tutela de interesses puramente patrimoniais. Já o instituto da *rescission* parece proteger o interesse de natureza não patrimonial de tutela da vontade do lesado. Como vimos, a possibilidade de lançar mão do instituto da *rescission* não se encontra dependente da ocorrência de um prejuízo de natureza patrimonial. Por conseguinte, cremos que a preocupação que inere ao instituto da *rescission* se deverá surpreender na tutela da vontade do lesado.

Diversamente do que se passa no nosso Direito e no Direito alemão (o primeiro por força de aplicação das regras gerais em matéria de dano à responsabilidade civil por prospecto e o segundo directamente), em que a restauração *in natura* surge no âmbito de disposições especiais sobre responsabilidade civil por prospecto, e também com a *rescission* da *Section* 12 (a) (2) do *Securities Act*, aparece a *rescission* em terras de Sua Majestade fora do contexto do regime especial da responsabilidade civil por prospecto (*Section* 90 FSMA), integrando-se antes no regime geral da responsabilidade por informações incorrectas.

Não será, por consequência, o instituto da *rescission* no Direito inglês inspirado pelas preocupações que subjazem ao regime especial da responsabilidade por prospecto, ao contrário do que ocorre com a restauração natural nos Direitos português e alemão e com a *rescission* das *Section* 12 (a) (2) do *Securities Act* norte-americano, que está impregnada pelo interesse tutelado pela responsabilidade civil por prospecto.

Na verdade, como vimos, o surgimento da obrigação de indemnizar (qualquer que se seja a sua forma) depende da verificação de um prejuízo de natureza patrimonial, circunstância que testemunha não ser a vontade do investidor o interesse juridicamente protegido, mas sim o seu património.

Inscrevendo-se o instituto da *rescission* no regime geral da responsabilidade por informações, assenta num fundamento diverso de responsabilidade à dispo-

[861] ROLLER, *Die Prospekthaftung im Englischen und im Deutschen Recht... cit.*, p. 123. Não estão incluídas opiniões ou previsões. Sobre a questão da responsabilidade por previsões, podemos distinguir a responsabilidade por informações baseada em factos (passados ou presentes) ou em juízos sobre factos – v. a este propósito, CARNEIRO DA FRADA, *Direito Civil – Responsabilidade Civil... cit.*, p. 112. Na verdade, é muito importante a responsabilidade pela previsão no Direito dos Valores Mobiliários. Na jurisprudência alemã, a decisão do BGH de 12 de Julho de 1982, "NJW" 1982, pp. 2823 e segs.

[862] ROLLER, *Die Prospekthaftung im Englischen und im Deutschen Recht... cit.*, p. 123, com referências.

sição do investidor contanto que estejam presentes as respectivas condições de actuação.

Concluimos, assim, que o regime especial da responsabilidade previsto no FSMA tem em vista a protecção de interesses de natureza patrimonial. A tutela deste tipo de interesses no âmbito deste diploma não prejudica a relevância de outros mecanismos de tutela de investidor. É o caso do instituto da *rescission*, que pese o facto de não almejar especificamente a indemnização de interesses patrimoniais, e intencionar, segundo cremos, a tutela da vontade do lesado, releva enquanto instrumento de protecção do investidor lesado pela natureza defeituosa do prospecto.

Deste modo, não está apenas em causa uma associação de efeitos diferentes (*damages* e *rescission*) à deficiência da informação contida no prospecto, mas devemos ter presente que a tais efeitos inere a protecção de bens jurídicos de natureza diversa[863].

Com efeito, à indemnização dos danos resultantes da norma especial contida na *Section* 90 FSMA subjaz, segundo pensamos, uma razão de ser diferente da que inspira o instituto da *misrepresentation*, no âmbito do qual se reconhecem como efeitos a revogação (*rescission*) e a indemnização por danos (*damages*).

Por este motivo, os pressupostos de que dependem a indemnização por danos nos termos da *Section* 90 FSMA e revogação (*rescission*) hão-de naturalmente ser diferentes. Da diversidade da finalidade tuteladora resulta, como já referimos, a necessidade de uma diminuição patrimonial no âmbito da tutela da *Section* 90 FSMA, que não é pressuposto do *rescission remedy*, e, como melhor veremos, as divergências no estabelecimento do nexo de causalidade.

3.1.4. As hesitações no contexto do Direito italiano quanto ao bem jurídico protegido pela responsabilidade civil por prospecto

Na Itália, tal como sucede na Inglaterra, não existindo, como vimos, previsões específicas em matéria de dano no regime especial da responsabilidade civil por prospecto, não é de estranhar que surjam posições divergentes quanto ao bem jurídico protegido. Assim, ao passo que alguma doutrina atribui uma importância determinante à verificação de um dano de natureza patrimonial, considerando unicamente relevante no âmbito da responsabilidade civil por prospecto o dano susceptível de avaliação segundo parâmetros económicos[864], há quem veja na

[863] Já no âmbito geral da *misrepresentation*, os dois efeitos (*damages* e *rescission*) servem o mesmo bem jurídico.

[864] SARTORI, *La responsabilità da prospetto informativo... cit.*, p. 6.

lesão da liberdade contratual o elemento decisivo da responsabilidade civil por prospecto[865].

Como vimos, a identificação do interesse protegido pela responsabilidade por prospecto flui do relevo que se atribui à ocorrência de um prejuízo de natureza patrimonial. Onde este seja tido como elemento essencial de surgimento da obrigação de indemnizar pela deficiência do prospecto, o bem jurídico tutelado pela responsabilidade civil por prospecto há-de ser de natureza patrimonial.

Pelo contrário, onde não se faça depender o surgimento da obrigação de indemnizar de um prejuízo patrimonial, considerando-se decisiva a simples lesão da vontade de contratar do investidor, o bem jurídico protegido será a liberdade contratual que assume natureza não patrimonial. Repare-se que o facto de o interesse protegido assumir natureza não patrimonial não equivale, de forma alguma, a afastar o ressarcimento de danos avaliáveis em dinheiro do âmbito da obrigação de indemnizar. Simplesmente, a existência de um dano desta natureza não seria um elemento imprescindível da responsabilidade civil por prospecto[866]. Deste modo, a irregular formação de preços surgiria como uma componente ou uma parte do prejuízo sofrido pelo investidor que resulta do facto de o investidor ter sido levado a concluir um contrato que não celebraria ou celebraria em termos diferentes se o prospecto retratasse fielmente a realidade[867]. A deficiente formação de preços constituiria apenas um indício de que a liberdade contratual do investidor foi afectada[868]. A irregular formação de preços não surgiria como pressuposto da obrigação de indemnizar. Condição essencial da obrigação de indemnizar seria antes a lesão da liberdade contratual do investidor.

Esta última solução parece enquadrar-se mais facilmente no texto do art. 94/8 TUF, na medida em que a responsabilidade assenta claramente na confiança razoável depositada pelo investidor no conteúdo do prospecto, parecendo

[865] FACCI, *Il Danno da Informazione Finanziaria Inesatta... cit.*, pp. 151 e segs.

[866] Recorde-se que a indemnização de danos patrimoniais pode ocorrer ainda que o interesse afectado não seja avaliável em dinheiro, assim como a indemnização de danos não patrimoniais pode ter lugar, ainda que o interesse jurídico afectado seja susceptível de avaliação pecuniária.

[867] FACCI, *Il Danno da Informazione Finanziaria Inesatta... cit.*, p. 155. Contudo, tendo em conta as dificuldades inerentes à prova da leitura do prospecto, o Autor considera que elas podem ser ultrapassadas, pois a decisão do investidor poderá não ter sido induzida directamente pelo conteúdo do prospecto à conclusão do contrato ou à sua celebração em determinados termos. Com efeito, exemplifica o Autor que a incorrecção do prospecto poderá levar a autoridade de supervisão (ConsoB) a aprovar um prospecto que não aprovaria ou uma agência de *rating* a emitir uma notação favorável, o que irá criar nos investidores uma predisposição para investirem – v. *Il Danno da Informazione Finanziaria Inesatta... cit.*, pp. 154/5.

[868] FACCI, *Il Danno da Informazione Finanziaria Inesatta... cit.*, p. 155.

indicar ser a liberdade contratual do investidor o bem jurídico protegido. É uma questão que iremos analisar mais profundamente em momento posterior.

3.2. Consequências decorrentes da opção pelo ressarcimento dos danos patrimoniais individualmente sofridos pelo investidor

3.2.1. A necessidade de queda do preço dos valores mobiliários na sequência da correcção do conteúdo do prospecto como pressuposto da obrigação de indemnizar

Do que temos vindo a referir, resulta clara a ligação entre o problema do dano a indemnizar e o bem jurídico protegido pela responsabilidade civil por prospecto. O Direito nacional não prevê regras específicas nesta matéria, ao contrário do que sucede no Direito norte-americano e nos regimes especiais de responsabilidade civil por prospecto previstos na lei alemã. Não obstante, da conjugação do art. 135º CVM e da aplicação das regras gerais em matéria de dano, resulta não existirem quaisquer dúvidas quanto à natureza daquela norma como uma norma de protecção de interesses individuais dos investidores. Por outro lado, tendo em conta a especificidade da formação e preços no mercado de valores mobiliários, para a qual não concorre a vontade individual do investidor, chegámos à conclusão que o interesse da liberdade contratual do investidor não deveria considerar-se abrangido no âmbito dos interesses individuais tutelados pelo art. 135ºCVM.

Por isso, a indemnização, ainda que sob a forma de reconstituição natural estará dependente de uma deficiente formação de preços. Assim, o dano resssarcível será todo o dano sofrido individualmente pelo investidor que advenha de uma irregular formação de preços. Estas considerações tornam claro que os interesses individuais pela responsabilidade civil por prospecto são interesses puramente patrimoniais dos investidores.

A indemnização do prejuízo patrimonial individual sofrido pelo investidor orienta igualmente os regimes especiais da responsabilidade por prospecto nas ordens jurídicas alemã e norte-americana, que prevêem normas específicas em matéria de dano. Contudo, parecem fazer depender a possibilidade de ressarcimento, ainda que sob a forma específica, da quebra do preço dos valores mobiliários, não parecendo ser suficiente haver o investidor comprado os valores mobiliários por um preço superior ao seu valor real, impondo-se como condição a existência de uma efectiva descida do preço no mercado em resultado da revelação da verdadeira situação,

Pensamos que a orientação do Direito português em matéria de responsabilidade civil por prospecto, no sentido de proteger os interesses patrimoniais individuais dos investidores, aponta claramente para a necessidade de uma quebra de preços provocada pela revelação da deficiência do prospecto como condição de surgimento da obrigação de indemnizar. Apenas nestas condições podemos dizer que o património do investidor sofreu um dano causado pela deficiência do prospecto.

Por outro lado, importaria apurar se uma eventual independência do direito à reparação do investidor relativamente à existência de uma efectiva queda do preço se coadunaria com a filosofia que inspira os deveres de informação no sentido de apenas criar *as condições de uma íntegra formação de preços e não de garantir uma adequada formação de preços*. É uma questão que se prende com o papel do mercado na formação de preços.

Assim, também, sob este ponto de vista se poderão levantar dúvidas nas situações em que a revelação da verdade não tenha dado origem a queda de preço. Não devemos perder de vista o papel determinante do mercado na formação de preços. A lei apenas cuida de garantir as condições necessárias para que os preços se possam formar regularmente no mercado, por forma a que os preços reflictam o valor intrínseco dos valores mobiliários. A lei assenta na convicção de que o mercado é a instância adequada para avaliar a relação risco/rendimento, reflectida no preço dos valores mobiliários.

Por conseguinte, não tendo desta correcção resultado uma descida de preço. não devemos ignorar a circunstância de a apreciação do público investidor ter sido efectuada em momento em que haviam sido tornadas conhecidas as informações necessárias a uma correcta formação de preços. Recorde-se que a lei mobiliária pretende somente criar as condições necessárias a uma regular formação de preços e não substituir o público investidor na avaliação dos valores mobiliários[869]. Com efeito, a lei mobiliária assenta numa acepção procedimental de justiça, não admitindo uma interferência do julgador na apreciação da natureza material dos factos sobre os quais incide a deficiência da informação.

Também por esta razão, não nos parece defensável em face do nosso Direito mobiliário aceitar-se uma pretensão indemnizatória do investidor onde o preço dos valores mobiliários não haja descido em consequência da correcção em face do público investidor do cenário traçado pelo prospecto.

A aceitação de uma pretensão indemnizatória equivaleria a admitir a correcção do juízo formulado pelo público investidor, o que parece contrariar a opção fundamental de política legislativa no sentido de confiar ao público investidor

[869] Neste sentido, COFFEE salienta que o juízo sobre a natureza material dos factos compete ao mercado e não ao julgador. O Autor não reconhece deste modo a existência de um dano no simples facto de o investidor ter comprado os valores mobiliários por um preço superior ao seu valor real, pronunciando-se em sentido contrário ao que foi decidido no caso *Dura Pharmaceuticals vs. Broudo* pelo 9th Circuit (decisão que veio a ser revogada pelo Supremo Tribunal dos Estados Unidos na *Dura Pharmaceuticals vs. Broudo*, como já referimos) – v. *Causation by presumption?... cit.*, pp. 3 e 4.

a avaliação do preço dos valores mobiliários. É certo que uma má avaliação do público investidor conduzirá a uma incorrecta formação de preço. No entanto, segundo o modelo que subjaz ao nosso Direito, é depositada confiança no juízo feito pelo público investidor.

Concluímos assim que, apesar de a nossa lei mobiliária, diferentemente do que sucede com o § 23 (2), 2 WpPG e com as *Sections* 12 (2), (b) e 11 (e) do *Securities Act*, não se referir expressamente a uma quebra do preço enquanto condição do direito à reparação por parte do investidor, a concepção procedimental de justiça que a nossa lei encerra, deixando ao público investidor a avaliação da relação risco/rendimento em que assenta a formação dos preços dos valores mobiliários, impede a interferência do julgador na avaliação do valor intrínseco dos valores mobiliários. Esta orientação testemunha uma opção de política legislativa que vai no sentido de negar à intervenção da ordem jurídica a pretensão de se substituir ao público investidor.

Esta escolha de política legislativa é susceptível de se reflectir em sede de tratamento das reacções exageradas em face da correcção do conteúdo do prospecto. Depois de o público investidor tomar conhecimento da incorrecção do prospecto, poderá ocorrer uma queda acentuada do preço como consequência de uma reacção manifestamente exagerada dos investidores à correcção da informação, a que na Alemanha se dá o nome de *Skandalschaden*[870]. A maior profundidade da queda do preço não foi provocada directamente pelo comportamento informativo do responsável, mas antes pelo receio. Embora a natureza indirecta do dano não obste a um juízo de causalidade adequada, a consideração da teoria do fim da norma afasta do âmbito do dano indemnizável prejuízos resultantes da avaliação feita pelo público investidor da informação não defeituosa divulgada. Na realidade, os deveres de informação têm por objectivo, como sabemos, criar as condições necessárias a que o público investidor possa avaliar adequadamente os valores mobiliários de modo a que os preços se formem regularmente.

Não se procura, por conseguinte, proteger o investidor de reacções exageradas do público investidor, defendendo-o deste tipo de riscos, ainda que ligados à correcção da informação contida no prospecto.

Igualmente seguindo nesta linha de pensamento, a lei portuguesa é expressa em limitar a indemnização onde o dano indemnizável sentido pelo investidor não

[870] V., por todos, HOPT/VOIGT, *Grundsatz-und Reformprobleme... cit.*, pp. 112 e 113. Considera-se que é ao investidor e não ao emitente que cabe suportar estes riscos. Salientando também esta circunstância, referindo-se à possibilidade de o responsável pela incorrecção do prospecto provar que a quebra de preço ocorreu devido a factores diferentes da deficiência do prospecto, aí compreendendo os *Skandalschaden*, HELLGARDT, *Kapitalmarktdeliktsrecht... cit.*, pp. 507 e 544.

se deva apenas ao defeito no conteúdo das informações contidas no prospecto (art. 152º/2 CVM). Esta disposição pretende evitar que o responsável por prospecto se transforme em garante contra danos sofridos pelo investidor resultantes do funcionamento do mercado.

Consequentemente, o art. 152º/2 do nosso CVM é também expressão da opção legislativa norteada pela preocupação de a ordem jurídica apenas procurar garantir as condições da integridade no processo de formação de preços, rejeitando o legislador a rectificação dos preços formados na sequência do juízo do público investidor, desde que essa formação seja apoiada por uma informação regular.

O art. 152º/2 é especialmente importante no contexto da rescisão do contrato por via indemnizatória. Efectivamente, esta forma de reconstituição natural acarretaria a desvantagem de colocar os riscos associados ao juízo do púlico investidor a cargo do responsável pela natureza defeituosa da informação constante do prospecto. O art. 152º/2 CVM, ao limitar a indemnização na medida em que o dano indemnizável sofrido pelo investidor se deva também a outras causas, previne que a restituição do que houver sido prestado coloque o investidor a salvo do risco do juízo do público investidor, transferindo-o para a esfera jurídica do responsável pela deficiência do prospecto. Esta solução da lei nacional está alíás em linha com a *loss causation* prevista nas *Sections* 11(e) e 12 (b) do *Securities Act*.

Em sentido diferente, o § 23/2/2 WpPG prevê apenas o afastamento da indemnização e não a sua limitação. Assim, somente onde a deficiência do prospecto *não haja concorrido* para a quebra do preço dos valores mobiliários será afectada a possibilidade de o investidor ser ressarcido nos termos dos §§ 21 e 22 WpPG, prevendo-se nesse caso o afastamento da indemnização. Desta forma, ainda que a deficiência das informações contidas no prospecto apenas *parcialmente* contribua para a queda do preço dos valores mobiliários, o investidor poderá rescindir o contrato por via indemnizatória, exigindo a devolução da totalidade da quantia que desembolsou, ao mesmo tempo ficando obrigado a entregrar os valores mobiliários. Ora, uma tal situação ameaça colocar a cargo do responsável riscos relacionados com o juízo do público investidor e da actividade da empresa que não lhe cabe suportar[871].

[871] Criticando a solução vigente no Direito alemão no sentido do "tudo ou nada", ao não prever a possibilidade de limitar a indemnização em situações em que a quebra do preço de mercado se tenha ficado parcialmente a dever à deficiência das informações contidas no prospecto, v. por exemplo, FLEISCHER que enfatiza particularmente a solução das *Sections* 11 (e) e 12 (2) (b) do *Securities Act* no sentido da consagração da *loss causation defense* (v. *Empfiehlt... cit.*, F 67 e F68), e HOPT/ /VOIGT, *Grundsatz-und Reformprobleme... cit.*, p. 91, admitindo que esta questão possa ser ultrapassada através da compensação do lucro com o dano. No entanto, consideram os Autores existirem outros argumentos que aconselham o afastamento da rescisão por via indemnizatória. Também HELLGARDT invoca a circunstância de que a rescisão por via indemnizatória poderia representar

Já se o investidor houver vendido os valores mobiliários antes de a verdade ter sido comunicada, não terá direito a indemnização, uma vez que o público investidor ainda não teve oportunidade de reagir, reflectindo no preço a avaliação resultante da correcção do cenário traçado no prospecto.

Interessa-nos, neste momento, salientar que as opções legislativas que inspiram a lei portuguesa no sentido de prover a tutela dos interesses patrimoniais individuais do investidor e no sentido de confiar ao mercado a avaliação do valor intrínseco dos valores mobiliários (um dos reflexos, como vimos, da preocupação de o Direito não se substituir ao mercado) não permitem o surgimento da obrigação de indemnizar sem que exista uma queda de preço. Note-se, todavia, que a solução poderia ser outra onde as pretensões indemnizatórias assumam uma natureza instrumental perante a realização do interesse público[872].

3.2.2. Problemas decorrentes da opção pela reparação total do dano sofrido individualmente pelo investidor

Quanto à forma de indemnização e ao problema de indemnização dos lucros cessantes, devemos ter presente que o art. 135º CVM é uma norma de protecção, que visa a indemnização de interesses individuais dos investidores. Tendo em conta que se pretende assegurar as condições informativas necessárias à integridade na formação de preços no mercado, os prejuízos ressarcíveis são os que resultem para os investidores de uma errada formação de preços. Deste modo, afastada a formação da vontade como interesse individual do investidor protegido pela norma, serão interesses patrimoniais do investidor compreendidos no âmbito de tutela do art. 135º CVM. Cremos que o património do investidor poderá ser atingido pela irregular formação de preços por duas vias: ou por o investidor ter celebrado um negócio que não celebraria se conhecesse o valor real dos valores mobiliários, ou por ter celebrado o negócio por um preço superior ao seu valor real. Daí que a reparação sob a forma de reconstituição natural deva acontecer através da revogação por via indemnizatória, no primeiro caso, e pela diferença entre o preço pago e o valor real no segundo. De acordo com o modelo que subjaz à nossa lei, em que a apreciação da relação risco/rendimento é deixada ao mercado, dever-se-á aceitar como valor intrínseco dos valores mobiliários o preço formado após a descoberta da verdade, salvo se o responsável provar que a queda

uma transfererência dos riscos do mercado e de desenvolvimento da actividade da empresa para o responsável. Esta é uma das razões que levam o Autor a propor a substituição da rescisão do contrato (*Ruckabwicklung*) como forma de indemnização pela diferença entre o preço e o valor real dos valores mobiliários (*Differenschaden*) – v. *Kapitalmarktinformationshaftung... cit.*, p. 503.

[872] V. *infra*, § 8.

de preço se deveu a outras causas[873]. Contudo, nem sempre o prejuízo sofrido pelo investidor se limita à divergência entre o preço suportado pelo investidor e o valor real dos valores mobiliários.

Como já referimos, onde o conhecimento do valor substancial dos valores mobiliários houvesse levado o investidor a optar por não celebrar o negócio, a diferença entre o preço pago e o valor real não serve a reparação em espécie, sendo neste caso antes adequada a reconstituição natural na modalidade de revogação por via indemnizatória.

Para além disso, a reconstituição natural poderá, em qualquer das suas formas, ser insuficiente para a reparação completa dos prejuízos sofridos pelo investidor. Neste caso, o art. 566º/2 CC manda recorrer à indemnização por equivalente em dinheiro. Na verdade, a reconstituição natural não cobre os lucros cessantes em investimentos alternativos. Como sabemos, em sede de responsabilidade civil por prospecto não são atendíveis os lucros esperados com o investimento, porquanto as informações contidas no prospecto não constituem declarações negociais.

[873] BÖCKEL e GRÜNEWALD interpretam o art. 152º/1 CVM no sentido de, onde não houvesse o investidor concluído o negócio se o prospecto observasse as exigências de qualidade da informação, terá o investidor direito a exigir a devolução da quantia entregue em troca da devolução dos valores mobiliários e, onde tivesse concluído o negócio por um preço diferente correspondente ao valor real dos valores mobiliários, deverá o investidor ver-se ressarcido pela diferença entre o preço pago e o valor da actual cotação de mercado, salvo a possibilidade de redução quando tiverem concorrido outras causas para o prejuízo do investidor (v. *Portugal... cit.*, p. 911). Os Autores também não ignoram que o dano indemnizável compreende o lucro cessante (art. 564º CC).
Duas observações no que respeita à tese dos Autores a respeito do art. 152º/1 CVM.
Em primeiro lugar, os Autores referem-se apenas às duas formas de indemnização sob a modalidade de reconstituição *in natura*. Na verdade, pensamos que a diferença entre o preço desembolsado pelos investidores e a cotação actual não representa uma indemnização por equivalente. Por um lado, não surge como alternativa apenas no caso de a rescisão por via indemnizatória ser impossível, insuficiente ou excessivamente onerosa, que, como se sabe, são os pressupostos da indemnização por equivalente como alternativa à reconstituição natural. Por outro lado, a indemnização por equivalente compara situações patrimoniais globais do lesado (a situação patrimonial global e a situação global patrimonial hipotética do lesado).
Em segundo lugar, devemos ter presente que o facto de os Autores se referirem à diferença entre o preço pago e a cotação oficial actual como fórmula de cálculo da indemnização para o caso de o investidor lesado ter concluído o negócio por um preço mais baixo correspondente ao valor real dos valores mobiliários toma em conta a opção de política legislativa que temos vindo a referir em texto no sentido de considerar o mercado a instância vocacionada para avaliar o valor real dos valores mobiliários.

Assim, deverá ser comparada a situação patrimonial global actual com a situação patrimonial global hipotética do lesado na data mais recente que puder ser atendida pelo tribunal[874].

A teoria da diferença engloba no âmbito do dano a ressarcir não apenas os danos emergentes, mas também os lucros cessantes. Com efeito, ao ter em atenção a situação patrimonial do lesado (quer a actual, quer a hipotética), o art. 566º/2 CC procede a uma avaliação concreta do dano e não a uma avaliação abstracta. Cremos, recorde-se, que, assumindo o art. 135º CVM a natureza de uma norma de protecção de interesses individuais nos termos do art. 483º/2 CC, o fim de protecção da norma não poderá ser invocado para limitar o dano ressarcível à diferença entre o preço pago pelo investidor e o valor real dos valores mobiliários (o chamado *out-of-pocket loss* do Direito inglês)[875]. Daí que na insuficiência deste valor para reparar a totalidade do prejuízo individualmente sofrido pelo investidor, este disponha da indemnização por equivalente que, como salientámos, compreende os lucros cessantes em investimentos alternativos.

Sendo objecto de reparação os prejuízos concretamente sofridos por cada investidor, levantam-se questões como a relevância do comportamento do investidor lesado que não haja tomado as providências necessárias para evitar o agravamento dos prejuízos por ele sofridos[876]. Assim, se depois de tornada pública a correcção da deficiência do prospecto, o investidor, podendo vender imediata-

[874] O art. 566º/2 CC, no cálculo da indemnização em dinheiro, utiliza a fórmula da diferença que compara a situação patrimonial global actual com a situação patrimonail global hipotética do lesado se não existissem danos.

[875] A restrição do dano ressarcível a esta diferença é defendida, como sabemos por HELLGARDT em *Kapitalmarktdeliktsrecht... cit.*, p. 493. No entanto, considera este Autor que ela traduz a lesão primária (*Primärschadigung*), sendo que o verdadeiro dano (*der eigentliche Schaden*) se identifica com a descida de preço resultante da queda da cotação dos valores mobiliários, uma vez descoberta a verdade. O Autor invoca como fundamento desta asserção o já referido § 45 (2) 2 do revogado *Börsengesetz*, hoje § 23 (2) 2 do WpPG. O mercado funciona como a instância vocacionada para a avaliação do valor real dos valores mobiliários.
No Direito inglês, a *out-of-pocket loss rule* identifica-se com a diferença entre o preço pago pelo investidor e o valor real dos instrumentos financeiros na altura da transacção. O princípio da limitação do dano susceptível de ressarcimento a esta diferença é uma solução que, como refere Lord Wilkinson, evita problemas de determinação do nexo de causalidade, mas que, em contrapartida, pode impedir uma reparação completa dos prejuízos sofridos, razão pela qual, como referimos, se tem assistido a tentativas de flexibilização dessa regra.
Está em causa no Direito inglês a aplicação da fórmula de cálculo do dano do *tort of deceit* que segundo os desenvolvimentos mais recentes deverá ser preterida onde evite a reparação total do dano, desde que se verifiquem as condições referidas.

[876] Onde o dano consista apenas na diferença entre o valor pago pelo investidor e o valor que pagaria se o preço tivesse sido regularmente formado, o problema não surge. Esta circunstância é realçada por HELLGARDT, *Kapitalmarktdeliktsrecht... cit.*, p. 517.

mente os valores mobiliários, o não fizer, deparamos com o problema da ressarcibilidade dos lucros cessantes que advenham da perda dos proveitos de negócios que concluiria depois desse momento, mas que efectivamente não concluiu por manter o capital que utilizaria para o efeito empregue nos valores mobiliários a que a informação deficiente contida no prospecto respeita.

Não sendo suficiente a reconstituição natural (quer, como vimos, sob a forma de rescisão por via da indemnização, quer na modalidade de diferença entre o preço pago e o valor real), o recurso à indemnização por equivalente com recurso à fórmula da diferença abre as portas a este problema. Com efeito, a fórmula da diferença consagrada no art. 566º/2 CC manda comparar às situações patrimoniais globais real e hipotética do lesado na data mais recente que puder ser atendida pelo Tribunal, o que permite incluir no âmbito do dano ressarcível vantagens que o investidor deixou de auferir relativas a negócios que deixou de realizar após a correcção da informação deficiente contida no prospecto até ao momento mais recente que puder ser tido em conta pelo Tribunal. Uma situação deste tipo enquadra-se na debatida questão do ónus[877] de mitigar o dano, por nós já referida a propósito da responsabilidade por prospecto no Direito inglês. Recorde-se que na Inglaterra se vem admitindo a reparação dos danos consequenciais, incluindo o lucro cessante enquanto o investidor desconheça a deficiência do prospecto ou não possa vender os valores mobiliários.

Devemos ter presente que a questão não se deixa reconduzir à culpa do investidor prevista no art. 149º/3 CVM como causa de exclusão de responsabilidade. Na verdade, vão aí compreendidas somente situações em que o investidor haja, antes de tomar a decisão de investimento ou numa altura em que a sua revogação ainda era possível, tido ou devesse ter tido conhecimento da deficiência do conteúdo do prospecto. Neste caso, a conduta do investidor concorreu para a produção do dano inicial. Na verdade, se o investidor se tivesse abstido de realizar a operação, não teria sofrido qualquer desvantagem patrimonial causada pela deficiência da informação.

Diversamente, na hipótese que estamos a estudar, a conduta do investidor não contribuiu para a produção do dano inicial[878], mas provoca o agravamento

[877] Na realidade, cremos que não está em causa um dever jurídico, mas antes um ónus. V., chamando a atenção para esta circunstância, RODRIGO FUENTES GUINEZ, *La extensión del daño contractual... cit.*, pp. 243 e 244. Entre nós, também salientando a circunstância de não se tratar de um dever jurídico, aceitando a classificação como ónus, embora tendo presente que a especificidade do agravamento do dano e "maior coloração" da posição lesante em relação à situação em que a conduta do lesado concorre na produção do dano possam justificar a sua classificação como "ónus impuro", BRANDÃO PROENÇA, *A Conduta do Lesado... cit.*, p. 669.

[878] Rigorosamente, não se pode dizer que na hipótese de agravamento se assista a concurso da conduta do lesado com a do lesante no maior dano (veja-se BRANDÃO PROENÇA, *A Conduta do*

do dano global sofrido[879]. Para além disso, a conduta do investidor não consiste numa acção, mas antes numa omissão de um comportamento capaz de evitar o agravamento do dano.

Consideramos, por estas razões, que o agravamento do dano pela manutenção dos valores mobiliários subscritos com base no prospecto deficiente não integra a hipótese normativa do art. 149º/3 CVM. Antes se trata de uma situação enquadrável no art. 570º CC. Segundo o seu primeiro número, deverá o julgador proceder a uma partilha de responsabilidades. Na verdade, a lei deixa ao julgador o juízo sobre repartição do dano entre lesante e lesado. Por conseguinte, compete, em regra, nos termos do art. 570º/1 CC, ao Tribunal a decisão de diminuir ou excluir a indemnização. Contudo, o art. 570º/2 CC impõe uma exclusão da responsabilidade onde exista um concurso entre uma conduta culposa do lesado e uma culpa meramente presumida do lesante.

No âmbito da responsabilidade civil por prospecto, a lei prevê uma presunção de culpa das pessoas responsáveis pelo conteúdo do prospecto. Levanta-se aqui a questão de saber se a culpa do lesado no agravamento do dano global afastará a responsabilidade do lesante onde esta assente em culpa meramente presumida.

Lesado... cit., p. 749). Isto não impediu, no entanto, o legislador de tratar o problema no quadro de uma ponderação das condutas do lesante e do lesado com vista à repartição do dano, distanciando-se assim de uma visão causal do problema.

[879] Consideramos tratar-se do problema de omissão de um comportamento apto a mitigar o dano e não de omissão de uma conduta destinada a evitá-lo. Na realidade, por exemplo, o BGB no seu § 254/2 refere expressamente as duas situações, ao passo que o art. 1227 do *Codice civile* apenas se refere à não observância de medidas necessárias para evitar o dano, o que levanta dúvidas no que respeita à inclusão no referido art. 1227 da omissão de condutas aptas a mitigar o dano. Procurando distinguir o dever de evitar do dever de mitigar o dano, Rodrigo Fuentes Guinez entende que o primeiro dever se refere a danos futuros, como serão em regra os lucros cessantes, ao passo que o segundo respeita a um dano presente, como serão em geral os danos emergentes – v. *La Extensión del Daño Contractual*. Madrid: La Ley, 2009, p. 235. O Autor considera, no entanto, que o dever de evitar o dano e o dever de o mitigar mais não são do que manifestações do mesmo dever, resultando esta conclusão da aplicação do princípio da boa fé, onde a lei não preveja expressamente o dever de mitigar o dano, como sucede no âmbito do art. 1227 do Código Civil transalpino – v. *La Extensión del Daño Contratual... cit.*, pp. 238 e 239.
Esta perspectiva, que distingue entre o dever de evitar um dano futuro e o dever de mitigar um dano presente, coaduna-se melhor com uma perspectiva causal do problema do agravamento do dano pelo lesado do que com a perspectiva do art. 570º/1 CC. Na verdade, este preceito não olha o problema como uma "*avaliação isolada* de duas condutas-causas com o escopo de se imputar a cada uma delas o respectivo dano" (Brandão Proença, *A Conduta do Lesado... cit.*, p. 657 – itálico do Autor). Trata-se antes, como explica Brandão Proença, de partir do dano global em ordem à partilha de responsabilidades – *A Conduta do Lesado... cit.*, p. 657. Também o Livro VI 5: 102 do DCFR optou por um tratamento conjunto das hipóteses de concurso da conduta do lesado na produção do dano e de concurso da conduta do lesado na extensão do dano.

Confrontando o art. 149º/3 CVM com o art. 570º/2 CC, verificamos que art. 149º/3 CVM preclude a indemnização, onde o investidor lesado, apesar de conhecer ou dever conhecer a deficiência do conteúdo do prospecto, ignore esta circunstância na tomada de decisão de se vincular a uma opção de investimento[880], parecendo ir mais longe que o art. 570º/2 CC na medida em que a conduta culposa do investidor nele prevista será causa de exclusão da responsabilidade, ainda que a culpa do lesante seja provada[881]. Terá o legislador entendido que a assunção do risco de dano por parte do investidor interrompe o nexo causal entre o comportamento do lesante e o dano sofrido pelo investidor lesado.

Recorde-se que a hipótese que especificamente temos em vista é a da conduta culposa do lesado no agravamento do dano por se ter abstido de tomar as medidas necessárias à prevenção desse agravamento. Não integra, por isso, a hipótese do art. 149º/3 CVM. Por conseguinte, há que reflectir sobre a aplicação do art. 570º/2 CC. Tendo presente que na responsabilidade civil por prospecto existe uma presunção de culpa, o lesante somente presumível culpado veria a sua responsabilidade afastada pela prova da culpa do lesado. Cremos, no entanto, que a prova de culpa do lesado no agravamento do dano não será suficiente para excluir a responsabilidade do lesante, não sendo defensável fazer recair sobre o investidor o risco em matéria da prova da culpa do responsável.

Tal equivaleria a isentar de responsabilidade o lesante presumivelmente culpado, mediante a prova da culpa do investidor lesado[882] no agravamento do dano,

[880] Trata-se de uma norma paralela ao § 23 (2) 3 do WpPG. Este preceito estabelece, tal como o art. 149º/3 CVM, a exclusão da responsabilidade onde o lesado, no momento da compra tenha conhecimento da natureza defeituosa da informação contida no prospecto. Esta norma constitui um desvio ao § 254 BGB na medida em que este apela a uma ponderação das condutas do lesante e do lesado com vista à determinação da existência ou do alcance da obrigação de indemnizar. A solução é aplaudida por HELLGARDT, pois considera ser mais eficaz em termos de prevenção de omissão de informação por parte dos emitentes – v. *Kapitalmarktdeliktsrecht... cit.*, p. 531. Adiante analisaremos o argumento.

[881] Não concordamos, portanto, com PAULO CÂMARA quando sustenta que o art. 149º/3 CVM confirma o regime previsto no art. 570º/2 CC – v. *Manual de Direito dos Valores Mobiliários... cit.*, p. 771. Com efeito, o art. 149º/3 parece afastar a responsabilidade do presumido responsável pelo conteúdo do prospecto, ainda que o lesado logre provar a sua culpa. O conhecimento ou o dever de conhecimento pelo lesado da deficiência do prospecto representam a assunção de risco por parte do investidor que quebra o nexo causal entre a deficiência do prospecto e o dano por ele sofrido.

[882] BRANDÃO PROENÇA considera que não será suficiente ao lesante provar uma qualquer culpa do lesado para que possa excluir a sua responsabilidade. Defende o Autor que o lesante deverá fazer prova da "exclusividade causal" da conduta do lesado relativamente ao dano sofrido – v. *A Conduta do Lesado... cit.*, pp. 489 e segs. A prova da culpa do lesado não bastará assim para afastar a responsabilidade do presumido responsável, sendo necessário provar a "exclusividade causal" do comportamento do lesado para se considerar elidida a presunção de culpa que impende sobre o lesante.

não obstante o facto de a conduta do investidor não ter concorrido para a produção do evento lesivo. Este resultado só não se verificaria onde o investidor conseguisse provar a culpa do responsável pelo prospecto. Não sendo de subscrever uma tal conclusão, aceitar-se-á a existência de um concurso de culpas, a ser enquadrado no art. 570º/1 CC, havendo que proceder a uma ponderação das responsabilidades do presumivelmente responsável pelo prospecto e do investidor tendo em vista a repartição do dano global.

Desta forma, há que confrontar a conduta do lesante, isto é, do responsável pelo conteúdo do prospecto, com a conduta do investidor lesado, nos termos do art. 570º/1 CC[883] podendo essa ponderação conduzir à diminuição da responsabilidade do lesante na parte do dano global correspondente ao lucro cessante onde a perda dos rendimentos em investimentos alternativos resulte da inércia do investidor na alienação dos valores mobiliários após a correcção do prospecto haver sido conhecida.

Uma tal diminuição não se apresenta como resultado de uma quebra no nexo de causalidade entre a deficiência do prospecto e a perda de rendimentos em negócios alternativos, mas deriva de uma ponderação, no quadro do art. 570º/1 CC. Este preceito permite uma ponderação de vários factores na busca de uma adequada distribuição do dano global. Cremos que o tratamento do problema no contexto do art. 570º/1 CC permite soluções menos rígidas do que aquelas que resultariam da consideração do problema em sede de nexo de causalidade.

Na verdade, uma visão causal do problema tende a considerar que o lesado deverá suportar os danos que objectivamente houvesse podido evitar ou mitigar, adequando-se a um padrão abstracto de apreciação da culpa do lesado, ao passo que a ponderação das condutas do lesante e lesado nos termos do art. 570º/1 CC coaduna-se naturalmente com um critério de apreciação de culpa do lesado que leve em conta algumas das suas características pessoais, sendo igualmente possível tê-las em consideração no confronto da sua culpa com a do lesante[884].

[883] E não apenas das respectivas culpas. Na verdade, há que atender, nos termos do art. 570º/1, não somente ao peso das culpas de lesante e de lesado, mas também ao chamado aspecto contributivo dos comportamentos do lesante e do lesado. Para além destes dois aspectos, BRANDÃO PROENÇA admite a abertura do art. 570º/1 CC a outros factores, embora não aceite ver aí consagrada a remissão para um juízo de equidade. Considera que "o espaço de liberdade que o preceito do art. 570º/1 CC, já outorga, ao conceder ao Tribunal a opção por um de três resultados, deve ser enriquecido pela tomada de consideração de *suportes financeiros* que cobrem a responsabilidade e, algumas vezes, a auto-responsabilidade, em ordem a fixar uma indemnização mais justa para aqueles lesados, cuja conduta, não tendo sido grave (até aos 15% ou mesmo 20% de contribuição culposa), pode ter desencadeado efeitos danosos grandes e com sequelas duradouras" – *A Conduta do Lesado... cit.*, pp. 759 e 760 (itálico do Autor).

[884] Sobre a apreciação da culpa do lesado, sugerindo um "critério objectivo flexibilizado", BRANDÃO PROENÇA, *A Conduta do Lesado... cit.*, pp. 571 e segs. Trata-se de uma posição que, afastando a

A possibilidade de atender a certas características pessoais na apreciação da culpa do lesado, assim como no confronto desta com a culpa do lesante, leva-nos a admitir que a conduta do lesado que não alienou os valores mobiliários após a correcção do prospecto perante o público, podendo fazê-lo, não conduza inevitavelmente a uma diminuição da indemnização na medida dos rendimentos que o investidor deixou de obter por o dinheiro permanecer empregue nos valores mobiliários sobre os quais incide o prospecto.

É certo que do acolhimento de uma perspectiva causal não resultará necessariamente uma redução da indemnização em estrita razão dos rendimentos que o lesado deixou de obter. Com efeito, ainda que se adopte esta perspectiva, o ónus de mitigar o dano não se deverá impor pelo simples facto de ser objectivamente possível ao lesado evitar o agravamento do dano. Mesmo onde se defende um enquadramento causal, não se prescinde de um padrão de diligência em relação ao qual aferir a existência do ónus de não agravar o dano. Assim, o art. 1227 do *Codice civile* surpreende-o na "diligência ordinária", enquanto que o Direito inglês apela à razoabilidade da conduta do lesado[885]. São conceitos que parecem assentar num critério puramente objectivo na apreciação da culpa do lesado, tendendo a identificar-se com o critério do bom pai de família presente no nosso art. 487º/2 CC[886].

Ao enquadramento do problema na questão do nexo de causalidade parece adequar-se mais naturalmente um critério objectivo de apreciação da culpa. Por contraste, o tratamento do problema do ónus de mitigar o dano no âmbito da ponderação das condutas do lesante e lesado visando a repartição do dano global

adopção de um padrão abstracto de apreciação de culpa do lesado, recusa igualmente a adopção de um padrão de apreciação integralmente concreto, propondo um critério na apreciação da culpa que leve em linha de conta algumas características pessoais do lesado como a idade e a condição de fragilidade física. É uma tese que seguimos na nossa exposição. Refira-se que o Autor sublinha que esta óptica se estende à fase da ponderação das condutas do lesante em ordem à repartição de responsabilidades.

885 Assim, no caso de 1912 *British Westinghouse Electric vs. Underground Electric Railways Co. of London* (AC 1912, 673), onde o Visconde Haldane salientou que o lesado deve realizar todos os passos razoáveis para mitigar os prejuízos resultantes do incumprimento. Nesta linha segue Lord Wilkinson no já referido *Smith New Court of Securities vs. Scrimgeour Vickers.*

886 Defendendo o recurso ao critério do bom pai de família onde a lei não estabelece um padrão de apreciação da culpa, Rodrigo Fuentes Guinez, *La Extensión del Daño Contractual... cit.*, pp. 244 e 245. Recorde-se que o Autor enquadra o problema na questão do nexo de causalidade. Não obstante, sugere uma flexibilização na apreciação da culpa do lesado comparativamente com a apreciação da culpa do lesante.

Cremos, no entanto, que uma tal flexibilização é mais difícil de se prosseguir onde se enquadre o problema no seio do nexo de causalidade, do que onde se inscreva o problema no confronto entre a conduta do lesante e a conduta do lesado ao jeito do art. 570º/1 do nosso Código.

parece harmonizar-se sem esforço com um critério de apreciação de culpa do lesado sensível a certas características pessoais do lesado. Trata-se então de um "critério objectivo flexibilizado", nas palavras de Brandão Proença[887], extensível à ponderação da culpa do lesado em face do lesante com vista à repartição do dano.

Perante estas considerações, cremos que a atenção às características específicas do lesado poderá justificar que o responsável pelo conteúdo do prospecto fique obrigado a reparar a parte do dano global referente à perda de rendimentos provocada pela ausência de alienação dos valores mobiliários depois de conhecida a natureza defeituosa do prospecto, ainda que essa inércia possa ser contrária à conduta de um bom pai de família colocado nas circunstâncias do caso concreto[888]. Na verdade, certas circunstâncias ligadas à pessoa do lesado, como a idade ou até mesmo a pouca experiência no âmbito do mercado de capitais, serão susceptíveis de afastar a culpa do lesado na maior extensão do dano ou, em confronto com a culpa do lesante na produção do dano, de determinar que seja o responsável pelo conteúdo do prospecto a suportar o dano na sua totalidade, apesar de a perda dos rendimentos resultantes de negócios alternativos poder ter sido evitada por uma conduta objectivamente razoável do investidor. Neste aspecto, surpreendemos uma divergência face ao Direito inglês, onde releva o critério, como já dissemos, a razoabilidade da conduta do investidor ao não alienar os valores mobiliários, podendo fazê-lo, depois de conhecida a natureza defeituosa do prospecto[889]. Este critério tem uma natureza objectiva, ignorando as qualidades específicas do investidor.

Depois de analisadas as consequências decorrentes da natureza de norma de protecção de interesses individuais em matéria de dano indemnizável, vamos tecer algumas considerações finais sobre a indemnização dos danos patrimoniais individuais do investidor como objecto de ressarcimento.

[887] *A Conduta do Lesado... cit.*, p. 579.

[888] Não devemos deixar de ter em consideração a circunstância de que um critério objectivo de apreciação da culpa não abstrai das circunstâncias do caso concreto, mas ignora circunstâncias ligadas à pessoa do lesado que não se coadunem com o padrão objectivo de conduta.

[889] V. Lord Wilkinson no caso da *House of Lords* já referido *Smith New Court of Securities vs. Scrimgeour Vickers*. Já sabemos que Lord Wilkinson chamou a atenção para a necessidade de flexibilizar o princípio de que o investidor deve ser indemnizado pela diferença entre o preço pelo qual o investidor comprou os valores mobiliários e o seu valor real nessa data. Assim, defendeu que o investidor teria direito a ser indemnizado pela totalidade do prejuízo sofrido, incluindo pelos *consequential damages*. Para tal seria necessário que a *misrepresentation* se mantivesse após a data da compra dos valores mobiliários pelo investidor e que o investidor não se tornasse prisioneiro na titularidade dos valores mobiliários (*locked into property*), isto é, houvesse condições para que o investidor pudesse (razoavelmente) tomar a decisão de alienar.

3.2.3. Considerações sobre a opção do legislador por uma fixação concreta do dano

A especificidade do mecanismo de formação de preços no mercado de valores mobiliários afasta uma interpretação do art. 135º CVM que se oriente no sentido de atestar a esclarecida formação da vontade do investidor como interesse juridicamente protegido pela qualidade da informação contida no prospecto. Na mesma direcção vai, recordamos, a *ratio* do dever de publicar a informação que integra o conteúdo do prospecto. Por conseguinte, exclui-se a tutela do interesse de natureza não patrimonial da regular formação da vontade. Atente-se, contudo, na circunstância de que o afastamento da formação da vontade do âmbiro de tutela do art. 135º CVM e, consequentemente, da responsabilidade civil por prospecto dos arts. 149º e segs. do CVM, não prejudica a possibilidade de recurso à reconstituição natural na modalidade de rescisão por via indemnizatória. Efectivamente, a reconstituição natural ficará dependente de uma divergência entre o preço despendido pelo investidor na compra dos valores mobiliários e o seu valor real. Sendo assim, a reconstituição *in natura* não poderá, atenta a *ratio* dos deveres de publicação da informação contida no prospecto e da qualidade dessa informação, servir um puro interesse de natureza não patrimonial de formação regular da vontade do investidor. Estará antes ao serviço da protecção do interesse de natureza patrimonial do investidor numa regular formação de preços no mercado.

Afastamo-nos neste aspecto de Hopt e Voigt que parecem identificar a possibilidade de utilização da rescisão por via indemnizatória unicamente com a finalidade tuteladora da regular formação da vontade[890]. Com efeito, os Autores arredam, com este fundamento, a possibilidade de, no âmbito da responsabilidade por prospecto, usar a revogação por via indemnizatória. No entanto, cremos ter demonstrado que a rescisão por via indemnizatória se adequa à tutela do património individual do investidor afectado pela irregular formação de preços. As reflexões de Hellgardt sobre o assunto levam o Autor a admitir a utilidade da rescisão por via de indemnização na tutela dos interesses patrimoniais individuais do investidor afectados pela deficiência do prospecto, embora a tenha por limitada aos casos em que o investidor não dispõe de um mercado secundário líquido onde possa alienar os valores mobiliários[891].

Efectivamente, Hellgardt parte da ideia de que, em princípio, a indemnização pela natureza defeituosa do prospecto se contém na diferença entre o preço pago pelo investidor e o substancial valor dos valores mobiliários[892], entendimento que resulta essencialmente do facto de o Autor sustentar ser objectivo

[890] Veja-se *Grundsatz-und Reformprobleme... cit.*, pp. 89 e segs.

[891] *Kapitalmarktdeliktsrecht... cit.*, pp. 502 e 503.

[892] *Kapitalmarktdeliktsrecht... cit.*, pp. 493 a 496 e 501 e 502.

da tutela dos deveres de divulgação de informação perante o mercado (entre os quais se inclui o dever de publicar as informações que integram o prospecto) a protecção da integridade na formação de preços e não a tutela da formação da vontade individual do investidor[893]. No entanto, não deixa de admitir o recurso à rescisão indemnizatória, onde o dano sofrido pelo investidor seja superior à diferença referida. Assim acontecerá, segundo o Autor, onde se assista a uma perda de liquidez pelo facto de o investidor não dispor de um mercado secundário líquido no qual possa alienar os valores mobiliários[894]. Daí que HELLGARDT proponha *de lege ferenda* a redução do revogado § 44 (1), 1 do BörsG às situações em que não exista um mercado secundário liquido[895]. Refira-se que não foi este o caminho seguido pelo § 21 (1), 1 WpPG que mantém a indemnização por via da rescisão sem qualquer restrição.

Pensamos, como referimos, que o facto de o dever de divulgar as informações que devem integrar o prospecto e o dever de qualidade nas informações almejarem a integridade na formação de preços não dita o afastamento da indemnização por via de rescisão como forma de tutela dos interesses do investidor. Impede, isso sim, que esta forma de indemnização possa ser utilizada independentemente de ocorrência de uma irregularidade na formação de preços. Não obsta, deste modo, a que seja utilizada como forma de reparação dos interesses patrimoniais afectados pela irregularidade na formação de preços, onde o investidor prove que não teria tomado a decisão de contratar se conhecesse o valor real dos instrumentos financeiros.

Pensamos que esta prova será suficiente para que o investidor possa utilizar a indemnização por via da rescisão, não sendo, cremos, pressuposto desta forma de reparação a ausência de um mercado líquido onde o investidor possa alienar os instrumentos financeiros. Ao demonstrar o investidor que não teria optado por se tornar titular dos instrumentos financeiros com o valor que efectivamente lhes era inerente, prova que o prejuízo patrimonial que sofreu consistiu na celebração de um contrato na convicção de que os valores mobiliários tinham um valor real superior ao seu verdadeiro valor. A indemnização visa colocar o investidor na situação em que estaria se o prospecto não fosse defeituoso (art. 152º/1 CVM), pelo que, não houvesse o investidor celebrado o contrato conhecendo o valor real dos instrumentos financeiros, terá ele direito a ser colocado na situação em que estaria se o contrato não tivesse sido concluído. Esclareça-se, como de resto já o fizemos, que se trata de reparar o dano patrimonial resultante da lesão de um

[893] *Kapitalmarktdeliktsrecht... cit.*, pp. 173 e segs. e 493.

[894] *Kapitalmarktdeliktsrecht... cit.*, pp. 171, 502 e 503.

[895] *Kapitalmarktdeliktsrecht... cit.*, p. 503.

interesse patrimonial do investidor e não de compensar um dano não patrimonial resultante da ausência de uma regular formação da sua vontade[896].

Concluímos que a responsabilidade civil por prospecto é no nosso CVM um mecanismo de tutela dos interesses patrimoniais individuais do investidor afectados pela irregular formação de preços no mercado por força da inexactidão do conteúdo do prospecto. Visando a responsabilidade por prospecto reparar os danos individualmente sofridos por cada investidor, não cremos que se possa defender a regra da limitação do dano indemnizável à diferença entre o preço pago e o valor intrínseco dos instrumentos financeiros. O dano indemnizável só coincidirá com a diferença referida se representar a totalidade do dano sofrido pelo investidor derivado do facto de o preço não traduzir o valor real dos valores mobiliários. Outra consequência da opção do legislador pela indemnização dos interesses patrimoniais individuais dos investidores é a necessidade de uma descida do preço dos valores mobiliários após a revelação da verdade. Só assim podemos dizer ter sido o património individual do investidor afectado pelo defeito do prospecto.

A leitura conjunta do art. 135º CVM e do regime escolhido pelo legislador em sede de dano indemnizável assevera a natureza do art. 135ºCVM enquanto norma de protecção de interesses puramente patrimoniais. A aplicação das regras gerais em matéria de dano exclui a possibilidade de uma fórmula abstracta de cálculo do dano. Deste modo, o dano ressarcível será, em princípio, a totalidade do dano sofrido pelo investidor. A indemnização da totalidade do dano individualmente sofrido pelo investidor abre portas a uma série de problemas, uns situados ao nível do dano, outros já situados ao nível do nexo de causalidade que melhor estudaremos a seguir. Entre os problemas ligados ao dano, tratámos o problema da indemnizabilidade dos lucros cessantes em investimentos alternativos, o problema da conduta do lesado no agravamento do dano e a questão da compensação do lucro com o dano.

Os problemas que acabámos de referir não surgiriam onde se optasse por uma medida abstracta do dano.

[896] HELLGARDT invoca. como argumentos contrários à rescisão enquanto forma de indemnização e em favor da sustenção da regra da limitação da responsabilidade à diferença entre o preço pago pelo investidor e o valor substancial dos valores mobiliários, o facto de os deveres de informação ao mercado visarem a regular formação de preços e não formação da vontade do investidor, a circunstância de à rescisão como forma de indemnização ser susceptível de colocar a cargo do responsável o risco geral ligado à titularidade dos valores mobiliários, assim como a conveniência de o prejuízo a indemnizar ser coincidente prejuízo económico sentido pela sociedade resultante da deficiente alocação de recursos. Os primeiros dois argumentos já foram ponderados em texto. O último é uma tarefa a realizar.

As considerações expostas revelam que, uma vez identificada a finalidade dos deveres de divulgação e de qualidade da informação que compõe o prospecto na tutela da integridade no processo de formação de preços no mercado, o problema fulcral que se levanta não se situa tanto numa *opção* pela limitação do dano ressarcível à diferença entre o preço pago pelo investidor e o valor efectivo dos valores mobiliários ou pela indemnização por via da rescisão do contrato, como na *opção* entre a limitação do dano ressarcível àquela diferença e a indemnização da totalidade do prejuízo sofrido pelo investidor. Está, portanto, em causa a escolha entre a determinação abstracta e a determinação concreta do dano.

A preferência do nosso legislador mobiliário recaiu sobre a fixação concreta do dano, não deixando assim margem para dúvidas no que respeita à natureza do art. 135º CVM como norma de protecção dos interesses patrimoniais individualmente sofridos pelo investidor. Sendo neste ponto clara a opção do legislador, a nossa dúvida é saber se ela se harmoniza com a primazia que a *delimitação* do dever de divulgação das informações que devem integrar o prospecto reconhece à protecção do interesse público. É que esta circunstância testemunha a concentração do legislador na defesa de um bem jurídico de natureza colectiva (a regular formação de preços) de que a preocupação com a tutela da posição do investidor é um mero instrumento. Esta é uma questão para a qual reservamos uma resposta no final deste estudo.

Por agora, concentremo-nos nas repercussões da opção do legislador pelo ressarcimento dos interesses patrimoniais do investidor individual em sede de nexo de causalidade.

§ 6. Nexo de causalidade e o bem jurídico protegido pela responsabilidade civil por prospecto

1. Preliminares

Também a questão do nexo de causalidade se encontra estritamente ligada ao bem jurídico protegido pela responsabilidade civil por prospecto. A conexão é evidente no que toca à "causalidade fundamentadora da responsabililidade" (*haftungsbegründende Kausalität*), mas é igualmente relevante na chamada "causalidade preenchedora da responsabilidade" (*haftungsausfüllende Kausalität*). A "causalidade fundamentadora da responsabilidade" diz respeito à relação de causalidade entre uma determinada conduta e o evento lesivo. Por sua vez, a "causalidade preenchedora da responsabilidade" identifica-se com a relação entre o evento lesivo e o dano[897]. No primeiro caso, trata-se de estabelecer a ligação entre a conduta do lesante e a violação do bem juridicamente protegido, ao passo que a segunda liga o evento lesivo ao dano, determinando o seu alcance e extensão.

[897] V. PAULO MOTA PINTO, *Interesse Contratual Negativo e Interesse Contratual Positivo... cit.*, p. 640.

2. Causalidade fundamentadora na responsabilidade civil por prospecto

2.1. A conexão entre a natureza defeituosa do prospecto e a formação de preços no quadro da hipótese do mercado (semi) eficiente

Recordamos que a identificação da íntegra formação de preços como bem jurídico protegido pelos deveres de publicação e de qualidade da informação que deve integrar o prospecto afasta a possibilidade de ver a regular formação da vontade individual do investidor como interesse de natureza não patrimonial juridicamente protegido.

O interesse individual juridicamente protegido é antes a tutela do património do investidor perante uma irregular formação de preço no mercado. Deste modo, os interesses patrimoniais do investidor serão afectados pela influência da irregular formação de preços no mercado sobre o preço de transacção realizada pelo investidor e não por uma formação deficiente da sua vontade individual[898].

Na realidade, a demonstração da causalidade fundamentadora não passa pelo estabelecimento de uma ligação entre a natureza defeituosa do prospecto e a formação da vontade individual do investidor, mas, mais propriamente, pela conexão entre a irregularidade do prospecto e a não coincidência entre o preço e o valor intrínseco dos instrumentos financeiros.

Como já referimos, num mercado (semi) eficiente os preços formam-se com independência em relação às representações do investidor individual. O que determina a formação de preços é sim a avaliação feita pelo mercado, isto é, a apreciação pelos investidores profissionais (intermediários financeiros, gestores de fundos de investimento e outros profissionais) da informação divulgada no mercado[899].

Por este motivo, não há que indagar se a vontade individual se formou com base no prospecto deficiente, bastando a demonstração de que a deficiência do prospecto deu origem à formação de um preço não coincidente com o que se formaria se o prospecto fosse correcto. Repare-se que não está em causa uma mera presunção de que a vontade individual do investidor foi determinada pela irregularidade do prospecto. Com efeito, não sendo a vontade individual do investidor determinante na fixação do preço, assume natureza decisiva a prova de que o preço formado seria diverso se não fosse o vício do conteúdo do prospecto, nela assentando o estabelecimento da causalidade fundamentadora.

[898] Assim, HELLGARDT, *Kapitalmarktdeliktsrecht... cit.*, pp. 519 e 320, e WAGNER, *Schadenberechnung im Kapitalmarktrecht... cit.*, pp. 527 a 530.

[899] Sobre a formulação de preços no mercado primário nos processos de *bookbuilding*, HELLGARDT, *Kapitalmarktdeliktsrecht... cit.*, pp. 522 e 523. Os investidores profissionais com base na apreciação da informação divulgada no mercado revelam o preço limite pelo qual estão dispostos a subscrever os instrumentos financeiros. Os preços limite assim revelados servem de suporte à determinação do preço de emissão pelo *bookrunner*.

Desta forma, devemos ter presente que a circunstância de o bem jurídico protegido residir na influência da irregular formação de preços ao nível do mercado no preço de transacção não se harmoniza com a jurisprudência do *Reichsgericht* da *Anlagestimmung*[900]. O *Reichsgericht* apontou a desnecessidade de leitura ou de conhecimento do prospecto pelo investidor, uma vez que a oferta pública e a publicação do prospecto criariam um clima favorável ao investimento, segundo as regras da experiência, susceptível de determinar a decisão do investidor. Esta doutrina não encara a protecção dos interesses patrimoniais do investidor pela via da tutela da regularidade do processo de formação de preços, mas a perspectiva como consequência da tutela da formação individual da vontade do investidor. Simplesmente, considera que o ambiente favorável ao investimento junto do público investidor originado pela oferta pública e pela publicação do prospecto dispensa a leitura ou o conhecimento do prospecto viciado como condição do estabelecimento do nexo causal entre a deficiência do prospecto e a decisão do investidor. Este teorema terá inspirado a consagração da presunção legal (ilidível)[901] prevista no § 23 (2) 1 do WpPG, e que foi introduzida no *Börsengesetz* em 1998[902].

[900] A este propósito, ASSMANN chama a atenção para a circunstância de a ideia da *Anlagestimmung* não se adaptar ao moderno mercado de capitais. O Autor alemão realça não ser possível continuar a defender-se que a oferta púbica e a publicação do prospecto criariam um ambiente favorável ao investimento. No mesmo sentido, sustenta que a Directiva dos Prospectos vê no investidor individual o destinatário da informação que deve integrar o prospecto com a finalidade de lhe permitir uma apreciação adequada dos méritos do investimento – v. *Civil liability for the prospectus... cit.*, p. 182. Esta última asserção, como já tivemos ocasião de ver, não nos parece de todo evidente.

[901] Com efeito, o teorema da *Anlagestimmung*, que inicialmente serviu de base a uma prova *prima facie* (*Anscheinbeweis*), susceptível de ser afastada mediante contraprova (*Gegenbeweis*), deu mote mais tarde a uma presunção legal, que só será possível afastar mediante prova em contrário (*Beweis des Gegenteils*).
Uma questão que surgiu após a 3. *Finanzmarktförderungsgesetz* na averiguação da natureza decisiva das normas que no *Börsengesetz* regulam a causalidade fundamentadora. Trata-se de saber se os princípios decorrentes da aplicação da jurisprudência da *Anlagestimmung* terão sobrevivido à consagração das novas regras sobre a matéria no *Börsengesetz*. A aceitação desta ideia conduziria à possibilidade de afastamento da presunção da determinação da vontade do investidor pelo prospecto por simples contraprova. Tal posição é, a nosso ver com razão, rejeitada por GERBER pela incompatibilidade da possibilidade de afastamento da presunção mediante contraprova com a distribuição legal do ónus da prova acolhida no *Börsengesetz* em 1998. Em sentido contrário ao que sucedia anteriormente, a lei coloca a cargo do responsável pelo prospecto o ónus da prova, apenas podendo afastar a presunção mediante prova em contrário e já não por simples contraprova. Para além disso, o Autor observa que resultaria prejudicada a intenção do legislador em fomentar a segurança jurídica – veja-se *Die Prospekthaftung... cit.*, pp. 140-2.

[902] Veja-se HELLGARDT, *Kapitalmarktinformationshaftung... cit.*, p. 525. Os trabalhos preparatórios do 3. *Finanzmarktförderungsgesetz* revelam que a lei foi beber à jurisprudência da *Anlagestimmung* a

O teorema da *Anlagestimmung* foi acolhido pela doutrina em outros ordenamentos que não dispõem de presunção legal do nexo causal entre a deficiência do prospecto e a decisão do investidor[903]. A jurisprudência da *Anlagestimmung* tem sido aceite nomeadamente na Itália, onde a determinação da vontade do investidor (*affidamento*) pelo prospecto tem vindo a ser vista como condição do ressarcimento do dano decorrente do vício do prospecto. Na verdade, quer anteriormente à introdução do art. 94º/8 TUF, quer no texto desta disposição legal, o *affidamento* surge como requisito da pretensão indemnizatória. Tendo presente a dificuldade de prova, têm sido aceites presunções de *affidamento*, destinadas a facilitar o estabelecimento do nexo causal entre o vício do prospecto e a decisão do investidor. Isto, quer admitindo a ideia de que a obrigação de publicação do prospecto permite presumir a confiança no seu conteúdo[904], quer aceitando o teorema da *Anlagestimmung*, de que o prospecto originaria uma predisposição do público para o investimento apta a influenciar a decisão de cada investidor[905].

Embora, tal como sucede onde se entenda ser a regular formação de preços num mercado (semi) eficiente o bem jurídico protegido, também no pensamento da *Anlagestimmung* esteja em causa a influência de um fenómeno, nascido no mercado, ao nível da conduta do investidor, a realidade é que exprimem dois modos diversos de perspectivar o mecanismo da formação de preços. Assim, enquanto a formação de preços num mercado (semi) eficiente se processa nos termos já

inversão do ónus da prova que veio a ser consagrada no § 46 (2) 1 (posteriormente § 45 (2), 1) veja-se o projecto do 3. *Finanzmarktförderungsgesetz* Drucksache 13/8933, p. 76.

[903] HOPT/VOIGT, *Grundsatz-und Reformprobleme... cit.*, p. 97.

[904] Anteriormente ao 94/8 TUF, FERRARINI, *La Responsabilità da Prospetto*. Milano: Giuffrè, 1986, p. 125. Na vigência do art. 94/8 TUF, GIUDICI, *La Responsabilità Civile nel Diritto dei Mercati Finanziari... cit.* p. 237.

[905] No Direito anterior à introdução do art. 94º/8 TUF, FERRARINI, *La Responsabilità da Prospetto... cit.*, pp. 125 e 126. Já após a reforma do TUF também é acolhido o teorema da *Anlagestimmung*. Neste sentido, veja-se GIUDICI. Repare-se, no entanto, que o Autor parece ligar intimamente a possibilidade de aceitação do pensamento da *Anlagestimmung* à possibilidade de acolhimento da *Fraud-on-the-Market Theory* no Direito italiano – v. *La Responsabilità Civile nel Diritto del Mercato Finanziari... cit.*, pp. 237 a 239 e 283 a 285. Cremos, no entanto, que o pensamento da *Anlagestimmung* é tributário de uma preocupação de ultrapassar as dificuldades associadas à prova do nexo de causalidade entre a natureza defeituosa do prospecto e a decisão do investidor, servindo de base a uma presunção de que a vontade individual do investidor teria sido determinada pelo prospecto deficiente na medida em que foi influenciada pelo ambiente favorável ao investimento criado pela oferta pública e pela publicação do prospecto. Diversamente, a *Fraud-on-the Market Theory* toma por base uma explicação do mecanismo de formação de preços diferente daquela que se fundamenta no acordo individual de vontades. Podemos dizer que a decisão do investidor é fruto de uma confiança geral na regular formação de preços no mercado, e não da confiança depositada por cada investidor na informação (quer directamente, quer pela influência do um ambiente favorável ao investimento decorrente da publicação do prospecto) – v. a seguir em texto.

referidos sem que seja determinante o juízo de cada investidor na apreciação do valor dos instrumentos financeiros, o pensamento da *Anlagestimmung* encara a avaliação do preço ainda como produto do concurso da vontade de cada investidor. Apenas fundamenta uma presunção (uma presunção *prima facie* ou mesmo uma presunção legal) de que a vontade do investidor se alicerçou no conteúdo das informações contidas no prospecto.

Num mercado (semi) eficiente os preços reflectem a informação disponibilizada ao mercado. A causalidade fundamentadora da responsabilidade surpreende-se então na ligação entre a natureza defeituosa do prospecto e a formação de preços e materializa-se através da decisão do investidor[906]. A protecção dos interesses patrimoniais do investidor dá-se através da tutela da formação de preços e não por via da protecção da confiança do investidor individual na exactidão do conteúdo do prospecto.

Assim se compreende que alguns ordenamentos jurídicos tenham prescindido da prova da ligação entre a decisão do investidor e a natureza defeituosa do prospecto. Assim, as *Sections* 11 e 12 (a) (2) do *Securities Act* não assentam genericamente na necessidade de prova de *reliance*. Uma vez estabelecido o elemento de natureza objectiva consistente na *materiality* do facto retratado de forma deficiente ou omitido, que se identifica com a sua relevância para a decisão do Homem prudente e razoável, não impõe a lei a prova de um elemento subjectivo assente na confiança individual do investidor no conteúdo da informação[907].

[906] Hopt/Voigt, *Grundsatz-und Reformprobleme... cit.*, p. 96.

[907] Veja-se Loss/Seligman, referindo-se à *Section* 12 (a) (2), defendem não ser necessária a prova de que a decisão do investidor foi tomada confiando nas informações defeituosas, salientando assim que a prova da *reliance* do investidor na informação deficiente não é pressuposto de responsabilidade neste âmbito (*Fundamentals of Securities Regulation... cit.*, pp. 1200 e segs. e 1234). No mesmo sentido, sublinhando a propensão para a interpretação da *Section* 12 (a) (2) do *Securities Act* no sentido de assentar na necessidade de prova de *reliance*, Hazen, *Treatise on the Law of Securities Regulation... cit.*, pp. 274 e 275.

No que respeita à *Section* 11, embora não constitua um requisito geral da responsabilidade pela deficiência dos *registration statements*, será esse requisito chamado nas condições previstas na *Section* 11 (a) (5). A lei exige a prova de que a decisão do investidor procedeu da confiança depositada no *registration statement*, caso se verifiquem simultaneamente duas condições: a publicação de declaração de ganhos (*earning statement*) e a realização da transacção depois de decorridos 12 meses sobre a data efectiva do *registration statement*. A razão de ser desta exigência deixa-se surpreender no facto de o legislador supor que nestas condições a compra e o preço dos instrumentos financeiros foram determinados pelo *earning statement* e não tanto pelo *registration statement* (v. Hazen, *Treatise on the Law of Securities Regulation... cit.*, pp. 220, nota 58). Repare-se que a prova de *reliance* não envolve a prova de leitura do *registration statement* – v. sobre a ausência do elemento da *reliance* nas acções integradas na *Section* 11 do *Securities Act*, Hazen, *Treatise on the Law of Securities Regulation... cit.*, pp. 220 e 221.

Devido a dificuldades relacionadas com a exigência deste elemento no âmbito da *Rule* 10-b-5 do *Securities and Exchange Act*, o SupremoTribunal dos Estados Unidos, em 1988, no caso *Basic Inc. vs. Levinson*[908], considerou que uma vez que num mercado (semi) eficiente os preços reflectem toda a informação material tornada pública, poderá presumir-se a confiança no investidor na informação publicada, sem que, portanto, seja necessária a prova do conhecimento da informação por parte de cada investidor[909]. Esta asserção exprime os ensinamentos da *Fraud-on-the-Market Theory*.

Também o art. 90 FSMA britânico não exige prova de *reliance* no conteúdo do prospecto[910], assentando igualmente nos ensinamentos da *Fraud-on-the-Market Theory*.

A percepção do mecanismo de formação de preços num mercado (semi) eficiente tem levado a um afastamento da exigência da prova de que a vontade do investidor foi determinada pelo conteúdo da informação divulgada. Assim sendo, pensamos que a consciência da especificidade do mecanismo de formação de preços no moderno mercado de valores mobiliários não produz meras consequências probatórias, mas envolve uma mudança ao nível da identificação do bem juridicamente protegido. Na verdade, ao contrário do que se passa com o pensamento da *Anlagestimmung*, que procura responder a dificuldades na prova da confiança de cada investidor no conteúdo do prospecto, a *Fraud-on-the-Market Theory*, embora seja com frequência vista como simples fundamento da facilitação ou de inversão do ónus da prova da influencia da deficiência da informação na vontade individual do investidor acarreta, na realidade, uma perspectiva diversa do bem jurídico protegido, que não pode mais surpreender-se na formação da vontade individual do investidor como instrumento de protecção do património do investidor, mas que se deverá encontrar na regular formação de preços.

2.2. A irrelevância do conhecimento ou dever de conhecimento da deficiência do prospecto pelo investidor no estabelecimento da causalidade fundamentadora da responsabilidade

Na linha de pensamento que acabámos de descrever, cremos que será suficiente na concretização da causalidade fundamentadora da responsabilidade a prova de que o preço formado no mercado seria diverso se o conteúdo do prospecto não estivesse viciado. Entendemos que a causalidade fundamentadora da responsabilidade não estará dependente de qualquer representação do investidor. Efectiva-

[908] 485 US 225 e segs.

[909] 485 US 241 e segs.

[910] PAUL DAVIES/SARAH WORTHINGTON, *Gower and Davies' Principles of Modern Company Law... cit.*, p. 931.

mente, sendo o património do investidor protegido através da regular formação de preços no mercado e não através da formação da vontade individual de cada investidor, a causalidade fundamentadora deverá ser estabelecida ao nível supra-individual no qual se situa a formação de preços.

O conhecimento que o investidor possua do vício do prospecto ou desconhecimento culposo representam, como dissemos, a assunção do risco por parte do investidor. Esta assunção de risco interrompe o nexo causal entre a irregularidade na formação de preços e os danos sofridos pelo investidor. Foi, recorde-se, a interpretação que fizemos do art. 149º/3 CVM. Por esta razão o conhecimento do investidor afasta a causalidade preenchedora da responsabilidade.

Pelo contrário, a questão do conhecimento ou dever de conhecimento por parte do investidor já seria um elemento relevante no que respeita ao estabelecimento da causalidade fundamentadora da responsabilidade se os interesses patrimoniais do investidor fossem protegidos através da tutela da formação da vontade individual do investidor. Em tal hipótese, o bem jurídico – a regular formação da vontade – não seria atingido porque o investidor não estava ou não deveria estar em erro. Ficaria assim afastada a causalidade fundamentadora da responsabilidade.

Do que temos vindo a referir, e como já de resto anteriormente tínhamos deixado antever, resulta que o conhecimento da inexactidão do prospecto por parte do investidor integra um verdadeiro problema de estabelecimento do nexo de causalidade e não um problema de ponderação do concurso de condutas do lesante e do lesado na produção do dano, ao jeito do art. 570º CC[911] ou do § 254 BGB. Relevará em sede de causalidade fundamentadora da responsabilidade ou em sede de responsabilidade preenchedora da responsabilidade consoante se considere que os interesses patrimoniais do investidor são protegidos pela tutela

[911] O conhecimento do investidor como motivo de afastamento da responsabilidade do responsável pela deficiêcia do prospecto não poderá considerar uma concretização do art. 570º/2 CC, uma vez que o art. 149º/3 CVM é causa de exclusão da responsabilidade em face do investidor, ainda que a culpa do responsável tenha sido provada. Não cremos, deste modo, dever aceitar-se a observação de HELLGARDT quando sustenta que o conhecimento pelo investidor da deficiência do prospecto não se insere numa questão de causalidade, mas se insere no problema da conculpabilidade – v. *Kapitalmarktdeliktsrecht... cit.*, p. 520. Com efeito, o Autor coloca o problema do conhecimento da irregularidade do prospecto pelo investidor na órbitra da conculpabilidade com a intenção de salientar a sua irrelevância no quadro da causalidade fundamentadora da responsabilidade. Como referimos em texto, concordamos com a irrelevância desse conhecimento no âmbito da responsabilidade fundamentadora da responsabilidade onde os interesses patrimoniais do investidor sejam protegidos através da regular formação de preços e não através da regular formação da vontade individual do investidor. No entanto, cremos que se integra no problema da causalidade preenchedora e não na questão de concurso de culpas do lesante e do lesado.

da regular formação de preços ou pela protecção da regular formação da vontade individual do investidor.

O FSMA britânico parece-nos assumir uma feição paradigmática do que temos vindo a referir. Na realidade, partindo da *Fraud-on-the-Market Theory*, não faz o diploma depender a pretensão indemnizatória do investidor da determinação da transacção pelo conteúdo do prospecto (contanto que a transacção seja efectuada no período em que o preço reflecte o vício do prospecto[912]). Ao mesmo tempo, elege o conhecimento que o investidor tenha sobre o vício do prospecto como *defence*, atendendo à quebra do nexo de causalidade entre a conduta do lesado o dano patrimonial sofrido pelo investidor[913].

Também as *Sections* 11 e 12 (a) (2) do *Securities Act*, embora não exigindo, pelo menos em sede geral[914], que o investidor tenha depositado confiança no conteúdo do prospecto, como condição de ressarcimento do investidor, consideram relevante o conhecimento que o investidor tenha da deficiência do prospecto. Cremos que a circunstância de o legislador norte-americano ter prescindido da relevância da determinação da vontade do investidor pelo conteúdo do prospecto como pressuposto do ressarcimento do investidor, satisfazendo-se com a prova da natureza material do facto ou da omissão indicia que a protecção dos interesses patrimoniais do investidor não se faz através da tutela da formação da vontade individual. Deste modo, cremos que o conhecimento que o investidor tenha da deficiência do prospecto é uma questão que não se situa no domínio da causalidade fundamentadora da responsabilidade, mas sim no domínio da causalidade preenchedora da responsabilidade.

2.3. A importância da hipótese do mercado (semi) eficiente e a prova da natureza material da deficiência do prospecto

Verificamos que, onde exista um mercado (semi) eficiente, é irrelevante, no contexto da protecção dos interesses patrimoniais do investidor, a existência de uma ligação entre a natureza defeituosa do prospecto e a vontade individual do investidor. O nexo relevante estabelecer-se-á antes entre a deficiência do prospecto e a regular formação de preços no mercado. O que importa não é pois a confiança que o investidor coloque no conteúdo do prospecto, mas antes a aptidão do facto

[912] Paul Davies/Sarah Worthington, *Gower and Davies' Principles of Modern Compay Law... cit.*, pp. 931 e 932.

[913] Paul Davies/Sarah Worthington, *Gower and Davies' Principles of Modern Compay Law... cit.*, p. 933.

[914] Lembre-se o caso da *Section* 11 do *Securities Act* no caso de publicação de um *earning statement* depois de decorridos 12 meses sobre a data efectiva do *registration statement*, em que a confiança depositada pelo investidor no prospecto é requisito de responsabilidade.

sobre o qual recai a inexactidão ou a omissão influenciar a formação do preço no mercado, isto é, a sua natureza material.

O CVM português não se pronunciou expressamente sobre o problema da necessidade do estabelecimento de nexo causal entre o vício do prospecto e a decisão do investidor. Ao contrário do seu antecessor, o CVM não consagra a relevância abstracta da deficiência da informação na decisão do investidor.

Com efeito, o Cod.MVM não reconhecia relevância à ligação entre a deficiência do prospecto e a concreta decisão do investidor. Acolhia, ao invés, como condição de ressarcimento do prejuízo sofrido pelo investidor a relevância do facto sobre o qual incide a deficiência do prospecto na decisão do "investidor normalmente prudente". Pensamos que mais do que uma questão probatória, tratava-se de prescindir de uma ligação concreta entre o vício do prospecto e a decisão de cada investidor. Elegia antes um critério objectivo, abstracto, que não se coadunava com a pretensão de proteger os interesses patrimoniais do investidor através da protecção da formação da vontade individual[915].

O actual CVM não consagrou uma norma paralela ao art. 161º/2, al. e) acabado de descrever. Por isso, surgem dúvidas quanto à dependência da pretensão indemnizatória da determinação da vontade do investidor pelo conteúdo do prospecto. Embora não exista uma norma paralela à do anterior Cod.MVM, partindo o CVM da *Efficient Capital Market Hypothesis*, a causalidade fundamentadora não dependerá das representações individuais do investidor. Será exigida a prova do vício do prospecto, assim como da natureza material do facto ou da omissão em que assenta esse vício. Um facto ou omissão terão natureza material

[915] Defendendo a irrelevância da determinação positiva da vontade do investidor pelo conteúdo deficiente do prospecto em face do Cod.MVM, Amadeu José Ferreira, *Direito dos Valores Mobiliários*. Lisboa: AAFDL, 1997, pp. 404 e 405. O Autor observa, com razão, que o prospecto é dirigido ao público, não ficando a obrigação de indemnizar dependente das motivações individuais de cada investidor. Ao investidor bastaria provar o vício do prospecto e os danos. A alteração de preços faria presumir que o investidor foi afectado. Não deixa, no entanto, de sublinhar que o conhecimento ou a ignorância culposa por parte do investidor do vício do prospecto afastariam a pretensão indemnizatória do investidor, de acordo com o art. 163º/1 do Cod.MVM. De acordo com o que defendemos em texto, trata-se de uma questão que se situa fora do quadro da causalidade fundamentadora onde se entenda que o património do investidor não é protegido através da tutela da vontade de cada investidor, mas da regular formação de preços.
Também considerando irrelevante a determinação do investidor pelo vício do prospecto na pretensão indemnizatória do investidor no Cod.MVM, Costa Pina, *Dever de Informação... cit.*, p. 223, nota 436, e Menezes Leitão, *Actividades de intermediação e responsabilidade dos intermediários financeiros... cit.*, p. 154. No sentido da relevância da determinação da vontade do investidor em matéria da responsabilidade civil por omissão da divulgação de factos relevantes ou pela sua defeituosa divulgação, em face do art. 344º/1 do Cod.MVM, Castilho dos Santos, *O Dever de Informação sobre Factos Relevantes na Sociedade Cotada*. Lisboa: AAFDL, 1998, p. 99.

onde se demonstre que um investidor razoável os teria em conta na sua decisão relativa ao investimento[916]. Deste modo, um facto ou omissão materiais serão susceptíveis de influir na formação dos preços do mercado. Perante um facto ou omissão em que esta característica seja ausente, prejudicada estará a causalidade fundamentadora, onde se entenda ser o investidor protegido através da regular formação de preços[917] e não através da regular formação da sua vontade individual.

Já onde a vontade individual constituísse o bem juridicamente protegido, a materialidade do facto ou da omissão relevaria no âmbito da causalidade preenchedora da responsabilidade, uma vez que a causalidade fundamentadora da responsabilidade se deixaria surpreender na determinação da vontade do investidor pela deficiência do prospecto. Na verdade, a influência do facto ou omissão na formação do preço relevaria, neste quadro, na ligação entre a lesão da vontade e o dano sofrido pelo investidor. Compreende-se, neste cenário, que se coloque com particular acuidade o problema do ónus da prova, quer no que respeita à determinação da vontade do investidor pela deficiência do prospecto (a *reliance* do Direito norte-americano), quer no que concerne ao nexo causal entre a irregular formação da vontade individual do investidor e a influência do vício do prospecto na queda do preço dos valores mobiliários (*loss causation* na terminologia norte-americana).

Onde se identifique como via da protecção dos interesses patrimoniais do investidor a regular formação de preços no mercado, o tratamento do problema do ónus da prova em matéria de nexo de causalidade apresenta-se menos problemático. Assim, como referimos, no moderno mercado de valores mobiliários (semi) eficiente, os preços, em princípio, reflectem toda a informação tornada pública, não relevando as representações individuais do investidor quanto ao vício do prospecto. Assim sendo, a causalidade fundamentadora da responsabilidade deverá considerar-se estabelecida através da ligação do defeito do prospecto ao preço formado, sem olhar à determinação da vontade do investidor. Prescinde-se da averiguação da *reliance*, não se levantando, portanto, qualquer problema de ónus da prova nesta matéria. Consequentemente, o facto de a actual lei mobiliária não consagrar uma norma paralela ao mencionado art. 161º/2 al. e) do Cod.MVM, não impede que o estabelecimento da causalidade fundamentadora da responsbilidade se faça independentemente da circunstância de o vício do prospecto ter determinado a vontade individual do investidor.

[916] V. HAZEN, *Treatise on The Law of Securities Regulation... cit.*, p. 274, e LOSS/SELIGMAN, *Fundamentals of Securities Regulation... cit.*, p. 1200.

[917] Neste sentido, HOPT/VOIGT, *Grundsatz-und Reformprobleme... cit.*, pp. 98 e 99.

2.4. A necessidade de existência de uma relação de causalidade entre a correcção do prospecto e a queda do preço dos valores mobiliários – o ónus da prova

Maiores dúvidas se poderiam levantar no que respeita à necessidade de o investidor provar que a deficiência do prospecto efectivamente determinou uma irregular formação do preço. Por outras palavras, trata-se de averiguar se bastará ao investidor provar abstractamente a natureza material da informação ou se terá de ir mais longe e demonstrar ter sido a deficiência do prospecto efectivamente causa da irregular formação do preço. Como referimos, a demonstração da ligação causal está dependente da ocorrência de uma queda do preço dos valores mobiliários no mercado em resultado da revelação da deficiência do prospecto. Esta conclusão decorre, recordamos, da opção do legislador pelo modelo da *disclosure philosophy*, para o qual a intervenção da ordem jurídica assume natureza procedimental, procurando garantir as condições de funcionamento do mercado e não a ele se substituir na avaliação dos valores mobiliários aí negociados. Impõe-se igualmente ter sido a queda do preço provocada por essa revelação[918].

Ao contrário do que frequentemente é entendido, consideramos que a necessidade da queda do preço não se situa exclusivamente na relação entre a irregular formação de preços e o dano concretamente sofrido pelo investidor[919].

Com efeito, pensamos que a questão se situa no plano da causalidade fundamentadora, uma vez que o que está em causa é *a prova de que a deficiência do prospecto foi efectivamente causa de uma irregular formação de preços*. No âmbito do nosso

[918] Recordamos ser essa posição tomada na decisão do Supremo Tribunal dos Estados Unidos a propósito da aplicação da *Rule* 10-b 5 do *Securities and Exchange Act*, na decisão *Dura Pharmaceuticals vs. Broudo*. Esta decisão vem, alíás, na linha da tese defendida por COFFEE que coloca no centro da sua argumentação a circunstância de o mercado ser mais competente para avaliar os instrumentos financeiros com base na informação disponibilizada – *Causation by Presumption?... cit.*, p. 2.
Em sentido diverso, aceitando a capacidade de os tribunais procederem a essa avaliação sem estarem necessariamente vinculados à leitura da informação realizada pelo mercado, pode ver-se MERRIT FOX, *Demystifying Causation in Fraud-on-the-Market Actions*. Columbia Law School – Center for Law and Economics. Working Paper 261. Net: http://papers.ssrn.com/sol3/papers.cfm?abstract_id=625361, p. 27.

[919] Situando a necessidade da quebra do preço no mercado após a correcção do conteúdo do prospecto no seio da causalidade preenchedora da responsabilidade, HELLGARDT, *Kapitalmarktdeliktsrecht... cit.*, pp. 494 e 530. Precise-se, no entanto, que o Autor coloca a deficiência na formação de preços ao nível da causalidade fundamentadora da responsabilidade, como consideramos ser correcto. No entanto, em sentido diverso do que defendemos em texto, HELLGARDT não perspectiva a quebra de preço após a revelação da correcta informação perante o mercado como elemento necessário à prova de uma irregular formação de preço no momento da transacção, qualificando antes a queda do preço após a correcção do conteúdo do prospecto como elemento necessário à verificação de uma ligação causal entre a irregular formação de preços no momento da compra e o dano concretamente sofrido pelo investidor.

Direito, em que a intervenção da ordem jurídica é pautada pela preocupação em garantir as condições necessárias ao bom funcionamento do mercado, não pretendendo a ele substituir-se, a avaliação do valor dos instrumentos financeiros caberá ao público investidor e não ao julgador. Daí que a reacção do público investidor perante o conhecimento do vício do prospecto tenha uma importância decisiva na determinação do preço que se formaria na ausência do vício informativo.

Cremos que a assunção da existência de um mercado (semi) eficiente abre a porta, pelo menos, ao reconhecimento de uma presunção *prima facie* de influência da correcção do prospecto na queda do preço. Com efeito, no contexto de um mercado (semi) eficiente os preços reflectem toda a informação divulgada, pelo que se poderá presumir, uma vez demonstrada a natureza material do facto ou da omissão sobre os quais assentou a deficiência do prospecto, que a queda do preço subsequente à revelação foi causada pela correcção do prospecto, concluindo-se por esta via que o vício do prospecto determinou uma divergência entre o preço formado e o valor intrínseco dos valores mobiliários.

No entanto, consideramos poder ir mais longe e defender uma presunção legal de que o vício do prospecto determinou uma formação deficiente de preços. Com efeito, uma vez provados o vício do prospecto, a queda de preço subsequente à sua correcção e a natureza material do facto ou da omissão sobre os quais incidiu a deficiência do prospecto, ou seja, a sua aptidão para influenciar a formação de preços no mercado, cremos que estes factos poderão servir de base a uma inversão do ónus da prova, permitindo ir além de uma simples facilitação de prova. O ónus da prova ficará assim a expensas do presumido responsável, a quem caberá demonstrar a independência da queda do preço dos instrumentos financeiros em relação à divulgação da correcção do prospecto. Admitindo a ordem jurídica a reserva da capacidade de avaliação dos instrumentos financeiros ao público investidor e sendo produzida prova de que a quebra do preço se deveu exclusivamente a outros factores, atestar-se-á que a deficiência do prospecto não originou a avaliação dos instrumentos financeiros não coincidente com o seu valor substancial[920].

Embora o art. 152º/2 CVM preveja apenas a hipótese de concausalidade, pensamos que, partindo da assunção de um mercado (semi) eficiente, é possível

[920] Damos razão a MERRIT FOX, ao perspectivar a queda do preço no mercado depois da correcção do prospecto como elemento relevante na apreciação de uma errada formação de preços, no momento da compra, provocada pela irregularidade do prospecto no quadro de um mercado (semi) eficiente – v. *Demystifying Causation in Fraud-on-the-Market Actions... cit.*, pp. 27 e 28. Como já referimos em texto, a queda do preço no mercado é, tendo em conta a linha de política legislativa seguida pela nosso Direito, determinante para avaliar se o preço formado no momento da compra dos instrumentos financeiros divergia do seu valor intrínseco.

extrair uma presunção de causalidade do art. 149º/1 CVM. Com efeito, se assentarmos na hípótese do mercado (semi) eficiente, admitiremos, como é sabido, a ideia da incorporação no preço de toda a informação tornada pública. Deste modo, ao demonstrar o investidor o vício do prospecto, a queda de preço subsequente à correcção do prospecto e a natureza material do facto ou da omissão, será legítimo presumir a causalidade entre a incorrecção do prospecto e a queda do preço no mercado e, consequentemente, a incorrecta formação do preço no mercado.

Na verdade, os deveres de tornar pública a informação que deve compor o conteúdo do prospecto e os requisitos de qualidade a que o seu cumprimento está submetido visam a correcta formação de preços, sendo, por este motivo, possível presumir que o vício do prospecto, desde que se baseie em facto ou omissão susceptível de determinar a avaliação de um investidor razoável, deu origem a uma incorrecta formação do preço dos instrumentos financeiros no mercado.

Não devemos, contudo, deixar de ter em conta a circunstância de que, conforme explicámos, a apreciação da existência de uma divergência entre o preço de compra e o valor substancial dos instrumentos financeiros, no momento da transacção, depende da leitura do público investidor. Daí que a lei não possa ignorar a reacção do púlico investidor perante a correcção do prospecto.

No entanto, tendo presente a *ratio* dos deveres de publicação e de qualidade das informações que devem compor o prospecto – a promoção da correcta formação de preços em mercado (semi) eficiente –, a sua violação justificará uma inversão do ónus da prova do nexo de causalidade entre a correcção do prospecto e a queda do preço dos instrumentos financeiros, sendo tarefa do responsável provar a ausência de conexão entre a correcção do conteúdo do prospecto e a quebra do preço.

Como começámos por apontar, esta presunção terá a sua sede no art. 149º/1 CVM[921]. O art. 149º/1 CVM estabelece uma presunção de culpa, mas parece-nos ter um âmbito mais alargado, aí se podendo incluir não só a presunção de culpa, mas também as presunções de ilicitude e de nexo de causalidade. Como referimos, sendo *ratio* do dever de publicar as informações que devem constar do prospecto e dos deveres de correcção que sobre ele impendem, possibilitar uma regular formação de preços, uma vez demonstrada a essencialidade do facto deficientemente retratado no prospecto ou da omissão na avaliação de um investidor racional, deverá decorrer não só uma presunção de contrariedade à ordem jurídica, como também uma presunção de que o vício do prospecto foi causa da

[921] Neste sentido, Paulo Câmara, *Manual de Direito dos Valores Mobiliários... cit.*, p. 720.

diminuição do preço após a correcção do prospecto e, consequentemente, de uma irregular formação de preços[922].

Assistimos, desta forma, a uma presunção da causalidade fundamentadora da responsabilidade, contanto que o investidor identifique o responsável, o vício do prospecto, a queda do preço após a revelação da verdade e a natureza material do facto deficientemente retratado ou omitido. Já a prova da ligação entre a lesão do bem jurídico da correcta formação de preços e os danos concretamente sofridos por cada investidor a este caberá, como veremos.

A protecção do património do investidor através da correcta formação de preços tem como pano de fundo a hipótese do mercado (semi) eficiente. Por conseguinte, somos conduzidos, por um lado, a olhar a determinação da decisão de cada investidor pela deficiência do prospecto como irrelevante e, por outro, a aceitar uma presunção de que o defeito do prospecto provocou uma deficiente formação de preço, depois de estabelecida a natureza material do facto ou da omissão. O ónus da prova em matéria de um nexo causal entre o vício do prospecto e uma divergência entre o preço suportado pelo investidor e o valor intrínseco dos valores mobiliários caberá ao presumido responsável, devendo ser este a provar que a quebra do preço subsequente à correcção do facto ou ao suprimento da omissão se ficou a dever a motivos diferentes dessa correcção. A inversão do ónus da prova está aliás em linha com a solução estabelecida no *Securites Act* norte-americano, onde tanto a *Section* 11 como a *Section* 12 (a) (2) fazem gravar o ónus da prova da *loss causation* sobre o responsável.

Por outro lado, o art. 152º/2 CVM põe a cargo do responsável, no caso de concurso de causas na produção do prejuízo sofrido pelo investidor[923], o ónus da prova, sendo neste caso o montante da indemnização reduzido. Em coerência, também a prova de que o declínio do preço no mercado se ficou a dever a causas diversas da deficiência do prospecto, deverá ficar a cargo do responsável[924].

[922] Carneiro da Frada entende consagrar o art. 799º CC uma presunção não apenas de censurabilidade da conduta, mas também de ilicitude e de nexo de causalidade entre a conduta faltosa do devedor e o incumprimento – v. *Contrato... cit.*, pp. 191 a 193. Pelas razões expostas no texto, cremos poder proceder a uma análise semelhante do art. 149º/1 CVM.

[923] Sobre o problema do concurso de causas abrangido no art. 152º/2 CVM, veja-se o que dizemos a propósito da causalidade preenchedora da responsabilidade.

[924] Neste sentido, Paulo Câmara, *Manual de Direito dos Valores Mobiliários... cit.*, pp. 721 e 722. Parecendo ir em sentido contrário, Menezes Leitão, duvida que da lei possa resultar uma inversão do ónus da prova em matéria de causalidade, realçando ser discutível que ela possa resultar de uma interpretação *a contrario sensu* do art. 152º/2 CVM, uma vez que apenas admite a hipótese de redução – v. *Actividades de intermediação e responsabilidade dos intermediários financeiros ... cit.*, p. 156, e *A responsabilidade civil do auditor... cit.*, p. 239.

Já onde não se parta da hipótese do mercado (semi) eficiente, a regular formação de preços no mercado não surge como via de protecção do património do investidor. Neste contexto, compreende-se a importância da determinação da decisão do investidor pelo conteúdo defeituoso do prospecto. Do mesmo modo, facilmente se percebe que a prova da ligação da quebra do preço à revelação do vício do prospecto não se apresente como elemento de comprovação de que o vício do prospecto teria originado uma divergência entre o valor pago pelo investidor e o valor substancial dos instrumentos financeiros por ele comprados, ou seja, não se situa, como dissemos, no plano da causalidade fundamentadora da responsabilidade, como vimos acontecer no contexto da hipótese do mercado (semi) eficiente. A relação de causalidade entre a correcção do vício do prospecto e a subsequente quebra do preço revela-se antes um elemento necessário ao estabelecimento da relação entre a decisão e o dano sofrido pelo investidor. Situa-se, como dissemos, ao nível da causalidade preenchedora da responsabilidade[925].

Efectivamente, se estiverem ausentes do dever de publicação e de qualidade da informação que deve integrar o prospecto as premissas em que assenta a hipótese do mercado (semi) eficiente, a natureza material do facto sobre o qual assenta a deficiência do prospecto não deverá servir de base à inversão do ónus da prova, não ficando assim o responsável obrigado a demonstrar que a queda do preço subsequente à correcção do prospecto não se ficou a dever a essa revelação. Com efeito, não estando presente a premissa de que o preço incorpora toda a informação relevante tornada pública, não podemos fazer decorrer da natureza material do facto deficientemente retratado ou omitido a inversão do ónus da prova no que respeita à relação de causalidade entre a revelação da informação e a queda do preço.

Não nos parece, pois, que, onde se pretendesse identificar a vontade individual do investidor como a via de protecção do seu património, se pudesse fazer

[925] Em sentido próximo vão as reflexões de MERRIT FOX, no âmbito da *Rule* 10-b 5, sustentando que a exigência de demonstração da *loss causation* se casa bem com o requisito tradicional de *reliance* – *Demystifying causation in Fraud-on-the-Market Actions*, pp. 3 e segs.
Com efeito, onde a lei faça depender o ressarcimento da relação causal entre o prospecto e a realização da transacção, compreende-se que surja igualmente como requisito do direito do investidor à indemnização a ocorrência de uma ligação causal entre o negócio e o dano sofrido pelo investidor, que apenas existirá onde a correcção da informação seja a causa do declínio do preço no mercado. O Autor considera que estes requisitos se adaptam bem às hipóteses em que esteja ausente um mercado eficiente. Na realidade, parece partir da hipótese de um mercado eficiente e não da hipótese de um mercado (semi) eficiente, como resulta das considerações que tece sobre a incorporação nos preços de formação não tornada pública – veja-se *Demystifying causation in Fraud-on-the-Market Actions*, pp. 26 e 27.

decorrer da violação do dever de qualidade da informação contida no prospecto uma presunção de que a queda do preço subsequente à correcção do prospecto a esta se ficou a dever.

Na verdade, não se identificando o fim da norma com o objectivo de promover a regular formação de preços no mercado, antes se identificando com a finalidade de proteger a formação da vontade de cada investidor, a sua violação não permitiria presumir que a queda de preço se ficou a dever à rectificação da informação contida no prospecto, assim causando um dano ao investidor. Daí que, na ausência de uma disposição específica, ditando expressamente uma presunção legal de causalidade, ao jeito do § 23 (2) (2) WpPG, se não possa aceitar a existência de uma presunção legal[926]. O que acabamos de dizer, não constituirá, quanto a nós, obstáculo à possibilidade de se admitir uma facilitação da prova com base na circunstância de a revelação da correcção do prospecto, sendo um facto susceptível de influenciar a decisão de um investidor razoável, ser capaz, segundo as regras da experiência, de determinar uma quebra na procura dos instrumentos financeiros, causadora de uma queda do preço.

O que nos parece de rejeitar é admitir-se, sem uma previsão expressa nesse sentido, uma inversão de ónus da prova de causalidade entre a rectificação do prospecto e a queda do preço, caso se entenda que o dever de publicar a informação que deve integrar o prospecto e os requisitos de qualidade do conteúdo do prospecto se orientam no sentido de proteger o património do investidor por via da regular formação da vontade e não pela via da regular formação de preços no quadro de um mercado (semi) eficiente[927]. Queremos com isto dizer que se a protecção do património pretendida pelo dever de publicação e de qualidade

[926] Ao invés do que defendemos em face do art. 149º/1 CVM, ao partirmos do princípio de que o dever de publicar a informação que deve integrar o prospecto e os requisitos de qualidade a que está sujeita almejam a regular formação de preços num mercado (semi) eficiente.

[927] Como já referimos a propósito do nexo de causalidade entre a informação defeituosa dada pelo intermediário financeiro e a decisão tomada pelo investidor, em matéria de inversão do ónus da prova assume uma importância decisiva o fim do dever de informação violado. Na verdade, a inversão do ónus da prova não poderá derivar de simples regras de experiência, mas reclama um fundamento normativo – veja-se neste sentido GRIGOLEIT, *Vorvertragliche Informationshaftung... cit.*, p. 173, com referências. Este fundamento normativo encontra-se no fim da norma.
Deste modo, onde se entendesse presidir à finalidade dos deveres de publicação e de qualidade da informação que deve constar do prospecto a protecção do património do investidor através da regular formação da sua vontade, a deficiência do prospecto que incidisse sobre um facto material não poderia fundamentar a inversão do ónus da prova da determinação da quebra do preço pela correcção do prospecto efectuada perante o mercado. Cremos, por outras palavras, que o fim da norma só justifica uma inversão do ónus da prova onde os deveres de publicação da informação contida no prospecto e da sua correcção se insiram no contexto da aceitação *Efficient Capital Market Hypothesis*.

das informações que devem compor o prospecto for entendida como fruto da protecção da vontade do investidor, e não como resultado da protecção da regular formação de preços no mercado (semi) eficiente, não fará sentido extrair da natureza material do facto ou da omissão em que se traduziu a deficiência do prospecto uma inversão do ónus da prova da relação de causalidade entre a revelação da deficiência do prospecto e a quebra do preço no mercado, por sua vez causadora do prejuízo sofrido pelo investidor. De facto, devemos ter presente que o fim da norma não estará na tutela da regular formação de preços no mercado, mas a protecção da formação da vontade do investidor. Daí que não se possa fazer decorrer da sua violação a ligação causal entre a revelação do defeito do prospecto e a queda de preço.

2.5. Conclusões sobre o estabelecimento da causalidade fundamentadora no contexto de um mercado (semi) eficiente

Uma vez presentes as condições de funcionamento de um mercado (semi) eficiente[928], orientando-se o dever de publicação das informações que devem compor o prospecto, em consonância, pelo objectivo de promover uma regular formação de preços no mercado, e assumindo, como vimos, o dever de qualidade do conteúdo do prospecto a natureza de uma norma de protecção de interesses patrimoniais individuais do investidor, somos levados a concluir que a protecção dos interesses patrimoniais do investidor se realiza através da protecção da regular formação de preços e não por via da protecção da formação da vontade de cada investidor.

Por conseguinte, a causalidade fundamentadora da responsabilidade dispensa qualquer consideração sobre a determinação da vontade do investidor pela deficiência da informação contida no prospecto. Por outro lado, a necessidade de

De facto, se se considerasse que a informação contida no prospecto tem por finalidade a protecção do património do investidor pela via da regular formação da sua vontade, na falta de uma disposição expressa no sentido da inversão do ónus da prova quanto à relação causal entre a rectificação da deficiência do prospecto e a queda do preço, a consideração do fim da norma apenas poderia conduzir a uma inversão o ónus da prova no que respeita à determinação da vontade individual do investidor pela deficiência do prospecto, não sendo susceptível, segundo nos parece, de fundamentar uma inversão do ónus da prova quanto à determinação da queda do preço pela revelação da verdade perante o mercado.

[928] Neste sentido, HELLGARDT aponta casos em que não estão presentes os requisitos de um mercado eficiente. Considera o Autor para instrumentos financeiros para os quais não exista um mercado secundário ou em que o mercado secundário se caracteriza por uma atmosfera de euforia (*hot markets*), onde os preços não reflectem a informação tornada pública. Nestes casos, o Autor coerentemente considera relevar a protecção dos interesses patrimoniais do investidor pela via da tutela da regular formação da vontade individual do investidor – *Kapitalmarktdeliktsrecht... cit.*, pp. 523 a 529.

queda do preço após a revelação da incorrecção do prospecto é um elemento necessário para comprovar a irregular formação de preços no momento da compra dos instrumentos financeiros, situando-se logo ao nível da causalidade fundamentadora da responsabilidade. Onde esteja presente uma orientação de política legislativa dirigida pela preocupação de a ordem jurídica apenas intervir no sentido de garantir as condições necessárias ao bom funcionamento do mercado, o juízo feito pelo público investidor assume um papel decisivo na apreciação de uma divergência, entre o preço pago pelo investidor e o valor substancial dos instrumentos financeiros, causada pela deficiência do prospecto.

Tendo em conta que o art. 135º CVM surge como uma norma de protecção de interesses patrimoniais do investidor afectados pela deficiência do prospecto, é necessário tratar da relação de causalidade entre a deficiência do prospecto e os danos concretamente sofridos pelo investidor. Passamos, neste caso, para a questão da causalidade preenchedora.

3. Causalidade preenchedora da responsabilidade na responsabilidade civil por prospecto

Uma vez assente que a deficiência do prospecto deu origem a uma divergência entre o montante pago pelo investidor e o valor intrínseco dos instrumentos financeiros, surge o problema da ligação entre a irregular formação de preços e os danos concretamente sofridos pelo investidor. Confrontamo-nos, por outras palavras, com o problema da causalidade preenchedora da responsabilidade.

Recordamos que a ocorrência da queda do preço subsequente à revelação da correcção do prospecto e por esta causada é um elemento indispensável à afirmação da deficiência no conteúdo do prospecto como causa de incorrecta formação de preços no momento da compra. Releva, portanto, no estabelecimento da causalidade fundamentadora da responsabilidade.

Já a medida da deficiente formação de preços, ou seja, a medida da diferença entre o preço desembolsado pelo investidor e o valor real dos instrumentos financeiros encontra-se na órbitra da causalidade preenchedora da responsabilidade[929]. Em harmonia com o que temos vindo a referir sobre o papel decisivo da apreciação feita pelo público investidor em matéria de determinação do valor dos instrumentos financeiros no quadro do mercado (semi) eficiente, a medida da divergência entre o preço, em princípio, é retratada pela queda do preço dos instrumentos financeiros após a correcção do prospecto.

[929] Veja-se, neste sentido, HELLGARDT, *Kapitalmarktdeliktsrecht... cit.*, pp. 521, 541 e segs.

Sucede, porém, que *a queda do preço* subsequente à revelação da correcção do conteúdo do prospecto se tenha também ficado a dever a factores diferentes da tomada de conhecimento pelo público investidor daquela correcção[930].

Assim, onde o dano sentido pelo investidor se deixe surpreender na circunstância de este haver comprado os instrumentos financeiros por um valor superior ao que se formaria no mercado se o prospecto fosse livre de defeito, a descida de preço provocada pelos riscos gerais *não integra* o dano indemnizável causado pelo defeito do prospecto. Trata-se de um problema de (ausência) de causalidade, mais precisamente de causalidade preenchedora da responsabilidade.

O ónus da prova, pelas considerações que tecemos sobre o fim das normas que consagram os deveres de publicação e de qualidade da informação no quadro de um mercado (semi) eficiente, impende sobre o responsável, a quem também competirá provar que a queda do preço após a correcção do prospecto em parte decorreu de causas diferentes da divulgação da correcção do prospecto[931].

Em sentido inverso, os lucros cessantes são prejuízos cuja verificação depende da situação concreta de cada investidor, pelo que será ao investidor lesado que caberá fazer a prova de que a irregular formação de preço conduziu à perda de lucros resultantes de investimentos alternativos.

4. O concurso de causas como questão integrante do problema da extensão do dano indemnizável

4.1. A relevância do concurso de causas na produção do dano indemnizável

Questão diversa é o concurso de outras causas na produção do dano indemnizável. Com efeito, poderão também contribuir para a descida de preço dos instrumentos financeiros causas que, a par da deficiência do prospecto, *concorrem* na produção do dano indemnizável, determinado segundo o art. 152º/1 CVM.

Esta questão integra o problema da extensão do dano indemnizável e já não o problema de causalidade. Na verdade, o concurso de outras causas na produção do dano indemnizável não se inscreve no problema da causalidade, mas na extensão do dano indemnizável.

[930] Se o responsável provar que a quebra de preço se ficou a dever em exclusivo a causas diversas da tomada de consciência pelo mercado do vício do prospecto, de acordo com o que referimos anteriormente, não se estabelecerá sequer o nexo de causalidade fundamentadora da responsabilidade, não cabendo falar de uma deficiente formação de preços no momento da transacção.

[931] Considerando o preço formado no mercado em seguida à divulgação da correcção do prospecto como uma base para a apreciação do Tribunal, v. HELLGARDT, *Kapitalmarktdeliktsrecht... cit.*, pp. 544 e segs., e HOPT/VOIGT, *Grundsatz-und Reformprobleme... cit.*, p. 135. Segundo os Autores referidos, caberá ao responsável provar que a queda de preço no mercado se deve a outros motivos como a queda acentuada no mercado devido ao receio dos investidores, resultante da perda de confiança.

A este propósito, o art. 152º/2 CVM admite a redução do dano indemnizável na medida em que o responsável prove que concorreram também outras causas na produção do dano provocado pelo vício do prospecto.

Outras causas poderão facilmente concorrer com a deficiência do prospecto no dano sofrido pelo investidor onde este não houvesse concluído o contrato se o preço formado no mercado reflectisse o valor intrínseco dos instrumentos financeiros. Visando a lei colocar o investidor na situação em que estaria se o prospecto não fosse defeituoso, a reconstituição *in natura* operará, neste caso, por via da rescisão. Como sabemos, a indemnização por via da rescisão dita a obrigação de devolução pelo responsável do montante pago pelo investidor. Em contrapartida, o investidor fica obrigado à entrega dos instrumentos financeiros. Ora, a pretensão de o investidor exigir a devolução do montante que desembolsou contra a entrega dos instrumentos financeiros. num momento em que o seu valor havia quebrado devido a outras causas, colocaria o investidor a salvo dos riscos gerais[932]. O investidor ficaria numa posição mais favorável do que aquela em que se encontraria se o prospecto fosse isento de defeito. Ao mesmo resultado também conduziria a indemnização por equivalente.

O art. 152º/2 CVM manda reduzir o dano indemnizável na medida em que o responsável prove que este adveio também de outras causas. Deste modo, o investidor apenas poderá demandar a devolução da quantia desembolsada ou a diferença entre a situação patrimonial actual e a situação patrimonial hipotética diminuídas do montante em que a queda do preço se tenha ficado a dever a riscos gerais.

Em outras situações, a possibilidade de concurso de outras causas na produção do dano indemnizável é mais restrita. Recorde-se, mais uma vez, que, segundo o CVM, o objectivo que preside à indemnização é o de colocar o investidor na situação patrimonial em que este se encontraria se o prospecto não enfermasse de defeito (art. 152º/1). Assim, é determinante na fixação medida do dano indemnizável o apuramento da situação em que o investidor estaria não fora o vício do prospecto. A indemnização visa reconstituir a situação patrimonial em que se encontraria o investidor se o conteúdo do prospecto não estivesse viciado.

Aplicando estas considerações à hipótese em que se o preço se tivesse formado correctamente, o investidor teria comprado os valores mobiliários pelo preço assim formado, a reconstituição *in natura* operará, como já vimos, atra-

[932] Recorde-se que no WpPG alemão, se lamenta a ausência de uma norma semelhante ao art. 152º/2 CVM, que permitiria evitar a possibilidade de a indemnização por via da revogação do contrato fazer gravar sobre o responsável pelo conteúdo do prospecto os riscos gerais do mercado – v. HOPT/VOIGT, *Grundsatz-und Reformprobleme... cit.*, p. 91.

vés do ressarcimento da diferença entre o preço pago pelo investidor e o preço que se teria formado no mercado em caso de correcção do prospecto. Estando este preço estritamente ligado à hipótese de correcção do prospecto, reduz-se a possibilidade de o ressarcimento do dano pôr o investidor a salvo dos riscos gerais. O mesmo raciocínio se aplica à indemnização por equivalente.

A possibilidade de a reparação do dano indemnizável colocar o investidor numa posição mais favorável do que aquela em que se encontraria sem lesão, ao pôr a cargo do responsável riscos gerais, era bem evidente na vigência do Código do Mercado de Valores Mobiliários. Na verdade, o dano indemnizável identificava-se com a diferença entre o preço de compra e o preço de venda, acrescida dos rendimentos esperados e não concretizados. Para o dano assim calculado podiam concorrer outras causas para além da revelação da deficiência do prospecto perante o mercado.

Em face do actual CVM, a possibilidade de a reparação do dano indemnizável colocar o investidor numa posição mais favorável em relação àquela em que estaria sem a lesão parece ser mais reduzida nas situações em que o investidor lamente haver pago pelos valores mobiliários um preço superior ao seu valor real. Ao mandar a lei posicionar o lesado na situação que estaria sem a lesão, o dano indemnizável fica estritamente ligado à situação em que estaria se o preço se tivesse formado correctamente. Neste caso, o investidor teria comprado os valores mobiliários pelo preço mais baixo que se teria formado no mercado perante um prospecto não defeituoso. A possibilidade de concurso de outros eventos na produção do dano indemnizável é, desta forma, mais reduzida. Caso concorram outras causas para a *queda de preço*[933] subsequente à revelação da verdade, a descida por elas causada não entrará, desde logo, no cômputo do dano indemnizável.

Pelo contrário, onde o investidor não tivesse celebrado o contrato de compra dos valores mobiliários se o preço espelhasse o valor real dos valores mobiliários, a possibilidade de o ressarcimento do dano indemnizável posicionar o investidor a uma situação mais favorável do que aquela em que estaria sem o prospecto defeituoso é mais vasta.

Em todo o caso, o art. 152º/2 CVM tem um papel importante no esclarecimento do problema da relevância negativa da causa virtual na responsabilidade civil por prospecto.

[933] Repare-se que o concurso de eventos na queda do preço não se confunde com o concurso de eventos na produção do dano indemnizável. O concurso de causas na queda do preço poderá situar-se no domínio da causalidade preenchedora da responsabilidade.

4.2. O problema da relevância negativa da causa virtual na responsabilidade civil por prospecto

4.2.1. O tratamento do problema da causa virtual em sede geral

Como referimos, o art. 152º/2 CVM admite a redução do dano indemnizável na medida em que para a sua produção tenham concorrido outras causas. Resta saber se o concurso de outras causas no dano abrange causas virtuais ou hipotéticas. Por outras palavras, procura-se aferir se a prova de que o dano derivado da incorrecção do prospecto também teria ocorrido devido a outras causas poderá determinar a redução do dano indemnizável na medida em que o lesado prove que o dano também teria ocorrido mesmo que o prospecto não padecesse de defeito. Somos então confrontados com a questão da relevância negativa da causa virtual.

É esta a sede adequada ao tratamento da relevância negativa da causa virtual, já que, como bem observa PEREIRA COELHO, a causa virtual não destrói a relação de causalidade entre a causa real e o dano[934]. A relevância da causa virtual inscreve-se antes no problema da extensão do dano indemnizável.

Com efeito, a causa virtual não afecta a relação de causalidade adequada entre a causa real e o dano. O problema que surge é antes o de saber se o montante do dano indemnizável poderá ser afectado na medida em que seja feita prova de que o dano teria ocorrido independentemente do evento lesivo.

Entre nós, a maioria da doutrina tem vindo a defender a irrelevância da causa virtual. Com efeito, vem sendo rejeitada não só a sua relevância positiva, como também a sua relevância negativa. Quanto à primeira, parece pacífica[935]. A irrele-

[934] *O Problema da Causa Virtual na Responsabilidade Civil*. Coimbra: Coimbra Editora, 1955, pp. 221 e segs. No mesmo sentido, entre outros, ALMEIDA COSTA, *Direito das Obrigações... cit.*, p. 769, ANTUNES VARELA, *Das Obrigações em Geral... cit.*, p. 927, e MANUEL DE ANDRADE, *Teoria Geral das Obrigações*. Coimbra, p. 362. Não deixando se sublinhar a relevância da causalidade na extensão do dano indemnizável, PAULO MOTA PINTO não deixa igualmente de autonomizar a questão do dano indemnizável, aí situando o problema da relevância negativa da causa virtual – v. *Interesse Contratual Negativo e Interesse Contratual Positivo... cit.*, pp. 639 e segs., especialmente, p. 651 e, também, pp. 690 e segs. Em sentido diverso, GALVÃO TELLES, *Direito das Obrigações... cit.*, p. 422, nota 1, MENEZES CORDEIRO, *Tratado de Direito Civil Português*. Vol. II. Tomo II... *cit.*, pp. 550 e 744 e segs., e MENEZES LEITÃO, *Direito das Obrigações... cit.*, p. 317.
No Direito alemão, defendendo que a relevância negativa da causa virtual não levanta qualquer problema de nexo causal, integrando antes o problema do cálculo da indemnização, por exemplo, LARENZ, *Lehrbuch des Schuldrechts... cit.*, pp. 523 e 524, e OETKER, Anotação 208 ao § 249. *Münchener Kommentar zum Bürgerlichen Gesetzbuch. Schuldrecht. Allgemeiner Teil. 5. Auflage... cit.*

[935] Sobre o problema da relevância positiva da causa virtual, v. PEREIRA COELHO, *O Problema da Causa Virtual... cit.*, p. 41, nota 41.

vância positiva resulta do art. 483º CC, que não prescinde de uma ligação efectiva entre o facto e o dano[936].

Embora se assista, como dissemos, a uma esmagadora tendência na doutrina nacional no sentido da irrelevância negativa da causa virtual, esta posição não é unânime[937].

Como avisa PAULO MOTA PINTO, analisando o tema em sede geral, a solução do problema da relevância negativa da causa virtual ou hipotética não se deixa descobrir pelo simples recurso aos preceitos normativos, devendo antes buscar-se no plano material, valorativo ou teleológico[938]. Será, na verdade, neste plano que devemos encontrar a solução para o problema. No âmbito da responsabilidade civil orientada à protecção dos interesses individuais do lesado compreende-se a dúvida sobre se a prova de que o dano teria ocorrido mesmo na ausência da causa real afectará a indemnização.

O problema que aqui subjaz consiste no apuramento da legitimidade do acolhimento da possibilidade de o lesado ser colocado numa posição mais favorável do que aquela em que estaria na ausência de lesão. Tratar-se-á então de conciliar os princípios da reparação total e do não enriquecimento do lesado e outras finalidades da responsabilidade civil[939].

[936] V., por todos, ANTUNES VARELA, *Das Obrigações em Geral... cit.*, p. 926.

[937] No sentido do princípio da irrelevância negativa da causa virtual, vejam-se, entre outros, PEREIRA COELHO em, por exemplo, *Enriquecimento e o Dano*. Coimbra: Almedina, 1999, p. 31, nota 64, ALMEIDA COSTA, *Direito das Obrigações... cit.*, pp. 767 e segs., ANTUNES VARELA, *Das Obrigações em Geral... cit.*, pp. 618 e segs., 920 e segs., GALVÃO TELLES, *Direito das Obrigaões... cit.*, pp. 417 e segs., MENEZES CORDEIRO, *Tratado de Direito Civil Português. II.* Tomo III... *cit.*, pp. 740 e segs., e MENEZES LEITÃO, *Direito das Obrigações... cit.*, p. 317.
Ainda no domínio do Código de Seabra, PEREIRA COELHO, *O Problema da Causa Virtual... cit.*, pp. 293 e segs. e, também, MANUEL DE ANDRADE, *Teoria Geral das Obrigações... cit.*, pp. 270 e segs.
Já PESSOA JORGE admite a relevância negativa da causa virtual em sede geral – v. *Ensaio sobre os Pressupostos da Responsabilidade Civil.* Coimbra: Almedina, 1995. Mais recentemente, PAULO MOTA PINTO, *Interesse Contratual Negativo e Interesse Contratual Positivo... cit.*, especialmente, pp. 695 e segs., também aceita a relevância negativa da causa virtual. Acerca da posição de PAULO MOTA PINTO, veja-se o que dizemos a seguir.

[938] *Interesse Contratual Negativo e Interesse Contratual Positivo... cit.*, p. 695.

[939] PAULO MOTA PINTO, *Interesse Contratual Negativo e Interesse Contratual Positivo... cit.*, p. 700. O Autor distingue as situações em que a causa virtual consistiria em facto de terceiro daquelas em que a causa virtual se identificaria com facto não proveniente de terceiro (desde que não haja já contribuído para a desvalorização do bem e que se trate de danos ulteriores ou continuados, situações em que se admite que a indemnização seja afectada, para alguns por via da relevância negativa da causa virtual). Onde a causa virtual provenha de facto de terceiro, considera-a irrelevante, não afectando assim a obrigação de indemnizar nos termos em que o lesado a possa exigir do lesante. Se, pelo contrário, a causa virtual não provier de terceiro, não tenha um terceiro já contribuído para a desvalorização do bem e não se trate de danos ulteriores ou continuados, o Autor considera

4.2.2. A ponderação valorativa do CVM em matéria de causa virtual

Transpondo esta ponderação para a responsabilidade civil por prospecto no CVM, cremos ser legítimo concluir que o art. 152º/2 compreende causas virtuais. Na realidade, o art. 135º CVM pretende proteger os interesses patrimoniais do investidor do risco associado à irregular formação de preços, decorrente da deficiência do prospecto. Não pretende proteger o investidor dos riscos gerais. A preocupação inspiradora do art. 152º/2 CVM é, segundo pensamos, evitar que a indemnização pelo conteúdo do prospecto venha a tutelar o investidor perante os riscos gerais do mercado. Ora, se a indemnização do dano decorrente do vício do prospecto se mantivesse intocada, mesmo na presença da prova de que o dano se teria de qualquer forma produzido em resultado dos riscos gerais, tal equivaleria a colocar o investidor numa situação mais favorável em relação àquela em que se encontraria se o prospecto não fosse viciado, assim o protegendo de riscos diversos do risco que advém do defeito do prospecto[940]. O art. 152º CVM traduz uma opção de política legislativa que atribui proeminência à ponderação dos princípios da reparação total e do não enriquecimento do lesado, negando ao mesmo tempo um papel decisivo às funções sancionatória e preventiva da responsabilidade civil. Na verdade, concentra-se numa ponderação dos interesses individuais em presença, procurando evitar que a indemnização venha a colocar o investidor a salvo dos riscos que lhe caberia suportar, transferindo-os para a esfera jurídica do responsável pelo conteúdo do prospecto. Esta perspectiva recusa qualquer papel decisivo às funções sancionatória e preventiva da responsabilidade civil[941], deste modo se tornando evidente não ser a responsabilidade

poder relevar a causa virtual, alicerçando a solução na ponderação entre o interesse da reparação total e do não enriquecimento do lesado – v. *Interesse Contratual Negativo e Interesse Contratual Positivo... cit.*, pp. 695 e segs.

[940] Repare-se que a aplicação deste critério conduz à irrelevância negativa da causa virtual quando esta consistisse em facto pelo qual é responsável um terceiro. – v., pormenorizadamente, Paulo Mota Pinto. *Interesse Contratual Negativo e Interesse Contratual Positivo... cit.*, pp. 697 e segs.

[941] Ao contrário do que sucede com grande parte da doutrina nacional que, em sede geral, fundamenta o princípio da irrelevância negativa da causa virtual na consideração das funções sancionatória e preventiva da responsabilidade civil. Assim, Pereira Coelho, *O Problema da Causa Virtual... cit.*, pp. 293 e segs., Antunes Varela, *Das Obrigações em Geral... cit.*, pp. 930 e segs., e Menezes Leitão, *Direito das Obrigações... cit.*, p. 317.
Note-se que Antunes Varela reconhece a natureza subordinada das funções preventiva e sancionatória na responsabilidade civil em relação à função reparadora. No entanto, explica que o princípio da irrelevância negativa da causa virtual não põe em causa, ao contrário do que sucederia se fosse admitida a relevância positiva da causa virtual, a primazia da função ressarcitória – v. *Das Obrigações em Geral... cit.*, p. 930. Em sentido diverso, Pessoa Jorge defende que a primazia da natureza reparadora da responsabilidade civil sobre a função sancionatória reclama o princípio da relevância negativa da causa virtual – v. *Ensaio sobre os Pressupostos da Responsabilidade Civil... cit.*,

civil por prospecto encarada como instrumento ao serviço do interesse geral da eficiência do mercado.

4.2.3. A consagração da relevância negativa da causa virtual em matéria de responsabilidade civil por prospecto no CVM

A preocupação que da lei transparece, no sentido de a indemnização não atribuir ao investidor uma posição melhor do que aquela em que estaria sem o evento que obriga à reparação, aproxima o problema da relevância negativa da causa virtual da questão da *compensatio lucri cum danno*[942]. Podemos, com efeito, surpreender uma identidade valorativa entre os dois institutos[943].

Pensamos ter sido precisamente a preocupação de evitar que a indemnização decorrente da deficiência do prospecto viesse a proteger o investidor de outras vicissitudes, não associadas ao vício do prospecto que terá determinado a consagração do art. 152º/2 CVM. A sua hipótese normativa compreende, quer causas que efectivamente tenham concorrido na produção do dano indemnizável, quer causas hipotéticas ou virtuais. Consagra-se, portanto, a relevância negativa da causa virtual em matéria de responsabilidade civil por prospecto[944]. Deste modo, onde causas estranhas ao conteúdo do prospecto tenham também contri-

pp. 416 e segs. PAULO MOTA PINTO (*Interesse Contratual Negativo e Interesse Contratual Positivo... cit.*, pp.705 e segs. e 818 e segs.), embora, diversamente de PESSOA JORGE, não defenda um princípio geral no sentido da relevância negativa da causa virtual não deixa de orientar a sua posição sobre a matéria pela primazia da função reparadora da responsabilidade civil.

[942] PAULO MOTA PINTO, *Interesse Contratual Negativo e Interesse e Contratual Positivo... cit.*, pp. 701 e segs. Recorde-se o que já referimos no sentido de utilizar esta figura no âmbito da responsabilidade civil por prospecto no *Börsengesetz* alemão (hoje prevista no WpPG) para enfrentar a ausência de um preceito que preveja a redução da indemnização em caso de rescisão indemnizatória onde a queda do preço dos valores mobiliários no mercado se deva também a outras causas diferentes da deficiência do prospecto – v. HOPT/VOIG, *Grundsatz-und Reformprobleme... cit.*, p. 91.

[943] Pormenorizadamente, PAULO MOTA PINTO, *Interesse Contratual Negativo e Interesse Contratual Positivo... cit.*, pp. 701 e segs. Na doutrina alemã, refira-se sobre as relações entre o problema da causa virtual ou hipotética, LANGE/SCHIEMANN, *Schadenersatz*. Tübingen: Mohr Siebeck, 2003, pp. 182 e 183, onde é defendida a manutenção da independência da doutrina da causa virtual em relação ao instituto da compensação do lucro com o dano. A integração da doutrina da causa virtual na doutrina da compensação do lucro com o dano foi sustentada por GRUNSKY, *Hypothetische Kausalität und Vorteilsausgleichung*. Stuttgart, Berlin, Köhln: Kolhammer, 1992, pp. 469 e segs. No mesmo sentido, OECKER, Anotação 213 ao § 249, *Münchener Kommentar zum BGB... cit.*

[944] Em sentido contrário, em face da norma paralela do revogado Cod.MVM, COSTA PINA, *Dever de Informação... cit.*, pp. 231 e 232. O Autor considera que apenas iriam compreendidas no art. 161º/4 as situações em que o dano se tenha ficado a dever efectivamente e não hipoteticamente a outras causas. Embora esta pareça ser a interpretação que decorre da letra da lei, também em face do actual art 152º/2 CVM, pensamos que uma interpretação teleológica não poderá deixar de nos conduzir à conclusão contrária.

buído para o dano indemnizável nos termos do art. 152º/1 CVM, ou apenas dele não tenham sido causa efectiva pela circunstância de ter sido a deficiência do prospecto a provocar realmente o prejuízo ao investidor, o responsável obterá redução do dano a indemnizar na medida em que consiga provar uma dessas circunstâncias.

A análise a que procedemos dispensa a consideração do problema tradicionalmente debatido no nosso ordenamento jurídico em torno da questão da possibilidade de aplicação por analogia das normas que prevêem a relevância negativa da causa virtual. Impor-se-ia apurar se essas normas são excepções à regra da irrelevância, das quais seria possível, por argumento *a contrario sensu*, induzir um princípio geral contrário à relevância negativa da causa virtual, impedindo a aplicação analógica dessas normas[945] ou se, pelo contrário, podem essas normas ser tidas enquanto afloramentos de um princípio favorável à relevância negativa da causa virtual, admitindo assim a possibilidade de aplicação analógica[946].

Devemos, no entanto, ter presente que ao alargamento destas hipóteses de relevância negativa da causa virtual por via da analogia não se poderá opor simplesmente a ideia de que se trata de normas excepcionais, insusceptíveis de aplicação analógica. Com efeito, a possibilidade de aplicação analógica depende de considerações de natureza teleológica ou valorativa, não obedecendo a meros exercícios de natureza lógica[947].

Deste modo, identificando como *ratio* das normas que prevêem a relevância negativa da causa virtual a circunstância de serem hipóteses mistas de culpa e caso fortuito ou a circunstância de serem situações em que a posição do lesante se encontra agravada, compreender-se-ia o alargamento da relevância negativa da causa virtual a outras situações mistas de culpa e de caso fortuito ou em que a responsabilidade se encontra agravada, seja pela expressa previsão de outros preceitos legais, seja por via da analogia.

Sendo assim, também pela perspectiva tradicional da doutrina portuguesa se explicaria a relevância negativa das causas virtuais no âmbito do art. 152º/2 CVM.

[945] Veja-se, neste sentido, ANTUNES VARELA, *Das Obrigações em Geral... cit.*, pp. 931 e segs.

[946] Assim, PEREIRA COELHO, *O Problema da Causa Virtual... cit.*, pp. 292 e segs.

[947] Veja-se PAULO MOTA PINTO, *Interesse Contratual Negativo e Interesse Contratual Positivo... cit.*, p. 695 e nota 1973, e *Declaração Tácita... cit.*, pp. 183 e 184. Também CANARIS, *Pensamento Sistemático e Conceito de Sistema na Ciência do Direito... cit.*, pp. 35 e segs.
Em sentido paralelo, CASTANHEIRA NEVES propugna a possibilidade de aplicação de normas excepcionais, por analogia, desde o momento que os pressuposotos desta estejam presentes – v. *Metodologia Jurídica. Problemas Fundamentais*. Coimbra: Coimbra Editora, 1993, pp. 273 e segs.
PAULO MOTA PINTO defende que o art 11º CC poderá ter, quando muito, o sentido de regra sobre o ónus de argumentação do âmbito do *ius singulare* – v. *Interesse Contratual Negativo e Interesse Contratual Positivo... cit.*, p. 695, nota 1973.

Na realidade, a posição do responsável pelo conteúdo do prospecto encontra-se agravada, pois sobre ele recai uma presunção de culpa e também de ilicitude e nexo de causalidade. Na verdade, a lei impõe ao responsável pelo conteúdo do prospecto o risco de não conseguir provar a ausência destes pressupostos da responsabilidade, parecendo assim que também sob esta perspectiva se justificará o afastamento da responsabilidade onde o responsável prove que o dano sentido pelo investidor se verificaria ainda que o prospecto não fosse viciado.

4.2.4. Rejeição da possibilidade de reconduzir a publicação do prospecto ao conceito de actividade perigosa do art. 493º/2 do CC

A explicação acabada de referir afigurar-se-á duvidosa onde se entenda integrar a difusão do prospecto o conceito de actividade perigosa, a propósito da qual o legislador não reconheceu relevância negativa à causa virtual (art. 493º/2 CC). Neste caso, a aceitação da relevância negativa da causa virtual na responsabilidade civil por prospecto representaria um desvio ao regime estabelecido genericamente para as actividades perigosas. No âmbito da doutrina italiana há quem defenda a recondução da elaboração do prospecto ao conceito de actividade perigosa previsto no art. 2050 do Código Civil italiano[948]. Neste sentido,

[948] FACCI, *Il Danno da Informazione Finanziaria Inesatta... cit.*, pp. 135 e segs. O Autor defende, assim, ser a responsabilidade prevista no art. 2050 do *Codice Civile* – e também o ponto 8 do art. 94º do TUF qualificada como uma responsabilidade objectiva.
FACCI defende que o responsável pelo prospecto só poderá liberar-se da obrigação de indemnizar caso prove que o dano sofrido pelo investidor se ficou a dever a uma causa imprevisível e inevitável (*Il Danno da Informazione Finanziaria Inesatta... cit.*, p. 141). Esta posição filia-se numa corrente da jurisprudência italiana que sustenta que a responsabilidade prevista no art. 2050 do *Codice Civile* só poderá ser afastada desde que aquele que exerce a actividade prove a existência de uma causa superveniente e eficiente do dano, susceptível de afectar o nexo de causalidade entre a actividade perigosa e o dano (veja-se FACCI, *Il Danno da Informazione Finanziaria Inesatta... cit.*, pp. 130 e segs., e DE MARZO, *Codice della Responsabilità Civile.* II Edizione. IPSOA, 2004, p. 139).
Em Portugal, a questão tem sido tratada como presunção de culpa e não como responsabilidade objectiva. Sobre a questão de saber se as normas que são vistas como consagração da relevância negativa da causa virtual não encerram antes um problema de inexistência de nexo de causalidade, PAULO MOTA PINTO, *Interesse Contratual Negativo e Interesse Contratual Positivo... cit.*, pp. 692 e segs., nota 1970.
Contra a existência de uma responsabilidade objectiva em matéria de responsabilidade civil por prospecto no âmbito do art. 94, 8, defendendo bastar a prova de ter seguido as normas de conduta que a ele se impunham, realçando tratar-se de uma responsabilidade assente na culpa objectiva, SARTORI, *La Responsabilità da Prospetto... cit.*, p. 2. Também rejeitando um critério de diligência muito rigoroso, no sentido da maior diligência possível, GIUDICI, *La Responsabilità Civile nel Diritto dei Mercati Finanziari... cit.*, p. 233. Ao contrário do que defende FACCI, SARTORI situa a prova liberatória admitida pelo art. 948 TUF em sede de culpa e não em sede de nexo de causalidade.

Facci argumenta que, embora a elaboração do prospecto não possa ser tida em si mesma como uma actividade perigosa, a jusrisprudência tem admitido que a natureza perigosa de uma actividade poderá derivar do produto final e não da actividade em si mesma considerada[949]. Na realidade, o Autor realça a perigosidade dos valores mobiliários[950]. Em consequência, embora a elaboração do prospecto não se apresente como uma actividade perigosa em si mesma, a sua natureza perigosa decorreria da periculosidade dos instrumentos financeiros[951]. Se acolhêssemos estas reflexões, seríamos levados a considerar a responsabilidade por prospecto uma responsabilidade por actividades perigosas, o que poderia colocar sérias dúvidas no que respeita à relevância negativa da causa virtual em sede de responsabilidade civil por prospecto.

Contudo, cremos que à luz das preocupações que inspiram o Direito dos Valores Mobiliários não é possível considerar a elaboração do prospecto uma actividade perigosa no sentido do art. 493º/2 CC, ainda que se defenda não ter a perigosidade necessariamente que se referir à actividade em si mesma, podendo antes qualificar o produto objecto de comercialização, isto é, os instrumentos financeiros.

Efectivamente, do rumo seguido pelo legislador mobiliário não resulta tanto uma preocupação no sentido de tutelar o investidor de danos que possam advir da natureza perigosa dos valores mobiliários, como o anseio de providenciar uma protecção de danos decorrentes do vício de informação contida no prospecto. O caminho seguido pelo legislador centra-se, com efeito, na preocupação de ressarcir os danos sofridos em razão do desequilíbrio entre o preço e o valor real dos valores mobiliários, provocado pelo vício do prospecto, e não em razão da natureza perigosa dos valores mobiliários.

Esta é uma consequência da opção do legislador pelo modelo da informação. A ideia de que a linha seguida pelo nosso Direito mobiliário não vai no sentido da defesa dos investidores perante os riscos naturalmente associados aos valores mobiliários igualmente transparece do referido princípio da atipicidade dos valores mobiliários[952].

[949] Facci, *Il Danno da Informazione Finanziaria Inesatta... cit.*, pp. 137 e 138.

[950] *Il Danno da Informazione Finanziaria Inesatta... cit.*, pp. 136 e segs. Igualmente chamando a atenção para a natureza perigosa dos instrumentos financeiros, Nigro, *La nuova regolamentazione dei mercati finanziari: I prinzipi di fondo delle direttive e del regolamento MIFID*. "Diritto Bancario", 2008, p. 10. V. também acentuando a ideia de perigosidade dos instrumentos financeiros, Costi, *Informazione e contratto nel mercato finanziario*. "RTDPC" 1993, p. 720.

[951] *Il danno da Informazione Finanziaria Inesatta... cit.*, pp. 136 a 138.

[952] Criticando o princípio da atipicidade dos valores mobiliários e de ausência de controlo preventivo dos instrumentos financeiros, tendo em conta a perigosidade para os interesses dos investidores, Nigro, *La nuova regolamentazione... cit.*, p. 10.

Na verdade, a responsabilidade por prospecto não visa proteger o investidor dos riscos naturalmente associados aos valores mobiliários sobre os quais versa o prospecto, ao contrário do que sucede com o art. 493º/2 CC, que procura tutelar o lesado dos riscos naturalmente associados a actividades perigosas, impondo ao responsável a tomada das providências necessárias a evitar que os perigos ligados à actividade causem danos a terceiros.

A responsabilidade civil por prospecto tem antes por finalidade proteger os investidores do risco específico decorrente da deficiência de informação. Por este motivo, não nos parece adequada a recondução da responsabilidade civil por prospecto ao quadro do art. 493º/2 CC.

Torna-se assim compreensível um diferente tratamento da relevância negativa da causa virtual no âmbito do art. 493º/2 CC e do art. 152º/2 CVM. Na realidade, ao passo que o art. 493º/2 CC pretende acolher uma responsabilidade estritamente ligada à especial perigosidade da actividade, procurando prover o lesado de uma tutela perante a natureza perigosa da actividade, a responsabilidade por prospecto tem antes em vista fornecer ao investidor um instrumento de protecção de informações deficientes. Daí que se compreenda que, onde se trate de proteger o lesado perante a especial periculosidade de uma actividade, a responsabilidade não possa ser afastada pela prova de que o lesado teria igualmente sofrido o dano, ainda que o responsável tivesse tomado as medidas necessárias para o prevenir.

Terão sido preocupações ligadas à especial necessidade de prevenir a ocorrência de danos decorrentes de actividades com especial vocação danosa que justifica a irrelevância da causa virtual no âmbito dos danos causados por actividades perigosas. A responsabilidade civil por prospecto, pelo contrário, não se inspira na preocupação de tutela do investidor perante uma especial periculosidade dos valores mobiliários, mas antes, como temos vindo a dizer, na preocupação de tutelar o investidor perante danos decorrentes de uma irregular formação de preços causada por deficiência do prospecto.

Estando a responsabilidade civil por prospecto estreitamente ligada ao risco da informação, mais facilmente se percebe uma opção do legislador no sentido de afastar a responsabilidade onde se prove que o investidor teria sofrido os danos ainda que o prospecto não padecesse de vício.

§ 7. Considerações finais sobre a responsabilidade civil por prospecto como responsabilidade destinada à tutela de interesses individuais dos investidores

1. A responsabilidade civil por prospecto como responsabilidade resultante da violação de deveres de tráfico

O facto de não considerarmos a publicação do prospecto recondutível ao conceito de actividade perigosa, previsto no art. 493º/2 CC não significa que não aceitemos a ideia de que a responsabilidade civil por prospecto comungue da preocupação de proteger os investidores de uma fonte de perigo. De facto, onde o prospecto não trace uma imagem fiel da realidade, a deficiência da informação surge como uma fonte de perigo para os interesses patrimoniais dos investidores. Na verdade, julgamos que a responsabilidade civil por prospecto surge como uma responsabilidade pela violação de deveres de tráfico, que também têm sido apelidados de deveres de prevenção do perigo (ANTUNES VARELA[953]) ou deveres de tráfego (MENEZES CORDEIRO[954]).

Não devemos ignorar que o vício informativo constitui uma fonte de perigo para os interesses dos investidores na medida em que afecta a regular formação de preços no mercado.

Desta forma, podemos considerar os deveres de qualidade da informação como manifestações do princípio segundo o qual aquele que cria ou mantém uma fonte de perigo deve tomar as medidas necessárias para que esta não cause prejuízos a terceiros. Reflexo de um tal princípio não é unicamente a responsabilidade civil por actividades perigosas no sentido do art. 493º/2 CC, existindo na lei vários afloramentos deste princípio[955]. Não admira, pois, que a doutrina dos deveres de tráfico tenha sido bem acolhida entre nós[956], tendo a sua origem na jurisprudência alemã[957].

Os deveres de tráfico surgiram inicialmente com o objectivo de fornecer um fundamento de responsabilidade por condutas omissivas. Posteriormente, evoluiu no sentido do estabelecimento do princípio geral segundo o qual quem cria ou mantém uma fonte de perigo deve tomar as medidas necessárias a evitar que o perigo se concretize.

Debatendo-se o Direito alemão, tal como o Direito português, com uma atitude restritiva em matéria de indemnização dos puros interesses patrimoniais em

[953] V. *Anotação ao Acórdão do STJ de 26/03/1980.* "RLJ", ano 114º, p. 77.

[954] V. *Da Boa fé... cit.*, p. 832, *Tratado de Direito Civil Português II.* Tomo III... *cit.*, p. 587.

[955] Constituem manifestações deste princípio, não só o art. 493º/2, mas também no número 1 do mesmo artigo, os arts. 492º, 1347º, 1348º, 1349º, 1350º e 1352º, todos do Código Civil – v. ANTUNES VARELA, *Anotação ao Acórdão do STJ de 26/03/1980... cit.*, p. 79. SINDE MONTEIRO sugere que o art. 339º/2, 1ª parte, exprime uma consagração indirecta deste princípio no art. 339º/2, 1ª parte v. *Responsabilidade por Conselhos... cit.*, p. 313, nota 496.

[956] Veja-se ANTUNES VARELA, *Anotação ao Acórdão do STJ de 26/03/1980... cit.*, pp. 77 a 79, MENEZES CORDEIRO, *Da Boa fé... cit.*, pp. 831 e segs. *Tratado de Direito Civil Português, II,* Tomo III... *cit.*, pp. 871 e segs., PINTO MONTEIRO, *Cláusulas... cit.*, p. 49, e SINDE MONTEIRO, *Responsabilidade por Conselhos... cit.*, pp. 312 e segs.

[957] A este propósito, veja-se MENEZES CORDEIRO, *Da Boa fé... cit.*, pp. 834 e 835, e *Tratado de Direito Civil Português II.* Tomo II... *cit.*, pp. 571 e segs.

sede extracontratual, Christian Von Bar e, anteriormente, Hüber defenderam a equiparação dos deveres de tráfico a normas de protecção[958].

Esta utilização permitiria, por via judicial, criar em sede de responsabilidade delitual um fundamento de ilicitude a acrescer aos previstos nos §§ 823 e 826 BGB, conduzindo a um aumento o círculo dos bens delitualmente protegidos. Com razão, esta tese foi fortemente criticada por Canaris, designadamente, por contrariar a atitude em princípio restritiva do Direito germânico quanto à protecção dos interesses puramente patrimoniais em sede delitual. Deste modo, apenas se deveriam aceitar deveres de tráfico na medida em que estivessem consagrados em normas de protecção nos termos do § 823 II ou no quadro do § 826. Apenas deste modo se salvaguardaria a opção do BGB no sentido de confiar ao legislador e não ao julgador a selecção dos interesses protegidos. Na verdade, o reconhecimento de deveres de tráfico para a protecção do património significaria colocar nas mãos do juiz a possibilidade de alargar os bens jurídicos merecedores de tutela pelo instituto da responsabilidade civil.

Como vimos, também o nosso Código Civil não optou por uma ampla cláusula geral, podendo nós extrair o princípio de que o Código Civil terá pretendido reservar ao legislador a escolha dos bens jurídicos susceptíveis de protecção em sede de responsabilidade civil delitual. Por este motivo, a doutrina nacional tem recusado a possibilidade de criação de deveres de tráfico para a protecção do património fora dos casos enquadráveis em normas de protecção[959] ou na figura do abuso do direito[960].

[958] Von Bar, *Verkehrspflichten: Richterliche Gefahrsteuerungsgebote im deutschen Deliktsrecht*. Köln, Berlin, Bonn, München: Heymann, 1980, pp. 233 e segs.

[959] Veja-se neste sentido, Adelaide Menezes Leitão, *Normas de Protecção e Danos Puramente Patrimoniais... cit.*, pp. 598 e 599, e Carneiro da Frada, *Teoria da Confiança... cit.*, p. 252.

[960] Assim, considerando que os deveres de tráfico se poderão enquadrar no art. 334º CC, Sinde Monteiro, *Responsabilidade por Conselhos... cit.*, p. 318, nota 507, e o nosso *A Responsabilidade Civil do Banqueiro... cit.*, p. 186.

Carneiro da Frada admite a possibilidade de os deveres de tráfico para protecção de interesses patrimoniais surgirem enquadrados pelas normas delituais que admitem excepcionalmente a indemnização da lesão de interesses puramente patrimoniais (v. *Contrato... cit.*, p. 176, nota 364, *Uma "Terceira Via"... cit.*, p. 80, e *Teoria da Confiança... cit.*, p. 253). O Autor não deixa, no entanto, de apontar que a protecção conferida em resultado da violação do mínimo ético-jurídico é muito exigente nos seus pressupostos, não se podendo, em princípio, dela extrair a indemnização de puros interesses patrimoniais negligentes – v. *Teoria da Confiança... cit.*, p. 253, nota 228.

Adelaide Menezes Leitão realça a circunstância de não se levantarem quaisquer obstáculos ao reconhecimento de deveres de tráfico para a protecção de direitos subjectivos previstos no art. 483º/1, 1ª parte, ou de interesses puramente patrimoniais cuja protecção resulte de uma norma de protecção (art. 483º/1, 2ª parte). O facto de a Autora realçar a possibilidade de os deveres de tráfico para protecção do património poderem integrar normas de protecção compreende-se pelo papel central que reconhece às normas de protecção na indemnização por danos puramente patrimo-

No nosso caso, os interesses dos investidores são puros interesses patrimoniais, cuja protecção pelo ordenamento jurídico é realizada, como vimos, por uma norma de protecção de interesses individuais (art. 135º CVM). Trata-se de uma norma que tutela os interesses individuais dos investidores perante a deficiência de informação contida no prospecto. Sendo o vício do prospecto capaz de influenciar a regular formação de preços, a lei institui uma tutela dos interesses individuais dos investidores afectados pela incorrecta formação de preços no mercado por meio da consagração de uma norma prescrevendo deveres de conduta em matéria de qualidade da informação.

Do que dissemos, resulta que a tutela do investidor se situa nos quadros da responsabilidade delitual[961]. Compreende-se a natureza delitual dos deveres de conduta dos participantes na elaboração do prospecto, dado não ser possível vislumbrar uma ligação especial entre estes e os investidores. Por outro lado, a responsabilidade civil por prospecto está estritamente ligada ao desrespeito de deveres de conduta, o que afasta a possibilidade da sua recondução a uma teoria pura da responsabilidade pela confiança.

Como já tivemos oportunidade de explicar, acreditamos não estar tanto em causa a tutela do exercício esclarecido da liberdade de contratar do investidor, como a protecção do interesse patrimonial do investidor afectado por uma irregular formação de preços no mercado. Não cremos, portanto, que a responsabilidade pelo conteúdo do prospecto tenha por intenção proteger o interesse particular do investidor numa esclarecida formação da vontade individual, mas sim a protecção dos interesses patrimoniais dos investidores, prejudicados pela irregular formação de preços.

2. A contradição entre a natureza individual do bem jurídico protegido pela responsabilidade civil por prospecto e a natureza supra-individual do bem jurídico tutelado pelo dever de divulgar as informações que devem compor o prospecto

Afigura-se, de facto, nítida a intenção do legislador em matéria de responsabilidade civil fornecer um fundamento de tutela individual dos interesses patrimo-

niais. Adelaide Menezes Leitão entende que o abuso do direito terá uma função subsidiária em relação às normas de protecção na limitação das liberdades genéricas – v. *Normas de Protecção e Interesses Puramente Patrimoniais... cit.*, pp. 612 a 614.

A responsabilidade civil por prospecto no nosso ordenamento jurídico resulta, quanto a nós, da violação de deveres de tráfico para a protecção dos interesses patrimoniais individuais do investidor, como dizemos em texto.

[961] No sentido de que o enquadramento da responsabilidade civil por prospecto é o direito delitual, Assmann, *Prospekthaftung... cit.*, pp. 252 e segs. O Autor considera que se trata de deveres de tráfico.

niais dos investidores afectados na sequência da irregular formação de preços no mercado.

Contudo, a apreciação da bondade desta orientação do legislador em matéria de responsabilidade civil por prospecto não poderá, recordamos, como notam Hopt e Voigt, desligar-se da apreciação do bem jurídico que a lei pretendeu proteger ao consagrar o dever de dar a conhecer ao mercado a informação a constar do prospecto.

Da análise a que procedemos relativamente às condições de que depende um tal dever, concluímos que o dever de divulgar a informação que deve constar do prospecto não se deixa apreender pela preocupação de tutela de interesses individuais do investidor, antes se explicando pela intenção de proteger o interesse geral do bom funcionamento do mercado, servindo tais informações como instrumento de realização de um interesse de natureza colectiva.

Deste modo, assiste-se a um divórcio entre a orientação do dever de dar a conhecer as informações que devem compor o conteúdo do prospecto, em que sobreleva a protecção do interesse geral no regular funcionamento do mercado, e a responsabilidade civil decorrente do conteúdo do prospecto, onde domina a preocupação de tutela dos interesses individuais.

Como vimos, o dever de dar a conhecer as informações que devem integrar intenciona a protecção do mercado entendido como público investidor. Isto não equivale, no entanto, a excluir uma protecção individual do investidor mas tão-somente a tutelá-lo como participante no mercado, como participante do interesse público da regular formação de preços[962]. Queremos com isto dizer que o prospecto tem em vista retratar os riscos e os rendimentos esperados por forma a possibilitar uma avaliação do mercado que traduza uma regular formação de preços. Pensamos que os interesses do bom funcionamento do mercado prevalecem. Só assim se explicará o afastamento do dever de publicar o prospecto e, consequentemente, de tornar público o seu conteúdo em razão de uma ponderação do custo associado à respectiva elaboração em confronto com o benefício social decorrente da divulgação das informações que dele devem constar[963].

[962] Como aprofundaremos, em coerência com esta ideia, o interesse do investidor protegido pelo instituto da responsabilidade civil por prospecto dever-se-ia surpreender no interesse que o investidor tem, enquanto participante no mercado, numa regular formação de preços.

[963] Os interesses associados aos custos da informação também são tidos em consideração na definição do âmbito dos deveres de informação a cargo do intermediário financeiro. Porém, diversamente do que sucede no plano dos deveres gerais de informação, a vontade surge como o bem jurídico protegido fazendo-se a ponderação entre a necessidade de proteger o interesse individual do investidor numa regular formação da vontade e os custos dessa protecção, não se realizando esta ponderação exclusivamente no plano do interesse colectivo decorrente do bom funcionamento do mercado.

Esta ponderação realiza-se exclusivamente no plano do interesse público de regular funcionamento do mercado, alheando-se das necessidades de tutela dos interesses individuais do investidor. Em homenagem à reduzida relevância social da oferta, afasta-se o dever de publicar o prospecto. Esta circunstância é reveladora da prevalência da protecção do interesse colectivo. Uma tal proeminência não é, todavia, incompatível, como já notámos, com o reconhecimento de posições jurídicas individuais aos investidores, em particular com o direito à indemnização. Simplesmente, tais posições individuais reconhecidas pela lei adquirem sob esta perspectiva uma natureza instrumental. Esta natureza instrumental não deverá deixar de se reflectir no regime da responsabilidade civil, em particular nos problemas do dano indemnizável e do nexo de causalidade.

Assim, ao contrário do que foi a opção do CVM, cremos que o regime da responsabilidade civil por prospecto deveria ser delineado em harmonia com o papel determinante das necessidades da tutela do bom funcionamento do mercado na definição do dever de divulgar as informações que compõem o conteúdo do prospecto, devendo a protecção dos interesses dos investidores assumir uma natureza instrumental em relação à realização do interesse colectivo do regular funcionamento do mercado. É esta perspectiva que desenvolveremos a seguir.

§ 8. A protecção do público investidor

1. Preliminares

É chegado o momento de indagar a relevância da natureza instrumental, em relação aos interesses do mercado, da responsabilidade civil por prospecto na definição do seu regime jurídico. Não obstante, antes de entrarmos nesta questão, impõem-se algumas considerações sobre a utilização da responsabilidade civil na prossecução do interesse público.

Nos últimos anos tem vindo a ganhar renovado interesse a questão da relevância do Direito Privado, em particular do instituto da responsabilidade civil, na prossecução do interesse público[964]. Esta perspectiva afasta a convicção tradicional[965] de que o Direito Privado teria por única tarefa a realização da justiça comutativa. Segundo a opinião tradicional, ao contrato estaria inerente, pelo menos, uma certa garantia de "justeza" nas relações entre as partes, em princípio sendo

[964] Na realidade, na literatura germânica tem-se assistido a um renovado interesse sobre a relevância do Direito Privado na prossecução do interesse público desde meados do século XX no Direito da Economia – veja-se sobre o assunto, Dörte Poelzig, *Normdurchsetzung durch Privatrecht... cit.*, pp. 47 e segs.

[965] Veja-se o confronto entre a recusa de qualquer papel à justiça distributiva em sede de Direito Privado e a aceitação da intervenção da justiça no Direito Privado apenas a título excepcional, e a defesa da relevância do Direito Privado na realização da justiça social, *supra*, Parte I, Cap. I, ponto 2.1.

alheia ao Direito Privado a prossecução de interesses públicos[966], que ficariam a cargo do Direito Público.

Com efeito, em ramos do Direito onde pontifica o interesse da protecção da integridade do mercado, como sejam o Direito da Concorrência[967] e o Direito dos Valores Mobiliários, tem sido reconhecida a importância das pretensões indemnizatórias privadas na prossecução do interesse público. Os recursos limitados das entidades de supervisão podem efectivamente comprometer a eficácia da sua actividade na prossecução do interesse público. Assim sendo, o controlo através do Direito Público não é capaz de garantir a fiscalização de cada transacção individual de modo a combater todos os comportamentos susceptíveis de afectar o interesse público[968]. Na realidade, o regular funcionamento do mercado constitui um interesse público cuja realização está dependente das condutas dos seus participantes. O controlo dos comportamentos dos agentes do mercado dificilmente poderá ser assegurado com sucesso unicamente por via dos instrumentos de Direito Público. Estas considerações valem, quer para o Direito Penal, quer para o Direito Administrativo. Aliás, no domínio de que nos ocupamos na presente dissertação, estudos têm apontado no sentido de não existir prova de que a tutela penal ou administrativa beneficiem o mercado de capitais, ao mesmo tempo reconhecendo a importância do Direito Privado neste sector[969].

Embora a questão não seja pacífica[970], pensamos não ser aceitável ignorar o papel que a utilização dos instrumentos de Direito Privado tem na realização

[966] V. sobre este assunto, HELLGARDT, *Regulierung mittels Privatrecht*. Förschungsbericht 2012. Max-Planck Institut für Steuerrecht unf Offentliche Finanzen. Net: http://www.mpg.de/4673878/Regulierung_Privatrecht?c=5732389. Sobre a justiça distributiva no Direito Privado, v. *supra*, pp. 64 e segs.

[967] Relativamente à importância das pretensões indemnizatórias no Direito da Concorrência, por exemplo, CABOBELLI, *Private enforcement of EU Competition Law between public and private Issues*. Net: http://papers.ssrn.com/sol3/papers.cfm?abstract_id=2186996, pp. 2 e 3.

[968] HELLGARDT, *Regulierung mittels Privatrecht... cit.*

[969] LA PORTA/LOPEZ DE SILANES/SCHLEIFER, *What works in securities laws?... cit.* Criticando, contudo, a metodologia usada pelos Autores, mas não pretendendo colocar em causa as conclusões do estudo, assente em modelos quantitativos ou matemáticos, STEMS, *What does not work in comparing Securities Laws. A critique to La Porta et al's methodology*. "International and Company Law Review" 2005, pp. 300 e segs. Cremos que assiste razão a STEMS, embora, como o próprio reconhece, devamos considerar o trabalho baseado em modelos matemáticos de comparação dos efeitos dos regimes de diversos países no mercado de valores mobiliários como um útil ponto de partida para um trabalho que atente nas características específicas dos sistemas legais.
Na verdade, as conclusões assentes em estudos estatísticos não dispensam reflexões ligadas às características dos instrumentos de Direito Público e de Direito Privado em cada ordenamento jurídico, pois só assim é que se poderão explicar convenientemente os seus efeitos no mercado.

[970] Certo é que têm igualmente surgido vozes no sentido de reforçar os recursos das entidades de supervisão, privilegiando-se o apelo a instrumentos de Direito Público, em particular ao

do interesse público da defesa da integridade do mercado. Aliás, a delimitação legal do papel da CMVM em matéria de informação divulgada no mercado de valores mobiliários reclama um complemento que contribua também para a realização dos objectivos de natureza pública que inspiram os deveres de informação ao mercado. Com efeito, em matéria de informação divulgada no prospecto, o art. 118º/7 CVM afirma inequivocamente não garantir a aprovação do prospecto pela CMVM a correcção e completude da informação nele contida, nem a adequação da imagem aí retratada em relação aos riscos e perspectivas da empresa. Compreeende-se que assim seja em face dos recursos limitados da entidade de supervisão.

O que acabámos de referir leva-nos a concluir não estar a protecção do interesse público no regular funcionamento do mercado, pressuposto de uma eficiente alocação de recursos na Economia, suficientemente protegido onde não existam mecanismos aptos a reagir à incorrecção da informação divulgada ao mercado. Daí a importância da tutela indemnizatória, que se afigura bem talhada a contribuir para a realização do interesse público do regular funcionamento do mercado, ao constituir um importante instrumento de controlo da informação difundida no mercado. Com efeito, a responsabilidade civil apresenta, em geral, uma melhor relação custo/benefício quando comparada com outros instrumentos de reacção a ilícitos cometidos no mercado de capitais[971]. Embora o

Direito Administrativo, em detrimento do Direito Privado no sentido de proteger o regular funcionamento do mercado perante informações incorrectas – v. JACKSON/ROE, *Public and Private enforcement of Securities Laws. Resource based evidence.* Harvard Public Law Working Paper Nº 0-28; Harvard Law and Economics Discussion Paper Nº 638. Net: http://papers.ssrn.com/sol3/papers.cfm?abstract_id=1000086. Os Autores, com efeito, sustentam que tudo depende dos recursos de que a entidade de supervisão dispõe. Contestando esta conclusão, HELLGARDT, *Kapitalmarktdeliktsrecht... cit.*, p. 178, nota 48.

Também defendendo o Direito Público no âmbito da fraude no mercado secundário, AMANDA M. ROSE, *Fraud-on-the Market: an action without a cause.* "University of Pennsylvania Law Review". PENNumbra 2011, pp. 87 e segs., em resposta a BRATTON e WATCHER, *The political economy of Fraud-on-the-Market.* "University of Pennsylvania Law Review" 2011, pp. 69 e segs. Net: http://papers.ssrn.com/sol3/papers.cfm?abstract_id=1824324, no qual os Autores defendem a abolição da *Fraud-on-the-Market*, considerando dever ser exigida a prova de *reliance*, devendo a responsabilidade centrar-se nas pessoas a quem a informação deficiente é imputada e não na empresa. Tendo presente que a exigência de demonstração de que o investidor confiou na informação poderá afectar o número de acções e comprometer a prevenção de condutas fraudulentas, propõem o reforço dos recursos da autoridade de supervisão.

[971] HELLGARDT, *Comparing Apples and Oranges? Public, Private, Tax and Criminal Law in Financial Markets regulation.* Max-Planck Institute for Tax Law and Public Finance Working Paper 4/2012. Net: http://papers.ssrn.com/sol3/papers.cfm?abstract_id=2083462

instrumento mais adequado deva ser definido caso a caso[972], há boas razões para considerar a responsabilidade civil no mercado de capitais um instrumento a ter em conta na prossecução do interesse público. Em particular, em matéria de divulgação de informações ao mercado, a responsabilidade civil poderá apresentar uma elevada eficácia, uma vez que, ao contrário do que sucede com a supervisão, o controlo se encontra descentralizado, assente nas pessoas directamente prejudicadas, permitindo um maior número de revelações de condutas ilícitas, assim compensando a falta de vinculação do cidadão à perseguição dessas condutas ilícitas[973].

Também no que concerne aos deveres de informação e de aconselhamento do intermediário financeiro, a CMVM não garante a sua correcção. O regular cumprimento destes deveres é também relevante na prossecução do interesse público da confiança no mercado. Portanto, igualmente neste âmbito, o controlo descentralizado pelas pessoas directamente afectadas revela-se útil em face da dificuldade a que estaria sujeita a entidade de supervisão no controlo da correcção das informações e da adequação dos conselhos dados pelo intermediário financeiro em cada relação[974].

Admitimos, tanto em matéria de deveres de informação ao mercado, a que se reconduz o dever de publicação das informações que deverão constar do prospecto, como em matéria de deveres individuais de informação, a relevância da responsabilidade civil na prossecução do interesse público.

2. A protecção do público investidor pelos deveres de informação dirigidos ao mercado

2.1. A protecção do interesse do público investidor e não do investidor individual como objecto de tutela do dever de publicação do prospecto. A necessidade de coerência em matéria de responsabilidade civil por prospecto

Não obstante reconhecermos a relevância do direito à indemnização em matéria de deveres individuais na protecção do interesse público, cremos que em relação

[972] HELLGARDT. *Comparing Apples and Oranges?... cit.*, p. 20. O Autor considera, numa análise comparativa, a utilização do Direito Público (Administrativo e Penal), do Direito Privado e do Direito Fiscal na regulação do mercado de capitais. A decisão sobre o melhor instrumento deverá ser empreendida caso a caso, embora HELLGARDT considere que em geral a responsabilidade civil leva vantagem. O Autor começa por denunciar a reduzida atenção dispensada à discussão em torno dos instrumentos a utilizar na reacção a condutas ilícitas no mercado de capitais. Assim, depois de uma análise comparativa, o Autor conclui que a responsabilidade civil apresenta uma melhor relação custo/benefício, embora o seu escopo limitado a possa tornar ineficaz em casos como as situações de *insider trading* – veja-se *Comparing Apples and Oranges?... cit.*, pp. 8, 9, 10 e 19.

[973] HELLGARDT, *Regulierung mittels Privatrecht... cit.*

[974] HELLGARDT, *Comparing Apples and Oranges... cit.*, pp. 7 e 8, tendo em vista a inadequação do conselho de investimento.

aos deveres gerais de informação o interesse do público investidor deveria moldar a responsabilidade civil. Com efeito, e no que especificamente respeita à responsabilidade civil por prospecto, referimos que o reconhecimento de posições jurídicas individuais surgiria funcionalizado à prossecução do interesse público. Não se trataria de proteger os interesses individuais dos investidores em si mesmos, mas de reconhecer posições jurídicas individuais aos investidores necessárias à realização do interesse público do bom funcionamento do mercado. Como já referimos, o fim do dever de publicação das informações que deverão integrar o prospecto consiste em apoiar a regular formação de preços no mercado, abrindo portas a uma eficiente alocação de recursos. Recorde-se que o mecanismo de formação de preços no mercado de valores mobiliários não assenta na formação da vontade do investidor individual, antes se realizando através do mercado no seu conjunto. Por conseguinte, devemos afastar a protecção da formação da vontade do investidor individual como bem jurídico protegido pelo dever de divulgar a informação que deve constar do prospecto[975].

Esta conclusão não é prejudicada pela circunstância de ser exigido um sumário do prospecto que dê a conhecer de forma clara e acessível os riscos e as características, quer dos emitentes e dos eventuais garantes, quer dos valores mobiliários de forma a orientar o investidor na sua decisão. Como vimos, o dever de publicar o sumário procura reforçar a confiança nas suas decisões de investimento, tornando acessível aos investidores a compreensão dos riscos e expectativas de rendimento associados aos valores mobiliários. Daí que a natureza defeituosa do

[975] Já os deveres de informação e de aconselhamento dos intermediários financeiros têm por finalidade a protecção do interesse individual do investidor numa esclarecida formação da vontade. Como referimos, embora a extensão dos deveres de informação e de conselho esteja dependente do tipo contratual, sendo balizada pela solução óptima para o funcionamento do mercado do ponto de vista da eficiência operacional, o papel do intermediário financeiro não está limitado ao que reclama uma relevante alocação de recursos, mas tem por finalidade criar condições para que o investidor possa tomar a decisão que do ponto de vista individual melhor serve os seus interesses. Daí que a responsabilidade civil resultante do deficiente cumprimento de tais deveres sirva de mecanismo de tutela do interesse da irregular formação da vontade. A sua tutela é importante para o funcionamento do mercado na medida em que promove a confiança dos investidores. A responsabilidade civil resultante da deficiência no cumprimento dos deveres de informação ou conselho dirige-se à protecção da formação da vontade individual do investidor. Também o sumário do prospecto tem em vista a tutela da formação individual do investidor. Esta circunstância não implica a conclusão de que o dever de publicar o prospecto tenha por finalidade a protecção da vontade individual do investidor. A uma tal conclusão se opõe o mecanismo de formação de preços no mercado de valores mobiliários já descrita e o concurso na delimitação do dever de publicar o prospecto de considerações ligadas à relevância social da oferta que provam o afastamento das preocupações que inspiram o legislador na consagração de tal dever dos interesses individuais dos investidores (v., a seguir, em texto).

sumário apenas possa fundamentar uma pretensão indemnizatória do investidor na medida em que traduza uma incoerência com as restantes partes do prospecto. Não estará, pois, em causa uma responsabilidade directamente associada a um retrato deficiente da realidade, mas antes uma responsabilidade resultante da incoerência entre o sumário e as restantes partes do prospecto. A preocupação do legislador é evitar a elaboração de um sumário incoerente com as outras partes do prospecto. O sumário não é uma peça informativa da qual possa decorrer directamente a responsabilidade por uma defeituosa transmissão da realidade. A responsabilidade directa pela deficiência na transmissão da realidade decorre do prospecto no seu conjunto, que tem em vista, como vimos, promover a correcta formação de preços no mercado e não a formação da vontade individual do investidor. Pretende-se evitar que o carácter resumido da informação contida no sumário possa constituir uma fonte de perigo para a decisão do investidor na medida em que se apresente incoerente com as outras partes do prospecto, pondo em causa a confiança no mercado que o dever de pubicação do sumário procura promover.

O dever de uma fiel transmissão da realidade pelo prospecto incide sobre o prospecto no seu conjunto e almeja um correcta formação de preços no mercado. O dever de incluir o sumário tem de facto em vista auxiliar o investidor na tomada da sua decisão de investimento, estando a responsabilidade decorrente da sua deficiência associada à incoerência com as restantes partes do prospecto e não directamente com a representação infiel da realidade.

O facto de o dever de publicitar a informação que deve integrar o prospecto ter por objectivo promover uma correcta formação de preços afasta a tutela da formação da vontade do investidor individual como bem juridicamente protegido. Todavia, não seria esta circunstância em si mesma suficiente para defender a ideia de que a responsabilidade civil resultante do incorrecto cumprimento desse dever não compreenderia interesses patrimoniais individuais dos investidores afectados pela irregular formação de preço. O que nos parece ser decisivo é, como dissemos, a forma como a lei delimita o dever de divulgar ao mercado as informações que devem compor o prospecto, onde pontifica a protecção do interesse geral do mercado, ignorando as necessidades informativas dos investidores aos quais a oferta é dirigida. Lembre-se as situações em que a publicação do prospecto é dispensada em razão da reduzida dimensão da oferta, ainda que se trate de uma oferta dirigida a investidores carecidos de informação. Numa ponderação custo/benefício, considera o legislador que o custo ligado à emissão do prospecto não é justificado pelo seu benefício social, dada a reduzida relevância da oferta.

O objectivo que orienta o dever de dar publicidade às informações que devem integrar o prospecto é a alocação eficiente de recursos. Instrumento necessário para se atingir este desiderato é uma regular formação de preços que pressupõe uma correcta avaliação da relação risco/rendimento por parte do público investidor. Como sabemos, a alocação eficiente de recursos é relevante para a realização do interesse público na medida em que contribui para a afectação dos recursos às entidades que dela possam retirar o maior rendimento. A realização da eficiência do mercado é pressuposto de realização do bem comum.

Sendo o dever de difundir a informação que compõe o prospecto inspirado por esta preocupação e não tanto pela tutela dos interesses individuais dos investidores, a responsabilidade civil resultante da deficiência do seu cumprimento dever-se-ia adequar a essa finalidade. Neste sentido, o direito à indemnização deveria ser reconhecido ao investidor na medida em que o dano por ele sofrido coincida com o dano social. Tendo presente a prevalência da protecção do interesse público na delimitação do dever de dar a conhecer a informação que deve constar do prospecto, não nos parece ser apropriado o reconhecimento da indemnização da totalidade dos danos individualmente sofridos pelo investidor. Com efeito, a fidelidade à orientação seguida pela lei na consagração do dever de divulgar ao mercado informações a constar do prospecto ditaria a consagração de uma responsabilidade civil centrada na protecção do interesse do público investidor e não no interesse individual do investidor.

Como sabemos, a responsabilidade civil pelo prospecto concentra-se na protecção do interesse individual do investidor. Esta opção não se harmoniza com o objectivo que presidiu ao dever de dar a conhecer ao mercado as informações que o prospecto deve integrar que, como referimos, se situa ao nível do interesse do público investidor. A protecção do público investidor é qualitativamente diversa da protecção de cada investidor individual[976]. Isto significa que a protecção do público investidor não é obtida pela protecção dos interesses individuais de cada investidor. A tutela do público investidor não equivale à protecção da liberdade de decisão de cada investidor. É inteiramente pertinente a observação de que as condutas ilícitas em face do mercado não configuram uma burla a uma multiplicidade de investidores[977]. Igualmente, a protecção do público investidor não se identifica com a protecção dos interesses patrimoniais de cada investidor.

A tutela do interesse do público investidor antes se identifica com a protecção do regular funcionamento do mercado. Se o regular funcionamento do mercado for afectado pela deficiência do prospecto, o preço formar-se-á incorrectamente.

[976] Chamando a atenção para a diversidade entre a protecção do público e a protecção da liberdade de decisão de cada investidor, não se obtendo aquela a partir desta, HELLGARDT, *Kapitalmarktdeliktsrecht... cit.*, pp. 174 a 176. Concordamos com a posição do Autor, mas cremos, como explicamos em texto, que a protecção do público investidor também não se identifica com a protecção dos interesses patrimoniais individuais de cada investidor.

[977] HELLGARDT, *Kapitalmarktdeliktsrecht... cit.*, p. 174.

A regular formação de preços é um interesse de natureza colectiva, que não deixa de se repercutir no património dos investidores. Este dano sofrido pelos investidores inscreve-se no dano sofrido pelo mercado. Por outras palavras, coincide com o dano social.

A protecção do interesse público na regular formação de preços não arreda, à partida, a possibilidade de indemnização dos interesses patrimoniais de cada investidor. Poderia suceder que o legislador, ao delinear o dever de dar a conhecer ao mercado as informações que deverão constar do prospecto, o fizesse em função das necessidades individuais de protecção dos investidores a que a oferta se dirige. Fosse esse o caso, seria inteiramente coerente assumir a norma que impõe o dever qualidade da informação contida no prospecto a natureza de uma norma de protecção de interesses individuais dos investidores. Não foi essa, no entanto, a opção seguida pelo Direito da União Europeia, onde a delimitação do dever de divulgar ao mercado as informações que devem ser incluídas no prospecto se opera numa perspectiva da relação custo/benefícios sociais. Surgem assim desvios a esse dever inspirados pela reduzida relevância social da oferta, o que inculca a ideia de que o dever de dar a conhecer o conteúdo do prospecto é determinado exclusivamente por interesses ligados ao funcionamento do mercado, procurando conciliar as necessidades de eficiência alocativa e de eficiência operacional. Deste modo, somos conduzidos à conclusão que o dever de dar a conhecer as informações a constar do prospecto se situa ao nível do interesse colectivo do regular funcionamento do mercado e não ao nível da protecção dos interesses patrimonias individuais dos investidores. Assim sendo, cremos que a norma que impõe a qualidade da informação contida no prospecto não deveria, em coerência, assumir a natureza de uma norma de protecção de interesses individuais.

Pensamos que a ausência de harmonia entre a finalidade que transparece do dever de divulgar as informações que constituem o conteúdo do prospecto e o objectivo que a responsabilidade civil pelo prospecto prossegue resulta da necessidade de adaptação da lei mobiliária nacional à Directiva dos Prospectos. Com efeito, na versão original do CVM, a delimitação do dever de difundir a informação que o prospecto integra obedecia à preocupação de servir necessidades de protecção de interesses do investidor, reclamadas pela ausência de uma relação individual entre o emitente e o investidor. Como referimos, a noção de oferta pública é moldada de acordo com as necessidades de protecção que o seu regime procura servir, em particular com o dever de publicar o prospecto. Antes da Directiva dos Prospectos, resultava com nitidez que a nossa lei mobiliária estabelecia o dever de publicação do prospecto em atenção às exigências de protecção dos interesses individuais dos investidores que a ausência de uma relação directa entre o emitente e os investidores reclamava, tendo em conta a dificuldade dos investidores não qualificados no acesso à informação.

No entanto, a Directiva dos Prospectos consagrou, no âmbito das ofertas públicas, desvios ao dever de publicação do prospecto assentes na consideração de uma relação custo/benefício, em que se procura fixar os contornos desse dever atendendo à ponderação entre as necessidades de promover a informação necessária a uma alocação eficiente de recursos e à confiança dos investidores no bom funcionamento do mercado, por um lado, e de proteger a eficiência operacional do mercado de valores mobiliários, por outro. Esta circunstância evidencia ter o legislador europeu eleito como finalidade a protecção do público investidor e não a protecção do investidor individual. Na realidade, se pretendesse proteger o investidor individual e não o mercado no seu conjunto, a decisão sobre o dever de publicação do prospecto situar-se-ia ao nível da avaliação da necessidade de protecção dos destinatários da oferta e alhear-se-ia de qualquer tipo de considerações ligadas à relevância social da oferta.

Neste contexto, o reconhecimento das pretensões indemnizatórias deveria apresentar uma natureza instrumental, funcionalizada à protecção do interesse público, limitando-se ao necessário para proteger o interesse do público investidor, isto é, o interesse do mercado no seu conjunto.

Estaria então em causa, através das pretensões indemnizatórias dos investidores que hajam comprado os valores mobiliários numa altura em que o seu preço se encontrava acima do seu valor real na sequência da irregularidade da informação contida no prospecto, de colocar em harmonia o preço e o valor real dos valores mobiliários, servindo plenamente o interesse público de uma eficaz alocação de recursos e robustecendo a longo prazo a confiança no bom funcionamento do mercado[978].

Passamos então a analisar com mais detalhe os reflexos ao nível das questões do dano e do nexo de causalidade que decorreriam do facto de a responsabilidade ser encarada como mero instrumento ao serviço do interesse público do regular funcionamento do mercado do ponto de vista da sua capacidade alocativa.

2.2. O dano indemnizável

2.2.1. A limitação do dano indemnizável à diferença entre o valor pago pelo investidor e o valor real dos valores mobiliários

Como temos vindo a defender, o interesse protegido pelo dever de dar a conhecer ao público investidor as informações que devem integrar o prospecto surpreende-se na regular formação de preços no mercado de valores mobiliários, obedecendo, portanto, à preocupação de evitar que as assimetrias informativas existentes no mercado comprometam o interesse público numa eficiente alocação de recursos e minem a confiança dos investidores no mercado de valores

[978] Hopt/Voigt, *Grundsatz-und Reformprobleme... cit.*, p. 90.

mobiliários.Tendo presente que a formação de preços num mercado (semi) eficiente não depende das representações de cada investidor, somos desde logo levados a afastar a formação da vontade como bem jurídico protegido e a hipótese de uma indemnização pelo dano não patrimonial da regular formação da vontade.

Por outro lado, em consonância com a proeminência dos interesses do mercado em face dos interesses individuais dos investidores na delimitação do dever de publicar o prospecto, a tutela indemnizatória deveria restringir-se ao necessário para que os interesses gerais do mercado sejam protegidos. Assim sendo, a eficiência alocativa e a promoção da confiança dos investidores do regular funcionamento do mercado demandarão apenas uma indemnização pela diferença entre o preço pago pelo investidor e o valor intrínseco dos valores mobiliários, não sendo necessário olhar ao prejuízo sofrido individualmente por cada investidor. Por outras palavras, o prejuízo a ressarcir coincide com o dano social e não com o dano total sofrido por cada investidor na sequência da incorrecta formação de preços. No âmbito do mercado primário de valores mobiliários, a diferença entre o preço pago pelo investidor e o valor intrínseco dos valores mobiliários coincide com o dano resultante da ineficiente alocação de recursos, isto é, com o dano social.

De facto, recaindo a escolha legislativa na delimitação do dever de publicar o prospecto sobre a prevalência da eficiência do mercado em confronto com os interesses individuais dos investidores, o dano ressarcível dever-se-ia identificar com o dano social.

No âmbito do mercado primário, ao contrário do que sucede no âmbito do mercado secundário[979], a diferença entre o preço pago pelo investidor e o valor substancial dos valores mobiliários corresponde ao dano social derivado de uma ineficiente alocação de recursos. Daí que não surjam dúvidas sobre a ressarcibilidade da totalidade daquela diferença[980].

Observe-se que, embora a formação de um preço superior ao valor intrínseco dos valores mobiliários causada pela deficiência da informação divulgada ao mercado não represente um benefício para o emitente no mercado secundário, não podemos dizer que a formação de preços no mercado secundário não seja relevante numa eficiente alocação de recursos no mercado primário. Na verdade, uma regular formação de preços no mercado secundário vai abrir portas a uma maior propensão dos investidores para investirem no mercado primário, aumen-

[979] O CVM, ao contrário do seu antecessor, não define mercado primário e mercado secundário. No mercado primário, transaccionam-se valores mobiliários no momento da sua emissão. Pelo contrário, no mercado secundário, a transacção diz respeito a valores mobiliários emitidos em momento anterior.

[980] HELLGARDT, *Kapitalmarktdeliktsrecht... cit.*, p. 499.

tando assim a possibilidade de os emitentes a ele recorrerem para aí se financiarem[981]. Com efeito, a irregular formação de preços no mercado secundário vai ter como consequência um aumento do custo do capital no mercado primário, devido ao risco que impende sobre os investidores de venderem os valores mobiliários no mercado secundário por um preço diverso do seu real valor[982]. Daí que também no âmbito do mercado secundário a regular formação de preços surja como bem juridicamente protegido.

Não devemos, no entanto, ignorar que as situações não são idênticas. Com efeito, o emitente não beneficia da quantia que o investidor pagou na sequência da informação irregular, não dando directamente origem à deficiente alocação de recursos, como sucede com a deficiência da informação divulgada no contexto do mercado primário, antes afectando os custos para os emitentes na obtenção de capital no mercado primário, como explicámos no parágrafo anterior. No entanto, considera-se que a irregularidade da informação no mercado secundário implica uma série de outros custos sociais mais difíceis de calcular[983]. Por estes motivos, é proposta, em face do Direito alemão, uma limitação do montante da responsabilidade civil em favor do emitente[984].

Como dissemos, no mercado primário, a diferença entre o preço pago pelo investidor e o valor real dos valores mobiliários corresponde ao dano social, identificado como prejuízo decorrente da ineficiente alocação de recursos. O dano ressarcível é determinado em razão do bem jurídico protegido pelo dever de dar a conhecer as informações que devem compor o prospecto[985]. Da delimitação deste dever, traçada pela Directiva dos Prospectos – à luz da qual o Direito português deve ser interpretado – resulta, como temos vindo a referir, a prevalência da tutela do interesse público no regular funcionamento do mercado sobre as necessidades de protecção dos interesses individuais dos investidores.

A eficiência do mercado é tida pela lei como princípio orientador na fixação das situações em que é obrigatória a publicação do prospecto, procurando no seu seio equilibrar as necessidades informativas aptas a servir as capacidades alocativa e institucional de funcionamento, por um lado, e as limitações impostas pela capacidade operacional de funcionamento do mercado, por outro. Nesta perspectiva se compreende a exclusão das pequenas ofertas públicas do dever de publicar o prospecto. Efectivamente, a subtracção das ofertas de reduzida relevância social ao dever de dar a conhecer ao público as informações que devem

981 V. Hopt/Voigt, *Grundsatz-und Reformprobleme... cit.*, p. 107.
982 Hellgardt, *Kapitalmarktdeliktsrecht... cit.*, pp. 183/4.
983 Hellgardt, *Kapitalmarktdeliktsrecht... cit.*, pp. 498 e 142 e segs.
984 Hellgardt, *Kapitalmarktdeliktsrecht... cit.*, p. 499.
985 Hopt/Voigt, *Grundsatz-und Reformprobleme... cit.*, p. 89.

integrar o prospecto indica claramente ser eficiência do mercado e não os interesses do investidor o bem jurídico cuja protecção é pretendida pelo legislador[986].

Esta orientação de política legislativa não deveria deixar de se reflectir na definição do dano ressarcível. De facto, centrando a lei as suas preocupações na tutela da eficiência do mercado, o dano ressarcível não deveria ir além do que é estritamente necessário para se atingir esse objectivo. Ora, como é sabido, a capacidade alocativa de funcionamento do mercado e a confiança dos investidores são plenamente tuteladas pela diferença entre o preço pago e o real valor dos valores mobiliários. A responsabilidade civil não teria por objectivo satisfazer finalidades reparadoras, mas indemnizar o dano sofrido na medida em que represente um dano social.

A necessidade de coincidência do dano ressarcível com o dano social é expressão do pensamento da análise económica do Direito[987-988]. Em matéria de danos puramente patrimoniais, a análise económica do Direito considera que, em princípio, ao contrário do que sucede na lesão da propriedade, o dano individualmente sofrido pode não coincidir com o dano social[989].

[986] A eficiência constitui o princípio fundamental da análise económica do Direito. Segundo a análise económica do Direito é tarefa da ordem jurídica evitar o desperdício de recursos, assim aumentando a eficiência.

A obra de KAPLOW e SHAVELL, *Fairness versus Welfare*. "Harvard Law Review" 2001, pp. 961 e segs. reveste suma relevância. Os Autores defendem que as orientações de política legislativa deveriam dar preferência ao bem-estar social em detrimento de considerações de justiça. Como aponta DORFF (*Why Welfare depends on Fairness: a reply to Kaplow and Shavell*. "Southern California Law Review" 2002, pp. 848/9), o que distingue a doutrina de KAPLOW e SHAVELL é a noção alargada de bem-estar, que não compreende apenas a ideia de maximização da riqueza, mas tudo o que possa contribuir para o bem-estar dos indivíduos.

[987] V. BISHOP, *Economic Loss in Tort*. In Levmore, "Foundations of Tort Law". New York: Oxford Press, 1994, pp. 135 e segs.

[988] Segundo a fórmula do juiz norte-americano LEONARD HAND, as despesas de prevenção do dano serão utilizadas de modo eficiente onde não ultrapassem o montante do dano social multiplicado pela probalidade da sua verificação – v. POSNER, *Economic Analysis of Law*. 8th Edition. New York: Aspen Publishers, 2011, pp. 213 a 217. Recorrendo a esta fórmula para ilustrar a centralidade no contexto da análise económica do Direito do nível socialmente óptimo de prevenção do dano que põe em confronto as despesas de prevenção com a redução do risco de dano social, HELLGARDT, *Kapitalmarktdeliktsrect... cit.*, pp. 208 e 209.

[989] V. SCHÄFER/OTT, *Lehrbuch der ökonomischen Analyse des Zivilrechts*. 4. Auflage. Berlin, Heidelberg, New York, 2005, p. 301. Repare-se, contudo, que Autores há que consideram que nem sempre a distinção entre danos derivados da lesão da propriedade e danos resultantes da lesão de interesses puramente patrimoniais corresponderá à tradução jurídica da distinção económica entre "danos de recursos" e "danos de mercado", uma vez que, salientam os Autores, a lesão de interesses puramente económicos poderá originar importantes perdas de recursos. Nestes casos, o prejuízo sofrido pelos lesados coincidirá com o dano social. Os Autores dão vários exemplos, entre os quais os conhecidos *cable cases* – v. *Lehrbuch der ökonomischen Analyse des Zivilrechts... cit.*, pp. 306 e segs.

Assim, no domínio dos danos puramente patrimoniais, poderá acontecer que o dano social seja mais reduzido do que o dano individualmente sofrido pelo lesado, conduzindo a total reparação deste prejuízo a um incentIvo à realização de despesas de prevenção em valor superior ao que é reclamado do ponto de vista de prevenção do dano social. Observa-se que o dano sofrido por um sujeito pode representar o ganho de outro[990], não sendo o prejuízo em si mesmo susceptível de justificar a obrigação de indemnizar. Com base neste raciocínio, há quem qualifique os danos sofridos pelo investidor em resultado de informação deficiente divulgada pelo emitente no mercado secundário como danos meramente privados[991], não sendo como tal susceptíveis de ressarcimento.

No entanto, é largamente reconhecida a relevância social da incorrecção da informação no mercado secundário[992]. Não obstante, admite-se a dificuldade de determinação dos custos sociais associados à deficiência da informação divulgada no mercado secundário, que poderá ser menor do que o dano sofrido pelo investidor, sendo, por este motivo, sugerida a fixação de limites máximos ou a restrição da responsabilidade aos casos de dolo ou culpa grave[993]. Receia-se assim que a indemnização dos investidores pela diferença entre o preço pago e o real valor dos valores mobiliários transaccionados no mercado secundário conduza à realização de despesas de prevenção do dano por parte do responsável pela informação divulgada em montante excessivo face ao dano social provocado pela natureza defeituosa da informação.

Também chamando a atenção para a inadequação de uma distinção assente na natureza intrínseca do dano (dano físico *versus* dano puramente patrimonial) para distinguir os danos privados que também originam um dano social líquido dos danos privados que não representam danos sociais, propondo uma distinção fundada na natureza económica do dano (dano privado *versus* dano social), PARISI, *Liability for pure financial loss: revisiting the economic foundations of a legal doctrine*. In BUSSANI/PALMER, "Pure Economic Loss in Europe". Cambridge: Cambridge University Press, 2005, pp. 75 e segs., em especial, pp. 83 e segs.

990 SCHÄFER/OTT, *Lehrbuch der ökonomischen Analyse des Zivilrechts... cit.*, p. 301.

991 Sobre esta argumento, v. POSNER, *Economic Analysis of Law... cit.*, pp. 611 e 612. Esta objecção tem sido alvo de reflexão na doutrina alemã. Vejam-se HELLGARDT, *Kapitalmarktdeliktsrecht... cit.*, pp. 140 e segs., SCHÄFER, *Die Dritthaftung des Wirtschaftsprüfers für Vermögensschaden auf Primär-und Sekundärmarkten, eine ökonomische Analyse*. In HOPT/VOIGT, "Prospekt-und Kapitalmarktinformationshaftung". Tübingen: Mohr Siebeck, 2005, p. 167, DÜHN, *Schadensersatzhaftung... cit.*, pp. 253 e segs., e FLEISCHER, *Empfiehlt... cit.*, pp. 98 e segs.

992 POSNER, *Economic Analysis of Law... cit.*, p. 612. Na Alemahna, HELLGARDT, *Kapitalmarktdeliktsrecht... cit.*, pp. 142 e segs., DÜHN, *Schadensersatzhaftung... cit.*, pp. 254 e 255, e FLEISCHER, *Empfiehlt... cit.*, p. 100.

993 Como vimos, a limitação da responsabilidade é a via defendida por HELLGARDT. Admitindo ambas as hipóteses, DÜHN, *Schadensersatzhaftung... cit.*, p. 256.

Não podemos, pois, dizer que no âmbito do mercado secundário o prejuízo sofrido na sequência do carácter defeituoso da informação represente apenas um dano privado, sem relevância social. Por um lado, como já tivemos oportunidade de explicar, a irregular formação de preços no mercado secundário pode influenciar a formação de preços no mercado primário, apresentando, assim, relevância numa eficiente alocação de recursos. Com efeito, se o investidor puder transacionar os valores mobiliários no mercado secundário por um preço correspondente ao seu valor substancial, o emitente poderá colocar os valores mobiliários a um preço que reflicta o seu valor real, sem necessidade de um desconto motivado pelo risco derivado da incorrecta formação de preços no mercado secundário[994]. Para além disso, à natureza defeituosa da informação no mercado secundário estão associados outros custos sociais como, por exemplo, os custos ligados à procura da informação verdadeira por parte dos investidores ou à ocultação da informação por parte dos administradores[995].

No mercado primário, a diferença entre o preço e o valor substancial dos valores mobiliários representa o dano social resultante de uma deficiente alocação de recursos. As quantias utilizadas pelos investidores na compra dos valores mobiliários não correspondem às reais expectativas de desenvolvimento da actividade do emitente, pelo que se verifica um deficiente emprego de recursos na Economia. Desta forma, na medida em que o dano ressarcível se identifique com a diferença entre o preço pago e o valor real dos valores mobiliários, não há razão para temer que despesas destinadas a prevenir o dano superem o nível necessário a evitar o dano social provocado pela deficiência do prospecto.

No mercado secundário, como vimos, o valor exacto do dano social não é fácil de calcular. Não obstante esta circunstância, o que nos parece decisivo, tal como já defendemos a propósito do mercado primário, é a finalidade de protecção dos deveres de informação ao mercado no âmbito do mercado secundário. Também, tal como sucede no mercado primário, o bem jurídico protegido se deixa surpreender na regular formação de preços[996]. Procura-se proteger o interesse do público investidor, ou seja, o interesse do mercado[997] e não o interesse do investidor individualmente considerado, em termos paralelos ao que sucede no mercado primário.

[994] HELLGARDT, *Kapitalmarktdeliktsrecht... cit.*, pp. 183 e 184.

[995] Sobre os custos sociais associados à irregularidade da informação no mercado secundário, v. POSNER, *Economic Analysis of Law... cit.*, p. 612. Na Alemanha, HELLGARDT, *Kapitalmarktdelitsrecht... cit.*, pp. 142 e segs., DÜHN, *Schadensersatzhaftung... cit.*, pp. 254 e 255, e FLEISCHER, *Empfiehlt... cit.*, p. 100.

[996] Veja-se neste sentido, HOPT/VOIGT, *Grundsatz-und Reformprobleme... cit.*, pp. 130 e segs.

[997] Neste sentido, POELZIG, *Normdurchsetzung durch Privatrecht... cit.*, pp. 21 e segs.

A *ratio* que inspira os deveres de informação ao público investidor centra-se na protecção do público investidor, isto é, do mercado, e não na protecção dos interesses individuais. Esta opção torna-se clara, repita-se, pelo facto de o legislador da União Europeia ter excluído as pequenas ofertas do dever de publicação do prospecto. Se presidiu a este dever a preocupação com a protecção do público investidor e não a tutela dos interesses individuais dos investidores, não podemos deixar de entender que os deveres de informação impostos ao emitente no mercado secundário partilham a mesma finalidade de tutela do público investidor. Como tem sido defendido na doutrina alemã recente por HOPT e VOIGT, é de aplaudir a convergência de fim de protecção das informações impostas no mercado primário e no mercado secundário, não existindo à partida motivos para um diferente tratamento[998].

Assim sendo, é o interesse do público investidor que estes deveres procuram servir. O interesse do público investidor é um interesse colectivo, não correspondendo à soma dos interesses individuais dos investidores. O interesse do público investidor identifica-se com o interesse no regular funcionamento do mercado, condição necessária para que os preços aí formados espelhem uma adequada relação risco/rendimento. Podemos dizer que a confiança do público investidor na formação de preços no mercado secundário é um pressuposto para que o preço formado no mercado primário possa espelhar o valor real dos valores mobiliários emitidos, permitindo que os recursos sejam utilizados da forma mais produtiva, contribuindo para o desenvolvimento da Economia.

Por conseguinte, em conformidade com a *ratio* que inspira deveres de informação no mercado secundário, que a responsabilidade civil associada à violação de tais deveres deveria servir o interesse do público investidor e não os intersses dos investidores individualmente considerados. Embora no Direito português esta solução, tal como vimos a propósito da responsabilidade civil por prospecto, não possa ser defendida *lege lata*, pensamos que seria também a solução que melhor se harmonizaria com a finalidade que orienta os deveres de informação do emitente perante o mercado.

Por este motivo, o dano indemnizável deveria, tal como defendemos a propósito da responsabilidade por prospecto, também consistir na diferença entre o preço pago pelo investidor e o valor real dos valores mobiliários. No entanto, como referimos, esta solução não foi seguida pelo nosso legislador mobiliário, que considera aplicável o regime da responsabilidade civil por prospecto, nos termos do art. 243º CVM, com as necessárias adaptações. O art. 243º CVM, rela-

[998] *Empfehlungen*. In HOPT/VOIGT, "Prospekt-und Kapitalmarktinformationshaftung". Tübingen: Mohr Siebeck, 2005, p. 3. Dos mesmos Autores, *Grundsatz-und Reformprobleme... cit.*, pp. 89 e segs. e 107 e segs.

tivo ao prospecto de admissão à negociação, remete para o regime dos arts. 149º e segs. CVM, relativo ao prospecto de ofertas públicas de valores mobiliários. Como vimos, este regime é claramente dirigido à protecção dos interesses individuais dos investidores, resultando assim a natureza de normas de protecção de interesses individuais dos preceitos que prevêem os deveres de informação.

Em conclusão, a responsabilidade civil por informações dirigidas ao público investidor no domínio do mercado secundário também não se encontra em harmonia com a *ratio* que inspirou a instituição desses deveres.

Os deveres de informação ao público investidor, quer no mercado primário, quer no mercado secundário, comungam da mesma finalidade protectora, que consiste na tutela da regular formação de preços. Para além disso, cremos que, situando-se as preocupações tuteladoras ao nível da protecção do público investidor e não da protecção do interesse de cada investidor cujos interesses patrimoniais foram afectados pela deficiente formação de preço no mercado, a indemnização não deveria estar sujeita ao princípio da reparação total dos danos sentidos por cada investidor.

Efectivamente, a resolução do problema da determinação do dano indemnizável deveria obedecer à preocupação de conferir uma tutela eficaz ao interesse do público investidor na regular formação de preços no mercado. Compreende-se, por isso, que a medida dos danos sofridos pelo investidor não assuma um papel decisivo na determinação da indemnização. Decisivo é antes que o interesse do público investidor numa regular formação de preços seja eficazmente protegido pela indemnização dos investidores. Como observam Hopt e Voigt, a indemnização pela diferença entre o preço formado no mercado e o valor substancial dos valores mobiliários realiza plenamente o interesse de uma eficiente alocação de recursos, ao mesmo tempo sedimentando a confiança dos investidores a longo prazo no regular funcionamento do mercado[999]. Na verdade, a referida diferença harmoniza as expectativas de rendimento e os riscos ligados aos valores mobiliários[1000].

2.2.2. A natureza instrumental das pretensões indemnizatórias dos investidores em relação à realização do interesse público e a prevalência da função preventiva da responsabilidade civil

Como acabámos de ver, onde as pretensões indemnizatórias surjam como instrumentos de realização do interesse público, a função reparadora dos danos individualmente sofridos pelo lesado cede em face das necessidades de tutela do interesse público.

[999] *Grundsatz-und Reformprobleme... cit.*, p. 90.

[1000] Hopt/Voigt, *Grundsatz-und Reformprobleme... cit.*, p. 90.

No quadro da responsabilidade civil por informações dirigidas ao público investidor no Direito dos Valores Mobiliários, o interesse público numa regular formação de preços deixa-se alcançar pela diferença entre o valor de compra e o valor real.

Onde as pretensões indemnizatórias assumam uma natureza instrumental em relação à realização do interesse público prosseguido pela norma, desde logo, não releva a qualidade de norma protectora de interesses individuais como fundamento da pretensão indemnizatória. Efectivamente, o que importa averiguar é se as pretensões individuais poderão contribuir para a realização do interesse público que a norma procura defender. Por consequência, objecto da pretensão indemnizatória não são os danos individualmente sofridos pelo investidor. A pretensão indemnizatória, cumprindo a sua vocação de instrumento de prossecução do interesse público, deverá nortear-se pelo que é necessário à salvaguarda deste interesse.

Se em certos domínios esta finalidade reclama um montante indemnizatório superior ao dano efectivamente sofrido pelo investidor[1001], no contexto da responsabilidade por informações dirigidas ao público investidor, o interesse público na regular formação de preços satisfaz-se com a indemnização pela diferença entre o preço e o valor real dos valores mobiliários.

A natureza instrumental da responsabilidade em relação à prossecução ao interesse público que inspira as normas valoriza a função preventiva da responsabilidade civil[1002]. A função central da indemnização passaria a ser a função preventiva, necessária à tutela do interesse público pretendida pela norma e não a função reparadora dos danos sentidos individualmente pelo lesado[1003]. Esta circunstâcia poderá determinar uma falta de coincidência entre os danos sofridos pelo lesado e a indemnização devida pelo lesante. O montante do dano a indemnizar é delineado em atenção à necessidade de tutela do interesse público, pelo

[1001] Em certos domínios, as exigências de natureza preventiva podem reclamar uma indemnização por um valor superior ao montante dos danos efectivamente sofridos pelo lesado. Neste sentido, o Direito da União Europeia não impede que os Estados-membros admitam que o montante da indemnização exceda o quantitativo do dano efectivamente sofrido pelo investidor – veja-se Dörte Poelzig, *Normdurchsetzung durch Privatrecht... cit.*, pp. 311 e segs.
Com efeito, a utilização das pretensões jurídicas individuais como meio de realização do interesse público que as normas violadas visam atingir, reclamará o reconhecimento de autonomia e prevalência da função preventiva da responsabilidade civil em detrimento da prevalência da função reparadora dos danos individualmente sofridos pelo lesado – veja-se o que a seguir referimos quanto ao papel primordial desempenhado pela função preventiva da responsabilidade civil.

[1002] V. Dörte Poelzig, *Normdurchsetzung durch Privatrecht... cit.*, pp. 478 e segs.

[1003] Neste sentido, Dörte Poelzig, *Normdurchsetzung durch Privatrecht... cit.*, pp. 433 e segs.

que poderá exceder[1004] ou, em alternativa, não cobrir a totalidade dos danos sofridos pelo lesado[1005].

No caso da responsabilidade civil por informações dirigidas ao mercado, como vimos, o interesse público na eficiente alocação de recursos deixa-se alcançar pela indemnização pela diferença entre o preço pago pelo investidor e o valor substancial dos valores mobiliários. Do ponto de vista da análise económica do Direito, recorde-se, o montante da indemnização há-de cingir-se aos danos sociais, não cobrindo todos os danos individualmente sofridos pelo lesado. De outra forma, correr-se-ia o risco de os custos destinados a prevenir o dano excederem os danos sociais provocados pela deficiência da informação. Avulta a função preventiva da responsabilidade civil. Esta dirige-se à prossecução do interesse público, contribuindo para a sua plena realização. Deste modo, à função preventiva da responsabilidade civil seria reconhecida qualidade de uma função autónoma[1006], dirigida à protecção do interesse público da eficiência do mercado e não uma função subordinada à função reparadora dos interesses individuais[1007].

[1004] Dörte Poelzig, *Normdurchsetzung durch Privatrecht... cit.*, pp. 436 e 437.

[1005] Sobre a função preventiva e o princípio da reparação total, Dörte Poelzig. *Normdurchsetzung durch Privatrecht... cit.*, pp. 479 e 480.

Repare-se que, mesmo aceitando a primazia da função reparadora ou compensatória da responsabilidade civil, existem desvios ao princípio da reparação do total do dano como, por exemplo, o art. 494º CC. No entanto, no contexto da proeminência da função preventiva da responsabilidade civil, a limitação do montante da indemnização não é efectuada em razão da ponderação dos interesses do lesante e do lesado, sendo antes determinada pelas necessidades de protecção do interesse jurídico pretendido pelas normas em causa.

[1006] Neste sentido, Dörte Poelzig, *Normdurchsetzung durch Privatrecht... cit.*, pp. 478 e 479.

[1007] Como bem lembra Dörte Poelzig, *Normdurchsetzung durch Privatrecht... cit.*, p. 178, a função preventiva da responsabilidade civil não é estranha ao Direito da responsabilidade civil, mas assume na regulação do mercado um cariz especial pela natureza instrumental que assume em relação à eficiência do mercado.

Na verdade, no âmbito da responsabilidade civil dirigida à protecção dos interesses individuais do lesado, compreende-se o carácter subordinado da função preventiva em relação à função reparadora. Onde a responsabilidade civil se orienta à tutela de interesses individuais, aceitamos a ideia de que a função reparadora surja como função primordial, tendo a função preventiva uma natureza acessória, conforme defende a maioria da doutrina nacional (veja-se Almeida Costa, *Direito das Obrigações... cit.*, p. 521 e nota 3, Antunes Varela, *Das Obrigações em Geral... cit.*, pp. 542 e segs., Menezes Leitão, *Direito das Obrigações... cit.*, p. 256, Paulo Mota Pinto, *Interesse Contratual Negativo e Interesse Contratual Positivo... cit.*, pp. 818 e segs., e Ribeiro de Faria, *Direito das Obrigações... cit.*, pp. 426 e segs.). No contexto do tratamento da responsabilidade contratual, parecendo ir no sentido de reconhecer primazia à função reparadora ou compensatóra, não deixando de admitir a aplicação do art. 494º CC à responsabilidade contratual, Nuno Pinto Oliveira, *Princípios de Direito dos Contratos... cit.*, pp. 669 e segs., 723 e segs..

Em especial, a propósito da figura da cláusula penal, Pinto Monteiro rejeita a ideia de indemnização sancionatória, não considerando a responsabilidade civil sede adequada à prossecução de

A prevalência da função preventiva da responsabilidade civil teria como consequência o afastamento dos corolários que vão associados à prevalência da função reparadora da responsabilidade civil.

Assim, não vigoraria o princípio da reparação total do dano sofrido pelo lesado nem se imporia de forma estrita o princípio da proibição do enriquecimento. Na verdade, se estes princípios fazem sentido onde a responsabilidade civil se dirija à protecção de interesses individuais[1008], já não se adequariam à responsabilidade civil como instrumento de realização de interesses públicos protegidos pela norma.

A relevância central da função preventiva no âmbito de uma responsabilidade civil orientada pelo fito da realização do interesse público visado pelas normas não se confunde com uma função *puramente sancionatória*. Embora a função preventiva surja muitas vezes ligada à função sancionatória, ao Direito Privado são estranhos fins de natureza repressiva ou estritamente punitiva. Na verdade, estas finalidades estão ligadas ao Direito Penal, mas não ao Direito Privado. Com efeito, onde as pretensões indemnizatórias individuais visem a realização do interesse

finalidades de índole preventiva ou sancionatória, fixando a indemnização para além do montante de danos sofrido pelo lesado – *Cláusula Penal e Indemnização... cit.*, p. 627, remetendo a prossecução de fins preventivos ou sancionatórios – compulsivos ou coercitivos – para institutos distintos do instituto da responsabilidade civil. Assim, a cláusula penal em sentido estrito, onde avultam as finalidades coercitiva ou compulsiva, não se confunde com uma fixação antecipada da indemnização – v. *Cláusula Penal e Indemnização... cit.*, pp. 627 e segs. e 671 e segs. Pereira Coelho salienta a relevância da função sancionatória na explicação das normas que dão relevância negativa à causa virtual – *O Problema da Causa Virtual... cit.*, pp. 293 e segs. Acentuando as funções preventivas e sancionatórias da responsabilidade civil no que toca à protecção da pessoa, Menezes Cordeiro, *Tratado de Direito Civil II.* Tomo III... *cit.*, pp. 419 e segs.

1008 Com efeito, como corolários da função predominantemente reparatória ou compensatória surgem, quer o princípio da reparação total do dano, quer o princípio da proibição do enriquecimento. Embora como já referimos, o primeiro conheça desvios em homenagem a fins de natureza preventiva ou sancionatória, estes não assumirão uma natureza autónoma no contexto da responsabilidade civil onde se perspective a responsabilidade civil dirigida à tutela de interesses individuais. No contexto da prevalência de uma função reparadora da responsabilidade civil, desvios ao princípio da reparação total do dano são mais facilmente aceites do que excepções ao princípio da proibição do enriquecimento, recusando muitos Autores uma indemnização que exceda o dano sofrido pelo lesado. No sentido da probição do enriquecimento, estritamente ligado à função reparadora da responsabilidade civil, Oecker, Anotação 20 ao § 249, *Münchener Kommentar... cit.* O Autor lembra a decisão do BGH que elevou a proibição do enriquecimento a princípio integrante da ordem pública alemã. Igualmente, recusando a possibilidade de o lesado ser colocado em melhor situação do que aquela em que se encontraria sem o dano, Lange/Schiemann, *Schadensersatz... cit.*, p. 10.

Sobre a função preventiva da responsabilidade civil no contexto da protecção de interesses individuais, em particular matéria de direitos de personalidade, Elsa Dias Oliveira, *Da Responsabilidade Civil Extracontratual... cit.*, pp. 158 e segs.

público, deveriam elas ser recortadas em atenção àquilo que se afigura necessário para prevenir a inobservância das normas, inspiradas pela protecção do interesse público. Por outras palavras têm as pretensões indemnizatórias primordialmente em vista incentivar o cumprimento das normas pelos seus destinatários, não castigar ou fazer responder o infractor pelo mal que causou à sociedade[1009].

Em suma, numa responsabilidade direccionada à efectiva realização do interesse público protegido pela norma, torna-se essencial o incentivo ao cumprimento dos deveres nela prescritos, postulando-se a primazia da função preventiva[1010]. Não existe, porém, espaço ao reconhecimento de uma função de natureza repressiva ou punitiva.

2.2.3. Consequências ao nível de problemas relacionados com a determinação do dano indemnizável

Como temos vindo a referir, o dano a indemnizar será o dano sofrido pelo investidor que coincida com o dano social, que, como dano derivado da ineficiente alocação de recursos, se deixa apurar na diferença entre o preço pago pelo investidor e o valor real dos valores mobiliários.

[1009] Realçando a diversidade entre a finalidade preventiva e a finalidade puramente sancionatória e recusando relevância a esta última no domínio do Direito Privado, e, portanto, em matéria de responsabilidade civil, no âmbito do Direito alemão, Dörte Poelzig, *Normdurchsetzung durch Privatrecht... cit.*, pp. 433 a 438.
Entre nós, Pinto Monteiro, no contexto do tratamento da problemática da cláusula penal, realça a diversidade entre uma finalidade compulsória e uma finalidade repressiva ou punitiva, no sentido de que a primeira teria em vista pressionar o devedor ao cumprimento, ao passo que a segunda visaria castigar o devedor, assim estabelecendo a diferença entre a cláusula penal em sentido estrito e a pena privada, como melhor veremos. Em geral, Paulo Mota Pinto, privilegiando a função preventiva em relação a uma função sancionatória mesmo no quadro da responsabilidade civil, considerando que os mecanismos que lhe são paralelos se justificarão por finalidades de natureza preventiva e não de natureza repressiva ou punitiva, *Interesse Contratual Negativo e Interesse Contratual* Positivo... *cit.*, pp. 826 e segs. – nota 2319.

[1010] No quadro do estudo da cláusula penal, Pinto Monteiro considera não poder reconhecer-se natureza indemnizatória a uma cláusula penal *determinada* por uma função coercitiva, uma vez que a indemnização não seria adequada a prossegui-la. As funções preventiva e sancionatória da responsabilidade civil são meramente acessórias – v. *Cláusula Penal e Indemnização... cit.*, pp. 627 e 672.
Como dissemos, a primazia da função ressarcitória ou compensatória na responsabilidade civil compreende-se onde a responsabilidade civil se dirija à protecção de interesses individuais. Na realidade, neste contexto, é perfeitamente compreensível que a função preventiva assuma a natureza de uma função acessória da responsabilidade civil e que a prossecução autónoma da função preventiva só se possa fazer através de institutos exteriores ao instituto da responsabilidade civil. Já onde, pelo contrário, a responsabilidade civil seja um instrumento de realização do interesse público subjacente a uma norma, a função preventiva assumirá natureza autónoma.

Neste cenário, não se colocam os problemas por nós estudados em face do art. 152º/1 CVM, relacionados com a determinação dos prejuízos individualmente sofridos pelo investidor. Deste modo, não se levantaria o problema do ressarcimento dos lucros cessantes, uma vez que, como referimos, o interesse colectivo é suficientemente protegido pela diferença entre o preço e o valor real dos valores mobiliários. Consequentemente, não se colocaria a dúvida, por nós estudada em face do nosso Direito mobiliário, em torno do ónus da mitigação do dano pelo lesado.

Igualmente não cabe neste contexto considerar o recurso à revogação por via indemnizatória, pois, apesar de termos defendido que esta figura pode ser utilizada para protecção de interesses de natureza patrimonial, ela não será pertinente onde as pretensões indemnizatórias assumam a qualidade de instrumentos de realização do interesse do público investidor.

A prossecução deste desiderato não passa pela indagação da situação em que cada investidor estaria se não fosse a incorrecção do prospecto. Não é, pois, relevante apurar se o investidor teria efectivamente comprado os valores mobiliários caso o preço se houvesse formado correctamente no mercado. Também não é neste contexto relevante indagar a inexistência de um mercado secundário líquido onde o investidor pudesse alienar os valores mobiliários como critério determinante no reconhecimento do direito de o investidor lançar mão da revogação por via indemnizatória[1011]. Com efeito, não estando em jogo a protecção de interesses patrimoniais do investidor, não há que averiguar se os danos individualmente sofridos pelo investidor são plenamente reparados pela diferença entre o preço e o valor real dos valores mobiliários.

A função reparadora da responsabilidade civil concentra-se na preocupação em dispensar ao lesado a possibilidade de ver reparados os danos sofridos na sequência da lesão. Não admira, por isso, que, onde se reconheça um papel primordial à função reparadora da responsabilidade civil, seja posto especial cuidado na prevenção do posicionamento numa situação mais favorável do que aquela em que se encontraria se não fosse a lesão. Recorde-se que seguiu nesta linha o legislador ao consagrar no art. 152º/2 CVM a regra de que a indemnização será reduzida na medida em que o responsável pelo prospecto prove que o prejuízo sofrido pelo investidor também se ficou a dever a causas diversas do vício do prospecto. Aqui se integra, lembramos, a resposta ao problema da relevância negativa da causa virtual. Procurando-se evitar que o investidor seja colocado

[1011] Recordamos que neste sentido vai a opinião de HELLGARDT, que considera que a responsabilidade civil por prospecto se dirige à protecção do património individual do investidor, embora considere que o dano a indemnizar deva, em princípio, coincidir com a indemnização dos danos sociais. – v. *Kapitalmarktdeliktsrecht... cit.*, pp. 502 a 504.

numa situação mais favorável do que aquela em que estaria se o prospecto não fosse deficiente, e não cabendo ao responsável pelo prospecto suportar danos provocados por riscos estranhos ao vício do prospecto (em especial os riscos de mercado), a causa virtual, que teria contribuído para o dano sofrido pelo investidor não fosse a deficiência do prospecto, é motivo de redução da indemnização devida pelo responsável.

Avultando a função preventiva da responsabilidade civil onde as pretensões indemnizatórias sirvam de instrumento à prossecução da finalidade normativa de tutela do interesse público, a preocupação em impedir uma indemnização coloque o investidor numa situação mais favorável, subtraindo-o a riscos que lhe caberia suportar, não assume uma importância determinante.

Daí que, em homenagem a preocupações de índole preventiva, consideremos que neste contexto não se deveria reconhecer relevância negativa à causa virtual. Efectivamente, sendo as pretensões indemnizatórias orientadas à prossecução do interesse público defendido pela norma, este objectivo não resultaria suficientemente protegido caso se aceitasse a redução da indemnização na medida em que o responsável fizesse prova de que outra causa produziria o dano, mesmo que o prospecto não enfermasse de vício.

Importa, finalmente, prevenir que o carácter instrumental da indemnização em relação ao interesse público protegido pela norma não autoriza uma desconexão entre a titularidade do direito à indemnização e a pessoa afectada pelo evento lesivo.

Pelo contrário, o titular do direito à indemnização há-de ser uma pessoa afectada pelo evento lesivo. Deste modo, no que diz respeito ao vício da informação divulgada ao mercado, o titular da pretensão indemnizatória há-de ser o investidor que se haja tornado titular dos valores mobiliários, isto, quer os tenha subscrito no mercado primário, quer os tenha adquirido no mercado secundário numa altura em que o preço ainda se encontrava influenciado pelo vício do prospecto[1012].

Neste aspecto, a solução não é diferente da que resulta quando esteja em causa a protecção dos interesses individuais do investidor. Existe, no entanto, uma divergência no que toca aos fundamentos. Ao passo que no âmbito de uma responsabilidade civil centrada na protecção dos interesses individuais do inves-

[1012] No Direito inglês, a *Section* 90 estabelece expressamente a responsabilidade por prospecto perante quem se haja tornado titular dos valores mobiliários, quer seja seu subscritor, quer tenha adquirido os valores mobiliários em mercado secundário, isto é, independentemente de uma relação contratual, o que representa um importante progresso relativamente ao *Companies Act* de 1985. Já no domínio da *Common Law* a questão permanece duvidosa – v. PAUL DAVIES/SARAH WORTHINGTON, *Gower & Davies' Principles of Modern Company Law... cit.*, pp. 931 e 938/9.

tidor afectados pelo vício do prospecto, esta solução resulta da ponderação dos interesses do responsável e do investidor, já no contexto de uma responsabilidade dirigida à realização do interesse público protegido pela norma violada, a resposta ao problema advém antes das exigências decorrentes da prossecução do interesse público subjacente à norma violada.

Na verdade, uma ponderação dos interesses do responsável e do investidor aponta claramente no sentido de conferir direito à indemnização ao investidor, quer ele subscreva os valores mobiliários, quer os adquira no mercado secundário. O emitente tem interesse não apenas na subscrição da totalidade da oferta, mas tem igualmente interesse numa regular formação de preços no mercado secundário[1013]. Desta forma, podendo as informações contidas no prospecto influenciar a formação de preços no mercado secundário, a responsabilidade pelo vício do prospecto perante os investidores que hajam adquirido os valores mobiliários no mercado secundário corresponderá a justo equilíbrio dos interesses envolvidos.

Já no âmbito de uma responsabilidade dirigida à protecção do interesse público numa regular formação de preços, como vimos, uma correcta formação de preços no mercado secundário também influencia uma eficiente alocação de recurso no mercado primário. A protecção do interesse público na eficiente alocação de recursos postula igualmente o reconhecimento de pretensões indemnizatórias aos investidores que tenham adquirido os valores mobiliários no mercado secundário em momento em que o preço a que eram transaccionados ainda reflectia o vício do prospecto. Neste sentido, Hopt e Voigt salientam não poderem os mercados primário e secundário ser tratados separadamente[1014]. Com efeito, consistindo o bem jurídico protegido pelo dever de publicação do prospecto na regular formação de preços no mercado e orientando-se a responsabilidade civil decorrente do vício no seu conteúdo à protecção desse interesse, há-de ser titular do direito à indemnização todo o investidor que haja comprado valores mobiliários numa altura em que o preço do mercado se encontrava sob a influência do vício do prospecto. Isto significa que terão direito a ser indemnizados, para além do subscritor dos valores mobiliários, objecto da oferta pública sobre a qual incide o prospecto, também os que hajam adquirido esses valores mobiliários em mercado secundário, assim como os que tenham adquirido valores mobiliários da mesma categoria emitidos em momento anterior à oferta pública a que o prospecto defeituoso se refere[1015]. Em suma, a defesa do interesse público prosseguido

[1013] Paul Davies/Sarah Worthington, *Gower & Davies' Principles of Modern Company Law... cit.*, pp. 931 e 939.

[1014] V. *Empfehlungen... cit.*, p. 3, e *Grundsatz-und Reformprobleme... cit.*, p. 93.

[1015] Neste sentido, Hopt/Voigt, *Grundsatz-und Reformprobleme... cit.*, p. 94, realçando a convergência entre o bem jurídico protegido no mercado primário e no mercado secundário, simul-

exige que os que hajam adquirido valores mobiliários cujo preço se encontre afectado pelo vício do prospecto sejam titulares do direito à indemnização, sem que seja necessário fundamentar esta asserção recorrendo a uma ponderação dos interesses do responsável e do lesado.

O comprador que tenha adquirido os valores mobiliários passa a ser titular de uma pretensão indemnizatória, não o sendo o investidor que lhe transmitiu os valores mobiliários. Surjam as pretensões indemnizatórias como mecanismo de realização do interesse público, esta solução não se impõe como resultado da preocupação de evitar o enriquecimento do investidor que transmitiu os valores mobiliários em momento em que o preço do mercado ainda não reflectia o vício do prospecto. Como vimos, orientando-se as pretensões indemnizatórias pela realização do interesse público pretendido pela norma, e pontificando preocupações de natureza preventiva, não seria à partida de descartar a hipótese de o investidor pedir a indemnização ainda que não sofresse individualmente um dano, por ter transmitido os valores mobiliários[1016], desde que tal fosse de aconselhar em homenagem a necessidades preventivas. No entanto, cremos que o interesse numa eficiente alocação de recursos se deixa alcançar através do reconhecimento ao investidor adquirente de uma pretensão indemnizatória, consistente na diferença entre o preço e o valor substancial dos valores mobiliários, não justificando as necessidades de prevenção o reconhecimento de uma pretensão indemnizatória ao transmitente que acabou por não sofrer danos individuais decorrentes do vício do prospecto. As pretensões indemnizatórias só poderão ir além do dano sofrido pelo investidor na medida em que as necessidades de prevenção o requeiram[1017].

Finalmente, resta salientar que, procurando as pretensões indemnizatórias servir o interesse colectivo numa regular formação de preços, isto é, tendo

taneamente salientando a convergência no cálculo do dano. Diga-se que no nosso Direito a responsabilidade por informações segue tendencialmente o mesmo regime, uma vez que o regime da responsabilidade por prospecto serve de modelo à responsabilidade por informações noutros quadrantes no Direito dos Valores Mobiliários. Todavia, como vimos, o regime previsto nos art. 149º e segs. CVM dirige-se em primeira linha à protecção dos interesses individuais e não à tutela do interesse público numa regular formação de preços.

[1016] Neste sentido, admitindo a possibilidade de necessidades de natureza preventiva justificarem uma indemnização que vá além dos danos concretamente sofridos pelo lesado, Dörte Poelzig, *Normdurchsetzung durch Privatrecht... cit.*, pp. 480 e segs., e Wagner, *Prävention und Verhaltenssteuerung durch Privatrecht – Anmassung oder legitime Aufgabe?* "AcP" 2006, p. 470.
Dörte Pöelzig admite mesmo a indemnização sem dano no âmbito do Direito da Concorrência quando o lesado tenha transferido o dano para o patamar seguinte dos participantes no mercado. Neste sentido, a indemnização teria a função de recompensa – v. *Normdurchsetzung durch Privatrecht... cit.*, pp. 436/7.

[1017] Dörte Poelzig, *Normdurchsetzung durch Privatrecht... cit.*, p. 482.

essas pretensões por finalidade promover uma alocação de recursos eficiente, é essencial a determinação do valor substancial dos valores mobiliários na data da transacção. Na verdade, cremos que este interesse apenas resultará eficazmente protegido onde se busque o valor real dos valores mobiliários no momento da transacção. Embora o preço formado após a revelação da verdade seja um elemento muito importante a ter em conta, nem sempre assumirá uma importância determinante na fixação do valor intrínseco dos valores mobiliários. Pese o facto de inclusivamente admitirmos que o preço formado após a revelação da verdade sirva de base a uma presunção[1018] de que o valor assim formado representa o valor real dos valores mobiliários, ela não deverá ter um carácter absoluto, podendo ser ilidida[1019].

Pensamos que esta solução representa um adequado equilíbrio dos interesses em presença. Por um lado, auxilia o lesado na medida em que o dispensa de provar o quantitativo por que os valores mobiliários teriam sido comprados[1020], sem prejudicar a possibilidade de se demonstrar que o valor que se teria formado seria inferior ao que se formou após a correcção do conteúdo do prospecto[1021]. Deste modo, para ilidir a presunção, poder-se-ia provar que a quebra no preço do preço dos valores mobiliários após a correcção do conteúdo do prospecto se ficou a dever no todo ou em parte a circunstâncias diversas[1022].

O facto de admitirmos, no quadro de um mercado (semi) eficiente, uma presunção no sentido de que a descida do preço do mercado subsequente à divulgação da correcção do conteúdo do prospecto traduz uma adequada relação risco/ /rendimento, passando o preço a reflectir o valor real dos valores mobiliários, não equivale a aceitarmos a ideia de que o investidor estaria impedido de demonstrar que o preço que se teria formado no mercado seria diferente do que nele se formou após a revelação da situação real. Esta posição é, segundo cremos, a que melhor se adequa à regular formação de preços enquanto interesse que a responsabilidade civil procura servir. Na verdade, neste contexto, a quebra do preço subsequente à correcção do prospecto tem interesse enquanto factor a ter em linha de conta no sentido de apurar o preço que reflectiria uma adequada relação risco/rendimento dos valores mobiliários se não fosse a natureza defeituosa do prospecto.

[1018] Neste sentido, Hopt/Voigt, *Grundsatz-und Reformprobleme... cit.*, p. 93.

[1019] Também no sentido da natureza ilidível da presunção que toma por base o preço formado no mercado após a revelação da verdade, Hopt/Voigt, *Grundsatz-und Reformprobleme... cit.*, p. 93.

[1020] Hopt/Voigt, *Grundsatz-und Reformprobleme... cit.*, p. 93.

[1021] Hopt/Voigt, *Grundsatz-und Reformprobleme... cit.*, p. 93.

[1022] Hopt/Voigt, *Grundsatz-und Reformprobleme... cit.*, p. 93.

Onde à responsabilidade civil seja atribuído um papel instrumental na realização do interesse público de uma eficiente alocação de recursos, pensamos que a reacção (ou a sua ausência) do mercado em razão da correcção do prospecto perante o mercado não se apresente determinante para aferir o valor real dos valores mobiliários, sendo facultado ao investidor provar por outra via o preço que se formaria no mercado se o prospecto não se apresentasse defeituoso.

Cremos que não seria mesmo condição do direito à indemnização a quebra do preço após a revelação da verdade. Onde as pretensões indemnizatórias tenham uma natureza instrumental poderá dispensar-se a existência de um dano efectivo individualmente sofrido pelo investidor, pois pontificam preocupações de natureza preventiva. Saliente-se não estar aqui em causa uma simples dispensa de prova do dano, mas de prescindir da existência de um dano[1023] individualmente sentido pelo investidor, resultante de uma efectiva quebra do preço.

Pensamos que o carácter instrumental das pretensões indemnizatórias em face da realização do interesse público de uma eficiente alocação de recursos que o prospecto tem em vista proteger justificaria que ao investidor fosse reconhecida a possibilidade de demonstrar que no mercado se formaria um preço mais baixo do que aquele que efectivamente se formou, caso o prospecto não fosse defeituoso, embora o mercado não tenha reagido no momento da correcção do prospecto. Como vimos, neste contexto, o princípio da proibição do enriquecimento cede em face de exigências preventivas, sendo de aceitar, na medida em que estas exigências o imponham, que a indemnização possa assumir uma função de recompensa ao investidor.

Já onde a responsabilidade civil se oriente essencialmente pela preocupação de proteger interesses individuais dos investidores, afectados pela irregular formação de preços, existirá mais dificuldade em aceitar-se que a leitura feita pelo público investidor depois da divulgação da informação contida no prospecto não assuma um papel determinante. Isto a menos que o emitente prove que parte da descida verificada se deve a outras causas, aí parecendo-nos ser de incluir a reacção manifestamente exagerada em face da correcção do prospecto. Não estando em causa a utilização das pretensões indemnizatórias como instrumentos de prossecução do interesse público, mas antes como mecanismos de protecção de interesses individuais afectados pela irregular formação de preços, podemos

[1023] Realçando, a propósito da cláusula penal, a diversidade das situações em que o credor é dispensado da prova dos danos através de uma cláusula de fixação antecipada do dano, podendo, no entanto, o devedor provar a sua inexistência e isentando-o esta prova do pagamento da indemnização e dos casos em que não é exigida a própria existência de dano, como sucede na cláusula penal em sentido estrito, em que de nada vale ao devedor provar que efectivamente não existiram danos, Pinto Monteiro, *Cláusula Penal e Indemnização... cit.*, p. 30, nota 76, e *A pena e o dano.* "Cadernos de Direito Privado" Número Especial 02/Dezembro 2012, pp. 51 e segs.

dizer que o investidor apenas terá sofrido efectivamente um dano no seu património se existir uma quebra do preço.

Embora reconheçamos a dificuldade em determinar rigorosamente o preço que se formaria se o conteúdo do prospecto transmitisse uma fiel imagem da realidade, cremos que os modelos estudados pelas ciências económico-financeiras permitirão com suficiente precisão calcular o preço que se deveria formar no mercado se este tivesse sido regularmente informado e que reflectiria uma adequada avaliação da relação risco/rendimento[1024].

2.3. O nexo de causalidade

Resta-nos estudar as implicações do reconhecimento das pretensões indemnizatórias como instrumentos de realização do interesse público numa regular formação de preços no tratamento do problema do nexo causal. Tal como referimos, o dever de divulgar a informação que consta do prospecto tem em vista criar condições de uma regular formação de preços no mercado.

Pretendemos averiguar, tal como fizemos a propósito do problema do dano, se e em que medida uma responsabilidade civil concentrada na prossecução do interesse público exigirá uma diferenciação em face do regime que rege o nexo de causalidade no seio de uma responsabilidade dirigida principalmente à protecção de interesses individuais, como é o caso da responsabilidade civil por prospecto no nosso Direito dos Valores Mobiliários. Vamos então analisar o problema do ponto de vista da causalidade fundamentadora da responsabilidade para, de seguida, estudarmos a questão sob o ângulo da causalidade preeenchedora de responsabilidade.

2.3.1. Causalidade fundamentadora da responsabilidade

A causalidade fundamentadora da responsabilidade diz respeito, recordamos, à ligação causal entre o acto lesivo e o bem jurídico protegido pela norma violada. Como sabemos, o bem jurídico tutelado pela responsabilidade civil pelo prospecto, segundo o nosso Direito dos Valores Mobiliários, reside na protecção do património do investidor através da tutela da regular formação de preços no mercado e não pela via da tutela da formação da vontade individual do investidor. Deste modo, é irrelevante saber se o investidor teve conhecimento do conteúdo do prospecto.

Reconhecendo à responsabilidade civil por prospecto natureza instrumental em relação ao interesse público protegido pelo dever de dar a conhecer ao público o conteúdo do prospecto, o bem jurídico protegido residiria não na protecção do património do investidor através da protecção da regular formação de

1024 Hopt/Voigt, *Empfehlungen... cit.*, p. 7.

preços, mas identificar-se-ia com a tutela do interesse público numa eficiente alocação de recursos.

Em ambos os casos a causalidade fundamentadora da responsabilidade há-de estabelecer-se entre o evento lesivo – o vício do prospecto – e a inadequada formação de preços no mercado. Na realidade, na hipótese de um mercado (semi) eficiente, a formação de preços não assenta na correcta formação da vontade individual, mas antes se forma ao nível geral do mercado e espelha toda a informação tornada pública. Daí que no tocante à causalidade fundamentadora da responsabilidade, tanto num como em noutro dos casos, se deverá considerar estabelecida pela prova de que a deficiência do conteúdo do prospecto influenciou a regular formação do preço no momento da conclusão do negócio, sendo totalmente irrelevante a prova do conhecimento do investidor do conteúdo do prospecto. Por outras palavras, em ambos os casos a causalidade fundamentadora da responsabilidade assentará na natureza material da informação.

Apenas divergem, quanto a nós, no papel atribuído à reacção do mercado após a correcção do prospecto. Concentrando-se a responsabilidade civil por prospecto na protecção do interesse público da eficiente alocação de recursos, a indemnização não deverá ficar dependente da queda de preço após a correcção do prospecto. A prova da aptidão de o facto ou de a omissão em que se traduziu a deficiência do prospecto para influenciar o preço dos valores mobiliários, isto é, a prova da materialidade do facto, seria suficiente para estabelecer a causalidade fundamentadora da responsabilidade. A leitura que o mercado faça sobre a natureza material do facto ou omissão não seria um requisito de responsabilidade civil.

2.3.2. A causalidade preenchedora da responsabilidade

A causalidade preenchedora da responsabilidade deixa-se surpreender na conexão causal entre a lesão do bem protegido e os danos individualmente sofridos pelo investidor (danos emergentes e lucros cessantes). Por conseguinte, será essencial estabelecer a ligação entre a irregular formação de preços e os danos emergentes e lucros cessantes sentidos pelo investidor se as pretensões indemnizatórias tiverem por finalidade a protecção dos interesses patrimoniais individuais do investidor.

No caso de a responsabilidade civil se apresentar como instrumento ao serviço do interesse público da alocação de recursos, o dano a ressarcir coincidirá com a diferença entre o preço pago pelo investidor e o valor real dos valores mobiliários. Deste modo, será suficiente para estabelecimento da causalidade preenchedora da responsabilidade que o investidor tenha comprado os valores mobiliários em momento em que o preço ainda se encontrava sob a influência do vício do prospecto.

Na verdade, será necessário provar que os valores mobiliários foram comprados numa altura em que o mercado ainda se encontrava em erro na sequência da deficiência do prospecto. Só assim estará estabelecida uma ligação entre a irregular formação de preços provocada pela natureza defeituosa do prospecto e a compra por parte do investidor, titular dos valores mobiliários, por um preço acima do seu valor real.

Com efeito, julgamos ser necessário estabelecer uma ligação entre o preço pago pelo investidor na compra dos valores mobiliários e a deficiência do prospecto. De outra forma, tratar-se-ia o investidor como simples representante do interesse público.

A natureza instrumental das pretensões indemnizatórias individuais em relação ao interesse público não autorizaria abrir mão da exigência do estabelecimento do nexo causal entre a irregular formação de preço provocada pela natureza defeituosa do prospecto e a compra dos valores mobiliários por um preço superior ao seu valor real pelo investidor. Tratar-se-ia, por meio do reconhecimento do direito à indemnização pelo prejuízo sofrido pelo investidor, na parte que coincida com o dano social, de atribuir aos investidores um importante papel na prossecução do interesse público.

PERSPECTIVA FINAL

A apreciação do bem jurídico protegido pela responsabilidade civil por prospecto no Direito dos Valores Mobiliários convoca três dos pilares fundamentais que subjazem ao Direito Privado. Como temos vindo a defender ao longo do presente trabalho, a identificação do bem jurídico tutelado pela responsabilidade civil pelo prospecto está dependente do juízo sobre o bem jurídico protegido pelo dever de dar a conhecer ao público as informações que deverão integrar o prospecto[1025].

Cedo constatámos que a intervenção da ordem jurídica no sentido da tutela do investidor no âmbito do Direito dos Valores Mobiliários se poderia justificar pela preocupação de defesa da livre formação da vontade em sentido ético-jurídico, pela sensibilidade à justiça contratual, através da tutela da parte mais frágil da relação contratual, ou pela busca da promoção da eficiência do mercado.

Neste contexto detectámos, não apenas a rejeição de um modelo de controlo do mérito dos valores mobiliários e a opção pelo modelo da informação, mas igualmente a ligação genética entre a protecção do investidor e a necessidade de assegurar o bom funcionamento do mercado.

Esta ideia reflecte-se, como vimos, ao nível das obrigações individuais de informação do intermediário financeiro, na medida em que a intensidade das obrigações de conselho varia consoante o tipo de contrato de intermediação financeira, obedecendo esta orientação a preocupações de eficiência operacional. Tal significa, recorde-se, que a protecção da vontade do investidor é balizada pelas necessidades de bom funcionamento do mercado no plano das obrigações individuais de informação a cargo do intermediário financeiro.

1025 Note-se que que os Autores do DCFR sublinham que os princípios que subjazem ao Projecto são a liberdade contratual, a justiça contratual, a segurança e a eficiência – v. *Principles... cit.*, p. 60.

No entanto, a constatação da íntima ligação da protecção do investidor ao bom funcionamento do mercado não é suficiente para dar resposta ao problema do sentido dos deveres de informação ao público investidor no Direito dos Valores Mobiliários.

Deste modo, havia que averiguar o plano em que se situam os deveres de informação ao público investidor, em particular o dever de dar a conhecer as informações que devem compor o prospecto, isto é, havia que tentar perceber se terão por finalidade proteger a eficiência do mercado, assumindo a protecção do investidor uma natureza instrumental, ou se terão por objectivo tutelar interesses individuais do investidor – a regular formação da vontade ou os seus interesses patrimoniais individualmente considerados.

Nesta tarefa, assumiu uma importância decisiva a delimitação das situações que dão origem ao dever de publicar o prospecto nas ofertas públicas de valores mobiliários. Recorde-se que o conceito de oferta pública de valores mobiliários é moldado em função das necessidades informativas dos destinatários da oferta. Contudo, a Directiva dos Prospectos prevê desvios ao dever de publicar o prospecto no âmbito das ofertas públicas. Tais desvios são ditados em razão de uma ponderação da relação custo/benefício.

Assim sendo, excluem-se do dever de publicar o prospecto determinadas ofertas públicas, ainda que os seus destinatários careçam de protecção informativa. Na realidade, as pequenas ofertas são subtraídas ao dever de publicar o prospecto, uma vez que não se apresentam socialmente relevantes. Esta circunstância tornou clara a opção do legislador europeu no sentido de situar as suas preocupações essencialmente no interesse público de bom funcionamento do mercado e não tanto na protecção dos interesses individuais dos investidores. É a esta luz que deveremos interpretar o Direito português, embora este sentido não resulte de forma clara do texto legislativo.

Identificado o interesse público como a finalidade da consagração do dever de divulgar junto do público as informações que deverão integrar o prospecto, procurámos apurar se o regime da responsabilidade civil por prospecto serve esta finalidade. Preparando esta análise, estudámos os diversos fundamentos de responsabilidade civil susceptíveis de enquadrarem a protecção da formação da vontade ou da tutela do património no quadro do Direito dos Valores Mobiliários, dando particular atenção à protecção da formação da vontade nos deveres individuais de informação dos intermediários financeiros.

Ao longo do nosso estudo, tivemos presente que a concentração do escopo do dever de divulgar a informação a integrar no prospecto na protecção do interesse público do bom funcionamento do mercado não prejudica o reconhecimento de pretensões indemnizatórias individuais em caso de deficiência do conteúdo do prospecto. Com efeito, as pretensões indemnizatórias poderão ser encaradas como instrumentais em face da prossecução do interesse público.

Na formulação de um juízo sobre a coerência entre o escopo protector do dever de divulgar as informações que devem integrar o prospecto e a finalidade inspiradora da responsabilidade civil derivada do conteúdo do prospecto, assume importância o rumo seguido pelo legislador em matéria de dano.

Como vimos, o art. 152º/2 CVM constitui uma concretização do art. 562º CC em matéria de responsabilidade civil pelo conteúdo do prospecto. Assim, a indemnização deverá reparar os danos sofridos individualmente pelo investidor na sequência da irregularidade do prospecto. Consequentemente, não restarão dúvidas sobre a natureza do art. 135º CVM como norma de protecção de interesses individuais.

Tendo presente o mecanismo de formação de preços no mercado de valores mobiliários, para o qual não concorre a vontade individual dos investidores, concluímos que se procura proteger o património do investidor e não a regular formação da sua vontade.

Do que temos vindo a dizer resulta que a responsabilidade civil por prospecto, prevista no CVM, na linha da responsabilidade civil em geral, tem uma função essencialmente reparadora.

Esta função reflecte-se em vários aspectos do regime da responsabilidade civil, nomeadamente no princípio da reparação total do dano efectivamente sofrido pelo investidor e na relevância negativa da causa virtual.

No entanto, a inspiração do dever de publicação das informações que devem compor o prospecto na protecção de um bem jurídico de natureza supra-individual reclama o reconhecimento de um papel de natureza instrumental às pretensões indemnizatórias dos investidores pela deficiência do conteúdo do prospecto. Deste modo, o regime da responsabilidade civil pela deficiência do conteúdo do prospecto dever-se-ia orientar pela preocupação de salvaguarda do interesse público do bom funcionamento do mercado. Por esta razão, e dada a natureza instrumental das pretensões indemnizatórias individuais, o regime da responsabilidade civil deveria ser delineado em vista deste interesse.

Daí que o dano indemnizável devesse ser determinado em razão da prossecução daquele interesse e não em função da reparação total dos danos sofridos pelo investidor. O dano deveria então ser calculado pela diferença entre o valor pago pelo investidor e o valor real dos valores mobiliários. Por outro lado, o enfoque na protecção do bem jurídico de natureza colectiva e a natureza instrumental das pretensões indemnizatórias dos investidores aconselhariam a aceitação da irrelevância negativa da causa virtual.

A orientação da responsabilidade civil no sentido da defesa do interesse público do regular funcionamento do mercado determinaria o acolhimento da função preventiva da responsabilidade civil como função autónoma. Uma tal orientação esbarra com a finalidade essencialmente reparadora ou compensatória que é reconhecida pela generalidade da doutrina, não só entre nós, como no estrangeiro.

O regime da responsabilidade civil por prospecto, previsto no CVM, tem um cariz nitidamente ressarcitório. Cremos, todavia, que a primazia atribuída pelo CVM a esta função da responsabilidade civil não se harmoniza com a intenção da Directiva dos Prospectos decorrente da delimitação das situações que dão origem ao dever de dar a conhecer ao público as informações que devem compor o prospecto. Com efeito, excluindo as pequenas ofertas, ainda que tenham por destinatários pessoas carecidas de protecção, o legislador europeu terá situado as suas preocupações no plano do interesse público da eficiência do mercado e não tanto no patamar dos interesses individuais dos investidores.

De facto, tendo presente a circunstância de o dever de publicação da informação em que o prospecto se alicerça na protecção do interesse do bom funcionamento do mercado, as pretensões indemnizatórias dos investidores constituirão um instrumento de realização do interesse público, complementando a actividade da entidade de supervisão. Deste modo, o direito à reparação representaria um complemento à actividade de supervisão, contribuindo os investidores para a realização do interesse público do regular funcionamento do mercado.

A utilização de pretensões de Direito Privado como complemento à actividade das autoridades não era estranha ao Direito Romano, como o explica SAVIGNY. Na verdade, o direito a receber uma determinada quantia em dinheiro como consequência da prática de um delito poderia ir além da reparação do dano, assumindo a natureza de uma pena privada[1026]. O pagamento de uma quantia ao lesado, que poderia ir além do necessário à reparação do dano, funcionava neste contexto como incentivo à prossecução do interesse público de realização da justiça[1027]. Torna-se bem evidente a dupla natureza privada e pública das penas privadas[1028]. Podemos, por conseguinte, concluir que à pena privada era reconhecida relevância na prossecução do interesse público.

[1026] Dando conta de uma tendência no sentido de "ressuscitar " a pena privada, PINTO MONTEIRO, *Princípios gerais da responsabilidade civil.* "Revista da Escola Nacional de Magistratura" nº 3, 2007, p. 109.

[1027] SAVIGNY, *Das Obligationenrecht als Theil des heutigen römischen Rechts.* Band 2. Berlin, 1853, p. 303.

[1028] SAVIGNY, *Das Obligationenrecht... cit.*, p. 301.

Como vimos, no domínio dos Direitos de mercado, as pretensões indemnizatórias poderão assumir um importante papel na prossecução do interesse público do regular funcionamento do mercado, contribuindo para a realização do bem-estar social. Ao concentrar as suas preocupações nos interesses do mercado em matéria de deveres de informação, cremos que o legislador europeu terá tido consciência do relevo dos deveres de informação, atribuindo-lhes um papel na sua essência instrumental na realização do interesse público. Por consequência, desta natureza instrumental não poderão deixar de comungar as pretensões indemnizatórias resultantes do seu deficiente cumprimento. Esta consciência exigiria um diferente entendimento das funções da responsabilidade civil e implicaria, em particular, a aceitação da função preventiva da responsabilidade civil como função autónoma e não subordinada à função reparadora ou à função compensatória.

Pensamos, porém, que as normas gerais sobre a responsabilidade civil são norteadas pela prossecução dos interesses privados do lesado. Por este motivo, um regime de responsabilidade civil adequado à natureza instrumental da responsabilidade civil em relação à prossecução do interesse público apenas poderia resultar de um regime especial.

Assim, cremos não ser possível uma interpretação do art. 483º/1, 2ª parte, que vá no sentido de se reconhecer o atributo de norma de protecção a preceitos que não tenham por objectivo a protecção de interesses individuais, mas em que a admissibilidade de pretensões indemnizatórias possa constituir um contributo para a realização do interesse público prosseguido por tais preceitos.

Efectivamente, apenas através de uma intervenção legislativa será possível adequar o regime da responsabilidade civil por prospecto à intenção que inspira os deveres de informação ao público investidor, em particular o dever de divulgar as informações que devem estar compreendidas no prospecto.

O reconhecimento de uma função instrumental dos deveres de informação em relação à prossecução do interesse público, assim como dos direitos à indemnização resultantes da sua inobservância, reflecte a relevância do Direito Privado na prossecução do interesse público.

A realização do interesse público da alocação eficiente de recursos pressupõe uma adequada formação de preços. A focagem na protecção dos interesses individuais dos investidores poderá colocar na sombra a prossecução do interesse geral da Economia. Na realidade, as exigências reclamadas pela protecção deste interesse poderão não ser satisfeitas com a tutela dos interesses individuais dos investidores. Recorde-se que o interesse individual do investidor apenas será afectado se a revelação da verdade ao mercado causar aí uma quebra do preço dos valores mobiliários, originando uma diminuição efectiva do património do investidor. Na verdade, o prejuízo sentido no património do investidor relaciona-se com a leitura feita pelo mercado sobre a natureza material da informação deficiente. Esta avaliação assumirá um papel decisivo.

Contudo, o interesse público na alocação eficiente de recursos só será eficazmente servido na medida em que essa leitura seja, de facto, a leitura correcta, ou seja, se a quebra do preço no mercado reflectir uma adequada ponderação da relação risco/rendimento dos valores mobiliários em causa. A convicção em que assenta a hipótese do mercado eficiente – os preços reflectem a informação disponível, conduzindo o mercado ao equilíbrio – tem sido questionada, pondo-se em causa a doutrina do mercado eficiente.

Pense-se na doutrina das finanças comportamentais, na teoria da reflexividade de SOROS[1029], bem como na consciencialização demonstrada por outros Autores da incerteza dos mercados financeiros. Muito importante neste contexto é a *Imperfect Knowledge Economics* (IKE) de FRYDMANN e GOLDBERG que põe em evidência a instabilidade dos mercados financeiros, questionando a convicção de que o regular funcionamento do mercado conduz necessariamente a uma eficiente alocação de recursos sem, no entanto, desprezar a relevância do juízo do mercado na avaliação dos valores mobiliários. Os participantes no mercado que prosseguem o lucro a curto prazo não internalizam os custos sociais causados pela instabilidade[1030]. No quadro da IKE o comportamento dos investidores, ainda que racional, não conduz necessariamente o mercado ao equilíbrio. Daí que os Autores admitam uma intervenção do Estado nos mercados onde persistam oscilações excessivas. A intervenção do Estado poderia ajudar o mercado a concretizar uma adequada alocação de recursos, substituindo a sua avaliação quando se verifiquem movimentos excessivos no sentido da quebra ou de aumento dos preços. São as chamadas *excess dampening measures*[1031].

Tendo em conta a importância dos mercados financeiros na alocação eficiente de recursos, a protecção dos investidores não deverá ser isolada da tutela daquele interesse de natureza pública. Por outras palavras, a protecção do investidor não deverá alhear-se das repercussões dos mercados financeiros no desenvolvimento do interesse geral da Economia.

Reconhecendo a instabilidade nos mercados e os seus efeitos no sistema financeiro, KATHARINA PISTOR salienta o papel do Direito no sucesso ou na ruína dos mercados financeiros. As repercussões que os contratos celebrados pelos participantes no mercado poderão ter ao nível do sistema financeiro é ilustrada no paradoxo do Direito e Finanças (*Law and Finance Paradox*). A Autora

[1029] V. *As Palestras de George Soros na Central European University*. Coimbra: Almedina, 2010, e *O Novo Paradigma para os Mercados Financeiros*. Coimbra: Almedina, 2008.

[1030] *Beyond Mechanical Markets*. Princeton: Princeton University Press, 2011, p. 227.

[1031] *Beyond Mechanical Markets... cit.*, pp. 228 e 229.

chama a atenção para a circunstância de que, em certos períodos, a manutenção da força vinculativa de contratos nos termos originariamente acordados poderia colocar em causa o sistema financeiro no seu conjunto[1032]. Daí a importância referida pela Autora alemã de mecanismos jurídicos que permitam a adaptação dos contratos às novas circunstâncias.

Note-se que assim se concentra a Autora nas repercussões da manutenção da força juridicamente vinculativa dos contratos no sistema financeiro no seu conjunto e não no plano da relação entre as partes no contrato. Consideramos que neste contexto se revela claramente a importância do Direito Privado na prossecução do interesse público da Economia.

Especificamente, em relação ao tema que nos ocupa, na verdade, a tutela do interesse público demanda a harmonia entre os preços dos valores mobiliários e a ponderação adequada da relação risco/rendimento inerente a esses valores. Sendo a falibilidade ou a incerteza características do funcionamento do mercado de capitais, não será possível persistir na ideia de que o mercado tende necessariamente ao equilíbrio contanto que os investidores sejam providos de informação de qualidade.

Embora seja uma importante componente da eficiente alocação de recursos, a informação não constitui uma garantia de uma avaliação adequada sobre o valor intrínseco dos valores mobiliários. Daí que o interesse público da alocação eficiente de recursos apenas possa ser eficazmente protegido onde não se confie cegamente na avaliação realizada pelo mercado.

Não obstante reconhecermos a importância do preço formado no mercado após a revelação da verdade na indicação do valor real dos valores mobiliários, bem como a dificuldade na determinação do preço justo, pensamos que o esforço na sua procura, ainda que em sede judicial, teria um importante papel na prossecução do bem comum. A tutela dos interesses individuais do investidor, concentrada que está na reparação dos prejuízos individualmente sofridos por cada um, poderá não servir capazmente este objectivo.

Pensamos que a concentração do regime da responsabilidade civil por prospecto na tutela do interesse público espelharia a consciência da importância da equivalência das prestações na subscrição e na aquisição de valores mobiliários para a realização do interesse público numa eficiente alocação de recursos, assim como reflectiria a consciência da necessidade de co-responsabilização da sociedade civil na realização do interesse público, auxiliando o Estado através da cooperação entre os cidadãos[1033].

[1032] V. *Towards a Legal Theory of Finance... cit.*, pp. 28 e segs., 41, 47 e segs.

[1033] Salientando a interdependência entre o Estado e a sociedade e a interdependência entre o Direito Privado e o Direito Publico, WOLF/NEUNER, *Allgemeiner Teil des Bürgerlichen Rechts... cit.*,

Concretamente, está em causa adaptar o regime da responsabilidade civil por prospecto à preocupação de defesa do interesse público que, na nossa opinião, orienta a definição do dever de divulgar ao público as informações que compõem o prospecto.

pp. 2 a 4 e 12/3. Igualmente referindo o concurso do Direito Público e do Direito Privado na execução das normas de conduta, na protecção do bom funcionamento do mercado e do bem comum, DÖRTE POELZIG, *Normdurchsetzung durch Privatrecht... cit.*, p. 598. Anote-se ainda, com interesse para este tema, a posição de LEITE DE CAMPOS sobre o entendimento das relações jurídicas entre pessoas como relações de associação – v. *As Relações de Associação. O Direito sem direitos*. Coimbra: Almedina, 2011.

BIBLIOGRAFIA

AFONSO, Ana, *O contrato de gestão de carteiras e a responsabilidade civil do intermediário financeiro*. In Maria de Fátima Ribeiro, "Jornadas Sociedades Abertas, Valores Mobiliários e Intermediação Financeira". Coimbra: Almedina, 2007

AKERLOF, George, *The market for "lemons". Quality uncertainity and market mechanism*. "The Quarterly Journal of Economics" 1970

ALARCÃO, Rui de, *Direito das Obrigações*. Texto elaborado por J. Sousa Ribeiro, J. Sinde Monteiro, Almeno de Sá e J. C. Proença com base nas lições do Prof. Rui de Alarcão ao 3º ano jurídico. Policopiado. Coimbra, 1983

ALBUQUERQUE, Pedro de/PEREIRA, Maria de Lurdes, *A responsabilidade civil das entidades reguladoras e de supervisão por danos causados a agentes económicos e investidores no exercício de actividades de fiscalização ou investigação*. "O Direito" 2004, Vol. I

ALMEIDA, Carlos Ferreira de, *As transacções por conta alheia no âmbito da intermediação no mercado de valores mobiliários*. In AAVV, "Direito dos Valores Mobiliários". Lisboa: Lex, 1997

- *Contratos I. Conceito – Fontes – Formação*. 4ª edição, Coimbra: Almedina, 2013
- *Contratos II. Conteúdo. Contratos de Troca*. 2ª edição. Coimbra: Almedina, 2011
- *Direito do Consumo*. Coimbra: Almedina, 2005
- *O Código dos Valores Mobiliários e o Sistema Jurídico*. "Cadernos do Mercado de Valores Mobiliários" nº 7 (Abril de 2000)
- *Relação de clientela na intermediação de valores mobiliários*. "Direito dos Valores Mobiliários". Coimbra: Coimbra Editora, 2001
- *Texto e Enunciado na Teoria do Negócio Jurídico*. Vol. II. Coimbra: Almedina, 1992

ALMEIDA, José Queirós, *Contratos de Intermediação enquanto categoria jurídica*. "Cadernos do Mercado de Valores Mobiliários" nº 24 (Novembro de 2006).

ALMEIDA, Margarida Azevedo de, *A Responsabilidade do Banqueiro Perante os Credores da Empresa Financiada*. Coimbra: Coimbra Editora, 2003

- *A responsabilidade civil perante os investidores pela realização defeituosa de relatórios de auditoria, recomendações de investimento e relatórios de notação de risco*. "Cadernos do Mercado de Valores Mobiliários" nº 36 (Agosto 2010)

ALMEIDA, Marta Cruz de, *O dever de defesa do mercado*. In AAVV, "Direito dos Valores Mobiliários". Vol. IV. Coimbra: Coimbra Editora, 2003

ANDRADE, José Carlos Vieira de, *Os Direitos Fundamentais na Constituição Portuguesa de 1976*. 5ª edição. Coimbra: Almedina, 2012

ANDRADE, Manuel Domingues de, *Teoria Geral da Relação Jurídica*, Vol. II. 7ª reimpressão: Coimbra: Almedina, 1987

– *Teoria Geral das Obrigações*. 3ª edição (com a colaboração de Rui de Alarcão). Coimbra: Almedina, 1966

ANTUNES, José Engrácia, *Direito dos Contratos Comerciais*. Coimbra: Almedina, 2009

– *Os Instrumentos Financeiros*. Coimbra: Almedina, 2009

AQUINO, S. Tomás de, *Summa Theologica*

ARAÚJO, Fernando, *ADAM SMITH – O Conceito Mecanicista de Liberdade*. Coimbra: Almedina, 2001

ARISTÓTELES, *Ética a Nicómaco*. Tradução do grego de António Castro Caeiro. 3ª edição. Lisboa: Quetzal, 2009

– *Política*. Tradução e notas de António Campelo Amaral e Carlos de Carvalho Gomes. Editora Vega, 1998

ASCENSÃO, José de Oliveira, *A protecção do investidor*. In AAVV, "Direito dos Valores Mobiliários". Vol. IV. Coimbra: Coimbra Editora, 2003

– *Concorrência Desleal*. Lisboa: AAFDL, 1994

– *Direito Civil – Teoria Geral*. Vol. II. 2ª edição. Coimbra: Coimbra Editora, 2003

– *Direito Civil – Teoria Geral*. Vol. III. Coimbra: Coimbra Editora, 2002

– *Direito Civil e Direito do Consumidor*. "Themis" 2008 (Código Civil Português – evolução e perspectivas actuais – edição especial)

– *O actual conceito de valor mobiliário*. In AAVV, "Direito dos valores Mobiliários". Coimbra: Coimbra Editora, 2001

– *O novíssimo conceito de valor mobiliário*. In AAVV, "Direito dos Valores Mobiliários". Coimbra: Coimbra Editora, 2006

– *Teoria Geral do Direito Civil*. Vol. IV. (policopiado). Lisboa, 1993

ASSMANN, Heinz-Dieter, *Civil liability for the prospectus*. In AAVV, "Direito dos Valores Mobiliários". Vol. VI. Coimbra: Coimbra Editora, 2006

– *Die Prospekthaftung – Zwischen aktien--und kapitalmarktrechtlichen Regulungsaufgaben*. In ABADESSA/ROJO, "Il Diritto delle Società per Azioni: Problemi, Esperienze, Progetti". Milano: Giuffrè, 1993

– *Konzeptionelle Grundlagen des Anlegerschutzes*. "ZBB" 1989

– *Prospekthaftung als Haftung für die Verletzung kapitalmarktbezogener Informationsverkehrpflichten nach deutschem und US-amerikanischem Recht*. Köln, Berlin, Bonn. München: Heymann, 1985

– Recensão a Hellgardt (Kapitalmarktdeliktsrecht. Tübingen: Mohr Siebeck, 2008). "AG" 12/2009

– *The Broker-Dealer's Liability for Recommendations. Under the US Securities Laws and the Suitability Rules of Self-Regulatory Organizations*. Frankfurt am Main, Bern: Peter Lang, 1982

ASSMANN, Heinz, Dieter /SCHNEIDER, Uwe H., *Wertpapierhandelsgesetz*. 4 Auflage. Verlag Dr. Otto Schimidt, 2006

ASSMANN, Heinz-Dieter/SCHÜTZE, Rolf A. *Handbuch des Kapitalanlagerechts*. München: C.H. Beck, 2007

ASSMANN/SCHNEIDER, *Wertpapierhandelsgesetz*. 6. Auflage. Köln: Verlag Dr. Otto Schmidt, 2012

AUBERT, Jean-Luc, *Le contrat*. Dalloz: Paris, 1996

AVGOULEAS, Emilios, *The global financial crisis and the disclosure paradigm in European financial regulation; The case for reform.* ECFR 2009

BAR, Christian von, *Gemeineuropäisches Deliktsrecht.* Vol I. *(Die Kernbereich des Deliktsrechts, seine Angleichung in Europa und seine Einbettung in die Gesamtrechtsordnung).* München: C.H. Beck, 1996

– *Verkehrspflichten : Richterliche Gefahrsteuerungsgebote im deutschen Deliktsrecht.* Berlin, Bonn, Köln, München: Heymann, 1980

BARBOSA, Mafalda Miranda, *Liberdade vs. Responsabilidade – A precaução como fundamento da imputação delitual?* Coimbra: Almedina, 2006

BAUMOL, Wiliam, J., *Stock Market and Economic Efficiency.* Michigan: UMI, 1995

BELANDO GARÍN, Beatriz, *La Protección Publica del Inversor en el Mercado de Valores.* Madrid: Thomson Civitas, 2004

BENICKE, Christoph, *Wertpapiervermögensverwaltung.* Tübingen: Mohr Siebeck, 2006

BERNARD, Yves/COLLI, Jean-Claude, *Dicionário Económico e Financeiro.* Círculo de Leitores, 1997

BILBAO UBILLOS, Juan María, *La eficacia frente a terceros de los derechos fundamentales en el ordenamento español.* In António Pinto Monteiro, Jörg Neuner e Ingo Sarlet, "Direitos Fundamentais e Direito Privado – Uma Perspectiva de Direito Comparado". Coimbra: Almedina, 2007, pp. 165 e segs.

BISHOP, William, *Economic Loss in Tort.* In Levmore, "Foundations of Tort Law". New York: Oxford Press, 1994

BÖCKEL, Margret/GRÜNEWALD, Andreas, *Portugal.* In Hopt, Klaus/Voigt, Christian, "Prospekt-und Kapitalmarktinfomationshaftung". Tübingen: Mohr Siebeck, 2005

BOLLE, Caroline, *Prospekt-und Kapitalmarktinformationshaftung in der Europäischen Union: Belgium.* In Hopt, Klaus/ /Voigt, Christian – "Prospekt-und Kapitalmarkt-informationshaftung". Tubingen: Mohr Siebeck, 2005

BRATTON, William/WACHTER, Michael, *The political economy of Fraud-on-the--Market.* "University of Pennsylvania Law Review" 2011, pp. 69 e segs. Net: http://papers.ssrn.com/sol3/papers.cfm?abstract_id=1824324

BUSSANI, Mauro/PALMER, Vernon Valentine, *The liability regimes of Europe – their façades and interiors.* In Bussani/Palmer, "Pure Economic Loss In Europe". Cambridge: Cambridge University Press, 2005 (reimpressão)

– *The notion of pure economic loss and its setting.* In Bussani/Palmer, "Pure Economic Loss In Europe". Cambridge: Cambridge University Press, 2005

BUXBAUM, Richard M. *Die Private Klage als Mittel zur Durchsetzung wirtschaftlicher Rechtsnormen.* Karlsruhe: Verlag C.F. Müller, 1972

– *The private action against insider trading: A question of incentives.* "Festschrift für Klaus Hopt zum 70 Geburtstag". De Gruyter, 2010

CABRAL, Rita Amaral, *A responsabilidade por prospecto e a responsabilidade pré-contratual. Anotação ao Acórdão do Tribunal Arbitral, de 31 de Março de 1993 (Acção proposta pelo Banco Mello contra o Banco Pinto e Sotto Mayor).* "ROA" 1995

CABRAL, Rita Amaral/SILVA, Manuel Duarte Gomes da, *Parecer.* In AAVV, "A Privatização da Sociedade Financeira Portuguesa – Regras sobre Reprivatizações. Responsabilidade pelo prospecto. *Culpa in contrahendo.* Vícios Ocultos das Empresas Reprivatizadas". Lisboa: Lex, 1995

Câmara, Paulo, A *Directiva dos Prospectos: Contexto, conteúdo e confronto com o Direito positivo nacional.* In AAVV, "Direito dos Valores Mobiliários". Vol. VII. Coimbra: Coimbra Editora, 2007

– *Manual de Direito dos Valores Mobiliários.* 2ª edição. Coimbra: Almedina, 2011

– *Os deveres de informação e a formação de preços no mercado de valores mobiliários.* "Cadernos do Mercado de Valores Mobiliários", nº 2 (1º semestre de 1998)

– *Regulação dos mercados de valores mobiliários: Fundamento e estrutura.* "Legislação" 2009

Campos, Diogo Leite de, *A relação da pessoa consigo mesma.* In AAVV, "Comemoração dos 35 Anos do Código Civil e dos 25 Anos da Reforma de 1977". Vol. II. Coimbra: Coimbra Editora, 2006

– *As Relações de Associação. O Direito sem direitos.* Coimbra: Almedina, 2011

Canaris, Claus-Wilhelm, *A liberdade e a justiça contratual na sociedade de direito privado.* In António Pinto Monteiro (coordenação) "Contratos: Actualidade e Evolução". Porto: Universidade Católica Portuguesa, 1997

– *Die Bedeutung der iustitia distributiva im deutschen Privatrecht.* München: Bayerische Akademie der Wissenschaften, 1997

– *Die Vertrauenshaftung im deutschen Privatrecht.* München: C.H. Beck, 1971

– *Direitos Fundamentais e Direito Privado.* Tradução de Ingo Wolfgang Sarlet e Paulo Mota Pinto. Coimbra: Almedina, 2003

– *Grundrechte und Privatrecht.* "AcP" 1984

– *Pensamento Sistemático e Conceito de Sistema na Ciência do Direito.* Tradução de António Menezes Cordeiro, 3ª edição. Lisboa: Fundação Calouste Gulbenkian, 2002

– *Schutzgesetze-Verkehrpflichten-Schutzpflichten.* In Canaris/Diederichsen, "Festschrift für Karl Larenz zum 80 Geburtstag", München: C.H. Beck, 1983

– *Verfassungs-und europarechtliche Aspekte der Vertragsfreiheit in der Privatrechtsgesellschaft.* "Festschrift für Peter Lerche zum 65. Geburtstag". München: C.H. Beck, 1993

– *Wandlungen des Schuldvertragsrechts – Tendezen zu seiner "Materioialisierung.* "AcP" 2000

Canaris, Claus-Wilhelm, – v. Larenz, Karl

Canotilho, José Joaquim Gomes/ Moreira, Vital, *Constituição da República Portuguesa Anotada,* Vol. I, 4ª edição, Coimbra: Coimbra Editora, 2007

Carbonelli, Vicenzo, *Private enforcement of EU Competion Law between public and private. Issues.* Net: http://papers.ssrn.com/sol3/papers.cfm?abstract_id=2186996

Carvalho, Jorge Morais de, *Os Contratos de Consumo. Relexões sobre a Autonomia Privada no Direito do Consumo.* Coimbra: Almedina, 2012

Castro, Carlos Osório de, *A Informação no Direito do Mercado de Valores Mobiliários.* In AAVV, "Direito dos Valores Mobiliários". Lisboa: Lex, 1997

Castronovo, Carlo, *La Nuova Responsabiltà Civile.* Terza Edizione. Milano: Giuffrè, 2006

Cherednychenko, Olha, *European securities regulation, Private Law and the Investment firm-client relationship.* "ERPL" 2009

– *Fundamental Rights, Contract Law and Protection of the Weaker Party. A Comparative Analysis of the Constitutionalization of Private Law with Emphasis on Risky Financial Transactions.* Tese de doutoramento pela Universidade de Utrecht.

Net: http://igitur-archive.library.uu.nl/dissertations/2007-0418 200241/index.htm
– *The Regulation of Retail Investment Services in the EU: Towards the Improvement of Investor Rights?* "Journal of Consumer Policy" 2010

Chorão, Mário Bigotte, Entrada Justiça. "Enciclopédia Logos". Vol. III. Lisboa//São Paulo

Coelho, Francisco Manuel Pereira, *O Enriquecimento e o Dano*. Coimbra: Almedina, 1999
– *O nexo da causalidade na responsabilidade civil*. BFDUC Suplemento IX. Coimbra, 1951
– *O Problema da Causa Virtual na Responsabilidade Civil*. Coimbra: Coimbra Editora, 1955

Coett, Edward M./Loss, Louis, *Blue Sky Laws*. Boston, Toronto: Little Brown and Company, 1958

Coffee, John Jr., *Causation by presumption? Why should the Supreme Court reject Phanton losses and reverse Broudo*. "Columbia Law and Economics Working Papers". Working Paper nº 264. Net: http://papers.ssrn.com/sol3/papers.cfm?abstract_id=648624
– *Law and Market: The Impact of Enforcement*. "Columbia Law and Economics Working Papers". Working Paper nº 304. March 7 2007. Net: http://papers.ssrn.com/sol3/papers.c7fm?abstract_id=967482

Cordeiro, António Menezes, *Da Boa Fé no Direito* Civil (3ª reimpressão). Coimbra: Almedina, 2007
– *Da Responsabilidade Civil dos Administradores das Sociedades Comerciais*. Lisboa: Lex, 1997
– *Manual de Direito das Sociedades*. Vol. II. Coimbra: Almedina, 2006
– *Ofertas Públicas de Aquisição*. "ROA" 1996, pp. 499 e segs. Anotação ao Acórdão do Tribunal Arbitral de 31 Março de 1993. "ROA" 1995
– *Privatização da Sociedade Financeira Portuguesa e vícios ocultos: das pretensões de reparação* In AAVV, "A Privatização da Sociedade Financeira Portuguesa – Regras sobre Reprivatizações. Responsabilidade pelo prospecto. *Culpa in contrahendo*. Vícios Ocultos das Empresas Reprivatizadas". Lisboa: Lex, 1995
– *Tratado de Direito Civil Português. Direito das Obrigações*. Tomo III. Coimbra: Almedina, 2010
– *Tratado de Direito Civil Português. Parte Geral*. Tomo I. 3ª edição. Coimbra: Almedina, 2005
– *Tratado de Direito Civil Português. Parte Geral*. Tomo I. 4ª edição. Coimbra: Almedina, 2012

Correia, José Manuel Sérvulo, *Legalidade e Autonomia nos Contratos Administrativos*. Coimbra: Almedina, 2003

Correia, António Ferrer. *Lições de Direito Comercial*. Vol. I (policopiado). Universidade de Coimbra, 1973

Correia, António Ferrer/Sá, Almeno de, Parecer. In AAVV, "A Privatização da Sociedade Financeira Portuguesa – Regras sobre Reprivatizações. Responsabilidade pelo prospecto. Culpa *in contrahendo*. Vícios Ocultos das Empresas Reprivatizadas". Lisboa: Lex, 1995

Costa, Mário Júlio de Almeida, *Direito das Obrigações*. 12ª edição. Coimbra: Almedina, 2009

Costi, *Informazione e contratto nel mercato finanziario*. "RTDPC" 1993

Cotta, Alain, *Dicionário de Economia*. Círculo de Leitores, 1989

d'Amico, Giovanni, *Regole di validità e regole di comportamento nella formazione del contratto*. "RDC" 2002

Davies, Paul/Worthington, Sarah (with contribution of Eva Micheler),

Gower and Davies' Principles on Modern Company Law. Ninth Edition. London: Sweet & Maxwell, 2012

DE MARZO, Giuseppe, *Codice della Responsabilità Civile*. II edizione. IPSOA, 2004

DEVENNEY, James/POOLE, Jill, *Reforming damages for misrepresentation: the case for coherent aims and principles*. "Journal of Business Law" 2007

DI MAJO, Adolfo, *Il problema del danno al patrimonio*. "RCDP" 1984

DORFF, Michael, *Why Welfare depends on Fairness: a reply to Kaplow and Shavell*. "Southern California Law Review" 2002

DOUGLAS, William O., *Protecting the investor*. "Yale Review" 1934

DREXL, *Die wirtschaftliche Selbstbestimmung dês Verbrauchers*. Tübingen: Mohr Siebeck, 1998

DUARTE, Rui Pinto, *Contratos de Intermediação no Código dos Valores Mobiliários*. "Cadernos do Mercado de Valores Mobiliários" nº 7 (Abril de 2000)

DÜHN, Mathias, *Schadensersatzhaftung börsennotierter Aktiengesellschaften für fehlerhafte Kapitalmarktinformation*. Frankfurt am Main: Peter Lang, 2003

DÜHN, Mathias – v. FUCHS, Andreas

EHRICKE, Ulrich, *Prospekt-und Kapitalmarktinformationshaftung* In *Deutschland*. In Hopt/Voigt, "Prospekt-und Kaptalmarktinformationshaftung". Tübingen: Mohr Siebeck, 2005

ESSER, Josef/SCHMIDT, Eike, *Schuldrecht*. Band I. Teilband I. 7. Auflage. Heidelberg: Müller, 1992

FACCI, Giovanni, *Il Danno da Informazione Finanziaria Inesatta*. Bologna: Zanichelli Editore 2009

FAMA, *Efficient Capital Markets: A Review of Theory and Empirical*. "The Journal of Finance" 1970

– *Efficient Capital Markets II*. "The Journal of Finance" 1991

FARIA, Jorge Ribeiro de, *Direito das Obrigações*. Vol. I (reimpressão). Coimbra: Almedina, 2003

FERNANDES, Luís Carvalho, *Teoria Geral do Direito Civil*. Vol. II. Lisboa: Universidade Católica Editora, 2010

FERRARINI, Guido, *La Responsabilità da Prospettto. Informazione societaria e tutela degli investitori*. Milano: Giuffrè, 1986

FERRARINI, Guido/LEONARDI, Marco, *Italy*. In Hopt/Voigt, "Prospekt- und Kapitalmarkt informationshaftung". Tübingen: Mohr Siebeck, 2005

FERREIRA, Amadeu José, *Direito dos Valores Mobiliários*. Lisboa: AAFDL, 1997

– *Ordem de bolsa*. "ROA" 1992

FERREIRA, Eduardo Paz, *A informação no mercado de valores mobiliários*. In AAVV, "Direito dos Valores Mobiliários". Vol. III. Coimbra: Coimbra Editora, 2003

FIGUEIREDO, André, A *informação difundida no mercado de valores mobiliários e os poderes da CMVM*. "*Uma nova dimensão do Direito Administrativo?*" "Cadernos do Mercado de Valores Mobiliários". Edição Especial. Novembro 2006

FIKENTSCHER, Wolfgang, *Wirtschaftsrecht*. Band II. Deutsches Recht. München: C.H. Beck, 1983

FISCH, Jill, *Class action reform*, qui tam *and the role of the plaintif*". "Law Comtemporany Problems" 1997, Vol. 60.

FLEISCHER, Holger, *Empfiehlt es sich im Interesse des Anlegerschutzes und zur Förderung des Finanzplatzes Deutschland das kapitalmarkt-und Börsenrecht neu zu regeln?* Gutachten F für 64. deutschen Juristentag. München: C.H. Beck, 2002

– *Informationasymmetrie im Vertragsrecht. Eine rechtsvergleichende und interdisziplinäre Abhandlung zu Reichweit und Grenzen vertragsbezogener Aufklärungspflichten*. München: C.H. Beck, 2001

- *Konkurrenzprobleme um die culpa in contrahendo. Fahrlässige Irreführung versus arglistige Täuschung.* "AcP" 2000

FLUME, Werner, *Allgemeiner Teil des Bürgelichen Rechts. Das Rechtsgeschaft* (Vol. II). Berlin, Heidelberg, New York: Springer Verlag, 1965

FOX, Merritt, *Demystifying Causation in Fraud-on-the Market Actions.* Columbia Law School. Center for Law and Economics Studies. Working Paper nº 261. Net: http://papers.ssrn.com/sol3/papers.cfm?abstract_id=625361

FRADA, Manuel Carneiro da, *A responsabilidade pela confiança nos 35 anos do Código Civil – balanço e perspectivas.* In AAVV, "Comemorações dos 35 anos do Código Civil e dos 25 anos da Reforma de 1977". Vol. III. Coimbra: Coimbra Editora, 2007

- *Contrato e Deveres de Protecção.* Separata XXXVIII ao BFDUC. Coimbra, 1994
- *Crise financeira mundial e alteração das circunstâncias: contratos de depósitos vs. contratos de gestão de carteiras.* Separata da ROA 2009
- *Direito Civil – Responsabilidade Civil – O Método do Caso.* Coimbra: Almedina, 2006
- *Teoria da Confiança e Responsabilidade Civil.* Coimbra: Almedina, 2004
- *Uma "Terceira Via" no Direito da responsabilidade Civil?* Coimbra: Almedina, 1997

FROHNE, Ronald, *Prospektpflicht und Prospekthaftung in Deutschland, Frankreich und den USA.* München: Verlag Uni-Druck, 1974

FRYDMANN, Roman, *Did Capitalism Fail? The Financial Crisis Five Years On?* Net: http://ineteconomics.org/blog/insti-CDFtute/did-capitalism-fail-financial--crisis-five-years

FRYDMANN, Roman/GOLDBERG, Michael D., *Beyond Mechanical Markets.* Princeton: Princeton University Press, 2011

FUCHS, Andreas/DÜHN, Mathias, *Delitktische Schadenersatzhaftung für falsche Ad hoc Mitteilungen – Zugleich Besprechung des Urteils des OLG München.* "BKR" 2002

FUENTES GUINEZ, Rodrigo. *El deber de evitar o mitigar el daño.* "Revista de Derecho Universidad de Concepción" 2005

- *La Extensíon del Daño Contratual.* Madrid: La Ley, 2009

GAMILLSCHEG, Franz, *Grundrechte im Arbeitsrecht.* "AcP" 1964

GEDICKS, Frederick Mark. *Suitability claims for unrecommended securities purchases: A theory of broker-dealer liability.* "Arizona State Law Journal" Maio de 2005, Net: http://ssrn.com/abstract=607322.

GERBER, Olaf, *Die Prospekthaftung bei Wertpapieremissionen nach dem Dritten Finanzmarktförderungsgesetz.* Baden-Baden: Nomos, 2001

GIUDICI, Paolo, *La Responsabilità Civile nel Diritto dei Mercati Finanziari.* Milano: Giuffrè, 2008

GOLDBERG, Michael D. – v. FRYDMAN, Roman

GRIGOLEIT, Hans-Christoph, *Neuere Tendenzen zur schadenrechtlichen Vertragsaufhebung.* "NJW" 1999

- *Vorvertragliche Informationshaftung. Vorsatzdogma, Rechtsfolgen, Schrancken.* München: C.H. Beck, 1997

GROSS, Wolfgang, *Kapitalmarktrecht. Kommentar zum Börsengesetz, zur Börsenzulassung-Verördnung zum Wertpapierprospektgesetz und zum Verkaufprospektgesetz.* 4. Auflage. München: C.H. Beck, 2009

- *Kapitalmarktrecht. Kommentar zum Börsengesetz, zur Börsenzulassungs VO und zum Wertpapierprospektgesetz.* 5. Auflage. München: C.H. Beck, 2012

GROTIUS, Hugo, *On the Law of War and Peace* (tradução em lingua inglesa por Francis W. Kelsey, em colaboração com Arthur E. R. Baok, Henry A. Sanders, Jesse S. Reeves e Herbert F. Wright), 1925

GRÜNEWALD, Andreas – BÖCKEL, Margret

GRÜNEWALD, Barbara, *Die Haftung des Experten für seine Expertise gegenüber Dritten.* "AcP" 1987

GRUNSKY, Wolfgang, *Hypothetische Kausalität und Vorteilsausgleichung.* "Festschrift für Hermann Lange". Stuttgart, Berlin, Köhln: Kohlhammer, 1992

GUICHARD, Raul, *Um "exemplo casual" ou um "caso exemplar"?* "RCEJ" 2005

HAZEN, Thomas Lee, *Treatise on the Law of Securities Regulation.* Vol. 2, St. Paul: West, 2009

HEINZE, Stephan, *Europäisches Kapitalmarktrecht. Recht des Primärmarktes.* München: C.H. Beck, 1999

HELLGARDT, Alexander, *Comparing Apples and Oranges? Public, Private, Tax and Criminal Law in Financial Markets regulation.* Max-Planck Institute for Tax Law and Public Finance Working Paper 4/2012. Net: http://papers.ssrn.com/sol3/papers.cfm?abstract_id=2083462

– *Kapitalmarktdeliktsrecht.* Tübingen: Mohr Siebeck, 2008

– *Regulierung mittels Privatrecht.* In Förschungsbericht 2012 *Max-Planck Institut für Steuerrecht und Offentliche Finanzen.* Net: http://www.mpg.de/4673878/Regulierung_Privatrecht?c=5732389

HILLGRUBER, Christian, *Grundrechtsschutz im Vertragsrecht.* "AcP" 1991

HOPT, Klaus. *Der Kapitalanlegerschutz im Recht der Banken. Gesellschafts-, bank und börsenrechtliche Anforderungen an das Beratungs- und Verwverhalten der Kreditinstitute.* München: C.H. Beck, 1975

– *Vom Atien-und Börsenrecht zum Kapitalmarktrecht* II. "ZHR" 1977

HOPT, Klaus/VOIGT, Hans-Christoph, *Empfehlungen.* In Hopt/Voigt, Prospekt-und Kapitalmarkt-informationshaftung". Tübingen: Mohr Siebeck, 2005

– *Grundsatz- und Reformprobleme der Prospekt- und Kapitalmarktinformationshaftung.* In HOPT/VOIGT, "Prospekt- und Kapitalmarktinformationshaftung". Tübingen: Mohr Siebeck, 2005

HÖRSTER, Heinrich Ewald, *A Parte Geral do Código Civil Português* (4ª reimpressão da edição de 1992). Coimbra: Almedina, 2007

HOWARTH, David, *Economic loss in England: The search for coherence.* In Banakas, Efstathios, "Civil Liability for Pure Economic Loss". London, Hague, Boston: Kluwer Law International, 1996

JACKSON, Howell E./ROE, Mark J., *Public and Private enforcement of Securities Laws: Resource based evidence.* Harvard Public Law Working Paper Nº 0-28; Harvard Law and Economics Discussion Paper Nº 638. Net: http://papers.ssrn.com/sol3/papers.cfm?abstract_id=1000086

JORGE, Fernando Pessoa, *Ensaio sobre os Pressupostos da Responsabilidade Civil.* Coimbra: Almedina, 1995

– *Parecer de Direito.* In AAVV, "A Privatização da Sociedade Financeira Portuguesa – Regras sobre Reprivatizações. Responsabilidade pelo prospecto". *Culpa in contrahendo.* Vícios Ocultos das Empresas Reprivatizadas". Lisboa: Lex, 1995

J. von Staudingers Kommentar zum Bürgerlichen Gesetzbuch Einführungsgesetz, Nebengesetz, Allgemeiner Teil 4a §§ 134-138 zu 138. PorstG 2011

J. von Staudingers Kommentar zum Bürgerlichen Gesetzbuch mit Einführungsgesetz und Nebengesetzen. Buch 2 Recht der Schuldverhältnisse §§ 311, 311a, 312a-f BGB. Berlin: De Gruyter, 2013

J. Von Staudingers Kommentar zum Bürgerlichen Gesetzbuch mit Einführungsgesetz und

Nebengesetzen. Buch 2 Recht der Schuldverhätnisse §§ 249-254 BGB. Berlin: De Gruyter, 200

KALSS, Susanne, *Anlegerinteressen. Der Anleger im Handlungsdreieck von Vertrag, Verband und Markt.* Wien, New York: Springer, 2001

KANT, Immanuel, *A Metafísica dos Costumes.* Tradução de José Lamego. Lisboa: Fundação Calouste Gulbenkian, s.d.

KAPLOW, Louis/SHAVELL, Steven, *Fairness versus Welfare.* "Harvard Law Review" 2001

KOHL, Helmut/KÜBLER, Frederich/WALZ, Reiner/WÜRSTRICH, Wolfgang, *Abschreibungsgesellschaften, Kapitalmarkteffizienz und Publizitätszwang.* "ZHR" 1974

KÖNDGEN, Joahnnes, *Zur Theorie der Prospekthaftung.* AG 1983

KÖTZ, Hein, *Der Schutzweck der AGB Kontrolle. Eine rechtsökonomische Skizze.* "JuS" 2003

– *Vertragsrecht.* Tübingen: Mohr Siebeck, 2009

KÖTZ, Hein/WAGNER, Gerhard, *Deliktsrecht.* 10. Auflage. München: Luchterhand, 2010

KÖTZ, Hein/ZWEIGERT, Konrad, *An Introductio to Comparative Law.* Tradução de Tony Weir. Third edition. Oxford: Clarendon Press, 1998

KRONMAN, Anthony T., *Contract Law and distributive justice.* "The Yale Law Journal" 1980

KÜBLER, Frederich *Anlageberatung durch Kreditinstitute.* "ZHR" 1981

KULMS, Rainer, *U.S.A.* In Hopt, Klaus/Voigt, Hans-Christoph, "Prospekt- und Kapitalmark-informationshaftung. Tübingen; Mohr Siebeck, 2005

LA PORTA, Rafael/LOPEZ DE SILANES, Florencio/SHLEIFER, Andrei, *What works in securites laws?* Tuck School of Business Working Paper 03/22: Net: http://papers.ssrn.com/sol3/papers.cfm?abstract_id=425880

LANGE, Hermann/SCHIEMANN, Gottfried, *Schadenersatz.* 3. Auflage Tübingen: Mohr Siebeck, 2003

LANGENBÜCHER, Katja, *Aktien-und Kapitalmarktrecht.* 2. Auflage, München: C.H. Beck, 2011

LARENZ, Karl, *Lehrbuch des Schuldrechts.* Band I. Allgemeiner Teil. 14. Auflage. München: C.H. Beck, 1987

– *Metodologia da Ciência do Direito.* Tradução de José Lamego. 4ª edição. Lisboa: Fundação Calouste Gulbenkian, 2005

LARENZ, Karl/CANARIS, Claus-Wilhelm, *Lehrbuch des Schuldrehts.* Band II. Teillband II. Besonderer Teil. 13. Auflage. München: C.H. Beck, 1994

LARENZ, Karl/WOLF, Manfred, *Allgemeiner Teil des Bürgerlichen Rechts.* 9. Auflage. München: C.H. Beck, 2004

LEITÃO, Adelaide Menezes, *Estudo de Direito Privado sobre a Cláusula Geral de Concorrência Desleal.* Coimbra: Almedina, 2000

– *Normas de Protecção e Danos Puramente Patrimoniais.* Coimbra: Almedina, 2009

LEITÃO, Luís Menezes, *A responsabilidade civil do auditor de uma sociedade cotada.* In AAVV, "Direito dos Valores Mobiliários". Vol. VI. Coimbra: Coimbra Editora, 2006

– *A responsabilidade civil no âmbito da OPA.* In AAVV, "Direito dos Valores Mobiliários. Vol. IV. Coimbra: Coimbra Editora, 2003

– *A responsabilidade do gestor perante o dono do negócio no Direito Civil Portu-*

guês. "Ciência e Técnica Fiscal", 1991, nº 363/4

– *Actividades de intermediação e responsabilidade dos intermediários financeiros*. In AAVV, "Direito dos Valores Mobiliários". Vol. II. Coimbra: Coimbra Editora, 2000

– *Direito das Obrigações. Introdução. Constituição das Obrigações*. Vol. I. 10ª edição, Coimbra: Almedina, 2013

LEONARDI, Marco – v. FERRARINI, Guido

LEYENS, Patrick/MAGNUS, Ulrich, *England*. In Hopt/Voigt, "Prospekt- und Kapitalmarkt-informationshaftung", Tübingen: Mohr Siebeck, 2005

LIEB, Manfred, *Culpa in contrahendo und rechtsgeschäftliche Eintscheindungsfreiheit*. Festschrift für Dieter Medicus. Köln: Heymanns, 1999

LIMA, Pires/VARELA, Antunes, *Código Civil Anotado*. Vol. I. Coimbra: Coimbra Editora, 1987

LOBUONO, Michele, *La Responsabilità Civile degli Intermediari Finanziari*. Napoli: Edizione Scientifiche Italiane, 1999

LOPEZ DE SINALES, Florencio – v. LA PORTA, Rafael

LOPEZ-MARTINEZ, Manuel, *La Responsabilidad per el Contenido del Folleto Informativo en las Ofertas Publicas de Valores*. Madrid: Civitas, 2003

LORENZ, Stephan, *Vertragsaufhebung wegen culpa in contrahendo: Schutz der Entschedungsfreiheit oder Schutz des Vermögens?*, "ZIP" 1998

LORENZ, Stephan/RIEHM, Thomas, *Lehrbuch zum neuen Schuldrecht*: München: C.H. Beck, 2002

LORENZ, Stephan – v. MEDICUS, Dieter

LOSS, Louis/SELIGMAN, Joel, *Fundamentals of Securities Regulation*. 5th edition. New York: Aspen Publishers, 2004

LOWISCH/FELDMANN, In *J Von Staudingers Kommentar zum Bürgerlichen Gesetzbuch mit Einführungsgesetz und Nebegesetzen*. Buch 2 Recht der Schuldverhältnisse §§ 311, 311a, 312a-f BGB. Berlin: De Gruyter, 2013

MAÇÃS, Fernanda/MOREIRA, Vital, *Autoridades Reguladoras Independentes*. Coimbra: Coimbra Editora, 2003

MACHADO, João Baptista, *Acordo negocial e erro na venda de coisas defeituosas*. "BMJ", 215. 1989

– *Introdução ao Direito e ao Discurso Legitimador*. Coimbra: Almedina, 1989

MAGNUS, Ulrich – v. LEYENS, Patrick

MAINE, Henry, *Ancient Law: its connection with the early history of societies and its relation to modern ideas*. New York: Charles Scribner, 1864

MARIAS, Julián, *História da Filosofia*. Tradução de Alexandre Pinheiro Torres. Porto: Edições Sousa e Almeida, s.d.

MARTINS, Fazenda, *Deveres dos intermediários financeiros, em especial, os deveres para com os clientes e o mercado*. "Cadernos do Mercado de Valores Mobiliários". Abril de 2000

MEDICUS, Dieter, *Erfüllungsinteresse aus Verschulden bei Vertragsverhandlungen?* "Festschrift für Hermann Lange". Stuttgart; Berlin/Köhln: Kohlhammer, 1992

– *Grenzen der Haftung für culpa in contrahendo*. "JuS" 1965

– *Schuldrecht I. Allgemeiner Teil*. 17. Auflage. München: C.H. Beck, 2006

MEDICUS, Dieter/LORENZ, Stephan, *Schuldrecht II. Besonderer Teil*. 15. Auflage. München: C.H. Beck, 2010

MERTENS, Bernd, *Die rechtsfolgen einer Haftung aus culpa in contrahendo beim zustande gekommenen Vertrag nach neuem Recht*. "ZGS", 2004

MESQUITA, Manuel Henrique, *Oferta Pública de Venda de Acções e Violação do Dever de Informar (comentário a uma operação de privatização)*. Coimbra: Coimbra Editora, 1996

MESSER, Herbert, *Schadenersatzansprüche aus Verschulden bei Vertragshandlungen wegen der Verletzung für den Vertragsinhalt wesentlicher vorvertraglicher Pflichten.* "Festschrift für Ernst Steindorff". Berlin, New York: De Gruyter, 1990

MIRANDA, Jorge, *Manual de Direito Constitucional – Direitos Fundamentais.* Tomo IV. 4ª edição. Coimbra: Coimbra Editora, 2008

MIRANDA, Jorge/MEDEIROS, Rui, *Constituição Portuguesa Anotada.* Tomo I. Coimbra. Coimbra Editora, 2005

– *Constituição Portuguesa Anotada.* Tomo I. 2ª edição. Coimbra: Coimbra Editora, 2010

MONTEIRO, António Pinto, *A pena e o dano.* "Cadernos de Direito Privado" Número Especial 02 (Dezembro 2012)

– *Cláusula Penal e Indemnização.* Coimbra: Almedina, 1990

– *Cláusulas Limitativas e de Exclusão da Responsabilidade Civil.* 2ª edição. Coimbra: Almedina, 2003

– *Contratos de adesão/cláusulas contratuais gerais.* In Centro de Estudos do Direito do Consumo. "Estudos de Direito do Consumidor". Coimbra: Almedina, 2001

– *Princípios gerais da responsabilidade civil.* "Revista da Escola Nacional de Magistratura", nº 3, 2007

– *Sobre o Direito do Consumidor em Portugal e o Anteprojecto do Código do Consumidor.* In Luís Menezes Leitão, "Estudos do Instituto do Direito do Consumo". Vol. III.

MONTEIRO, António Pinto/PINTO, Paulo Mota, *Compra e venda de empresa.* "RLJ", Novembro-Dezembro 2007

MONTEIRO, Jorge Sinde, *Responsabilidade por Conselhos, Recomendações ou Informações.* Coimbra: Almedina, 1989

MORAIS, Carlos Blanco de, *As Autoridades administrativas independentes na ordem jurídica portuguesa.* "ROA" 2001

MOREIRA, Vital – v. MAÇÃS, Fernanda

MOREIRA, Vital – v. CANOTILHO, José Joaquim Gomes

MÜLBERT, Peter, *Aktiengesellschaft, Unternehmensgruppe und Kapitalmarkt – Die Aktionarsrechte bei Bildung und Umbildung einer Unternhmensgruppe zwischen Verbands-und Anlegerschutzrecht.* München: C.H. Beck, 1996

Münchener Kommentar zum Bürgerlichen Gesetzbuch. Schuldrecht. Allgemeiner Teil. 4. Auflage. München: C.H. Beck, 2004

Münchener Kommentar zum Bürgerlichen Gesetzbuch. Schuldrecht Allgemeiner Teil. 5. Auflage. München: C.H. Beck, 2007

Münchener Kommentar zum Bürgerlichen Gesetzbuch. Schuldrecht Allgemeiner Teil. 6. Auflage. München: C.H. Beck, 2012

MUNDHEIM, Robert H., *Professional responsabilities of the broker-dealer: The suitability doctrine.* "Duke Law Journal" 1965

NASCIMENTO, Fernando/PORTO, Manuel, *Processo de privatização da sociedade financeira portuguesa.* "ROA" 1994

NEUNER, Jörg, *A influência dos direitos fundamentais no direito privado alemão.* In António Pinto Monteiro, Jorg Neuner e Ingo Sarlet, "Direitos Fundamentais e Direito Privado Uma Perspectiva de Direito Comparado". Coimbra: Almedina, 2008

– *Privatrecht und Sozialstaat.* München: C.H. Beck, 1998

NEUNER, Jörg – v. WOLF, Manfred

NEVES, António Castanheira, *Metodologia Jurídica. Problemas Fundamentais.* Coimbra: Coimbra Editora, 1993

NIGRO, Alessandro, *La nuova regolamentazione dei mercati finanziari: I principi di fondo delle direttive e del regolamento MIFID.* "Diritto Bancario", 2008

Nomos Kommentar BGB. Schuldrecht Band 2/1.§§ 241-610. 2. Auflage. Baden--Baden: Nomos, 2012

OLIVEIRA, Elsa Dias, *A Protecção do Consumidor nos Contratos Celebrados através da Internet.* Coimbra: Almedina, 2002

– *Da Responsabilidade Civil Extracontratual por Violação de Direitos de Personalidade em Direito Internacional Privado.* Coimbra: Almedina, 2012

OLIVEIRA, Nuno Manuel Pinto, *Princípios de Direito dos Contratos.* Coimbra: Coimbra Editora, 2011

ORRICK, Andrew Downey, *Non public offerings of corporate securities – limitations on the exemption under the federal securities Act.* "University of Pittsburgh Law Review" 1959

OTERO, Paulo, *Legalidade e Administração Pública – O Sentido da Vinculação Administrativa à Juridicidade.* Coimbra: Almedina, 2007

OTT, Claus – v. SCHÄFFER, Hans-Bernd

PAIS, Sofia Oliveira, *Incumprimento das directivas comunitárias (do efeito directo à responsabilidade do Estado).* "Dois Temas de Direito da União Europeia do Trabalho". Porto: Publicações Universidade Católica, 2000.

PARISI, Francesco, *Liability for pure financial loss: revisiting the economic foundations of a legal doctrine.* In Bussani/Palmer, "Pure Economic Loss in Europe". Cambridge: Cambridge University Press, 2005

PASSOS, Daniela Baptista, *O princípio da tipicidade e os valores mobiliários.* In Maria de Fátima Ribeiro, "Jornadas Sociedades Abertas, Valores Mobiliários e Intermediação Financeira". Coimbra: Almedina, 2007

PEREIRA, Maria de Lurdes – v. ALBUQUERQUE, Pedro

PICKER, Eduard, *Positive Forderungsverletzung und culpa in contrahendo – Zur Problematik der Haftungen "zwischen" Kontrakt und Delikt.* "AcP" 1983

PIETRANCOSTA, Alain, *The public offering of securities' concept in the new prospectus directive.* In Ferrarini, Guido/Wymeersch, Eddy, "Investor Protection in Europe. Corporate Law Making the MiFID and Beyond". Oxford: Oxford University Press, 2006

PINA, Carlos Costa, *Dever de Informação e Responsabilidade pelo Prospecto no Mercado Primário de Valores Mobiliários.* Coimbra: Coimbra Editora, 1999

– *Instituições e Mercados Financeiros.* Coimbra: Almedina, 2005

PINTO, Carlos Alberto da Mota, *Cessão da Posição Contratual* (reimpressão). Coimbra: Almedina, 1982

– *Teoria Geral do Direito Civil.* 3ª edição. Coimbra: Coimbra Editora, 1989

– *Teoria Geral do Direito Civil.* 4ª edição (por António Pinto Monteiro e Paulo Mota Pinto). Coimbra: Coimbra Editora, 2005

PINTO, Paulo Mota, *A influência dos direitos fundamentais sobre o direito privado.* In António Pinto Monteiro, Jorg Neuner e Ingo Sarlet. "Direitos Fundamentais e Direito Privado Uma Perspectiva de Direito Comparado". Coimbra: Almedina, 2007

– *Declaração Tácita e Comportamento Concludente no Negócio Jurídico.* Coimbra: Almedina, 1995

– *Interesse Contratual Negativo e Interesse Contratual Positivo.* Vols. I e II. Coimbra: Coimbra Editora, 2008

– *O direito ao livre desenvolvimento da personalidade.* In AAVV, "Portugal-Brasil Ano 2000 Tema Direito". Coimbra: Coimbra Editora, 1999

PINTO, Paulo Mota – v. MONTEIRO, António Pinto

PISTOR, Katharina, *On the Theoretical Foundations for Regulating Financial Markets.* "Columbia Public Law Research Paper Nº 12-304. Net: http://ssrn.com/abstract=2113675

– *Towards a Legal Theory of Finance.* Columbia Public Law Research Paper Nº 12-323. Net: http://ssrn.com/abstract=2178000

POELZIG, Dörte, *Normdurchsetzung durch Privatrecht.* Tübingen: Mohr Siebeck, 2012

PORTO, Manuel Lopes – v. NASCIMENTO, Fernando

POSNER, Richard A., *Economic Analysis of Law.* 8th Edition. New York: Aspen Publishers, 2011

PROENÇA, José Carlos Brandão, *A Conduta do Lesado como Pressuposto e Critério de Imputação do Dano Extracontratual.* Coimbra: Almedina, 1997

QUADROS, Fausto, *Direito da União Europeia.* 3ª edição. Coimbra: Almedina, 2013

RAISER, Ludwig, *Vertragsfreiheit heute.* "JZ" 1958

RAKOFF, Todd, *Contracts of adhesion: an essay in reconstruction.* "Harvard Law Review" 1983

REBE, *Privatrecht und Wirtschaftsordnung.* Bilelefeld: Gieseking Verlag, 1978

RIBEIRO, Joaquim de Sousa, *A boa fé como norma de validade.* "Direito dos Contratos – Estudos". Coimbra: Coimbra Editora, 2007

– *Autonomia privada e atipicidade dos valores mobiliários.* In AAVV, "Direito dos Valores Mobiliários". Vol. VI. Coimbra: Coimbra Editora, 2006

– *Direito dos contratos e regulação do mercado.* "Direito dos Contratos – Estudos". Coimbra: Coimbra Editora, 2007

– *O Problema do Contrato. As Cláusulas Contratuais Gerais e o Princípio da Liberdade Contratual.* Coimbra: Almedina, 1999

ROACH, Arvid E., *The suitability obligations of Brokers. Present Law and the proposed Federal Securities Code.* "Hastings Law Journal" 1977/1978

ROCHA, Rafaela, *Categorização de investidores no âmbito da intermediação financeira – apontamentos sobre o novo regime.* "Cadernos do Mercado de Valores Mobiliários" nº 27 (Agosto de 2007)

RODRIGUES, Sofia Nascimento, *A Protecção dos Investidores em Valores Mobiliários.* Coimbra: Almedina, 2001

– *A protecção dos investidores nos contratos sobre valores mobiliários.* In Maria de Fátima Ribeiro, "Jornadas Sociedades Abertas, Valores Mobiliários e Intermediação Financeira". Coimbra: Almedina, 2007

– *Aspectos jurídicos da actividade e dos relatórios de análise financeira (research).* "Cadernos do Mercado de Valores Mobiliários", nº 14 (Agosto de 2002)

– *O Direito de resolução do investidor na contratação de serviços financeiros à distância.* AAVV, "Direito dos Valores Mobiliários". Vol. VII. Coimbra: Coimbra Editora, 2007

ROE, Mark J. – v. JACKSON, Howell E.

ROLLER, Horst, *Die Prospekthaftung im Englischen und im Deutschen Recht.* Berlin: Duncker und Humblot, 1991

ROSE, Amanda M., *Fraud-on-the Market: an action without a cause.* "University of Pennsylvania Law Review" PENNumbra 2011, pp. 87 e segs. Net: http://papers.ssrn.com/sol3/papers.cfm?abstract_id=1962065

SÁ, Almeno de – v. CORREIA, António Ferrer

SAARI, Christopher Paul, *The Efficient Capital Hypothesis. Economic Theory and Regulation of the Securities Industry*. "Stanford Law Review" 1977

SANDEL, Michael J., *Justice. What's the Right Thing to Do?* London: Penguin Books, 2010

– *O Liberalismo e os Limites da Justiça*. Tradução de Carlos E. Pacheco Amaral. Lisboa: Fundação Calouste Gulbenkian, 2005

SANGIOVANNI, Valerio, *Prospetto informativo e responsabilità civile secondo la Cassazione*. "Rivista di Diritto Bancario", 2011. Net: http://www.dirittobancario.it/sites/default/files/allegati/sangiovanni_v._prosp etto_informativo_e_responsabilita_civile_secondo_la_cassazione_2011.pdf

SANTOS, Filipe Matias, *Defesa do mercado. Anotação à sentença do Tribunal de Pequena Instância Criminal de Lisboa, 2º Juízo, 1ª Secção, Processo 471/99*. "Cadernos do Mercado de Valores Mobiliários" nº 27 (Agosto de 2007)

SANTOS, Gonçalo Castilho dos, *A Responsabilidade Civil do Intermediário Financeiro Perante o Cliente*. Coimbra: Almedina, 2008

– *O Dever de Informação sobre Factos Relevantes na Sociedade Cotada*. Lisboa: AAFDL, 1998

SARTORI, Filippo, *La responsabilità da prospetto informativo*. "Rivista di Diritto Bancario", 2011. Net: http://www.dirittobancario.it/sites/default/files/allegati/sartori_f._la_res ponsabilita_da_prospetto_informativo_2011.pdf

SAVIGNY, Friedrich Karl von, *Das Obligationenrecht als Theil des heutigen römischen Rechts*. Band 2. Berlin, 1853

SCHÄFER, Hans Bernd, *Die Dritthaftung des Wirtschaftsprüfers für Vermögensschaden auf Primär-und Sekundärmarkten, eine ökonomische Analyse*. In Hopt/Voigt, "Prospekt-und Kapitalmarktinformationshaftung". Tübingen: Mohr Siebeck, 2005

SCHÄFER, Hans Bernd/OTT, Claus, *Lehrbuch der ökonomischen Analyse des Zivilrechts*. 4. Auflage. Berlin, Heidelberg, New York: Springer, 2005

SCHMIDT-RIMPLER, Walter. *Grundfragen einer Erneuerung des Vertragsrechts*. "AcP" 1941

– *Zum Vertragsproblem*. "Funktionswandel der Privatrechtsinstitutionen". Festschrift für Ludwig Raiser. Tübingen: Mohr Siebeck, 1976

SCHÜTZE, Rolf A. – v. ASSMANN, Heinz-Dieter

SERRA, Adriano Vaz. *Mora do Devedor*. "BMJ" 1955

– *Requisitos da responsabilidade civil*. "BMJ" 1960

– *Responsabilidade contratual e responsabilidade extracontratual*. "BMJ" 1959

SERRA, Catarina, *O Novo Regime Português da Insolvência – Uma Introdução*. 4ª edição. Coimbra: Almedina, 2010

SHAVELL, Steven – v. KAPLOW, Louis,

SHLEIFER, Andrei – v. LA PORTA, Rafael

SILVA, Eva Sónia Moreira da, *As Relações entre a Responsabilidade Pré-Contratual por Informações e os Vícios da Vontade (Erro e Dolo). O Caso da Indução Negligente em Erro*. Coimbra: Almedina, 2010

– *Da Responsabilidade Pré-Contratual por Violação dos Deveres de Informação*. Coimbra: Almedina, 2003

SILVA, João Calvão da, *Compra e Venda de Coisas Defeituosas. Conformidade e Segurança*. Coimbra: Almedina, 2004

– *Parecer de Direito*. In AAVV, "A Privatização da Sociedade Financeira Portuguesa – Regras sobre Reprivatizações. Responsabilidade pelo prospecto. *Culpa in con-*

trahendo. Vícios Ocultos das Empresas Reprivatizadas". Lisboa: Lex, 1995

SILVA, Manuel Duarte Gomes da – v. CABRAL, Rita Amaral

SILVA, Vasco Pereira da, *A vinculação das entidades privadas pelos direitos, liberdades e garantias*. "RDES" 1987

SIMON, Herbert A., *A behavioral model of rational choice*. "The Quarterly Journal of Economics" 1955

SINGER, Reinhard, *Selbstbestimmung und Verkehrsschutz im Recht der Willenserklärungen*. München: C.H. Beck, 1995

SKRIPOVA, Olga, *Civil Liability as an Enforcement Tool of Securities Underwriter Gatekeeping Liability*, PhD thesis. Erasmus University Rotterdam, 2012. Net: http://repub.eur.nl/res/pub/32037/Marianne%20Breijer%20-%20Proefschrift%20Olga%20Skripova%5Blr%5D.pdf

SMITH, Adam, *An Inquiry into the Nature and Causes of the Wealth of Nations*. Lausanne: S.M. Soares. MetaLibri Digital Library, 29 de Maio de 2007

SMITS, Jan, *Full harmonization of consumer law? A critique of the draft directiva on consumer rights*. "ERPL" 2010

SOROS, George, *O Novo Paradigma dos Mercados Financeiros*. Coimbra: Almedina, 2008

– *As Palestras de George Soros na Central European University*. Coimbra: Almedina, 2010

SOUSA, Marcelo Rebelo de, *Parecer de Direito*. In AAVV, "A Privatização da Sociedade Financeira Portuguesa – Regras sobre Reprivatizações. Responsabilidade pelo prospecto. *Culpa in contrahendo*. Vícios Ocultos das Empresas Reprivatizadas". Lisboa: Lex, 1995

SOUSA, Miguel Teixeira de, *A Legitimidade Popular na Tutela dos Interesses Difusos*. Lisboa: Lex, 2003

STEMS, Mathias M., *What does not work in comparing Securities Laws: A critique to La Porta et al's methodology*. "International and Company Law Review" 2005. Net: http://papers.ssrn.com/sol3/papers.cfm?abstract_id=608644

STREIT, Manfred E./WOHLGEMUTH, Michael, *The Market Economy and the State – The Hayekian and Ordoliberal Conceptions*. Diskutionsbeitrag 06/97. Max-Planck Institut für Erforschung von Wirtschaftssystemen, 1997

STUDY GROUP ON SOCIAL JUSTICE IN EUROPEAN PRIVATE LAW, *Social justice in European Contract Law: A manifesto*. "European Law Journal" 2004

STÜRNER, Rolf, *Der Anspruch auf Erfüllung von Treue-und Sorgfaltspflichten*. "JZ" 1976

TELLES, Inocêncio Galvão, *Direito das Obrigações*. 7ª edição. Coimbra: Almedina, 1997

– *Manual dos Contratos em Geral*. Coimbra: Coimbra Editora, 2002

– *Parecer de Direito*. In AAVV, "A Privatização da Sociedade Financeira Portuguesa – Regras sobre Reprivatizações. Responsabilidade pelo prospecto. *Culpa in contrahendo*. Vícios Ocultos das Empresas Reprivatizadas". Lisboa: Lex, 1995

VALE, Alexandre Lucena e, *Consultoria para investimento em valores mobiliários*. In AAVV, "Direito dos Valores Mobiliários". Vol. V. Coimbra: Coimbra Editora, 2004

– *Informação e operações sobre valores mobiliários*. Instituto dos Valores Mobiliários – Estudos. Net: www.institutovaloresmobiliarios.pt

VANBERG, Viktor J., *The Freiburg School: Walter Eucken and Ordoliberalism*. Freiburger Diskutionpapiere zur Ordnungsökonnomik 04/11

VARELA, João de Matos Antunes, *Anotação ao Acórdão do STJ de 26/03/1980.* "RLJ" ano 114º.

- *Das Obrigações em Geral.* Vol. I. 10ª edição, 4 ª reimpressão da edição de 2000. Coimbra: Almedina, 2006
- *Oferta pública de venda de acções – OPV – e violação do dever de informar.* "RLJ" 1993/1994, nºs 3829/3830 e segs.

VASCONCELOS, Pedro Pais de, *Teoria Geral do Direito Civil,* 7ª edição. Coimbra: Almedina, 2012

VEIGA, Alexandre Brandão da, *Crime de Manipulação, Defesa e Criação de Mercado.* Coimbra: Almedina, 2001

VICENTE, Dário Moura, *Da Responsabilidade Pré-Contratual em Direito Internacional Privado.* Coimbra: Almedina, 2001

WACHTER, Michael L. – v. BRATTON, William

WAGNER, Gerhard, *Prävention und Verhaltenssteuerung durch Privatrecht – Anmassung oder legitime Aufgabe?* "AcP" 2006

- *Schadensberechnung im Kapitalmarktrecht.* "ZGR" 2008

WAGNER, Gerhard – v. KÖTZ, Hein

WATRIN, Christian, *Alfred-Armack – Economic Policy Maker and Sociologist of Religion.* "Journal des Economistes et des Études Humanes". Net: http://www.bepress.com/jeeh/vol13/iss2/art9

WATTER, Rolf, *Prospekt(haft)pflicht heute und morgen.* "AJP" 1992

Wertpapierhandelsgesetz. 4. Auflage. Verlag Dr. Otto Schmidt, 2006 *Wertpapierhandelsgesetz.* 6. Auflage. Verlag Dr. Otto Schmidt, 2012

WIEACKER, Franz, *História do Direito Privado Moderno* (tradução portuguesa por António Hespaña. Lisboa: Fundação Calouste Gulbenkian, 1980

WIEDMANN. Herbert, *Anotação ao Acórdão do Bundesverfassungsgericht de 7 de Janeiro de 1990.* "JZ" 1990

- *Anotação ao Acórdão do Bundesverfassungsgericht de 19 de Outubro de 1993.* "JZ" 1994

WOHLGEMUTH, Michael – v. STREIT, Manfred

WOLF, Manfred/NEUNER, Jörg, *Allgemeiner teil des Bürglichen Rechts.* München: C.H. Beck, 2012

WOLF, Manfred – v. LARENZ, Karl

ZÖLLNER, Wolfgang, *Regelungsspielräume im Schuldvertragsrecht.* "AcP" 1996

ZWEIGERT, Konrad – v. KÖTZ, Hein.

ÍNDICE IDEOGRÁFICO

Acção *qui tam* 218

Alteração das circunstâncias
- *clausula rebus sic stantibus* 23
- e perturbação da equivalência de prestações 23, 24, nota 167
- e paradoxo do Direito e Finanças 24, nota 51, 414 e 415
- e teoria da pressuposição 23

Assimetrias
- na avaliação da informação divulgada 7, 16, 36 e segs., 105, 136 e segs., 146 e segs., 151
- no acesso à informação 7, 13, 16, 36, 134, 136 e segs., 142, 146 e segs., 151, 156, 159, 163, 165, 169, 178, 179, 387

Autodeterminação
- e autonomia privada 27 e segs.
- e liberdade contratual 24, 25, 26 e segs., 27 e segs., 200 e segs., 222 e segs., 236 e segs., 275 e s segs., 328 e segs.
- noção 29, 31, nota 78

Autonomia privada
- e protecção da confiança 27, 31, 35, 132, nota 365, 238, 252, 253, 257, 260, 261
- e protecção do tráfico jurídico 27, nota 63, 30, 31, nota 78, 32, 132, nota 365, 238, 252, 253, 257, 260, 261, 283
- noção 27 e segs.

Bem comum 64, 97, nota 279, 385, 415, 416, nota 1033

Capacidade de funcionamento do mercado
- Alocativa 10, nota 3, 11 e segs, 37, 39 e segs., 46, nota 124, 104 e segs., 114, 119, 125 e segs., 130 e segs., 136, 138, 146, 200, 212, 314, 320, 325, 345, nota 896, 381, 383, 385, 386, 387 e segs., 390, 391, 393, 395, 397, 400, 403, 404, 405, 413 e segs.
- Institucional 13 e segs., 54, 56, 125, 136, 146, 388
- Operacional 13 e segs. 132, 133, 134, 135, 136, 383, nota 975, 385, 386, 388, 411

Causa virtual
- e *compensatio lucri cum danno* 370 e segs.
- e princípio da proibição do enriquecimento 368 e segs.
- extensão do dano indemnizável 367 e segs.

- na responsabilidade civil por prospecto – v. responsabilidade civil por prospecto
- relevância negativa 368 e segs.
- relevância positiva 367

Causalidade
- causalidade adequada 314, 315, 317, 318, 332, 367
- fundamentadora da responsabilidade 235, nota 634, 346 e segs., 405 e segs.
- ónus da prova 227 e segs., 356 e segs.
- preenchedora da responsabilidade 235, nota 315 e 634, 347 e segs., 366, nota 933, 406 e segs.
- teoria do fim da norma 318 e segs.

Cláusula penal 24, 396, nota 1007, 398, notas 1009 e 1010, 404, nota 1023

Cláusulas contratuais gerais
- e investidor não qualificado 104, nota 291, 145, 148
- e protecção da liberdade contratual 54, nota 148, 56, 70, 118, nota 327, 119 e segs.
- e directiva sobre as cláusulas abusivas 117 e segs. 121, nota 337
- e publicidade 194, nota 537
- repercussões colectivas das 119 e segs.

Consumidor
- e investidor não qualificado 145 e segs.
- noção 139 e segs.

Contrato como garantia de justeza 63 e segs., 379

Culpa *in contrahendo*
- e actuação segundo o princípio da boa fé 238, 248, 251, 259, 261, 268, 271 e segs.
- e adaptação do contrato 264 e segs.
- e responsabilidade civil do intermediário financeiro 274 e segs.
- e revogação do contrato por via indemnizatória 236 e segs.

Dano indemnizável
- e princípio da proibição do enriquecimento 368 e segs. 397, 402, 404
- e princípio da reparação total 287, 325, 334 e segs., 368, 369, 394, 396, nota 1005, 397

Danos puramente patrimoniais
- e direito subjectivo 201 e segs.
- e normas de protecção 203 e segs.

Deveres de prestar e deveres laterais na responsabilidade por informações e conselhos dos intermediários financeiros perante os clientes 222 e segs.

Dever de publicação do prospecto
- bem jurídico protegido 173 e segs.
- delimitação do 159 e segs.

Deveres gerais de informação 16, 36 e segs. 134 e segs. 325, 378, nota 963, 382 e segs.

Obrigações individuais de informação 16, 36 e segs., 131 e segs., 151, 222 e segs., 284, 382, 409 e segs.

Deveres de tráfico 290, 374 e segs.

Direito de arrependimento 32 e segs., 56, 69, 116, nota 325

Direito de livre desvinculação – v. Direito de arrependimento

Direitos fundamentais e Direito Privado
- e deveres de protecção 75, 76, 80, nota 224, 77, 78, nota 236, 77, 80 segs., nota 241, 91, nota 265
- eficácia horizontal 72, nota 209, 74
- aplicação directa 74 e segs.
- e desigualdade de poder 72 e segs.

Doutrina da racionalidade limitada (*bounded rationality*) 36 e segs.

Efficient Capital Market Hypothesis 11, 134, 221, 325, 330, 353 e segs., 359 segs., 414

Equilíbrio das prestações 23, 25, 57, 58, 59, nota 165, 60, 61, 62, 63, nota 167, 80, 81, 82, 83, nota 244, 84, 85, 98, 99, 100, 101, 103, 104, 125, nota 300, 239, 241, nota 651, 243, nota 654, 245, 265, nota 700, 267 e segs., 294 e segs., 320, 373

Estado de Direito Social 24, 70, 72, 97, nota 279

Excess dampening measures 414

Fiança prestada por familiares próximos do devedor 80 e segs.

Função preventiva da responsabilidade civil 9, 228, 232, 233, 369, 394 e segs. 398, 400, 412, 413

Função reparadora ou compensatória da responsabilidade 9, 369, nota 941, 394 e segs., 398, 413

Função punitiva ou sancionatória da responsabilidade civil 369, 397

Hipótese do mercado (semi)-eficiente – v. *Efficient Capital Market Hypothesis*

Igualdade
- formal 69 e segs., 76
- material 24, 69 e segs. 75 e segs. 95 e segs. 100

Imperativo categórico 22

Intermediário financeiro
- obrigações de assistência 106, 107, 132, 134, 151, 181, 222 e segs.
- obrigações de informação 17, 36 e segs., 131 e segs., 151, 222 e segs. 284, 382, 409 e segs.

Investidor
- qualificado 132, 139 e segs.
- protecção do 139 e segs.
- mercado 130 e segs.
- não qualificado 46, nota 124, 104 e segs., 132, 137, 139 e segs., 143 e segs., 162 e segs.; 179 e segs.

Justiça
- comutativa 35, 49 e segs., 54, 56 e segs., 379
- concepção material de 35, 111
- concepção procedimental de 53 e segs., 64, 110 e segs., 126, 127, 331, 332, 356
- distributiva 49 e segs., 54, 56, 66, 57 e segs. e nota 165, 60 e segs. e nota 167, 83, 93, 116 e segs., 120, 123, 125 e segs., 139, 147, nota 406, 379, nota 965
- e contrato 58 e segs.

Liberdade contratual
- dogma da 21, 23
- e autodeterminação 26, 27 e segs.

- e mercado 113 e segs.
- formal 26, nota 59, 31, nota 76, 32, 34, 57, nota 165
- efectiva 26, 27 e segs., 31, nota 76, 32, 34, 35, 36 e segs., 54, nota 148, 57 e segs., 66, 67 e nota 190, 69, 70, 80 e segs., 95, 98 e 99, nota 282, 100 e segs., 113, 114 115, 116, 120, 121, 122, 123, 125, 147, nota 406, 150, 241 e segs., 245

Liberdade contratual fáctica – v. liberdade contratual efectiva

Liberdade contratual material – v. liberdade contratual efectiva

Ligação especial 207, nota 568, 219, 220, 226, 263, nota 697, 279 e segs., 377

Mercado primário 11, 18, 305, 311, nota 830, 347, nota 899, 388, 389, 392 e segs., 400, 401 e nota 1015

Mercado secundário 11, 343, 344, 362, nota 928, 380, 381, nota 970, 388, 389, 391 e segs., 400, 401

Misrepresentation 86, 186, 262 e segs., nota 697, 303, 304, 306, 326, 328, 342, nota 889

Modelo da informação
- e aprovação do prospecto 130 e segs.
- e concepção material de justiça 32 e segs., 67, 68, 104, 108 e segs., 116 e segs.
- e concepção procedimental de justiça 33 e segs., 67, 68, 104, 108 e segs., 116 e segs., 126 e segs. 139
- e necessidade de queda do preço como pressuposto da responsabilidade civil por prospecto 331 e segs., 356
- e princípio da atipicidade dos valores mobiliários 127 e segs.
- e problema da recondução da elaboração do prospecto ao conceito de actividade perigosa 373 e segs.
- e promessa das qualidades dos produtos financeiros 195, 196
- e *suitability rule* 37 e segs.

Normas de protecção
- como instrumento de realização do interesse público protegido pela norma (interpretação funcional) 208 e segs., 319, 382 e segs.
- de interesses individuais 203 e segs., 314 e segs.

O problema da indemnização pelo interesse contratual negativo ou pelo interesse contratual positivo
- na adaptação do contrato 264 e segs.
- na responsabilidade civil por prospecto 187, 188 e nota 510, 191 e segs., 285 e segs.

Oferta ao público
- e convite a contratar 157 e segs. 176 e segs.
- no Direito Civil 157 e segs.
- no Direito dos Valores Mobiliários 159 e segs.
- proposta contratual 157 e segs., 176 e segs.

Ordem pública
- cláusula geral da 55, nota 157, 87 e segs.

- de direcção 24
- de protecção 24, 90
- e eficácia dos direitos fundamentais no Direito Privado 87 e segs.

Ordoliberalismo 133 e segs.

Out-of-pocket loss 298 e segs. 304 e segs., 322, 325, 336

Pacta sunt servanda 23 e nota 49, 28, nota 63, 34, 62, nota 167, 87 e segs. 93 e segs., 100, 238, 248, 251, 252, 260

Protecção da parte mais frágil 25, 27, 39, 57 e segs., nota 165, 60, nota 167, 66, 68, 69, 72, nota 209, 80 e segs., 88 e segs., 93, 95, 102, 103 e segs., 108, 110, 122, 233, nota 631

Princípio da interpretação conforme o Direito da União Europeia 119, nota 333, 174, 175, 179

Princípio da proporcionalidade 94 e segs.

Prospecto
- controlo da legalidade 129 e segs.
- dever de publicação 155 e segs., 377 e segs., 382 e segs.

Protecção do público investidor
- e funções da responsabilidade civil 9 e segs., 394 e segs.
- e interesse público 155, 377 e segs. 382 e segs., 409 e segs.
- e regime da responsabilidade civil por prospecto 398 e segs., 405 e segs.

Responsabilidade contratual
- do intermediário financeiro por informações e conselhos 222 e segs.

Responsabilidade pela confiança 275 e segs.

Responsabilidade por prospecto
- *Anlagestimmung* 348 e segs.
- bem jurídico protegido 9 e segs., 309 e segs., 377 e segs., 383 e segs., 409 e segs.
- causa virtual 369 e segs., 399, 411
- causalidade fundamentadora 346 e segs., 362 e segs., 405 e segs.
- causalidade preenchedora 346, 352, 353, 355, 356, nota 919, 360, 363 e segs., 366, nota 933, 406 e segs.
- dano indemnizável 285 e segs., 387 e segs.
- e concurso de causas 359, 364 e segs.
- e conhecimento do lesado da deficiência do prospecto 337 e segs., 348 e segs., 354, nota 915
- e deveres de tráfico 291, 374 e segs.
- e interesse contratual negativo – e interesse contratual positivo 188, nota 510, 192, 193, 196 e segs., 285 e segs.
- e protecção do público investidor 398 e segs., 405 e segs.
- e revogação do contrato por via indemnizatória 289, 293 e segs., 309, 310, 311, 312, notas 831 e 832, 448, nota 365, 380, 381, nota 970
- *Fraud-on-the-market theory* 349, nota 905, 351, 353, 356
- lucros cessantes 289, 292, 297 e segs., 318, 324, 326, 334 e segs., 338, nota 879, 345, 364, 399, 406
- ónus da mitigação do dano 302, 337 e segs. 399

- e responsabilidade pela previsão 192, 327, nota 861

Sistema móvel 62, nota 167, 93

Usura
- e autodeterminação 57 e segs., nota 165, 60 e segs.
- e cláusula geral dos bons costumes 57 e segs., nota 165, 60 e segs.
- e desequilíbrio de prestações 57 e segs, nota 165, 60 e segs.
- e fiança 80 e segs., 87 e segs.

Valores mobiliários
- características 14, nota 18, 129, nota 359
- princípio da atipicidade 127 e segs.
- protecção do adquirente de boa fé 14, nota 18

RESUMO

O objectivo do presente estudo consiste em avaliar a adequação de uma responsabilidade civil por prospecto centrada na reparação dos danos sofridos por cada investidor, isto é, propomo-nos averiguar se à responsabilidade civil por prospecto se adequará uma responsabilidade de índole essencialmente reparadora ou compensatória.

O Direito dos Valores Mobiliários assenta em dois pilares fundamentais: a protecção do investidor e a eficiência do mercado. Levanta-se a dúvida sobre se as pretensões indemnizatórias apresentam como finalidade a reparação dos interesses individuais dos investidores vítimas da deficiência do prospecto ou se constituem um instrumento ao serviço do interesse público do regular funcionamento do mercado. A resposta a esta questão depende da maneira como estes objectivos se relacionam em geral no Direito dos Valores Mobiliários e, em particular, da intenção que presidiu à imposição do dever de dar a conhecer ao público a informação que deve integrar o prospecto.

Concluímos que a protecção do investidor através dos deveres de informação aparece estritamente ligada ao interesse público do regular funcionamento do mercado.

Esta ligação é particularmente estreita no âmbito dos deveres gerais de informação, no seio dos quais se integra o dever de publicação da informação que o prospecto deve conter. Tendo presente o mecanismo de formação de preços no mercado de valores mobiliários, em que a vontade individual não releva, formando-se os preços no mercado, concluímos que estes deveres não se destinam a prosseguir a correcta formação da vontade individual, mas têm antes em vista possibilitar uma adequada avaliação da relação risco/rendimento inerente aos valores mobiliários por parte do público investidor, necessária a uma correcta formação de preços.

Na segunda parte, procuramos apurar o bem jurídico protegido pela responsabilidade civil por prospecto, isto é, pretendemos averiguar se esta se concentra na reparação dos interesses individuais dos investidores ou antes na protecção de um interesse de natureza supra-individual, isto é, o interesse do público investidor ou do mercado.

A resposta a este problema dever-se-ia harmonizar com a finalidade que subjaz ao dever de publicação do prospecto. Com vista a descobrir o bem jurídico tutelado pelo dever de publicar o prospecto, analisamos a noção de oferta pública e os desvios consagrados pela legislação comunitária ao dever de publicar a informação a constar do prospecto, concluindo que este dever pretende tutelar o interesse do público investidor, ou seja, a eficiência do mercado e não tanto interesses individuais dos investidores. Com efeito as pequenas ofertas dirigidas a investidores não qualificados estão isentas do dever de divulgação do prospecto, não obstante a necessidade de protecção dos seus destinatários.

Depois de analisar a protecção da vontade e dos interesses patrimoniais dos investidores no âmbito da responsabilidade por informações no Direito dos Valores Mobiliários, concentramo-nos sobre o regime da responsabilidade civil por prospecto delineado pelos arts. 149º e segs. do Código dos Valores Mobiliários, concluindo que se concentra na reparação dos interesses patrimoniais individualmente sofridos por cada investidor. Esta opção espelha-se nitidamente no tratamento das questões do dano e do nexo de causalidade.

Não existe sintonia entre o regime da responsabilidade civil por prospecto e a *ratio* do dever de dar a conhecer ao público as informações que devem integrar o prospecto, não servindo o vigente regime da responsabilidade por prospecto o interesse supra-individual de uma eficiente alocação de recursos.

Deste modo, entendemos que, *de iure condendo*, a responsabilidade civil pelo prospecto deveria adaptar o seu regime, por forma a encarar as pretensões indemnizatórias como instrumentos de prossecução do interesse do público investidor numa eficiente alocação de recursos, o que tem importantes consequências a nível do regime da responsabilidade civil por prospecto.

ABSTRACT

The objective of our research is to assess whether the civil liability for the prospectus should be addressed to the protection the interests of the individual investor or it should be aimed at protecting the general interest of the of the market's efficiency.

In other words, we deal with the problem of whether the right to recover damages caused by a defective prospectus should be seen as directed to repair the losses that the investor individually suffered or should be regarded as an instrument for achieving market's efficiency. The answer to this question depends generally on the relationship between the investor protection and market's efficiency in the Securities Law, and specially on the intention of the duty of disclosing the information the prospectus imposed by the Law.

In first part of our work, we study the relationship between investor protection and contractual freedom, justice and market. We reach the conclusion that there is a umbilical link between investor protection and market's efficiency, This connection is specially evident when it comes to the duties of information towards the market, as it is the case of the duty of disclosing the information that the prospectus should enclose. The formation of prices does not depend on the individual will of the investors, but it rather depends on the market's assessment. Consequently, the duty of disclosing the information the prospectus should contain aims at providing the public with the information needed to assess the real value of the securities.

In the second part we deal with the question of the interest protected by the duty of disclosing the information that the prospectus should contain. Considering the notion of the public offer of securities and the exemptions from the duty of publishing the prospectus contained in the Prospectus Directive, we reach the conclusion that that it is directed to the protection of the public interest of the market's efficiency, As matter of fact, the small offers to non-qualified investors are exempted from the duty to publish the prospectus, despite the need of protection of the investors to whom the information contained in the prospectus is addressed. Thus, the main concern is the protection of market's efficiency and not the individual interests of the investor.

Then we focus specially on the the interest protected by the regime of the civil liability for the prospectus contained in the Portuguese Código dos Valores Mobiliários and we conclude that it is designed to protect the interests of the individual investor. This conclusion flows specially from the treatment of the questions of the determination of the recoverable loss and causation.

We consider that the regime of the civil liability for the prospectus should serve the interest protected by the duty to disclose the information that the prospectus should contain. Consequently, it is desirable *de iure condendo* to harmonize the regime of the civil liability for the prospectus with propose of the duty to disclose the information that the prospectus should contain. This perspective has important consequences in the treatment of the problems of the determination of the recoverable damages and causation, whose main concern should be to protect the public interest of allocative efficiency of the capital resources.

ÍNDICE GERAL

SUMÁRIO 5
SIGLAS 7

INTRODUÇÃO 9
1. Apresentação do problema 9
2. Justificação da sequência 18

PARTE I – A PROTECÇÃO DO INVESTIDOR NO DIREITO DOS VALORES MOBILIÁRIOS E A LIBERDADE CONTRATUAL, A JUSTIÇA CONTRATUAL E O MERCADO 19

CAPÍTULO I – A PROTECÇÃO DO INVESTIDOR E A LIBERDADE E A JUSTIÇA CONTRATUAIS 21
1. A protecção do investidor e a liberdade contratual 21
1.1. Considerações gerais 21
1.1.1. A liberdade contratual como princípio fundamental da ordem jurídica 21
1.1.2. A materialização do contrato e a protecção da liberdade contratual efectiva 26
1.2. A protecção do investidor e a liberdade contratual efectiva 36
1.2.1. Os deveres gerais e os deveres individuais de informação e a formação da vontade do investidor 36
1.2.2. O papel do intermediário financeiro na formação da vontade do investidor. A *suitability rule* e a primazia da vontade do investidor 37
1.2.2.1. As concepções subjectivista e objectivista da *suitability rule* 37
1.2.2.2. A opção por uma concepção subjectivista *da suitability rule* 42

2. A protecção do investidor e a justiça contratual 49
2.1. Considerações gerais 49
2.1.1. A distinção entre justiça comutativa e justiça distributiva 49
2.1.2. As relações entre a justiça e o contrato 51
2.1.2.1. A tese da irrelevância de padrões de justiça no âmbito contratual 52
2.1.2.2. A tese da preponderância da liberdade contratual na realização da justiça contratual 53
2.1.2.2.1. A justiça procedimental como forma primordial de realização da justiça contratual 53
2.1.2.2.2. A justiça comutativa como forma de justiça prevalecente na relação contratual 56
2.1.2.2.3. O mecanismo contratual como garantia de justeza 63
2.1.2.3. A justiça contratual e a igualdade material das partes 69
2.1.2.3.1. A igualdade formal e a igualdade material 69
2.1.2.3.2. A questão da eficácia dos direitos fundamentais no Direito Privado 72
2.1.2.3.2.1. Posições na doutrina em face do art. 18º/1 CRP 72
2.1.2.3.2.2. A aplicação dos direitos fundamentais nas relações privadas de poder, sem deixar de atender aos princípios do Direito Civil 75
2.1.2.3.2.3. A protecção da parte mais frágil e a protecção da liberdade contratual efectiva 80
2.1.2.3.2.4. O contributo da cláusula geral da ordem pública 87
2.1.2.3.2.5. A apreciação da proporcionalidade das obrigações contratuais e a certeza e segurança jurídicas 93
2.1.2.3.3. A sensibilidade às situações de disparidade de poder e a mudança de paradigma da autonomia privada 95
2.1.2.3.4. A discussão em torno da protecção da liberdade contratual efectiva e a protecção da parte frágil na preparação da Directiva das cláusulas abusivas 100
2.2. A protecção do investidor e a justiça contratual 103
2.2.1. Recusa da fundamentação da tutela do investidor assente na qualidade da parte mais frágil da relação contratual perante o intermediário financeiro e perante o emitente 103
2.2.2. Recusa do ordenamento jurídico-mobiliário em proteger o investidor da sua própria irracionalidade 108
2.2.3. Referência ao problema do recurso ao mercado dos valores mobiliários como alternativa aos sistemas públicos de segurança social 109
2.2.4. Opção do legislador por uma concepção procedimental de justiça 110

CAPÍTULO II – A PROTECÇÃO DO INVESTIDOR E O MERCADO 113
1. Considerações gerais 113
1.1. A liberdade contratual e o funcionamento do mercado 113
1.2. A propensão da legislação europeia em matéria contratual para a promoção e manutenção das condições necessárias ao funcionamento do mercado interno 116
2. A protecção do investidor e o mercado 124
2.1. Considerações preliminares sobre a importância da relação entre a tutela do investidor e a eficiência do mercado 124
2.2. A importância do bom funcionamento do mercado, em especial como mecanismo de alocação eficiente de recursos e de realização da justiça distributiva 125
2.3. A CMVM não exerce controlo substantivo sobre o conteúdo dos valores mobiliários e das ofertas públicas 127
2.3.1. O princípio da atipicidade dos valores mobiliários 127
2.3.2. O controlo da legalidade do prospecto 129
2.4. As relações entre a protecção da liberdade contratual do investidor e o funcionamento do mercado. A ligação genética entre a protecção do investidor e o bom funcionamento do mercado 130
2.4.1. As relações entre a tutela do investidor e o mercado e os bens jurídicos protegidos 130
2.4.1.1. Preliminares 130
2.4.1.2. As obrigações individuais de informação do intermediário financeiro 131
2.4.1.3. Os deveres gerais de informação 134
2.4.2. A ligação genética da protecção do investidor ao bom funcionamento do mercado 136
2.4.2.1. A protecção do investidor e as assimetrias informativas 136
2.4.2.2. A distinção entre a tutela do consumidor e a protecção do investidor no Direito dos Valores Mobiliários 139
2.4.2.2.1. A não coincidência entre os interesses que inspiram a delimitação do conceito de consumidor e os que subjazem à delimitação da figura do investidor não qualificado 139
2.4.2.2.2. A possibilidade de aplicação ao investidor das normas que protegem o consumidor 143

PARTE II – O BEM JURÍDICO PROTEGIDO PELO DEVER DE PUBLICAR AS INFORMAÇÕES QUE DEVEM INTEGRAR O PROSPECTO NAS OFERTAS PÚBLICAS DE SUBSCRIÇÃO DE VALORES MOBILIÁRIOS. CONSEQUÊNCIAS EM SEDE DE RESPONSABILIDADE CIVIL POR PROSPECTO 153

CAPÍTULO I – O DEVER DE PUBLICAÇÃO DO PROSPECTO COMO DEVER DE INFORMAÇÃO AO *PÚBLICO* 155

1. Considerações prévias 155
2. A existência de uma oferta ao público como pressuposto do dever de publicar o prospecto 155

2.1. O dever de publicação do prospecto e a protecção do público investidor 155
2.2. Considerações sobre a oferta pública no Direito Civil 157
2.3. A oferta pública no Direito dos Valores Mobiliários 159
2.3.1. As necessidades de protecção do mercado inspiradoras do regime da oferta pública 159
2.3.2. A noção de oferta pública 160
2.3.2.1. A inserção do elemento de natureza quantitativa na noção de oferta pública no CVM 160
2.3.2.2. A inserção do elemento de natureza quantitativa entre as excepções ao dever de publicação do prospecto na Directiva dos Prospectos 165
2.3.2.3. Consequências da opção do legislador europeu na interpretação do conceito de oferta pública no CVM e na determinação do bem jurídico protegido pelo dever de publicar o prospecto 173
2.3.2.4. O problema da qualificação da oferta pública de valores mobiliários como proposta contratual 176

3. O público investidor como destinatário das informações contidas no prospecto 179

CAPÍTULO II – A RESPONSABILIDADE CIVIL POR PROSPECTO E A PROMESSA DA QUALIDADE DOS PRODUTOS FINANCEIROS 185

1. Breve referência às origens da responsabilidade civil por prospecto 185
2. Crítica à tese da responsabilidade civil por prospecto enquanto responsabilidade decorrente da promessa da qualidade dos produtos financeiros 190

CAPÍTULO III – A RESPONSABILIDADE CIVIL POR PROSPECTO COMO INSTRUMENTO DE PROTECÇÃO DO INVESTIDOR INDIVIDUAL OU COMO MECANISMO DE PROTECÇÃO DO PÚBLICO INVESTIDOR? 199

§ 1. Protecção da liberdade contratual e do património em sede de responsabilidade delitual 200
1. A recusa do direito à liberdade de decisão jurídico-negocial e do direito ao património como direitos protegidos nos termos do art. 483º/1, 1ª parte 200
2. As normas de protecção da liberdade de decisão jurídico-negocial e do património no Direito dos Valores Mobiliários 203
2.1. As normas de protecção de interesses individuais 203
2.1.1. Considerações gerais 203
2.1.2. As normas de protecção dos interesses individuais dos investidores 206
2.2. A protecção do investidor como instrumento de realização do interesse público protegido pela norma 208
2.3. A protecção da liberdade de decisão jurídico-negocial e do património pelas normas de comportamento do intermediário financeiro 218
§ 2. A protecção da vontade do investidor individual no âmbito da responsabilidade contratual 222
1. As obrigações de informação e de conselho do intermediário financeiro perante o cliente como deveres de prestar e não como meros deveres laterais 222
2. A indemnização por violação das obrigações de informação e de conselho 225
3. O problema da prova do nexo de causalidade 227
§ 3. A responsabilidade por culpa in contrahendo por celebração de contrato não desejado 236
1. A culpa in contrahendo como mecanismo de protecção da correcta formação da vontade 236
1.1. A revogação do contrato por via da indemnização 236
1.1.1. Considerações gerais 236
1.1.2. A revogação por via da indemnização e a anulação 238
1.1.3. A liberdade contratual efectiva como interesse protegido pelo instituto da culpa in contrahendo 241
1.1.4. A celebração de um contrato não desejado como dano não patrimonial 243
1.1.5. O regime da revogação do contrato por via indemnizatória e o regime da anulação 248
1.1.6. A revogação do contrato por via indemnizatória em virtude da conduta de terceiro estranho à relação contratual 253
1.1.7. O concurso entre as figuras da revogação do contrato por via indemnizatória e da anulação 257
1.2. A reparação do dano sofrido pelo deceptus através da adaptação do conteúdo do contrato 264

1.2.1. A problemática existente 264
1.2.2. A manutenção do negócio com conteúdo modificado como indemnização pelo interesse contratual negativo 264
1.2.3. O problema da necessidade de concurso da vontade hipotética da parte que actua culposamente na modificação do contrato por via indemnizatória 266
1.2.3.1. A independência da adaptação do contrato por via indemnizatória da vontade hipotética da parte, que actua culposamente, na jurisprudência alemã 266
1.2.3.2. A restrição da relevância da questão à hipótese de a regular formação da vontade das partes surgir como o bem jurídico protegido pela adaptação do contrato por via indemnizatória 267
1.2.3.3. A solução do problema da relevância da vontade hipotética da contraparte em sede de vícios na formação da vontade 269
1.2.3.4. A falta de relevância da vontade hipotética da parte que actuou culposamente na adaptação do contrato por *culpa in contrahendo* 271
1.3. *Culpa in contrahendo* e as obrigações de informação dos intermediários financeiros 274
§ 4. Responsabilidade pela confiança 275
1. A celebração de contrato não desejado como investimento de confiança 275
2. A intenção de influenciar decisões alheias e a ligação especial 279
§ 5. A tutela do investidor e o dano indemnizável na responsabilidade civil por prospecto 285
1. A opção pela indemnização do interesse contratual negativo 285
2. A determinação do dano indemnizável em diferentes ordenamentos jurídicos 287
2.1. Preliminares 287
2.2. A restituição das quantias empregues pelo investidor na compra dos valores mobiliários ou a indemnização pelo seu equivalente substancial no caso de os valores mobiliários terem sido transmitidos 288
2.3. A aplicação das regras gerais da responsabilidade civil em matéria de dano 290
2.3.1. Preliminares 290
2.3.2. A responsabilidade de Direito Civil por prospecto desenvolvida pela jurisprudência germânica 290
2.3.3. O art. 152º/1 CVM como concretização do art. 562º CC 293
2.3.3.1. Considerações gerais 293
2.3.3.2. A prioridade da reconstituição natural 293
2.3.3.3. O princípio da reparação da totalidade do prejuízo 297

2.4. A ausência de regras específicas sobre a determinação do dano nos direitos inglês e italiano e a limitação do dano indemnizável ao *out-of-pocket loss* 298
2.5. O *out-of-pocket loss* no Direito norte-americano e sua comparação com o conceito de *out-of-pocket loss* no Direito inglês 304
3. A relevância da solução do problema do dano indemnizável na determinação do bem jurídico protegido pela responsabilidade civil por prospecto 309
3.1. O património do investidor como bem jurídico protegido pela responsabilidade civil por prospecto 309
3.1.1. O Direito norte-americano e o Direito alemão 309
3.1.2. Panorama do Direito português da responsabilidade civil por prospecto 312
3.1.2.1. O património do investidor como bem jurídico protegido pela responsabilidade civil por prospecto 312
3.1.2.2. Os danos patrimoniais individualmente sofridos pelo investidor como objecto de reparação 314
3.1.2.3. A reparação dos danos causados ao património individual do investidor em consequência da irregular formação de preços 320
3.1.3. A tendência do Direito inglês para a reparação dos danos patrimoniais sofridos pelo investidor 325
3.1.4. As hesitações no contexto do Direito italiano quanto ao bem jurídico protegido pela responsabilidade civil por prospecto 328
3.2. Consequências decorrentes da opção pelo ressarcimento dos danos patrimoniais individualmente sofridos pelo investidor 330
3.2.1. A necessidade de queda do preço dos valores mobiliários na sequência da correcção do conteúdo do prospecto como pressuposto da obrigação de indemnizar 330
3.2.2. Problemas decorrentes da opção pela reparação total do dano sofrido individualmente pelo investidor 334
3.2.3. Considerações sobre a opção do legislador por uma fixação concreta do dano 343
§ 6. Nexo de causalidade e o bem jurídico protegido pela responsabilidade civil por prospecto 346
1. Preliminares 346
2. Causalidade fundamentadora na responsabilidade civil por prospecto 347
2.1. A conexão entre a natureza defeituosa do prospecto e a formação de preços no quadro da hipótese do mercado (semi) eficiente 347

2.2. A irrelevância do conhecimento ou dever de conhecimento da deficiência do prospecto pelo investidor no estabelecimento da causalidade fundamentadora da responsabilidade 351
2.3. A importância da hipótese do mercado (semi) eficiente e a prova da natureza material da deficiência do prospecto 353
2.4. A necessidade de existência de uma relação de causalidade entre a correcção do prospecto e a queda do preço dos valores mobiliários – o ónus da prova 356
2.5. Conclusões sobre o estabelecimento da causalidade fundamentadora no contexto de um mercado (semi) eficiente 362
3. Causalidade preenchedora da responsabilidade na responsabilidade civil por prospecto 363
4. O concurso de causas como questão integrante do problema da extensão do dano indemnizável 364
4.1. A relevância do concurso de causas na produção do dano indemnizável 364
4.2. O problema da relevância negativa da causa virtual na responsabilidade civil por prospecto 367
4.2.1. O tratamento do problema da causa virtual em sede geral 367
4.2.2. A ponderação valorativa do CVM em matéria de causa virtual 369
4.2.3. A consagração da relevância negativa da causa virtual em matéria de responsabilidade civil por prospecto no CVM 370
4.2.4. Rejeição da possibilidade de reconduzir a publicação do prospecto ao conceito de actividade perigosa do art. 493º/2 do CC 372
§ 7. Considerações finais sobre a responsabilidade civil por prospecto como responsabilidade destinada à tutela de interesses individuais dos investidores 374
1. A responsabilidade civil por prospecto como responsabilidade resultante da violação de deveres de tráfico 374
2. A contradição entre a natureza individual do bem jurídico protegido pela responsabilidade civil por prospecto e a natureza supra-individual do bem jurídico tutelado pelo dever de divulgar as informações que devem compor o prospecto 377
§ 8. A protecção do público investidor 379
1. Preliminares 379
2. A protecção do público investidor pelos deveres de informação dirigidos ao mercado 382
2.1. A protecção do interesse do público investidor e não do investidor individual como objecto de tutela do dever de publicação do prospecto. A necessidade de coerência em matéria de responsabilidade civil por prospecto 382

2.2. O dano indemnizável 387
2.2.1. A limitação do dano indemnizável à diferença entre o valor pago pelo investidor e o valor real dos valores mobiliários 387
2.2.2. A natureza instrumental das pretensões indemnizatórias dos investidores em relação à realização do interesse público e a prevalência da função preventiva da responsabilidade civil 394
2.2.3. Consequências ao nível de problemas relacionados com a determinação do dano indemnizável 398
2.3. O nexo de causalidade 405
2.3.1. Causalidade fundamentadora da responsabilidade 405
2.3.2. A causalidade preenchedora da responsabilidade 406

PERSPECTIVA FINAL 409
BIBLIOGRAFIA 417
ÍNDICE IDEOGRÁFICO 435
RESUMO 441
ABSTRACT 443
ÍNDICE GERAL 445